'쉽고,
재미있게
합격으로
가는 길'

'단기 합격
+
실전 적중'

중등교원임용 전공미술 대비

정샘 기출문제집

목차 CONTENTS

PART 01

- **01** 미술교육론 ··· 2
- **02** 교육과정 ·· 48
- **03** 교수법 ·· 76
- **04** 평가 ·· 90
- **05** 미술 감상과 비평 ·· 103

PART 02

- **06** 서양화 ·· 122
- **07** 전통화 ·· 146
- **08** 조소 ·· 166

PART 03

- **09** 해부학 ·· 186
- **10** 사진·영상 ·· 187
- **11** 판화 ·· 191
- **12** 서예·전각 ·· 208
- **13** 색채학 ·· 221
- **14** 디자인 역사 & 이론 ·· 237

PART 04

- **15** 시각 디자인 ··· 258
- **16** 제품 디자인 ··· 277
- **17** 염색 공예 ··· 279
- **18** 금속 공예 ··· 283
- **19** 도자 공예 ··· 286
- **20** 목공예 ··· 296
- **21** 지공예 ··· 300
- **22** 유리 공예 ··· 303

PART 05

- **23** 동양 미술사·중국 미술사 ························ 306
- **24** 한국 미술사 ··· 328

PART 06

- **25** 서양 미술사(1) ····································· 382
- **26** 서양 미술사(2) ····································· 416
- **27** 미학 ·· 467

기출문제 분류표 INFORMATION

1. 연도별

┃ 2002학년도~2008학년도 구 서술형 ┃

2002	1	2	3	4	5	6	7	8	9	10	11	12	13	
	교육과정	미교	과정 ICT	디자인 포장	조소	판화	건축 정원	서미	서예	회화 원근	한미	디자인 제품	색채	

2003	1	2	3	4	5	6	7	8	9	10	11	12	13	14
	교육과정	교육과정	평가	시각애니	서양조형원리	조소	전통준법	염색공예	디자역사	공예도자	서미	서예전각	디자포장	미교비평펄드

2004	1	2	3	4	5	6	7	8	9	10	11	12	13	14	15
	교육과정	교육ICT	교육과정	회화매체	조소	회화추상	화론	디자역사	한미	색채	회화양식	전통초상	공예지공	서미팝	서미비디

2005	1	2	3	4	5	6	7	8	9	10	11	12	13	14	15
	미교다문	한미반가	서미대지	서미사실	한미건축	평가수행	회화	조소	디자굿디	한미고구려벽화	미교박물	전통삼원	한미	전각	색채
	16	17	18	19	20	21	22	23	24	25	26				
	시각CI	서미	미교학목	판화	미교DBA	공예	미교펄드	중미	한미민중	공예도자	미교감상				

2006	1	2	3	4	5	6	7	8	9	10	11	12	13	14	15
	서미입체	미교	미교로웬	미교 Ar P	교육과정	미교학목	과정 ICT	평가	서예판본	조소	디자인그린	색채	전통	한미몽유	미교학목
	16	17	18	19	20	21	22	23	24	25					
	판화	포장	건축	회화	도자분청	디자애니	한미불조	중미절파	서미잭슨	서미차용					

2007	1	2	3	4	5	6	7	8	9	10	11	12	13	14	15
	교육과정	조소	디역	한미석굴	아이스너	미교	미교비평	회화자화	평가수행	염색공예	서미설치	서양스케치	중미조맹	색채	서미초현
	16	17	18	19	20	21	22	23	24	25					
	서미	서미백남	비평상징	디자인렌더링	서미입체	교육과정	중미화론	한국근대	회화공간	판화					

2008	1	2	3	4	5	6	7	8	9	10	11	12	13	14	15
	미교	과정	미교학목	소묘	디자편집	교수귀납	디자애니	서예전서	중미조맹	평가	서미팝	색채	서미바로크	서미조각사	전통준법
	16	17	18	19	20	21									
	서미초현	서미네다	판화	공예	도자공예	한미영모									

기출문제 분류표 - 연도별

2009학년도~2013학년도 선택형

2009	1	2	3	4	5	6	7	8	9	10	11	12	13	14	15	16	17	18	19	20
	미교	조소	비평	미교	평가	미교	미교	미교	과정	미교	귀납	미학	조형	한건	미교	서미	교육	미교	서예	전통
	21	22	23	24	25	26	27	28	29	30	31	32	33	34	35	36	37	38	39	40
	사진	서미	시디	공간	서미	공예	판화	현미	한미	서미	시각	색채	회화	조소	전통	비평	서미	해부	영상	염색

2010	1	2	3	4	5	6	7	8	9	10	11	12	13	14	15	16	17	18	19	20
	미교	파슨	가네	미교	다중	과정	사고	미교	과정	브루	과정	비평	과정	미교	분청	조형	백남	전통	곤잘	미켈
	21	22	23	24	25	26	27	28	29	30	31	32	33	34	35	36	37	38	39	40
	색채	서예	디역	CI	불조	낭만	조형	한미	서미	야수	공간	판화	회화	공간	네다	POP	해부	전통	회화	서미

2011	1	2	3	4	5	6	7	8	9	10	11	12	13	14	15	16	17	18	19	20
	미교	과정	미교	미교	미교	과정	평가	미교	과정	과정	미교	애플	서미	서미	민화	조각	서미	비디	디역	회화
	21	22	23	24	25	26	27	28	29	30	31	32	33	34	35	36	37	38	39	40
	서예	전통	미학	뒤샹	불조	도자	비평	여백	서미	신문	로댕	서미	판화	르네	한미	칠보	미니	유화	색채	전통

2012	1	2	3	4	5	6	7	8	9	10	11	12	13	14	15	16	17	18	19	20
	미교	술만	과정	과정	과정	앤더	사고	과정	평가	캘러	조형	불화	전각	그래	한근	화론	동미	박물	금속	미학
	21	22	23	24	25	26	27	28	29	30	31	32	33	34	35	36	37	38	39	40
	네다	할스	매채	미학	판화	애니	색채	뉴미	호크	판화	한미	한근	드로	한근	조각	대지	디역	석탑	페미	르네

2013	1	2	3	4	5	6	7	8	9	10	11	12	13	14	15	16	17	18	19	20
	브루	ASSU	블룸	미교	구성	과정	미교	평가	미교	미교	과정	판화	공공	서미	모듈	서미	편집	디역	카라	한미
	21	22	23	24	25	26	27	28	29	30	31	32	33	34	35	36	37	38	39	40
	한미	전통	디역	금속	미학	서미	한미	미학	조각	서미	비평	색채	유리	서예	서미	서미	곤잘	중미	동미	서미

2009학년도~2013학년도 논술형

연도	문항	논술 문항별 주된 내용	평가영역
2009	1	로웬펠드 =(2013년 1번으로 해결)	미술 교육학
	2-1	스트리트 퍼니처 디자인	디자인
	2-2	교수·학습 지도안	미술 교육학
	3	진경산수화, 원근법	한국미술사 2
	4	조소 기법과 펠드먼 비평	미술 비평, 조소
2010	1	수용미학	미학, 비평
	2	발터 베냐민, 복제의 개념	미학
	3-1	잔상의 원리	색채학, 디자인
	3-2	교수·학습 지도안(귀납적)	교수·학습 방법
	4	전신론	화론
2011	1	대중 이미지(시각문화 미술교육, 교육과정)	미술 교육학
	2	문인화	한국미술사 2
	3	개념 미술	서양미술사 2
	4	디자인 역사(미술공예운동), 헨리 콜 디자인학교	디자인, 미술교육학
2012	1-1	다문화 미술교육	미술교육학
	1-2	강익중, 니키 드 생팔 조각	서양미술사
	2	르네상스와 미니멀리즘 비교(형식, 공간, 모더니즘)	서양미술사 2, 미학
	3 (182)	게슈탈트 원리와 스톨리츠 비평	디자인, 미술비평
	4	고구려 고분 벽화	한국미술사 1
2013	1	루켄스, 로웬펠드, 파슨스	미술교육학
	2	다다, 미니멀리즘	서양미술사 2
	3	중국 절파, 이개선, 앤더슨 미술비평	동양미술사, 비평
	4(216)	디자인 비엔나 분리파	디자인
2014	1	애니메이션 장치, 2009 개정 교육과정 내용영역	디자인, 교육과정
	2	벨라스케스, 베이컨	서양미술사 1
2015	1	교육과정, 성취기준, 미술 비평 -펠드먼, 게히건 비평, 각 단계 내용	교육과정, 미술 비평
	2	일품의 의미, 내용, 요소, 김정희 정신, 영향	한국미술사, 중국화론
2016	8	2009개정 성취기준, 개선점, 사회 재건주의 특징	미술교육론, 교육과정, 성취기준
2017	8	아이스너 평가 관점, 평가 내용	미술교육론, 평가 구분
2018	8	수용미학, 비고츠키, 미술감상과 비평 성취기준	미술 비평, 교육과정
2019	8	PBL. 인포그래피, 아이스너의 표상의 형식	교육학, 디자인

기출문제 분류표 - 연도별

2014학년도~2021학년도 현 서술형

2014

		1	2	3	4	5	6	7	8	9	10	11	12	13	14	15	서1	서2	서3	서4
	A형	미교	과정	미교	한미	전통	회화	서미	색채	판화	중미	전각	조소	서미	염색	한미	스캠	드로	중미	서미
		1	2	논	논															
	B형	전통	디역	디자애니	서미															

2015

		1	2	3	4	5	6	7	8	9	10	서1	서2	서3	서4
	A형	서미	색채	드로잉	목공화각	서미	뉴미	미학	전통회화	서예	미학	교수분습	미교	디자인타이포	판화
		1	2	3	4	논1	논2								
	B형	전통회화	한미불화	도자성형	서미	비평	한미화론								

2016

		1	2	3	4	5	6	7	8	9	10	11	12	13	14
	A형	서예	회화	판화	서미	미교	공예도자	전통	연구보고	미교	반응중심	서미	매채	브랑쿠시	서미
		1	2	3	4	5	6	7 논술							
	B형	한미	색채	회화	한근조각	석탑	시각편집	한미 미교							

2017

		1	2	3	4	5	6	7	8	9	10	11	12	13	14
	A형	시각디자	전통	중미	색채	교수마인드맵	드로잉	서예	미학	판화	미교	중미	포장	서미페미	서미공공
		1	2	3	4	5	6	7 논술							
	B형	회화	조소	교육과정	한미	서미	한미	목공	미교 아이스너 평가						

2018

		1	2	3	4	5	6	7	8	9	10	11	12	13	14
	A형	미교던컴	조소청동	회화	화론	서조각사	중미	색채	애니	과정윌슨	디자인역	전통회화	서미	전통건축	서미
		1	2	3	4	5	6	7 논술							
	B형	판화	서조각사	한미	도자공예	매체	미교리드	한미	수용미학						

2019	A형	1	2	3	4	5	6	7	8	9	10	11	12	13	14
		미교	서예	서양건축	드로잉	사진	전통회화	서양조각	화론	매체	교육과정	색채	디자인역	서미미학	동미
	B형	1	2	3	4	5	6	7	논술 8						
		미교비평	판화	서미	한지공예	서미	한미	전통	미교 PBL						

2020	A형	1	2	3	4	5	6	7	8	9	10	11	12
		미교	한미	드로잉	서미	중미	서미	전통	서미조각	디자인역	미교	도자성형	미교
	B형	1	2	3	4	5	6	7	8	9	10	11	
		색채	서예	한미중미	영화	판화	교육과정	전통	미교	교수법	서미	서미	

2021	A형	1	2	3	4	5	6	7	8	9	10	11	12
		교수법	동미동회	서양매체	색채	전통단청	미교	도자중미	서미조각	교수법	서양매체	서미	중미한미
	B형	1	2	3	4	5	6	7	8	9	10	11	
		서미	전각	교육과정	서미멀티	판화평판	미교평가	염색공예	한미	시각디자	미교시각	서미	

2022	A형	1	2	3	4	5	6	7	8	9	10	11	12
		미교발달	서미	디자인	한미	미교	서미	한미중미	한미	색채	판화	서미	미교
	B형	1	2	3	4	5	6	7	8	9	10	11	
		서예	미학	미교박물	미교비평	서미조각	중미	전통회화	금속공예	서미근대	디자인	교육과정	

2023	A형	1	2	3	4	5	6	7	8	9	10	11	12
		도자공예	서양화	서예전각	서미	전통화	판화	미교	조소	색채학	서미사	미교	한미사
	B형	1	2	3	4	5	6	7	8	9	10	11	
		목공예	교육과정	비평	서미사	사진영상	중미사	시디	지공예	서미사	교수법	평가	

기출문제 분류표 - 영역별, 문항별

2. 영역별, 문항별

영역	학년도	문항 번호
미교론	02	2
	03	
	04	
	05	1, 20
	06	2, 3, 4
	07	5, 6
	08	1
	09	1, 4, 7, 8, 10, 15, 16, 17, 18, 논술1
	10	1, 2, 3, 4, 5, 8, 10, 14
	11	1, 3, 4, 5, 8, 11, 12, 논술4
	12	1, 2, 6
	13	1, 4, 5, 7, 9, 10, 논술1(루켄스)
	14	A1, A3
	15	A서2
	16	A5, A9, 논술(재건주의)
	17	A10(맥피)
	18	A1(던컴), B6(리드)
	19	A1(애플랜드)
	20	10(로웬, 칙센트), 12, B8, B11
	21	A6, B10
	22	A1, A5(에플), A12(다문화), B3(하인)
	23	A7, A11
	24	A1,
	25	A1(아른하임, 가드너) B11(허버트 리드)
	26	

영역	학년도	문항 번호
교육과정	02	1, 3(ICT)
	03	1, 2(전통미술 강화 방안)
	04	1, 2, 3(보통 교과, 선택 교과)
	05	18(학목), 26(감상지도)
	06	5(피바디), 6(학목), 7(ICT)
	07	1, 21
	08	2, 3(학목)
	09	9
	10	6, 9, 11, 13, 논술4(디자인 교수법)
	11	2, 4(헨리 콜), 9, 10, 논술1(시각문화)
	12	3, 4, 5, 8
	13	6, 11
	14	A2(2009 개정 미술문화)
	15	
	16	
	17	B3(자기주도적 역량, 교수 유의점)
	18	A9(윌슨), 논술(수용미학)
	19	A10(성취기준 정의, 내용 요소, 기능)
	20	B6(체험 영역 변천)
	21	B3(감상 변천, 기능)
	22	B11(변천)
	23	B2
	24	A9(22개정, 성취기준)
	25	A11(22, 미술과 매체), B3(교육과정 변천), B10(22, 성취기준)
	26	

영역	학년도	문항 번호
교수법	02	
	03	
	04	
	05	
	06	15(교수 학습 방법)
	07	
	08	6(귀납적)
	09	11(귀납적)
	10	7(귀납, 반응, 창의적)
	11	
	12	7(창의적), 10
	13	2(ASSURE), 3
	14	
	15	A서1(분습법, 교육과정)
	16	A10(반응 중심)
	17	A5(마인드 맵)
	18	
	19	논술(PBL)
	20	B9(창의적)
	21	A1(직접교수, 스캐폴딩)
	22	
	23	B10
	24	B3(반응중심) B11(가네 수업 사태)
	25	A12(브레인 라이팅)
	26	

영역	학년도	문항 번호
평가	02	
	03	3(수행평가 장점)
	04	
	05	6(수행)
	06	
	07	9(포트폴리오, 토론)
	08	10(연구보고서)
	09	5(포트폴, 준거지향)
	10	
	11	3(타당도), 7(종합)
	12	9
	13	8
	14	A1(프로세스폴리오)
	15	
	16	A8(연구보고서)
	17	논술(포트폴리오)
	18	
	19	
	20	A1(성취평가, 일화)
	21	A9(평가적 발문), B6(가드너, 평가 신뢰도)
	22	
	23	B11
	24	B5(연구, 자평, 포트)
	25	
	26	

영역	학년도	문항 번호
비평	02	
	03	14(펠드먼)
	04	
	05	11(박물관), 22(펠드먼)
	06	8(교사 주관적 평가)
	07	7(미술관), 18(비평)
	08	
	09	3(내재, 인상, 맥락)
	10	2(파슨스), 12(월프)
	11	27(비평)
	12	18
	13	31(게히건), 논술1, 논술3
	14	
	15	논술 1
	16	
	17	
	18	
	19	B1(앤더슨)
	20	
	21	
	22	B4(펠드, 게히건)
	23	B3
	24	A6(미틀러, 펠드먼)
	25	B10(대화중심 감상)
	26	

영역	학년도	문항 번호	영역	학년도	문항 번호	영역	학년도	문항 번호
서양화	02	8(**백남준** 다다익선), 10	전통화	02		조소	02	5(시간과 움직임)
	03	5(조형요소)		03	7(준법)		03	6(공간적 의미)
	04	**4(수채,콜라,목탄,고무판), 6**		04			04	**5(돌, 플라스틱)**
	05	7(파피에, 템페, **파스텔**)		05	12(평, 고, 심원)		05	**8(정크, 아쌍)**
	06	19(스푸, 임파, 데페)		06	**13, 14(몽유도원분석)**		06	10(직소)
	07	8(자화상), 12(에튀드) 24(**이동시점**)		07			07	**2(소조/조각) 17(백남준 매체적 관점)**
	08	**4(컨투어, 제스처)**		08	15(피마, 동엽, 방작)		08	
	09	13, 24(스푸) 33(**쉬포르**)		09	20(구도, 삼첩양단)		09	32, 4(목조, 청동) 논술4(로댕, 펠드먼)
	10	33(글라시) 39(**컨투, 제스**)		10	18(민화), 31, 38		10	16, 17
	11	20, 38(유채)		11	15, 22(윤, 해조), 28 40(무이귀도)		11	16(브랑, 로, 아르, 무어) 31(청동 착색)
	12	23(포스터 아크), 33		12	31(운염, 철선)		12	11, 35(부르델, 마욜)
	13			13	22(해조, 태서)		13	24(탈랍 주조) 29(무어, 펭코)
	14	6(임파), A서2(초현실)		14	A5(운염), B1(고양이,나비, 제비꽃)		14	A7(키네틱), 12
	15	3(움직임)		15	A8(미점, 직찰), B1(오악도)		15	A7(아르프, 무어) **B3(속파기, 석고틀)**
	16	2(해칭), A12(유채.프레), **B3(포토그램)**		16	A7(지두화)		16	
	17	**6(컨투, 제스)**, B1(프로타,그라타, 데칼)		17	A2(선염, 해조묘)		17	B2(석고 부조, 실리콘)
	18	3(키아로), B5(과슈)		18	A11(문자도, 삼여도)		18	A2(그리스 청동주조)
	19	**4(제스, 데포르)**, 9(프레스코 과정)		19	A6(임, 방), B7(정선, 변관식)		19	A7(반정형)
	20	3(자동기술, 낙서)		20	B7(수성노인,정두서미묘)		20	A8(가보, 타틀린) **A11(물레 성형,주입성형)**
	21	A3(붉은 초크, 연필), A10(템페라, 재료)		21	A2(노근묵, 유민화), A5(단청 제작과정)		21	A8(용접, 곤잘레스)
	22	A2,		22	B7(먹의 종류)		22	
	23	A2		23	A5		23	A8
	24	A4(실버포인트), B2(조형)		24			24	A5(로댕, 청동)
	25	A2(목탄, 펜티멘토) A5(펫 오버 린)		25			25	A6(생기론, 불각)
	26			26			26	

기출문제 분류표 - 영역별, 문항별

영역	학년도	문항 번호	영역	학년도	문항 번호	영역	학년도	문항 번호
해부학	02		사진영상	02		판화	02	6
	03			03			03	
	04			04			04	
	05			05			05	19(모노타이프, 실크 스크린)
	06			06			06	16(AP, CP, 오리지널)
	07			07			07	25(메조틴트, 포토에칭)
	08			08			08	18(오목판 직접법 3개)
	09	38(두상의 길이)		09	21(회화주의 사진)		09	27(실크, 리소, AP, 에쿼)
	10	37(흉쇄유돌근)		10			10	32(마네, 고야, 뭉크, 워홀)
	11			11			11	33(에쿼, 메조, 석판)
	12			12			12	25(에칭, 포토), 30(뭉크)
	13			13			13	12(실크, 에쿼, 석판)
	14			14			14	9(목판-우드인그레이빙)
	15			15			15	A서4(석판화 과정)
	16			16			16	3(평판 - 모노타이핑)
	17			17			17	9(오목- 메조틴트 과정)
	18			18			18	B1(실크 제작과정)
	19			19	A5(피사계 심도)		19	B2(목-우드 컷, 인그레이빙)
	20			20	B4(미장센, 몽타주)		20	B5(하드, 소프트, 메조)
	21			21			21	B5(석판화 연마제)
	22			22			22	A10(에디션)
	23			23	B5		23	A6
	24			24	B7(카메라, 셔터)		24	B4(오목, 도구, 프린팅)
	25			25			25	B7(오목, 판화지 처리 방법)
	26			26			26	

영역	학년도	문항 번호	영역	학년도	문항 번호	영역	학년도	문항 번호
서예전각	02	9(운필법)	색채학	02	13(연변, 면적대비)	디자인 역사 & 이론	02	
	03	12(전각)		03			03	9(아르 / 바우)
	04			04	**10(오방색)**		04	8(아르 / 바우)
	05	14(전각)		05	15(감산혼합)		05	9(굿 디자인 조건)
	06	9(해서, 판본, 단구)		06	12(연속성, 게슈탈트)		06	11(그린 디자인)
	07	13(작화추색)		07	14(중간 혼합)		07	3(미술공예)
	08	8(전서)		08	12(빨강, 청록보색 대비)		08	
	09	19(초, 해, 행, 전, 예)		09	32(베졸트, 명시성)		09	논술2
	10	22(낙관, 추사,전각)		10	21(푸르킨예), 논술3		10	23(스칸, 맥킨,미공, 데스틸)
	11	21		11	39(먼셀 표기법)		11	19(아르 누보, 유켄트스틸)
	12	13(전각 이론)		12	27(디지털 감산,가산)		12	37(포스, 바우, 오르, 팝), 논술3
	13	34		13	32(먼셀, 비렌,오스트)		13	13(공공), 18(역사), 23(건축), 논술4
	14	11(전각 이론)		14	8(저드 조화론)		14	서B2(아르데코, 카상드르)
	15	9(예서, 팔분,잠두안미)		15	2(푸르킨예)		15	
	16	1(송설체)		16	B2(감산 혼합)		16	
	17	7(영자 팔법, 장봉,노봉)		17	4(가산 혼합)		17	A5(마인드 맵)
	18			18	7(저드 조화론)		18	A10(오르가닉,알토, 로브그로브)
	19	2(일파삼절)		19	11(배색 기법)		19	A12(뮤사, 론첸, 산업화)
	20	B2(비백서)		20	B1(채도, 보색 대비)		20	A9(미스, 아르키줌)
	21	B2(전각, 잔파, 악권)		21	A4(디지털 가산)		21	
	22	B1(행서, 현완)		22	A9(슈브, 먼셀)		22	B10(유선형, 판톤)
	23	A3		23	A9		23	
	24	B9(전서, 인장, 장법)		24	B8(중간 혼색)		24	A10(UX/UI, 프로토타입)
	25	A3(예서, 쌍구)		25	A8(루드, 슈브륄)		25	B1(아르누보, 티파니기법) B8(적정 기술, 중간기술)
	26			26			26	

영역	학년도	문항 번호	영역	학년도	문항 번호	영역	학년도	문항 번호
시각디자인	02	4(포장)	제품디자인	02	12(디자인 조건)	공예	02	
	03	4(애니), 13(포장 조건)		03			03	8(염색-전사, 바틱)
	04			04			04	
	05	16(C.I)		05			05	21(나전, 금속, 상감청자), 25
	06	17(포장), 21(애니)		06			06	20(도자-분청)
	07			07	19(렌더링)		07	10(염색-납방, 홀치기)
	08	5(편집), 7(애니)		08			08	19(금속, 나전) 20(도자성형)
	09	23(DM)		09			09	26(금속), 40(염색정련)
	10	24(CIP), 36(POP)		10			10	15(분청 조화, 상감,박지)
	11	30(신문)		11			11	26, 36(칠보)
	12	14(그래픽), 26(영상,애니)		12			12	19(금속-평탈, 입사)
	13	17(게슈, 편집, 그리드)		13	13(공공), 15		13	33(유리)
	14	논술1(애니+교육과정)		14	2014-A서1(스캠퍼)		14	14(염색-날염)
	15	A서3(레지빌리티)		15			15	4(화각), B3(도자성형)
	16	B6(편집, 바우, 포스트)		16			16	A6(도자-산화, 환원)
	17	1(파사드),12(패키지)		17			17	B7(목공, 사개물림)
	18	8(애니)		18	10(알토+유기적)		18	B4(분청-덤벙, 귀얄)
	19			19			19	B4(한지 제작과정)
	20			20			20	A2(평탈) A11(도자, 주입성형)
	21	B9(인포그래픽)		21			21	A7(도자, 하회, 상회), B7(염색, 납방염)
	22	A3(애니기법)		22			22	B8(금속, 절, 입사, 면, 땜)
	23	B7		23			23	
	24			24			24	
	25			25			25	
	26			26			26	

염색	금속	도자	목공예	지공예	유리
03-8(전사)	04-13(입사)	03-10(도자종합)	05-21(나전, 금속, 청자)	04-13(지승)	13-33(블로잉)
07-10	05-21(입사)	05-25(청자)	08-19(나전)		
09-40(종합)	08-19(금속)	06-20(분청 종류)	12-19(평탈,, 청자)		
	09-26(금속)	08-20(성형)			
	11-36(칠보)	10-15(분청 종류)			
	12-19(입사)	12-19(청자)			
	13-24(주물법)				
	13-33(레이징)	13-33(청화백자)			
14-14(착발염)					
		15-B3(속파기 성형)	15-4(화각)		
		16-6(산화, 환원)			
			17-B7(사개물림)		
		18-B4(덤벙,귀얄)			
				19-B4(한지제작)	
		20-11(주입 성형)	20-A2(평탈)		
21-B7(납방염)		21-A7(분청, 백자)			
	22-B8(입사)				
		23-A1(청자 가마)	23-B1(소반)	23-B8(한지제작)	
24-B1(착발염)		24-A8(그리스 토기)			
					25-B1(퍼브릴)

기출문제 분류표 - 영역별, 문항별

영역	학년도	문항 번호	영역	학년도	문항 번호
중국미술사	02		한국미술사	02	7 (한국 정원), 11
	03			03	
	04	7(화육법), 12(윤두서 자화상)		04	9(몽유, 인왕제색도, 사의산수, 실경)
	05	23(왕유, 이사훈 비교)		05	2(반가사유상), 5(무량수전), 10(고구려 벽화), 13(세한), 24(민중)
	06	23(이곽파, 절파 비교)		06	18(주심포), 22(금동불 제작 과정)
	07	13(작화추색), 22(사혁, 곽희, 일품화)		07	4(석굴암), 23(변관식, 노수현, 이상범, 허백련)
	08	9(조맹부, 서화용필동원)		08	21(중기영모)
	09			09	14(수원성, 29(조선 회화사), 논술3
	10	논술4		10	25(고려 불상), 28(조선 초기 회화사)
	11			11	22(정선 금강산도), 25(감산석불), 35(천마, 영산회상도, 강희언), 논술2
	12	16(소식, 예찬, 동기창, 서위, 석도)		12	12(양류관음), 15(김관호), 17(삼화령 석불), 32(묵림회), 34(김경승), 38(승탑), 논술4
	13	38(형호, 동원), 39(인도사)		13	19(김득신), 20(동경), 21(강희언, 최북, 윤두서, 김홍도), 27
	14	10, A서3(전선)		14	A4(비로자나 불상명칭), A15(다포)
	15	논술2(일품)		15	B1(일월오악도), B2(고려 불화)
	16			16	B1(고려불상 라마양식), B4(김복진, 윤효중), B5(신라석탑), B7(조속, 영모)
	17	3(돈황), 11(왕시민, 석도, 동기창남북종론)		17	B4(삼국 가람배치), B6(중기 절파, 이경윤, 신윤복)
	18	4(의재필선, 흉중성죽, 소식), 6(양주화파, 계화)		18	A13(수덕사 대웅전, 금산사 미륵전), B3(이징 안견화파), B7(범종 비교)
	19	8(부점목정), 14(간다라미술)		19	B6(조속, 정홍래), B7(정선, 변관식)
	20	5(청대 영남화파)		20	B3(허련, 황공망)
	21	A12(명청도자)		21	B8(조속, 구륵, 몰골, 축화, 기러기 상징)
	22	A7(절파), B6(범관, 이당, 소조)		22	A4(근대, 이상범), A7(조선중기), A8(건축, 팔상전)
	23	B6		23	A12(통신 불조각-본존불, 비로자나불)
	24	A3(북위 원강), B9(석고문/ 청-오창석) B10(원-조맹부/청-서비홍)		24	A2(근대 조각), A11(통신 석탑-다보, 화4자), A12(조선 중-후기 회화 이정, 유덕장, 허련)
	25	B9(예찬, 오진, 동원, 고의론)		25	A7(조석진, 안중식), A10(조희룡, 심사정), B2(삼국, 무덤유형), B5(최북, 윤제홍)

영역	학년도	문항 번호	영역	학년도	문항 번호
서양미술사 (1)	02		서양미술사 (2)	02	
	03			03	11(낙서)
	04	11(도미에, 말레비치, 마그리트)		04	14(팝), 15(백남준, 감상태도)
	05	4(사실주의), 17(르네상스)		05	3(대지)
	06			06	11(입체), 24(추표. 미니), 25(차용, 뒤샹, 마그리트, 야스마사)
	07	20(미래, 입체)		07	11(설치), 15(초현실), 16(누보), 17(비디오)
	08	13(바로크), 14(그리스)		08	11(팝), 16(초현실), 17(네오 다다)
	09	16(게르니카), 22(르네), 25(르네), 30(낭만), 37(그리스)		09	28(미디어)
	10	19(피카소, 곤잘레스), 20(미켈란), 26(낭만), 29(피디아스, 로댕, 바로크, 가우디), 30(야수),		10	17(비디오), 27(바를라흐, 카로, 마리솔), 34(공간), 35(재스퍼 존스, 라우센버그), 40(로제티, 드쿠닝, 멕시코, 렘브)
	11	13(동서 비교), 34 29(유물, 초현실, 낭만, 신고전, 고흐), 32(폴록, 발라, 입체)		11	14(신표), 17(안드레, 톰블리, 크리스토, 보이스, 해링), 18(비디오), 24(다다), 37(도널드 저드, 리처드 세라), 논술3
	12	22(바로크), 24(구성), 40(틴토레토)		12	21(재스퍼 존스, 칼 안드레), 28, 29, 36(크리스토), 39(페미니즘 작가), 논술1, 논술2
	13	16(그뤼네발트), 30(신인상), 37(곤잘레스, 송영수)		13	14(리히터), 26(키스해링, 마든, 척클로스), 35(YBA), 36(미디어), 40(아워슬러, 제프리 쇼, 빌 비올라, 매튜바니)
	14	논술2(바로크)		14	A7(키네틱), A13(플럭서스), A서4(타블로)
	15	A1(신인상), B4(독일 낭만, 인상, 입체, 풍경 표현))		15	A5(앵포르멜), A6(미디어), A7(아르프, 무어 = 생기론)
	16	A13(브랑쿠시), 14(신고전, 로코코 사회적 배경)		16	A4(행위), A11(아르테 포베라),
	17	B5(그리스 고전주의, 헬레니즘)		17	A13(페미니즘, 주디 시카고, 신디 셔먼), A14(공공미술, 장소 특수성),
	18	A5(매너리즘, 피구라 세르피나타), A14(후기 고딕), B2(로마 조각, 론 뮤익)		18	A12(YB'S, 화이트리드)
	19	A3(중세 건축, 앱스, 볼트), B3(쿠르베, 마네),		19	A13(대지, 마이클 하이저, 크라우스), B5(네오팝, 제프 쿤스, 카푸어)
	20	A4(로마 건축, 아트리움, 그로데스크 양식)), A8(구성주의 가보, 타틀린) B11(겹침, 프랑스 바로크, 푸생, 메멘토 모리, 아카데미 미술교육)		20	A3(낙서), A6(극사실, 척클로스), B10(플럭서스, 백남준, 이벤트)
	21	A11(라파엘로, 티치아노)		21	B1(상황주의 인터네셔널), B4(멀티 미디어, 제프리 쇼, 골드버그), B11(미니멀, 도널드 저드, 에바 헤세)
	22	B5.(로댕, 인체표현) B9(낭만, 터너, 비어스타트)		22	A6(하드엣지), A11(보이스, 아르테 포베라)
	23	A4		23	A10, B4, B9
	24	A8(그리스, 시누아즈리, 고흐)		24	A7(프린스, 자케)
	25	A4(비잔틴, 예수 상), B6(르네상스, 바로크)		25	A5(인상파, 펫 오버린), A9(비디오아트)
	26			26	

	09	10	11	12	13	14	15	16	17	18	19
미학	12 제도론	논술 1, 2	23 표현론, 24	20 표현론	25 그린버그 28 칸트	–	7 생기론 10 뵐플린	–	8 기호론	–	13 크리스테바
	20	21	22	23	24	25	26				
	–	–	B2 벨,. 그린버그, 단토	23	B6. 그린버그, 단토	A6. 생기론 B4. 미술관					

정샘 전공미술

PART

01. 미술교육론
02. 교육과정
03. 교수법
04. 평가
05. 미술 감상과 비평

01 미술교육론

1 2002학년도-02

미술과의 교수-학습 활동에서 '학습자의 표현 발달 단계'나 '자유 표현' 중심의 학습 방법이 가지는 장점과 단점을 각각 3줄 이내로 서술하시오. [6점]

① 장점(3점):

② 단점(3점):

02-02 [미술교육론]

|모|범|답|안|

자유표현이란 아동의 유희적 표현활동을 최고의 예술 활동으로 간주한 것으로서, **순수한 내적 표현 욕구의 산출**이다.
어른의 간섭없이 아동이 **내면의 자아 표현**을 하고, 주제, 방법, 재료, 목적 모든 것들을 아동의 자유로운 선택에 의한다.

장점은 첫째, **아동의 주체적인 자기표현에 의해 유기적 성장을 촉진할 수 있다.(치젝)**
둘째, 아동의 흥미를 중시하여 학습 참여도가 높아질 수 있다.
셋째, 자유표현은 미적 감수성을 자연스럽게 발달시켜 조화롭고 균형 잡힌 인간을 육성할 수 있다.

단점은 첫째, 미술교육이 자칫 방임으로 흐를 가능성이 많고 교사가 소극적인 자세를 갖기 쉽다.
둘째, 모든 미술 활동에서 과정만 중시하는 결과로 이어질 수 있다. 미술은 끝맺음도 매우 중요하다.
셋째, 미술의 본질적 특성에 기초한 미술 이해 학습의 부족으로 이어질 수 있다.

2 2005학년도-01

미술수업 시간에 우리 탈에 관한 자료를 조사하고 탈을 만들었다. 이어 아프리카의 탈과 오세아니아의 탈 등과 비교하여 토론하였다. 이 수업에 적용한 미술교육이론의 명칭을 쓰고, 그 장점을 3가지만 쓰시오. [4점]

- 명칭 :

- 장점 :
  ①
  ②
  ③

05-01 [미술교육론 – 다문화]

|모|범|답|안|

명칭은 다문화 미술교육론이다.

장점은 첫째, 미술 교육을 통해서 자신의 민족 문화의 우수성을 알게 하여, 자민족 문화의 자긍심을 길러준다.
둘째, 여러 나라의 문화를 이해하게 하고 다양한 계층의 문화를 이해하게 할 수 있다.
셋째, 학교의 사회적 구조와 문화, 다른 교육제도의 변화를 통한 동등한 학업성취 기회의 제공, 교육적 평등의 증진한다.

3 2005학년도-20

DBAE의 근간을 이루는 네 가지 학문 분야를 쓰고, DBAE에 대해 일반적으로 제기되는 문제점을 3가지만 쓰시오. [4점]

- 네 가지 학문 분야 :
    ①
    ②
    ③
    ④

- 문제점 :
    ①
    ②
    ③

4 2006학년도-02

미술 교육에서 '시각 문화 교육'이 필요한 이유를 시각적 미디어의 발달과 관련하여 2가지 쓰시오. [2점]

05-20 [미술교육론]

|모|범|답|안|

4가지 학문 분야는 미술의 제작 활동, 미적 지각 활동, 미술의 문화적, 역사적 유산, 미술의 비평적 평가이다.

문제점은 첫째, 너무 개념적이고 보고 따라 할 구체적인 지도 방법의 제시가 미흡하다.
둘째, 미술교육은 미술에 관한 지식의 전달로 흐르게 할 가능성이 높다.
셋째, 교사의 부담이 지나치게 높고 결과를 강조한다.

그 외에 일원론적 개념을 가진 DBAE는 다원론적 특징을 가진 현대 사회와 미술교육에 적합하지 않다.

06-02 [미술교육론]

|모|범|답|안|

시각문화 교육의 필요성은 첫째, **시각적 문해력의 육성**이다. 시각문화 교육은 새로운 시각 미디어를 통한 창의적인 시각언어 표현을 생성하는 교육이기 때문이다.
둘째, **미디어 리터러시 능력 향상**이다. 시각문화 교육은 컴퓨터, 비디오, 사진, 인터넷 등 디지털 매체의 매체적 속성에 대한 실제적 경험을 통해서 테크놀로지가 만드는 시각 이미지의 이데올로기에 대한 역량 강화를 육성하기 때문이다.

5 2006학년도-03

로웬펠드(Lowenfeld)의 미술 표현 발달 2단계 중 '결정기(The Period of Decision)'에 나타나는 시각형과 촉각형의 표현 특징을 각각 2가지씩 쓰시오. [4점]

(1) 시각형 :

-
-

(2) 촉각형 :

-
-

06-03 [미술교육론 - 로웬펠드 결정기 / 시각 / 촉각]

|모|범|답|안|
시각형은 사물의 외형에서부터 접근한다.
처음에는 전체, 전체를 세부나 부분으로 분석, 부분을 전체로 종합한다.
대상 자체의 모양과 구조의 특성 분석, 명암, 색상, 톤, 원근에 따라 결정되는 형태와 구조의 변화에 관심 갖는다.
정확한 비례와 치수를 중시한다.

촉각형은 자신과 가치 있는 관계를 맺고 있는 모든 경험에부터 접근한다.
신체적, 정서적, 지적인 이해의 종합적 결과가 형식적인 특성이 된다.
표현은 매우 주관적이다. 정서적인 중요성으로 비례를 표현한다.

6 2006학년도_04

〈보기〉의 '아츠 프로펠(Arts Propel)'에 대한 설명 중에서 사실과 다른 내용을 포함하고 있는 번호를 2개 골라 쓰고, 틀린 이유를 각각 설명하시오. [4점]

―|보기|―
① 아츠 프로펠(Arts Propel)의 Propel은 제작(production), 과정(process), 반성(reflection)의 세 단어와 학습(learning)의 약자를 합성한 것이다.
② 아츠 프로펠은 가드너(Gardner)의 다중 지능 이론을 바탕으로 한다.
③ 아츠 프로펠은 주로 미술과 관련된 교육과정 프로젝트이다.
④ 아츠 프로펠은 하버드 프로젝트 제로(Harvard Project Zero) 연구의 한 가지이다
⑤ 아츠 프로펠은 포트폴리오를 중심으로 한 학생들의 수행 능력 평가와 교육과정 개발이 주요 연구 내용이다.

(1) 사실과 다른 2가지 :

(2) 틀린 이유 :

-
-

06-04 [미술교육론]

|모|범|답|안|
(1) 사실과 다른 2가지
　① 과정(process)
　③ 아츠 프로펠은 주로 미술과 관련된 교육과정 프로젝트이다.
(2) 틀린 이유
　①은 지각(perception)이다.
　③은 음악, 문학, 미술이다.

7 2007학년도_05

미술교육에 대한 관점은 크게 본질주의와 맥락주의로 구분할 수 있다. 전자의 관점에서 미술교육의 정당성은 미술을 매개로 학습자의 창조성과 정서성을 계발하여 미적 인간을 육성하는 데에 있다. 후자의 관점에서 미술교육의 정당성을 3가지 쓰시오. [3점]

-
-
-

8 2007학년도_06

다음은 시각문화교육(Visual Culture Art Education), 학문중심 미술교육(Discipline-Based Art Education), 창의성중심 미술교육을 각각의 등장 배경과 이론적 특징, 관련 학자의 측면에서 비교한 표이다. 빈 칸에 들어갈 알맞은 내용을 쓰시오. [4점]

구분	시각문화교육	학문중심 미술교육 (DBAE)	창의성중심 미술교육
등장 배경	• 구성주의 교육의 영향 • 시각 미디어의 발달과 미술 영역의 확장	• 학문중심 교육과정의 영향 • 모더니즘 미술의 전개	(라) _____ • 표현주의 미술의 영향
이론적 배경	(가) _____ (나) _____	• 교사의 역할과 교육과정의 중요성 인식 • 미술의 학문적 체계 강조 (미술사, 미학, 비평, 미술실기)	• 교사의 역할 축소 • 표현 활동을 통한 창의성 육성과 정서 함양의 목적 • 자유로운 자기 표현의 작품 제작 활동 강조 • 미술교육과 사회 간의 연관성 간과
관련 학자	• 던컨, 테빈, 프리드만	(다) _____, 브라우디, 바칸	• 치젝, 로웬펠드, 리드

07-05 [미술교육론]

|모|범|답|안|

맥락주의 정당성은 첫째, 공립학교 미술교육의 역사에서 미술을 정당화하는 데 널리 이용되어 왔다.
수업 목표 설정에 있어 학생의 요구에 기반을 두며 미술 활동의 수단적인 결과를 강조한다.
둘째, 지역사회의 특별한 요구에 기반을 둔다.
셋째, 사회가 직면한 문제가 무엇인가에 따라 그 정당성이 결정된다.
넷째, 미술을 취미로 활용하는 것. 둘째, 성격 치료에 둔다. 즉, 미술은 자기 스스로를 표현하는 수단이다.
다섯째, 미술이 창의적 사고의 발달에 가장 중요한 기여를 한다.
여섯째, 미술 활동이 학생들로 하여금 학문적 영역을 잘 이해하도록 한다.
일곱째, 생리학적 근거에 의해 정당화된다. 즉, 미술은 보다 건강한 근육을 발달시키며 어린이의 협응 능력을 향상시킨다.

07-06 [미술교육론]

|모|범|답|안|

(가) 교사 자신들이 커리큘럼의 핵심을 요구한다. 학생들 자신의 문화 경험이다.
　　교사 역할은 자신의 삶과 관련된 경험을 제공해야만 한다. 교사는 제작과 비평을 같이 제시해야 한다.
(나) 작품 제작과 비평
(다) 아이스너
(라) 진보주의 교육 철학

9 2008학년도_01

각기 다른 관점에서 잭슨 폴록의 작품을 수업 자료로 결정한 세 교사의 글을 읽고, 각 교사의 관점을 뒷받침할 수 있는 미술 교육 이론을 쓰시오. 또한, ④의 도판 목록이 어느 교사의 수업에 가장 적절한지 쓰시오. [4점]

수렴 10 / 잭슨 폴록

이 교사 : 나는 학생들의 감성을 자극하기 위해 폴록의 작품을 사용하고자 한다. 학생들의 창조성은 교사가 가르칠 수 있는 것이 아니므로, 폴록의 감정과 무의식적 심리상태가 그대로 표현되어 있는 이 작품이 아이들에게 영감을 줄 수 있을 것이다.

박 교사 : 폴록이 미국 미술계의 우상이 되는 과정을 학생들과 토론하려고 한다. 이를 통해 미술 작품이 단순히 형식적인 아름다움뿐만 아니라, 사회의 다양한 인종, 성, 민족, 사회계층을 반영하는 것임을 비판적으로 사고할 수 있는 기회가 될 것이다.

김 교사 : 폴록의 작품은 학생들이 현대 미술에 대하여 이해하도록 하는 데에 적합하다. 대상을 구체적으로 그린 작품이 아니어서 작가가 표현하고자 하는 것이 무엇인가 생각해 보도록 할 수 있으며, 미술의 형식들에 대한 지식을 체계적으로 가르칠 수 있다.

미술교육 이론					
이 교사	①	박 교사	②	김 교사	③

④ (   ) 교사의 도판 목록

마릴린 먼로 / 워홀	노동의열매 / 리베라	무당 / 박생광

08-01 [미술교육론]

|모|범|답|안|
① 창의성 중심 ② 다문화 미술교육 ③ DBAE ④ 박

10 2009학년도_01_선택형

미술 교육 평가에 관한 학자들의 관점 중 옳은 것을 보기에서 모두 고른 것은?

─|보기|─

ㄱ. 로웬펠드(V. Lowenfeld)는 창의적인 작품을 평가한다는 것은 어린이의 관심을 창조하는 과정으로부터 최종 결과로 돌리기 때문에 해로운 것이라고 하였다.

ㄴ. 애플랜드(A. EFland)는 프로세스폴리오를 통해서 창작 과정의 다양한 영역을 평가할 수 있으며, 이를 바탕으로 최종 작품의 종합적인 학습 결과를 평가할 수 있다고 하였다.

ㄷ. 가드너(H. Gardner)는 교육 평가에 있어서 감식안과 교육 비평의 개념을 논하기 위하여 질적 연구방법론을 활용한 평가 형식을 제안하였다.

ㄹ. 펠드만(E. Feldman)은 미적 발달은 자연스러운 성숙의 결과이므로 미술교육에서 평가를 배제해야 한다고 주장하였다.

① ㄱ
② ㄴ
③ ㄱ, ㄴ
④ ㄷ, ㄹ
⑤ ㄴ, ㄷ, ㄹ

09-01

|정답| ①

11 2009학년도_04

다음의 사회재건주의적 관점을 반영한 다문화 미술 수업계획으로 가장 적절한 것은?

> 사회재건주의(Social Reconstructionism)적 관점에 따르면 미술은 현실과 연계된 사회적 도구로서 개인의 삶의 질을 높이는데 기여할 수 있다. 또한 미술교육을 통하여 개인과 소수 인종을 배려하고 인종차별, 성차별, 민족주의 등 편협한 사고를 변화시킬 수 있다. 따라서 현시대의 사회적 이슈들을 미술 수업에서 다루어 봄으로써 평등하고 민주적인 공동체를 만들어 가기 위한 배려, 상호 이해, 공존 등의 다문화적 개념을 가르칠 수 있다.

① 정 교사는 우리 문화의 우수함을 외국인 근로자 자녀에게 가르치고자 전통 공예품을 제작해보는 수업을 계획하였다.
② 김 교사는 여러 나라의 민족 미술을 가르치고자 아프리카와 인디언의 가면과 한국의 탈을 제작해 보는 수업을 계획하였다.
③ 박 교사는 문화의 차이를 초월하는 보편적인 조형의 원리를 가르치기 위해 다양한 이민자 국가의 현대 미술품에 관한 수업을 계획하였다.
④ 최 교사는 외국인 근로자 자녀들이 우리 문화에 동화되고 적응할 수 있도록 한국의 전통 문화인 한복과 추석을 주제로 수업을 계획하였다.
⑤ 이 교사는 서로 다른 문화적 관점에서 외국인 근로자의 삶을 바라볼 수 있도록 이주, 정체성과 관련된 주제를 다룬 현대 미술품을 감상하는 수업을 계획하였다.

09-04 정답 ⑤

12 2009학년도_06

김 교사는 아트 프로펠(Arts PROPEL) 모델에 따라 창작, 지각, 반성이 통합된 표현 수업을 하고자 한다. 다음 (가)~(다)에 초점을 둔 교수 전략을 〈보기〉에서 고른 것은?

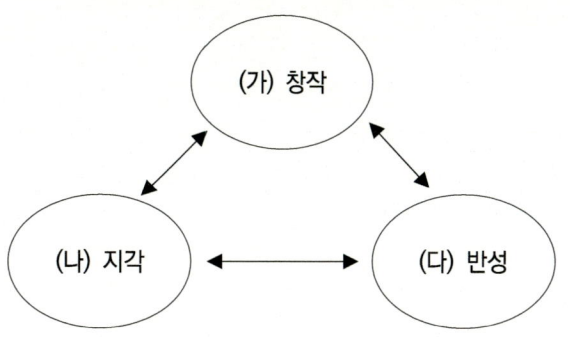

|보기|
ㄱ. 교사는 현주가 움직임을 추상적으로 표현하는 과제에서 운동 선수들의 사진을 모아 관찰하거나 사진의 다양한 포즈를 취해 보는 등의 방법을 활용하도록 지도하였다.
ㄴ. 교사는 현주가 화면 구성과 색채 표현에 대해 어려워한다는 것을 알게 되어, 작업일지를 적도록 한 후에 함께 읽으며 현주가 스스로 문제점을 파악하도록 하였다.
ㄷ. 교사는 현주가 다양한 크기나 모양으로 색지를 오려 다양한 방식으로 배열하면서 움직임의 추상적인 구성을 탐색할 수 있도록 지도하였다.

	(가)	(나)	(다)
①	ㄱ	ㄴ	ㄷ
②	ㄱ	ㄷ	ㄴ
③	ㄴ	ㄷ	ㄱ
④	ㄷ	ㄱ	ㄴ
⑤	ㄷ	ㄴ	ㄱ

09-06 정답 ④

[13-14] 김교사와 이 교사의 수업에 대한 관찰지이다. 다음을 읽고 답하시오.

<사례1> 교사 : 김○○   관찰자:동료 교사

수업이 시작되자 김 교사는 수업 목표인 질감의 표현에 대한 교과서 지문을 학생이 읽도록 한 뒤, 칠판에 종이를 붙이며 연필을 들고 말했다. "교과서 내용을 기억하면서 여기를 보세요. 거친 느낌을 내기 위해 선을 이렇게 지그재그로 그리고 문질러서 자연스럽게 만들 수 있지요. 여러분도 종이에 한번 해 보세요." 교사의 시범이 끝나자 학생들은 책상 위에 종이와 연필을 꺼내 놓았다.

(중략)

교사의 지시에 따라 학생들은 준비한 정물을 책상위에 놓고 그리기 시작하였다. 교사는 순회 지도를 하면서 교과서에 읽은 질감의 특성을 잘 생각하여 그릴 것을 강조하였고 개별적으로 틀린 부분을 수정하도록 지도하였다.

수업이 끝나기 10분 전, 김 교사는 잘 그린 그림을 왼쪽부터 칠판에 붙이고 말했다. "자, 모두 여기를 보세요. 영희는 거친 돌멩이의 느낌을 사실적으로 묘사했어요. 잘했죠? 음, 여기 오른 쪽의 다섯 학생들 그림에는 아직 정물의 질감이 잘 나타나 있지 않아요. 선생님이 숙제로 내줄 테니 이 학생들은 한번 더 해 보고 다음 시간에 가져오세요." 김교사는 몇몇 학생들의 작품에서 잘못된 점을 상세히 설명한 후 수업을 마쳤다.

<사례1> 교사 : 이○○   관찰자:동료 교사

수업이 시작되자 이 교사가 말했다. "다른 과목 선생님들과 의논한 결과 국어, 음악, 체육, 미술 시간에 여러분과 함께 뮤지컬을 준비하여 학교 축제 때 공연하기로 했어요. 그래서 이번 시간에는 뮤지컬에 필요한 무대 배경을 만들어 보려고 해요. 극적 효과를 살리기 위해서는 뮤지컬의 내용도 잘 이해해야 하지만, 여러 가지 질감과 시각적 효과를 잘 활용해야 합니다. 자, 뮤지컬의 줄거리를 잘 읽어 보고 음악을 들으면서 어떤 느낌으로 만들지 토의한 후 역할을 분담합시다." 학생들은 모둠별로 마인드맵을 그리고 제작 계획서를 작성하기 시작하였다.

(중략)

교사는 순회하며 모둠별 토의에 참여하였고, 수업이 끝나기 10분 전 학생들을 주목시켰다. "자, 제작 계획서는 프로젝트를 진행하는데 아주 중요해요. 마지막에 계획서를 토대로 무대 배경이 의도대로 만들어졌는지 점검하고 평가하게 되니까, 다시 한번 잘 정리하세요 그리고 각자 이번 프로젝트에서 어떤 점에 중점을 두고 싶은지 짧게 적어보세요."

학생들이 계획서를 제출하자 이 교사는 숙제를 설명하고 수업을 마무리하였다. "이번 수업에서 가장 중요한 것은 함께 참여하고 협력하는 것이에요. 무대 배경을 제작할 때 참고할 수 있는 그림과 자료, 재료, 소품 등을 다음 시간까지 준비해 오세요."

13 2009학년도_07

김 교사와 이 교사가 가진 교육학적 입장에 대한 비교로 옳은 것은?

	김 교사	이 교사
①	목표와 행동 사이의 연합의 결과	개인의 유의미한 지식 구성
②	정보를 처리하는 행위 주체	환경의 자극에 대한 수용자
③	지식 습득을 위한 실제적 상황 강조	맥락적 관점에서 지식 정의
④	측정 가능한 결과 확인	가시적인 행동적 변화 추구
⑤	실제적 평가	수행 평가

14 2009학년도_08

동료 교사들이 <사례 2>의 수업을 통합 교육과정 이론에 비추어 비평한 글이다. 다음에 제시된 동료 장학의 글에서 (가)~(다)에 적절한 것은?

- 이 교사는 뮤지컬을 완성하기 위하여 국어, 음악, 체육, 미술 교과들을 결합하고 뮤지컬의 요소를 다양한 측면에서 이해하여 무대 배경을 제작하도록 하였으므로 (가) 이라 할 수 있다.
- 이 교사는 국어, 음악, 체육, 미술 교과의 공통된 기능인 문제해결, 의사소통 등을 뮤지컬 준비 과정에서 수행하도록 하였으므로 (나) 이라 할 수 있다.
- 이 교사는 학교 축제와 같은 학교생활에서의 경험과 수업을 관련짓고, 수업의 전 과정에서 협력적인 대인 관계를 형성하도록 하였으므로 (다) 이라 할 수 있다.

	(가)	(나)	(다)
①	교과내 통합	다지능적 통합	간학문적 통합
②	다학문적 통합	간학문적 통합	초학문적 통합
③	다지능적 통합	초학문적 통합	교과내 통합
④	간학문적 통합	교과내 통합	다지능적 통합
⑤	초학문적 통합	다학문적 통합	간학문적 통합

09-07 |정답| ①

09-08 |정답| ②

15 2009학년도_10

〈보기〉에 제시된 서양 근대 미술교육의 전개 과정과 특징을 시대 순으로 나열한 것은? [2.5점]

― 보기 ―

ㄱ. 프란츠 치젝(F. Cizek)이 주창한 어린이 미술에 가치를 둔 새로운 미술 수업이 비엔나 미술 공예 학교에 도입되었다.
ㄴ. 벤자민 프랭클린(B. Franklin)은 예술원 설립 계획안에서 드로잉 과목을 교육과정에 포함하였다.
ㄷ. 존 러스킨(J. Ruskin)의 영향을 받은 찰스 노턴(C. Norton)이 하버드 대학에서 미술사를 가르치기 시작하였다.
ㄹ. 마뉴엘 바칸(M. Barkan)은 펜 스테이트 세미나에서 미술사가, 미술 비평가, 미술가의 탐구 방식을 모델로 하는 미술 교육을 주장하였다.

① ㄱ-ㄴ-ㄹ-ㄷ
② ㄴ-ㄱ-ㄹ-ㄷ
③ ㄴ-ㄷ-ㄱ-ㄹ
④ ㄷ-ㄱ-ㄴ-ㄹ
⑤ ㄷ-ㄴ-ㄹ-ㄱ

09-10
|정답| ③

16 2009학년도_15

아이즈너(E. Eisner)가 제시한 미술 비평의 여섯 가지 측면을 박물관 미술교육에 적용한 내용으로 옳은 것을 〈보기〉에서 모두 고른 것은?

― 보기 ―

ㄱ. 경험적 접근 : 전시물과의 소통을 기록하고 해석한다.
ㄴ. 연역적 접근 : 미술의 형식적 원리를 토대로 전시물의 의미를 해석한다.
ㄷ. 상징적 접근 : 전시물 이미지의 의미 추정과 은유를 통해 해석한다.
ㄹ. 주제적 접근 : 전시의 의도와 주제를 중심으로 전시물을 해석한다.
ㅁ. 심리적 접근 : 전시물을 제작한 당시 작가의 심리 상황을 유추 해석한다.
ㅂ. 재료적 접근 : 전시물의 재료가 표현 내용에 어떤 영향을 주는지 해석한다.

① ㄱ, ㄹ
② ㄴ, ㄷ, ㅁ
③ ㄷ, ㄹ, ㅂ
④ ㄱ, ㄷ, ㄹ, ㅂ
⑤ ㄴ, ㄹ, ㅁ, ㅂ

09-15
|정답| ④

17 2009학년도_17

다음에 제시된 교육학자들의 이론과 관련된 미술교사들의 교육적 관점을 〈보기〉에서 고른 것은?

(가) 듀이(J. Dewey)
(나) 부르너(J. Bruner)
(다) 가네(R. Gagné)

|보기|

ㄱ. 최 교사: 미술 교과의 내용은 미술의 개념이나 원리, 아이디어 등으로 선정하고 조직하여야 한다. 가르치고자 하는 개념들이 미술 능력 발달 단계에 적합한 상징적 형태로 제시된다면, 아동들에게도 주요 미술 개념들을 가르칠 수 있다.
ㄴ. 김 교사: 교과 내용의 선정 기준은 문제 해결을 위한 반성적 사고에 유용하게 사용될 수 있는가의 여부에 달려 있다. 그러므로 미술 교과의 내용은 우선적으로 일상생활의 경험과 학습자의 흥미가 적극 반영되어야 한다.
ㄷ. 박 교사: 학습은 위계적으로 이루어지므로, 학습 내용은 이 위계에 따라 선정되고 계열화되어야 한다. 그러므로 미술 교과의 내용은 조형의 기본 원리에 따라 단계적으로 심화하여 구성되어야 한다.

	(가)	(나)	(다)
①	ㄱ	ㄴ	ㄷ
②	ㄱ	ㄷ	ㄴ
③	ㄴ	ㄱ	ㄷ
④	ㄷ	ㄷ	ㄱ
⑤	ㄷ	ㄴ	ㄱ

|정답| ③

18 2009학년도_18

시각문화 미술교육에 있어서 이미지에 대한 접근 방식을 〈보기〉에서 모두 고른 것은?

|보기|

ㄱ. 영상 문화에서 이미지에 대한 문제점과 대안을 마련한다.
ㄴ. 시간에 대한 심리학적 분석부터 사회학적 분석까지 포함한다.
ㄷ. 기호학적 접근을 배제하고 이면에 숨은 철학, 의도, 전략 등을 연구한다.
ㄹ. 수용자의 입장에서 이미지가 생산되고 소비되는 과정에 초점을 맞춘다.
ㅁ. 작품을 분석할 때 순수한 미학적 가치와 고유성, 천재성, 예술성에 중점을 둔다.

① ㄱ, ㄹ
② ㄷ, ㅁ
③ ㄱ, ㄴ, ㄷ
④ ㄱ, ㄴ, ㄹ
⑤ ㄴ, ㄷ, ㄹ, ㅁ

|정답| ④

19 | 2009학년도_2차_논술01

다음 (가)와 (나)는 화가의 작품이고, (다)와 (라)는 로웬펠드(Viktor Lowenfeld)가 주장한 결정기(13~17세)의 시각형과 촉각형 학생의 작품이다. (다)와 (라)의 작품에서 알 수 있는 두 유형의 '표현 대상에 대한 접근 방법'과 '형태·색채·공간 표현의 특징'을 (가)와 (나)의 작품에 해당하는 화파와 비교하여 유사점을 논하고, 미술 교수가 촉각형 학생들에게 회화를 지도할 때 유의할 점과 로웬펠드가 주장한 미술 교육 이론의 배경을 서술하시오. [25점]

(가) 에곤 쉴레(Egon schiele, 1890~1918)
〈자화상〉

(나) 귀스타브 쿠르베(Gustave Courbet, 1819~1877)
〈안녕하십니까, 쿠르베 씨〉

(다) 〈경찰서 풍경〉

(라) 〈경찰서 풍경〉

09-2차-01

|모|범|답|안|

★ 2009학년도 1번 문제는 2013학년도 논술 1번 문제와 유사합니다. 따라서 2013학년도 논술 1번 문제의 정답으로 대신합니다.

20 2010학년도_01

미술교육과 관련된 역사적 서술로 옳지 않은 것은?

① 프뢰벨(F. W. A. Fröbel)은 아동이 사물의 형태와 유형을 통해 다양성 속에서 단일성을 찾을 수 있도록 은물(gifts)을 고안하였다.
② 1873년 매사추세츠 주정부의 후원 아래 미술교육가를 훈련시키는 최초의 사범 미술학교가 설립되었다.
③ 듀이(J. Dewey)가 설립한 '뉴욕 대학교 실험 학교'는 미술이학교 체제에서 각 학년의 모든 아동에게 기본적인 교육이 될수 있다는 가능성을 실험하였다.
④ 도우(A. W. Dow)는 저서 『구성(Composition)』을 통해 디자인의 요소와 원리에 기초한 미술교육 방법론을 주장하였다.
⑤ '오와토나 프로젝트'는 생활 속에서 미술에 대한 요구가 어떻게 학교 교육과정에 편성되며, 어떠한 근거로 만들어질 수 있는지를 모색한 것이다.

10-01
|정답| ③

21 2010학년도_03

〈보기〉의 내용을 토대로 가네(R. M. Gagné)의 '학습을 통해서 얻게 되는 다섯 가지 범주의 능력'에 관한 이론을 실기 수업에 적용하였다. 가네의 학습 능력과 교수 활동의 내용이 옳은 것은? [별첨 컬러 도판 참고]

―| 보기 |―

이 사진은 〈마그리트와 현대미술 : 이미지의 배반〉이라는 제목의 전시회 장면이다. 셀민(V. Celmin)은 마그리트(R. Magritte)의 작품 〈개인적 가치들〉을 재해석하여 그림에 그려져 있는 머리빗을 입체로 만들어 원작과 병치시켰다.

	학습 능력	
①	통찰적 문제 해결	정 교사는 셀민의 작품처럼 빗을 만드는 대신 컵을 크게 만들어 병치하는 아이디어를 학습자에게 권유하였으나, 재료 조작의 시행 착오를 겪고 마그리트의 그림에 나타난 성냥개비를 크게 만들도록 하였다.
②	언어 행동	김 교사는 학습자가 학습목표를 확실히 인지할 수 있도록 큰 소리로 읽게 하고 기존의 작품을 재해석한 작가에 대해 알고 있는지 확인하였다.
③	운동 기능	이 교사는 마그리트의 작품을 잘 해석한 학습자의 사례를 보여주고 칭찬하여 성취에 대한 피드백을 제공함으로써 학습자가 아이디어를 발전시키는 활동을 하도록 하였다.
④	인지 전략	최 교사는 마그리트의 작품을 셀민이 재해석하여 입체로 빗을 만들어 원작과 병치시킨 아이디어에 집중하도록 유도하였고, 이러한 정보를 토대로 창의적 사고가 이루어졌는지 확인하였다.
⑤	태도	박 교사는 재해석의 아이디어를 효과적으로 실현할 수 있도록 제작 과정에서 요구되는 실기 능력의 향상을 위해 반복적으로 연습을 시키고, 작품 제작 과정과 아이디어의 내용을 글로 써서 제출하도록 하였다.

10-03
|정답| ④

22 2010학년도_04

미술교육과 관련된 학자들의 주장과 업적으로 옳은 것을 고른 것은? [2.5점]

	학자	주장	업적
ㄱ	치젝 (F. Cizek)	아동이 외부로부터 간섭받지 않고 발전할 수 있는 존재라면 아동의 창조적인 학습에 대해 자극은 필요 없다고 하면서 예술을 통한 교육을 주장하였다.	아동 표현의 발달 단계론 제시
ㄴ	리드 (H. Read)	미술교육의 목표는 미적 경험이므로, 창조적인 조형 활동이 우선되어야 하며, 기술적인 훈련은 조형에 필요한 보조적 수단이라고 하였다.	미술교육의 세 가지 기초 영역 제시
ㄷ	슈타이너 (R. Steiner)	교육은 예술이어야 한다며 아동의 감각 교육의 중요성과 수업의 예술적 형성, 형태나 색채의 본질 체험을 통한 미술교육을 주장하였다.	포르멘 (Formenzeichnen) 교수·학습법 창안
ㄹ	로웬펠드 (V. Lowenfeld)	인간이 미술을 통해 세계를 이해하고 경험하는 것은 미술의 독특한 공헌이며, 미술은 시각 형태에 대한 미적 의식을 다루는 것이라 하였다	아동 회화 표현의 여덟 가지 유형 제시
ㅁ	바칸 (M. Barkan)	미술을 하나의 지식의 체계로 보았으며, 미술 지도의 실제와 이론은 내밀하게 상호 의존적이며, 지도의 과정은 교사와 학생 간의 살아있는 상호 작용이라고 하였다.	『미술을 통한 창조성 (Through Art to Creativity)』 저술

① ㄱ, ㄴ
② ㄴ, ㄷ
③ ㄷ, ㄹ
④ ㄷ, ㅁ
⑤ ㄹ, ㅁ

10-04
|정답| ④

23 2010학년도_05

다중지능(multiple intelligence) 이론을 주장한 가드너 (H. Gardner)의 미술교육과 관련된 견해로 옳은 것을 〈보기〉에서 모두 고른 것은?

―| 보기 |―
ㄱ. 지각, 반성과 연결된 제작에 역점을 두어, 어느 하나의 영역을 깊게 체험하는 학생 자신의 예술적 능력을 중시하였다.
ㄴ. 학생에 대한 과정 중심의 종합적인 평가를 강조하면서 프로세스폴리오(processfolio)라는 용어를 사용하였다.
ㄷ. 예술은 지능에 의한 인지적 활동임을 밝히고, 나선형 모형의 대안으로 래티스(lattice) 모형을 제안하여 인지 중심 미술교육의 토대를 마련하였다.
ㄹ. 다중지능 9가지 중 미술은 주로 '시각적 지능'과 관련되며, 이는 시각적·공간적 세계를 정확하게 지각하는 능력이라고 하였다.

① ㄱ, ㄴ
② ㄱ, ㄷ
③ ㄷ, ㄹ
④ ㄱ, ㄴ, ㄹ
⑤ ㄴ, ㄷ, ㄹ

10-05
|정답| ①

24 2010학년도_08

드로잉 교육에 관한 학자들의 관점에 관한 서술 중 옳은 것을 <보기>에서 모두 고른 것은? [2.5점]

―| 보기 |―

ㄱ. 로크(J. Locke)는 표현이 불명확한 언어보다는 이미지가 정신적 개념을 더 정확하게 전달할 수 있다는 인식에 따라 드로잉 교육의 정당성을 주장하였다.
ㄴ. 프랭클린(B. Franklin)은 드로잉이 말보다 명확한 표현이 가능한 보편적 언어의 한 종류이므로 드로잉의 본질을 배워야 한다고 하였다.
ㄷ. 페스탈로치(J. H. Pestalozzi)는 선, 각 등이 드로잉에서 기본이며, 선, 곡선, 각 등은 감각 인상의 알파벳처럼 읽을 수 있으므로 '관념의 ABC'라고 명명하였다.
ㄹ. 러스킨(J. Ruskin)은 드로잉의 세 가지 장점으로 필기력을 향상시키고, 산업 현장에서 기본적인 기술이며, 윤리적인 힘을 가지고 있다고 주장하였다.
ㅁ. 아이스너(E. W. Eisner)는 어린이의 인성에 대한 통찰을 하고자 할 때, 감정과 관련된 인성의 측면은 드로잉보다 색채 표현을 관찰하는 것이 더 적절하다고 하였다.

① ㄱ ㄹ
② ㄱ ㄷ ㄹ
③ ㄴ ㄷ ㅁ
④ ㄱ ㄴ ㄷ ㅁ
⑤ ㄴ ㄷ ㄹ ㅁ

10-08
|정답| ④

25 2010학년도_10

<보기>는 김 교사가 [작성 조건]에 따라 만든 단원 계획서이다. 이에 대한 내용 분석으로 가장 적합한 것은? [1.5점]

―| 작성 조건 |―

- 브루너(J. S. Bruner)의 교수·학습에 대한 네 가지 아이디어 적용
- 브레인스토밍 활용

―| 보기 |―

◇ 단원명 : 다다이즘 개념을 활용한 설치 수업
◇ 단원 목표
1. 다다이즘의 의미를 이해하고 레디 메이드 개념을 설명할 수 있다.
2. 오브제를 이용하여 설치 작품을 제작할 수 있다.

차시	교수·학습 개요	지도상 유의점	학습 자료	학습 형태
1-2	- 단원 계획 안내 - 리서치 활용 - 다다이즘 설명 - 작품 감상 - 계획서 작성 - 모둠별 토의	- 변기가 〈샘〉이라는 제목으로 출품된 역사적 배경 및 당시의 삶과 사고 방식에 대하여 설명한다. (가) - 계획 단계에서 학습자의 사고 활동이 능동적으로 실현될 수 있도록 지도한다. (나)	빔 프로젝트 참고 작품	일제 학습 모둠별 학습 토론
3-4	- 계획서 검토 - 브레인스토밍 - 자료 수집 - 작업 진행	- 자유롭게 브레인스토밍을 실시한다. (다) - 안전 지도에 유의한다.	참고 작품	모둠별 학습 토론
5-6	- 공동 작업 실행 (라) - 작품 감상 (마) - 평가	- 모둠별로 작품 아이디어를 공유하고 공동 작업을 통해 협동심을 기를 수 있도록 유도한다. - 정리 정돈	참고 재료	모둠별 학습 토론

① (가)는 브루너의 교수학습에 대한 네 가지 아이디어 중 반성적 사고(reflective thinking)에 해당한다.
② (나)는 학습자의 적극적인 정신 활동이 필요하므로 브루너의 주체적 행위(agency)에 해당한다.
③ (다)의 활동은 브루너의 아이디어인 자기 자각(self-awareness)에 해당한다.
④ (라)의 과정을 통해 공동체적 활동을 체험할 수 있으며 브루너의 아이디어 중 자기 통제(self-control)에 해당한다.
⑤ (마)의 활동을 통해 사고를 확산시키고 아이디어를 진술할 수 있는 학습 능력을 갖는 것은 강화(reinforcement)에 해당한다.

10-10
|정답| ②

26 2010학년도_14

조선 시대의 미술교육에 대한 설명으로 옳은 것을 〈보기〉에서 모두 고른 것은?

―| 보기 |―
ㄱ. 도화원이 도화서로 개칭되면서 육조 중 공조에 소속되어 모사와 사생의 훈련에 주력하였다.
ㄴ. 도화서에는 생도와 교수로 지칭되는 관계가 존재하여 미술 교수 활동이 이루어졌음을 알 수 있다.
ㄷ. 사대부들은 시서화(詩書畵)를 삼절(三絶)이라 하여 통합적으로 익혔으며 이를 인격 수양의 한 방법으로 생각하였다.
ㄹ. 〈몽유도원도〉는 성삼문 등이 쓴 20여 편의 찬문이 붙어진 두루마리가 되었다. 이는 당시에 감상 및 비평이 깊이 있게 이루어졌음을 보여준다.

① ㄱ, ㄴ
② ㄱ, ㄷ
③ ㄷ, ㄹ
④ ㄱ, ㄴ, ㄹ
⑤ ㄴ, ㄷ, ㄹ

10-14
|정답| ⑤

27 2011학년도_01

〈보기〉는 미술교육 프로그램에 대한 설명이다. 실시된 시대 순으로 바르게 배열한 것은?

|보기|

ㄱ. 미술은 문명이 생산해 낸 것 중 가장 위대한 것이며, 위대한 미술 작품이 학습되어야 한다는 견해를 반영한 교육 프로그램이다. 게티센터의 학자들을 중심으로 확산되었으며 미술의 수월성을 강화하고자 했다.

ㄴ. 초등 교사의 미술 수업에 활용하도록 고안된 프로그램이다. 수업 영역, 개념 또는 표현 양식, 원리 또는 매체, 이론적 근거, 목표, 동기 부여 활동, 학습 활동, 수업 보조 매체, 평가 절차의 순으로 실행하도록 하였다.

ㄷ. 건축을 통해 조형 예술을 통합하고 대량 생산이 가능한 원형(prototype)을 제작하는 예술가 교육 프로그램이다. 디자인 요소가 미술교육의 기초라고 인식하였으며 기능주의 디자인 이념과 표준화된 접근법이 특징이었다.

ㄹ. 소수의 전문적인 훈련보다는 모든 학생의 취미 계발을 위해 미국에서 실시한 미술교육 프로그램이다. 판단력의 함양과 미술 분야의 폭넓은 이해를 위해 상업 미술, 산업, 인쇄, 오락, 기초 디자인 원리, 색채를 가르쳤다.

① ㄱ-ㄹ-ㄴ-ㄷ
② ㄴ-ㄹ-ㄷ-ㄱ
③ ㄷ-ㄴ-ㄹ-ㄱ
④ ㄷ-ㄹ-ㄴ-ㄱ
⑤ ㄹ-ㄱ-ㄷ-ㄴ

|정답| ④

28 2011학년도_04

미술교육과 관련된 학자들의 주장 중 옳은 것을 〈보기〉에서 고른 것은?

|보기|

ㄱ. 듀이(J. Dewey)는 실험학교를 통해 학교와 집, 이웃을 통합하고 학습자의 생활과 결합된 미술 경험을 제공해야 한다고 주장하였다.

ㄴ. 맥피(J. McFee)는 시각적 아름다움의 경험을 인생의 중요한 가치로 주장하고 미술 실기와 함께 미술사, 미술 비평, 미학을 포함한 교육과정 개혁을 제안하였다.

ㄷ. 로웬펠드(V. Lowenfeld)는 어린이의 자유로운 미술 표현이 정신적 발달에 필수적이며, 또래집단기에서 표현 유형이 시각형, 촉각형으로 분화된다고 주장하였다.

ㄹ. 랜싱(K. Lansing)은 미술을 문화적 생산의 한 형식으로 보고 아동의 만화적 표현에서 나타난 일상의 내러티브를 연구하였으며, 표현의 단계적 발달 이론을 비판하였다.

ㅁ. 쉴러(F. Schiller)는 아름다움을 감성과 이성을 조화시키는 유희 충동의 성질을 지닌 것으로 보고 미적 교육을 통해 이상적이고 자유로운 인간성을 확립할 수 있다고 주장하였다.

① ㄱ, ㄴ
② ㄱ, ㅁ
③ ㄴ, ㄷ
④ ㄷ, ㄹ
⑤ ㄹ, ㅁ

|정답| ②

29 2011학년도_05

그림은 랜드하와(B. Randhawa)의 시각적 문해력(visual literacy) 개념을 도식화한 것이다. (가)에 대한 설명으로 가장 적절한 것은? [2.5점]

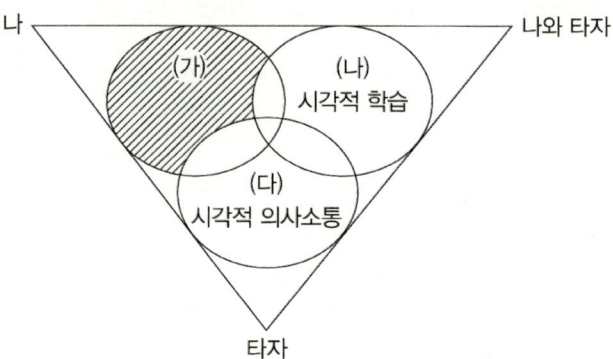

① 그림, 기호, 상징과 같은 시각적인 이미지를 활용, 교류하는 일을 의미한다.
② 조형 요소와 그 구성에 관하여 내적, 정신적으로 이미지를 조직 하는 일을 의미한다.
③ 아이디어를 표현하고 의미를 전달하기 위하여 시각적 상징을 사용하는 일을 의미한다.
④ 시각적 진술을 올바르게 인지하고, 비평적으로 수용하고, 적절하게 활용하고, 능동적으로 제작하는 능력을 의미한다.
⑤ 시각적 메시지와의 상호 작용을 바탕으로 정보를 발췌하고 기존 정보와 연결하여 새로운 정보를 구성하는 일을 의미한다.

11-05
| 정답 | ②

30 2011학년도_08

미술과 교수·학습에 적용하는 학자의 주장과 이론을 바르게 연결한 것은?

	학자	주장	이론
①	윌슨 (B. Wilson)	손을 사용하는 기술과 감각 활동 중심 교육이 중요하다. 아동화의 양식을 내향성과 외향성의 변인을 두어 분류할 수 있다. 교육과정은 주제의 집합이 아니라 창조적 활동 영역이어야 한다.	행동주의
②	굿맨 (N. Goodman)	지각, 인지, 감정은 과학과 예술을 포함한 지식의 모든 영역과 관련되며 감정 자체가 인지적 요소를 내포한다. 예술은 세계에 대한 설명을 구성하는 상징 체계이며 본질적으로 인지적이다.	상징이론
③	피아제 (J. Piaget)	도식, 동화, 조절, 평형화라는 일련의 단계에 따라 인지적 성장이 이루어진다. 동화는 도식의 확장을 의미하며 조절은 새로운 도식의 창조나 오래된 도식을 변경하는 과정을 말한다.	표현이론
④	아이스너 (E. Eisner)	실기, 탐구, 대화와 협동적 탐색 활동, 미술과 시각 문화의 비평적 해석, 역사적이고 맥락적인 연구, 자아 표현, 반성과정이 상호 교차하는 교수 전략이 필요하다.	구성주의
⑤	앤더슨 (T. Anderson), 밀브란트 (M. Milbrandt)	미술교육의 교수·학습에는 체계적인 교육과정과 개발 기준이 필요하다. 기준은 일반 목표를 표현하고, 교육과정 설계자들의 효율적 판단에 도움이 되며, 경직되지 않아야 한다는 전제를 갖는다.	학문중심주의

11-08
| 정답 | ②

31 2011학년도_11

현대미술에 있어서 모더니즘으로부터 포스트모더니즘으로의 전환이 미술교육에 미친 영향에 대한 설명으로 옳은 것만을 〈보기〉에서 모두 고른 것은?

―| 보기 |―

ㄱ. 미술과 문화 전반에서 사회문화적 관점이 확대되고, 보는 방식에서 문화의 역할을 강조하게 되었다.
ㄴ. 예술가는 새로운 양식의 창조자로서 자율성을 추구하며 사회에서 엘리트적 역할에 충실하게 되었다.
ㄷ. 미술을 우리의 태도, 신념, 가치관과 관련 있는 것으로 보고 작품에 대한 다양한 해석을 허용하게 되었다.
ㄹ. 미술에서 정체성 문제를 본격적으로 다루게 됨으로써 순수 미술 작품 중심의 정선된 자료를 강조하게 되었다.

① ㄱ, ㄷ
② ㄱ, ㄹ
③ ㄴ, ㄷ
④ ㄱ, ㄴ, ㄹ
⑤ ㄴ, ㄷ, ㄹ

|정답| ①

32 2011학년도_12

제시문은 에플랜드(A. Efland)의 인지 유연성 이론을 설명한 것이다. 이 이론을 근거로 박 교사는 학교가 속한 도시의 '상징 조형물 제작' 수업을 설계하고자 한다. 과정에 따른 교수 설계 방향으로 가장 적절한 것은? [2.5점]

> 지식은 단계적 구조로 학습되는 것이 아니라 학습자의 경험에 따라 맥락적으로 구성된다. 미술의 지식은 일반화가 가능하고 권위 있는 구조화가 잘된 지식과, 사회문화적 맥락에 따른 해석을 요구하는 구조화가 어려운 지식이 있다. 학습자는 이전에 습득했던 구조화된 지식이나 경험을 개인적, 사회문화적 관계와 결합하여 다양하게 해석, 각색하고 여러 형식으로 표현하는 통합적 수업 과정에서 미술의 지식을 확장한다. 이를 통해 서로 다른 영역의 지식을 능동적으로 재구성하는 인지 유연성을 증진한다.

	과정	교수 설계 방향
①	도입	학습자의 생활 경험을 바탕으로 수업 동인을 찾는다. 숭례문 화재 사건처럼 우리 도시의 상징물이 사라진다면 어떤 상징물을 다시 만들 것인지 제안하면서 시작한다.
②	구조화가 잘된 지식의 제공	상징 조형물, 도시 공간, 사회학 등의 지식을 상황에 맞게 응용, 통합, 확장할 수 있는 경험을 제공한다.
③	구조화가 어려운 지식의 형성	도시 상징물의 역사, 유형, 경향 등에 대한 지식을 제공한다. 예를 들어 에펠탑을 비롯하여 오늘날의 성공적인 상징 조형물에 적용되는 원리와 규칙을 제공한다.
④	제작	도구, 재료, 제작 방법을 반복 학습을 통해 숙련시킴으로써 계획과 결과를 일치시키며, 제작 지식과 능력에 따른 수준별 지도를 병행한다.
⑤	해석 및 평가	조형적 질을 기준으로 심미적 가치를 발견, 진술하도록 한다. 학습 목표와 결과물 사이의 유사성을 기준으로 표준화된 평가 지표를 개발한다.

|정답| ①

33 2011학년도_2차_논술04

다음 (가)와 (나)의 표현 특성이 나타나게 된 시대·상황적 배경을 각각 설명하고, 디자인 측면에서 (가)와 (나)의 표현 특성을 서술하시오. [15점]

(가)

윌리엄 모리스(William Morris),
〈양귀비 꽃〉, 1876

(나)

19세기 영국 사우스 켄싱턴 디자인 학교의
실기 연습 도판

11학년도-2차-논술04

| 해설 |

| 참고 | 아래 내용은 모범 답안의 핵심 키워드와 문장만 나열한 것입니다. 실제 시험에서는 기호는 생략하고 완성된 문장으로 작성해야 합니다.

■ 미술공예 운동 시기의 시대·상황적 배경

- 미술공예 운동은 19C 후기에 **기계 대량 생산으로 인한 디자인과 품질의 저하, 질적 타락, 양식의 쇠퇴와 혼란에 대해 중세의 수공예적 생산방법에 의해 생활제품을 생산**하고 공급하려한 윤리적이며 미적인 미술 전반에 걸친 운동이다.

- 15세기 들어 유럽인들은 식민지를 획득하고 해외 무역을 통하여 엄청난 자본을 축적할 수 있었다. 이를 통한 원재료의 대량 수입은 대량 생산과 대량 유통 및 대량 소비를 촉진하여 산업 혁명을 일으킬 수 있는 원동력이 되었다.
- 18세기 중엽 영국에서 시작된 산업 혁명은 동력 기계의 발명으로 공장제 기계 공업이라는 생산 방식의 근본적 변화를 가져왔다.
- 1765년 제임스 와트가 증기관을 발명함으로써 산업혁명은 시작되었다. 산업혁명은 19세기에 영국 사람들의 삶의 질을 바꾸어놓았으며, 이어서 전 유럽 사람들의 삶을 변화시켰다.
- 산업 혁명은 계급 사회의 붕괴와 자본주의 사회를 이끌었다. 이전에는 계급에 의하여 의식주의 형태, 즉 디자인이 정해져 있었으나 자본주의로 전환함으로서 형태의 문제는 각 개인의 경제적 해결 범위 내에서 선택의 문제로 바뀌게 되었다.

- 값비싸고 많은 시간이 드는 수공 생산 방식에 의한 공작소 제품에서 저렴한 기계 작업으로 대량생산되는 공장 제품으로 대체되었다. 이와 같은 산업적 생산 방식의 가장 중요한 특징은 분업이다. 따라서 공장 노동자들은 간단한 조작만 수행하는 업무를 맡게 되면서 **임금은 낮아지고**, 공장은 어린이와 여자, 노인들을 고용하는 **시대 상황적 현상**이 생기게 되었다.
- 이런 현상은 노동자들에게 최악 조건을 감내하며 중노동에 시달리게 했으며, 빈곤과 참혹한 생활환경과 노동환경으로 이어지는 악순환의 고리를 만들면서 **빈부의 격차**가 날로 심해지는 원인이 되었다.
- 산업화와 함께 진행되었던 기계화와 자동화는 생산 방식뿐만 아니라 제품의 디자인에까지 악영향을 끼치게 되었다. 산업 제품의 새로운 미학은 존재하지 않았고, 새로운 기계들은 형태적으로나 기능적으로 전통이 부재했었다. 심지어 19세기 중반부터는 '공예 및 생산품 일체가 기계 생산에 맞춰지며 **제품의 심미성은 떨어지게 되고**, 극소수 부유계층의 유희물이 되고 **호화스런 장식 중심의 역사주의 스타일**' 로 되돌아가기에 이르렀다.

- 이에 존 러스킨, 윌리엄 모리스, 필립 웹 등의 사상가, 건축가, 미술가 등이 모여 기계에 의한 대량생산체제를 반대하고 **전통적인 수공예품의 대중화를 선언하며 1888년 미술공예운동**이라 불리는 활동을 시작했다.
- 당대 사상가 러스킨(J. Ruskin)은 산업 혁명의 결과로 나타난 이러한 조악한 대량 생산 제품의 범람과 수공예 기술의 저하를 비판하며, 특권 계급에만 이윤을 주는 기계를 파괴하여야 한다고 주장하였다. 그리고 이를 바로잡기 위해서 **모든 이가 대등하게 사용할 수 있는 미적 생활용품을 생산**하여 사회를 개혁시키자고 주장하였다. 그의 주장에 자극받아 많은 공예가, 디자이너가 영향을 받았다. 특히, 모리스는 1851년 마셜포크너 상회를 설립하여 그림 타일, 벽지, 섬유, 서적 장식, 인쇄, 가구나 건축, 도자기, 유리그릇 등 일반 대중을 위한 미적 생활용품을 세상에 발표하였다.

▌영국 사우스 켄싱턴 디자인 학교의 시대·상황적 배경

- 19세기의 시작과 함께 많은 공장들이 세워졌고 이것들은 공예작업장을 대신하게 되었다. 시간이 흐를수록 미학적, 기술적 능력을 보유했던 늙은 장인들은 사라지고, 기업가들은 기술이 없는 노동자를 고용하게 되었다. 이처럼 훈련된 디자이너의 부족 현상이 18세기 후반부터 그 징후가 나타나게 되었으며 가장 뚜렷한 증상은 **제품에서 예술적 특성이 감소되는 상황**이 생기게 되었다.
- 이로 인해 영국에서는 1835년 최초의 정부 후원 디자인 학교를 설립하게 되었던 것이다.
- 그러나 당시에 **영국의 디자인 학교에서는 프랑스 미술 학교의 교육 방법과는 다른 방법**으로 지도 했었다.
- 당시 **프랑스 미술학교**에서는 첫 번째 주요 학습으로 **인체 드로잉**을 지도 했고, 장식 미술을 부수적인 학습으로 설정했으나, **영국에서는 프랑스 미술 학교와는 달리 장식을 우선**적으로 생각했고, 인체 드로잉은 지도하지 않았다. 이런 교육은 디자인 교육의 효율성을 감소시키게 되었고 디자인 전문인 훈련에 실패를 낳게 되었다.
- 19세기 후반은 대형 국제 박람회의 시대였다. 국제 무역의 성장은 1851년 국제 박람회를 통해 전 세계적인 시장을 만들어 냈고, 선진 경제 국가들의 산업 제품들이 경쟁을 벌이는 각축장이 되었다. 당시 영국은 빅토리아 시대로서 경제적 번영의 시기였다.
- 그러나 당시에 기술적인 형태란 원래 세련되지 못한 것으로 여겼고, 산업적으로 생산한 물건은 솔직하지 못한 형태와 사용하기 부적절한 저급한 품질과 내구성의 결여 등의 문제를 갖고 있었던 시대였다. 이와 같은 시기에 1851년 런던에서 열린 제1회 국제 박람회에서 영국의 제품들은 과도한 장식과 문양, 역사주의적 스타일의 도용으로 모든 면에서 비난을 받게 되었으며 영국의 산업 제품들이 가장 낮은 등급을 받는 수모를 겪게 되면서 그 결과로, 헨리 콜의 지도하에서 디자인 학교가 재편성되었다.
- 콜은 그 학교의 교육과정을 개정했을 뿐만 아니라 영국 전체의 **초등학교 드로잉 교육 과정과 드로잉 교사들의 훈련**을 위한 프로그램을 마련했는데 그 때 사용했던 드로잉 요목의 일부가 바로 (나)의 실기 연습 도판인 것이다.

▌(가)윌리엄 모리스 디자인 표현 특성

- 1860년대를 전후로 하여 (가) 윌리엄 모리스는 '미술과 공예를 밀접하게 결합시키고, 미술가들이 쓸모 있고 아름다운 생활용품을 만들어 냈던 중세 시대'를 재성찰하면서 미술공예운동을 전개하기 시작하였다.
- 모리스는 미적으로 수준 높은 생활용품들을 수공업적으로 생산하자고 주장하면서 역사주의의 조악한 장식을 반대하고, **자연에서 나온 식물적 모티브, 재료, 명료하게 정리된 형태들을 추구**하였으며, 디자인 표현 양식도 새로운 것을 추구하기 보다는 **과거 중세의 양식을 모방**하거나 절충하는 특성을 지닌다.
- (가) 윌리엄 모리스가 전개한 미술공예운동 디자인의 표현 특성은
  첫째, **자연으로부터 얻어지는 간단하고 유기적인 형태를 옹호**하였다. 즉, 조형에서의 역사주의를 제거하고 사물의 기능과 구조를 유기적인 형태로 표현하였다.
  둘째, **단순한 기능적 미를 갖춘 수공예적인 특성**이다. 전성기 빅토리안 양식과 비교할 때 분명 미니멀리즘적이고 당대 주류 실내디자인의 공공연한 요란함과는 정반대로 아늑하고 가정적인 단순성이다.
  셋째, 기계적인 이미지를 대표하는 기하학적 수직수평의 개념에 대한 저항과 그에 따른 **자유로운 곡선과 선적인 표현**을 선호하였다.
  넷째, 라일락, 바다장미의 뿌리와 줄기에 관한 내용을 표현하였다. 즉, **유기적으로 정형화된 식물의 형태와 넝쿨 모양을 장식적 요소로서 배열하였으며, 무늬를 일정한 양식에 따라 밋밋하게 처리**하였다.
  다섯째, **대부분의 형태는 불균형과 복잡성을 포함**하였다.

▌영국 사우스 켄싱턴 디자인 표현 특성

- 헨리 콜의 계획과 리처드 레드그레이브를 통해 전개된 (나)의 연습 도판은 단순하고 실질적인 기하학적 지식을 육성하기 위해 **장식적인 형태와 단순한 윤곽선을 기능적으로 모사하도록 제시**된 것이다.
- 제품과 식물의 표본을 규칙적이고 단순한 형태와 직선중심으로 정리 되었으며, **기하학적 수직수평의 개념의 적용**하였다. 일정한 두께의 얇은 곡선과 제도를 사용한 기능적 디자인의 특성을 보인다. 〈끝〉

34. 2012학년도_01

키퍼 보이드(K. Keifer-Boyd)와 메이트랜드 골슨(J. Maitland-Gholson)의 '시각 문화로부터 의미를 구성하기 위한 인터비주얼(intervisual) 과정'을 도식화한 것이다. 설명으로 옳은 것만을 〈보기〉에서 있는 대로 고른 것은?

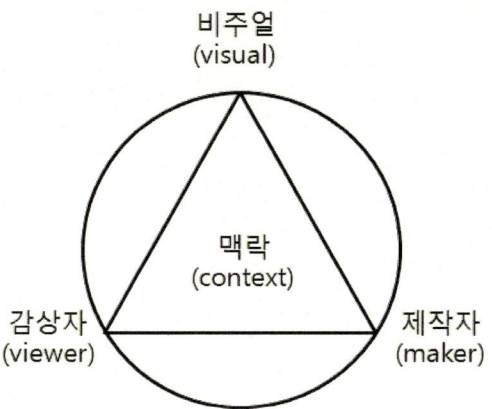

─┤보기├─

ㄱ. 감상자 영역 : 감상자의 인식과 비평적 판단에 영향을 주는 경험들을 조사하고, 다른 사람들이 생각하는 다양한 의미들을 비판적으로 사고한다.
ㄴ. 비주얼 영역 : 작품의 형식 분석을 통해 시각적 문해력이 길러진다.
ㄷ. 제작자 영역 : 시각 이미지에 대한 비판적 의미 해석은 이미지 제작자의 생애, 가치, 신념, 제작 의도 등과 밀접한 관련이 있다.
ㄹ. 맥락 영역 : 감상자, 비주얼, 제작자가 속한 다양한 맥락에서 시각 이미지의 가치 중립적 속성에 근거한 의미 구성 활동이 필요하다.

① ㄱ, ㄷ
② ㄴ, ㄹ
③ ㄱ, ㄷ, ㄹ
④ ㄴ, ㄷ, ㄹ
⑤ ㄱ, ㄴ, ㄷ, ㄹ

12-01 |정답| ①

35. 2012학년도_02

제시문은 슐만(L. Shuman, 1987)의 교사 지식 중 하나인 '교수 내용 지식(Pedagogical Content Knowledge:PCK)'에 대한 설명이다. 교사의 교수 내용 지식이 나타나 있는 교수 활동으로 옳은 것을 〈보기〉에서 고른 것은?

> 슐만은 교사들이 교과 내용 지식을 알고 이해해야 할 뿐 아니라, 특정 내용을 효과적으로 가르치는 방법도 알아야 한다고 주장하면서 교수 내용 지식(PCK)이라는 표현을 처음 사용하였다. PCK는 학생들에게 교과 내용을 이해시키기 위해서 교사가 교과 내용을 표현하고(representing) 조직하는(formulating) 방법들을 의미한다.

─┤보기├─

ㄱ. 교사는 학생들이 표현 과정에서 겪게 되는 문제들을 스스로 해결하도록 격려하였다.
ㄴ. 교사는 표현 능력이 서로 다른 학생들로 모둠을 구성하고 협동 작업을 수행하도록 하였다.
ㄷ. 교사는 진경산수화 작품에 나타난 한국화 준법의 이름을 사물의 모양과 관련지어 설명하였다.
ㄹ. 교사는 인물화 표현 수업의 도입 단계에서 관절 인형을 이용하여 인물의 동세 변화를 설명하였다.
ㅁ. 교사는 캐릭터 디자인 수업에서 학생들에게 도안집을 제공하여 캐릭터를 제작하는데 활용하도록 하였다.

① ㄱ, ㄴ
② ㄱ, ㄷ
③ ㄴ, ㅁ
④ ㄷ, ㄹ
⑤ ㄹ, ㅁ

12-02 |정답| ④

36 2012학년도_06

앤더슨(T. Anderson)과 밀브란트(M. Milbrandt)가 제안한 '삶을 위한 미술교육'에 적합한 교수 전략으로 옳은 것만을 〈보기〉에서 있는 대로 고른 것은?

―보기―
ㄱ. 현실과 연관된 이슈를 탐구하는 수업
ㄴ. 협동적 활동을 통한 인지적 유연성을 증진하는 수업
ㄷ. 비구조화된 지식에 근거한 하향식 구조를 활용하는 수업
ㄹ. 대화를 통해 실제적인 지식을 구성하는 실천이고, 포괄적인 수업
ㅁ. 정체성 문제를 탐구하며 사회 문화를 지속시키려는 주제 중심 통합 수업

① ㄱ, ㄴ, ㄹ
② ㄱ, ㄷ, ㅁ
③ ㄴ, ㄷ, ㄹ
④ ㄱ, ㄴ, ㄹ, ㅁ
⑤ ㄴ, ㄷ, ㄹ, ㅁ

|정답| ①

37 2013학년도_01

다음은 전각에 대한 교수·학습 지도안이다. 데일(E. Dale)의 경험의 원추 모형과 브루너(J. Bruner)의 세 가지 표상 양식에 따른 설명으로 옳은 것만을 〈보기〉에서 있는 대로 고른 것은?

학습 단원	전각
학습 목표	1. 작품 감상을 통해 전각의 예술성을 이해한다. 2. 전각의 특징과 제작 과정을 알고 자신의 이름을 백문으로 새긴다.
단계	교수 활동
도입	• 학습 목표를 제시한다.
전개	• 전각의 특징과 변천 과정 및 조형적 예술성을 이야기한다. • (가) 전각의 작품 및 제작 순서에 관한 동영상을 보여준다. • (나) 전각의 제작 순서, 재료와 용구의 사용법을 설명한다. • (다) 전각을 새기는 시범을 보인다. • (라) 자신의 이름을 전각으로 새긴 후 화선지에 찍어보게 한다.
정리	• 전각의 특성과 활용 방안에 대해 발표하고 전각재료와 용구를 정돈하게 한다.

―보기―
ㄱ. (가)와 (라)는 세 가지 표상 양식 중 같은 양식에 해당한다.
ㄴ. (다)는 (나)보다 상징적 양식을 선호하는 학생들에게 적합하다.
ㄷ. 전각 작가의 작업실을 탐방하게 하면 (가)보다 구체적 경험을 제공할 수 있다.
ㄹ. (라)는 학생들에게 구체적 경험을 제공하여 전각에 대한 이해도를 높일 수 있다.

① ㄱ, ㄴ
② ㄱ, ㄷ
③ ㄷ, ㄹ
④ ㄱ, ㄴ, ㄹ
⑤ ㄴ, ㄷ, ㄹ

|정답| ③

38 2013학년도_04

미술교육에 대한 학자들의 주장을 설명한 것이다. 〈보기〉의 주장을 시대 순으로 바르게 나열한 것은?

―| 보기 |―

ㄱ. 미적 능력의 발달은 자연적 성숙의 결과가 아니라 학습자가 가지고 있는 경험 양식에 영향을 받는다. 그러므로 미술 제작과 더불어 미적 지각 능력을 고양하는 비평 영역과 사회적 경험 속에서 미술을 이해하는 미술사 영역을 함께 가르쳐야 한다.

ㄴ. 미술 표현 활동은 학습자의 정서적 성장을 촉진할 수 있다. 미술 표현의 발달은 연령에 따라 단계적으로 이루어지며, 기저선 사용이나 중첩적인 표현, 사람의 모습이나 꽃 등의 이미지를 그리는 도식의 분화 과정을 통해 발달 정도를 살펴볼 수 있다.

ㄷ. 창의성은 언제나 다른 사람의 생각이나 주제, 이미지에 토대를 둔 재창조이다. 그러므로 미술교육은 다른 작품의 아이디어와 주제에서 증거를 찾아 해석하고 그것을 자신의 맥락과 상황에 맞게 적용할 수 있는 능력을 학생들에게 키워주어야 한다.

ㄹ. 미술 능력 향상을 위해 형태, 크기, 비례를 정확하게 지각하는 눈의 훈련, 자유롭고 빠르게 제작하기 위한 손의 훈련, 대상의 배열과 형태를 정확하게 기억하기 위한 기억력 훈련이 필요하다. 이를 위해 교사의 그림을 보고 그릴 수 있는 칠판 수업이 효과적이다.

① ㄴ-ㄱ-ㄹ-ㄷ
② ㄴ-ㄹ-ㄱ-ㄷ
③ ㄹ-ㄱ-ㄴ-ㄷ
④ ㄹ-ㄴ-ㄱ-ㄷ
⑤ ㄹ-ㄷ-ㄱ-ㄴ

13-04
| 정답 | ④

39 2013학년도_05

교수 활동에 대한 미술 교사의 의견 중 구성주의 교육관과 가장 거리가 먼 것은? [1.5점]

① 안 교사 : 저는 감상 수업에서 학생들 스스로 전통 미술의 현대적 의미에 대한 다양한 의견을 나누고 합의에 도달하게 합니다.

② 이 교사 : 저는 벽화 그리기 수업에서 협동 학습을 적용하여 학생 상호간에 의사 소통 능력을 기르고 서로의 지식을 공유하게 합니다.

③ 정 교사 : 저는 공공 조형물과 주변 환경과의 관계를 조사하는 과제를 수행하게 할 때 학생들이 계획부터 평가에 이르는 전 과정을 관리하게 합니다.

④ 박 교사 : 저는 학생들에게 인체 묘사 능력 향상이라는 구체적인 학습 목표를 제시하고 다음 시간까지 최소 30장의 크로키를 제출하게 하여 과제를 많이 한 학생을 칭찬합니다.

⑤ 김 교사 : 저는 학생들에게 생태 미술에 대한 관심을 갖게 하고 싶어서 골즈워시(A. Goldsworthy)에 관한 비디오를 보여주고 문제 상황을 제시하여 그 문제 해결 방안을 찾아보게 합니다.

13-05
| 정답 | ④

40 2013학년도_07

다음 설명에 나타난 미술교육 이론과 같은 관점의 주장을 <보기>에서 고른 것은?

| 보기 |
사람들이 모두 다른 것처럼 창의적 표현도 모두 다르다. 학습자의 욕구와 사고, 정서를 이해하기 위해서는 학습자의 창의적 표현을 연구해야 한다. 수업의 주제를 정할 때도 학습자 개인에게 가치 있는 경험을 염두에 두어야 한다. 주제는 개방적이어야 하며 의무적으로 해야 하는 경직된 문제여서는 안된다.

| 보기 |
ㄱ. 모사(copying)는 미술적 능력 발달을 저해하기보다는 미술 교육에 이점으로 작용할 수 있다.
ㄴ. 사람을 그릴 때 시각형 학생은 자신의 눈을 통해 얻은 인상을 시각적으로 분석하려 하고, 촉각형 학생은 인물을 통해 자신의 정서와 감정을 표현하려 한다.
ㄷ. 중등학교 미술교육은 전문 직업을 위한 준비 단계가 아니므로 기능 지도는 학습자 스스로 적절한 표현 방법을 발견하도록 하는 데 중점을 두어야 한다.
ㄹ. 미술 형태 창조에는 재료 다루기, 형태 지각하기, 주어진 재료의 범위 안에서 새로운 형태 발견하기, 공간 질서·미적 질서·표현 질서 창조하기 등의 능력이 요구된다.

① ㄱ, ㄴ
② ㄱ, ㄷ
③ ㄴ, ㄷ
④ ㄴ, ㄹ
⑤ ㄷ, ㄹ

13-07
| 정답 | ③

41 2013학년도_09

시각 문화 미술교육에 대한 설명으로 옳은 것을 <보기>에서 고른 것은? [1.5점]

| 보기 |
ㄱ. 미술 작품의 우수성(excellence)을 감상할 수 있다면 인간의 의식과 경험 범위를 더욱 강화하고 확대할 수 있다.
ㄴ. 학생의 경험과 관점을 바탕으로 사회적 쟁점을 검토하고 의견을 도출하도록 하는 비판적 사고력(critical thinking)을 함양할 필요가 있다.
ㄷ. 오늘날 대중 문화의 시각 이미지가 순수 미술보다 생활 경험과 의식 형성에 더 영향을 끼치므로 미술교육에서 이 분야도 함께 가르쳐야 한다.
ㄹ. 미술에 한정된 시각 예술로부터 음악, 문학, 연극, 무용을 포함하는 다른 예술 분야까지 교육 내용을 확장하여 미적 교육(aesthetic education)을 실시하여야 한다.

① ㄱ, ㄴ
② ㄱ, ㄷ
③ ㄴ, ㄷ
④ ㄴ, ㄹ
⑤ ㄷ, ㄹ

13-09
| 정답 | ③

42 2013학년도_10

서양의 미술교육과 관련된 역사적 서술로 옳은 것만을 〈보기〉에서 있는 대로 고른 것은?

―| 보기 |―

ㄱ. 르네상스 시대에는 중등 교육 모델이 등장하였다. 최초의 고전적 중등학교는 영국 왕실 학교이고, 인쇄된 교본을 사용한 점과 미에 대한 교육을 처음으로 강조한 점은 중세의 길드 체제 미술교육과 같다.
ㄴ. 17세기 중엽 프랑스 예술원의 강의는 상급과 하급 과정으로 구분되어 원근법과 기하학, 해부학 그리고 회화의 분석이 중요해졌다. 또한 예술원은 '살아있는물체(生物)' 드로잉 코스를 의무적으로 교육해야 했다.
ㄷ. 식민지 시대 미국의 최초 공립 학교는 영국의 라틴 그래머스쿨을 모방하였다. 프랭클린은 드로잉을 일반 교육에 도입하려는 계획안을 제안하였다.
ㄹ. 18세기 말에 필라델피아 예술원은 연중 행사를 목적으로 기획된 미국 최초의 예술가 전시회를 독립 기념관에서 개최하였다. 또한 주조물 드로잉과 모델 드로잉 수업을 개설하였고, 미술 학교 설립 계획도 표명하였다.

① ㄱ, ㄴ
② ㄱ, ㄷ
③ ㄴ, ㄹ
④ ㄱ, ㄷ, ㄹ
⑤ ㄴ, ㄷ, ㄹ

13-10

|정답| ⑤

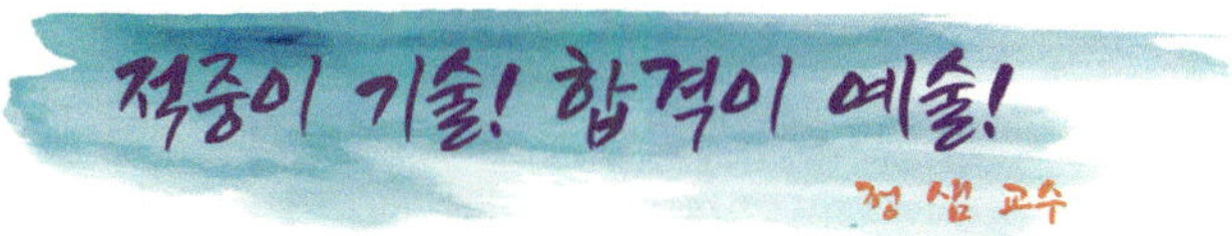

루켄스(H.Lukens)의 발달 단계 중 (A)시기 학습자의 표현 및 감상 능력 발달 특성을 6가지만 기술하시오. 그리고 (A)와 (B)에 공통적으로 해당하는 학습자의 표현 능력을 신장하기 위한 참고 작품 활용 방안을 <보기>의 ①, ② 측면에서 각각 서술하되, 각 항목에 적절한 참고 작품(들)을 (나)에서 찾아 제시하고 각 작품의 중점 지도 사항을 설명하시오. (단, ①은 4가지만, ②는 8가지만 제시할 것). [20점]

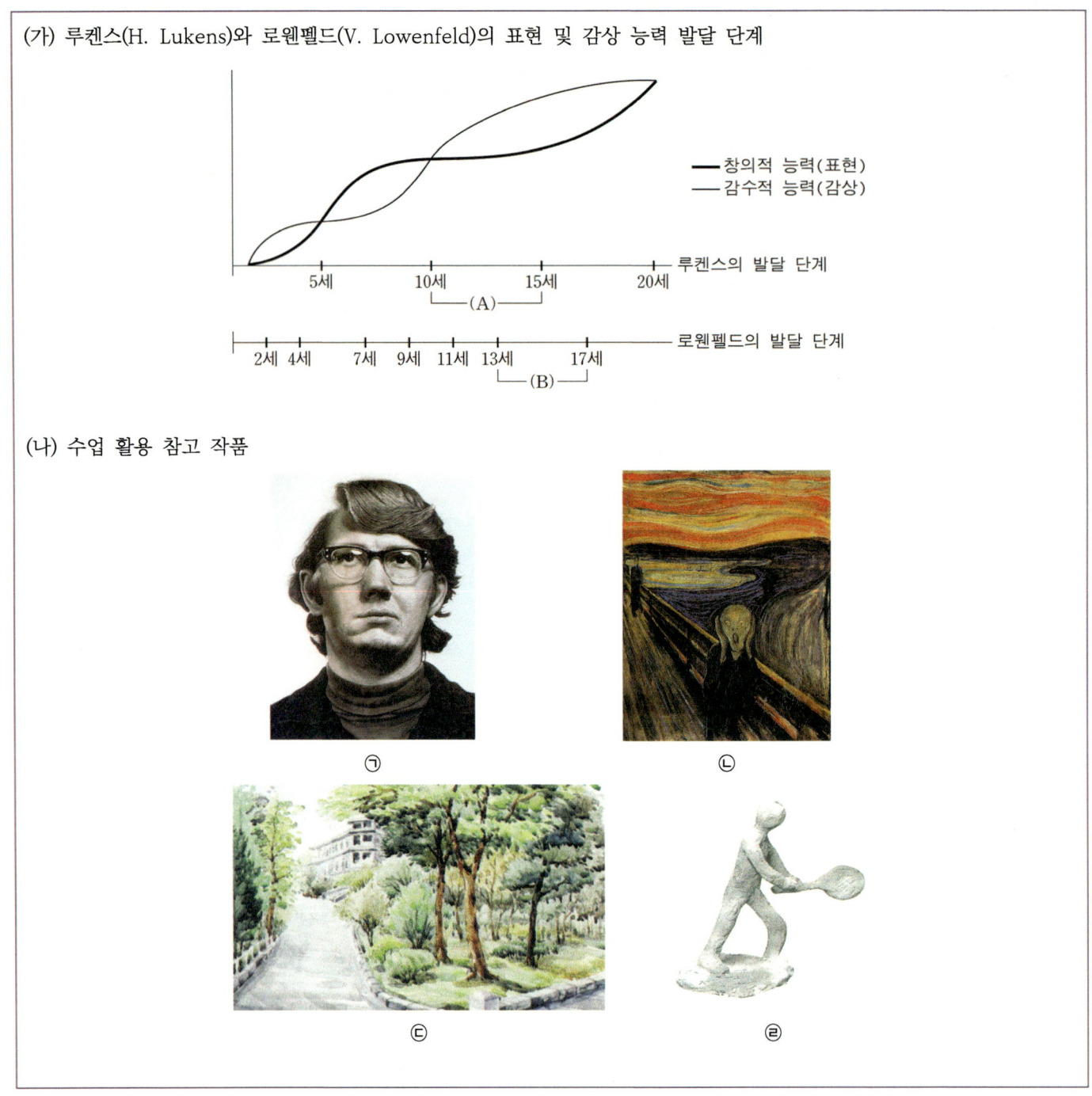

| 매 체 |

① 파슨스(M.Parsons)의 미적 인식 능력 발달 중 세 번째 단계에 제시된 학습자의 미적 인식 능력 발달 특성
② 로웬펠드(V.Lowenfeld)의 (B)단계에 제시된 학생의 표현 유형과 평면 및 입체 표현 능력 발달 특성

13학년도-2차-논술01

| 해설 |

분류	소문항	문제	조건	배점
내용 점수	1-1	루켄스 발달단계 중 (A) 시기(10~15세) 감상능력 특성	6가지 기술	6
	1-2	(A), (B) 공통적으로 해당하는 학습자의 표현능력을 신장을 위한 참고 작품 활용 방안을 〈보기〉의 ①, ② 측면에서 각각 서술할 것. ↳ (해당 학습자, A, B의 공통적인 표현능력 제시 필요)	① 파슨스적 측면	0.5
			② 로웬펠트적 측면	0.5
		(나) 에서 (A), (B) 에 제시할 활용 작품을 제시할 것	파슨스 입장 로웬펠드	1
	1-3	파슨스 – 선택한 각 작품의 중점 지도 사항 설명 4가지 로웬펠드 – 선택한 각 작품의 중점 지도 사항 설명 8가지	파슨스 입장 로웬펠드 입장	12
서술의 체계 점수	1. 글의 독창성	1.1. 자신만의 독창적 문장으로 견해를 제시하였는가? 1.2. 자신의 견해를 뒷받침할만한 근거를 객관적으로 제시하였는가?		
	2. 쓰기 능력 (표현력)	2.1. 논술문 형식에 적합하며 전체적인 흐름, 글의 구조, 문법적인 오류가 없는 옳은 문장 및 문맥의 의미에 부합하는 적절한 어휘가 선택되어 사용하였는가? 2.2. 글의 자수, 맞춤법, 띄어쓰기, 원고지 사용법 등이 표기 오류 없이 적절히 사용하였는가?		

소문항 1-1

루켄스 발달단계 중 10~15세 감상능력 특성

루켄스의 (A)는 바네스 고원기라고 할 수 있다. 이시기는 감상능력보다도 표현능력이 부족하다는 것을 학습자 스스로 느끼는 시기이다.
이 시기의 특징은 첫째, 묘사력은 침체하며 극작력이 발달한다.
둘째, 감상능력 보다 표현적인 성과가 부족하다고 인지하며, 평가 능력이 발달한다.
셋째, 묘사력의 부족을 그림 그리는 것을 더 이상 좋아하지 않는 것으로 생각한다.
넷째, 감상 수업을 유효하게 할 수 있다.
다섯째, 감상력과 예술에 대한 이해는 계속 발전한다.
여섯째, 생산과 감수, 표현과 감상의 상호 작용을 통해 서로가 촉진시키기도 하고, 억제하기도 하는 특성을 지닌다.

소문항 1-2.

A, B 공통적으로 해당하는 학습자의 표현능력 신장을 위한 참고 작품 활용 방안 〈보기 ①, ②〉 각각 서술 – 파슨스, 로웬펠드

파슨스의 미적인식 능력 발달 단계 중 제 3 단계는 '표출력'이며 감정의 표출력이 다루어진다.
이 시기는 제재 그 자체의 내용보다는 표현된 것이 더 중요하게 느낀다.
사실적인 양식과 기술은 그 자체가 목적은 아니며, 그것들은 무엇인가를 표현하는 수단이라고 생각하며, 창조성, 독창성, 감정의 깊이가 새롭게 평가된다.
예술가는 감정의 표출을 나타내는 사람이라고 생각하고 감상자는 작품이란 것은 감정이나 생각이 표출된 것이라고 생각한다. 즉, 표출성이 강렬한 작품을 좋은 작품이라고 판단하는 특성이 있다.
이 시기의 학습자들은 그림을 볼 때 그 그림이 자아내는 경험의 특성을 문제로 해서 경험이 강렬하면 강렬할수록, 그것에 흥미를 가지면 가질수록 그 그림은 점점 좋은 그림으로 평가하는 특성이 있다.

로웬펠드의 (B) 단계는 '결정기'이다. 이 시기의 학습자 표현능력은 창조적인 그림을 그리는 시기이며 주변 환경을 창의적으로 받아들여 표현이 촉각형, 시각형, 중간형으로 나타난다.

시각형은 외관과 비례, 명암, 배경, 원근 등을 중요시하여 주변 환경과 자신의 눈을 통해 알고 느낀 것을 표현한다.
촉각형은 주관적 경험과 내면적 정서를 표현하고 색채와 공간을 주관적으로 표현한다.
중간형은 두 가지 표현양식이 복합적으로 나타난다.
공통적으로는 외부 환경에 대한 **인지능력과 표현기능이 따라가지 못하는 데 갈등**을 느껴 미술표현이 일부 침체되기도 한다.

소문항 1-3.

파슨스 – 선택한 각 작품의 중점 지도 사항 설명 4가지
로웬펠드 – 선택한 각 작품의 중점 지도 사항 설명 8가지

파슨스의 표출력 단계 학습자의 표현능력 신장을 위한 참고 작품은 (나)의 ⓒ 작품을 선택할 수 있다.

해당 작품의 중점 지도 사항은 첫째, 주관적인 경험의 특성을 살린다. 둘째, 감정의 진실성을 나타낸다. 셋째, 감정과 생각을 표출하도록 한다. 넷째, 더욱 강렬하게 표현한다.

그리고 표출력 단계에서 작가의 감정을 읽을 수 있도록 **작가의 전기적 배경과 맥락적 내용을 충분히 설명**해 주고 이를 참고로 감상하도록 지도하여 **묘사력보다는 표현력에 중점을 두고** 지도한다.

로웬펠드가 제시한 결정기 단계의 촉각형 학습자를 위한 참고 작품은 (나)의 ⓒ 작품을 선택할 수 있다.

해당 작품의 중점 지도 사항으로 첫째, 내적 표현을 강조하고, 평면에서 주관적 경험과 내면적 정서 표현을 하도록 하며, 둘째, 입체에서는 촉각적인 인상, 주관적 가치에 따른 비례와 크기로 중요도를 결정하도록 한다.

셋째, 근육 감각이나 촉각적인 인상 중시하도록 하고, 넷째, 자신의 정서적인 가치로 부분의 크기와 중요도를 결정하여 작업하도록 한다.

시각형 학습자를 위한 참고 작품 활용은 (나)의 ㉠ 작품을 선택할 수 있다.

인물표현의 경우 시각형 학습자들은 인물을 환경과 동일한 현상으로 바라본다. 따라서 **정확한 비례와 치수**를 가장 중요하게 여긴다. 반면에 **촉각형 학습자는 정서적인 중요성을 중시**하면서 격렬한 신체적 느낌을 표현한다.

따라서 해당 작품의 중점 지도 사항으로 첫째, 시각형은 외관과 눈에 의해 사물의 외형을 중시하도록 하고, 명암 중시하며, 둘째, 외계 현상을 사물의 외형에서부터 접근하여 객관적 인식에 의해 묘사하도록 한다.

셋째, 전체적인 인상과 부분적인 인상을 분석하게 하고, 이후에 전체로 종합하며, 넷째, 눈에 보이는 대로 객관적 인식에 의해 묘사, 객관적인 타당성에 대한 사실적 해석표현을 하도록 한다. 〈끝〉

44 2014학년도_A기입형_01

김 교사는 학생들의 그림 실력이 얼마만큼 개선되었는지 알아보기 위하여 다음에 제시한 평가 도구를 활용하였다. ( )안에 공통으로 들어갈 평가 도구를 쓰시오. [2점]

- ( )은/는 가드너(H. Gardner)와 '프로젝트 제로(Project Zero)'가 추진한 '아트 프로펠(Arts PROPEL)'에서 주목한 평가 도구로서 포트폴리오의 일종이다.
- ( )은/는 교사와 학생 모두에게 어떻게 학습이 이루어져 갔는지 알아볼 수 있는 중요한 데이터베이스 역할을 한다.
- ( )을/를 통하여 작품 제작에서 드러나는 인지적 활동을 평가할 수 있다.
- ( )의 내용에는 학생들의 작품, 자기 평가서, 조사 자료, 아이디어 스케치북 등이 포함된다.

14-A기1

| 정답 | ⊙ 프로세스폴리오 평가

45 2014_A기입형_03

다음은 미술 활동에서 시각적 능력과 사고의 중요성을 강조하고 예술을 과학적으로 입증하려고 한 아른하임(R. Arnheim)의 이론에 대한 설명이다. ( ) 안에 공통으로 들어갈 용어를 쓰시오. [2점]

- 아른하임을 비롯한 형태 심리학자들은 인간이 어떤 대상들의 특징을 지각하고, 비교하고, 대조할 수 있는 과정을 '지각의 ( )'(이)라고 부르며, 이러한 지각 능력은 학습에 따라 발달하고 경험에 의해 많은 영향을 받는다고 주장하고 있다.
- 아른하임은 학생들의 미술 표현은 '어떤 고정된' 발달 패턴이 존재하는 것이 아니라 '( )의 과정'이라고 말하고 있다. 즉, 학생들의 미술 표현은 원과 같이 단순하고 개략적인 표현에서부터 점차 세부적인 표현으로 발달되어 간다고 본다.
- 아른하임에 의하면, 루벤스(P. Rubens)의 인물화가 '도식(schema)'이 아니듯이, 아주 단순하게 표현된 학생들의 인물화도 도식이 아니다. 다만 '지각의 ( )'이/가 덜 되었을 뿐이다.

14학년도-A기3

| 정답 | 분화

46 2015학년도_A서술형_02

다음은 아이즈너(E. Eisner)가 주관한 스탠포드 케터링 프로젝트(Stanford Kettering Project)의 4가지 전제 조건을 순서 없이 제시한 내용이다. ㉠, ㉡에 들어갈 용어를 순서대로 쓰고, 2009 개정 교육과정에 따른 중학교 미술과 교육과정에서 제시한 ㉡의 계획을 2가지만 쓰시오. 그리고 ㉢의 내용과 비교하여 치첵(F. Cizek)의 주된 미술 교육 사상을 1가지만 서술하시오. [5점]

- 미술이 다양한 목적을 성취하기 위한 ㉠ _____ (으)로 이용되더라도 시각예술만이 제공할 수 있는 고유한 공헌이 있다.
- 미술 교육에서 교사가 학생들에게 시각적 지각 능력을 키워주기 위해서는 학습 목표와 교육 내용을 잘 갖춘 교육과정이 필요하다.
- 미술 학습의 ㉡ _____ 은/는 형식적이든 비형식적이든 간에 상관없이 필요하고, 교수·학습 내용과 성취도를 이해하는 데에도 도움이 된다.
- ㉢ _____.

15학년도-A서2 [미술교육론]

|모|범|답|안|

㉠ 수단   ㉡ 평가

㉡ 2009 개정 교육과정 중학교 미술과 평가 계획은 첫째, 평가 목표와 내용은 교육과정의 내용 체계와 영역별 내용을 근거로 삼되, 학습자의 성취수준을 고려한다.

둘째, 평가 내용이 특정 영역에 편중되지 않도록 하되, 영역 내에서도 학습자의 지식, 기능, 태도 등을 균형 있게 평가한다.

㉢의 내용은 '미술 학습에서 성숙은 자연적인 결과가 아니다.'며 이와 비교하여 **치첵의 교육사상**은 '**아동의 주체적인 자기표현에 의해 유기적 성장을 촉진**한다.'이다.

47 2016학년도_A5

다음 설명에서 (   ) 안에 공통으로 들어갈 용어를 쓰시오. [2점]

( )은/는 조선시대 문인화가들이 즐겨 다룬 대상으로, '세한삼우(歲寒三友)' 중 하나이다. ( )을/를 잘 그린 문인화가로 조선 중기의 이정(李霆), 조선 후기의 유덕장(柳德章)과 신위(申緯)가 대표적이다.

( )은/는 조선시대 도화서 화원 시험에서도 중요하게 평가되었다. 『경국대전』「예전(禮典)」'취재(取才)' 조항에서는 ( )을/를 1등으로 두어 가장 높은 점수를 부여하였다. 실제 시험 성적을 평가할 때에도 2등 산수, 3등 인물과 영모, 4등 화초에 비해 가장 높은 가산점을 부여하도록 규정하였다.

1등	2등	3등	4등
( )	산수	인물, 영모	화초

이는 도화서 화원 시험에 유교 사회의 사대부 취향이 반영되었음을 보여준다.

16-A5

|정답| 죽(竹)

48 2016학년도_A9

다음은 스미스(W. Smith)의 지도 방법에 관한 설명이다. 이 글에서 유추할 수 있는 산업 드로잉 교육의 목적과 방법을 쓰시오. 또한 스미스의 지도 방법과 대비되는 로웬펠드(V. Lowenfeld)의 지도 방법이 갖는 특징을 2가지 서술하시오. [4점]

> 스미스는 학생들이 단순한 드로잉에서 시작하여 복잡한 드로잉을 순서대로 익혀 자연을 원근법에 따라 그릴 수 있도록 하였다. 그의 산업 드로잉 교육에서는 교사가 칠판에 드로잉을 하고 학생들이 그것을 석판에 따라 그리도록 했다. 그리고 원통이나 원뿔 또는 손잡이가 없는 화병 등과 같은 대칭형을 제시하고 학생들이 중앙선을 설정하여 드로잉하도록 했다. 또한 교사의 시범 작업을 보충하기 위하여 교사가 칠판에 그린 그림을 인쇄한 드로잉 카드를 학생들이 활용하도록 했다.

16-A9 [미술교육론 – 스미스 – 로웬펠드]

|모|범|답|안|

스미스의 산업 드로잉 교육의 목적은 **드로잉의 기술적 리터러시 육성**이다.
방법은 모방 작업과 연습을 통한 숙련이며, 드로잉의 규칙과 과학적 원리에 의한 교육 방법이다.
이미지를 단순히 모사하거나 예쁜 그림은 허락되지 않았다.
로웬펠드의 지도 방법이 갖는 특징은 첫째, **창조적 자아표현**을 추구한다.
둘째, **동기부여**뿐 아니라 재료, 주제 등이 **발달 단계의 특징**에 따라 선정하여야 한다.

|인|정|답|

① **창조적 자아표현**을 추구한다. (1점)
② **동기부여**뿐 아니라 재료, 주제 등이 **발달 단계의 특징**에 따라 선정 (1점)
③ 제작 결과보다 과정을 매우 중시(창의적 자아표현의 원리)
④ 학생의 단계와 표현 유형으로 제시(시각형, 촉각형, 중간형 구분)
⑤ 어른의 관점에서 바라보는 간섭의 배제
⑥ 미술을 통한 '**자아동일화(self-identification)**' 중시

49 2016학년도_B8(논술문항)

다음은 경력 교사인 박 교사와 초임 교사인 김 교사가 수업 장학 중 나눈 대화의 일부이다. 밑줄 친 ㉠과 ㉡의 내용을 쓰고, 이를 토대로 [김 교사의 교수·학습 계획]의 학습 활동 가운데 개선할 점을 2가지 서술하시오. 또한 밑줄 친 ㉢에 대한 본인의 입장을, 본질주의적(essentialist) 혹은 맥락주의적(contextualist) 정당화 중 하나를 선택하여 근거를 들어 논술하시오. [10점]

김 교사 : 시각 문화 수업을 하려고 하는데 내용의 범위와 수준이 적절한지 잘 모르겠어요.
박 교사 : 교수·학습 계획을 같이 살펴보죠. 계획하신 학습 목표가 〈체험〉의 소통 영역에 해당하는 것 같은데 중학교의 성취 기준을 확인해 보셨나요? ㉠ 2009 개정 교육과정에 따른 미술과 교육과정의 영역별 성취 기준에 맞는 학습 목표로 수정해야겠어요.
김 교사 : 그렇다면 학습 활동도 수정이 필요하겠네요.
박 교사 : 그렇죠. 미술교육의 사회 재건주의적인 접근을 취해 보는 것은 어떨까요?
김 교사 : 사회 재건주의적 관점에서 시각 문화 수업을 계획한다면 어디에 강조점을 두어야 하나요?
박 교사 : 여러 가지 방법이 있겠지만, ㉡  미술교육에서 사회 재건주의의 특징을 2가지 정도 고려할 수 있지 않을까요?
김 교사 : 네, 좀 더 자세히 말씀해 주세요.
박 교사 : 제 생각에는 선생님의 ㉢ 시각 문화 수업을 사회 재건주의를 반영하여 개선하는 것이 바람직할 것 같아요.

… (하략) …

[김 교사의 교수·학습 계획]

- **학습 대상**: ○○ 중학교 3학년 1반~5반
- **학습 목표**: 다양한 시각 이미지의 의미 전달 방식을 이해한다.
- **학습 개요**:
  시각 문화의 예를 찾아본다. 의미를 전달하기 위한 상업 광고의 창의적인 방식을 분석하고, 시각 이미지의 기호, 상징, 조형적 요소에 다양한 의미가 담겨 있음을 이해한다.
- **학습 활동**:
  - 인터넷에서 다양한 시각 문화의 예를 찾아보고 흥미로운 상업 광고 이미지를 수집한다.
  - 모둠별로 수집한 상업 광고들을 비교하여 창의적 발상이 돋보이는 광고를 선택한다.
  - 선택한 광고의 제작 목적을 찾아보고, 의미를 전달하기 위해 사용된 창의적 아이디어와 기호, 상징, 조형적 요소 등을 분석하여 활동지를 작성한다.
  - 모둠 활동의 내용을 발표한다.
  - 다양한 시각 이미지의 의미 전달 방식이 가지는 공통점과 차이점에 대하여 토론한다.
  - 학급 토론을 종합하고 정리한다.

16학년도-B8논술문항 | 참고 | 2016학년도 논술 문항의 답지 분량에 맞춘 답입니다.

|모|범|답|안|

㉠ 학습 목표는 "시각문화에 반영된 생활양식과 사고방식을 비교 할 수 있다."로 수정해야 한다.

㉡ 미술교육에서 사회 재건주의의 특징은 첫째, 공동체 목표에 도달하려는 수단으로서의 미술교육을 필요로 한다. 둘째, 주제 문제의 통합을 강조한다. 즉, 풍요로운 교육 현장을 조성하기 위해 교과 단원은 개별적인 주제이기보다 포괄적이어야 한다.

[김 교사의 학습 활동]의 문제점은 먼저, 인터넷에서 흥미로운 상업광고 이미지를 수집하게 하였는데 이는 시각문화 미술교육 측면에서 행사 체험적 교육과정이라는 학습의 방향에 부합되지 못했다. 또한, 사회재건 주의적 측면에서 볼 때 상업광고 이미지는 **동시대의 작가 작품과 사회적 이슈에 대한 관심**을 갖는데 부족했다.

다음으로 김 교사가 계획한 학습 활동은 주로 '창의적인 아이디어, 기호, 상징, 조형적 요소 등을 분석'하는 것으로써 이는 이해중심 미술교육 이론적 입장으로 미술 교과 고유의 내용 요소에 중점을 둔 학습 활동이다. 따라서 김 교사의 학습 계획에 대한 개선점으로 첫째, '인터넷에서 다양한 시각문화의 예를 찾아보고 흥미로운 상업광고 이미지를 수집한다.'를 '**시각문화에 반영된 생활양식과 사고방식**을 비교할 수 있는 이미지를 **삶의 주변이나 일상생활**, 인터넷, **동시대 작가 작품** 등 다양한 곳에서 수집한다.'로 개선해야 한다.

둘째, '선택한 광고의 제작 목적을 찾아보고, 의미를 전달하기 위해 사용된 창의적 아이디어와 기호, 상징, 조형적 요소 등을 분석하여 활동지를 작성한다.'를 '수집한 시각 이미지에 반영된 **시각문화의 예**를 찾아 **시대적, 지역적 특징**을 구체적으로 생각해보고 비판적사고에 근거한 **자신의 생각을 활동지**에 작성한다.'로 개선해야 한다.

또한, '현대 사회에서 시각문화와 관련된 다양한 직업을 알아보고 역할과 기능을 비판적으로 생각하여 자기 생각을 작성한다.'로 개선해야 한다.

㉢ 시각문화 수업을 사회 재건주의를 반영하여 개선할 경우 이는 곧 맥락 주의적 측면이 지나치게 강조된 수업이라고 볼 수 있다. 즉, 본질주의적 입장에서 보자면 사회재건주의를 반영할 경우 첫째, 미술교육에서 미술 활동의 수단적인 결과를 강조하게 되는 문제점과 둘째, 수업 목표 설정에 있어 학생이나 사회의 특별한 요구에 기반을 두기 때문에 '오직 미술만이 제공할 수 있는 인간의 경험과 이해에 대한 공헌이라는 미술의 고유한 것, 특별한 것을 상실할 수 있으며, 미술의 고유성과 독자성을 약화시킬 수 있기 때문에 본질주의적 입장에서 반대한다. <끝>

50 2017학년도_A10

다음은 송 교사가 '세계의 축제와 가면'에 대한 수업 중 작성한 학생 관찰 내용의 일부이다. 이와 관련하여 〈작성 방법〉에 따라 서술하시오. [4점]

'세계의 축제와 가면'에 대한 토론 중 학생 관찰 내용

　A 학생이 모둠별 토론을 하던 중 베니스 가면 축제에 나오는 가면들과 비교하면서 아프리카 가면은 형태나 색상이 조악하다고 주장했을 뿐만 아니라, 아프리카 미술품에서 사실적인 묘사가 떨어지는 것은 원시 부족의 미개함 때문이라고 말함.

| 작성 방법 |

- 맥피(J. McFee)의 관점에서 다문화 미술교육의 목적을 2가지 서술할 것.
- A 학생의 인식을 변화시키기 위해 송 교사가 다문화 미술교육 활동을 구성하는 데에 적용할 수 있는 맥피의 미술교육방법 2가지를 서술할 것.

17-A10　[미교론/ 다문화 / 맥피]

| 모 | 범 | 답 | 안 |

맥피의 다문화 미술교육 목적은 첫째, 학생들로 하여금 **자신의 민족문화의 우수성을 알게** 하여 자민족 문화의 자긍심을 길러 주는 데 있다.
둘째, 자기 나라 문화의 독특성을 이해할 뿐만 아니라 **여러 나라의 문화를 이해**하게 하고, **다양한 계층의 문화를 이해**하게 함으로써 **복합적 계층과 복합적 문화가 한 사회에서 조화**되도록 하고자 하였다.

방법은 첫째, **디자인 학습을 통해 문화의 가치를 분석하는 활동을** 해야 한다. 환경 조각이든 가면이든 그것이 **기능면**과 **창의성 면**뿐만 아니라 **재료와 구조면**에서 **문화의 가치를 발견**하고 이해하는 학습으로 이루어져야 한다.
둘째, **미술품은 문화의 변화를 반영**한다. 따라서 미술이 생활에서 어떠한 기능을 하며, **어떠한 문화의 가치를 전달하는지**를 학습하게 함으로써 미술을 효과적으로 학습할 수 있도록 해야 한다.

51 2018학년도_A1

다음은 시각문화 미술교육 이론에 관한 설명이다. 괄호 안에 해당하는 용어를 쓰시오. [2점]

　시각문화 미술교육에서는 시각 이미지를 능동적으로 읽고 이를 활용하여 자신의 생각을 표현할 수 있는 능력인 시각적 문해력(visual literacy)을 강조한다. 이와 관련하여 던컴(P. Duncum)은 시각문화 미술교육의 목표 중 하나로 (　　)을/를 제시했다. 이것은 학습자들이 자신을 둘러싼 시각문화와 일상적 경험을 비판적으로 성찰하고 분석하는 과정 속에서, 사회문화적 환경에 대한 의미를 스스로 재구성하여 삶에 적용하고 실천할 수 있는 능력을 부여하는 것이다.

18-A1

| 정답 | 역량강화

| 인 | 정 | 답 |
권한부여

52 2018학년도_B6

다음은 신규 교사의 공개 수업을 참관한 수석 교사의 관찰 일지이다. 〈작성 방법〉에 따라 서술하시오. [5점]

관찰 일지			
수업 교사	신규 교사 박○○	작성자	수석 교사 최○○
관찰	• 교실 수업에서 학생들이 능동적으로 자신의 생각과 느낌을 표현하려고 하지 않음. • 교사는 다양한 학생들의 특성을 이해하지 못하고 획일적인 방법으로 지도하고 있음.		
의견	• 허버트 리드(H. Read)의 『예술을 통한 교육』을 읽고, '자유표현'과 '아동의 표현 유형 분류'를 참고해볼 것을 권함		

─| 작성 방법 |─

○ 공개 수업에서 관찰한 내용을 토대로 '자유표현'의 의미를 학생의 심리적 측면에서 쓰고, 이를 통해 리드가 추구하고자 한 인간상을 서술할 것.
○ 리드가 제시한 '아동의 표현 유형 분류'가 시사하는 바를 이 수업 상황과 관련하여 2가지 서술할 것.
○ 리드가 주장한 교사의 역할을 서술할 것.

18-B6 [미교론 / 창의성 / 리드]

|모|범|답|안|

자유 표현은 **유희적 표현활동**이며 최고의 예술 활동이다. 이는 아동의 순수한 심리적, **내적 표현 욕구**의 산출이며 자발적인 표현활동 그 자체이다. 리드가 추구한 인간상은 **조화롭고 균형 잡힌 인간**이다.
리드는 아동의 특질에 따른 분류도 없이 일방적으로 신체적 성장에 따라 그림을 분류하는 것은 잘못된 관점이라고 비판했다. 즉 그림은 아동 개개인의 특질과 **환경에 의해서도 영향**을 받으며 인간의 유형이 많은 것처럼 **다양한 학생의 특성**과 **미술에도 다양한 유형이 있다**는 것을 시사한다.

교사는 아동이 가지고 있는 심리의 형을 찾아내어 자연스러운 발달에 따라 자연스럽게 완성해 가도록 **환경을 조성하고, 이해와 인내를 가지고 협력**하는 데 있다.

53 2019학년도_A1

다음 (   ) 안에 공통으로 들어갈 용어를 쓰시오. [2점]

> 에플랜드(A. Efland)는 미술의 인지적 특성을 4가지로 제시하였는데, 이는 인지 유연성, 지식 통합, (   ), 미적 경험이다. (   )은/는 논리적인 측면이 의미와 관련을 가질 수 있게 해 주고 추론을 이끌어내며 문제를 해결하는 데 필수적으로 작용한다. 즉, 추상적 사유를 포함하는 인지 형태라고 할 수 있다. 이와 같이 그가 정의하는 (   )은/는 이미지를 구성하거나 은유와 이야기를 창조하는 데 상징을 결합하는 능력이다.

19-A1 미술교육론

|정답| 상상력

54 2020학년도_A10

다음은 두 교사의 창의성에 대한 대화 내용이다. <작성 방법>에 따라 서술하시오. [4점]

최 교사 :	저는 모든 학생들이 창의성을 지닌 예술가라고 생각해요. 그래서 학생들 개개인의 재능이나 잠재력이 아주 중요한 것 같아요.
강 교사 :	네. 하지만 제가 지도한 학생들을 보면 환경적인 요인도 중요해 보였어요.
최 교사 :	글쎄요. 로웬펠드(V. Lowenfeld)의 이론을 보면 미술을 통한 개인의 정서적 성장을 강조하던데요.
강 교사 :	로웬펠드는 창의적 잠재력을 길러주기 위해 정서적 성장뿐 아니라 사회적 성장도 이야기했어요. 창작 과정을 통해 학생이 자신을 알고 자신의 욕구를 발견할 뿐만 아니라 다른 사람의 욕구와 (㉠) 할 수 있다고 했어요. 이는 학생이 다루는 재료나 매체, 혹은 교사 등과 완전한 정서적 유대를 통해 하나가 되는 상태라고 볼 수 있죠.
최 교사 :	네. 창의성을 길러주기 위해 고려할 점이 많네요.
강 교사 :	맞아요. 칙센트 미하이(M. Csikszentmihalyi)의 경우 창의성을 좀 더 복합적이고 맥락적인 것으로 설명했어요. 그는 개인의 창의적 잠재력을 최대한 발휘하기 위해서 3가지 요인(component)들이 통합적이고 체계적으로 상호 작용해야 한다고 설명했죠. 미술 수업에 그의 창의성 체제 모형을 적용해 볼까요?
최 교사 :	이 체제 모형에서 학생이 창의적 결과물을 산출하는 '개인' 요인에 속한다면, 교사는 '(㉡)' 요인의 집단에 속하겠어요.

─| 작성 방법 |─

- 로웬펠드가 제시한 ㉠의 용어를 쓸 것.
- ㉡에 해당하는 용어를 쓸 것.
- 로웬펠드와 칙센트 미하이의 이론에서 알 수 있는 교사의 역할을 각각 서술할 것.

20-A10

|모|범|답|안|

㉠ 자아동일화(self-identification)   ㉡ 분야(field)

로웬펠트가 주장한 교사의 역할은 교사는 어린이와 **완전한 정서적 유대**를 통해 하나가 되어야 한다. 어린이의 욕구를 더 중시 해야 하며, 어린이의 신체적, 심리적 욕구를 알고 있어야 한다.

칙센트 미하이 교사의 역할은 개인(학생)과 **상호작용**이 있어야 한다.
개인의 창의성은 환경과의 상호작용을 통해 형성된다. 따라서 개인과 환경, 나아가 개인, 분야, 영역의 3요소를 동시에 고려할 수 있도록 해야 한다.

|인|정|답|

㉠ 자기동일시, 자기동일성
- 로웬펠드는 감정이입적 교사, 촉진자, 조력자의 역할, 재료와 기법은 **발달단계에 맞게 제시해야 한다.**

55 2020학년도_A12

다음은 손 교사가 작성한 자유학년제 주제 탐색 수업 계획서의 일부이다. 〈작성 방법〉에 따라 서술하시오. [4점]

〈자유학년제 주제 탐색 수업 계획서〉

프로젝트명	나와 마을 프로젝트
수업 설계	'나와 마을 프로젝트'는 지역 사회와 연계한 자유학년제 주제 탐색 수업이다. 1930년대 미국의 ㉠오와토나(Owatonna) 미술교육 프로젝트를 조사하여 이 수업에 적용 가능한 교육 목표를 찾아 수업 설계에 반영하였다. 사회 참여 미술에 대하여 엘게라(P. Helguera)가 제시한 관객의 참여 유형 4가지 중 ㉡'협업 수준의 참여'를 수업에 적용했다.
㉢ 수업 진행 과정	• 마을 간담회에서 학생, 예술가, 마을 주민들이 함께 하는 미술 프로젝트를 추진하기로 함. • 모두 함께 겨울철 가로수의 병충해 문제를 공유하고, 이를 해결하기 위한 '나무옷 뜨개질 프로젝트'를 진행하기로 의견을 수렴함. • 예술가와 학생들은 뜨개질 작품을 제작하고, 구체적인 장소를 탐색한 후 작품을 설치하기로 함. • 마을 주민들은 이웃 사람들에게 프로젝트를 홍보하고, 함께 뜨개질 작품을 만들어 기부함. • 교사는 진행 과정에서 발생하는 문제점을 점검하여 프로젝트에 반영하고, 예술가는 프로젝트 진행 과정을 SNS에 게시함. • 평가회를 통해 성과를 점검하고 참여 소감을 공유함. 봄이 오면 학생들과 마을 주민들이 나무옷 뜨개질 작품을 회수하기로 함.

─| 작성 방법 |─

- ㉠의 특징과 ㉠이 당시 지역 학교의 미술 교과에 미친 영향을 각각 서술할 것.
- ㉢에서 볼 수 있는 ㉡의 특징을 2가지 서술할 것.

20-A12

|모|범|답|안|
㉠의 특징은 재건주의 철학의 영향으로 1930년대 형성된 프로그램이다.
지역사회의 미적 감각을 고취시키는데 기여하고자했으며, 소수를 위한 전문적 훈련이 아닌 **모든 학생들의 취미를 개발**시키기 위함이다.
영향은 **일상생활 문제**에 미술교육의 초점이 맞추어진 점과 미술교육에 대한 새로운 방법 고안. 드로잉, 회화, 스케치를 포함한 폭넓은 영역의 활동이 추구되었다.

㉢에서 볼 수 있는 ㉡ '협업 수준의 참여' 특징은 **책임감과 전문성**이다.
첫째, 예술가와 협력자들 사이에 **책임 분배가 명확**하다.
둘째, **예술가는 전문성의** 틀을 제공하며, 그 틀을 바탕으로 경험을 축적하고 발전하는 것

|인|정|답|
㉠ 영향은 미술을 삶의 기본적인 영역과 연관 지어 가르치는 것.
교육과정의 다양화, 주제문제의 통합화, 지역사회에 대한 강조.
미술이 점차 다른 과목의 교육과 관련되면서 학교 내에서의 서비스 기획에도 사용됨.

㉢에서 볼 수 있는 ㉡ '협업 수준의 참여' 특징은 첫째, **지역사회와 연계, 주제의 선택 활동, 예술 체험형 프로그램**이다.
둘째, **학생 참여 중심**, 수행평가 등 **과정 중심평가**를 강조한다.(교육과정에 근거한 서술)

㉢에서 볼 수 있는 ㉡ '협업 수준의 참여' 특징은 첫째, 프로젝트에 함께 참여한 사람들이 **책임을 공유한다**.
(엘게라 P. Heiguera의 주장에 근거한 서술)

56 2020학년도_B8

다음은 윌리엄 모리스(W. Morris)를 학습한 후 이를 정리한 예비 교사의 메모이다. 〈작성 방법〉에 따라 서술하시오. [4점]

- 18세기 중엽 영국에서 시작된 산업혁명은 사회에 많은 변화를 가져왔음. ㉠ 당시의 미술교육도 변화를 맞이하였고, 유용성과 실용성을 강조한 미술교육 사조가 전개되었음.
- 모리스는 산업혁명 이후 예술의 사회적 기반이 쇠퇴했다고 생각했음. 예술이란 오직 전문 예술가들만이 이해할 수 있거나 다룰 수 있는 어떤 것으로 취급되어서는 안 된다고 설명함.
- 노동자들이 생산한 아름답고 유용한 물건들은 사용자를 즐겁게 만든다고 믿음.
- 미술공예운동의 목표를 실현하기 위해 제조업과 교육의 (㉡) 체제가 회복되어야 한다고 주장했음.

―| 작성 방법 |―
- ㉠이 지칭하는 미술교육 사조의 특징을 2가지 서술할 것.
- ㉡의 명칭을 쓰고, 모리스가 이를 옹호한 이유를 서술할 것.

20-B8

|모|범|답|안|
㉠ 표현기능 중심 미술교육이다. 특징은 첫째, **반복적인 훈련**을 통한 표현기능향상. 둘째, 숙련된 제도공, **산업디자이너 육성**이다.
㉡ 길드
모리스가 옹호한 이유는 건축, 공예품 등에서 **상실된 예술성을 되찾기** 위해 기계 의한 생산을 거부하고 다시 **손에 의한 예술적 숙련**을 촉진시키기 위함이다.

|인|정|답|
㉠ 특징은 미술에 관한 기본요소와 체계적인 구조 강조
- **수공예를 통해 미적 수준을 향상**하고자 함

57 2020학년도_B11

다음 작품과 설명을 참고하여 〈작성 방법〉에 따라 서술하시오. [4점]

푸생, 〈아르카디아에도 나는 있다〉

푸생(N. Poussin)은 프랑스 바로크 회화를 대표하는 화가 중 한 명이다. 그는 회화란 미의 이데아에 관여하는 것이라고 여겼으며, 규칙과 이성을 기반으로 조형 양식을 체계화하고자 했다. 푸생이 이탈리아를 주 무대로 활동했음에도 불구하고 동시대 프랑스 화단에 많은 영향을 미쳤던 이유는 1648년 파리에 설립된 왕립 회화 조각 아카데미가 그의 조형 이념을 표본으로 삼았기 때문이었다. 17세기 후반부터 18세기 까지 유럽 각국의 아카데미에서는 역사화 장르에서 (㉠)이/가 특별히 강조되었는데, ㉡ 이 양식에서 특히 중요하게 여겨졌던 것은 '고상한 주제'였다. 1768년 설립된 영국 왕립 미술 아카데미 원장 레이놀즈(J. Reynolds)는 이 양식의 목적과 의의를 강연에서 상세하게 다루면서 푸생을 대표적인 작가로 제시하기도 했다. 이처럼 ㉢ 푸생의 조형 이념은 서양 근세 아카데미 미술 교육에서 중요한 토대가 되었다.

─────| 작 성 방 법 |─────

- ㉠에 해당하는 명칭을 쓸 것.
- ㉡을 참고로 위 작품의 주제를 서술할 것.
- ㉢이 반영된 프랑스 왕립 회화 조각 아카데미의 인물 표현 교육 내용 2가지를 각각의 목적과 함께 서술할 것.

20-B11

|모|범|답|안|

㉠ 메멘토 모리(Memento mori) 죽음을 기억하라.
작품의 주제는 누구나 꿈꾸고 열망하는 이상적인 것도 **죽음은 항상 존재**한다.
프랑스 아카데미의 인물표현 교육 내용은 첫째, **생물 드로잉 과정**을 독점적으로 가르쳤다. 목적은 길드의 속박에서 피하고자 함이다.

둘째, 살아있는 **모델을 직접 그리게** 하고 **교수들은 번갈아 가며 수업**을 맡게 했다. 목적은 특정 양식에 영향받는 것을 미연에 방지하는 것이다.

|인|정|답|

- 인물표현 교육 내용은 첫째, **얼굴의 이목구비를 연습한 후 차츰 머리 전체를 그리는 방식**으로 이루어졌다. 과거의 미술가들이 어떻게 인체 드로잉에 정통했는지를 배우는 목적이었다.
  둘째, 학생의 수준에 따라 하급에서 상급으로 올라가는데, 하급 과정은 교수들의 드로잉 작품 모사하기,
  중급 과정은 입체 석고상 그리기, 상급 과정은 **인물을 직접 보고 그리는 모델 드로잉**으로 구성 되었다. 목적은 프랑스의 정치적, 경제적 주도권을 획득하고, 루이 14세 자신의 왕정을 강화하고자 함이었다.
- 석고 드로잉과 모델 드로잉을 단계적으로 가르쳤다.
- 해부학 등 이론지식을 제공하였다. '공식적 양식'과 관(官)의 전설을 유지하고자 함이며, 예술원 학생들이 **미술의 법칙에 정통**하게 함이다.

58 2021학년도_A6

다음은 미술 교과 연구회 교사들의 대화이다. 〈작성 방법〉에 따라 서술하시오. [4점]

> 교사 A : 역사적으로 볼 때, 미술 교육에 대한 관점은 시대와 학자에 따라 다른 것 같습니다. 예를 들면, 고대 그리스에서 플라톤은 "화가는 눈에 보이는 사물만을 (㉠)하므로 진리에서 멀리 떨어져 있다."라고 하여 미술에 대한 부정적인 관점을 보였습니다.
>
> 교사 B : 하지만 그의 제자였던 아리스토텔레스는 플라톤과 달리 미술에 대해 긍정적인 의미를 부여했습니다. 이를테면, 아리스토텔레스는 (㉠)의 긍정적 역할을 인정하면서, 청소년 교육을 위한 교과목 중 하나로서 '그리기'를 가르치는 것은 일상생활의 쓸모에서 더 나아가 인간의 정신을 고양한다고 보았지요.
>
> 교사 A : 미술 교육의 실용적 측면과 정신적 측면에 대한 견해 차이는 그 후로도 이어지는 것 같습니다. 19세기에 만(H. Mann)과 파울(W. Fowle), 미니피(W. Minifie)는 실용적 측면에서 ㉡ 드로잉을 공교육에 도입해야 할 필요성을 주장했습니다. 반면에, 20세기 아이스너(E. Eisner)는 ㉢ 미술이 가진 고유한 특성 측면에서 미술 교육의 목적이 추구되어야 한다고 했습니다.

―| 작성 방법 |―
- ㉠에 공통으로 들어갈 용어를 쓸 것.
- 만, 파울, 미니피가 주장한 ㉡을 2가지 서술할 것.
- ㉢에 대한 아이스너의 주장을 1가지 서술할 것.

21-A6

|모|범|답|안|
㉠ 공통으로 들어갈 용어는 **모방**이다.
만, 파울, 미니피가 주장한 ㉡ 드로잉을 공교육에 도입해야 할 필요성은 첫째, 드로잉은 **필기력을 향상**시킨다. 둘째, 드로잉은 **산업 현장에서 기본적인 기술**이고, 또한, 드로잉은 **윤리적인 힘**을 지니고 있다.
㉢ 아이스너의 주장은 미술은 **인지적 활동, 지적 활동**이기 때문에 어떠한 수단으로서의 미술 교육이 아닌 **미술 교육 그 자체가 목적**이 되어 **미술을 소비하고 향유하는 소비자, 향유자를 육성**하는 것이다.

|인|정|답|
㉠ 공통으로 들어갈 용어는 **재현**이다.
만, 파울, 미니피가 주장한 ㉡은 첫째, 드로잉 교육을 통해 모든 어린이에게 읽고 쓰는 문해력을 육성하기 위함이다.
둘째, 드로잉 문해력을 갖춘 노동자를 육성하기 위함이며, 산업 현장에서의 기본 기술이기 때문이다.

59 2021학년도_B10

다음은 시각문화 미술교육론을 적용한 교사의 수업 성찰 일지 중 일부이다. 〈작성 방법〉에 따라 서술하시오. [4점]

> 〈수업 성찰 일지〉
>
> 시각문화 미술교육론을 적용한 이번 미술 수업에서 최근에 본 TV 광고에 대한 비평 활동을 하였다. ㉠ 비평은 언어적 활동이므로 글로 표현하도록 하였다.
> 그러나 학생들은 ㉡ TV 광고를 보는 것에는 익숙하였지만, 이것이 회화나 조각과 같은 비평의 대상이 되어야 하는지를 이해하지 못했고, 광고 이미지가 미술의 영역에 포함되는지에 대해 의문을 가졌다. 그래서인지 학생들은 교사가 제시한 참고 자료나 설명에만 의존하는 등, 글로 표현하는 것에 서툰 모습을 보이며, 비평 활동을 낯설어했다.
> 또한, 학생들은 ㉢ 광고 이미지와 같은 대중 문화의 요소를 분석해야 하는 이유를 이해하지 못하는 것 같았다. 앞으로의 수업에서는 이 부분에 대한 보완이 필요할 것 같다.

―| 작성 방법 |―
- 시각문화 미술교육의 취지에 맞도록 ㉠을 보완할 수 있는 수업 내용을 1가지 서술할 것.
- 시각문화 미술교육론에서 ㉡과 관련하여 프리드만(K. Freedman)이 제시한 개념적 특성을 서술할 것.
- 시각문화 미술교육의 관점에서 ㉢을 2가지 서술할 것.

60 | 2022학년도_A1

다음 괄호 안의 ㉠, ㉡에 해당하는 용어를 순서대로 쓰시오. [2점]

파슨스(M. Parsons)는 피아제(J. Piaget)의 인지심리학 이론과 콜버그(L. Kohlberg)의 (㉠) 이론을 기초로 미적 인식 발달 과정을 연구하였다. 이 연구에서 그는 주제, (㉡), 매체·형식·양식, 판단의 4가지 관점에 기반한 인터뷰를 통해 미술 작품에 대한 다양한 연령과 배경을 가진 사람들의 반응을 분석하였다. 그는 이러한 연구 내용을 정리하여 미적 인식 발달을 5단계로 제시하였으며, 이를 통해 미적 인식은 자기중심적인 인식으로부터 사회적 인식과 자율적 판단으로 발달한다는 결론을 도출하였다.

21-B10

|모|범|답|안|
㉠을 보완할 수 있는 수업은 학제적이고 사회적으로 적절한 내용으로 조직하되, 이미지, 인공물, 공연 **제작과 비평을 통해 학습**해야 한다.
㉡ 프리드먼의 개념은 **영역의 재개념화**이다. 즉 서양의 순수 미술 영역에서 벗어나 **다양한 영역을 중심으로 재구성**한다.
㉢은 첫째, 시각문화 미술교육은 맥락, 즉 **제작물이 제작된 문화적 배경**을 염두에 둔다.
이러한 측면에서 광고 이미지는 현대문화에서 가장 흔히 볼 수 있는 미술의 한 종류이고, 사회문화적 기능을 가지며, 우리의 가치 체계에 영향을 미치는 미술의 한 종류이기 때문이다.
둘째, VCAE는 광고의 숨은 의도, 목적 등에 질문을 던진다. 이러한 맥락에서 시각문화 미술교육은 삶에 있어서 미술이 담당해야 할 역할을 강화하고자 하기 때문이다.

|인|정|답|
㉠을 보완할 수 있는 수업은 제작과 비평의 공생관계로서 패러디이다.
㉡은 미술의 확장이다.
㉢은 첫째, 상업이미지의 재현원리를 파악하여 시각적 문해력을 향상시키기 위함이다.

22-A1

|정답|
㉠ 도덕판단의 인지발달   ㉡ 표출

|인|정|답|
㉠ 도덕성 발달

61 2022학년도_A5

다음은 통합교육에 대한 교사의 대화이다. <작성 방법>에 따라 서술하시오. [4점]

최 교사: 선생님, 이번 학기 중에 미술과 사회, 역사를 연결한 통합교육을 진행해 보려고 합니다. 통합교육과정 설계에 도움이 될 만한 이론으로 무엇을 참고하면 좋을까요?

강 교사: 드레이크(S. Drake)의 다학문적 통합교육과정을 참고해 보세요. 왜냐하면 이 통합교육 방식은 (㉠)을/를 중심으로 둘 이상의 각 교과들을 연결하여 교과별 내용을 선정하고 조직하는 데 효과적이기 때문입니다.

최 교사: 저는 미술의 특성이 잘 살아날 수 있는 통합교육을 해 보고 싶은데, 추천해 주실 만한 이론이나 방식이 있으신가요?

강 교사: 에플랜드(A. Efland)의 통합교육 방식을 추천합니다. 왜냐하면 에플랜드는 '미술을 통한 지식의 통합'에서 (㉡)을/를 강조하였기 때문입니다.

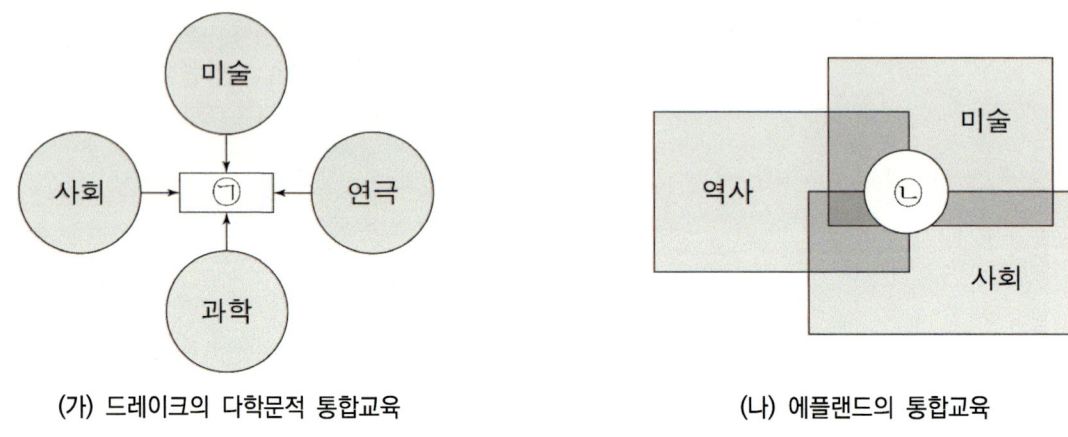

(가) 드레이크의 다학문적 통합교육　　　　(나) 에플랜드의 통합교육

―| 작 성 방 법 |―

- ㉠에 해당하는 단어를 쓸 것.
- '미술을 통한 지식의 통합' 측면에서 에플랜드가 강조한 ㉡을 쓰고, 이를 강조한 이유를 2가지 서술할 것.

22-A5

|모|범|답|안|
㉠ 주제　　　㉡ 미술작품

㉡을 강조한 이유는 첫째, 시대와 문화를 이해할 수 있다.
둘째, 학생 개인의 삶과 밀접한 관련을 갖고 인지적 능력을 개발 시키기 때문이다.

|인|정|답|
㉡을 강조한 이유는 미술교육은 충분히 인지적으로 중요한 학습 경험의 장이 된다.

62 2022학년도_A12

다음은 다문화 미술교육의 주요 내용을 정리한 것이다. 〈작성 방법〉에 따라 서술하시오. [4점]

> 1960년대 맥피(J.McFee)는 다원주의 인식론에 기초하여 미술교육 연구에 (㉠) 접근을 적용함으로써 다문화 미술교육 이론의 토대를 마련하였다. 맥피는 기존의 고정 관념을 넘어 소수 민족 미술, 여성 미술 등 모든 집단과 계층의 문화가 미술교육의 내용에 포함되도록 하였다. 이러한 맥피의 사상은 후대의 연구자들에게 영향을 주었다. 이후 와손, 스터와 페트로비치-므바니키(R. Wasson, P. Stuhr, & L. Petrovich-Mwaniki)는 다문화 미술교육 실천을 위한 6가지 교수·학습 전략을 제시하였다.
>
> <다문화 미술교육 실천을 위한 6가지 교수·학습 전략>
>
> 첫째, 특정 문화의 미적 결과물과 경험을 학습하는 데에 있어서 (㉠) 접근을 강조한다.
> 둘째, ㉡교수행위(teaching)를 사회문화적인 개입으로 생각한다.
> 셋째, 학생과 그들이 속한 (㉢)을/를 중심으로 교육과정을 계획한다.
> 넷째, 미술 학습에서 (㉠) 접근에 기초한 방법을 사용한다.
> 다섯째, 문화적으로 반응하는 교육 방법을 사용한다.
> 여섯째, 미술 교육과정에서 약자의 권리를 고려하는 민주적인 접근 방식을 추구한다.

―| 작성 방법 |―
- 괄호 안의 ㉠에 공통으로 들어갈 학문의 명칭을 쓸 것.
- 밑줄 친 ㉡의 측면에서 다문화 미술교육을 수행하는 교사의 태도를 서술할 것.
- 괄호 안의 ㉢에 해당하는 용어를 쓰고, 이를 중심으로 한 다문화 미술 교육과정을 계획할 때 고려할 점을 서술할 것.

22-A12

|모|범|답|안|
㉠에 공통으로 들어갈 학문의 명칭은 **문화인류학** 이다.
㉡의 측면에서 다문화 미술교육을 수행하는 교사의 태도는 자신의 사회적, 문화적 편견을 직면하도록 한다. 또한 지속적으로 이를 인식하도록 지도한다.
㉢에 해당하는 용어는 **'지역 사회 중심'**이다.
㉢을 중심으로 다문화 미술 교육과정을 계획할 때 고려할 점은 "**학생들과 지역 구성원의 사회문화적 가치와 신념**을 파악하여 수업에 반영하여야 한다."

|인|정|답|
㉢에 해당하는 용어는 **'지역 사회 중심'**이다. 교육과정을 계획할 때 고려할 점은 교육과정에 다양한 문화요소를 포함시켜야 하며 문화상대주의에 의한 미술 감상과 미술사를 학습하도록 지도한다.

63 2022학년도_B3

다음은 중학교 감상 수업의 교수·학습 지도안 일부이다. <작성 방법>에 따라 서술하시오. [4점]

단원명	함께 만드는 전시		영역	감상	차시	2/4
학습 목표	(㉠)할 수 있다.					
도입	◦ 전시 관람의 경험 이야기하기 ┤작성 방법├ ◦ 2015 개정 중학교 미술과 교육과정 '감상' 영역의 '성취기준'을 활용하여 괄호 안의 ㉠에 들어갈 내용을 서술할 것. ◦ 괄호 안의 ㉡에 해당하는 교수법을 쓸 것 ◦ 하인(G. Hein)이 제시한 구성주의적 전시의 특징에 근거하여 괄호 안의 ㉢에 들어갈 내용을 2가지 서술할 것. ◦ 학습 목표 확인하기					

전개	◦ 전시 방식의 특징 이해하기
	
	▸하인(G. Hein)의 미술관·박물관 교육 이론에 기반한 전시 방식
	 1) (㉡) 교수법이 적용된 전시의 특징
	  • 전시 관람이 의도적인 순서에 따라 순차적으로 이루어진다.
	  • 간단한 것부터 복잡한 것으로 주제를 위계적으로 배치한다.
	           …(중략)…
	 4) 구성주의 교육이 적용된 전시의 특징
	  • 정해진 순서 없이 관람이 이루어질 수 있도록 다양한 진입 통로를 마련한다.
	  • (㉢)
	
	◦ 교내 전시 방식에 대한 모둠별 계획안 작성하기
	  • 누가 감상할 것인지 생각한다.
	  • 어떤 작품을 전시할 것인지 토론한다.
	  • 어디에 전시할 것인지 살펴본다.					

22-B3

|모|범|답|안|
㉠은 '조지하인의 미술관, 박물관 교육 이론을 고려하여 다양한 방식의 교내 전시를 기획할 수 있다.'이다. [9미03-04]
㉡은 설명, 해석이다.
㉢은 첫째, 작품과 관련된 설명문, 명패, 팻말 등이 최소화 되어 있는 전시이다.
둘째, 참여자로 하여금 **스스로 선택**하여 제공되는 활동과 경험을 통해 **전시물과 자신의 경험을 연결하여 이해할 수 있도록** 해야 한다.

|인|정|답|
㉢ 둘째, 학생들이 실험, 추측, 결론을 도출할 수 있게 하는 여러 경험의 자료를 제공 하는 전시이다.

64 2023학년도_A7

다음은 아동 미술 발달에 관한 학자들의 연구를 정리한 것이다. 〈작성 방법〉에 따라 서술하시오. [4점]

학자	주요 내용
구디너프와 해리스 (F. Goodenough & D. Harris)	어린이의 그림은 개념 형성의 지표이다. 주관적인 미적 측면을 배제할 때 아동의 인물화에 나타나는 세부 묘사와 (㉠) 사이에는 상당한 상관관계가 있다.
맥피 (J. McFee)	아동의 미술 발달에 영향을 미치는 4가지 요인은 어린이의 준비도, 심리적 환경, (㉡), 묘사 기능이다.
로웬펠드 (V. Lowenfeld)	아동의 성장은 자연스러운 발달 단계를 따르며, 의사실기에 이르러 시각형과 ㉢ 촉각형의 2가지 유형으로 나누어지기 시작한다

─| 작성 방법 |─
- 괄호 안의 ㉠, ㉡에 해당하는 용어를 순서대로 쓸 것.
- 밑줄 친 ㉢에 해당하는 아동의 인물 표현 특성을 2가지 서술할 것.

23-A7

|모|범|답|안|
㉠ **지적인 성숙**
㉡ 정보의 처리(정보처리능력)
㉢ 첫째, 촉각형 학생들은 정서적으로 흥미를 끄는 세부 모습에 관심을 갖는다.
둘째, 촉각형은 인물 표현을 사실적 비례가 아닌, 학생의 정서, 심리, 감정에 따라 인물의 중요도와 크기가 결정된다는 것이다.

65. 2023학년도_A11

다음은 사회참여예술에 대한 설명이다. 〈작성 방법〉에 따라 서술하시오. [4점]

> 사회참여예술은 관객을 작품 생산의 능동적 주체로 정의하고, 관객의 참여를 위한 커뮤니티를 제공함으로써 공동의 예술을 창조한다. 사회참여예술의 커뮤니티는 소통의 방법으로 (㉠)을/를 강조한다. 이는 연설이나 강연 같은 형식적 발화 방식으로 영향력을 행사하는 것이 아니라, 참여자들 사이에 유대감을 심어주고 의사 결정 과정에 참여하도록 유도한다. 따라서 (㉠)은/는 집단적인 상호작용의 과정이자 커뮤니티 조직화의 핵심이 된다. 사회참여예술은 관객의 참여에 의해 이루어지고 관객의 삶과 사고에 영향을 준다는 점에서 교육적 의미를 지닌다. 이에 엘게라(P. Helguera)는 사회참여예술을 교육적 관점에서 (㉡)(이)라 지칭하였다. 그는 (㉡)이/가 교육과 예술이 혼합된 작품 활동을 통해 전통적인 교육과 차별되는 경험을 제공하기 때문에 교육과정 자체가 예술 작품의 핵심이라고 보았다.

| 작성 방법 |

- 괄호 안의 ㉠에 공통으로 해당하는 용어를 쓸 것.
- 괄호 안의 ㉡에 공통으로 해당하는 용어를 쓸 것.
- 괄호 안의 ㉡과 전통적인 예술교육의 차이점에 대한 엘게라의 주장을 2가지 서술할 것.

23-A11

|모|범|답|안|
㉠ 대화와 협력
㉡ 교차 교육학(tranpedagogy)
㉢ 전통적인 예술교육에 비해 사회참여 미술이 갖는 차이점(엘게라)
① 사회참여 미술이 **창의적인 결과 수용, 지식의 공유, 예술을 통한 삶의 이해** 등에서 기존의 전통적인 예술 교육과는 차별된다.
② 공동의 예술작품으로서 **다양하고 창의적인 결과를 수용**하며, 그 과정에서 **공공의 예술적 환경을 구축**함으로써 지식과 아이디어를 공유하고 주체적인 **참여자의 비판적이고 탐구적인 학습과정을 강조**한다.
③ 상호 존중과 포용술, 협력적 개입 등을 이해하게 된다.
④ 가상이나 상징적 예술 행위가 아닌 실제적인 사회적 행위를 기반으로 한다.
⑤ 다양한 계층 간의 협업과 대화, 소통과 교류, 참여와 협업을 경험하고 현대사회의 다양한 사회 상황을 경험할 수 있다. (①~⑤ 중에서 2가지 서술)

|인|정|답|
㉡ 사회참여 미술(Socially Engaged Art)

66. 2024학년도_A1

다음 설명을 참고하여 괄호 안의 ㉠,㉡에 해당하는 내용을 순서대로 쓰시오. [2점]

> 프리드먼(K.Freedman)은 시각문화미술교육(VCAE) 사조에서 대표적인 학자 중 한 명이다. 그녀는 시각문화를 교육하는 데 있어 드러나는 개념적 특성으로 다음의 8가지를 제시하였다.
> 첫째는 '(㉠)'(으)로, 오늘날의 시각문화는 전통적, 예술적, 사회적 경계를 가로지르는 탈장르적이고 복잡한 형태임을 말한다.
> 둘째는 '사회적 관점'으로, 시각문화는 단순히 표면적 형식과 내용만이 아니라 사회적, 문화적, 그리고 역사적인 배경을 가진다는 것이다.
> 셋째는 '의미중심의 미학'으로, 그동안 미술교육이 형식이나 기술적 능력 함양에 초점을 맞추어 왔음을 비판하며, 시각문화미술교육에 있어 다양한 층위의 의미와 연결이 중요하다는 것이다.
> 넷째는 '상호작용적 인식'으로, 시각문화미술교육의 목적이 텍스트의 이해뿐 아니라 텍스트의 이해를 통한 지식의 재구성에 있다는 특징을 말한다.
> 다섯째는 '문화적 반응'으로, 교육과정이 다양한 문화 집단들의 시각 예술을 포함한다는 것이다.
> 여섯째는 '간학문적 해석'으로, 시각문화의 복합성을 고려하여 학과 구조에 근거한 제한적인 교육이 아니라 탈교과적인 통합교육이 지향되어야 한다는 것이다.
> 일곱째는 '(㉡)'(으)로, 현대 사회에서 테크놀로지가 가지는 시각적 소통의 영향력이 크다는 점에서 이에 대한 지속적인 교육이 필요하다는 것이다.
> 여덟째는 '구성적 비판'으로, 시각문화에 대한 비판적 분석과 평가가 사회적 지식을 생산하는 하나의 형식이라는 특징을 말한다

24-A1

|모|범|답|안|
㉠ 영역의 재개념화
㉡ 기술적 경험

|인|정|답|
㉠ 미술의 확장

67 2025학년도_A1

다음은 예비 교사의 연구 노트 중 일부이다. 괄호 안의 ㉠, ㉡에 해당하는 용어를 순서대로 쓰시오. [2점]

아른하임(R. Arnheim)의 『시각적 사고』에 대한 연구 노트
2024. ○. ○.

중요 내용	• 감각, 지각, 사고는 분리될 수 없다.
해석	• 감각, 지각, 사고는 능동적 탐색, 선택, 관계 추출 등의 공통적인 심적 조작을 포함한다.
생각해 볼 문제	• 보고 생각하고 판단하는 것이 동시에 일어나기 때문일까? 그럼 결국 지각이 사고라는 것인가?
중요 내용	• 지각은 (㉠)적이다.
해석	• 지각은 감각 자료와 그 자료를 제공한 대상에 대한 기억을 통해 가설을 만들고 검증하는 논리적인 과정으로, '인지'와 분리된 개념이 아니다.
생각해 볼 문제	• (㉠)와/과 관련한 연구를 진행한 가드너(H. Gardner)의 주장과는 어떠한 상관성이 있을까?
중요 내용	• (㉡)와/과 구체성을 분리하는 것은 잘못이다.
해석	• 지각은 사고의 바탕으로서 개별성을 지향하지 않고 처음부터 보편성과 (㉡)을/를 띤다.
생각해 볼 문제	• 지각이 개별성이 아닌 보편성과 공통적 특성을 추출하는 (㉡)을/를 지향하는 사례는 무엇이 있을까?

25-A1

|모|범|답|안|
㉠ 지능(적이다.)
㉡ 통합성

68 2025학년도_B11

다음은 예비 교사의 노트이다. 〈작성 방법〉에 따라 서술하시오. [4점]

허버트 리드(H. Read, 1893~1968)	
대표 저서	• ㉠『예술을 통한 교육(Education through Art)』
예술 교육의 기본 원칙	• '사물'에 의한 교육과 '(㉡)'에 의한 교육
인간 기질의 유형	• 근대 미술의 유파를 사실주의, 초현실주의, 표현주의, 구성주의로 크게 분류하고, 인간 기질의 유형을 사실주의는 '사고형', 초현실주의는 '감정형', 표현주의는 '감각형', 그리고 구성주의는 '(㉢)'(으)로 제시
미술 표현 유형	• 칼 융(C. Jung)의 심리학적 유형에 기초하여 미술 표현 유형을 구분 • 유기형, 감정 이입형, 율동형, 구조형, 열거형, 표현형, 장식형, 상상형의 8가지로 분류
미술 표현 발달 단계	• 시릴 버트(C.Burt)의 단계 제시 • 낙서(2~5세)→선(4세)→서술적 상징주의(5~6세)→서술적 사실주의(7~8세)→시각적 사실주의(9~10세)→억제기(11~14세)→예술적 부활기(초기 청년기)

─| 작성 방법 |─
◦ 밑줄 친 ㉠에서 리드가 주장한 바를 예술 교육의 개인적, 사회적 측면에서 각각 서술할 것.
◦ 괄호 안의 ㉡, ㉢에 해당하는 용어를 순서대로 쓸 것.

25-B11

|모|범|답|안|
㉠ 개인적 측면은 예술가의 육성이 아니라 **조화로운 인간성 개발**이다.
사회적 측면은 **조화로운 인간 형성을 통한 이상사회를 만드는 것**
㉡ **결합**
㉢ **구조형(Structured form)**

02 교육과정

1 2002학년도_01

제7차 미술과 교육과정은 성격, 목표, 내용, 교수-학습 방법, 평가로 구성되어 있다. 이 가운데 교수-학습 방법과 평가에 관한 다음의 질문에 답하시오. [총 6점]

1) 제7차 미술과 교육과정에서 강조하고 있는 교수-학습 방법의 특징 중 자기 주도적인 학습을 위해 수업의 계획 단계에서 고려해야할 요소를 쓰시오. (2점)

2) 제7차 미술과 교육과정의 '5. 평가'에 제시된 평가상의 유의점을 4가지만 쓰시오. (4점)

①

②

③

④

02-01-1 [미술교육론]

|모|범|답|안|
학습 지도 계획은 **학생의 자율성, 창의성 등이 존중되도록 하며, 흥미, 발달 단계 및 개인차를 고려**하여 수립한다.

학습자의 자기 주도적 학습을 이끌어 내기 위해서는 무엇보다 학습자의 **흥미**와 **관심**을 고려한 학습 내용의 선정 및 조직, **다양한 학습** 방법으로의 접근, **개별적인 수준**에 대한 진단 등이 수업 이전의 계획 단계에서 이루어져야 한다.

02-01-2 [제7차 교육과정 – 평가 유의점]

|모|범|답|안|
가. 학생 발달의 특성을 고려하여 평가한다.
나. 지속적인 관찰을 통하여 학습 태도, 과정 및 결과를 균형 있게 평가한다.
다. **관찰법, 감상문, 토론법, 포트폴리오** 등 다양한 평가 방법을 활용한다.
라. 미적 체험, 표현, 감상 영역을 모두 평가한다
마. 평가 계획을 세울 때에는 평가 기준을 제시하여 객관성을 높인다.
바. 평가 결과는 될 수 있는 대로 서술하여 제시하고, 누가 기록하여 개인별 성장 수준을 파악한다.

2 2002학년도_03

제7차 교육과정은 세계화, 정보화 시대에 맞게 개정되었다. 특히, 학교 현장에서의 ICT(Informaion & Communication Technology)를 활용한 교육의 중요성이 점차 강좌되고 있는데 미술과 수업에서 ICT를 활용한 교육이 가지는 긍정적인 효과를 3가지 서술하시오. [6점]

①

②

③

02-03 [교육과정 – ICT 교육의 긍정적 효과]

|모|범|답|안|
1. 학습의 자율성 및 유연한 학습활동 제공
2. 자기주도적 학습 환경 제공
3. 창의력 및 문제해결력 신장
4. 다양한 교수·학습 활동 촉진
5. 교육의 장 확대

3 2003학년도_01

제7차 교육과정에서 제시된 미술과의 내용 체계는 '미적 체험', '표현', '감상'의 세 영역으로 구성되어 있다. 그 중 감상 영역에서 가르치고자 하는 하위 영역은 '미술 비평'과 '미술사'의 두 부분으로 구성되어 있다. 이 두 영역에서 지도할 수 있는 미술적 능력을 각각 2개씩만 간략하게 기술하시오. [4점]

미술비평(2점)

-
-

미술사(2점)

-
-

03-01 [제7차 교육과정 – 감상]

|모|범|답|안|
비평에서 지도할 수 있는 미술적 능력은 첫째, 학습자들에게 작품을 보는 안목을 길러 준다
둘째, 미적 감수성 및 가치관을 확립하여 생활 속에서 미술을 향유하는 능력을 길러준다.

미술사에서 지도할 수 있는 미술적 능력은 첫째, 시대별, 양식별 미술의 변천 과정을 이해함으로써 현대 미술에 대한 이해의 폭을 넓히게 한다.
둘째, 미래의 미술 문화를 창조하는 데 바탕이 될 수 있는 이론적 배경을 배울 수 있도록 한다.

4 2003학년도_02

제7차 미술과 교육 과정은 세계화, 정보화 시대에 대비하고 전통 미술을 보다 강조하여 우리 문화에 대한 주체성을 확립하도록 유도하고 있다. 이와 관련하여 전통 미술 교육을 강화하기 위한 보다 구체적인 지도 방안을 4가지만 간략하게 쓰시오. [4점]

(가)(1점)
-

(나)(1점)
-

(다)(1점)
-

(라)(1점)
-

5 2004학년도_01

교내에서 후기인상주의 작품에 대한 감상 수업을 할 때 교사가 유의해야 할 사항을 제7차 미술과 교육과정에 근거하여 5가지만 쓰시오. [총 5점]

①

②

③

④

⑤

03-02 [제7차 교육과정 – 전통 미술 교육]

|모|범|답|안|

전통 미술 교육의 구체적인 방안은 첫째, 학습 계획을 세울 때에는 우리나라 전통 미술이나 풍속, 고유의 명절 등 고유 문화에 관련된 내용이 포함되도록 한다.
둘째, 발상 지도나 작품 감상을 할 때 전통 문양이나 색채 등에 관심을 가지도록 지도한다.
셋째, 미술 작품을 제작할 때 전통 문양이나 형태를 현대에 맞게 변화시켜 보도록 지도한다.
넷째, 전통 미술의 정착을 위해서는 순수 미술과 함께 생활 미술에도 관심을 가지도록 함으로써 전통적인 미술품이나 생활 용품, 각종 민속 놀이를 통한 민족 정서와 생활 공동체 의식을 느낄 수 있도록 지도한다.

04-01 [제7차 교육과정 – 감상 지도시 유의점]

|모|범|답|안|

(가) 작품에 대한 기초적 이해에 도움이 되도록 다양한 감상 관점을 선정하여 활용한다.
(나) 미술 용어를 이해하고, 감상할 때에 이를 활용하도록 한다.
(다) 박물관, 미술관, 전시장 등을 한 학기에 1회 이상 관람하도록 한다.
(라) 멀티미디어를 활용하여 학습 효과를 높인다.
(마) '미적 체험' 및 '표현' 영역과의 연계성을 고려한다.

6 2004학년도_02

고등학교 학생들을 대상으로 광주 비엔날레 포스터를 제작하는 수업을 하려고 한다. 이 수업에서 **학생 활동**으로 가능한 정보통신기술(ICT) 활용 학습 활동 유형을 4가지만 쓰고, 각 유형에 대하여 세부 활동의 예시를 1가지씩 구체적으로 쓰시오. [총 8점]

| 조건 |
1. 포스터 제작은 개별 학습을 통한 **개인 과제**로 부여됨.
2. 총 6차시의 수업이며, 도입, 전개, 감상 및 정리의 학습 단계로 진행됨

	ICT 활용 학습 활동 유형	세부 활동 예시
①		
②		
③		
④		

7 2004학년도_03

제7차 고등학교 선택 중심 교육과정 편제표에 따르면 보통 교과인 「미술」의 편제는 국민 공통 기본 교과와 선택 과목으로 나뉘어져 있다. 아래 표에 해당하는 과목명과 각각의 이수 단위를 쓰시오. [총 4점]

구분	국민 공통 기본 교과 (이수 단위)	선택과목	
		일반 선택 과목 (이수 단위)	심화 선택 과목 (이수 단위)
미술	____ ( )	____ ( )	____ ( ), ____ ( )

04-02 [ICT 활용 수업]

|모|범|답|안|

활동 유형	세부 활동 예시
1. 정보 탐색하기	웹 사이트, 백과 사전, 신문, 잡지, 전문 참고서 등 각종 정보원을 활용하여 정보 수집 분류, 체계화에 초점을 맞춘 수업 활동을 진행한다.
2. 정보 분석하기	수집된 자료를 기초로 지역에 관한 지도와 그래프를 작성, 학습 홈페이지에 게시한다.
3. 정보 안내하기	관련 CD-ROM을 활용하여 지진파가 표시된 지진 동영상을 보여줌으로써 성질이 다른 지진파의 종류 및 성격을 알려준다.
4. 웹 토론하기	토론을 통해 의견을 종합하여 프리젠테이션 자료를 만들고, 발표하거나 홈페이지 등에 게시한다.

04-03 [제7차 편성 운영]

|모|범|답|안|

구분	국민 공통 기본 교과 (이수 단위)	선택과목	
		일반 선택 과목 (이수 단위)	심화 선택 과목 (이수 단위)
미술	미술 (2)	미술과 생활 (4)	미술 이론(4), 미술 실기(4 이상)

8 2005학년도_18

아래 미술과 교수·학습 계획의 단원명을 쓰고, 학습 목표의 ②, ③, ④에 해당하는 기본 학습 요소를 제7차 미술과 교육과정 표현 영역에 근거하여 쓰시오. [4점]

단원명	
학습 목표	① 정물의 특징을 알고 효과적으로 표현할 수 있다. ② 몰골법과 구륵법의 특성을 알고 표현할 수 있다. ③ 붓, 먹, 벼루, 화선지의 특성을 이용하여 표현할 수 있다. ④ 선과 색, 농담, 여백의 효과를 살려 표현할 수 있다.

- 단원명 :
- 기본 학습 요소
  ②

  ③

  ④

05-18 [교육과정]

|모|범|답|안|
단원명: 전통 회화로 정물 그리기

기본 학습 요소 ② 표현 방법
　　　　　　　③ 재료와 용구
　　　　　　　④ 조형 요소와 원리

9 2005학년도_26

조선시대 풍속화 수업에서 아래와 같은 활동을 하였다. 현행 미술과 교육과정이 제시하는 감상 지도의 유의점 여섯 가지 중에서, 이 수업에 직접적으로 반영되어 있는 유의점을 3가지만 쓰시오. [3점]

- 풍속화에 대해 인터넷과 미술사전, 도록 등을 활용하여 조사하기
- 풍속화의 감상 관점을 정하고, 미술사적 가치 발표하기
- 풍속화의 표현 재료를 이야기하고, 간략하게 풍속화를 변형시켜 그려 보기

①

②

③

05-26 [제7차 교육과정]

|모|범|답|안|
(라) 멀티미디어를 활용하여 학습 효과를 높인다.
(가) 작품에 대한 기초적 이해에 도움이 되도록 다양한 감상 관점을 선정하여 활용한다.
(다) 박물관, 미술관, 전시장 등을 한 학기에 1회 이상 관람하도록 한다.

10. 2006학년도_05

제1차 교육과정(1954-1963) 시기인 1956년에 내한한 피바디(Peabody) 교육 사절단이 한국의 미술 교육에 미친 영향을 2가지 쓰시오. [2점]

-

-

11. 2006학년도_06

다음은 표현 영역의 교수·학습 계획안의 일부이다. 적합한 수업 제재명을 쓰고, 제7차 미술과 교육과정의 내용 체계 중 표현 영역의 필수 학습 요소에 근거하여 학습 목표 2가지를 쓰시오. [3점]

제제명	① _____	학습형태	실기 표현 활동
학습 목표	• 움직이는 인물의 관찰을 통해 인체의 비례, 균형, 동세 등을 파악할 수 있다. ② _____ ③ _____		
준비물	• 교사 : 참고 도판(씨름/김홍도, 공간 속의 단일 연속체/보치오니, 춤/마티스, 계단을 내려오는 나부/뒤샹, 신발 끈을 매고 있는 무희/드가) • 학생 : 도화지, 지우개, 연필, 채색 재료(콩테, 수채, 아크릴, 유채, 파스텔 등 주제 표현에 효과적인 재료를 각자 선택)와 용구		

06-05 [교육과정 - 2차 - 피바디 영향]

|모|범|답|안|
〈피바디 사절단의 영향〉
① 미술교육의 시범을 통한 **창조주의 미술교육 전파**
② 종래의 고정관념을 탈피하여 창조주의 미술교육으로 한국 미술교육 관계자들과 교사들의 인식 전환에 기여
③ **미술교육 연구회의 결성에 촉진제 역할**
④ **미술교육 관련 출판물 간행에 재정적인 지원**
⑤ **전국에 아동 미술의 붐을 형성**
⑥ **미술 국제교류에도 기여**

06-06 [교수 학습 지도안]

|모|범|답|안|
제재명: ① 조형 요소와 원리
학습목표:
② 움직이는 대상의 특징을 살려 창의적으로 표현할 수 있다.
(|인정답| 주제 표현에 효과적인 재료와 용구를 활용하여 움직이는 인물을 표현할 수 있다)
③ 인물 표현에서 조형 요소와 원리를 적용하는 태도를 기를 수 있다.

12 2006학년도_07

미술과 수업에서 ICT(Information & Communication Technology)를 '표현을 위한 도구'로 활용할 경우 그 예를 3가지 쓰시오. [3점]

-
-
-

06-07 [ICT 활용의 예]

|모|범|답|안|
ICT 활용의 예는
첫째, 그래픽, 오디오, 동영상, 애니메이션 제작 등 멀티미디어 제작
둘째, 워드프로세서, 프리젠테이션, 데이터베이스 등을 활용한 자료 작성 및 분석
셋째, 웹 브라우저, 온라인 채팅 등 통신 관련 도구를 활용한 전자우편과 전자 게시판

13 2007학년도_01

제7차 교육과정의 고등학교 2, 3학년 '미술과 생활' 과목의 내용 영역은 '미술의 이해', '미술 감상', '미술 창작'이다. 이 가운데 '미술의 이해' 영역에 해당되는 교육과정 내용을 3가지 쓰시오. [3점]

-
-
-

07-01 [제7차 교육과정]

|모|범|답|안|
(1) 미술의 기능과 역할 이해하기
(2) 미술의 구조와 용어 등을 이해하기
(3) 미술과 자연, 과학, 종교, 사회, 직업 등의 관계 이해하기
(4) 미술 문화의 발전과 교류 등에 관하여 이해하기

14 2007학년도_21

다음에 보이는 시각 이미지들을 바탕으로, 한국전쟁 이후에 나타난 한국미술의 흐름과 미술교육의 동향에 대해 쓰시오.
[3점]

인질의 머리 No. 3 / 포트리에

원죄 B / 윤명로

전설 / 김종영

셔드로우의 한국 파견

① 미술의 흐름 :

② 미술교육의 동향 :

07-21 [교육과정 + 한국 근대 미술사]

|모|범|답|안|

미술의 흐름은 첫째, 서양의 20세기 초 전위 미술과 앵포르멜 계열이 활동하였다.

입체주의의 영향, 목우회 중심의 구상 계열의 활동, 아카데미적 화풍, 이중섭 등 표현주의적 경향이 있었다.
둘째, 전쟁 후 시대적 상황에 기초한 다양한 양식의 조각과 추상 조각이 풍미했다.

미술교육의 동향은 재건기(1953~1963) 미술교육 시기로서, **창조주의 미술교육**, 사범대학 교수 중심의 미술, 공예활동 전개, 실용 중심의 공예 교육, **생활과 경험 중심 미술교육**이 있었다. **피바디 교육 사절단이 내한**하여 **진보주의 교육의 틀을 제시**하였으며, 한국 미술교육에 많은 영향을 미쳤다.

---

15 2008학년도_02

제7차 미술과 교육과정에서 다음과 같은 내용 체계를 도입하게 된 총론 개정의 방향 2가지를 쓰고, 이러한 내용 체계가 학교 미술 수업에 기여할 수 있는 점을 2가지 쓰시오.
[4점]

학년군	초등 3, 4학년	초등 5, 6학년	중학교 1, 2, 3학년	고등학교 1학년
내용 영역	(1) 미적 체험 (2) 표현 (3) 감상	(1) 미적 체험 (2) 표현 (3) 감상	(1) 미적 체험 (2) 표현 (3) 감상	(1) 미적 체험 (2) 표현 (3) 감상

① 총론 개정의 방향
-
-

② 수업에 기여하는 점
-
-

08-02 [제7차 교육과정]

|모|범|답|안|

① 총론 개정의 방향
- 국민공통 기본 교육과정의 일관성 유지, 학교급별 차이에 따른 연속성, 연계성 부족 극복, 내용의 위계성 통합성 고려
- 교과목의 학습 내용을 학생들의 학습 능력과 교육 과정 편제상의 수업의 수에 맞게 조정

② 수업에 기여하는 점
- 학습자 중심 교육, 다양하고 특성화 된 교육, 자유와 평등이 조화된 교육
- 미술 교육의 질을 높이며 학습 목표에 도달할 수 있다.

16 2008학년도_03

다음 공예 단원의 지도안 (가)를 재구성하여 시각문화 미술교육의 내용으로 수업하고자 할 때 지도안 (나)에 제시된 핵심 개념을 고려하여 학습 목표를 쓰시오. 또한, (가)의 수업과 비교하여 이러한 시각문화 미술교육 수업의 교육적 의의를 2줄 이내로 쓰시오. [5점]

(가) 교수·학습 지도안

핵심 개념	전통 공예의 기능과 미	영역	표현
학습 목표	• 전통 공예의 기능과 조형미를 이해한다. • 전통 공예의 제작 과정을 이해하고 생활에 필요한 공예품을 만들 수 있다. • 주변의 공예품에 관심을 갖는다.		
참고 자료			

(나) 교수·학습 지도안

핵심 개념	문화 공동체와 공예	영역	표현
학습 목표	• • •		
참고 자료			

• 교육적 의의 :

17 2009학년도_09

제1차~제7차 중학교 미술과 교육과정에서 창의성과 관련된 교육 목표를 순서와 관계없이 나열한 것이다. 각 시기별 교육과정의 특징에 대한 설명으로 옳은 것은[2.5점]

> (가) 미술 활동을 통하여 표현 및 감상 능력을 기르고 **창의성**을 계발하며 심미적인 태도를 함양한다.
> (나) 조형품을 표현하며 창조하는 능력을 기른다.
> (다) 조형 활동의 경험을 통하여 표현 및 감상 능력을 길러, 창조성을 계발하고 정서를 함양하게 한다.
> (라) 미적 직관력과 상상력을 길러, 그것을 창의적으로 표현하는 기초적인 능력과 태도를 기른다.
> (마) 조형 활동 경험을 통하여 표현 및 감상 능력을 기르고, 창조성을 계발하며 정서를 함양하게 한다.

① (가) 창의성은 표현 능력과 관련하여 제시되었고, 경험 중심 교육과정에 따라 일상생활에 필요한 미술의 경험을 강조하였다.
② (나) 학문 중심 교육과정과 인간 교육 강화라는 기본 방침에 따라 체계적인 창조성 개발을 강조하였다.
③ (다) 창조표현주의 미술 교육 이론이 소개되어 창조성과 미적 정서를 강조하기 시작하였다.
④ (라) 창조성이 창의성으로 표기되었고, 창의성을 함양하는 기초, 기본 교육을 강조하였다.
⑤ 창조성, 정서, 표현, 감상 능력을 네 개의 미술과 목표로 제시하였고, 교육과정의 분권화를 강조하였다.

08-03 [교육과정]

|모|범|답|안|
〈학습 목표〉
(1) 다양한 문화의 민속 공예품에 담긴 문화적 다양성에 대해 설명할 수 있다.
(2) 생활 속에 반영된 전통 공예의 조형적 가치를 토론할 수 있다.
(3) 서로 다른 민족의 전통 문화 특성과 가치를 애호하는 태도를 기를 수 있다.
• 교육적 의의: 시각문화 인식 능력과 비주얼 리터러시 육성
 : 미술이 생활에서 어떠한 기능을 하며 어떠한 문화의 가치를 전달하는지 학습할 수 있다.

09-09

|정답| ⑤

18 2010학년도_06

중학교 미술과 교육과정의 변천에서 내용의 영역 구분에 대한 설명으로 옳은 것을 <보기>에서 모두 고른 것은? [1.5점]

― 보기 ―
ㄱ. 제2차에는 묘화, 도법이 포함되었다.
ㄴ. 내용을 표현과 감상으로 구성한 것은 제4차와 제5차이다.
ㄷ. 공작이란 명칭은 제3차까지 사용되었다.
ㄹ. 제5차에서 표현은 관찰 표현, 구상 표현, 상상 표현, 디자인 표현으로 구성되었다.
ㅁ. 제6차에서는 미술과 생활, 보고 나타내기, 느낌 나타내기, 상상하여 나타내기, 꾸미기와 만들기, 붓글씨로 나타내기, 작품 감상으로 구분하였다.

① ㄱ, ㄴ
② ㄱ, ㄷ
③ ㄴ, ㄷ
④ ㄱ, ㄹ, ㅁ
⑤ ㄷ, ㄹ, ㅁ

19 2010학년도_09

2007년 개정 중학교 미술과 교육과정에 제시된 감상 영역의 지도 내용과 제7차 중학교 미술과 교육과정 감상 영역의 지도상 유의점에서 공통되는 사항으로 옳은 것은?

① 멀티미디어를 활용하여 학습 효과를 높인다.
② '미적 체험' 및 '표현' 영역과의 연계성을 고려한다.
③ 교과 간 통합적 접근을 통하여 감상을 확장할 수 있게 한다.
④ 전통 미술에 대한 관심과 이해를 높이기 위하여 전통 미술 자료와 문화 공간을 적극 활용한다.
⑤ 학습 내용과 관련된 미술가, 미술 작품, 미술사 관련 정보와 일화 등을 활용하여 감상에 대한 흥미와 관심을 가지게 한다.

20 2010학년도_11

김 교사는 2007년 개정 미술과 고등학교 교육과정에 따라 내용 영역별 평가를 하고자 한다. (가)~(다)에 들어갈 용어로 옳은 것은? [1.5점]

- '미적 체험' 영역에서는 시각 현상에 대한 감수, __(가)__, 관찰력, 발표 및 토론 능력, 태도 등을 평가한다.
- '표현' 영역에서는 발상과 구상력, 재료와 용구의 선택과 활용력, 매체와 방법의 활용력, 조형 요소와 원리의 적용력, 창의성, 표현력, __(나)__, 태도 등을 평가한다.
- '감상' 영역에서는 미술 작품에 대한 __(다)__, 반응, 지식, 이해, 적용, 비평 능력, 발표 및 토론 능력, 태도 등을 평가한다.

	(가)	(나)	(다)
①	이해	심미성	표현력
②	이해	응용 능력	판단력
③	지식	심미성	감수
④	반응	응용 능력	판단력
⑤	반응	심미성	감수

10-06 |정답| ①
10-09 |정답| ②
10-11 |정답| ⑤

21 2010학년도_13

2007년 개정 미술과 교육과정에는 제7차 미술과 교육과정과 비교하여 변경된 내용들이 있다. (가)에서 변경된 내용으로 옳은 것과 (나)에서 '표현 과정'에 관한 설명으로 옳은 것을 고른 것은?

(가) 변경된 내용

ㄱ. 미적 체험 영역에서 중학교의 '미술과 생활의 관계 이해' 고등학교의 '미술과 문화의 관계 이해'가 모두 '시각 문화 환경'으로 변경됨.
ㄴ. 감상 영역에서 중학교와 고등학교의 '미술 문화 유산 이해'가 '미술 문화'로 변경됨.
ㄷ. 감상 영역에서 고등학교의 '미술품 감상'이 '미술 감상'으로 변경됨.
ㄹ. 표현 영역에서 고등학교의 경우 '주제 표현', '표현 방법', '조형 요소와 원리', '표현 재료와 용구'가 '주제 표현'과 '표현 방법'으로 변경됨.

(나) 표현 과정

ㄱ. 이 영역의 선정 이유는 미술 활동의 결과로서 작품을 완성하는 것이 중요한 교육적 가치를 지니고 있기 때문이다.
ㄴ. 중학교에서는 자신의 표현 의도를 구체화하고 표현 방법과 과정을 계획하여 표현 과정에서 발생한 문제의 해결 방법을 찾아보는 데 중점을 둔다.
ㄷ. 고등학교 단계에서는 각각의 영역에서 배운 것을 심화시켜 스스로 주제, 방법, 과정을 발견하고 이를 통해 작품으로 발전시킬 수 있도록 한다.
ㄹ. 제작 과정에서 자기 주도적인 선택과 결정으로 얻게 되는 성취감과 희열이 표현 활동에 대한 지속적인 관심과 흥미를 유지시켜 준다.

	(가)	(나)
①	ㄱ, ㄴ	ㄴ, ㄹ
②	ㄱ, ㄴ	ㄱ, ㄷ
③	ㄴ, ㄷ	ㄱ, ㄴ
④	ㄴ, ㄹ	ㄷ, ㄹ
⑤	ㄷ, ㄹ	ㄴ, ㄷ

10-13 | 정답 | ①

22 2011학년도_02

2009 개정 교육과정 편제에서 미술 교과에 대한 설명으로 옳은 것만을 〈보기〉에서 모두 고른 것은? [1.5점]

보기

ㄱ. 미술 교과를 선택 교과로 변경하였다.
ㄴ. 중학교에서는 미술을 예술 교과(군)로 편제하였다.
ㄷ. 고등학교에서는 미술을 체육·예술 교과(군)로 편제하였다.
ㄹ. 고등학교 편제에서 미술 교과는 미술, 미술과 삶, 미술 감상, 미술 창작 과목 중에서 선택하도록 하였다.

① ㄱ, ㄴ
② ㄷ, ㄹ
③ ㄱ, ㄴ, ㄷ
④ ㄱ, ㄴ, ㄹ
⑤ ㄴ, ㄷ, ㄹ

23 2011학년도_09

〈보기〉에 제시된 미술과 고등학교 교육과정 내용 체계의 변천을 순서대로 바르게 배열한 것은?

보기

ㄱ. 미술과 생활 영역을 신설하였다.
ㄴ. 지도 내용 중에 도법 영역이 있다.
ㄷ. 공예 영역을 디자인 영역으로 바꾸었다.
ㄹ. 감상 영역을 감상과 이해로 구성하였다.

① ㄴ-ㄷ-ㄱ-ㄹ
② ㄴ-ㄷ-ㄹ-ㄱ
③ ㄴ-ㄹ-ㄷ-ㄱ
④ ㄷ-ㄴ-ㄱ-ㄹ
⑤ ㄷ-ㄴ-ㄹ-ㄱ

11-02 | 정답 | ④

11-09 | 정답 | ②

24 2011학년도_06

2007년 개정 미술과 고등학교 교육과정의 내용 체계에 관한 설명으로 옳은 것을 〈보기〉에서 고른 것은?

| 보기 |

ㄱ. '미술과 삶'은 미술의 기능, 미술의 변천, 미술의 확장 영역으로 구성되어 있다.
ㄴ. '미술 창작'은 주제와 발상, 매체와 표현, 분석과 적용 영역으로 구성되어 있다.
ㄷ. '미술 감상'에서 분석과 해석 영역은 작품 분석, 작품의 재발견으로 구성되어 있다.
ㄹ. '미술'에서 표현 영역은 주제 표현, 표현 방법, 조형 요소와 원리, 표현 과정으로 구성되어 있다.

① ㄱ, ㄴ
② ㄱ, ㄷ
③ ㄴ, ㄷ
④ ㄴ, ㄹ
⑤ ㄷ, ㄹ

| 정답 | ①

25 2011학년도_10

2007년 개정 미술과 고등학교 교육과정에서 미술 감상 과목의 교수·학습 방법으로 옳은 것만을 〈보기〉에서 모두 고른 것은?

| 보기 |

ㄱ. 학습자의 지적 호기심과 학습 동기를 유발할 수 있는 발문을 하도록 노력하고, 개방적 질문을 적극 활용한다.
ㄴ. 다양한 미술 관련 전문가들을 적극적으로 활용하고 지역 사회와 연계된 교육으로서 직업 교육과도 관련지어 활용한다.
ㄷ. 미술 감상과 비평 활동에서 타 교과와의 연계를 통해 다양한 배경 지식을 바탕으로 풍부한 해석을 이끌어 낼 수 있도록 지도한다.
ㄹ. 인터넷을 활용한 미술 정보 탐색 및 분석, 웹 토론 학습, 멀티미디어 활용 학습, 컴퓨터 그래픽 프로그램 활용 학습 등 정보 통신 기술(ICT)을 활용하여 학습의 효과를 높인다.

① ㄱ, ㄷ
② ㄴ, ㄹ
③ ㄱ, ㄴ, ㄷ
④ ㄱ, ㄷ, ㄹ
⑤ ㄴ, ㄷ, ㄹ

| 정답 | ④

다음에 제시된 2007년 개정 고등학교 미술과 교육과정의 '성격'과 '내용'에 근거하여, 대중 이미지를 활용한 미술 수업의 필요성을 4가지 제시하시오. 그리고 아래의 이미지가 생활양식 또는 사고방식에 미치는 영향에 대해 비판적인 시각에서 근거를 들어 설명하고, 이러한 영향과 관련하여 학생들의 정체성 탐구를 유도하는 발문을 2가지 제시하고, 그 이유를 각각 설명하시오. [30점]

1. 성격
    (중략)
미술 교과 교육은 ……(중략)…… 미술 작품을 비롯하여 시각 문화 환경에 대한 미적 반응이나 판단을 토대로
비판적 사고력을 기르며 ……(중략)……

3. 내용
    (중략)
(나) 시각 문화 환경
    시각 문화 환경의 사회적, 문화적 가치를 판단한다.
    ① 시각 문화 환경이 생활양식과 사고방식에 끼치는 영향에 관하여 알아보기
    (후략)

정소연, 〈인형의 집〉, 1997

11학년도-2차-논술01

| 해설 |

| 참고 | 아래 내용은 모범 답안의 핵심 키워드와 문장만 나열한 것입니다. 실제 시험에서는 기호는 생략하고 완성된 문장으로 작성해야 합니다.

시각문화 미술교육 필요성	① 시각 환경의 변화에 따른 미술의 확장 ② 문화 주체로서 문화적 역량의 강화 ③ 대중문화의 확산 ④ 일상생활의 미학, 예술의 생활화 ⑤ 시각적 문해력 육성 ⑥ 미적 감수성의 함양 ⑦ 우리 고유의 문화적 정체성을 강화하기 위해 필요함.
비판이론	- 인간의 주체성이 어떻게 형성되며 **문화와 일상생활이 어떻게 새로운 지배의 장이 되는가**를 더 중요한 문제로 삼았다. - 비판이론은 현대 자본주의사회의 경제생활과 각 개인들의 심리적 발달·문화적 산물이 서로 연관되어 있음을 드러내고자 한다. 즉 학문·종교·예술·법률·관습·여론·오락·스포츠와 같은 문화적 산물이 자본주의 경제구조로 하여금 인간의 심리를 조종해서 기존의 질서에 순응하게 하고, 이에 상응하는 현실 긍정의 문화를 만들어낸다는 것이다. - **자본주의**에 대해서는 **생산된 사회적 자원을** 산업체제에 예속되어 있는 사람들에게 자유를 증진시킬 수 있는 방식으로 사용하지 않고 오히려 **더 많은 부를 생산하려는데만 급급**해 왔다고 비판하였다.
방식	- 「비판이론」이라고 하는 것은 폐쇄적인 철학적 구조를 거부하며, 단지 부정의 부정을 거듭하면서 논의의 주제를 집요하고 철저하게 공략하여 문제의 핵심을 밝히면서 진행되는 사고의 양식을 취한다.
학자	- 초창기는 호르크하이머, 프롬, 마르쿠제, 아도르노 등이 참여하였으며, 후기에는 하버마스 등이 가담하였다.

① 시각 환경의 변화에 따른 미술의 확장
대중문화와 매체기술의 급속한 발달에 힘입어 일상의 시각 환경은 하루가 다르게 변화하고 있다. TV, 영화, 애니메이션, 비디오, 컴퓨터, 사진, 패션, 광고 등 다양한 형식의 시각문화가 확산되고 있다. 이미지, 텍스트, 사운드 등의 복합 매체를 기반으로 '미술'이라는 용어가 가진 한계를 넘어 기존의 예술적, 사회적 경계를 가로지르며 다양한 형식을 만들어 내고 있는 것이다. 이러한 다양한 시각 형식들은 작품 속 순수한 아름다움을 넘어 문화적 정체성, 사회적 현상, 정치적 담론을 반영하고 형성하는 특성을 가지고 있다. 따라서 이제 미술교육은 순수미술을 중심으로 하는 협소한 '미술'을 넘어 대중미술, 대중문화를 비롯한 시각문화로 교육적 관심을 확장해야 한다.

② 문화 주체로서 문화적 역량의 강화
이미지 중심의 문화 환경 속에서 미술교육은 단순히 이미지의 교육으로는 한계가 있다. 이미지를 통하여 인간의 삶에서 시각 경험의 영향력과 중요성을 깨닫고 문화 안에서 이미지로 소통할 수 있는 문화적 역량을 기르는 것이 중요하다.

③ 대중문화의 확산
현대 문화의 특징은 대중문화가 부상한 것으로 그 의미와 중요성이 강하게 부각되고 있다. 이것은 첫째, 미디어를 이용하여 문화를 생산하고 보급할 뿐만 아니라 향유하고 소비할 수 있는 대중들이 증가하였고, 둘째, 고급문화와 대중문화의 경계가 와해되었으며, 셋째, 특정 고급문화의 권위를 인정하지 않는 미학적 대중주의가 팽배해졌으며, 넷째, 개인의 사고방식이나 행동양식, 정체성에 미치는 일상의 대중문화의 힘이 커졌음을 의미한다. 더욱이 문화산업의 이름으로 문화에 대한 자본주의의 영향력이 강화되면서 현대인의 일상은 문화로 넘쳐나고 있다.

④ 일상생활의 미학
미술교육의 본질적 목표 중 하나인 시각적 문화현상에 대한 이해와 창조적 수용능력을 신장시키기 위해서는 현재 학습자의 환경을 고려한 미술교육이 고려되어야 한다. 학습자가, 자신의 일상 속에서 미학의 현장을 발견하고, 그것을 통하여 문화적 역량을 강화할 수 있는 기회를 제공함으로써 학습자의 삶의 향상을 도모할 수 있도록 해야 한다.

⑤ 시각적 문해력 육성
미술교육은 전통적 미술문화에 대한 전수의 역할과 함께 현대 사회에서 새롭게 변화, 발전하는 문화에 대한 비판적 이해와 창조적 수용능력을 기르는 것을 목표로 한다. 시각문화에 대한 비판적 해석능력의 중요성과 관련하여 시각적 문해력(Visual Literacy)은 시각문화로서 미술작품이 그 의미를 읽어서 해독해야 하는 '텍스트'로 간주되면서 사회문화적 의사소통 능력을 미술학습의 중요한 학습 목표로 삼고 있다.

시각문화 영향	**생활양식에 끼치는 영향**
	대중문화는 대부분 특정한 의도를 가지고 만들어진다. 자본주의 사회를 배경으로 상업적 의도를 비롯하여 정치적, 성적, 계층적, 편향성을 가진다. 이러한 대중문화는 일상의 친숙함을 가지고 학습자의 사고방식과 행동양식과 생활양식에 영향을 미친다.
	일상이 중요한 또 다른 이유는 그것이 무의식적이기 때문이다. 비판적 연구의 관점에서 보면 무의식적일수록 신념과 가치가 성공적으로 전달된다. 일상의 미학적 현장은 순수미술보다 생각, 감정, 행위를 형성하는데 좀 더 영향력이 있는데 그것은 일상적이기 때문이다. 따라서 시각 문화는 현대인에게 끊임없는 개입 속에서 다양한 생활양식을 만들어 가는 역할을 하고 있다.
	사고방식에 끼치는 영향
	학습자의 일상에서 쉽게 만나게 되는 많은 시각 이미지들과 그것이 갖는 소통의 기능은 현대적 삶의 특징이기도 하다. 문화를 산업의 일부로 생각하는 시대에 살고 있는 현대인은 문화 소비의 주체이면서 또한 대상이다. 이것은 우리의 일상에서 만나는 갖가지 문화 산물들이 우리의 일상뿐 아니라 우리의 의식까지도 채우고 있음을 의미한다.
	결국 문화를 역동적 개념으로 받아들이는 현대인에게 문화는 인간이 자신을 표현하는 방식이고, 자신을 둘러싼 세계와 바람직한 관계를 만들어가는 산물이며 이를 통해 자신의 사고방식을 다양하게 변화시키는 것이다.
	따라서 이러한 현대적 상황에서 '비판적으로 사회 문화 현상을 이해하고, 적극적으로 문화에 참여할 수 있는 능력'을 길러주는 것이 필요하다.

이론	관점	발문 접근
DBAE	조형 비평	형식주의
VCAE	의미 읽기	기호학적 분석
다문화	사회학적 인류학적	사회재건주의
구성주의	실용주의	경험적 접근

기호학적 분석	- 이미지를 통해 의미가 만들어지는 방법에 대해 세부적으로 설명하는 일련의 개념들을 포함한다. - 기호학에서는 하나의 시각 이미지에 담긴 제작자의 의도를 포함하고 있는 의미와 해석이 고정적이지 않고 성과 문화에 따라, 사람에 따라 다르다고 본다. - 기호학은 기호가 어떻게 의미를 만드는가에 대한 분석적 어휘를 담고 있는 점이 특징이다.

정체성 탐구를 유도하는 발문 - 기호학적 분석	1. 이 광고에 등장하는 인형은 어느 나라 캐릭터인가? 2. 이 인형의 옷차림이 무엇을 말하고 있는가? 3. 이 인형 광고는 누구에게 보여 주고 싶어서 만들었을까? 4. 이 인형 광고는 무엇을 선전하기 위한 인형 광고인가? 5. 이 인형 광고를 만든 사람은 무슨 목적을 가지고 이런 인형 광고를 만들었을까? 6. 이 인형 광고는 어떤 면에서 잘못된 생각을 전달하고 있는가? 7. 이 작품을 제작한 작가의 의도는 무엇인가?

27 2012학년도_03

다음 중학교 미술과 교육과정이 개정된 시기의 교육적 배경으로 가장 적절한 것은 [1.5점]

교과 목표	조형의 기초적인 표현 및 감상 활동을 통하여 미적 정서와 창조성을 길러 품위 있는 인격을 함양하고, 우리의 환경을 아름답게 꾸미며, 애호하는 능력과 태도를 지니게 한다.
내용 영역	표현(회화, 조소, 디자인, 서예), 감상(감상, 이해)

① 정보화 사회에 대응하는 교육을 강화하였다.
② 인간 중심 교육과정에서 전인교육을 강조하였다.
③ 교육과정 운영에 있어서 단위 학교의 자율권을 확대하였다.
④ 교과 중심 교육으로 교과목 위주의 분과 교육을 중시하였다.
⑤ 학생의 능력, 적성, 진로를 고려한 수준별 교육과정을 도입하였다.

12-03
|정답| ②

28 2012학년도_04

2009 개정 교육과정 총론에 따라 미술과 교육과정이 바르게 편성·운영된 것만을 〈보기〉에서 있는 대로 고른 것은?

―|보기|―
ㄱ. A 일반계 고등학교는 미술 과정을 개설하고 지역 사회 학습장을 활용하였다.
ㄴ. B 중학교는 예술 교과군에 음악과 미술 교과를 편성·운영하였다.
ㄷ. C 고등학교는 1학년 공통 교육과정에 미술 교과를 편성·운영하였다.
ㄹ. D 중학교는 학습 부담의 적정화와 의미 있는 학습 활동이 될 수 있도록 미술 교과를 집중이수하게 하였다.

① ㄱ, ㄴ
② ㄷ, ㄹ
③ ㄱ, ㄴ, ㄷ
④ ㄱ, ㄴ, ㄹ
⑤ ㄴ, ㄷ, ㄹ

12-04
|정답| ④

29 2012학년도_05

2007년 개정 미술과 교육과정의 학년군별 내용에 근거하여 작성한 중학생 2학년 연간 지도 계획서의 일부이다. 이에 대한 설명으로 적절한 것을 <보기>에서 고른 것은?

연간 지도 계획서

월	단원명	학습 내용
8	자연과 미술	자연과 조화를 이룬 시각 문화 환경에 대하여 토론하기
		자연미를 반영한 생활용품 제작하기
9	디자인의 세계	주변 환경에 어울리는 공공디자인 조사하기
		주변 환경과 어울리는 공원, 놀이터 계획하여 디자인하기
		디자인 관련 직업 탐색하기
		자신의 작품을 모아 포트폴리오 제작하기
10	미술관 탐방	지역 미술관을 탐방하여 전통 미술품 감상하기
		자연 친화적인 미술품에서 전통적 가치와 현대적 의미 이해하기

──────| 보 기 |──────

ㄱ. 중학교 학년군의 수준을 고려하여 작성하였다.
ㄴ. 다양한 교수·학습 활동이 이루어지도록 작성하였다.
ㄷ. 대영역별로 중영역들이 모두 반영되도록 작성하였다.
ㄹ. 미적 체험, 표현, 감상 영역을 고르게 반영하여 작성하였다.
ㅁ. 대영역의 특성을 반영하면서도 대영역 간 연계성을 고려하여 작성하였다.

① ㄱ, ㄴ, ㄷ
② ㄱ, ㄷ, ㅁ
③ ㄱ, ㄹ, ㅁ
④ ㄴ, ㄷ, ㄹ
⑤ ㄴ, ㄹ, ㅁ

12-05 |정답| ⑤

30 2012학년도_08

(가) 교수·학습 관점을 반영한 교수 활동으로 가장 적절한 것은? [1.5점]

> (가) 관점에 기초한 학습 이론에서는 학습을 학습자에 의해 일어나는 극히 개별적인 구조화 과정으로 해석하여 교육과정을 학생의 인지적 능력과 요구, 필요, 흥미와 조화시켜 구성한다. 학습자는 그의 경험과 환경과의 상호작용에 기초하여 실체를 해석하고 구성하므로 교사는 수업을 계획할 때 학습자의 능동적인 인지과정을 촉진하는데 주목해야 한다.

① 이 교사는 채본을 준비하여 학생들이 궁체 쓰기 연습을 하도록 하였다.
② 정 교사는 서양 미술 감상 수업에서 근대 미술 양식을 요약하도록 하였다.
③ 박 교사는 학생들에게 추상 미술을 이해시키기 위하여 칸딘스키 작품을 비평하고 토론하도록 하였다.
④ 김 교사는 학생들에게 전통 문화에 관한 보고서 작성 과제를 부과하기 위하여 세부 목차를 미리 구성하였다.
⑤ 최 교사는 컴퓨터 그래픽을 이용하여 포스터를 잘 그린 학생들에게 전국 미술대회에 참가할 수 있는 기회를 제공하였다.

12-08 |정답| ③

31 2013학년도_11

다음은 2009 개정 교육과정에 따른 중학교 미술과 교육과정의 내용 체계와 성취 기준의 일부이다. (가)~(라)에 대한 설명으로 옳은 것만을 〈보기〉에서 있는 대로 고른 것은?

영역		성취 기준
감상	지각	(가) _____
		(나) 시각 문화의 사회적 가치를 이해하고 참여 방안을 모색한다.
	미술사	(다) _____
		(라) 미술 비평 활동을 통해 작품의 의미를 해석하고 가치를 판단한다.

─────| 보 기 |─────

ㄱ. (가)에는 "주변 환경과 대상의 조화에 관하여 이해하기"와 "주변 환경과 자신의 관계를 탐구하여 나타내기"가 제시되어 있다.
ㄴ. (나)를 위한 학생 활동에는 "미술 작품에 나타난 조형 요소와 원리의 시각적 효과를 이해한다."가 포함되어 있다.
ㄷ. (다)에는 "다양한 문화권 미술의 변천 과정을 이해하기"와 "관람자의 역할을 고려하여 전시회를 계획하기"가 제시되어 있다.
ㄹ. (라)를 위한 학생 활동에는 "미학적 용어와 개념, 미술사적 지식을 활용하여 감상문을 작성한다."가 포함되어 있다.

① ㄱ, ㄴ
② ㄱ, ㄹ
③ ㄴ, ㄷ
④ ㄱ, ㄷ, ㄹ
⑤ ㄴ, ㄷ, ㄹ

13-11
| 정답 | ②

32 2014학년도_A기입형_02

다음은 박 교사가 '미술 문화' 수업에서 작성한 교수·학습 지도안의 일부이다. 2009 개정 교육과정에 따른 미술과 교육과정의 내용 체계에서 다음의 교수·학습 지도안과 가장 잘 연계되는 대영역과 중영역을 순서대로 쓰시오. [2점]

학습 목표	① 예술과 과학 기술의 관계를 이해할 수 있다. ② 동·서양의 미술 작품과 건축에 적용된 수학적 원리와 과학적 원리를 표현 활동에 창의적으로 적용할 수 있다.
교수·학습 방법	발문법, 창의적 문제 해결법
동기 유발 자료	미술 작품: • 임정은, 〈사각형의 변주〉 • 다빈치, 〈최후의 만찬〉 • 라파엘로, 〈아테네 학당〉 • 에스허르, 〈상대성〉
	건축물: • 경주의 〈석굴암〉 • 아테네의 〈파르테논 신전〉

14-A2
| 정답 | 대영역: 미술의 확장   중영역: 미술과 통합

33 2017학년도_B03

다음은 2015 개정 교육과정에 따른 중학교 미술 과목 교육과정에서 제시한 미술 교과 역량 중 '자기 주도적 미술 학습 능력'을 기르기 위해 작성한 교수·학습 지도안이다. 이와 관련하여 〈작성 방법〉에 따라 서술하시오. [4점]

영 역	표현	대 상	중학교 3학년
단 원	한국을 알리는 광고 동영상 제작하기		
미술교과 역량	㉠ 자기 주도적 미술 학습 능력		
학습 목표	한국의 전통문화를 알리는 광고 동영상을 제작할 수 있다.		

단 계	교수·학습 내용	자 료
도 입	• 동기 유발: 사물놀이로 한국을 알리는 광고 동영상 시청 • 본시 학습 목표 확인	동영상 자료
전 개	• 한국의 전통문화와 관련된 주제를 선정하고 계획서 작성하기 • 다양한 영역에서 주제와 관련된 자료 수집하기 • 동영상 편집 프로그램을 활용하여 광고 제작하기 • ㉡ 점검 일지를 활용하여 제작 활동 돌아보기 **점검 일지** 일시: ( )학년 ( )반 ( )번 이름 ( ) 요소 / 점검한 내용 1. 학습 목표를 이해하고 계획서를 작성하였는가? 2. 다양한 영역에서 주제와 관련된 자료를 충분히 수집하였는가? 3. 표현 매체의 특징을 이해하고 효과적으로 활용하였는가? 4. 보완할 점을 제작 활동에 반영하였는가? • 점검 내용을 반영하여 동영상을 완성하고 발표하기 …(중략)…	계획서, 동영상 편집 프로그램, 점검 일지

┤작성 방법├

- 2015 개정 교육과정에 따른 중학교 미술 과목 교육과정에 근거하여 작성할 것.
- 밑줄 친 ㉠의 내용을 서술할 것.
- '내용 체계'에 근거하여, 밑줄 친 ㉡에 해당하는 '표현' 영역의 '내용 요소'를 쓰고, ㉡을 지도하면서 교사가 유의해야 할 사항을 '교수·학습 방법 및 유의 사항'에 근거하여 서술할 것.

17-B3 [교육과정]

|모|범|답|안|

㉠ '자기 주도적 미술 학습 능력'은 미술 활동에 자발적이고 주도적으로 참여하면서 자기를 계발·성찰하며, 그 과정에서 타인의 생각과 느낌을 이해하고 존중·배려하며 협력할 수 있는 능력이다.

㉡ 표현과정과 점검 유의사항은
 "③ 표현 과정을 점검하면서 문제점을 스스로 인식하고 해결 방안을 찾도록 지도한다."이다.

34 2018학년도_A9

김 교사는 윌슨(B. Wilson)이 제시한 평가 항목을 적용하여 표현 단원을 계획하고 있다. 〈작성 방법〉에 따라 서술하시오. [4점]

〈윌슨의 평가 항목〉

윌슨은 미술교육에서 평가해야 할 항목을 '내용(content)'과 '행동(behavior)'으로 나누었다. 미술교육에서 평가해야 할 내용에는 ① 매체·도구·과정·기술 ② 시각적 구조 ③ 소재 ④ 미술 형식 ⑤ 문화적 맥락 ⑥ 미술이론과 비평이 있고, 행동에는 ① 지각 ② 지식 ③ 이해 ④ 분석 ⑤ 평가 ⑥ 감상 ⑦ 제작이 있다.

〈김 교사의 단원 계획〉

영역	표현			
주제	인물 목판화 표현하기			
차시	전개 과정	학습 목표	평가 항목	
			내용	행동
1	인물 목판화 감상 활동	동·서양의 인물 판화 감상을 통해 시대적, 지역적, 사회적 배경을 설명할 수 있다.	문화적 맥락	이해
2~4	목판화 표현 활동	(가) 인물 표현에 적합한 주제를 다양한 방식으로 탐색하여 발견할 수 있다.	㉠	㉡
		㉢	─(나)─	
			시각적 구조	제작

| 작성 방법 |

○ (가)의 학습 목표를 보고 ㉠, ㉡의 평가 항목을 윌슨의 '내용'과 '행동'에서 각각 찾아 순서대로 제시할 것.
○ (나)의 평가 항목에 따른 ㉢의 학습 목표를 2015 개정 중학교 미술과 교육과정 중 표현 영역의 성취기준에 근거하여 서술할 것.

18-A9 [미교론 / 시각문화 / 윌슨]

|모|범|답|안|

㉠ 소재
㉡ 지각
학습 목표는 인물 목판화의 특징과 표현 의도에 적합한 조형 요소와 원리를 탐색하여 효과적으로 표현할 수 있다.

35 2018학년도_B8(논술)

다음은 이 교사의 수업 계획에 대한 김 교사의 수업 컨설팅 개요와 두 교사 간의 대화 내용이다. 〈작성 방법〉에 따라 논술하시오. [10점]

〈수업 컨설팅 개요〉

컨설팅 주제	2015 개정 교육과정에 따른 고등학교 미술 감상과 비평 과목 수업 설계		
의뢰인	이 교사	컨설턴트	김 교사
의뢰인 진단	• 미술 작품의 의미는 작가에 의해 결정된다는 생각을 가지고 있음. • 비고츠키(L. Vygotsky)의 사회적 구성주의에 관심은 있으나, 학습자 중심 수업에 대한 경험이 부족함.		
해당 교육 과정	성취기준	[12미감02-04] 미적 대상에 대한 서로의 느낌과 생각을 비교하고 자신의 반응을 명료화 할 수 있다.	
	교수·학습 방법 및 유의 사항	㉠	
진단 및 의견	• 수용미학에 대한 이해가 필요함. • 대화중심 감상법을 활용할 것을 권함.		

〈대화 내용〉

이 교사 : 성취기준 [12미감02-04]에 따른 감상 수업을 어떻게 구성해야 할지 잘 모르겠어요. 학생들의 반응으로만 수업이 진행된다면 작품에 담긴 작가의 의도를 파악할 수 없으니, 교사가 설명을 해줘야 할 것 같은데요.

김 교사 : 교사가 작가의 의도를 알려주는 것도 중요하지만, 이 성취기준을 고려한다면 교사의 일방적인 수업보다는 학습자 중심의 감상 수업을 하는 게 좋을 것 같아요. ㉡수용미학을 참고해 보세요. 그리고 수업 전략으로는 대화중심 감상법을 사용하면 어떨까요?

이 교사 : 학습자 중심이라면 ㉢비고츠키의 사회적 구성주의와 관련이 되겠군요. 얼마 전 관련 연수를 들었거든요. 그런데 수업에서 학생들의 참여를 유도하는 게 쉽지 않더라고요. 좀 더 구체적인 방법은 없을까요?

김 교사 : 학생들의 반응을 이끌어내는 질문이 중요하겠지요. 대화중심 감상법의 일종인 시각적 사고 전략(Visual Thinking Strategies)은 '㉣작품 안에서 어떤 일이 일어나고 있나요?', '㉤작품의 무엇을 보고 그렇게 생각했나요?', '그밖에 무엇을 발견할 수 있나요?'와 같은 질문을 사용합니다.

| 작성 방법 |

○ 성취기준 [12미감02-04]을 달성하기 위한 ㉠의 교수·학습 방법 및 유의 사항에 해당하는 주요 내용을 서술할 것.
○ ㉡의 관점에서 작가, 작품, 감상자의 관계를 설명하고, 이에 따른 감상자의 역할을 논술할 것.
○ 밑줄 친 ㉢과 관련하여 대화중심 감상법에서 '대화'가 갖는 특징을 2가지 논술할 것.
○ ㉣, ㉤ 질문에 담긴 교사의 의도를 각각 순서대로 서술할 것.
○ 답지의 내용을 짜임새 있게 구성하여 논술할 것.

18학년도-B8(논술)

| 해설 |

㉠의 교수·학습 방법 및 유의 사항은 '④ 형성된 반응을 질의 응답, 발표, 토의·토론 등의 상호 작용을 통해 명료화하도록 지도한다.'이다.

수용 미학적 관점에서 **'작가'**는 지시적 제시물인 창작품 **'텍스트'**를 창작해 놓은 사람이다. **'작품'**은 다의성을 지닌다고 본다. 작품의 의미는 주체의 의지에 따라 존재하며 감상자에 따라서 다양한 방식으로 완성된다는 것으로서 작가의 의도와 작품내부의 구조 속에 감춰져 있는 것이 아니고 수용자의 수용행위 속에서 그 의미가 재생산된 것이다. **'감상자의 역할'**은 '텍스트'를 감상자가 감상하고, 이해하고 새로운 경험으로 만들어 낸 **'작품'**을 재생산하는 역할이다. 즉, 이상적인 감상자란 작품과 감상자 사이의 역동적인 상호작용을 추구하여 그 가치를 재생산하는 역할을 해야 한다. 즉, **텍스트**에서 다의성을 지닌 **작품**으로 전환시킨다.

㉢ 비고츠키는 사회·문화적 인지발달 이론을 주장했으며 언어는 사회·문화적 세계와 개인의 정신 기능을 연결시켜 주는 중요한 매개체라고 주장했다. 한편, 대화 중심 감상법은 학생과 관중들이 감상을 통해서 관찰하는 힘과 판단력, 비평력을 기르는 것을 중시한다. 따라서 **대화가 갖는 특징**은 첫째, 사회적 중재활동을 통해서 **학습자의 학습 능력을 전이**시키는 특징이 있다. 즉, 미술작품에 대한 자신의 견해를 서로 이야기하고 토론하는 가운데 자신과 다르게 보는 법을 수용할 수 있게 됨과 동시에 타인의 사고 방법에 대하여 그 타당성에 대한 비판적인 사고를 기를 수 있게 한다. 둘째, 대화는 여러 환경과 상호작용을 통해서 **미술적 지식을 구성, 재구성**하게 하는 특징이 있다. 즉, 대화를 조직화하고 교류를 형성하는 학습 상황에서 사회적 상호작용을 통하여 새로운 지식을 구성하는 과정이 이루어진다. 이를 통해 지식이 확장되며, 미술작품의 의미와 가치를 새롭게 창출해가게 하는 특징이 있다.

㉣과 ㉤에 제시된 교사의 질문은 모두 '열린 질문'이다. 결코 정해진 정답이 없으며, 상대의 답을 자유로운 생각으로 창출시키는 것이 목적이다. 이와 같은 열린 질문은 통찰력과 해석력을 기르는데 효과적이다.

㉣ "작품 안에서 어떤 일이 일어나고 있나요?" 질문에 담긴 교사의 의도는 '평가적인 열린 질문' 유형에 속한다. 즉, 감상자 나름의 견해와 판단을 묻는 의도에서 사용한다.

㉤ "작품의 무엇을 보고 그렇게 생각했나요?"는 '총합적인 열린 질문' 유형에 속한다. 즉, 이러이러하기 때문에 그렇다고 관찰된 내용들을 총합하여 답하도록 묻는 의도에서 사용한다. <끝>

36 2019학년도_A10

다음은 2015 개정 미술과 교육과정 문서의 일부이다. (가), (나)를 참고하여 〈작성 방법〉에 따라 서술하시오. [4점]

(가) 2015 개정 미술과 교육과정

교육부 고시 제2015-74호 [별책 13]

… (상략) …

3. 내용 체계 및 성취기준

가. 내용 체계

[중학교]

영역	핵심 개념	일반화된 지식	⊙ 내용 요소	ⓒ 기능
체험	지각	감각을 통한 인식은 자신과 환경, 세계와의 관계를 깨닫는 바탕이 된다.	자신과 환경	탐색하기

… (중략) …

나. 성취기준

(1) 체험

[9미01-01] 자신과 주변 대상, 환경, 현상의 관계를 탐색하여 나타낼 수 있다.

… (하략) …

(나) 수업 계획

과목	중학교 미술	영역	체험	핵심 개념	지각
학습 목표	ⓒ 나와 자연환경과의 관계를 탐색하여 다양한 방법으로 나타낼 수 있다.				

| 작성 방법 |

- (가)의 '가. 내용 체계' 표에서 ⊙, ⓒ의 정의를 쓰고 이와 관련지어 '성취기준'의 정의를 서술할 것.
- (나)의 수업을 고등학교 「미술」 과목에서 심화하여 가르치고자 할 때, 학교급별 성취기준에 따라 ⓒ에 알맞은 학습 목표를 서술할 것.

19-A10 [교육과정]

|모|범|답|안|

⊙ 내용 요소는 학년(군)에서 배워야 할 필수 학습 내용이다.
ⓒ 기능은 수업 후 학생들이 할 수 있거나 할 수 있기를 기대하는 능력으로 교과 고유의 탐구과정 및 사고 기능 등을 포함한다.
성취기준이란 각 교과목에서 학생들이 학습을 통해 성취해야 할 지식, 기능, 태도의 특성을 진술한 것으로 교수·학습의 실질적인 근거가 되는 것이다.
ⓒ 학습 목표는 '자신의 내면세계를 인식하고 외부 세계와 조화를 이룰 수 있는 방안을 모색할 수 있다.'

37 2020학년도_B6

다음은 임 교사의 연구 일지의 부분이다. 〈작성 방법〉에 따라 서술하시오. [4점]

연구 일지

2019년 11월 23일

'체험' 영역의 수업 설계를 위해 교육과정을 분석하던 중, 2015 개정 중학교 미술과 교육과정에서 '체험' 영역이 언제 생겼고 어떻게 변화해 왔는지 궁금해졌다. 그래서 제7차 미술과 교육과정부터 현재에 이르기까지 교육과정의 주요 변화를 '체험' 영역을 중심으로 분석하여 아래와 같이 정리했다.

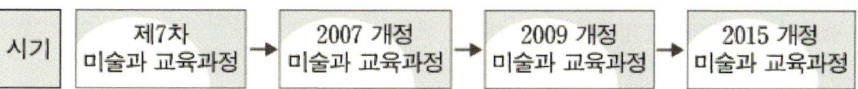

- 제7차 미술과 교육과정에 '미적 체험' 영역이 신설된 점이 흥미로움. '미적 체험'의 목표는 학문 중심 미술교육(Discipline-Based Art Education, DBAE)에서 제시한 4가지 영역 중 (㉠)와/과 관련되어 있음.
- 2007 개정 미술과 교육과정에 ㉡새로운 개념이 들어오면서 '미적 체험'의 내용이 사회·문화적 현상까지 확대되어 하위 영역에 변화가 생김.
- 2009 개정 미술과 교육과정에서 ㉢영역명이 '미적 체험'에서 '체험'으로 변경됨.
- 2015 개정 미술과 교육과정 '체험' 영역의 핵심 개념은 '지각', '소통', '연결'임. 이 시기에는 내용 체계가 영역, 핵심 개념, 일반화된 지식, 내용 요소, 기능으로 구성됨.

| 작성 방법 |

- ㉠의 영역명을 쓰고, DBAE에서 제시한 해당 영역의 내용을 서술할 것.
- ㉡에 해당하는 개념을 쓸 것.
- ㉢의 영역명 변경 이유를 서술할 것.

20-B6

|모|범|답|안|

㉠ 미학
미술의 본질을 이해하고, 심미적인 사고과정의 습득을 통하여 미와 미술의 특성에 대하여 이해하는 것으로, **미적 판단을 내리는 이론적 구조와 내용**을 말한다.

㉡ 시각문화미술 교육론. 시각 이미지를 바르게 이해하고 활용하는 능력을 양성하며, 비판적 사고력과 역량 강화를 목적으로 삼는 미술교육의 새로운 개념이다.

㉢ 첫째, 미적 체험에서 체험으로 바꿈으로써 미적 인식이 **모든 영역에서 요구되는 요소**로 다루어질 수 있게 함이다.
둘째, 미적 지각의 대상을 외부 세계뿐만 아니라 **내면세계를 포함**시킴으로써 학습자가 세상과 **자신의 상호작용에 의해 세계를 인식**하도록 이다.

|인|정|답|

㉠ 미적 지각 활동.
사물에 대한 **지각과 이해 및 감상 활동**을 뜻한다. 그것들이 지닌 표면적인 의미만을 고려하는 것이 아니라, 심미적인 사고과정의 습득을 통하여 미술작품의 의미를 인식하는 활동을 말한다.

38 2021학년도_B3

다음은 미술과 교육과정에 대한 예비 교사와 현장 교사의 대화이다. 〈작성 방법〉에 따라 서술하시오. [4점]

> 예비 교사 : 선생님, 우리나라 미술과 교육과정의 감상 영역은 어떻게 변화되어 왔는지 궁금합니다.
> 현장 교사 : 감상 영역에 중요한 변화가 나타난 시기로는 제3차 미술과 교육과정을 들 수 있어요. 제3차 미술과 교육과정은 당시의 시대적 상황으로부터 영향을 받아 (㉠) 개념을 새롭게 도입하고 문화재 애호와 보전에 관한 능력과 태도 육성을 강조하였습니다. 그래서 이후의 미술과 교육과정에서 우리나라의 미술품과 문화재 감상이 보다 강화되었죠.
> 예비 교사 : 그렇다면 미술 교육 이론의 영향을 받아 감상 영역에 변화가 나타난 사례는 어떤 것이 있나요?
> 현장 교사 : 제6차 미술과 교육과정을 들 수 있습니다. ㉡<u>1980년대 미국에서 등장한 미술 교육 이론</u>의 영향이 일부 수용되었는데, 이로 인해 ㉢ <u>감상 영역에 새로운 변화가 나타나게 되었습니다.</u>
> 예비 교사 : 2015 개정 중학교 미술과 교육과정의 경우, 내용 체계에 제시되는 개념들이 많아서 수업에 어떻게 적용하는 것이 좋을지 모르겠어요.
> 현장 교사 : 2015 개정 중학교 미술과 교육과정에는 '핵심 개념' 및 '내용 요소'와 함께 '학생들이 할 수 있거나 할 수 있기를 기대하는 능력'으로 ㉣ '기능'을 제시하고 있으니, '내용 요소'와 '기능'을 유기적으로 구성하시면 됩니다.

―| 작성 방법 |―
- ㉠에 들어갈 용어를 쓸 것.
- ㉡의 명칭을 쓰고, ㉢의 내용을 서술할 것.
- 2015 개정 중학교 미술과 교육과정의 '감상' 영역에 해당하는 ㉣을 2가지 서술할 것.

21-B3

|모|범|답|안|
㉠은 **민족 미술 교육**의 강조이다.
㉡은 **DBAE**이다.
㉢은 **미술사와 함께 미술 비평의 역할을 강조**하였다.
㉣은 첫째, 해석하기 이다. 둘째, 활용하기 이다.

|인|정|답|
㉠은 전통 미술 교육의 강조이다.
㉢감상영역에 미학을 도입하였다. 즉 미술과 생활 속에서 미적가치를 추구한다.
㉣ 첫째, 이해하기 이다. 둘째, 설명하기 이다.

39 2022학년도_B11

다음은 우리나라 미술과 교육과정의 주요 변화를 정리한 것이다. 〈작성 방법〉에 따라 서술하시오. [4점]

시기	주요 변화	시대적 배경
제1차 교육과정	• 일상생활과 (㉠)에 필요한 이해와 기능 함양을 목표로 제시함.	실업 교육에 대한 관심 증대
2007 개정 교육과정	• 미적 감수성, 창의적 표현 능력과 함께 (㉡) 능력, 미술 무문화 향수 능력을 목표로 제시함	시각 문화 환경의 확대, 문화 향유에 대한 관심 증대
2015 개정 교육과정	• 핵심 역량의 관점에서 미술 교과 역량을 설정하고, 이를 미술과 교육과정의 '목표', '내용 체계', '교수·학습 및 평가의 방향'에 반영함. • 미술 교과 역량의 하나로 '(㉢) 능력'이 새롭게 도입되어 미술 활동에 참여하면서 타인을 이해하고 협력하는 능력을 함양하도록 함.	핵심 역량, 창의·융합형 인재, 진로 교육에 대한 관심 증대

─────| 작성 방법 |─────

○ 괄호 안의 ㉠, ㉡에 해당하는 단어를 순서대로 쓸 것.
○ 괄호 안의 ㉢에 들어갈 미술 교과 역량을 쓰고, 이를 개발하기 위한 '교수·학습 방향'을 2015 개정 미술과 교육과정에 근거하여 서술할 것.

22-B11

|모|범|답|안|

㉠ 산업
㉡ 비판적 사고력
㉢ 자기 주도적 미술 학습.
이를 개발하기 위한 교수학습 방향은 '자기 주도적 미술 학습 능력을 기르기 위해 자신의 학습 과정을 성찰하고 계발, 발전시킬 수 있는 프로젝트 학습, 협력 학습, 탐구 학습 등을 활용할 수 있다.'이다.

40 2023학년도_B2

다음은 교사가 교육과정을 분석한 것이다. 〈작성 방법〉에 따라 쓰시오. [2점]

☞ 2015 개정 고등학교 '미술 창작' 교육과정에서 과목의 성격을 살펴보니 중학교 '미술' 교과에서 심화, 확장되었음을 확인할 수 있었다.

○ 내용 체계 비교 분석

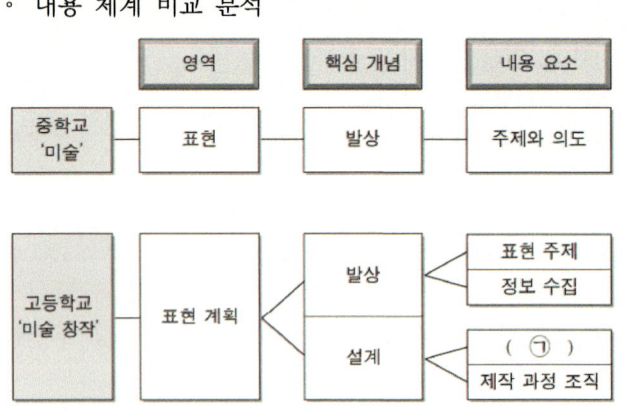

○ '표현 계획' 영역의 교수·학습 방법 및 유의 사항

나. 교수·학습 방법 및 유의 사항
  … (중략) …
  ⑤ 러프 스케치, 섬네일 스케치, 에스키스, (ⓒ), 모델링 등 다양한 방법을 활용하도록 지도한다.
  … (하략) …

☞ 위에 제시된 여러 방법 중 1가지를 수업에 활용하고자 한다.

| (ⓒ) | 제품을 디자인하는 과정 중 스타일을 결정하기 위해 실물이 있는 것처럼 충실하고 정확한 표현으로 그려 내는 것. |

─| 작성 방법 |─

○ 괄호 안의 ㉠에 해당하는 내용 요소를 쓸 것.
○ 괄호 안의 ⓒ에 공통으로 해당하는 용어를 쓸 것.

23-B2
|모|범|답|안|
㉠ 아이디어 시각화   ⓒ 렌더링

41 2024학년도_A9

다음은 ○○중학교에 근무하는 두 교사가 교육과정 개정 내용에 대해 나누는 대화이다. 〈작성 방법〉에 따라 서술하시오. [4점]

김 교사: 2015 개정 미술과 교육과정과 2022 개정 미술과 교육과정의 차이점을 살펴보면 좋겠습니다.
이 교사: 2022 개정 미술과 교육과정에서는 '자신과 세계를 이해하고 미술 문화 창조에 주도적으로 참여하는 사람'을 기르기 위해 '심미적 감성 역량', '창의·융합 역량', '시각적 소통 역량', '정체성 역량', 그리고 '(㉠)'을/를 제시합니다.
김 교사: 2022 개정 미술과 교육과정은 2015개정 미술과 교육과정에 비해 내용 체계에 변화가 있었어요. 2022 개정 미술과 교육과정은 영역별로 내용 요소 범주를 '지식·이해', '과정·기능', 그리고 '(ⓒ)'(으)로 나누어 제시합니다.
이 교사: 저는 2022개정 미술과 교육과정에서 명기하고 있는 ⓒ내용 요소를 활용하여 성취 기준을 진술하는 방식을 살펴보았습니다.
김 교사: 네, 그렇군요. 그런데 성취 기준에서 두 교육과정의 차이점은 무엇이 있을까요?
이 교사: 2015개정 미술과 교육과정 체험 영역과 2022 개정 미술과 교육과정 미적 체험 영역의 성취기준을 비교해보니, 2022개정 미술과 교육과정에는 2015개정 미술과 교육과정에서 제시하였던 '(㉢)의 종류와 특징을 이해할 수 있다'는 내용이 없었어요. 작가 작업실 탐방, 작가 인터뷰 등 자유학기제 시행 취지에 맞는 적절한 내용이었는데요.

─| 작성 방법 |─

○ 괄호 안의 ㉠, ⓒ에 해당하는 용어를 순서대로 쓸 것.
○ 밑줄 친 ⓒ에 해당하는 내용을 서술할 것.
○ 괄호 안의 ㉢에 해당하는 내용을 쓸 것.

24-A9
|모|범|답|안|
㉠ 공동체 역량
ⓒ 가치·태도
ⓒ 성취 기준을 진술하는 방식은 **지식·이해, 과정·기능, 가치·태도 중 두 개 이상의 내용 요소를 연결하여 진술하였다.**
㉢ 직업

42 2025학년도_A11

다음은 ○○고등학교 교사들의 대화이다. 2022개정 미술과 교육과정(교육부 고시 제2022-33호)에 근거하여 〈작성 방법〉에 따라 서술하시오. [4점]

신임 교사:	이번 2022 개정 미술과 교육과정에 '미술과 매체' 과목이 새롭게 편성되었던데요. 이 과목은 디지털 매체와 관련한 수업을 하면 되는 건가요?
수석 교사:	'미술과 매체'는 디지털 매체뿐만 아니라 다양한 매체를 이해하고 그 활용 가능성을 탐색하여 표현하고 소통하는 (㉠)선택 과목입니다.
신임 교사:	그렇군요. 다양한 매체의 장점과 단점을 면밀히 파악하고 활용할 수 있도록 해야겠군요.
수석 교사:	매체에 대해 알아야 할 내용과 탐구 과정, 기능도 중요하지만, 매체에 대한 바람직한 가치와 태도를 길러 주는 것도 중요합니다. 매체의 미적 가치를 공유하고, 매체의 효과에 반응하는 태도뿐 아니라 매체에 대한 개방적 태도와 (㉡)을/를 함양하도록 해야 합니다.
신임 교사:	그러면 학생들의 태도를 평가하기 위해 어떤 방법을 적용하는 것이 좋을까요?
수석 교사:	수행평가 방법 중 하나인 관찰법을 제안합니다. 다만, 관찰법은 ㉢<u>교사의 주관적인 해석</u>이나 지나친 일반화 등의 가능성이 있으니 이를 유의해야 합니다.

―| 작성 방법 |―
- 괄호 안의 ㉠, ㉡에 해당하는 용어를 순서대로 쓸 것.
- 관찰법에서 밑줄 친 ㉢을 최소화 할 수 있는 방법을 2가지 서술할 것.

25-A11
|모|범|답|안|
㉠ 융합
㉡ **비판적 수용**
㉢ 관찰법에 의한 교사의 주관적 해석을 줄일 수 있는 방법은 첫째, 여러 상황하에 관찰하여 결과에 대한 신뢰도를 높여야 한다.
둘째, 계획적으로 관찰하고 적절한 방법으로 기록해야 한다. 일화기록법이나 비디오 촬영법을 함께 사용한다.

43 2025학년도_B3

다음은 우리나라 미술과 교육과정에 대한 교사들의 대화이다. 〈작성 방법〉에 따라 서술하시오. [4점]

김 교사:	이번 연구 모임은 우리나라 미술과 교육과정 변천에 대해 알 수 있어서 참 유익한 시간이었어요.
이 교사:	저도 그렇게 생각해요. 저는 미술과 교육과정의 흐름을 조금 더 잘 이해할 수 있게 되었어요. 이전에는 미술과 내용 영역이 크게 '표현'과 '감상'으로 구분되었는데, 제7차 미술과 교육과정부터는 '미적 체험', '표현', '감상'으로 구성되었더군요.
김 교사:	네, 그렇죠. 또한 ㉠<u>제7차 미술과 교육과정에서는 각 영역별로 필수 학습 요소를 선정하였고</u>, 제6차 미술과 교육과정 개정의 중점이었던 개성, 창조, 정서 교육으로서의 교과 성격도 더욱 강조했어요.
이 교사:	맞아요. 그리고 2007 개정 미술과 교육과정 감상 영역의 중영역이 대상에 제한되는 한계가 있었는데, 2009개정 미술과 교육과정에서는 중학교 감상 영역의 중영역을 (㉡)와/과 (㉢)(으)로 변경했네요.

―| 작성 방법 |―
- 밑줄 친 ㉠의 목적을 2가지 서술할 것.
- 괄호 안의 ㉡, ㉢에 해당하는 용어를 각각 쓸 것.

25-B3
|모|범|답|안|
㉠ 첫째, 학습 분량의 최적화
　둘째, 수준과 범위를 적정화 하기 위함.
㉡ 미술사
㉢ 미술 비평

03 교수법

1 **2006학년도_15**

다음의 수업 상황을 읽고, 밑줄 친 부분의 학생 행동과 관련하여 도입 단계에서 이루어진 교수 전략상의 문제점을 2가지 쓰시오. [4점]

> 박 교사는 중학교 3학년을 대상으로 '추상 조각'에 대한 수업을 하였다. 수업은 총 6차시로 구성되며, 1차시의 도입 단계에서 먼저 교과서를 중심으로 추상 조각의 개념을 설명하고, 프로젝션 TV를 통해 참고 작품과 제작 과정에 대한 동영상을 보여 주었다. 그 다음 국내 조각 공원과 미술관에 전시된 추상 조각 작품의 예시를 제시하고 학생들에게 주제와 재료를 자유롭게 선택하게 하여, 아이디어를 스케치하게 하였다. <u>그런데 많은 학생들이 앞에서 제시한 예시 작품을 모방하거나 스케치북에 직선과 곡선만을 그리거나 낙서를 하고 있었다.</u>

-
-

06-15 [교수학습 방법]

|모|범|답|안|

교수 전략상의 문제점은
첫째, 교과서를 중심으로 추상 조각의 개념을 설명한 것은 도입 단계에 부적절하다. 도입 단계에서는 비교적 짧은 시간 안에 학습자의 주의를 집중시키고, 도달해야 할 학습 목표를 제시해야 한다.

둘째, 작품과 제작 과정에 대한 동영상을 보여 준 점과 국내 조각 공원과 미술관에 전시된 추상 조각 작품의 예시를 제시한 것이 적절치 못한 전략이다. 발상은 학생 개개인의 경험 중 감동적인 장면이거나, 학생의 삶, 학습자의 해결력과 탐구력, 사고력 등의 단계에 맞는 자극이 되도록 재료의 선택과 사용을 개방적으로 대처하여 학습자의 개성과 창의성이 발휘되도록 해야 한다.

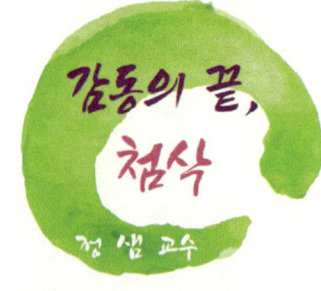

2 2008학년도_06

김 교사는 공간 개념을 지도하기 위한 수업 전략으로 귀납적 사고 모형을 활용하고자 한다. 다음 수업 계획안에서 ①에 적절한 귀납적 사고 모형의 단계를 쓰고, ②, ③, ④, ⑤에 필요한 발문을 빈 칸에 쓰시오. [5점]

단원명	공간 표현의 원리	교수·학습 방법	귀납적 사고 모형
학습 목표	현실의 공간과 회화 작품에서 공간 표현 방식의 원리를 이해한다.		
활동 단계	문제 인식	현실 속의 공간에 대해 이야기한다. ② ③	
	관계 탐색	여러 가지 공간 표현 방식에 따라 작품을 분류한다. • (라) 작품의 공간 표현 방식과 비슷한 또는 다른 작품은 무엇인가요? • 그렇게 작품들을 분류한 이유는 무엇인가요?	
	개념 발견	공간 표현의 원리를 발견한다. ④ ⑤	
	① ( )	학습한 공간 표현의 원리를 가지고 다른 작품을 감상한다. • (라)에서 발견한 일점 원근법으로 (다)의 작품을 설명할 수 있나요? • (나)에서 발견한 다시점이 (마) 작품에는 어떻게 사용되었나요?	
	정리 및 발견	학습한 내용을 정리한다. 오늘 새롭게 배운 용어는 무엇인가요? 내가 작가라면 어떻게 공간을 표현할까요?	

■ 감상 자료

(가) 자화상 / 칼로   (나) 세레의 풍경 / 피카소

(다) 민중을 이끄는 자유의 여신 / 들라크루아   (라) 파리, 비 오는 날 / 카유보트

(마) 나와 마을 / 샤갈   (바) 붉은 화실 / 마티스

08-06 [교수학습 방법] - 귀납적 사고 모형

|모|범|답|안|

① 개념 적용 및 일반화
② 미술에서 공간 표현 방식에는 무엇이 있을까? 혹은 교실에서 먼 곳과 가까운 곳은 크기 차이가 어떻게 보이는가?
③ 교실(현실) 공간이 눈에 보이는 것처럼 그린 감상 작품은 무엇인가?
④ (다), (라) 작품에서 공간 표현 방법의 공통점은 무엇인가? 혹은 (가)와 (바), 혹은 (나)와 (마)의 공통점은 무엇인가?
⑤ (나)와 (다) 작품의 표현에서 공간 표현 방식의 차이점은 무엇인가? 혹은 (마)와 (라)의 차이점은 무엇인가? (가)와 (바), (나)와 (마), (다)와 (라) 작품에 적용된 공간 표현 방식의 원리를 각각 무엇이라고 하는가?

3. 2009학년도_11

김 교사는 귀납적 수업 모형을 활용하여 디자인의 조건을 가르치고자 한다. (가)에 예상되는 김교사의 발문으로 가장 적절한 것은? [1.5점]

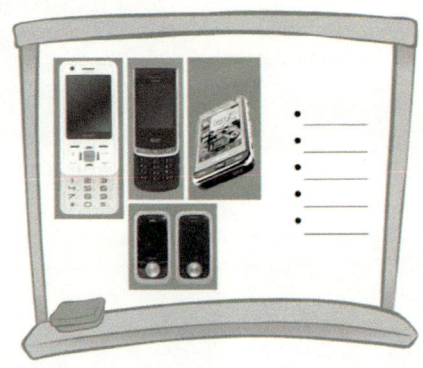

김 교사는 칠판에 붙어 있는 여러 종류의 휴대폰 사진을 보며 수업을 시작한다.

김교사 : 여러분은 어떤 제품을 구입하고 싶어요? 왜 친구들 마다 다른 제품을 선택했을까요?
철 수 : 각자 중요하게 생각하는 것이 다른 것 같아요.
김교사 : 휴대폰을 선택할 때 고려하는 것들이 무엇인지 모두 적어 목록을 만들어 봅시다.
(중략)
김교사 : 여러분의 목록에서 비슷한 것끼리 묶어 공통된 특징을 적어 봅시다. 영희는 어떤 특징을 찾았는지 말해 볼까요?
영 희 : 사용하기 편리한 것과 보기 좋은 디자인입니다.

김 교사는 칠판에 디자인의 조건인 심미성, 실용성, 기능성, 경제성, 생산성을 적고 다시 질문한다.

김교사 :   (가)

① 칠판에 적힌 디자인의 조건 중에서 경제성은 왜 중요할까요?
② 칠판에 적힌 디자인의 조건에서 어떤 것이 가장 중요하다고 생각하나요?
③ 지금부터 제작할 여러분의 작품에서는 어떤 디자인의 조건을 강조하고자 하나요?
④ 휴대폰을 구입할 때 디자인의 조건 외에 여러분의 결정에 영향을 주는 것은 무엇인가요?
⑤ 칠판에 적힌 디자인의 조건 중에서 여러분이 찾은 특징들을 의미하는 단어는 무엇일까요?

|정답| ⑤

4. 2010학년도_07

최 교사는 '학급 로고 디자인'에 대한 수업을 하기 위해 다음의 교수·학습 활동의 개요를 작성하였다. 최 교사가 사용한 교수·학습 방법의 명칭과 (가)~(다)의 단계로 옳은 것은?

교수·학습 단계	교수·학습 주요 내용
문제 인식	학급의 로고를 디자인하는 데 필요한 단서를 파악하기 위해 다양한 자료나 정보를 모아 어떻게 로고를 디자인할 것인지 검토하고 의논한다.
(가)	브레인스토밍 등 다양한 사고 방법을 통해 디자인을 구상한다.
(나)	로고 디자인에 대해 구상한 것을 분석하고 구체화하며, 디자인을 스케치하여 시각화한다. 이렇게 구상한 로고 디자인들을 대상으로 최선의 선택을 한후 재검토하고 보완한다.
(다)	구체화된 학급 로고 디자인을 시각적 이미지로 나타낸다. 자신의 독창적인 생각을 명확한 형태로 창작한다.
종합 및 재검토	자신의 독창적인 생각이 작품에 잘 반영되었는지 분석하고 평가하며 새로운 선택의 가능성을 생각해 본다.

	명칭	(가)	(나)	(다)
①	귀납적 사고법	관계 탐색	개념 발견	개념 적용
②	창의적 문제 해결법	아이디어 발상	아이디어 검토	아이디어 창작
③	반응 중심 학습법	반응 형성	반응 명료화	반응 심화
④	창의적 문제 해결법	아이디어 탐색	아이디어 정교화	아이디어 적용
⑤	귀납적 사고법	개념 구상	개념 검토	개념 응용

|정답| ④

5 2012학년도_07

다음은 디자인 문제 해결 과정에서 사용할 수 있는 창의적 사고 기법에 대한 설명들이다. (가)~(마)에 맞는 사고 기법을 바르게 짝지은 것을 <보기>에서 고른 것은?

(가) 디자인 문제에 대한 대안을 좀 더 깊이 있게 분석하기 위해 대안의 긍정적, 부정적, 흥미로운 측면을 종합적으로 고려한다.
(나) '내가 붓이 된다면 어떤 그림을 그릴까?'와 같이 사람이 문제의 일부가 되는 직접 유추 방법으로 디자인 문제를 해결한다.
(다) 대치하기, 동화하기, 제거하기, 변형하기, 축소하기, 확대하기 등의 인위적 변화를 이용하여 디자인한다.
(라) 대상의 모양, 기능, 맛 등을 파악한 후 각각의 구체적인 특징을 고려하여 디자인한다.
(마) 특정한 문제의 한 가지 속성에 대한 구체적인 아이디어를 표의 한 축에 기록하고, 다른 축에는 두 번째 속성을 기록한다.

|보기|
ㄱ. 속성열거법   ㄴ. 시네틱스
ㄷ. SCAMPER   ㄹ. PMI
ㅁ. 형태종합법

① (가) - ㄱ
② (나) - ㄷ
③ (다) - ㄹ
④ (라) - ㄴ
⑤ (마) - ㅁ

12-07
|정답| ⑤

6 2012학년도_10

(가)~(마)의 수업 활동에 켈러(J. Keller)의 'ARCS이론'을 적용하여 교수·학습 지도안을 보완하고자 할 때 가장 적절한 것은? [2.5점]

학습 단원	재료의 확장, 새로운 표현	
학습 목표	1. 현대 미술의 특징을 이해한다. 2. 새로운 방법과 재료를 이용하여 주제를 창의적으로 표현할 수 있다.	
단계	교수·학습 활동	
	교사	학생
도입	(가) 학습 목표를 제시한다.	- 학습 목표를 인지한다.
전개	(나) 바지오츠(W. Baziotes), 아펠(K. Appel) 등 현대 미술가의 작품을 제시한다.	- 현대 미술의 특징을 탐색한다.
	(다) 아이디어 구상을 어려워 하는 학생들에게 주제 목록을 제시한다.	- 작품 계획서를 작성한다.
	- 교실을 순회하며 표현 활동을 개별적으로 지도한다.	- 작품을 제작한다.
	(라) 다른 학생의 우수한 작품을 감상하도록 지도한다.	- 다른 학생의 작품을 감상한다.
평가	(마) 현대 미술가의 작품을 성실하게 재현하였는가?	

		적용 수업 전략	교수·학습 활동
①	(가)	주의 집중 (Attention)	수업의 구조 제시
②	(나)	관련성 (Relevance)	잘 알려진 미술가 및 작품 제시
③	(다)	자신감 (Confidence)	비일상적인 내용이나 사건 제시
④	(라)	만족감 (Satisfaction)	비경쟁적 학습 상황의 선택
⑤	(마)	관련성 (Relevance)	일관성 있는 학습 목표와 내용 제시

12-10
|정답| ②

7 2013학년도_02

다음의 ASSURE 수업 설계 모형을 활용하여 '공익 광고 디자인' 수업을 하고자 한다. ASSURE의 단계 중 (가)에 해당하는 활동으로 가장 적절한 것은? [2.5점]

```
학습자 분석
(Analyze learner)

목표 진술
(State objectives)

교수 방법, 매체, 자료의 선정
(Select methods, media & materials)

(가)

학습자 참여 유도
(Require learner participation)

평가와 수정
(Evaluate & revise)
```

① 창의성, 공익성, 전달력을 기준으로 학습 목표를 설정한다.
② TV, 인쇄물과 같은 광고 디자인 사례를 이용한 문제 해결법을 계획한다.
③ 광고 디자인 사례를 보여줄 교실 환경이 제대로 준비되어 있는지 점검한다.
④ 광고 디자인에 대한 학생들의 선수 지식과 선호하는 학습 양식을 파악하기 위하여 설문 조사를 실시한다.
⑤ 선정한 광고 디자인 사례가 공익 광고 디자인 수업 목표를 성취하는 데 효과적인지 판단할 체크리스트를 준비한다.

|정답| ③

8 2013학년도_03

블룸(B. Bloom)의 교육 목표 분류 체계에 근거하여 〈보기〉의 학습 목표를 사고의 위계가 낮은 수준에서 높은 수준으로 배열한 것은?

―|보기|―
ㄱ. 공판화의 원리와 표현 방법을 설명할 수 있다.
ㄴ. 다양한 관점에서 미술 작품의 가치를 판단할 수 있다.
ㄷ. 풍경화를 그릴 때 조형 요소와 원리를 활용할 수 있다.
ㄹ. 관련 자료를 수집 정리하여 장애인을 위한 핸드폰을 디자인 할 수 있다.
ㅁ. 미술 작품들을 보면서 시대별 표현 양식의 특징을 찾아 구분할 수 있다.

① ㄱ-ㄷ-ㅁ-ㄴ-ㄹ
② ㄱ-ㄷ-ㅁ-ㄹ-ㄴ
③ ㄱ-ㅁ-ㄷ-ㄹ-ㄴ
④ ㅁ-ㄱ-ㄷ-ㄴ-ㄹ
⑤ ㅁ-ㄱ-ㄷ-ㄹ-ㄴ

|정답| ②

9 2014학년도_A서술형_01

김 교사는 다음 교수·학습 지도안의 도입부에서 스캠퍼(SCAMPER) 기법을 활용하여 창의적 아이디어 발상 방법을 지도하고자 한다. 다음 교수·학습 활동에서 제시한 스캠퍼의 7가지 발상 방법 가운데 ⓜ, ⓑ, ⓢ에 해당하는 발문을 각각 1가지씩 쓰시오. [5점]

수업 주제	생활 속의 디자인	
학습 목표	○ 창의적 아이디어 발상법을 이해할 수 있다. ○ 창의적인 아이디어를 적용하여 우리의 일상용품을 디자인할 수 있다.	
단계	교수·학습 활동	수업 자료
도입	○ 수업 목표를 인지한다. ○ 스캠퍼 기법인 7가지 창의적인 아이디어 발상법을 알아본다. ㉠ 선풍기의 날개를 제거해도 시원한 바람을 나오게 할 수 있을까? ㉡ 선풍기와 진공 청소기의 기능을 결합하면 어떻게 될까? ㉢ 일반적으로 선풍기는 여름에 더위를 식히기 위해서 사용하는데, 겨울철에 온풍기 등과 같이 다른 용도로 사용할 수는 없을까? ㉣ 베르누이(Bernoulli) 원리로 매우 크고 무거운 비행기가 활주로를 이륙하는데, 이와 같은 원리를 선풍기에 적용할 수는 없을까? ⓜ _____ ⓑ _____ ⓢ _____	날개 없는 선풍기, D사, 영국, 2009
전개		

14-A서1 [디자인 일반] – 아이디어 발상법 – 스캠퍼

|모|범|답|안|

ⓜ S(Substitute)는 대체이다. 발문은 "선풍기의 날개를 무엇으로 대치할 수 있을까?

ⓑ M(Modify, Minify, Magnify)는 '변경, 축소, 확대'이다. 발문은 "선풍기의 날개를 변경시키면 어떨까?" "선풍기의 날개를 더 축소하면 어떻게 될까?", "선풍기의 날개를 터무니없이 확대하면 어떻게 될까?"이다.

ⓢ R(Reverse, Rearrange)는 재배치이다. "선풍기 모터의 속도를 거꾸로 또는 재배치 하면 어떨까?"

10 2015학년도_A서술형_01

다음은 ○○고등학교 초임 교사인 김 교사와 경력 교사인 박 교사의 대화 내용과 교수·학습 지도안의 일부이다. 성취 기준을 근거로 (가)의 학습 목표 2가지를 쓰고, (나)의 괄호 안의 ㉠에 해당하는 단계의 명칭을 쓰시오. 그리고 ㉠의 단계에서 수업 자료에 순수 분습법이 적용된 교수·학습 활동을 1가지만 서술하시오. [5점]

(가)

학습 주제	궁체로 표현하기	대영역	매체와 표현	차시	2/4
학습 목표	○ ○				
교수·학습 방법	○ 직접 교수법과 순수 분습법				
수업 과정	○ 서예 수업 준비 → 궁체의 기본 필법 습득 → 궁체로 가훈 쓰기 → 감상 및 발표				
수업 자료	ㅇ (자음) ㅠ (모음) 유 (한 글자)				

(나)

김 교사 : 선생님, 이번에 고등학교 일반 선택 과목인 '미술 창작' 과목의 서예 수업을 계획하고 있는데 좀 도와주실 수 있나요?

박 교사 : 물론이죠. 수업을 계획하는 데 어떤 어려움이 있나요?

김 교사 : 네, 크게 두 가지 어려움이 있는데 첫째는 학습 목표를 어떻게 설정해야 할지 모르겠고, 둘째는 어떤 교수·학습 방법이 서예 수업에 적합한지 모르겠어요.

박 교사 : 김 선생님, 학습 목표 설정은 2009 개정 교육과정에 따른 미술과 교육과정의 성취 기준을 보시면 도움이 될 것 같아요.

김 교사 : 아! 그러면 되겠네요.

박 교사 : 그리고 서예 수업의 특징과 '평면 표현' 영역에서 학생들이 성취해야 할 기준을 고려해 봤을 때, 직접 교수법과 순수 분습법을 적용하는 것은 어떨까요?

김 교사 : 직접 교수법과 순수 분습법이요? 선생님, 그 교수법들에 대해 좀 더 자세히 설명해 주실 수 있나요?

박 교사 : 네, 직접 교수법은 ① 문제 인식 → ② 설명 및 시범 → ③ 질의 응답 → ④ (㉠) → ⑤ 작품 제작 → ⑥ 정리 및 발전의 6단계를 적용하는 교수·학습 방법이고, 순수 분습법은 학습 내용의 각 부분이 일정한 수준에 도달될 때까지 따로따로 학습하고 이를 다시 전체로 통합해서 학습하게 하는 방법입니다. 자세한 내용은 교사용 지도서에 잘 설명되어 있으니 참고해보세요.

김 교사 : 네, 알겠습니다. 선생님, 정말 고맙습니다!

15-A서1 [교수학습 방법]

|모|범|답|안|

학습 목표는 첫째, 서예의 재료와 용구, 제작과정에 따른 표현의 특징을 설명할 수 있다.
둘째, 궁체 표현의 특징을 사려 가훈을 창의적으로 표현할 수 있다.
㉠ 연습 활동
㉡ 순수분습법은 **동작을 몇 개로 나눠서 하나씩 차례로 연습**하는 것이다.
따라서 자음 'ㅇ'을 연습하고, 모음 'ㅠ'를 한 후, 한 글자 '유'를 작성하는 학습 활동을 한다.

11. 2016학년도_A10

다음은 박 교사가 미술 교과에서의 반응 중심 학습법을 활용하여 작성한 교수·학습 지도안이다. 괄호 안의 ㉠, ㉡ 단계의 명칭을 순서대로 쓰시오. 또한 아래 〈보기〉의 대화 내용을 참고하여 ㉢에 해당하는 교수·학습 활동을 쓰시오. [4점]

[박 교사의 교수·학습 지도안]

학습 주제	미술가와 미술 작품 이야기
학습 목표	미술 작품을 감상하고 자신의 생각과 느낌을 설명할 수 있다.
교수·학습 방법	반응 중심 학습법
학습 단계	교수·학습 활동
준비 단계	• 학습 목표를 확인한다
(㉠) 단계	• 작품을 주의 깊게 관찰하고 자신의 경험과 선지식을 관련지어 생각을 정리한다.
(㉡) 단계	• ㉢
반응 심화 단계	• 관련 작품을 탐색하고 다른 작품과의 유사점과 차이점을 기록한다.
정리 및 발전	• 자신의 반응에 대해 의미와 가치를 부여한다.

―| 보기 |―

교 사 : 반 고흐의 〈별이 빛나는 밤〉에 대한 학생 A의 감상을 들어볼까요?
학생 A : 그림이 화려해 보여요.
교 사 : 그림의 어느 부분 때문에 화려하다고 생각하나요?
학생 A : 저는 파란 하늘의 노란 별들 때문에 그림이 화려해보여요.
교 사 : 그런데 학생 B는 이 작품을 보고 어두움과 죽음을 떠올렸다고 하는데 학생 A는 어떻게 생각하나요?
학생 A : 그러고 보니, 소용돌이치는 노란 별빛과 대비되는 마을의 어두운 밤 풍경 때문에 화려함 뒤에 왠지 슬퍼보이는 면이 있네요.

16-A10 [교수학습 방법]

|모|범|답|안|
㉠ 반응 형성
㉡ 반응 명료화
㉢ 활동은 '형성된 반응을 교사와 학생, 학생과 학생 간의 질문, 토의, 반성 등의 상호작용을 통해 반응을 명료화한다.'

12. 2017학년도_A5

다음은 '폐품으로 생활 용품 만들기' 수업 시간에 교사와 학생이 나눈 대화이다. (　) 안에 공통으로 들어갈 아이디어 발상법의 명칭을 쓰시오. [2점]

- 교사 : 이번 시간에는 '폐품으로 생활 용품 만들기'를 하겠습니다. 먼저 (　)을/를 활용하여, 폐품으로 만들고 싶은 생활 용품을 정하겠습니다.
- 학생 : 선생님, (　)은/는 어떻게 하는 거예요?
- 교사 : 먼저 도화지 중앙에 폐품으로 만들고 싶은 생활 용품과 관련된 주제를 적고 바깥쪽을 향해 선을 그려 보세요.
- 학생 : 주제는 어떻게 표현하면 좋을까요?
- 교사 : 주제는 함축적인 단어, 상징화한 그림, 만화 등으로 나타낼 수 있습니다.
- 학생 : 그 다음에는 어떻게 하는 거예요?
- 교사 : 주제에 연결된 선 위나 끝에 주제와 관련된 핵심 단어를 적어 보세요. 그런 다음 핵심 단어에 선을 연결하여 관련된 생각이나 아이디어를 단어로 적거나 그림으로 그리세요. 이런 방식으로 계속해서 선으로 가지를 그려나가며 생각을 확장시켜 보세요.

17-A5

|정답| 마인드 맵

다음은 김 교사의 수업 설계와 교사 성찰 일지이다. (가), (나)를 참고하여 〈작성 방법〉에 따라 논술하시오. [10점]

(가) 수업 설계

학습 제재	인포그래픽 제작하기	학년	중학교 3학년
교수·학습 방법	문제중심학습(PBL)	2015 개정 미술과 교육과정 미술 교과 역량	ⓐ 시각적 소통 능력, 창의·융합 능력

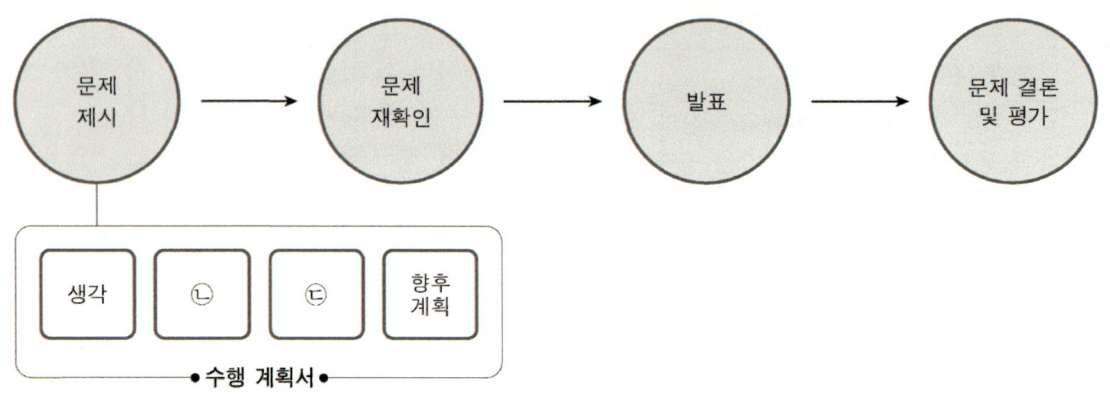

문제: ○○중학교 도서관 이용 시스템이 새롭게 정비되었습니다. 새로운 시스템에는 여러 가지 기능들이 추가되어 학생들이 활용에 어려움을 겪고 있습니다. 도서관 이용 매뉴얼을 인포그래픽으로 제작해 봅시다.

문제 제시 → 문제 재확인 → 발표 → 문제 결론 및 평가

생각 | ⓑ | ⓒ | 향후 계획
• 수행 계획서 •

(나) 교사 성찰 일지

학교 도서관 시스템이 새롭게 정비되면서 학생들이 도서관 이용에 어려움을 겪고 있었다. 이를 해결하기 위해 미술 시간에 도서관 이용 매뉴얼을 인포그래픽으로 제작해 보기로 했다. 이 수업에서 문제중심학습(Problem-Based Learning)을 활용하면 학생들의 시각적 소통 능력과 창의·융합 능력 신장에 효과적일 것이라 생각했다. 처음 문제에 직면한 학생들이 무엇을 해야 할지 막막해 할 것 같아 배로스와 마이어스(H. Barrows & A. Myers)의 문제중심학습(PBL) 모형에 제시된 수행 계획의 4가지 항목을 활용하여 수행 계획서를 작성하도록 했다.

… (하략) …

─| 작성 방법 |─

- 김 교사가 선택한 ⓐ의 내용을 문제중심학습(PBL)과 관련지어 각각 서술할 것.
- 수행 계획서에 제시된 ⓑ, ⓒ의 명칭을 쓰고, 해당 항목을 작성하도록 하는 목적을 각각 서술할 것.
- 아이스너(E. Eisner)가 제시한 표상 형식(forms of representation)의 개념을 제시하고, 이와 관련된 인포그래픽의 장점을 2가지 논할 것.
- 답지의 내용을 짜임새 있게 구성하여 논할 것.

19학년도-B 논술2

| 해설 |

 문제중심학습(PBL)은 종전의 강의법을 지양하고 문제를 해결해 나가는 과정을 통해 학습이 이루어지도록 하는 방법이다. 전통적인 교육은 지식에 대한 정보만을 강조할 뿐 실제 문제해결을 위한 능력은 육성하지 못하고 있다. 그러나 PBL은 복잡한 실제 세계의 맥락 속에서 비구조화된 문제를 제시하여 의미 있는 해결 방법을 찾아내게 함으로써 교과 지식과 기술뿐만 아니라 문제해결전략을 동시에 가르치는 교수 전략이다.

'시각적 소통 능력'은 변화하는 시각 문화 속에서 이미지와 정보, 시각 매체를 이해하고 비판적으로 해석하며, 이를 활용한 미술 활동을 통해 소통할 수 있는 능력이다. 이는 PBL의 목적이 비판적 사고능력과 문제해결력을 육성하는 것과 관련되는 역량이다. '창의·융합 능력'은 자신의 느낌과 생각을 다양한 매체를 활용하여 창의적으로 표현하고 미술 활동 과정에 타 분야의 지식, 기술, 경험 등을 연계, 융합하여 새로운 가능성을 발견할 수 있는 능력이다. 이는 PBL의 특징이 **바로 능동적 학습의 한 가지 양식이라고 할 수 있고, 유연한 지식, 효과적인 문제 해결 능력, 자기 주도 학습, 효과적인 협업 능력을 학생들이 계발하도록 돕는 데에 있는 것과 관련되기** 때문이다.

ⓒ '사실' 개인 혹은 그룹을 통해 제시된 가정을 뒷받침할 지식과 정보를 종합하는 목적이다. ⓒ '학습과제' 주어진 과제를 해결하기 위해 학생들 자신이 더 알거나 이해해야 할 사항을 기록하는 것이다. 이러한 항목을 작성하는 이유는 문제에 대한 주인의식을 느끼며, 주어진 문제의 해결안에 대하여 깊이 사고하고, 칠판이나 다른 곳에 작성한 사항에 관하여 과연 나는 무엇을 할 것인가를 생각해보는 것이다.

아이스너는 '인지와 교육과정'이라는 저서를 통해서 표상의 형식이라는 개념을 제시하였다. 인간의 경험이 사회적인 것이 되기 위해서는 사적인 개념을 공적인 개념으로 전환시키는 수단이 필요하며 이같은 전환은 소위 표상의 형식으로 사용함으로써 가능해진다. 표상의 형식은 인간들이 사적인 개념을 공적인 것으로 바꾸기 위한 수단이다. 한마디로 인간이 제작하는 모든 시각 이미지를 말한다. 이러한 표상의 형식에는 처리 양식이 모방적 양식, 표현적 양식, 인습적 양식으로 결정된다. 인포그래피는 모방적 처리 양식에 해당한다.

 인포그래피의 장점은 첫째, 정보를 구체적, 표면적, 실용적으로 더욱 쉽고 빠르게 전달한다. 둘째, 도서관 시스템 매뉴얼, 일기예보의 지도, 기호, 통계 도표, 과학 분야 등에 다양하게 사용하며, 수학적 그래프 등과 같은 형태의 기능을 함으로써 쉽게 흥미를 유발할 수 있고, 정보 습득 시간을 절감하며 기억 지속 시간을 연장시킨다. 또한 페이스북이나 트위터 등을 통해 빠른 확산이 가능하다. <끝>

14 2020학년도_B9

다음은 파네스(S. J. Parnes, 1966)의 '창의적 문제해결 (Creative Problem Solving, CPS)'을 적용한 교수·학습 지도안이다. 〈작성 방법〉에 따라 서술하시오. [4점]

〈교수·학습 지도안〉

단원명	적정 기술을 활용한 디자인	
학습 목표	적정 기술을 활용한 창의적인 제품을 디자인할 수 있다.	
교과 역량	㉠ 창의·융합 역량	
교수 학습 단계	단계	㉡ 학습 활동
	사실 발견	인터넷 검색을 통해 적정 기술의 종류에 대하여 조사해 보고, 육하 원칙을 사용하여 목록화하기
	문제 발견	모둠별로 디자인의 대상을 선정하고, 메이커스페이스에서 3D 프린터, 레이저 커터, 아두이노 등을 체험하기
	아이디어 발견	㉢ 브레인스토밍과 ㉣ PMI 기법을 함께 활용하여 선정한 대상이 겪는 어려움을 해소할 수 있는 아이디어를 탐색하기
	해결책 발견	다양한 아이디어를 수렴하고 종합하여 대상을 위한 새로운 디자인 방향과 제작 방법 결정하기
	수용 발견	테크놀로지 장비를 활용한 창의적인 디자인 모형을 제작하고, 예상되는 사용자의 경험을 평가하여 수정 방안 찾아보기

〈교사의 메모〉
• 창의적 문제해결(CPS)을 위한 기본 원칙
  - 아이디어의 생성: 판단을 유보하기, 질보다 양을 추구하기, 모든 가능성을 수용하기, 조합하기 위해 노력하기
  - 아이디어의 초점화: ㉤ _____

| 작성 방법 |

○ 2015 개정 미술과 교육과정에서 제시하는 ㉠의 내용을 ㉡과 연결지어 서술할 것.
○ ㉢, ㉣을 함께 사용했을 때 기대할 수 있는 장점을 각각의 특징을 포함하여 서술할 것.
○ 밑줄 친 ㉤에 해당하는 기본 원칙 2가지를 서술할 것.

15 2021학년도_A1

다음은 '글씨의 멋을 살려' 단원의 교수·학습 계획을 위한 박 교사의 메모이다. 괄호 안의 ㉠, ㉡에 들어갈 용어를 순서대로 쓰시오. [2점]

[1~2차시]
주제 : 한글 서체 익히기
[교수·학습법] : (㉠)
- 학생들에게 먼저 학습 목표를 인식하도록 지도하고, 한글 서체의 운필, 자형의 특징을 자세하게 관찰하도록 한다.
- 글자를 구성하는 방법을 시범과 설명을 통해 지도한 후 순서에 따른 구조화된 연습을 하도록 한다.
- 한글 서체의 운필과 자형을 활용하여 자신의 개성을 살린 글씨체로 발전시키도록 한다.

[3~4차시]
주제 : 감사 카드 만들기
[교수·학습법] : 상황학습 적용
- 1~2차시에 익힌 한글 서체를 실제 생활에 적용해 볼 수 있도록 상황과 맥락을 제시한다.
  : 실생활에서 제작된 안내장과 카드에 개성 있는 한글서체가 적용된 사례를 제시한다.
- 상황과 맥락에 맞는 개인별 학습 과제를 부여하여 스스로 수행할 수 있도록 한다.
  : 자신이 연습한 서체를 활용하여 '어버이날에 드리는 감사 카드 작성하기' 활동 과제를 부여한다.
- 교사는 학생들이 이제까지 습득한 기능에서 더 나아가 새로운 능력을 구축할 수 있도록 디딤돌을 제공하는 (㉡) 전략으로 조력자 역할을 한다.
  : 전문가의 작품 사례를 보여 주어 학습 과정을 촉진한다.

21-A1
|정답| ㉠ 직접교수법   ㉡ 스캐폴딩(발판, 비계)

16 2023학년도_B10

다음은 미술 교사의 연구 노트이다. 〈작성 방법〉에 따라 서술하시오. [4점]

학생들 중 일부는 미술 수업을 단지 정서적 활동으로 생각하는 것 같다. 미술을 통해서도 인지적 사고 능력을 계발할 수 있다는 것을 학생들 스스로 발견하도록 하는 수업을 진행해야겠다. 이를 위하여 에플랜드(A. Efland)가 주장한 '미술이 제공하는 인지적 특성 4가지'를 살펴보았다. 그중 (㉠)은/는 미술에 의해 길러질 수 있는데, 이는 미술 학습에서 다루는 지식이 비구조적 특성을 가지고 있고, 삶에서의 문제 상황처럼 단편적이지 않으며 복합적이기 때문이다. 이에 '풍경화로 표현하기' 수업을 귀납적 사고 모형에 기반하여 진행해 보기로 했다. 수업을 구조화하기 위해 타바(H. Taba)의 모형과 학교 미술 수업에 적용되고 있는 귀납적 사고 모형을 살펴보았다.

《 타바의 귀납적 사고 모형 》

개념 형성 ➡ 자료의 해석 ➡ 원리의 적용

1단계	열거	다양한 풍경화 모아 보기
2단계	(㉡)	비슷한 구도로 나누어 보기
3단계	명명, 범주화	구도에 따라 이름 붙이기

《 미술 수업에서의 귀납적 사고 모형 》

문제 인식 ➡ 관계 탐색 ➡ (㉢) ➡ 개념 적용 ➡ 정리 및 발전

─| 작성 방법 |─
- 에플랜드가 주장한 인지적 특성 중 괄호 안의 ㉠에 해당하는 특성을 쓸 것.
- 괄호 안의 ㉡에 해당하는 용어를 쓸 것.
- 괄호 안의 ㉢에 해당하는 단계의 명칭을 쓰고, 그 내용을 서술할 것.

23-B10
|모|범|답|안|
㉠ 인지유연성 논의
㉡ 구조화, 계열화
㉢ 개념발견
개념발견 단계의 내용은 탐색한 사실을 근거로 **상호 관계를 찾아 규칙성을 발견**하고, 개념은 언어를 통해 형성되므로 용어의 정의를 통해 **추상 개념을 언어화**할 수 있도록 하는 것이다

17 2024학년도_B11

다음은 신규 교사와 수석 교사가 연구 수업에 대해 나눈 대화이다. 〈작성 방법〉에 따라 서술하시오. [4점]

신규 교사:	선생님, 이번 연구 수업에서는 단원을 재구성하여 '애플리케이션을 활용한 풍경화 표현'을 주제로 수업을 계획하고 있습니다. 수업 목표는 '애플리케이션을 활용해서 풍경화를 그릴 수 있다.'입니다.
수석 교사:	좋은 생각입니다. 다양한 시각 매체를 활용해서 풍경화를 그리게 하면 좋겠네요.
신규 교사:	지난 시간에는 로드뷰로 세계의 곳곳을 탐색하면서 마음에 드는 풍경을 발견하면 캡처하는 활동을 했습니다. 그런데 학생들의 수업 참여가 활발하지 못한 수업이었습니다. 다음 시간에는 캡처한 이미지를 활용하여 작품 제작 활동을 하려고 합니다. 어떻게 준비해야 할까요?
수석 교사:	가네(R.Gagné)는 학생들의 학습을 촉진하려면 학생들의 내적 과정을 먼저 이해해야 한다고 했습니다. 그리고 이것을 위한 외적 조건으로 수업사태를 제공해야 한다고 했습니다.
신규 교사:	그렇다면 이 수업에서는 가네의 이론을 어떻게 적용할 수 있을까요?
수석 교사:	가네가 제시한 9가지 수업사태를 이 수업의 전반부에 적용해서 자세히 살펴봅시다.

학습 과정	수업사태	교수·학습 활동	
		교사 활동	학생 활동
주의 집중	주의 집중시키기	• 학생의 흥미와 호기심을 유발하기 위해 맨해튼 타임스퀘어 사진을 보여 준다.	• 맨해튼 타임스퀘어 사진을 보며 시각 정보에 주의 집중한다.
기대 (동기화)	수업 목표 제시	• 수업 목표를 제시하며 참고 작품으로 우수한 결과물을 보여 준다.	• (㉠)
인출	선수 학습 회상	• 전시 학습의 내용을 확인시킨다.	• (㉡)
선택적 지각	(㉢)	• 풍경화 제작 과정과 수채화 표현 기법에 대한 영상 자료를 보여 준다.	• 제시된 예시 작품과 표현 기법에 관한 영상을 시청한다.
의미론적 부호화	(㉣)	• 이전 수업에서 배운 내용과 본시 학습 내용을 연계하도록 제시한다.	• 지난 시간에 캡처한 이미지를 바탕으로 풍경화를 제작하는 과정과 수채화의 표현 기법을 연계하여 이해하고 숙지한다.

―| 작성 방법 |―

- 괄호 안의 ㉠, ㉡의 학생 활동을 1가지씩 각각 서술할 것.
- 괄호 안의 ㉢에 해당하는 수업사태를 쓸 것.
- 괄호 안의 ㉣에 해당하는 수업사태를 쓸 것.

24-B11

|모|범|답|안|

㉠ 학습자가 수업이 끝난 후에 얻을 수 있는 것이 무엇인가를 제시하여 기대감을 높여준다.
㉡ 새로운 학습을 위해 필요한 사전학습 능력을 재생시켜 기대감을 지속한다.
㉢ 자극 제시
㉣ 학습 안내하기

18 2025학년도_A12

(가)는 교사들의 대화이고, (나)는 교수·학습 지도안이다. 〈작성 방법〉에 따라 서술하시오. [4점]

(가) 교사들의 대화

정 교사: 지난 주에 '이모티콘 만들기' 수업을 했는데, 학생들이 재미있는 아이디어로 이모티콘을 잘 만들더라고요. 이것이 그 교수·학습 지도안입니다.
　　　　　…(중략)…
박 교사: 교수·학습 지도안을 보니 교수·학습 방법 중 (㉠)을/를 적용하셨네요. 그리고 아이디어 탐색 단계에서 브레인스토밍(brainstorming) 방법 대신 ㉡<u>브레인라이팅(brainwriting)</u> 방법을 활용하셨는데, 어떻게 진행하셨어요?
　　　　　…(중략)…
박 교사: 아, 그러셨군요. 저는 지난 주에 선생님과 같은 교수·학습 방법을 적용하여 '교복 디자인' 수업을 했어요. 특히 아이디어 탐색 단계에서는 아이디어를 주제별로 묶고 선으로 연결지어 방사형으로 표현하는 (㉢)을/를 적용해 보았어요. 학생들이 다양한 색과 형태로 재미있게 잘 표현하더라고요.
정 교사: 네. 그 방법은 핵심 개념들 간의 상호 관련성이나 통합성을 시각적으로 일목요연하게 보여 주는 데 효과적이지요.

(나) 교수·학습 지도안

수업 주제	이모티콘 만들기
수업 목표	이모티콘을 독창적으로 만들 수 있다.
수업 단계	교수·학습 활동
문제 인식	• 학습 목표와 과제 인식하기 • 다양한 이모티콘 살펴보기
아이디어 탐색	• 모둠별로 브레인라이팅 방법을 적용하여 창의적인 이모티콘 디자인을 위한 아이디어 탐색하기 • 개별적으로 여러 가지 아이디어 구상하기
아이디어 정교화	• 아이디어 정교화하기 • (㉣)
아이디어 적용	• 적절한 표현 방법을 활용하여 이모티콘 제작하기
종합 및 재검토	• 작품을 완성하고 재료 및 용구 정리하기 • 서로의 작품을 감상하며 감상 관점에 따라 의견 나누기

―| 작성 방법 |―
○ 괄호 안의 ㉠, ㉢에 해당하는 용어를 순서대로 쓸 것.
○ 밑줄 친 ㉡에 해당하는 내용을 서술할 것.
○ 괄호 안의 ㉣에 해당하는 내용을 서술할 것.

25-A12

|모|범|답|안|
㉠ 창의적 문제 해결법
㉡ 브레인 라이팅은 **침묵** 속에서 진행돼 개인 사고의 특징을 최대한 살릴 수 있는 집단 발상법이다. **소집단**은 회의 안건에 대해 적혀있는 용지의 각 줄에 3개의 아이디어를 적어내고 이를 다른 사람이 **이어서 자신의 아이디어를 계속 써낸다.**
㉢ 마인드 맵(mind map)
㉣ 탐색한 아이디어를 **분석하고 정교화**하며, 아이디어의 시각화를 위해 스케치하거나, 여러 가지 아이디어를 대상으로 **최선의 선택**을 하고 **재검토, 보완**한다.

04 평가

1 2003학년도_03

제7차 교육 과정에서는 교육의 질적 개선을 추구하고자 수행평가의 도입을 시도하였다. 수행평가의 장점을 미술과 교육의 목표, 내용과 관련지어 2가지만 간략하게 쓰시오.

장점(4점)

-
-

03-03 [평가] - 수행평가

| 모 | 범 | 답 | 안 |

제7차 미술과 교육의 목표와 내용과 관련지어 수행평가가 갖는 장점은 다음과 같다.
첫째, 결과 뿐만 아니라 과정도 중시한다.
둘째, 단편적인 영역에 대해 일회적으로 평가하는 것이 아니라 피험자 개개인의 변화와 발달과정을 종합적으로 평가하기 위해 전체적이면서도 지속적으로 이루어지는 평가이다.
셋째, 피험자의 인지적인 영역(창의성이나 문제해결력 등 고등 사고기능을 포함) 외에도 행동발달상황이나 흥미와 태도 등 정의적인 영역 및 체격이나 체력 등 신체적인 영역까지 종합적이고 전인적인 평가를 할 수 있다.

① 수행평가는 학생 스스로 교육 목표 달성 여부를 실제 상황에서 확인할 수 있다.
② 결과(product)뿐만 아니라 과정(process)도 중시한다.
③ 단편적인 영역에 대해 일회적으로 평가하는 것이 아니라 피험자 개개인의 변화와 발달과정을 종합적으로 평가하기 위해 전체적이면서도 지속적으로 이루어지는 평가이다.
④ 피험자의 학습 과정을 진단하고 개별 학습을 촉진할 수 있다.
⑤ 피험자의 인지적인 영역(창의성이나 문제해결력 등 고등 사고기능을 포함) 외에도 행동발달상황이나 흥미와 태도 등 정의적인 영역 및 체격이나 체력 등 신체적인 영역까지 종합적이고 전인적인 평가를 할 수 있다.
⑥ 개인차를 고려한 교육 활동에서 구체적으로 활용될 수 있는 평가방식이다.
⑦ 수업과 평가를 통합함으로써 유의미한 학습을 촉진할 수 있다.

2 2005학년도_06

아래 표는 중학교 1학년 연간 수행평가 계획의 일부이다. 제7차 미술과 교육과정의 평가 방향에 근거하여 이 수행평가 계획의 문제점을 3가지 쓰시오. [3점]

1학기				
대단원	소단원	평가방법	배점	학습형태
표현	다색 공판화	실기평가	30	개별학습
	수묵 채색화	실기평가	30	개별학습
	풍경화	실기평가	30	개별학습
	정밀묘사	실기평가	10	개별학습

2학기				
대단원	소단원	평가방법	배점	학습형태
표현	CD 재킷 디자인	실기평가	40	개별학습
	4칸 만화 그리기	실기평가	30	개별학습
	한지로 구성하기	실기평가	20	개별학습
감상	명화 감상하기	감상문	10	개별학습

①

②

③

05-06 [제7차 교육과정 - 평가 유의점]

| 모 | 범 | 답 | 안 |

① 지속적인 관찰을 통하여 학습 태도, 과정 및 결과를 균형 있게 평가해야 한다.
② 관찰법, 감상문, 토론법, 포트폴리오 등 다양한 평가 방법을 활용해야 한다.
③ '미적 체험', '표현', '감상' 영역을 모두 평가해야 한다.

3 2006학년도_08

제7차 미술과 교육과정의 평가에 근거하여, 실기 평가에서 교사의 주관적인 견해를 극복하는 방안과 밀접하게 관련되는 사항을 3가지 쓰시오. [3점]

-
-
-

4 2007학년도_09

제7차 교육과정에 근거하여 다양한 수행 평가가 실시되고 있다. 다음에 제시된 평가 방법의 장점을 각각 2가지 쓰시오. [4점]

	장점
포트폴리오법	• •
토론법	• •

06-08 [평가]-교사의 주관적 견해 극복 방안

|모|범|답|안|

미술과 평가에서 교사의 주관적 견해를 극복할 수 있는 방안은 첫째, 지속적인 관찰을 통하여 학습 태도, 과정 및 결과를 균형 있게 평가한다. 이와 같이 다양한 평가 방법과 세부 채점 기준표를 마련하여 객관적인 평가가 되도록 해야 한다.

둘째, 관찰법, 감상문, 토론법, 포트폴리오 등 다양한 평가 방법을 활용해야 한다. 즉, 주관적인 견해를 최소화할 수 있는 질적 평가를 사용하는 것이다.

셋째, 평가 계획을 세울 때에는 평가의 기준을 제시하여 객관성을 높인다. 객관적인 결과를 제시하기가 어려운 점을 최소화하기 위해서는 교육 과정에서의 목표와 내용을 근거로 학생의 성취 기준을 상세하게 마련해야 한다.

07-09 [평가] - 포트폴리오 / 토론법

|모|범|답|안|

포트폴리오의 장점은 첫째, 학생들은 자기 자신의 변화 과정을 알 수 있고, 자신의 장점이나 약점, 성실성 여부, 잠재 가능성 등을 스스로 인식할 수 있다.

둘째, 교사들은 학생들의 과거와 현재의 상태를 쉽게 파악할 수 있을 뿐만 아니라, 앞으로의 발전 방향에 대한 조언을 쉽게 할 수 있다.

토론법의 장점은 첫째, 교수 학습 활동과 평가 활동을 통합적으로 수행할 수 있다.

둘째, 미술과에서는 체험, 표현, 감상의 단원에서 폭넓게 적용하고 활용할 수 있는 유형으로서 학생 주도형 학습으로 유도할 수 있는 장점이 있다.

5 2008학년도_10

다음 평가 계획에 반영된 제7차 미술과 교육과정의 평가상 유의점을 4가지 쓰고, 미적 체험 단원의 성격과 관련하여 연구 보고서법이 평가 도구로서 갖는 타당성을 2줄 이내로 쓰시오. [6점]

단원명	자연미와 조형미	영역		미적 체험
제재				
평가 계획	차시	수업 활동		평가 도구
	1	자연의 구조를 활용한 전통 조형물 감상		감상문
	2	자연미에 대한 연구 보고서 발표		연구 보고서법
	3	작품 계획서와 아이디어 스케치		작품 포트폴리오
	4-5	작품 제작		
	6	작품 완성 및 평가		자기 평가서

① 평가상 유의점

-
-
-
-

② 연구 보고서법의 타당성 :

6 2009학년도_05

포트폴리오를 활용한 평가에서 제7차 미술과 교육과정의 '5. 평가'와 관련된 사항을 〈보기〉에서 모두 고른 것은?

|보기|

ㄱ. 포트폴리오에 포함할 작품, 에세이, 자료 등에서 평가 항목과 평가 기준을 마련한다.
ㄴ. 변화를 관찰할 수 있고 성취에 이르는 단계, 학습 결과물을 종합적으로 평가할 수 있는 체계이다.
ㄷ. 수집된 작품과 수행 능력을 통해 학습 목표의 성취 정도를 평가하는 준거참조평가이다.
ㄹ. 학습자에게 평가 과제의 선택권을 주어 동기를 유발하고 학습에 대한 자발성과 책임감을 갖도록 한다.
ㅁ. 평가 결과는 학년 말에 학생의 성장 과정과 최종 성취의 내용을 보여주는 자료가 될 수 있다.

① ㄱ, ㄴ, ㅁ
② ㄱ, ㄷ, ㄹ
③ ㄴ, ㄷ, ㅁ
④ ㄱ, ㄴ, ㄹ, ㅁ
⑤ ㄴ, ㄷ, ㄹ, ㅁ

08-10 [평가] - 연구보고서법 + 제7차 교육과정

|모|범|답|안|

제7차 미술과 교육과정의 평가상 유의점은 "학생의 발달 특성을 고려한 평가, 미적체험, 표현, 감상 영역을 균형 있게 평가, 지속적인 관찰을 통한 학습태도, 과정, 결과를 균형 있게 평가, 관찰법, 포트폴리오 등 다양한 평가 방법활용"이다.

따라서 연구보고서법의 타당성은 첫째, 연구보고서법을 사용하는 것은 "관찰법, 감상문, 토론법, 포트폴리오 등 다양한 평가 방법을 활용한 평가"에 부합하게 되기 때문에 타당하다.
둘째, 연구보고서법은 학습자 스스로 주제를 선택, 작성하여 수집, 분석, 종합, 정리하는 능력을 육성할 수 있는 장점이 있기 때문에 학생의 발달 특성을 고려한 평가에 부합하기 때문에 타당하다.

09-05

|정답| ①

7 2011학년도_03

다음은 미술 실기 평가에 관한 대화이다. 평가의 타당도를 높이기 위한 방법으로 가장 적절한 것은?

① 박 교사의 의견이 적절하다.
② 이 교사의 의견이 적절하다.
③ 강 교사의 의견이 적절하다.
④ 김 교사의 의견이 적절하다.
⑤ 네 교사의 의견이 모두 적절하지 않다.

|정답| ④

8 2011학년도_07

다음 수업안의 목표와 활동에 근거하여 평가하려고 할 때, 평가 영역, 평가 기준, 평가 방법의 연결이 가장 적절한 것은? [1.5점]

단원명	삶을 풍요롭게 하는 미술
학습 목표	○ 공공 미술의 의미와 기능을 이해할 수 있다. ○ 주변 환경에 관심을 갖고 공간에 어울리는 미술 표현을 할 수 있다. ○ 공공 미술이 우리의 삶에 미치는 영향에 대해 관심을 갖는다.
준비물	○ 교사 : 멀티미디어 자료 ○ 학생 : 디자인할 공간의 사진, 4절 우드락, 커터칼, 채색 도구
단계	활동
도입	○ 공공 미술에 관한 자료를 감상하면서 학습 목표를 인식한다. ○ 주변 환경과 조화를 이루고 있는 미술을 조사하고 공공 미술의 역할과 조건이 무엇인지 알아본다.
전개	○ 주변 공간을 개선할 수 있는 다양한 아이디어를 구상한다. ○ 아이디어를 구체화하여 모형을 제작한다.
정리	○ 완성된 작품을 발표한다. ○ 아이디어를 중심으로 친구의 작품을 감상한다.

	평가 영역	평가 기준	평가 방법
①	지식	다양한 관점으로 미술 작품을 감상하는 태도를 갖는다.	포트폴리오법
②	지식	시각 문화 환경에서 공공 미술의 기능과 공간의 관계를 이해할 수 있다.	연구보고서법
③	기능	개선하고자 하는 공간에 알맞은 주제, 재료와 용구, 표현 방법을 계획하여 표현할 수 있다.	토론법
④	기능	공공 미술의 특징과 목적에 알맞은 재료와 용구, 표현 방법의 종류와 특징을 이해할 수 있다.	실기 평가
⑤	태도	자연 환경과 시각 문화 환경이 조화를 이룬 예를 찾을 수 있다.	관찰법

|정답| ②

9 2012학년도_09

다음은 수업 평가에 대한 대화이다. 박 교사가 지향하는 평가의 기준으로 옳은 것은?

> 박 교사 : 영희의 작품 구상력이나 주제 표현 능력은 어떤 수준인가요?
> 유 교사 : 이 수업을 시작할 때 작품을 구상하는 능력은 다른 학생들에 비해 많이 부족했지만 수업 후반부로 갈수록 작품 구상도가 구체적으로 바뀌었습니다. 그리고 본격적인 작품 제작 활동에서는 영희의 잠재력이 발휘되면서 재료 사용과 표현 방법 등이 개성적으로 변화하는 것을 볼 수 있었습니다.
> 박 교사 : 그렇군요. 그럼 영희의 완성된 작품은 다른 학생들보다 좋은 평가를 받았겠군요?
> 유 교사 : 그건 아닙니다. 물론 영희가 열심히 하기는 했지만 작품 결과물만을 봤을 때는 그리 좋은 점수를 받지 못했습니다.
> 박 교사 : 앞으로는 수업을 통한 학생의 표현 능력 변화를 확인할 수 있는 데이터가 있으면 좋겠습니다.

① 능력과 성취
② 학생 간의 능력
③ 목표와 성취 능력
④ 수행 정도와 소유 능력
⑤ 출발점 수행과 도착점 수행

12-09
|정답| ⑤

10 2013학년도_08

다음은 송 교사가 2주 전에 공지한 과제 안내문의 일부이다. 이 안내에 근거한 송 교사의 평가에 대한 설명으로 옳은 것을 〈보기〉에서 고른 것은?

> • 작품 주제 : 함께 만드는 우리 학교 홍보 UCC
> • 평가 기준 :
>   1. 비디오 카메라와 편집 프로그램의 기능과 특성을 설명할 수 있는가?
>   2. 동영상 제작 과정을 이해하고 목적에 맞는 홍보 UCC를 만들 수 있는가?
>   3. 작품 제작 과정에 참여하고 협력하였는가?
> • 제작 기간 : 2주
> • 제 출 물 : 제작 계획서, 스토리보드, 촬영 결과물 등
> • 평가 방법 : 모둠별 평가

|보기|

ㄱ. 촬영 장비와 편집 프로그램 사용의 숙련도를 준거로 정의적 영역을 평가하였다.
ㄴ. 모둠 학생들의 협동성과 UCC 제작 전(全) 과정의 참여도를 준거로 인지적 영역을 평가하였다.
ㄷ. 주어진 매체를 활용하여 주제를 효과적으로 나타내는 표현력을 준거로 심동적 영역을 평가하였다.
ㄹ. 평가의 타당도를 높이기 위해 홍보 UCC 결과물과 함께 작품 제작의 전(全) 과정을 평가에 반영하였다.

① ㄱ, ㄴ
② ㄱ, ㄷ
③ ㄴ, ㄷ
④ ㄴ, ㄹ
⑤ ㄷ, ㄹ

13-08
|정답| ⑤

11. 2014학년도_A기입형_01

김 교사는 학생들의 그림 실력이 얼마만큼 개선되었는지 알아보기 위하여 다음에 제시한 평가 도구를 활용하였다. （　）안에 공통으로 들어갈 평가 도구를 쓰시오. [2점]

- （　）은/는 가드너(H. Gardner)와 '프로젝트 제로(Project Zero)'가 추진한 '아트 프로펠(Arts PROPEL)'에서 주목한 평가 도구로서 포트폴리오의 일종이다.
- （　）은/는 교사와 학생 모두에게 어떻게 학습이 이루어져 갔는지 알아볼 수 있는 중요한 데이터베이스 역할을 한다.
- （　）을/를 통하여 작품 제작에서 드러나는 인지적 활동을 평가할 수 있다.
- （　）의 내용에는 학생들의 작품, 자기 평가서, 조사 자료, 아이디어 스케치북 등이 포함된다.

14-A1

| 정답 | ⊙ 프로세스폴리오 평가

12. 2016학년도_A8

홍 교사는 환경 문제를 주제로 미술 수업을 하고자 한다. (가)와 (나)는 홍 교사의 교수·학습 계획의 일부와 채점 기준표이다. （　） 안에 공통으로 들어갈 수행 평가 방법을 쓰시오. [2점]

(가) 홍 교사의 교수·학습 계획

- 학습 대상: ○○ 고등학교 1학년 1반~5반
- 학습 목표: 환경 문제를 주제로 다룬 미술가에 대해 이해할 수 있다.
- 평가 방법: （　）법
- 학습 활동

차시		주요 교수·학습 활동
1~2 차시	주제 정하기	• 환경 문제를 다룬 다양한 미술가와 미술 작품에 대해 탐색하고, 관심 있는 미술가를 선정한다.
	자료 수집하기	• 신문, 서적, 인터넷 등을 활용하여 선정한 미술가에 관한 자료를 수집한다.
3~4 차시	자료 분석하기	• 선정한 미술가와 관련하여 수집한 자료를 분석한다.
	자료 종합하기	• 미술가와 그의 작품에 대해 조사한 자료를 종합·정리하여 논리적인 글쓰기로 결과물을 완성한다.

… (하략) …

(나) （　） 채점 기준표

평가 요소	평가 내용	배점
내용 구성	• 환경 문제를 주제로 다룬 미술가에 대한 조사 내용이 적합한가?	5점
	• 수집한 자료에 근거하여 내용이 체계적으로 기술되어 있는가?	5점
자료 활용	• 환경 문제를 주제로 다룬 미술가와 관련된 자료를 다양하게 수집하였는가?	4점
	• 수집된 자료를 적절하게 활용하여 분석하고 종합하였는가?	4점
태도	• 양식에 맞추어 성실하게 작성하였는가?	1점
	• 정해진 기일 내에 결과물을 제출하였는가?	1점

16-A8

| 정답 | 연구보고서

13 2017학년도_B8(논술)

다음은 '우리 동네 환경 개선을 위한 벽화 그리기' 활동에 대한 동료 장학 중 교사들이 나눈 대화 내용과 평가 계획서이다. 아이스너(E. Eisner)의 미술 활동에 대한 평가 관점에 근거하여 평가 계획서의 개선안에 대해 〈작성 방법〉에 따라 논술하시오. [10점]

[대화 내용]

- 교사 A : '우리 동네 환경 개선을 위한 벽화 그리기' 활동에 대해 포트폴리오법을 적용하여 평가 계획서를 작성해 보았습니다. 조언 부탁드립니다.
- 교사 B : 학생들의 수행 과정과 학습 결과를 종합적으로 볼 수 있기 때문에 포트폴리오법이 효과적이라고 생각합니다. 학생의 수행 과정은 적절하게 계획되었지만, ㉠ 채점 기준표를 수정하셔야겠습니다.

[평가 계획서]

학교급		중학교	학년	3학년
과목		미술	영역	표현
학습 목표		우리 동네 환경 개선을 위한 벽화를 제작할 수 있다.		
수행 평가 유형		포트폴리오법		
㉡ 학생의 수행 과정		1. 우리 동네에서 개선하고 싶은 공간을 찾아 사진을 찍는다. 2. 사진을 보며 개선할 공간을 선택하고 공간에 대한 문제점과 개선점을 논의한다. 3. 모둠별로 표현 매체와 방법, 표현 과정에 대한 벽화 제작 계획서를 작성한다. 4. 벽화에 대한 창의적인 아이디어를 발전시키며 스케치를 한다. 5. 서로 협력하여 모둠별로 벽화를 제작한다. 6. 공간 사진, 벽화 제작 계획서, 아이디어 스케치, 작품 제작 과정 기록물, 완성 작품 사진, 최종 보고서 등을 포함하여 포트폴리오를 제작한다. 7. 미술 수업을 위해 개설한 홈페이지에 포트폴리오를 탑재한다. 8. 포트폴리오를 활용하여 작품 제작 의도, 수행 과정, 모둠원 간의 협력, 완성 작품 등에 대하여 발표한다.		
㉠ 채점 기준표				
평가 요소	수준	채점 기준		
벽화의 완성도	상	벽화 면적의 3분의 2이상을 채색하여 완성하였다.		
	중	벽화 면적의 2분의 1이상 3분의 2미만을 채색하였다.		
	하	벽화 면적의 2분의 1미만을 채색하였다.		
탑재한 자료의 개수	상	공간 사진, 벽화 제작 계획서, 아이디어 스케치, 작품 제작 과정 기록물, 완성 작품 사진, 최종 보고서를 모두 홈페이지에 게시하였다.		
	중	공간 사진, 벽화 제작 계획서, 아이디어 스케치, 작품 제작 과정 기록물, 완성 작품 사진, 최종 보고서 중 3~5가지를 홈페이지에 게시하였다		
	하	공간 사진, 벽화 제작 계획서, 아이디어 스케치, 작품 제작 과정 기록물, 완성 작품 사진, 최종 보고서 중 2가지 이하를 홈페이지에 게시하였다.		

─| 작성 방법 |─

- 아이스너의 미술 활동에 대한 평가 관점과 평가 내용에 대해 서술할 것.
- 아이스너의 미술 활동에 대한 평가 관점에 근거하여, 밑줄 친 ㉠의 문제점 2가지를 서술하고, 이에 대한 개선안 2가지를 평가 계획서의 밑줄 친 ㉡의 내용과 연관 지어 서술할 것.
- 답지의 내용을 짜임새 있게 구성하여 논술할 것.

17학년도-B8(논술)

|모|범|답|안|

아이스너는 본질주의 교육철학의 영향하에 훈련 및 학습을 강조했으며, 교육과정의 핵심은 소정의 교과를 철저하게 이수하고, 그것에 몰두하게 하는 것이며, 평가는 교육을 개선하는 데 필요한 자원이라고 주장했다. 따라서 훈련 학습에 따른 교사의 역할 강조와 함께 **평가**에 대해서는 '**이미 교육적으로 관련된 현상에 대하여 가치 있는 판단을 하는 과정**'으로 정의를 내렸다.

아이스너가 케터링 교육과정을 통해 제시한 평가관점은 특히 "미술학습은 평가되어야 한다.", 형식적이건 비형식적이건 평가는 **교수학습의 성취도를 이해하는 데 도움**이 된다는 입장으로 학생의 작품이나 행동을 미리 정해진 기준에 적용하는 것이 아니라 그것이 표현된 후에 **작품에 담겨진 가치 있는 특징을 찾는 시도**라고 했다.

아이스너가 제시한 평가 내용은 우선, 평가 영역으로 교육과정, 교수의 질, 프로그램의 결과를 들고 있다.

'프로그램의 결과'는 곧 '미술 활동'에 해당하며 이에 대한 평가 내용은 기술, 감상과 이해력, 판단력 등으로 산출될 수 있는 학생들의 **학습 결과, 학습 참여도, 동기유발의 수준, 자발성, 수업의 과정** 등으로 평가될 수 있다. 그리고 이에 대한 평가 결과를 재투입함으로써 그 질적 수준을 높여가고자 하였다.

이에 근거하여, 밑줄 친 ㉠ 채점 기준표의 문제점은 첫째, 평가 요소에 '벽화의 완성도', '탑재한 자료의 개수'라는 결과 평가만 제시 되었다. 즉, 교육적으로 중요한 네 개의 측면에 해당하는 **배경, 투입, 과정, 결과 등이 고르게 반영되지 못 했**으며 평가 요소에 **학습 참여도, 동기유발의 수준 정도**가 누락 되었다.

둘째, **수업의 과정과 자발성**이 누락되었다. '과정'은 교육과정이 적용되고 있는 동안의 효과에 관한 평가를 가리킨다. 특히 결과로서가 아니라 학습이 진행되는 과정 동안 판단이 이루어질 수 있는 자료를 확보 하는 것은 학생 작품의 질을 평가하는 것과 가치 있는 판단과 평가를 하는데 꼭 필요한데 ㉠에서는 누락되었다.

이에 대한 개선안으로 평가 계획서의 ㉡ 학생의 수행 과정과 연관 지을 경우 첫째, 채점 기준표에 과정 평가 요소가 포함되어야 한다. 이는 학기 혹은 학년이 진행되는 동안 틈틈이 학생 작품의 질을 평가하는 형식으로 이루어지도록 개선할 수 있다.

둘째, 자발성, 참여도, 동기유발 수준에 대한 자기평가를 포함해야 한다. 즉, 가르쳐진 미술내용이나 과정에 대해 학생들의 이해 정도를 평가하면서 미술 프로그램에 대한 학생들의 만족 정도를 스스로 평가하여 작성하는 자기 평가지를 활용할 수도 있다.

<끝>

14 2020학년도_A1

다음 ㉠, ㉡에 해당하는 용어를 순서대로 쓰시오. [2점]

장 교사 : 결과물 중심으로 실기 평가를 하다 보니 학생들은 그림에 소질 있는 학생만 좋은 점수를 받을 거라고 생각하는 것 같아요.

홍 교사 : 그렇다면 평가 도구로 (㉠)을/를 사용해 보면 어떨까요? 이 평가 도구는 체크리스트와 유사하지만 각 단계마다 성취 행동과 성취 수준을 구체적인 진술문으로 제시하고, 학습 결과가 등급으로 산출되도록 할 수 있습니다. 예를 들면 표현 활동 시 계획, 발상, 표현 단계로 구분하여 각 하위 요소마다 성취 수준에 대한 평가 준거를 상세히 제시할 수 있겠지요. 이를 통해 학생들의 제작 과정, 작품의 특징과 문제점, 그리고 수준이 어떠한가를 진단하고 분석할 수 있지요.
또 다른 평가 도구로 관찰법 중 하나인 (㉡)을/를 병행해서 사용해 보세요. 선생님께서 미술 활동 중 중요한 사건 또는 특이한 행동들을 선택해서 꾸준히 관찰하여 기록함으로써 수업 과정에 대한 상세한 자료를 생성할 수 있습니다. 그리고 학생들의 행동 패턴과 미술 능력의 변화를 종합적으로 인지하여 학생을 지도하고 면담하는 데 도움이 됩니다.

20-A1

| 정답 | ㉠ 성취평가   ㉡ 일화 기록법
| 인정답 | ㉠ 루브릭 평가

15 2021학년도_A9

다음은 수업 컨설팅을 위한 대화 중 일부이다. 〈작성 방법〉에 따라 서술하시오. [4점]

| 이 교사 : 선생님, 이번에 저는 '친숙한 것을 낯설게 하기'를 주제로 감상과 표현을 연계하는 수업을 계획하고 있어요. 초현실주의 감상 수업에서 데페이즈망과 같은 표현 기법을 보여 주고 표현 활동에 활용하도록 하려면 어떤 발문이 좋을까요?
| :--- |
| 수석 교사 : 감상 수업을 표현 활동의 동기 유발로 이끌기 위해서는 발문의 목적과 기능을 유념하여 효과적으로 활용하는 것이 중요합니다. 발문의 유형에는 수렴적 발문과 확산적 발문, 그리고 평가적 발문이 있습니다. 예를 들면, ㉠ "우리가 수업에서 살펴본 작품에서 초현실주의의 표현 기법을 찾아볼 수 있었나요? 있었다면 어떤 것이 있었나요?" ㉡ "초현실주의의 표현 기법이 자신의 느낌이나 생각을 표현하는 데 유용하다고 생각하나요? 그 이유는 무엇인가요?" ㉢ "여러분이 감상한 작품이 이전에 본 작품들과 어떻게 다른가요? 어떤 느낌을 받았나요?"와 같은 질문들을 수업 목적에 맞게 활용할 수 있을 것 같아요.
| 이 교사 : 네. 구체적으로 예를 들어 주셔서 도움이 됩니다.
| 수석 교사 : 효과적인 동기 유발을 위해 발문 내용뿐만 아니라, ㉣ 비언어적 요소도 중요하니 이 부분도 고려하시면 좋겠습니다.

─| 작성 방법 |─

- ㉠~㉢ 중 평가적 발문 유형에 속하는 질문을 골라 해당 기호를 쓰고, 그 질문의 효과를 교사와 학생 측면에서 각각 서술할 것.
- 효과적인 발문을 위한 ㉣을 2가지 쓸 것.

21-A9

|모|범|답|안|

평가적 발문 유형에 속하는 질문은 ㉡이다.
평가적 발문의 효과는 **교사 측면**에서는 감상작품에 대한 **토론을 이끌어내고 작품이 지닌 의미와 가치를 탐구**하도록 하기에 유용하다. 학생 측면에서의 효과는 '**개인적 반응을 촉진**'하게 이끌 수 있다는 것이다.
효과적인 발문을 위한 ㉣ 비언어적인 요소는 첫째, **약한 수용행동**으로 부드러운 눈빛, 미소 등이 있으며 강한 수용행동으로 끄덕임, 윙크 등이 있다. 둘째, **약한 관심행동**으로 시선 맞춤 등 온화한 관심을 보이는 행동과 강한 관심행동으로 앞으로 몸 내밀기 등이 있으며, **몸짓**으로 표현하기 등이 있다.

|인|정|답|

① 학생 측면에서의 효과는 동기유발을 이끌 수 있다는 것이다.
㉣ 비언어적인 요소는 첫째, 눈빛 등을 포함한 표정이다. 둘째, **신체적 활동**을 활용하여 지도하는 것이다.
㉣ 비언어적인 요소는 첫째, 수용자에게 시각적인 색과 형에 의한 내용들뿐만 아니라 거기 존재하는 여러 가지 물질, 미술작품의 물적 요소까지 지도 보여준다. 둘째, 시각적인 요소에만 머물지 않고 그 속에 숨어 있는 '눈에 보이지 않는 세계까지도 이미지화 하여 서로 공유할 감상의 지평을 넓힌다.'

16 2021학년도_B6

다음은 미술과 평가에 대한 자료이다. 〈작성 방법〉에 따라 서술 하시오. [4점]

> 가드너(H. Gardner)가 진행한 아츠 프로펠(Arts PROPEL)은 학생 평가 방법을 개발하고 검증하기 위한 프로젝트였다. 이 프로젝트에서 연구자들은 학생들에게 상세한 학습 과정 일지인 (㉠)을/를 작성하도록 하여 질적 평가의 방법으로 활용하였다. 수업 활동의 전 과정을 기록하는 이 방법은 수집한 자료와 활동의 변화 양상을 평가에 활용할 수 있다는 점에서 작품의 결과만을 모아둔 포트폴리오와 차이가 있다.
>
> 교사의 측면에서 (㉠)은/는 학습과 평가 활동이 연계되어 학습 진행과 향후 학습 계획을 위해 수업을 반성하고 개선하는데 유용한 자료가 될 수 있다. 또한, 학습자 간의 자발적 상호 작용에 의한 모둠별 협동학습의 평가에도 적용할 수 있다. 다만, ㉡모둠 내 기여도에 따른 구성원 간의 불만이 생기지 않도록 주의해야 한다.

―| 작성 방법 |―

- ㉠에 공통으로 들어갈 용어를 쓰고, 학생 측면에서 ㉠의 장점을 2가지 서술할 것.
- ㉡을 최소화할 수 있는 방안을 평가의 신뢰도 및 공정성 제고 측면에서 1가지 서술할 것.

21-B6

|모|범|답|안|
㉠은 **프로세스폴리오**이다.
학생 측면에서 장점은 첫째, **자기주도적 학습 능력**을 향상시킬 수 있다.
즉 자신의 학습 과정을 계획, 점검, 평가하여 자기주도적 학습을 촉진한다.
둘째, 학습 과정에 대하여 **반성과 성찰의 기회**이다.
㉡의 최소화하는 방안은 **자기평가 및 동료평가**를 실시한다.

|인|정|답|
㉡의 최소화하는 방안은
"(5) 평가 기준을 학습자에게 미리 제시하여 평가의 객관성과 신뢰성을 높인다.",
"(7) 개별 평가와 **모둠 평가**를 적절하게 활용하되, 모둠 평가 시 개인의 역할과 비중을 고려하여 평가 기준과 방법 등을 선정한다."

17 2023학년도_B11

다음은 신규 교사와 수석 교사의 수업 컨설팅 내용이다. 〈작성 방법〉에 따라 서술하시오. [4점]

 선생님, 이번 수행평가에서는 풍속화로 교내 벽화 그리기 모둠 활동을 하려고 합니다. 학생들이 해학과 풍자를 이해하고 표현할 수 있는지 평가하려고요.

 네, 벽화 그리기 모둠 활동의 평가는 학생들 간의 비교보다는 설정된 교육 목표를 얼마나 달성했는지 평가하는 (㉠)을/를 활용하는 것이 좋을 것 같습니다.

 동의합니다. 또한 미술 활동 과정에서 초기 수준에 비하여 얼마만큼의 능력 향상을 보였는지를 강조하는 (㉡)의 관점에서 수행평가를 진행하려고 합니다.

 그래요. 수행평가의 일반적 특징을 고려하면 보다 좋은 평가 계획을 세울 수 있어요. 먼저 수업의 실제 상황에서 학생들 스스로 활동하고 참여하도록 과제를 구성하는 것이 좋습니다.

 그럼 완성된 작품만이 아니라 벽화 제작 과정을 함께 평가하는 것이 좋겠네요.

 네. 결과와 과정을 함께 평가하면 학생의 발달 과정을 지속적으로 평가할 수 있고, 고등 사고 능력도 평가 가능합니다. 그리고 전인적, 종합적 평가를 위해 재료와 용구를 다루는 손과 눈의 협응력, 작품 제작의 적극성, 협력하는 태도 등 심동적, 정의적 영역까지 평가해야 합니다.

 수업의 전 과정에서 볼 수 있는 ㉢ 모둠원 각자의 해학과 풍자에 대한 이해도 평가하지만, 모둠 전체가 완성한 벽화의 표현력에 대한 평가도 필요할 것 같아요.

 네, 이번 수행평가를 통해 ㉣ 개인의 특성을 파악해서 각자의 수준에 따라 수업에 모두 참여할 수 있도록 피드백해 보세요.

─| 작성 방법 |─

∘ 괄호 안의 ㉠, ㉡에 해당하는 평가 유형을 순서대로 쓸 것.
∘ 밑줄 친 ㉢, ㉣에 해당하는 수행평가의 특징을 순서대로 서술할 것.

23-B11

|모|범|답|안|

㉠ 준거참조평가
㉡ 성장참조평가 (성장지향평가)
㉢에 해당하는 수행평가의 특징은 이해도와 같은 인지적 영역에 대한 평가와 표현력과 같은 심동적 영역, 즉 인지적, 정의적, 심동적 영역의 고른 평가가 가능하다는 것이며, 모둠원 각자 즉 개인적 측면의 평가와 모둠 전체의 평가를 한다는 것이다
㉣에 해당하는 특징은 수행평가는 개인의 수행능력과 관련된 각자의 수준, 특성을 파악할 수 있기 때문에 개인별 구체적인 피드백이 가능하여 학생들의 참여도와 동기를 높일 수 있다는 것이다

18 2024학년도_B5

다음은 두 교사의 대화이다. <작성 방법>에 따라 서술하시오. [4점]

> 김 교사: 이번 학기에 연구 수업을 하신다고 들었습니다.
>
> 이 교사: 저는 감상과 표현을 연계한 '동·서양의 자화상' 수업을 계획하고 있는데요. 먼저 한국과 서양의 자화상을 비교, 감상하여 특징을 찾아보고, 이후 표현 수업으로 연계하여 자신의 자화상을 그려 보도록 할 계획입니다. 그런데 감상과 표현 수업에서 평가는 어떤 방법으로 하면 좋을지 고민입니다.
>
> 김 교사: 감상 수업에서는 (㉠)을/를 추천합니다. 연구 주제에 대해 학생 스스로 자료를 수집, 분석하고 종합하여 작성하도록 하는 것이지요. 연구 방법, 정보 수집 방법, 자료 분석 및 종합 능력, 작성 방법 등에 대해 평가하시면 됩니다.
>
> 이 교사: 좋습니다. 그런데 표현 수업의 경우에는 교사 주도의 평가보다는 학생 중심으로 ㉡ 자기 평가를 하도록 하고 싶은데요. 어떤 방법들이 있을까요?
>
> 김 교사: 자기 평가에는 다양한 평가 방법을 적용할 수 있지요. 예를 들면 (㉢)은/는 작품 제작 과정에서 산출된 스케치나 습작과 완성작을 한 곳에 모은 것입니다. 장시간 동안 학생이 수행한 과제의 모음집이라 할 수 있죠. 이것을 평가에 활용하면 좋겠네요.

─── | 작성 방법 | ───

- 괄호 안의 ㉠에 해당하는 용어를 쓸 것.
- 밑줄 친 ㉡의 장점을 학생의 입장에서 2가지 서술할 것.
- 괄호 안의 ㉢에 해당하는 용어를 쓸 것.

24-B5

|모|범|답|안|

㉠ 연구보고서법

㉡ 자기 평가는 첫째, 학습자로 하여금 자신의 **학습 준비도, 학습 동기, 성실성**, 만족도, 다른 사람과의 관계, 성취수준 등에 대해 **스스로 반성하고 생각할 수 있는 기회를 제공**한다.
둘째, 개별 학생 스스로가 특정 주제나 교수학습 영역에 대해 학습 과정이나 학습 결과에 대한 자세한 평가보고서를 작성하여 제출하도록 하여 평가하는 방법으로서 **학습 참여도와 성취도를 높일 수 있다.**

㉢ 포트폴리오

05 미술 감상과 비평

1 2003학년도_14

박 선생은 미술 감상 수업을 위하여 일반적으로 활용되는 단계적 미술 비평 방법을 학습 내용으로 설정하였다. 학생들은 4명씩 한 모둠이 되어 각각 서술, 분석, 해석, 판단의 과제 내용을 분담하였다. 이들이 수행해야 할 분석과 판단 단계의 과제 내용을 2가지씩만 간략하게 쓰시오. [4점]

감상 단계	과제 내용 항목
서술	• 작품의 주제는 무엇인지 알아본다. • 실제로 보이는 형태, 재료, 색 등을 객관적으로 서술해 본다.
분석	• •
해석	• 작가의 생애나 활동, 작품에 대한 미술 지식을 조사해 본다. • 서술과 분석 단계의 정보를 바탕으로 작품의 전체적 의미를 발견한다. • 작가의 의도나 작품 제작의 배경 등을 조사하고 해석한다.
판단	• •

분석(2점)
-
-

판단(2점)
-
-

03-14 [비평] - 펠드먼

|모|범|답|안|

펠드만의 분석 단계에서 수행할 과제는 첫째, 조형 요소와 원리들의 관계에 대한 기술이다.
즉, 어떻게 통일성을 이루었나? 균형을 이루었나? 조화를 이루었나? 등이 해당된다.
둘째, 작품의 조직과 형식 분석, 형식주의 비평이다. 즉, 주된 색은? 색의 역할은? 추상인가? 구상인가? 양식의 명칭은? 원근은 있는가? 강조된 구도는? 비례는? 등이 해당된다.

펠드먼의 판단하기 단계에서 수행할 과제는 첫째, 다른 작품과의 관계에서 그 작품에 등급을 매기는 활동이다.
즉, 좋아하는가? 어떻게 서열을 매기는가? 등이다.
둘째, 작품의 성공과 실패에 대한 결론을 내리는 과정이다. 즉, 특히 마음에 드는 이유와 정당화는? 설명할 수 있는가? 이 양식에서 무슨 미술적 우수성이 있는가? 등이다.

2 2005학년도_11

미술 감상 수업에 박물관 견학을 연계하려고 한다. 박물관 관람 수업을 하기 전에 교실에서 해야 할 전시학습 내용과, 감상 학습지(감상지, 현장 학습지)에 들어가야 할 기본적인 사항을 각각 4가지씩 쓰시오. [4점]

- 전시학습 내용 :
  ①
  ②
  ③
  ④

- 감상 학습지 내용(감상 일시 및 장소는 제외함)
  ⑤
  ⑥
  ⑦
  ⑧

05-11 [박물관 미술관 이론]

|모|범|답|안|

〈전시 학습 내용〉
- 미술관 이용 감상 학습의 목표 이해하기
- 미술관에서 입수한 자료 등을 이용하여 사전에 대략적인 감상 내용의 안내
- 미술관 학습의 구체적인 활동과 감상 과제의 설정
- 감상 목표와 과제에 따라 몇 그룹으로 나눠 사전 조사 활동의 전개
- 작가의 생애와 시대적 배경 등의 조시
- 작가에 따른 작품의 특징, 표현 양식과 기법 조사
- 미술관 이용 학습의 방법과 공공 시설 이용의 예절 이해하기

〈감상 학습지 내용〉
- 작품에 대한 자신의 느낌과 반응 기록
- 작품의 감상 요소와 감상 관점의 기록
- 감상 작품과 작가의 연구
- 미술가들의 작품에서 표현의도, 표연 방법, 표현 재료 등의 특징적 표현을 감상하고 기록

3 2005학년도_22

펠드만 (Feldman)의 미술비평 네 단계를 쓰고, 아래에 제시한 샤갈 작품을 비평할 때 세 번째 단계에서 해야 하는 핵심적인 질문을 2가지만 쓰시오. [3점]

- 비평의 네 단계
  ①
  ②
  ③
  ④

- 세 번째 단계에서 해야 하는 핵심적 질문
  ①
  ②

05-22 [비평] – 펠드먼

|모|범|답|안|

펠드만의 미술 비평 4 단계는 ① 서술 ② 분석 ③ 해석 ④ 판단이다.
세 번째 **해석** 단계에서 하는 핵심적 질문은
첫째, 이 작품의 제작 의도는 무엇인가?
둘째, 작가는 무엇을 나타내려고 했을까? 이다.

4 2007학년도_07

미술관 교육은 문화에 대한 관심과 주 5일제 실시로 더욱 활성화되고 있다. 미술관과 학교에서 이루어지는 감상 수업의 차이점을 교육 자료와 교수·학습 참여자의 측면에서 기술하시오. 그리고 미술관 교육과 연계된 이론에 대해 쓰시오. [4점]

① 교육 자료의 측면
- 학교 :

- 미술관 :

② 교수·학습 참여자의 측면
- 학교 :

- 미술관 :

③ 이론 :

07-07 [미술관 교육]
|모|범|답|안|

① 교육 자료의 측면
- 학교: 교사의 주관적 견해에 의해 선택된 자료, 영상에 한정된 간접 자료
- 미술관: 다양한 입장의 견해에 의해 기획된 자료, 다양한 자료나 매체를 사용하는 직접적 감상 자료

② 교수·학습 참여자의 측면
- 학교: 설명과 수용, 자극과 응답 형식의 구조화된 학습 참여자
- 미술관: 발견과 해석, 구성적 측면에서 비구조화된 학습을 스스로 탐구하거나 구성하는 주체자

③ 이론: 조지 하인의 박물관 이론

5 2007학년도_18

다음의 두 작품은 알레고리적(우의, 우화, 풍유) 요소가 공통적으로 있어 그림의 도상을 읽어내야 그 의미를 알 수 있다. (가)의 설명을 참고하여 (나)에서 알레고리적 요소를 찾아보고, 그림에 담긴 의미를 쓰시오. [3점]

(가) 아르놀피니의 결혼 / 반아이크   (나) 까치와 호랑이 / 작자미상

	(가)	(나)
알레고리적 요소	• 신을 벗고 있다 : 신성한 약속 • 강아지 : 충성과 복종 • 하나의 촛불만 켜져 있다 : 결혼 • 볼록거울 : 예수의 성스러운 삶 • 볼록거울 속에 비친 사람들 : 증인	① 소나무 : ② 까치 : • 호랑이(표범) : 소식이 오다, 알리다(報)
그림에 담긴 의미	신랑은 이 결혼이 신과의 약속임을 받아들이고, 신부는 신랑을 섬기며, 부부는 예수의 성스러운 삶과 고난을 생각하며 영원히 인내하며 사랑하며 살아갈 것을 증인 앞에서 엄숙히 서약한다.	③

07-18 [미술 비평]
|모|범|답|안|

① 소나무: 장수, 정월, 새해, 수호, 장수, 절개, 청렴, 인내, 의지의 상징
② 까치: 좋은 소식, 기쁜 소식
③ 의미: 신년을 맞아 나쁜 기운은 물러가고, 장수와 건강 등 기쁜 소식이 많이 들어오기를 염원한다.(신년보희)

6 2009학년도_03

다음은 루이스 부르주아(L. Bourgeois)의 작품에 대한 미술비평 교육의 내용이다. (가)~(다)의 비평 유형에 해당하는 학생비평 활동을 <보기>에서 고른 것은?

오늘은 부르주아의 작품을 관람하고 스톨리츠(J. Stolnitz)의 미술비평 유형 중 (가) 내재적 비평, (나) 인상주의적 비평, (다) 맥락적 비평 방법을 사용하여 비평문을 작성하도록 하겠습니다. 각 비평 유형에 맞추어 비평문을 작성하시기 바랍니다.(이하 생략)

|보기|

ㄱ. 영주는 미술관의 거대한 공간 속에서 관람하는 위치에 따라 시시각각 변화하는 기다란 다리의 형태와 그림자에서 받은 감흥을 비평문으로 작성하였다.
ㄴ. 철수는 작품을 관람하고 작가의 성장 과정을 조사한 후, 페미니즘과 연관성이 있는지를 탐구하였으며 거미의 형태를 거대하게 만든 심리적 이유를 유추해서 비평문을 작성하였다.
ㄷ. 민수는 관람 전에 작품의 재료와 작업 절차에 대해 조사한 것을 토대로 작품이 지닌 형태적 특성과 조형적 가치를 집중적으로 조명하여 비평문을 작성하였다.

	(가)	(나)	(다)
①	ㄱ	ㄴ	ㄷ
②	ㄱ	ㄷ	ㄴ
③	ㄴ	ㄱ	ㄷ
④	ㄷ	ㄱ	ㄴ
⑤	ㄷ	ㄴ	ㄱ

09-03
|정답| ④

7 2009학년도_36

벤투리(L. Venturi)의 "예술 판단의 절대적 성격과 상대적 성격"에 관한 다음의 글에서 (가)~(라)에 적절한 것은?

"예술은 자연의 (가) 이다."라는 그 정의가 몇 세기에 걸쳐 통용되어 왔다는 그 굉장한 대중성이 바로 이 문제의 미묘함을 설명해 주고 있다. 오늘날 우리는 나무를 재현하는 화가가 그 나무의 크고 작음이나 꽃이 피었다든가, 졌다든가, 튼튼하다든가, 우아하다든가 등등으로 그 나무를 재현한다고, 해서 예술가가 되는 것이 아니라, 자기 자신의 감정 방식으로 그 나무를 표현하는 한에서만 예술가가 된다는 사실을 알고 있다. 그런 심지어 예술의 창조적 성격을 잘 이해하고 있었던 뛰어난 관념론자들에게서도 (나) 의 잔재는 남아 있다. (중략)

판단의 규준은 소묘도 아니고 색채도 아니며, 고전주의적인 것도 아니고 낭만주의적인 것도 아니며, 진실도 아니고 거짓도 아니며, 좋은 것도 아니고 나쁜 것도 아니다.(중략) 그 개성이 진정으로 예술적인 개성인지 아닌지를 파악하는 것에는 오직 한가지 길이 있을 뿐이다. 즉 예술에 관해서 (다) 을 갖는 것, 예술의 (라) 를 느끼고, 이성적이거나 종교적, 도덕적이거나 실리적인 여타의 인간 활동과는 다른 예술의 성격을 숙고해 보는 이 한 가지 방법뿐이다.

	(가)	(나)	(다)	(라)
①	모방	자연주의	직관	정신적 가치
②	재현	자연주의	관념	양식적 가치
③	모방	사실주의	통찰력	역사적 가치
④	재현	사실주의	직관	미학적 가치
⑤	모방	자연주의	통찰력	양식적 가치

09-36
|정답| ①

8 2010학년도_02

다음은 파슨스(M. J. Parsons)의 미적 인식 능력 발달의 5단계 중 한 단계에 대한 설명이다. 이것의 이전과 이후 단계로 옳은 것은?

> 미술품에 작가의 어떠한 감정과 생각이 표현되었는지를 발견하고 설명할 수 있다. 또한 작품을 통해 미술가의 마음 상태를 추측하고, 예술이 인간의 감정과 밀접한 관계가 있다고 생각하며, 사실적 표현의 정도보다는 작품에 표현된 다양한 특질을 근거로 작품을 판단한다.

	이전 단계	이후 단계
①	미와 사실 추구의 인식 (beauty and realism)	매체, 형태, 양식의 인식 (style and form)
②	표현의 인식 (expressiveness)	자율적 인식 (autonomy)
③	매체, 형태, 양식의 인식 (style and form)	애호에 따른 인식 (favoritism)
④	애호에 따른 인식 (favoritism)	표현의 인식 (expressiveness)
⑤	자율적 인식 (autonomy)	미와 사실 추구의 인식 (beauty and realism)

|정답| ①

9 2010학년도_12

박 교사는 아래의 작품에 대해 펠드만(E. B. Feldman)의 미술 비평 단계와 월프(T. F. Wolff)의 미술 비평 유형을 결합하여 수업에 활용하고자 한다. (가)에 적합한 미술 비평 유형과 펠드만의 '판단/평가'단계에서 가장 적합한 교사의 발문을 (나)에서 고른 것은? [2.5점]

펠드만의 단계	기술	분석	해석	판단/평가
월프의 유형	(가)	형식주의 미술비평	맥락주의 미술비평	

(나)	ㄱ. 이 작품에 사용된 재료는 무엇인가? ㄴ. 이 작품은 고려청자의 기법과 어떤 관계가 있는가? ㄷ. 이 작품이 미술사적으로 어떤 가치가 있다고 생각하는가? ㄹ. 이 작품의 제작 목적은 무엇인가?

	(가)	(나)
①	인상주의(impressionist) 미술 비평	ㄷ
②	일기체의(diaristic) 미술 비평	ㄷ
③	기술적(descriptive) 미술 비평	ㄴ
④	인상주의(impressionist) 미술 비평	ㄹ
⑤	일기체의(diaristic) 미술 비평	ㄹ

|정답| ②

10 2011학년도_27

김 교사가 작성한 감상 지도 노트의 일부이다. 김 교사의 감상 수업 관점에 대한 설명으로 옳은 것은? [2.5점]

그림에 나오는 사물들은 결혼식의 서약을 상징하고 있다. 개는 충실함을, 벗은 신발은 신성한 공간임을, 하나의 촛불은 신의 눈 등을 의미한다.

판 에이크(J. Van Eyck), 〈아르놀피니의 결혼〉

① 감상자가 조형 요소와 원리에 따라 시각적 정보를 분석하여 작품을 체험한다.
② 감상자의 느낌과 인상에 따라 작품의 의미 변화와 차이를 이해하고 내용을 중심으로 체험한다.
③ 진보주의 교육 이념과 실용주의에 영향을 받았으며, 일상 생활의 질을 개선할 수 있는 감상 지식을 제공한다.
④ 시대별 양식의 특징과 미술가의 전기적 정보를 탐구하며, 미술작품이 제작된 당시의 역사·문화적 맥락에서 감상한다.
⑤ 감상자가 구축하는 의미 또는 개인적 경험을 중시하여 작품 속 인물의 입장에서 묘사된 세부 사항을 관찰하고 그 반응을 기록한다.

|정답| ④

11 2012학년도_18

미술관의 교육 활동에 대한 설명으로 옳은 것만을 〈보기〉에서 있는 대로 고른 것은? [1.5점]

|보기|

ㄱ. 워크숍은 '소통'보다는 '창작'의 측면이 강조되어야 한다.
ㄴ. 갤러리 토크는 도슨트가 전시장을 다니면서 전시된 작품에 관해 안내하고 해설하는 것이다.
ㄷ. 아웃리치 프로그램은 미술관에 오기 어려운 대중들을 위해 제공되는 미술관 교육 프로그램이다.
ㄹ. 셀프 가이드는 전시된 작품 감상을 돕는 교육 자료이며 상설 전시뿐만 아니라 특별 전시를 위해서도 제작된다.
ㅁ. 미술관 투어에 사용하는 영상 기기는 일방적인 자료 제공을 넘어 관람자가 정보를 선택할 수 있는 형식으로 제작될 수 있다.

① ㄱ, ㄷ
② ㄴ, ㄹ
③ ㄱ, ㄷ, ㄹ
④ ㄷ, ㄹ, ㅁ
⑤ ㄴ, ㄷ, ㄹ, ㅁ

|정답| ④

12 2013학년도_31

게히건(G. Geahigan)의 비평적 탐구(critical inquiry) 이론에 대한 설명 중 옳은 것만을 〈보기〉에서 있는 대로 고른 것은? [1.5점]

―보기―
ㄱ. 작품 판단의 근거로서 형식주의, 표현주의, 도구주의를 언급하였다.
ㄴ. 전문적인 지식과 배경 정보를 구체적으로 탐구하려는 시도를 포함한다.
ㄷ. 순환적 과정으로 이루어져 있으며, 탐색하고 발견하는 데 초점이 맞추어져 있다.
ㄹ. 반응, 지각 분석, 개인적 해석, 작품을 둘러싼 상황 검증, 종합의 절차에 의해 학습이 진행된다.

① ㄱ, ㄴ
② ㄱ, ㄹ
③ ㄴ, ㄷ
④ ㄱ, ㄷ, ㄹ
⑤ ㄴ, ㄷ, ㄹ

13-31
|정답| ③

13 2013학년도_2차_논술03

<보기>에서 명대(明代)의 (가)작품이 속한 화파(畫派)의 풍(畫風)은 조선 시대의 (나)와 (다)작품에 영향을 주었다. 다음 물음에 답하시오. [35점]

| 보 기 |

(가) 〈춘유만귀도(春遊晚歸圖)〉   (나) 〈소상팔경도(瀟湘八景圖)〉 中한폭   (다) 〈심산행려도(深山行旅圖)〉

1) (가) 작품이 속한 화파의 형성 및 전개 과정, 이 화파에 대한 명대(明代) 이개선(李開先)의 견해를 설명하고, (나)와 (다) 작품 작가의 화풍을 각각 서술하시오(단, 화풍에 대한 서술은 작가의 창작 태도(성향)를 포함할 것). [20점]

2) 김 교사는 앤더슨(T.Anderson)이 제시한 미술 비평의 분석적 모델을 활용해 (다)작품을 감상하는 수업을 하려고 한다. 앤더슨의 분석적 모델 중에서 첫 번째, 두 번째, 세 번째 단계를 설명하고, 두 번째 단계에 적합한 교사의 발문과 예상되는 학생의 응답을 연결하여 6가지만 제시하고 발문 간 구성 의도를 서술하시오. [15점]

13학년도-2차-논술03

| 해설 |
| 참고 | 아래 내용은 모범 답안의 핵심 키워드와 문장만 나열한 것입니다. 실제 시험에서는 기호는 생략하고 완성된 문장으로 작성해야 합니다.

■ 절파 화파의 형성 및 전개 과정
- (가)는 명초 절강성 출신의 대진이 그린 작품으로 절파에 속한다. 절파는 대진을 시조로 하며, 그와 그의 추종자들, 그리고 절강지방 양식의 영향을 받았던 화가들로 형성되었다.
- **남송원체풍 화풍을 중심으로 이곽파 화풍 등 여러 요소를 융합**하여 이룩된 **복합적 양식**을 보여주며 15세기 후반부터 명대 직업 화가들의 주도 화풍이 되었다.
- 절파는 비대칭적 구도, 심한 흑백대조를 이루는 묵면의 시각적 강조, 부벽준과 해조묘의 사용, 공간감이 결여된 평면적 화면, 활달하고 강렬한 필묵법의 구사 등 마하파의 전통적 원체화 양식을 바탕으로 하면서도 비 화원적인 자유분방함을 보여주는 것이 특징이다.
- 15세기 후반에는 이러한 복합적인 경향을 지닌 초기 절파 양식에 큰 변화가 나타난다.

- 인물이 화면 구성의 중심이 되는 소경산수 인물화가 나타나며, 근경 위주의 대담한 구도의 변화 비롯해 묵법·필법 등이 더욱 거칠고 충동적이며 대담해진다.
- 이러한 양상은 16세기 화가들에게서 더 현저하게 나타나는데 당시 미술평론가였던 고렴은 이러한 경향을 광태사학파라고 했다. 오위·장로·장숭·종례 등이 대표적 인물이다.

절파에 대한 이개선의 견해
- 이개선은 『중록화품』을 통해 절파를 높이 평가하고, 오파를 낮게 평가하는 경향성을 보였다.
- 특히 이개선은 '육요'를 세워 절차 화풍의 장점을 설명하였다. 이개선은 "사나운 기가 마음대로 피어난다"라는 절파의 공통적인 특징을 해석하며 절파 화풍을 높이 평가했다.

1) **신묘한 필법**. 종횡으로 오묘한 이치가 신기하게 변화되는 것.
2) **맑은 필법**. 간소하고 뛰어나며, 밝고 깨끗하며, 탁 트이고 넓으며, 텅 비고 밝은 것.
3) **노숙한 필법**. 마치 푸른 등나무와 오래 묵은 측백나무, 험한 도로가 구부러진 쇠, 옥의 터진 금과 장군의 갈라진 틈과 같은 것.
4) **굳센 필법**. 마치 강한 활과 거대한 쇠뇌가 발사 장치를 당기자 힘차게 발사되는 듯한 것.
5) **살아 있는 필법**. 필세가 날고 달리는데 잠시 느린 듯하다가 도리어 빠르고 갑자기 모였다가 갑자기 흩어지는 듯한 것.
6) **윤택한 필법**. 먹이 자윤함을 머금고 광채를 모아 생기가 넘치는 것이다.

(나) (다) 작가의 화풍 작가의 창작 태도

(나)
- 이징의 〈연사모종도〉는 중국 〈소상팔경도〉라는 소재의 하나이다. 소강과 상강의 여덟 가지 풍경을 담은 화제이다. 제목의 의미는 "해질 녘 저녁연기 피어오르는 산사에서 울려 퍼지는 종소리"로서 무척 시적인 제목이다.
- 석장을 짚고 다리를 건너는 스님을 소재로 하였지만, 배경의 산수에서 작가 이징만의 특색이 잘 드러나 보인다.
- 구도는 전경과 중경과 원경이 차례로 물러나면서 각 경물 사이는 연운으로 처리해 공간감을 불러일으키고 있다.
- 이러한 구도는 **절파 풍**과 **조선 중기의 전통적인 화풍**을 보여주는 것이며, 부분적으로는 중경의 옆으로 삐죽 나온 산이나 봉우리들의 모습에서 당시 조선 중기에 유행하던 **안견 화풍**을 따르고 있다. (안견+ 절파)
- 이징은 한 가지 일이나 사물에 몰두하고 집착하여 그 정도가 병적인 상태에까지 이르는 광적인 화벽이 있었던 작가이다. 특히, 이징은 섬세하고 조심스러운 필선, 온순하고 차분하지만 핍진하도록 악착같이 그리는 화풍적 특징이 있다.

(다)
- 김명국은 조선 중기의 화가이다. 인물, 수석에 독창적인 화법을 구사했다.
- **굳세고 거친 필치와 흑백대비가 심한 묵법, 분방하게 가해진 준찰, 날카롭게 각이 진 윤곽선** 등이 특징이다.
- 절파 화풍 중에서도 말기의 화풍인 **광태사학파**의 영향으로 몹시 거칠고 강렬한 화풍을 구사하였다.
- 거대한 산세를 전면에 담고 있는 필법은 예리하고 첨예하며, 힘을 강하게 담고 있다. 한쪽에 치우친 구도와 공간을 틔워 시원하게 경영위치하는 구도, 고원법과 원경의 산을 그리는 묵법이 주된 화풍이다.
- 김명국은 타고난 성품이 대범하고 호방하며 해학적이어서 '두주불사' 즉, 취하지 않으면 그리지 않았다는 타고난 **자유인적 창작 태도**가 있었다.

[개념 설명]	**앤더슨의 분석적 모델, 첫 번째, 두 번째, 세 번째 단계 설명**
	앤더슨이 제안한 비평의 모델은 5단계를 기본으로 각 단계에 포함한 8가지 조작을 설정하였다.
5단계 8개의 조작	5단계와 8개의 조작(operation, 인지 과정)이 있다. 단계로는 첫째, 반응. 둘째, 지각 분석. 셋째, 개인적인 해석. 넷째, 작품을 둘러싼 상황의 검증. 다섯째, 종합이다. 8개의 조작(operation, 인지 과정)은 다음과 같다. 1. [**반응**] 단계에 **반응**. 2. [**지각 분석**] 단계에 **재현과 조형상의 분석**, **조형상의 특징 지우기**. 3. [**개인적인 해석**] 단계에는 **개인적인 해석**. 4. [**작품을 둘러싼 상황의 검증**] 단계에는 **작품을 둘러싼 상황의 검증**. 5. [**종합**] 단계에는 **해결과 평가**로 제시하였다.
[문제의 조건 설명]	1 단계는 **반응**이다. 작품을 처음 보고 '직관적으로 평가'하는 반응의 단계이다. 2 단계는 **지각 분석**이다. 여기에는 3가지 조작(operation, 인지 과정)이 있다. '재현', '조형상의 분석', '조형상의 특징 지우기'이다. ① '**재현**'은 반응에서 도출되는 객관적으로 관찰할 수 있는 특징에 대해서 묘사를 포함한 지각 분석으로, 흥미를 끌고 눈에 띄는 특징을 말로 재현하는 것이다. 이 특징에는 나타난 **대상, 주제, 기본적인 조형 요소, 기법** 등이 포함된다. ② '**조형상의 분석**'에서는 형과 형의 관계나 형과 주제의 관계 발견이다. 이 단계에서 적용되는 분석의 도구는 조형의 원리이다.

③ **'조형상의 특징 지우기'** 는 미술작품이 지닌 의미의 핵심인 양식과 주제를 중심으로 그 작품의 조형상의 특성을 발견하는 것이다.

3 단계는 **개인적인 해석**이다. 여기에서는 작품의 의미가 중요하다. 분석 단계에서 얻은 자료를 종합적이고 직관적으로 해석하는 것이다. 성공적인 해석은 개인적으로 연상되는 체험도 품고, 형태에는 의도가 있으며, 미술작품 표면상의 형태를 초월해서 무엇인가를 의도하고 있다는 점을 상기해야 한다.

[3-2-2] 김명국의 〈심산행려도〉에 대한 앤더슨의 분석적 모델-두 번째 단계를 적용한 발문과 응답 6가지

지각분석	교사	학생 응답
재현	1. 이 작품에 주된 **주제**는 무엇인가?	1. 시자를 거느리고 나귀를 탄 채 먼 길을 떠나는 노인과 그를 보내는 사람의 아쉬움 2. 이별(나뉘어 벌어짐), 떠나는 자와 남는 자
	2. 이 작품에 사용된 기본적인 **조형 요소**는 무엇인가? (점,선,면/ 형,형태/ 색/ 명암/ 공간/ 질감/ 매스, 양감/ 운동/ 빛/ 농담/ 여백)	선묘, 묵색, 여백, 농담,
	3. 이 작품에 사용된 주된 **준법(기법)**은 무엇인가?	준법: 부벽준, 기법: 힘찬 윤곽선, 몹시 각이 심하고 거칠고 강렬한 특성, 거칠고 힘찬 수지법과 필묵법
조형상의 분석	4. 이 작품에 사용된 **구도의 원리**는 무엇인가? (통일과 변화/ 비례/ 율동/ 균형, 균제/ 조화/ 대비, 대조)	화면을 압도하는 대각선 구도, 한쪽으로 치우친 변각구도,
	5. 인물(형)과 산수(형)의 관계는 어떠한가?	대관산수, 또는 대경 산수 인물화 1. 여백으로 그림의 입체감을 그렸다. 2. 그림의 사선 구도는 소재의 주, 종 관계를 공백을 이용하여 잘 사용했다. 3. 인물의 생동감 있는 순간을 잘 포착했다.
조형상의 특징 지우기	6. 이 작품은 실경산수인가? 관념 산수인가? (형식적 특성)	관념 산수
	7. 이 작품을 보면서 느끼는 감정은 무엇인가? (감상자 기분 투영)	쓸쓸함

1. 지각 분석 중 '재현' = 화파의 명칭은 무엇인가? **주제**는 무엇인가?
2. 형과 주제와의 관계는 무엇인가? -생동감을 주기 위한 점경
3. 작품의 의미는 무엇인가? -은둔과 유배지의 상징, -은일 사상의 상징과 의미, -자연 귀의를 통해 자아 성찰을 추구했던 문인 사대부의 심상

▌발문의 구성 의도

1) 앤더슨의 입장을 기준으로 설명하자면, 교육적 비평, 분석적 모델 단계에서 발문을 하는 이유는 -**학생이 수행하는 활동에서 전문가가 행하는 미술비평가 활동을 경험하게 하기 위함**이다.
   - 첫째, 미술작품의 의미를 해석하고 가치를 평가하기 위하여 필요한 자료 수집, 분석, 종합하며 탐구하도록 하기 위함이다.
   - 둘째, 분석과 정보처리 및 평가 활동을 언어적 기능에 의하여 기술하는 일.
   - 셋째, 학생은 자기의 평가 내용을 친구나 선생님에 대하여 같이 공감해 주도록 설득시키고 이해시키는 발표와 토론행위를 육성하기 위함이다.

2) 일반적인 입장에서 발문 구성의 의도
   - 학습자의 주의 집중과 수업 참여도를 높이며, 학습 내용에 대한 이해도를 증진하기 위함이다.
   - 작품에 대한 지적 호기심의 자극을 유도하기 위함이다.
   - 교사와 학생 간의 상호 소통을 증진하기 위함이며, 학습자의 미적 지식의 재구성을 촉진하기 위함이다. 〈끝〉

14 2015학년도_B논술형_01

○○중학교의 최 교사는 2009 개정 교육과정에 따른 미술과 교육과정의 '감상' 영역에 제시된 '다양한 분야의 지식을 활용하여 미술 작품의 의미를 이해하기'라는 성취 기준에 해당하는 미술 비평 수업을 계획하고 있다. 수업 설계를 위해 최 교사는 작년에 작성한 반성적 일지를 보고 수업을 개선하고자 한다. 수업에 사용할 도판과 〈일지〉를 참고로 〈조건〉의 지시에 따라 서술하시오. [10점]

'게릴라 걸스(Guerrilla Girls), 〈여성이 메트로폴리탄 미술관에 들어가려면 벗어야 하는가?〉

―| 일 지 |―

감상 수업을 마치고(2013. 10. 23.)

    오늘은 펠드만(E. Feldman)의 비평 단계를 활용하여 게릴라 걸스의 작품을 감상하였다. 페미니스트 미술이 낯선 학생들이었지만, 작품의 특징을 찾아 비교적 적극적으로 이야기하였고 감상문을 작성하는 데에도 큰 어려움이 없어 보였다. 하지만 평가를 위해 학습 결과물을 읽던 중 학생들의 감상문이 전체적으로 유사하다는 점을 발견하였다. 기술 → 분석 → 해석 → 판단의 순서대로 진행되는 절차를 강조하다 보니, 학생들이 이 단계를 자동적으로 따라가면서 해당된 부분에 관해서만 제한된 용어로 감상을 적고 있었다. 또한 작품의 형식적인 면에 대한 분석 내용에 비해 자신의 관심이나 경험과 관련하여 쓴 내용은 매우 적었다. 사회문화적 의미를 담고 있는 작품에 관하여 감상 수업을 할 때에는 보다 맥락적으로 작품을 이해하고 감상할 수 있는 비평 방법을 적용해 보아야 하겠다.

―| 조 건 |―

① 펠드만의 비평 단계가 갖고 있는 한계점과 대비하여 게히건(G. Geahigan)이 강조한 비평적 탐구가 지니는 특징을 3가지만 서술하시오.
② 작년 수업에서 최 교사는 "보이는 대로 작품을 묘사해 볼까요?"를 첫 번째 발문으로 제시하였다. 이번 수업에서는 이를 "여인은 왜 가면을 쓰고 있을까요?"로 바꾸고자 한다. 최 교사가 발문을 수정함으로써 기대되는 학습자 반응의 변화를 게히건의 비평적 탐구 과정의 첫 번째 단계와 관련지어 서술하시오.
③ 게히건의 비평적 탐구 과정 가운데 네 번째 단계의 내용을 서술하시오.

15학년도-B논술1 | 참고 | 아래 내용은 모범 답안의 핵심 키워드와 문장만 나열한 것입니다. 실제 시험에서는 기호는 생략하고 완성된 문장으로 작성해야 합니다.

| 모 | 범 | 답 | 안 |

▌펠드먼 비평적 담화
① 선상 구조에 따라 학습이 진행된다.
② 언어에 의존하고 있다.
    비평 단계가 주로 이야기하고 글 쓰는 활동에 의하여 이루어진다.

③ 형식주의 미학을 도입함으로써 작품의 표면적 특징에만 주의하고 **작품이 지니는 의미와 가치 탐구를 경시**했다.
④ 감상 작품에 대한 **개인적 반응을 소홀히** 여긴다.
⑤ 단계적 직선적 비평 단계에서는 비평자가 **작품에 대한 깊은 지식을 얻을 수 없다.**
⑥ 펠드먼은 판단 단계에서 판단의 근거로서 형식주의, 표현주의, 도구주의를 언급하면서 '**모방주의**'를 언급하지 않아서 학생들 상당수가 관심을 가지는 **사실주의적인 작품에 대한 이해를 소홀히 했다.**
⑦ 비평 모델의 단계적 절차가 갖는 문제점이 있다.

게히건 비평적 탐구
① **탐색하고 발견하는 데 초점**이 맞추어진다.
② 비평적 담화가 직선적인 과정인 데 비해 비평적 탐구는 **순환적 과정**이다.
③ 비평적 탐구는 절차가 아니라 **실제적 활동이다.**
④ 작품의 비평에 관한 **전문화된 지식과 배경 정보를 확실히 연구**하는 시도들을 포함한다.
⑤ 비평적 탐구는 **공동체의 노력**이다.

첫 번째 단계에서 교사의 발문에 대한 학생 반응의 변화
- 학생들은 **반응 시작**
- 학생들은 애매모호한 내적 갈등상태에 빠져서 문제에 대해서 **깊이 생각함**과 동시에 **탐구를 시작**하게 된다.
- 대화를 통해서 자기가 **처음에 가졌던 한계점을 극복**
- **학생 스스로가 작품의 의미와 가치를 추구함.**
- 학생들은 **반응을 촉진하고, 발표나 학습 토론이 시작**

[게히건의 비평적 탐구]

1. 불확정적인 문제 인식	[탐구 시작 - 교사의 질문 활용] - 불확정적인 문제 상황에 부딪힘 → 애매모호한 내적 갈등상태에 빠져서 문제에 대해서 깊이 생각함과 동시에 탐구의 시작 - 학생들의 **반응을 이끌어내기 위해** 질문을 사용함 → 글쓰기 과제, 구두 설명 사용 - 서로의 반응을 이야기하여 자기가 **처음에 가졌던 한계점**을 극복할 수 있도록 함. - 교사는 **학생 스스로가 작품의 의미와 가치를 추구**할 수 있게 도와주는 '**촉진자**' - 학생과 함께 작품의 의미와 가치를 결정하는 '**공동 연구자**'로서의 역할 - "이 그림에는 어떤 것이 보입니까?" - 학생들은 **반응을 촉진하고, 발표나 학습 토론이 시작**될 수 있다. [비지시적인 질문 사용] - 학생들의 반응에서 폭넓은 범위를 인정해준다. 또한, 학생들의 개인적 관심사항, 선입견, 중요성을 부여하고 있는 것이 무엇인지도 파악할 수 있다.
2. 문제의 명확화	[명확한 문제 상황 파악] - 작품 분석을 위해 살펴봐야 할 문제들이 정말 무엇인가? - 작품의 장점이나 가치에 대한 생각은 무엇인가? - 작품에 대한 비평자가 가지고 있는 이해도는 어느 정도인가?
3. 가설의 설정	[가설 설정 단계] - 찾아낸 문제에 대한 해결 방법을 찾는 일. - 문제 해결을 위한 여러 가지 가설을 설정하는 일
4. 추론	[가설에 대한 결과들을 추론] - 자기가 세운 여러 가지 가설들의 의미에 따라 결과를 추론해 보는 단계 - 작품의 의미에 대한 가설은 작품을 어떤 방식으로 보게 한다. - 작품들이 만들어진 맥락 혹은 작가에 대한 어떤 사실들이 이 가설을 뒷받침하게 함 - 작품을 어떤 방식으로 보게 요구할 것인가에 관한 결정
5. 가설의 검증	[검증] - 추론한 것에 대하여 관찰과 실험, 조사 등을 통해서 가설을 증명하는 단계
6. 전망(적용)	[조망과 전망] - 탐구를 통해 얻은 지식으로 다른 탐구를 조망할 때 응용, 적용함.

〈끝〉

15 2019학년도_B1

다음 2가지 비평 모델을 참고하여 〈작성 방법〉에 따라 서술하시오. [4점]

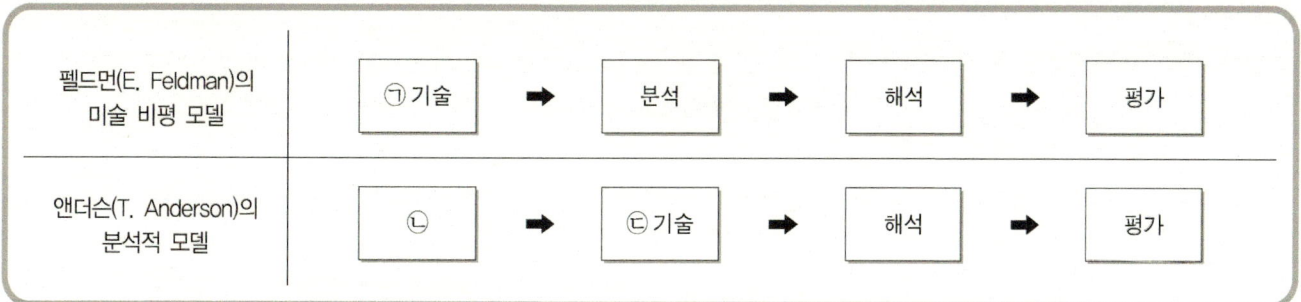

| 작성 방법 |

- ㉠ 기술 단계와 ㉢ 기술 단계를 비교하여 그 차이점을 2가지 서술할 것.
- ㉡에 해당하는 명칭을 쓸 것.
- 앤더슨의 분석적 모델의 '평가' 단계에서 ㉡이 어떻게 활용되는지 서술할 것.

19-B1 [비평 – 펠드먼 / 앤더슨]

|모|범|답|안|

펠드먼의 ㉠ 기술 단계는 '**객관적 사실(소재)들에 의해 목록을 작성**하고 조형 요소와 원리의 관찰, **눈으로 읽기**'가 주요 활동이다. 이에 비해 ㉢ 앤더슨의 기술 단계는 첫째, '**재현, 조형상의 분석, 조형상의 특징 지우기' 등 세 가지 활동**이 있다.
즉, 펠드먼 기술 단계처럼 단순히 객관적 사실을 기록하고 관찰하는 것에서 그치지 않고, **해석과 가치 평가를 위한 자료를 모으고 분석, 총합하면서 탐구해 가는 연구활동**을 한다.
둘째, 앤더슨의 기술 단계의'재현'은 **지각분석을 하고**, '조형상의 분석'은 형과 **형의 관계, 형과 테마 관계 발견**을 한다.
조형상의 특징 지우기는 **양식과 주제의 관계에서 특징 찾기, 자기의 기분 투영을 통**해서 이미지 부풀리기가 주요 활동이다.
즉, 펠드먼은 **형식주의 비평을 강조하는 것**에 비해 앤더슨은 **감상자 자신의 기분까지 투영하는 것으로서 '인상주의적 비평**'의 입장을 중시했다.

㉡의 명칭은 '반응'이다.
앤더슨 판단에서 ㉡ '반응'의 활용은 첫째, 작품의 특성을 표현주의, 형식주의, 모방주의, 실용주의, 개념주의 양식으로 선택하게 한다. 둘째, **반응을 통한 평가에 객관성과 정당성을 갖게 한다.**

16 2022학년도_B4

다음은 정 교사가 미술 감상 수업을 위해 작성한 메모이다. 〈작성 방법〉에 따라 서술하시오. [4점]

> - 펠드먼(E. Feldman)의 비평 모델은 말하기와 글쓰기 활동이 직선적인 절차로 이루어지고 학생들이 기존의 이론을 이해하고 수용하는 데에 머무를 수 있다는 점에서 비평적 (㉠)(이)라고 비판을 받음.
> - 이를 보완하기 위해 반성적 사고가 순환적으로 일어나도록 하는 듀이(J. Dewey)의 (㉡) 과정을 적용하여 문제를 발견하고 해결할 수 있도록 함.
> - 펠드먼의 비평 모델에 따라 ㉢기술 – 분석 – 해석 – 평가의 4단계로 진행하기보다, 듀이의 ㉣문제 인식 상황 – 문제의 명료화 – 가설 설정 – 추론 – 대안 검증 – 결론 적용의 6단계에 적합한 교수·학습 방법을 개발함.

―| 작성 방법 |―
- 괄호 안의 ㉠, ㉡에 해당하는 용어를 순서대로 쓸 것.
- 밑줄 친 ㉢ 단계에서 이루어지는 언어 활동의 특징을 서술할 것.
- 듀이(J. Dewey)가 주장한 반성적 사고의 출발점으로서 밑줄 친 ㉣ 단계의 특징을 서술할 것.

22-B4

|모|범|답|안|
㉠은 담화이다.
㉡은 문제해결방법
㉢에서 이루어지는 언어 활동의 특징은 작품을 직시하였을 때 나타나는 특징, 즉 조형적 요소와 원리들에 관한 관찰을 토대로 기술, 서술하는 것이다.
㉣ '불확정적인 문제 인식의 상황'

|인|정|답|
㉣ 자기의 경험으로는 이해할 수 없는 상황에 처하는 것.
  애매 모호한 내적 갈등 상태에 빠져서 문제에 대해서 깊이 생각함과 동시에 탐구가 시작되는 단계

17 2023학년도_B3

다음은 고등학교 '미술 감상 및 비평' 과목의 수업 계획서이다. 〈작성 방법〉에 따라 서술하시오. [4점]

단원명	나만의 비평 관점
성취 기준	[12미감02-05] 미술 작품의 의미를 해석하기 위한 다양한 비평 방법과 관점을 이해하고 적용할 수 있다.
학습 활동	- 스톨니츠(J. Stolnitz)가 분류한 5가지 비평 방법 중 자신의 비평 관점에 따라 1가지를 선택하여 모둠을 구성한다. - 모둠별로 다양한 시대의 미술 작품을 수집, 조사하고 선택한 비평 방법에 따라 감상한다. - 모둠 발표 후 5가지 비평 방법이 각각 어떤 면에서 효과적인지 토론하며 감상에 대한 이해를 확장한다.

모둠	비평 방법	핵심 내용
1모둠	(㉠)	작품의 가치를 평가하는 판단 기준이나 표준을 가지되, 유연성과 융통성을 가지고 작품에 적절한 미적 기준에 따라 비평하는 방법
2모둠	의도주의 비평	예술 작품을 창작할 때의 예술가의 심리적 의도와 미적 의도를 중심으로 작품을 해석하고 비평하는 방법
3모둠	(㉡)	예술 작품이 생산된 역사적, 사회적, 심리적 배경을 중심으로 작품의 의미를 해석하는 비평 방법
4모둠	내재적 비평	(㉢)
5모둠	인상주의 비평	(㉣)

─| 작성 방법 |─

- 괄호 안의 ㉠, ㉡에 해당하는 비평 방법을 순서대로 쓸 것.
- 괄호 안의 ㉢, ㉣에 해당하는 핵심 내용을 순서대로 서술할 것.

23-B3 [미술 감상과 비평]

|모|범|답|안|

㉠ 규칙에 의거한 비평
㉡ 맥락에 의거한 비평
㉢ 예술 외적인 요소로 해석하는 것을 거부한다. 오직 예술작품의 내재적 본질, 구조적 특성, 조형적 요소들을 세밀히 관찰하고 그것들이 작품 속에서 일으키는 미적 의미를 해석한다.
㉣ 예술작품이 감상자 자신에게 던져 주고 있는 정서적 울림을 일차적으로 중요시한다.

18 2024학년도_A6

다음은 예비 교사와 지도 교사의 대화이다. 〈작성 방법〉에 따라 서술하시오. [4점]

예비 교사: 선생님, 펠드먼(E.Feldman)의 미술 비평 방법은 주로 작품의 형식적 분석에 초점을 두고 있어 학생들의 다양한 해석을 이끌어 내는 데 제한적인 것 같습니다. 혹시 이를 보완할 수 있는 감상 방법이 있을까요?

지도 교사: 미틀러(G.Mittler)의 감상 비평 모델을 살펴보면 도움이 되겠습니다. 미틀러의 모델은 '미숙한 결정 짓기', '(㉠)', '(㉡)', '최종적인 결정 내리기'의 4단계로 구성되어 있습니다. 미틀러는 (㉠)단계에서 개인적 해석을 허용하고, (㉡)단계에서는 (㉢)하여 펠드먼 비평 방법의 단점을 보완하였습니다.

예비 교사: 네, 살펴보겠습니다. 그런데 학생들의 다양한 해석을 이끌어주기 위해 필요한 관련 분야의 모든 지식을 교사가 숙지하고 학생들에게 교육하기가 쉽지 않을 것 같습니다.

지도 교사: 교사가 학생들에게 관련 내용을 모두 가르쳐 주기보다는 학생들이 자신들에게 필요한 지식을 스스로 찾아 학습하며 활용할 수 있도록 지도해 주는 것이 중요합니다. 에플랜드(A.Efland)가 제안한 (㉣)모형을 참고하면 좋을 것 같아요. 이 모형은 미술과 같이 비구조화된 교과에서 학습이 단순히 순차적으로 이루어지는 것이 아니라, 다양한 통로와 방법으로 문제를 해결할 수 있음을 말하는 것입니다. 작품 감상에서는 자신의 관점을 갖거나 해석하는 데 있어 선행 지식과 타 분야의 내용을 여러 방법으로 연계하여 해답을 찾아가는 학습의 과정을 지칭하는 모형이라고 할 수 있습니다.

---| 작성 방법 |---

- 괄호 안의 ㉠, ㉡에 해당하는 단계를 순서대로 쓸 것.
- 괄호 안의 ㉢에 해당하는 내용을 서술할 것.
- 괄호 안의 ㉣에 해당하는 용어를 쓸 것.

24-A6

|모|범|답|안|

㉠ 내부 단서를 찾기 위한 관찰
㉡ 외부 단서를 찾기 위한 관찰
㉢ 비평을 '검증', '보강'
  즉, 펠드먼의 묘사와 분석으로부터 얻은 자료들을 바탕으로 작품의 의미를 '해석'하고 이들 정보를 총괄해서 가치를 '판단'한다는 비평 과정을 검증, 보강하려는 것이다.
㉣ 레티스 모형

19 2024학년도_B3

(가)는 교사의 대화이고, (나)는 '미술 감상과 비평' 과목의 교수·학습 지도안이다. 〈작성 방법〉에 따라 서술하시오. [4점]

(가) 교사의 대화

김 교사: 선생님, 제가 얼마 전 게히건(G.Geahigan)의 비평적 탐구에 대한 연수를 듣고 왔어요. 감상 수업에서 게히건이 제시한 방식을 적용해서 수업을 해 보고 싶어요.

이 교사: 그렇군요. 저는 '미술 감상과 비평' 수업 시간에 (㉠)을/를 적용하는 수업을 계획하고 있어요. 이 교수·학습 모형은 작품과 감상자의 상호 작용을 중요시하고, 예술 작품의 의미와 가치는 작가의 의도나 작품 자체보다 감상자의 경험과 해석에 있다는 관점을 적용하고 있습니다.

김 교사: 게히건의 비평적 탐구와 (㉠)은/는 학생의 반응을 출발점으로 한다는 면에서 유사성이 있는 것 같네요.

이 교사: 네, 저도 그렇게 생각합니다. 게히건의 비평적 탐구는 '문제 인식', '(㉡)', '가설 설정', '추론', '검증', '적용'의 6가지 단계를 제시하고 있어요. 그리고 각 단계를 융통성 있게 순환하는 과정을 요구한다는 것이 특징이죠.

김 교사: 맞습니다. 저는 반성적 사고로서의 탐구를 중시하는 게히건의 방식을 참조해서 교수·학습 지도안을 구상해 보려고 합니다.

(나) 교수·학습 지도안

과목	미술 감상과 비평	대상	고등학교 1학년
단원명	미적 대상과의 만남	이론적 배경	게히건의 비평적 탐구
학습 주제	• 인상주의 작품의 감상과 비평		
학습 목표	• 인상주의 작품의 의미와 가치를 탐색할 수 있다.		

단계	교수·학습 활동
• 문제 인식	• 인상주의 작품을 살펴보며 작품의 의미와 가치 등에 대해 의문을 갖는다.
• (㉡)	• 전 단계에서 가진 인상주의 작품에 대한 의문을 분명히 한다.
• 가설 설정	• 인식한 의문의 해결을 위해 작품의 의미와 가치에 대해 가설을 설정한다.
• 추론	• 가설에 의한 인상주의 작품의 의미와 가치를 추론한다.
• 검증	• (㉢)
• 적용	• (㉣)

―| 작성 방법 |―

- 괄호 안의 ㉠에 해당하는 용어를 쓸 것.
- 괄호 안의 ㉡에 해당하는 단계를 쓸 것.
- 괄호 안의 ㉢, ㉣을 수업 상황에 맞게 1가지씩 각각 서술할 것.

24-B3

|모|범|답|안|

㉠ 커뮤니케이션 중심 감상법
㉡ 문제의 명확화
㉢ 인상주의 작품의 의미와 가치를 추론한 것에 대하여 **관찰과 실험, 조사 등을 통해서 가설을 증명**하는 단계이다.
㉣ 인상주의 작품의 의미와 가치에 대한 결론들을 **다른 작품의 의미와 가치 결정에 적용한다.**

20 | 2025학년도_B10

다음은 ○○ 중학교 교사들의 대화이다. 2022 개정 미술과 교육 과정(교육부 고시 제2022-33호)에 근거하여 〈작성 방법〉에 따라 서술하시오. [4점]

최 교사: 지난 감상 수업에서는 다양한 국가의 작품에 대해 학생들이 자신의 생각과 의견을 나누고 감상하며 여러 문화에 대한 이해와 공감을 이끌어 낼 수 있는 수업을 진행했습니다. 감상 지도 방법으로는 아레나스(A.Arenas)의 (㉠)을/를 적용했습니다.

이 교사: 감상자가 먼저 작품을 자세히 살피고, 자신의 생각과 의견을 서로 이야기하는 형식의 감상법 말씀이시지요?

최 교사: 맞습니다. 그런데 한 모둠에서 난감한 상황이 있었습니다. 학생들의 감상 관점과 이야기에서 특정 국가에 대한 선입견과 부정적인 인식을 확인할 수 있었어요. (㉠)에서는 감상자의 의견에 대한 존중과 수용을 강조하고 있는데, 자칫 교사가 학생들의 의견에 개입하면 자유로운 소통의 분위기가 깨지지 않을까 하는 걱정이 들었습니다. 어떻게 지도하는 것이 좋을까요?

이 교사: ㉡학생들의 그러한 감상 내용은 2022 개정 미술과 교육과정의 감상 영역 핵심 아이디어에 비추어 볼 때 적절하지 않은 것 같네요. 그런 경우 학생들에게 자신의 생각에 대한 근거가 무엇인지, 그리고 작품의 가치는 무엇일지에 대해 생각해 보고 의견을 나누도록 지도하시는 것이 어떨까 합니다.

최 교사: 지난 수업은 제가 수업의 목적보다 방법에 너무 치우쳐 실행한 것 같아요. 다음 감상 수업에서는 다양한 국가와 문화권의 작품을 감상하며 학생들이 그곳의 역사와 제도, 문화와 생활상 등을 이해할 수 있는 수업을 해야겠어요.

이 교사: 2022 개정 미술과 교육과정의 감상 영역 성취 기준에도 학생들이 미술의 시대적, (㉢), (㉣)맥락을 이해하고 설명할 수 있도록 제시되어 있어요. 이를 잘 적용하여 다음 수업을 준비하시면 좋겠습니다.

| 작성 방법 |

- 괄호 안의 ㉠에 해당하는 용어를 쓸 것.
- 밑줄 친 ㉡과 같이 생각한 이유를 서술할 것.
- 괄호 안의 ㉢, ㉣에 해당하는 용어를 각각 쓸 것.

PART 02

- **06.** 서양화
- **07.** 전통화
- **08.** 조소

06 서양화

1 2002학년도_08

다음에 제시된 2점의 도판으로 '현대미술의 감상' 수업을 진행하려고 한다. '발상의 새로움'이라는 감상관점에서 각 작품의 특징을 2줄 이내로 서술하시오. [6점]

(가) 다다익선, 백남준   (나) 달리는 미술관,
                      서울특별시 도시철도공사 주관

(가)

(나)

2 2002학년도_10

다음 (가)와 (나)는 모두 주변 경치를 표현한 작품이나 서로 다른 방식의 원근법을 사용하고 있다. 각 원근법의 특징을 2줄 이내로 서술하시오. [6점]

(가) 만폭동, 정선   (나) 밤의 카페, 고흐

(가)

(나)

02-08 [서양 미술사] 비디오 아트 / 공공미술

|모|범|답|안|
(가)는 백남준의 비디오 아트는 '**미술과 과학 테크놀로지의 결합**, 시각적, 영상적, 공간적 매체를 활용하였다는 점, 일상에서 사용하는 TV 모니터를 매체로 사용한 점, 전통 탑을 현대적으로 재구성하여 구성 조각으로 제시한 발상의 새로움이 있다.'

(나)는 공공미술이다. 전통적인 미술관 중심의 전시 방법에서 벗어나 관객을 직접 찾아가는 **아웃리치 형식**, 대중교통 수단을 미술 공간으로 활용하여 미술과 생활의 접목을 추구한 점이 발상의 새로움이다.

02-10 [원근법 비교 - 동/서양]

|모|범|답|안|
(가)는 **삼원법**이다. 자연경관을 바라보는 시선의 세 가지 각도인 **고원·심원·평원**을 말한다.
서양의 과학적인 투시 원근법과는 달리 이동 시점에 의한 다시점이다. 구도상의 복합적이고, 역동적인 변화와 함께 독특한 공간미를 제시해 주었으며, 진경 산수화 구도 형식의 기본을 이루었다.

(나)는 **선원근법**이다. 삼차원의 대상물들을 입체적으로 표현하고 대상들이 이루는 공간 내에서의 원근을 표현하기 위해 소실점을 도입하였다. 과학적인 투시에 따른 원근법의 사용은 시각을 중시하는 사실적인 배치 방법이다.

|인|정|답|
(가)는 산점투시이다. 공간이나 시간에 제한을 받지 않고 화면에 형상을 배치하는 동양화의 독특한 화면 구성 방식이며 서양화의 공간 표현 방법인 일점투시에 대비되는 투시법이다.

3 2003학년도_05

학생들에게 기초적인 <u>조형 요소와 원리</u>를 가르치기 위하여 다음과 같은 예시 작품을 준비하였다. 이들은 주제, 재료와 기법, 표현 방법 등이 각각 다르게 제작되었으나, 세 작품에 공통적으로 나타나는 조형 요소 및 원리를 찾아볼 수 있다. 이 예시 작품을 통하여 학생들이 숙지할 수 있는 가장 중점적인 조형 요소와 조형 원리는 어떤 것인가?

수질 오염 경고 포스터/아끼야마 다까시/일본

인디언 깃털/콜더 /미국

춤추는 아이/김홍도 /조선시대

조형 요소(1점)

•

조형 원리(1점)

•

03-05 [조형 요소와 원리]

|모|범|답|안|
조형 요소: 움직임
조형 원리: 균형

4 2004학년도_04

다음 네 학생의 작품을 보고 표현 재료와 용구의 사용이 작품에서 어떤 효과를 나타내는지 각각 30자 이내로 쓰시오. [총 4점]

(가) 〈풍경, 펜과 투명수채〉

(나) 〈옥상 위, 헝겊 콜라주〉

(다) 〈도시의 밤, 목탄〉   (라) 〈한강다리, 고무판〉

(가)

(나)

(다)

(라)

04-04 [서양회화] - 매체-수채, 목탄, 콜라주, 목탄, 고무판화

|모|범|답|안|

(가) 투명 수채화는 ① 경쾌하고 산뜻한 중색과 겹침 기법의 효과와. 자연의 미묘한 변화를 속사 효과. ② 환상적이고 부드러운 번지기 기법으로 자연스럽거나 신비한 기법, 다양한 효과

(나) 콜라주는 ① 사람에게 이미지의 연쇄 반응을 일으키게 하는, 부조리와 냉소적인 충동 효과 ② 현실의 다양성을 화면에 끌어들이기 위한 가장 유효한 수단, ③ 색다른 미(美)나 유머 도입

(다) 목탄은 ① 명암의 표현이 자유롭고, 소재 포착이 쉬운 즉흥적인 작품에 효과 ② 쉽게 닦아 내고 지울 수 있어서 밑 그림에도 사용할 수 있는 효과

(라) 고무판화는 ① 넓은 면과 강한 형태감, 선명한 그래픽적인 효과 ② 다양한 질감 효과와 음영 효과를 표현할 수 있다.

5 2004학년도_06

'추상의 세계'라는 수업에서 김 교사는 학생들에게 추상의 의미와 표현 방법의 특징에 대해 지도하기 위하여 다음과 같은 참고도판을 준비하였다. 수업의 전개과정에서 이용하게 될 이 작품의 표현 방법에 대한 설명을 60자 이내로 쓰시오. [총 2점]

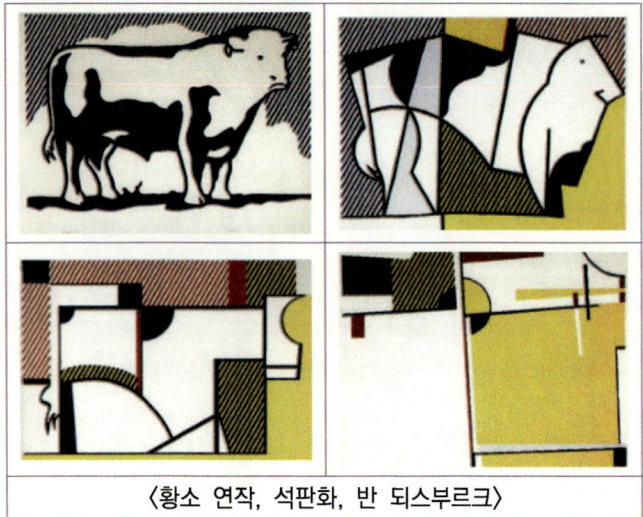

〈황소 연작, 석판화, 반 되스부르크〉

04-06 [회화 – 추상 방법 – 반 되스 부르크]

|모|범|답|안|

외부 세계를 그리되 시간이 흐를수록 단순하게 표현하고, 대상을 극단적으로 단순화하여 자연의 형태를 벗어난 순수 구성의 추상회화를 그렸다.

우뚝 선 소 모습이 갈수록 단순화되면서 소의 머리와 몸, 다리는 점점 선처럼 변해버리고 다리와 다리 사이의 공간과 배경의 공간은 평면으로 전환된다. 마침내 소는 오로지 수평선과 수직선, 대각선, 곡선, 그리고 그것이 교차하면서 생긴 다각형만 남게 된다.

6 2005학년도_07

아래의 세 작품은 유채가 아닌 재료를 쓰거나 다른 기법으로 제작한 것이다. 사용한 재료나 제작 기법, 그리고 그 특징을 간략히 쓰시오. [3점]

(1)　　　　　　(2)　　　　　　(3)

구분	재료 나 제작 기법	특징
(1)		
(2)		
(3)		

05-07 [서양회화] – 파피에콜레, 템페라, 파스텔(재료, 기법, 특징)

|모|범|답|안|

(1) **파피에 콜레**는 신문지, 모양지, 상표, 털, 모래, 철사 등을 찢어 붙이는 기법으로 새로운 조형효과와 물체감을 도입한 특징과 재현묘사보다 한층 분명한 현실감이 특징이다.

(2) **템페라**는 계란이나 아교질·벌꿀·무화과나무의 수액 등을 용매로 사용해서 색채가루인 안료와 섞어 물감을 만든다.
붓질과 겹침 기법, 섬세한 묘법, 빨리 마르고, 광택이 있고 겹쳐진 붓자국이 보이는 시각적인 효과, 즉, 색채 심미성이 뛰어난 특징이다.

(3) 파스텔은 분말안료나 색조 조정용의 백점토를 점착제로 응고시킨 용재. 문질러대듯이 하여 빛깔을 병치하는 방법을 취한다.
보존을 위해서는 픽서티브를 사용한다. 부드러울 뿐 아니라 빛깔의 가짓수도 많다.

7 2006학년도_19

다음 각 작품에 사용된 기법의 특징을 쓰시오. [3점]

(가) 동굴의 성모 (스푸마토)   (나) 별이 빛나는 밤 (임파스토)   (다) 개인적 가치 (데페이즈망)

- 스푸마토 :

- 임파스토 :

- 데페이즈망 :

8 2007학년도_08

'자화상 표현' 수업의 도입 단계에서 다음의 두 작품을 제시하였다. 두 작품을 참고하여 교사가 도입 단계에서 할 수 있는 질문을 3가지 쓰시오. [3점]

자화상 / 강세황   자화상 / 반 고흐

〈도입 단계〉
- 참고 작품에서 동·서양 자화상에 나타난 작가의 내면세계를 이해한다.
-
-
-

〈전개 단계〉
- 자신의 내면세계가 나타나도록 자화상 제작 계획을 세우고 표현한다.

〈정리 단계〉
- 서로의 작품에 대한 느낌을 이야기한다.

06-19 [서양회화] – 스푸마토 / 임파스토 / 데페이즈망

|모|범|답|안|

스푸마토는 '연기와 같은'을 뜻으로 물체의 윤곽선을 자연스럽게 번지듯 그리는 명암법에 의한 공기원근법

임파스토는 붓이나 팔레트 나이프, 또는 손가락을 사용해 색을 칠하거나, 직접 튜브에서 물감을 짜 바르는 방식으로, 붓자국 등을 그대로 남겨 표면과 질감에 다양한 변화를 주는 특징

데페이즈망은 전치, 전위법 등의 뜻이다. 낯익은 물체라도 그것이 놓여 있는 본래의 일상적인 질서에서 떼내어져 이처럼 뜻하지 않은 장소에 놓이면 보는 사람에게 심리적인 충격을 주게 되며, 잠재해 있는 무의식의 세계를 해방시킬 수 있다는 것이다.

07-08 [회화 – 동서양 자화상 비교]

|모|범|답|안|

〈도입 단계〉
두 작품에 묘사된 인물의 성격은 어떻게 느껴지는가?
내면세계를 암시하는 표현 방법의 차이는 무엇인가?
작가의 내면세계를 표현하기 위해 사용된 조형 요소와 원리의 차이는 무엇인가?

9 2007학년도_12

색연필과 파스텔로 그린 두 작품에 나타난 공통된 관찰 태도를 쓰시오. 또한 두 작품에 나타난 공통된 표현 특징을 2가지만 쓰시오. [3점]

리비아 무녀를 위한 습작
/ 미켈란젤로

등 뒤에서 본 무희
/ 드가

① 관찰 태도 :

② 표현 특징 :

-
-

07-12 [서양회화] - 미켈란젤로 / 드가

|모|범|답|안|

관찰 태도는 사실적, 과학적, 이성적 태도로 대상의 움직임을 순간 포착하려는 태도이다.

표현 특징은 첫째, 비례, 균형, 동세에 강조를 두고, 명암 효과에 의한 실체감을 표출하는 사실이고 재현적인 표현이다. 둘째, 본격적인 작품 제작을 위한 습작으로서의 에튀드 이다.

10 2007학년도_24

동·서양의 화가들은 대상을 평면에 옮기는 과정에서 보는 방식에 따라 공간의 표현 원리를 다양하게 만들어 왔다. 다음 미술 작품에 나타난 화가의 보는 방식과 공간 표현 원리에 대해 쓰시오. [4점]

	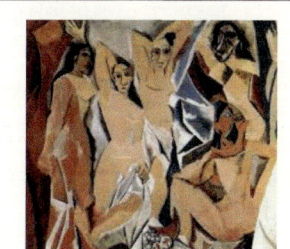	
(가) 아테네 학당 / 라파엘	(나) 아비뇽의 아가씨들 / 피카소	(다) 몽유도원도 / 안견
	절대적 공간과 시간 개념을 부정하고 다시점으로 사물을 관찰하고 해체하여 재구성함.	

07-24 [서양회화] - 아테네 학당 / 아비뇽 처녀 / 몽유도원도

|모|범|답|안|

(가)는 소실점을 중시하는 화가 중심의 **고정 시점**으로 1점 원근과 2점 원근을 함께 사용했다. 거리와 크기의 차이를 과학적으로 적용하여 입체적으로 재구성하였다.

(다)는 자연을 자유롭게 이동하며 보는 **이동시점**으로 자연을 **산점투시**, 삼원법으로 구성했으며, 자연의 다양한 공간과 변화 모습을 관념적으로 구성하였다.

11 2008학년도_04

김 교사는 다음 두 소묘 작품을 제시하고 자화상 수업을 하고자 한다. 작품 (가)와 (나)의 '제작 의도에 따른 표현 특징'을 각각 2줄 이내로 쓰시오. [4점]

(가) 루이 베르텡 / 앵그르   (나) 그리스도의 수난 / 루오

(가)

(나)

08-04 [서양회화] – 앵그르 / 루오

|모|범|답|안|

(가) 앵그르의 제작 의도는 외모와 내면을 닮게 그리는 것이다. 이에 따른 표현은 정확한 관찰, 과학적이고 이성적인 관찰 표현으로서 **윤곽선 드로잉**과 명암의 깊이를 표현하였으며, **실제적이고 사실적**인 특징이 있다.

(나) 루오의 의도는 인간의 내면과 종교적, 감정적인 표현을 하는 것이다. 이에 따른 표현 특징은 자유롭고 힘찬 필치, 감성적이고 직관적인 표현으로서 **제스처적 드로잉**과 중후한 마티에르, 주정적이고 **내면적인 표현의 특징**이 있다.

12 2009학년도_13

다음 글이 설명하는 조형언어로 가장 적합한 것은?

> 미술 작품에 대한 감상은 시각 여행에 비유할 수 있다. 물론 그 여행의 안내자는 작가이다. 그는 다양한 휴식처를 제공하여 감상자의 시선이 편안하고 유익한 여행을 할 수 있도록 만든다. 휴식처로 향하는 도로에는 작가가 정한 속도 제한이 있고, 휴식처에 머무는 시간도 정해져 있다.
> 사실 작가가 제공하는 도로는 휴식처라는 시각 단위 사이에서 움직이는 시선의 이행 과정이다. 그 시선의 움직임은 선, 형태, 형태의 윤곽선, 모티프가 만들어 내는 방향성을 따르는데, 그것들이 가진 유사성 때문에 서로 연결될 수 밖에 없다. 그것들은 서로 접촉해 있을 수도 있지만 대개 서로 떨어져 있어서 시선이 움직여 나갈 때는 그 간극을 건너뛰게 한다. 때로 그러한 도약은 방향을 크게 바꾸고 시선을 강하게 끌어당기고자 할 때 필요하다.

① 변화와 통일성
② 시각적 운동감
③ 반복과 리듬
④ 시각적 다양성
⑤ 방향의 유사성

09-13

|정답| ②

13 2009학년도_24

김 교사는 대상의 관찰과 표현 단원에서 풍경 소묘에 관한 수업을 하였다. 원근법을 활용한 거리감과 공간감의 표현에 대한 교사의 설명중 옳은 것을 〈보기〉에서 고른 것은?

―| 보기 |―
ㄱ. 1점 투시법을 적용하려면 먼저 소실점을 임의로 정하고, 종이의 밑변에 점들을 찍고 소실점과 연결하여 투시도를 그린다.
ㄴ. 스푸마토는 가까운 대상은 선명하게 표현하고, 멀리 있는 대상은 흐리게 표현하여 공간감을 살리는 기법이다.
ㄷ. 2점 투시법으로 그리면 건물의 수직선들이 평행이 되고 위아래 선이 두 개의 소실점을 향한다.
ㄹ. 1점 투시법에서 관찰 시점은 그리는 위치와 눈높이를 말하며 지평선 약간 위에 생기는 소실점의 위치와 일치한다.

① ㄱ, ㄴ
② ㄱ, ㄷ
③ ㄱ, ㄹ
④ ㄴ, ㄷ
⑤ ㄷ, ㄹ

|정답| ②

14 2009학년도_33

다음 사진은 척 클로스(C. Close)의 작업 광경이다. 작품 제작 방법에 관한 설명으로 가장 옳은 것은?

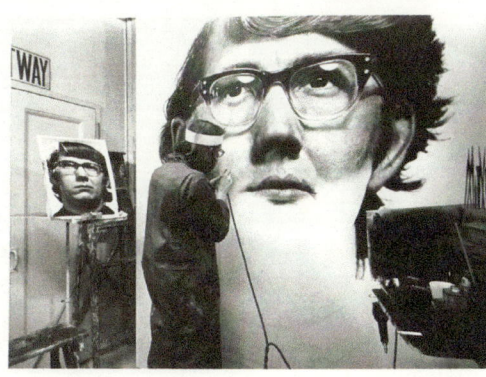

① 에어브러시를 사용하여 그리자유(grisaille) 기법과 유사한 효과를 만들어 내고 있다.
② 물감이 매끈하게 착색되는 앙파트망(empâtement) 기법을 사용하고 있다.
③ 캔버스는 쉬포르 쉬르파스(Support-Surface) 기법을 사용하여 제작하였다.
④ 편집광적 비판(paranoac critic)의 표현 기법을 사용하고 있다.
⑤ 콜로타입(collotype)의 기법을 사용해서 밑칠을 한 것이다.

|정답| ①

15 2010학년도_33

다음 (가)~(라)의 표현 기법에 대한 설명으로 옳은 것은? [1.5점]
[별첨 컬러 도판 참고]

(가)   (나)
(다)   (라)

① (가)의 스푸마토(sfumato) 기법은 보티첼리와 조르조네(Giorgione)에 의해 처음 도입된 기법으로 인물 표현에 사용된다.
② (나)는 스푸마토 기법을 응용하였다. 색을 연기같이 미묘하게 변화시켜 경계선이 명확해지면서 양감이 풍부해지는 기법이다.
③ (나)는 글라시(glacis) 기법으로 마무리하였다. 이 기법은 티치아노, 렘브란트 등이 즐겨 사용하였으며 화면에 윤기와 깊이, 색조의 섬세한 변화를 나타내는 데 쓰인다.
④ (다)는 임파스토(impasto) 기법으로 그렸으며, 물감을 두껍게 칠하여 표현한다. 이 기법은 아크릴 물감으로는 표현되지 않는다.
⑤ (라)는 알라 프리마(alla prima) 기법으로 임파스토 효과가 나타나게 표현하였다. 이 기법은 어두운 바탕칠 위에 반복하여 칠하기 때문에 수정이 용이하다.

|정답| ③

16 2010학년도_39

다음 (가)~(라)의 작품 설명으로 옳은 것을 〈보기〉에서 모두 고른 것은?

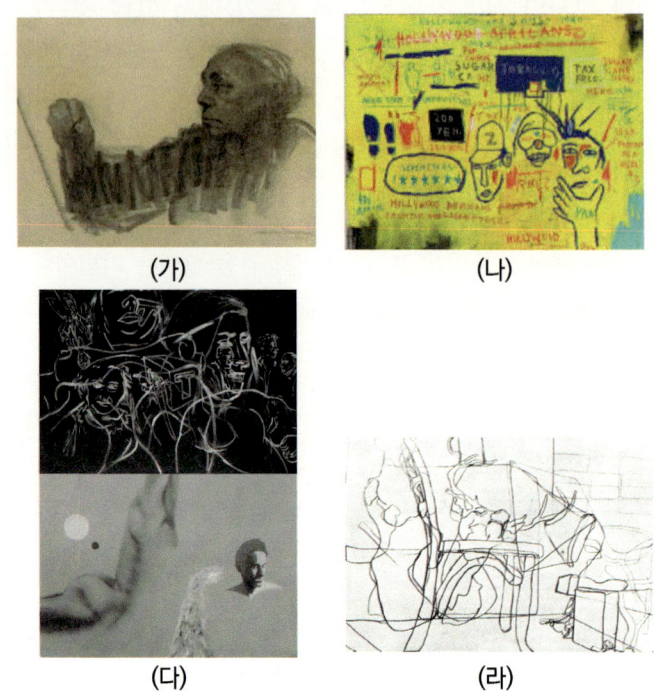

(가)   (나)
(다)   (라)

|보기|

ㄱ. (가)는 작가의 필력과 직관이 개입되며 감정 이입을 통한 표현이 가능한 기법으로 제스처 드로잉(gesture drawing)에 속한다.
ㄴ. (나)는 대중 문화를 상징하는 기호와 개인적인 단어를 낙서 형식으로 표현한 작품으로, 회화와 드로잉의 특성이 배제된 그라피티 아트(graffiti art)에 속한다.
ㄷ. (다)는 드로잉과 회화적 표현이 혼재된 것으로, 현실의 체험을 의도적으로 거칠고 조악한 이미지로 표현한 배드 페인팅(bad painting)에 속한다.
ㄹ. (라)는 대상을 보지 않고 자유롭게 그림으로써 선이 자율적으로 나타나도록 하는 기법으로 블라인드 컨투어 드로잉(blind contour drawing)에 속한다.

① ㄱ, ㄴ
② ㄱ, ㄷ
③ ㄱ, ㄹ
④ ㄴ, ㄷ
⑤ ㄴ, ㄷ, ㄹ

|정답| ②

17 2011학년도_20

제시문은 (가)~(다) 작품에 공통적으로 나타나는 조형 요소에 대한 설명이다. 빈 칸에 들어갈 용어로 가장 적절한 것은?

[별첨 컬러 도판 참고]

> ☐은/는 어떤 물질이나 물체가 존재할 수 있거나 어떤 일이 일어날 수 있는 것으로 물리적으로나 심리적으로 널리 퍼져 있는 범위이고 확장될 수 있다.

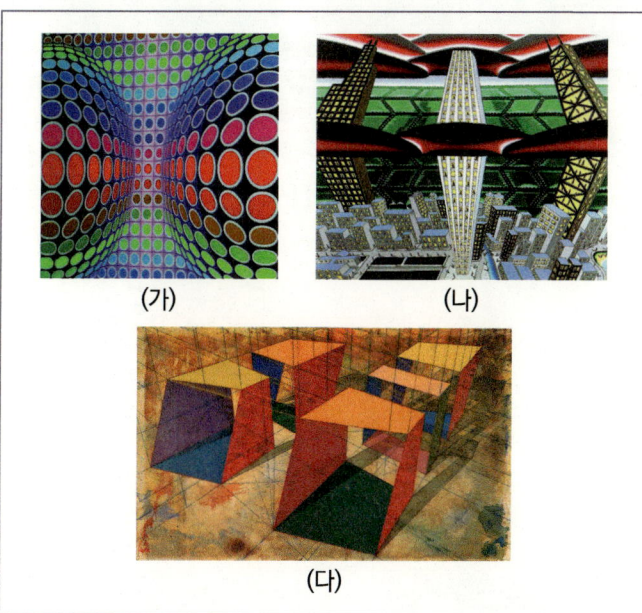

① 질감
② 색채
③ 공간
④ 양감
⑤ 시간

정답 ③

18 2011학년도_38

유화 재료의 특성에 대한 설명으로 옳은 것을 〈보기〉에서 고른 것은? [2.5점]

| 보기 |

ㄱ. 유화 물감의 내구성은 기름에 의해, 내광성은 안료의 품질에 의해 좌우된다.
ㄴ. 제소(gesso)는 유화나 아크릴화의 바탕칠 전용 미디엄으로, 견고한 바탕면을 만들어 주고 단시간에 건조되므로 제작 기간을 단축할 수 있으며 물감의 발색을 돕고 습기에 강하다.
ㄷ. 유화용 식물성 건성유인 린시드유(linseed oil)는 양귀비 씨앗 기름을 정제한 것으로 건조가 빠르고 부착력이 강하여 건조 후 피막 형성이 우수하나 황변 현상이 생기는 단점이 있다.
ㄹ. 유화 작품에서 발생되는 백악(白堊, chalking) 현상은 채색층의 고착성이 약화된 부분이 떨어지는 현상으로, 기름이나 천연 수지가 부족하여 발생되므로 휘발성 용제를 사용할 때 주의하여야 한다.

① ㄱ, ㄴ
② ㄱ, ㄷ
③ ㄱ, ㄹ
④ ㄴ, ㄹ
⑤ ㄷ, ㄹ

정답 ①

19 2012학년도_23

회화 재료에 대한 설명으로 옳은 것을 〈보기〉에서 고른 것은?

|보기|

ㄱ. 아크릴 물감은 젯소를 미디엄으로 사용하기 때문에 건조 속도가 매우 빠르다.
ㄴ. 포스터컬러는 안료와 아라비아 고무액을 혼합하여 만들며 수채화 물감에 비해 보존성이 좋다.
ㄷ. 수채화 물감은 수분이 증발하면서 굳고, 유화 물감은 공기와 만나 산화하면서 굳는다.
ㄹ. 파스텔은 안료와 소량의 미디엄에 수산화알미늄과 같은 백색 분말을 혼합하여 만들며 어두운 색일수록 안료의 양이 많고 딱딱하다.
ㅁ. 회화용 물감은 분말 안료와 그것을 정착시키는 미디엄을 혼합하여 만들며 안료의 성분에 따라 수성 물감, 유성 물감 등으로 구분된다.

① ㄱ, ㄴ
② ㄴ, ㄷ
③ ㄷ, ㄹ
④ ㄷ, ㅁ
⑤ ㄹ, ㅁ

12-23
|정답| ③

20 2012학년도_33

피카소의 〈게르니카〉를 위한 습작이다. 이와 같은 성격의 드로잉 작품을 〈보기〉에서 고른 것은 [1.5점]

|보기|

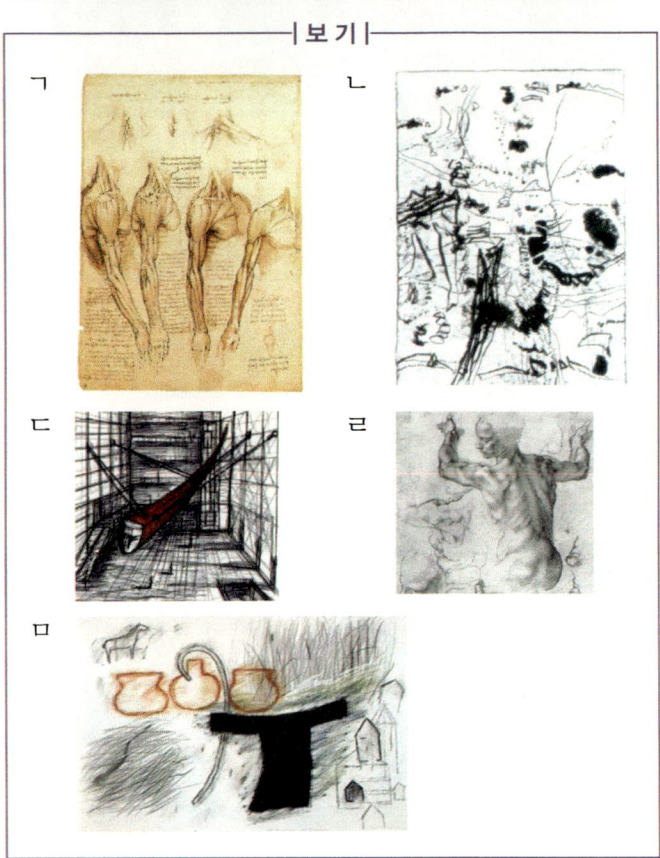

① ㄱ, ㄴ
② ㄱ, ㄹ
③ ㄴ, ㅁ
④ ㄷ, ㄹ
⑤ ㄷ, ㅁ

12-33
|정답| ④

21 2014학년도_A기입형_06

다음은 유화를 그릴 때 사용할 수 있는 표현 기법에 대한 설명이다. 제시된 도판을 참고하여 ( ) 안에 들어갈 용어를 쓰시오. [2점]

고흐, 〈늙은 농부〉

( )은/는 인물의 성격을 강조하거나 그림의 분위기에 다양한 변화를 주기 위하여 사용한다. 이 기법은 붓이나 나이프로 표현하며 손가락으로 표현하기도 한다. 구아슈나 템페라로는 가능하지 않은 기법으로 유약칠과는 대조적인 효과를 나타낸다. 화면의 깊이와 색조의 섬세한 변화를 나타내기에는 적절하지 않지만, 속도감 있는 필치의 표현에 적절하다.

14-A6

|정답| 임파스토

|인정답|
앙파트망(empâtement)

22 2014학년도_A서술형_02

(가)의 제작 과정에서 드러난 드로잉의 특징을 (나)와 비교하여 2가지 쓰고, (가)의 작가가 속한 예술 사조의 '제1선언'에서 밝힌 목적을 서술하시오. [5점]

(가) 앙드레 마송, 〈분노하는 태양들〉

(나) 미켈란젤로, 〈최후의 심판〉의 부분

14-A서2 [드로잉 + 서양미술사 – 초현실주의]

|모|범|답|안|

(가)는 **초현실주의**이다.
드로잉의 특징은 첫째, **자동기술법**으로 묘사했다.
둘째, 인간 경험의 한계를 초월한 **상상력과 잠재적 충동**의 해방, 이성적 합리주의에 대한 반발을 주 관건으로 삼았다.

초현실주의의 목적은 "순수한 사고 작용을 말, 글, 그림뿐 아니라 기타 온갖 방법으로 나타낼 수 있는 정신적 자동기술이다. **일체의 선입관과 이성의 제약이 배제된 상태**에서 행해지는 사고의 진실한 기록이다."

23 2015학년도_A기입형_03

다음 두 작품을 참고하여 괄호 안의 ㉠, ㉡에 해당하는 용어를 순서 대로 쓰시오. [2점] [별첨 컬러 도판 참고]

(가)　　　　　　　　(나)

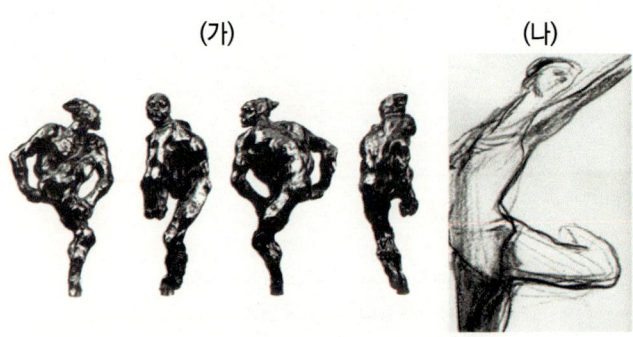

- (가)는 로댕(A. Rodin)의 조각 작품이다. 그는 작품을 제작할 때 (㉠)을/를 표현하지 않고서는 생명감을 나타낼 수 없다고 하였으며, 이는 하나의 자세에서 다른 자세로 넘어가는 과정이라고 하였다.
- (나)와 같이 대상의 특징이나 느낌을 순간적으로 포착하여 빠르게 그리는 드로잉을 (㉡)(이)라고 하는데, 이 용어는 '스케치'와 혼용되기도 한다.

15-A3
|정답| ㉠ 움직임　㉡ 크로키

|인|정|답|
㉠ 동세(movement), 무브망

24 2016학년도_A2

(가)와 (나)에 해당하는 드로잉 기법의 명칭을 쓰시오. [2점]

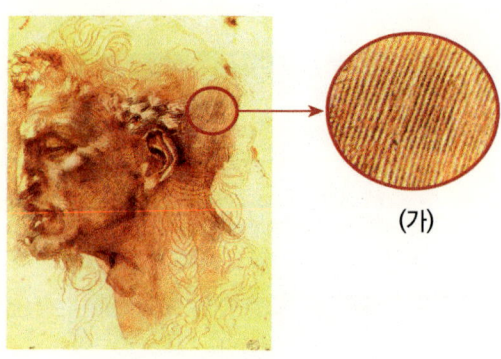

(가)

(나)
일정한 간격의 평행한 선을 촘촘하게 긋는 방식으로, 선의 빈도와 강도에 따라 다양한 느낌의 명암을 만들어낼 수 있다.

16-A2
|정답| 해칭

|인|정|답|
크로스 해칭

25 2016학년도_A12

(가)와 (나)에 각각 사용된 표현 매체의 명칭을 순서대로 쓰고, 각 표현 매체의 특성을 *용제(溶劑)를 중심으로 각각 서술하시오. [4점]

[별첨 컬러 도판 참고]

(가) 조토(Giotto di Bondone),
〈그리스도를 애도함〉, 1305년경

(나) 홀바인(H. Holbein),
〈런던의 독일 상인 게오르크 기체〉, 1532

* 용제(溶劑) : 물질을 용해하는 데 쓰는 액체.

16-A12 [서양 매체 - 유채 / 프레스코]

|모|범|답|안|

(가) 매체는 **생석회에 모래를 섞은 모르타르** 즉, **회반죽 위에 수용성 물감(물+안료)**이며, 마르기 전에 그린 **습식 프레스코화**다.
(나) 매체는 **기름과 안료**이며, 기름을 사용한 유화이다.
(가)는 젖은 벽에 수용성 물감이 벽에 스며들면서 고착되어 **색채가 견고하게 붙는 특성**이다.
석회와 물의 특성이 **색채를 생동감 있게 해준다.** 선명한 색채가 특성이지만 마르기 전에 재빨리 그려야 하며 마를수록 색이 옅어진다.

(나)는 기름, 오일 미디엄을 사용한다. 기름과 채색 층이 건조되는 시간이 오래 걸려서 세부묘사가 장점이다.
이로 인해 자연의 여러 모습을 **천천히 정밀하게 그려** 낼 수 있다.
내구성이 강하며 **두껍게 덧칠을 할 수 있고, 투명성 있는 겹칠 효과와, 입체감**도 잘 나타낼 수 있다.
다양한 기법과 **질감**으로 **생생**하게 표현 해 낼 수 있다. 그림에 **윤택함**이 생긴다.

※ **프레스코**는 모르타르에서 스며 나온 수산화칼슘이 대기 중의 이산화탄소와 결합하여 얇은 대리석 층으로 변화되면서 **색채를 생동감 있게 해준다.**

26 2016학년도_B3

다음 작품의 제작 기법의 명칭을 쓰고, 이 기법의 이미지 생성 방법에 대해 서술하시오. [4점] [별첨 컬러 도판 참고]

만 레이(M. Ray), 〈무제〉, 1922

27 201학년도7_A6

다음은 중학교 2학년 미술 수업의 '선으로 나타내기' 단원에 대해 김 교사와 박 교사가 협의한 내용이다. (   ) 안에 공통으로 들어갈 용어를 쓰시오. [2점]

- 김 교사 : 선생님, 2학년 드로잉 수업은 어떤 활동으로 계획할까요?
- 박 교사 : 작년에는 이 학생들이 (   ) 드로잉을 연습 했었죠?
- 김 교사 : 네. (   ) 드로잉은 대상의 윤곽에 집중해서 천천히 그리는 연습이었어요. 가능한 한 외곽 형태의 선을 연결해서 그리는 방법으로 진행 했는데 학생들이 재미있게 했어요. 하지만 명암 표현 연습이나 즉흥성을 살리는 자유로운 표현은 부족했던 것 같아요.
- 박 교사 : 그렇다면 이번에는 정밀 묘사나 제스처(gesture) 드로잉을 해볼까요?
- 김 교사 : 제 생각엔 먼저 정밀 묘사를 해보면서 세밀한 형태 표현과 명암 단계를 연습하도록 계획해 보는 것이 좋겠어요.

16-B3 [서양화 매체 + 사진]

|모|범|답|안|
기법 명칭은 **레이요그램**이라고 한다.
이미지 생성 방법은 **카메라를 사용하지 않고, 직접 감광 재료 위에 물체를 얹어** 거기에서 만들어지는 명암을 이용한 추상 이미지이다.

17-A6

|정답| 윤곽선

|인|정|답|
컨투어(line contour)

28 2017학년도_B1

(가)~(다)는 초현실주의 작가인 막스 에른스트(M. Ernst) 작품들의 일부를 확대한 것이다. ㉠, ㉡에 해당하는 기법의 명칭을 순서대로 쓰고, ㉢에 들어갈 내용을 서술하시오. [4점]

[별첨 컬러 도판 참고]

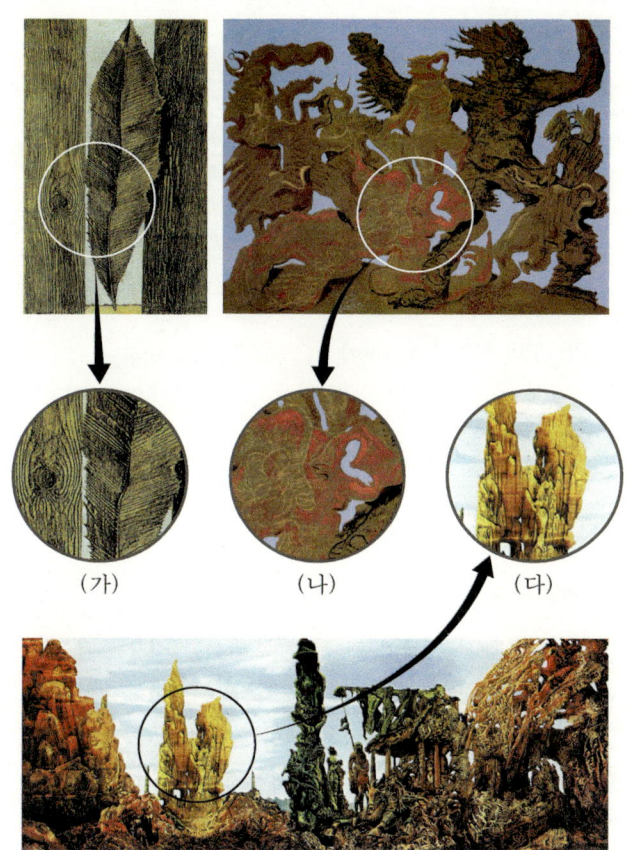

구분	기법의 명칭	기법이 실행
(가)	㉠	우툴두툴한 요철 위에 종이를 대고 연필 등으로 문질러 전사하는 방법을 회화에 응용한 기법
(나)	㉡	물감을 두껍게 칠한 후 각종 도구를 이용해 그 표면을 긁어내면서 효과를 얻는 기법
(다)	데칼코마니	㉢

17-B1 [서양화 기법]

|모|범|답|안|
㉠ **프로타주**
㉡ **그라타주**
㉢ 유리판이나 아트지 등의 **비 흡수성 소재**에 그림물감을 칠하고 거기에 **다른 종이를 덮어놓고** 위에서 **누르거나 문지른 다음** 떼어내어 **기묘한 형태의 무늬가 생기게** 하는 기법

29 2018학년도_A3

다음 작품과 설명을 참고하여 괄호 안에 해당하는 용어를 쓰시오. [2점]

피에르-폴 프뤼동(P. P. Prud'hon), 〈샘 습작〉, 1801년경

( )은/는 '밝음'과 '어둠'을 뜻하는 이탈리아어로 빛과 어둠의 단계적 변화를 통해 대상의 입체감을 표현하는 방법이다. 이것은 르네상스 이후 명암의 대비를 통해 극적 표현 효과를 나타내는 방법을 지칭하는 용어로 쓰인다.

18-A3

|정답| 끼아로스쿠로

30 2018학년도_B5

다음 그림과 설명을 참고하여 〈작성 방법〉에 따라 서술하시오. [4점]
[별첨 컬러 도판 참고]

김환기, 〈무제〉, 1964년

- 수용성(水溶性) 물감의 일종이다.
- 색채가 화면에 밀착될 수 있도록 수용성 접착 용제를 섞어 사용한다.

―| 작성 방법 |―

- 위 작품에 사용된 채색 재료의 명칭을 쓸 것.
- 해당 채색 재료를 사용한 그림과 투명 수채화의 차이점을 3가지 서술할 것.

18-B5 [구아슈 / 투명 수채화]

|모|범|답|안|

채색 재료는 **구아슈**이다. 기본 재료는 아라비아고무나 젤라틴, 덱스트린 등 수용성 고무 접착제를 포함하고 있다.
구아슈는 투명 수채 물감보다 안료가 **불투명**하다. 그러나 녹말풀과 같은 고착제를 첨가하여 정교하고 고운 재료로 만들 수 있다. **투명 수채화는 경쾌하고 산뜻한 겹침 기법의 효과를 살린 중색의 맛**을 낼 수 있다.

또 물로 희석하여 번지게 하거나 흘리기 등의 기법을 다양하게 구사할 수 있으며, 투명성이 특징이다.
대체로 밝은 톤을 미리 칠하고 그 다음 그늘의 명암이나 중간 톤을 처리하고 마지막으로 악센트를 주면서 완성한다.

그에 비해 구아슈가 갖는 차이점은 첫째, **평평하고 균일한 색면에 효과적**이며, **내광성과 내구성이 우수**하다.
둘째, **불투명성**에 있고, 광택이 없으며, **두껍게 덧칠하는 마티에르**도 낼 수 있고, **미묘한 색조의 표현을 가능**하게 한다.
셋째, **어두운 색 위에 밝은 색을 칠하여 유화 기분도 낼 수 있다.**

31 2019학년도_A4

다음은 김 교사의 인체 드로잉 수업 자료이다. 작품과 설명을 참고하여 괄호 안의 ㉠, ㉡에 해당하는 용어를 순서대로 쓰시오. [2점]
[별첨 컬러 도판 참고]

(가) 도미에(H. Daumier)   (나) 데쿠닝 (W. de Kooning)

드로잉의 종류	• (가)는 크로키와 달리 시간에 구애받지 않고 자유로운 선을 이용하여 대상의 움직임과 자세의 특징을 포착한 (㉠) 드로잉이다. • 다양한 표현 기법이나 재료를 활용하여 겹치는 포즈를 반복해서 그림으로써 운동감을 나타낼 수 있다.
드로잉의 표현 방법	• (나) 드로잉은 대상의 특징적 인상을 강조하기 위하여 과장되게 표현되었다. • (㉡)은/는 프랑스어에서 유래한 용어로, 객관적인 외형을 있는 그대로 묘사하기보다는 주관적인 감정이나 조형 의지에 따라 대상의 형태나 비례를 왜곡하여 표현하는 방법을 말한다.

19-A4 [드로잉]

|정답| ㉠ 제스쳐(Gesture)   ㉡ 데포르마시옹

32 2019학년도_A9

다음은 프레스코 제작 과정을 순서대로 구성한 표이다. 〈작성 방법〉에 따라 서술하시오. [4점]

단계	제작 과정	
1	모르타르 제작	체를 이용하여 생석회를 거른 다음 물과 혼합하여 모르타르를 만든다.
2	초벌 바탕재 바르기	거친 모래와 모르타르를 섞어 회반죽을 만들어 벽면에 칠한다.
3	재벌 바탕재 바르기	초벌에 사용한 회반죽보다 덜 거친 회반죽을 초벌 바탕 위에 바른다.
4	마감 바탕재 바르기	정교하게 체에 친 모래와 모르타르를 섞어 회반죽을 만들고 재벌 바탕 위에 바른다. 이때 반드시 ㉠ 그날 작업할 부분만 바르도록 한다.
5	밑그림을 벽면에 전사하기	㉡
6	안료로 그리기	회벽이 마르기 전에 안료로 신속하게 그림을 그린다.

─| 작성 방법 |─
- 위의 제작 과정에 따른 프레스코의 종류와 장점을 서술할 것.
- ㉠의 이유를 서술할 것.
- 직접 그리는 방법을 제외한 ㉡에 해당하는 전사 방법을 서술할 것.

19-A9 [프레스코]

|모|범|답|안|
종류는 **트루 프레스코**이다. **부온 프레스코**라고도 한다.
장점은 **안료가 벽체에 잘 흡수되고 접착**된다. 색채가 견고하게 붙는다. **색채에 생동감**이 있다. **섬세하고 조화롭다.**
㉠은 지오르나타(giornata)라고 한다. 회반죽이 마르기 전, **축축할 때 그려야 하기 때문에**, 회반죽은 미술가가 하루에 그릴 수 있을 정도에 따라 한 번에 한 구역씩 얇게 칠해야 한다. 그러므로 세**부 묘사가 많고 적음에 따라 크기가 다르다.**
㉡ 밑그림 전사 방법은 밑그림 종이 위에 황산지나 트레이싱 페이퍼를 올려 놓고 **송곳으로 촘촘하게 구멍을 낸다.** 구멍 사이로 **헝겊에 싼 숯가루나** 천연 안료를 두들기면 **구멍 사이로 안료가 회벽에 스며들어** 그림이 전사된다.

33 2020학년도_A3

다음은 학생의 작품 조사 보고서이다. ㉠, ㉡의 표현 방법을 쓰시오. [2점]

작품	
작가	마송
자료 조사	마송(A. Masson)은 멍한 마음 상태에서 그리거나 이리저리 자유롭게 선이 유영하도록 하는 방식으로 (㉠)을/를 드로잉에 활용했다. 그는 이처럼 우연적으로 만들어진 독특한 이미지를 통해서 새로운 표현의 방향을 개척할 수 있다고 생각했다. 이와 같이 마송은 '방황하는 선들'을 통해서 무의식의 세계를 탐험했다.

작품	
작가	톰블리
자료 조사	톰블리(C. Twombly)는 대중의 표현 속에 역사의 흔적이 내재되어 있음을 발견하고 이에 관심을 기울였다. 그는 벽에 아무렇게나 그려진 (㉡)에서 영감을 받았으며, 이러한 익명의 흔적과 같은 이미지를 작품에 활용하였다. 그의 드로잉은 언뜻 무의미한 자국들로 보이나, 실제로는 역사와 신화 등이 의도적으로 투영된 표현의 결과이다.

20-A3

|정답| ㉠ 자동기술법   ㉡ 낙서

34 | 2021학년도_A3

다음 작품과 설명을 참고하여 괄호 안의 ㉠, ㉡에 들어갈 용어를 순서대로 쓰시오. [2점] [별첨 컬러 도판 참고]

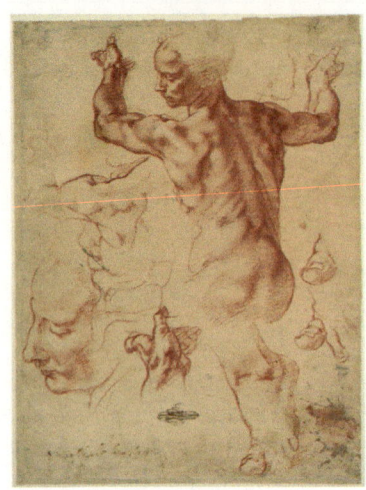

미켈란젤로,
〈리비아족 무녀 습작〉

르네상스 시대의 미술가들은 스케치를 할 때 점토와 산화철을 갈아서 뭉친 붉은색 계열의 재료인 (㉠)을/를 많이 사용하였다. 미켈란젤로(Michelangelo Buonarroti)는 시스티나 예배당 천장화를 위해 그린 〈리비아족 무녀 습작〉에 이것을 사용하였다. 그는 이 작품에서 선영법과 함께 교차선영법을 이용해 음영을 조절하고 형상의 깊이를 표현하였다.

일커 게되, 〈자화상〉

프랑스의 화가 니콜라스 콩테(N. Conté)는 여러 가지 실험을 한 결과 점토와 흑연을 혼합하여 내구성을 향상한 (㉡)을/를 만들었다. 이 재료의 경도 및 농도는 점토를 섞는 양에 따라 달라진다. 헝가리의 미술가인 일커 게되(I. Gedö)는 그의 자화상에서 필압(筆壓)을 달리하여 인물과 배경의 다양한 질감을 표현하였다.

21-A3

|정답| ㉠ 붉은초크　　㉡ 연필

|인|정|답|
㉠ 초크

| 참고 도서 내용 |
① 연필의 기원은 약 2,000여 년 전 그리스, 로마에서 사용하였다.
② 연필의 심은 자연 흑연이며, 납이 섞여 있지 않은 탄소 생성물이다.
③ 최근의 연필은 곱게 빻은 **흑연과 점토, 접착제, 보조 첨가제**로 만든다.

35 2021학년도_A10

다음은 서양화 수업 중 교사와 학생 간의 대화 내용이다. 〈작성 방법〉에 따라 서술하시오. [4점]

교사 : 이번 시간에는 전통적인 서양화 재료를 가지고 직접 작품을 제작해 보는 활동을 해 볼게요.
학생 : 선생님, 서양화의 종류에는 어떤 것이 있나요?
교사 : 서양화는 기법과 안료에 따라 프레스코화, 유화, 템페라화, 아크릴화, 수채화, 구아슈화 등이 있어요.
학생 : 그렇게나 많은 종류가 있나요?
교사 : 네. 오늘은 그중에서 유화가 발명되기 이전부터 사용된 템페라 물감을 직접 만들고 작품도 제작해 보려고 해요. 템페라는 환경 친화적이면서 손쉽게 구할 수 있는 재료로 물감을 만들 수 있어요.

… (중략) …

학생 : 선생님, 템페라에서 ㉠ 계란 노른자는 어떤 기능을 하는 건가요?
교사 : (   )
학생 : 템페라 물감을 만들 때, ㉡ 식초를 섞는 이유는 무엇인가요?
교사 : (   )
학생 : 그런데, 계란 흰자는 왜 사용하지 않나요?
교사 : 계란 흰자는 피막이 약해서 잘 사용하진 않아요.
학생 : 템페라는 자신이 원하는 색을 직접 만들 수 있어서 좋은 것 같아요.
교사 : 맞아요. 그리고 지난 시간에 ㉢ 유화와 비교하여 템페라화의 특징을 설명했는데, 기억나는 학생이 있나요?

─| 작성 방법 |─

- ㉠, ㉡을 각각 서술할 것.
- ㉢을 색조 중심으로 2가지 서술할 것.

21-A10

|모|범|답|안|
㉠ 계란 노른자의 기능은 **부착력을 매우 강화시킨다**.
㉡ 식초를 섞는 이유는 **방부제의 역할**을 하기 때문이다.
㉢ 유화와 비교할 때 템페라 색조의 특징은 첫째, 빛을 거의 굴절시키지 않기 때문에 **유화보다 맑고 생생한 색을 낼 수 있어** 벽화 등에 아주 적합한 기법이다. 그러나 붓의 움직임이 원활하지 못하므로 **색조가 딱딱해지는 흠이 있고**, 수채화나 유화같이 **자연스러운 효과와 명암, 톤의 미묘한 변화를 기대하기는 어렵다**. 유화구와 달라서 건조하면 색조가 더 밝아진다.

|인|정|답|
㉠ 계란 노른자의 기능은 **템페라 물감을 부드럽고 유동성 있게** 만들어주며, **투명하고 부드러운 윤기**를 더한다.
달걀은 물과 기름을 잘 섞이게 하는 유화제 역할을 한다.
㉢ 템페라는 첫째, **유화와 비교하여 속히 건조하므로 색면의 평도(平塗)와 번지기 기법에는 부적합하여 선묘적(線描的)인 성격을 띤다. 색이 더 선명해진다**.
둘째, 유화는 건조된 이후에 색조가 변질 되는 반면에, 템페라는 건조된 이후에도 **색조가 변질되지 않고 갈라지거나 떨어지지 않는다**.

36 2022학년도_A2

다음 작품과 설명을 참고하여 괄호 안의 ㉠, ㉡에 해당하는 용어를 순서대로 쓰시오. [2점]

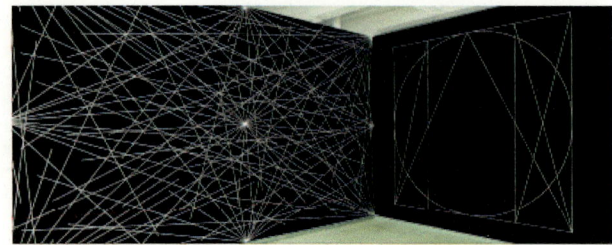

르윗(S. LeWitt), 〈벽 드로잉 289〉

〈wall drawing 716〉 제작 장면

1967년 솔 르윗(S. LeWitt)은 (㉠)에 대한 글에서 "아이디어 자체는 그것이 시각화되지 않는다 하더라도 최종 산물에 못지않은 예술 작품이다."라고 언급하며, 제작 과정의 모든 산물에 작품과 동등한 지위를 부여했다. 1968년에 시작한 〈벽 드로잉〉 시리즈는 이를 보여 주는 좋은 예이다. 초기의 벽 드로잉은 그가 직접 제작하였으나, 이후의 작품들은 그의 아이디어를 조직화한 (㉡)을/를 가지고 다양한 참여자들이 완성하도록 하였다. 이러한 방식의 드로잉은 '기계적으로' 제작되었지만, 전통적인 드로잉의 한계를 넘어 훨씬 더 다양한 양상으로 전개되었다.

22-A2
| 정답 | ㉠ 개념미술   ㉡ wall painting
| 인정답 |
㉡ wall drawing(벽 드로잉)

37 2023학년도_A2

다음 작품과 설명을 참고하여 괄호 안의 ㉠, ㉡에 해당하는 용어를 순서대로 쓰시오. [2점]

(가) 크리스토와 잔느-클로드(Christo and J.-Claude)

대상을 있는 그대로 전달하거나 기록하는 것을 목적으로 하는 (㉠) 드로잉은 대체로 주관적 감정이 배제되고 정확한 객관성이 부각되지만 때로는 가시화될 수 없는 개념, 생각 등이 담길 수 있다. 예를 들어 크리스토와 잔느-클로드가 프로젝트를 계획하면서 제작한 (가)는 독일의 옛 국회의사당 건물이 포장된 후의 모습을 정확히 묘사하고 있다. 제시된 드로잉에서 건물의 경사진 두 벽면을 따라 후퇴하는 선들이 화면 밖 수평선상에서 만나며 두 개의 (㉡)을/를 형성한다. 이러한 투시 원근법에 의한 표현은 건물을 입체적으로 파악하는 데 도움을 준다.

23-A2
| 정답 | ㉠ 인포메이셔널   ㉡ 소실점
| 인정답 |
㉠ 르포르타주

38 2024학년도_A4

다음 도판과 설명을 참고하여 괄호 안의 ㉠,㉡에 해당하는 내용을 순서대로 쓰시오. [2점]

(가) 라파엘로 (RaffaeloSanzio), 〈앉아 있는 젊은 여인의 반신상〉

(나) 레오나르도 다빈치 (LeonardodaVinci), 〈소녀 두상을 위한 습작〉

르네상스 시대의 화가 라파엘로와 레오나르도 다빈치는 인물 드로잉을 많이 남겼다. (가)는 검은색 초크를 사용한 드로잉이고, (나)는 (㉠)을/를 사용한 드로잉이다. 고대 시대부터 서기관, 장인이 주로 사용하던 필기구인 (㉠)은/는 작업에 들어가기 앞서 종이나 양피지에 특별한 밑칠이 요구되며, 검은색 초크에 비해 그림을 그릴 때 넓은 면에 걸쳐 음영을 넣기가 어렵고 (㉡)이/가 어렵다. 이것은 주로 오래 보관하기 위한 드로잉이나 건축의 설계 도면에 많이 사용되었다. 이후 연필의 등장으로 사용 빈도가 낮아지게 되었다

24-A4

|모|범|답|안|
㉠ **실버포인트**
㉡ **명암 대비 효과 표현이 어렵다.**

|인|정|답|
㉠ 은필   ㉡ 수정이 어렵다.

39 2024학년도_B2

다음 도판과 설명을 참고하여 〈작성 방법〉에 따라 쓰시오. [2점]

(가) 〈침묵의 테이블〉

(나) 〈키스의 문〉

브랑쿠시(C. Brâncuşi)의 티르구 지우(Tîrgu-Jiu)기념비는 〈끝없는 기둥〉과 〈키스의 문〉,〈침묵의 테이블〉이 거리를 두고 공원의 안과 밖에 일렬로 배치되어 있다. 이 작품은 주변 공간을 구성 요소로 적극 수용하면서 (㉠)와/과 조각을 공존시킨다. 브랑쿠시의 다른 작품에서도 사용되던 (가)의 테이블과 결상, (나)의 키스 모티브와 형상은 (㉡)(이)라는 조형 원리를 시각화한 것이다. 또한 동일하거나 비슷한 모티브와 형상이 서로 다른 장소에서 (㉡)되고 재사용되어 그 의미가 문맥에 따라 가변적일 수 있다는 것을 보여 준다

| 작성 방법 |
- 괄호 안의 ㉠에 해당하는 용어를 쓸 것.
- 괄호 안의 ㉡에 공통으로 해당하는 용어를 쓸 것.

24-B2

|모|범|답|안|
㉠ 환경   ㉡ 반복

40 2025학년도_A2

다음 도판과 설명을 참고하여 괄호 안의 ㉠,㉡에 해당하는 용어를 순서대로 쓰시오. [2점]

(가)

(나)

(가)와 (나)의 드로잉 재료로 사용된 (㉠)은/는 포도나무나 버드나무 등의 가지를 높은 온도의 가마에서 구워 만든다. (㉠)은/는 잡는 각도에 따라 획의 굵기에 변화를 줄 수 있어, 드로잉 하는 동안에 일어나는 작가의 감정 변화를 잘 표현할 수 있는 재료이다. 또한 여러 가지 방식으로 선들을 문지르거나 얼룩지게 하여 풍부하고 다양한 명암을 만들 수 있다. 특히 (가)에서 보이는 교정과 수정의 흔적인 (㉡)은/는 '회개하다'라는 뜻의 이탈리아어에서 유래한 용어로, 작품의 표면 아래 희미하게 드러나는 선이나 밑그림을 일컫는다. 작가들은 자신의 드로잉 작품에 활력을 더하기 위해 일부러 이를 남겨 놓기도 한다.

25-A2

|모|범|답|안|
㉠ 목탄
㉡ 펜티멘토(pentimento)

41 2025학년도_A4

다음 도판과 설명을 참고하여 괄호 안의 ㉠,㉡에 해당하는 용어를 순서대로 쓰시오. [2점]

(가)

동로마 제국의 수도인 콘스탄티노플의 옛 이름에서 유래한 (㉠)미술은 기원후 330년경부터 1453년까지 동방 그리스도교 사회에서 성행하였다. (㉠)미술에서 그리스도는 '모든 것을 주관하는 이'라는 뜻의 도상인 (㉡)의 모습으로 등장한다. 전지전능한 존재로서의 그리스도를 상징하는 (㉡)은/는 (가)와 같이 왼손에 책을 들고 오른손으로 성호를 긋는 모습의 흉상이 일반적이다. 성부와 성자를 동시에 연상시키는 이 형상은 패널화나 모자이크화로 주로 그려졌다.

25-A4

|모|범|답|안|
㉠ 비잔틴   ㉡ 예수 그리스도(예수 상)

|인|정|답|
㉡ 그리스도-판토크라토르(Christ-Pantocrator)
   전능자 그리스도

다음 도판과 대화를 참고하여 〈작성 방법〉에 따라 서술하시오. [4점]

(가)

김 교사: 저는 다음 수업에서 유화 재료와 표현 기법에 대해 다루려고 합니다. 지난 시간에 ⊙ 안료에 비해 염료는 회화 물감을 만드는 데 적합하지 않다는 내용을 다루었어요. 물감은 색채 가루인 안료와 미디엄으로 이루어져 있죠. 유화 물감은 안료 자체로는 접착력이 없으므로 바닥재와의 접착력을 높여 주는 미디엄인 기름을 안료와 섞어 만들지요.

이 교사: 그래서 유화 수업에서 ⓒ 팻 오버 린(fatover lean)을 가르칠 필요가 있습니다.

김 교사: 맞습니다. 팻 오버 린을 적용하지 않으면 ⓒ 물감이 마를 때 발생할 수 있는 문제점이 있어요. 요즘은 물감 사용이 편리하지만, 19세기 중반까지만 해도 화가들이 물감을 직접 만들어야 했고, 오래 보관하기도 어려워서 물감 사용이 불편했습니다.

이 교사: 네, 맞아요. 영국의 산업 혁명기에 ⓔ 튜브 물감의 발명으로 물감의 사용이 쉬워졌습니다.

┤ 작성 방법 ├

- 밑줄 친 ⊙의 이유를 서술할 것.
- 밑줄 친 ⓒ의 방법을 서술하고, 밑줄 친 ⓒ을 서술할 것.
- 밑줄 친 ⓔ이 영향을 준 (가)의 작품이 속한 화파의 명칭을 쓸 것.

25-A5

|모|범|답|안|

⊙ 안료(顏料)는 섬유나 기타 물질 표면에 부착된다. 물·기름에 녹지 않고 가루인 채로 물체 표면에 불투명한 유색막을 만든다. 염료는 물·기름에 녹아 섬유 등의 분자와 결합하여 착색하는 물질이며, **견뢰도가 약하다.**

ⓒ 바닥재로부터 한 층씩 위로 겹쳐 칠하는 물감일수록 린시드유 오일 함량이 높아야 한다는 것

ⓒ 만약 이것을 지키지 않으면 바닥재로부터 제일 윗 층에 칠해진 물감이 마치 **튼 것처럼 갈라지거나 물감이 잘 칠해지지 않는 등의 문제가 발생**한다.

(가) 인상파

|인|정|답|

ⓒ 그림의 처음 단계에서는 **테레빈유로만 물감을 희석해 얇게 칠**하고, 그림이 진행됨에 따라 **테레빈유에 린시드유를 혼합**하여 사용하면서 **점차 린시드유의 비율**을 높여 가야 한다.

07 전통화

| **1** | 2003학년도_07 |

다음 (가)와 (나)는 산수화에서 산이나 바위를 표현하기 위한 기법들이다. 그 중 절대준(折帶皴)의 기법을 간략하게 그리고, 그 특징을 2가지만 쓰시오. [8점]

한국화 작품 → 수직준

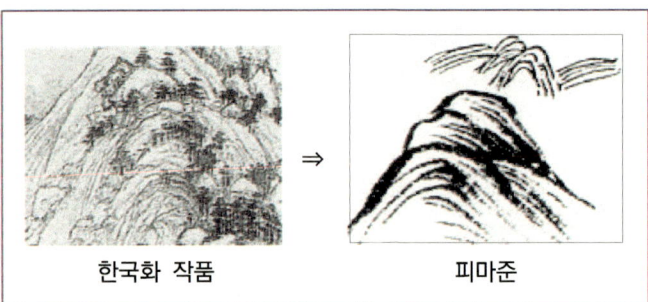

한국화 작품 → 피마준

절대준을 칸 안에 그리시오. (6점)

절대준 그리기

특징 (2점)
-

03-07 [전통회화] – 절대준

|모|범|답|안|
산수화의 암산이나 둔치를 표현하는 준법이다.
모필의 끝부분을 뉘어서 먹을 적게 묻힌 상태에서 수평의 필선을 옆으로 그은 다음 직각으로 꺾어주는 수법으로 그린다. 원말 사대가 중 예찬에 의해 많이 사용되었다

일기 : 세속에서 벗어난 기품. 그림을 그리는 데 있어 대상이 지닌 형상을 추구하는 것보다 화가의 생각을 표현하고, 내면의 정신을 중요시하는 것.
일품 : 산수시나 산수화가 세속에서 벗어난 일필의 표현으로 완성된 작품.
1. 사기(士氣)
2. 초초(草草, 간략한 붓놀림)
3. 주경(遒勁, 붓놀림을 힘있게 함) 등 3가지 요소가 있는 것.

2 2005학년도_12

아래 산수화를 삼원법에 의해 구분하여 명칭을 쓰고, 각각의 명칭에 대해 설명하시오. [3점]

   (1)   (2)   (3)

구분	명칭	명칭에 대한 설명
(1)		
(2)		
(3)		

【3-4】 다음 안견의 몽유도원도를 보고 물음에 답하시오.

3 2006_13

몽유도원도의 실제 크기는 38.6×106.2cm이지만 두루마리로 되어 있고, 그 길이는 20m 정도이다. 몽유도원도를 포함한 두루마리가 20m나 되는 이유를 쓰시오. [2점]

4 2006학년도_14

몽유도원도를 감상할 때 분석 단계에서 사용할 수 있는 전통미술 용어를 10개 쓰시오. [3점]

05-12 [전통회화] – 삼원

|모|범|답|안|
(1) 평원은 가까운 산에서 먼 산을 바라보는 수평시(水平視). 나직하기 그지없어 밝게도 보이고 어둡게도 보인다.
(2) 심원은 산 앞에서 산 뒤를 굽어서 넘겨다보는 부감시(俯瞰視). 층이 중첩되어 무겁고 어둡다.
(3) 고원을 산 아래에서 산꼭대기를 올려다보는 앙시(仰視). 산세가 높이 솟아 있어 산색이 청명하다.

06-13 [한국 미술사] – 몽유도원도

|모|범|답|안|
(가) 몽유도원도는 **안평대군(安平大君)이 꿈속 도원에서 본 광경을** 안견에게 말하여 그리게 한 것으로, **동양적 이상경을 표현한 도연명(陶淵明)의 《도화원기(桃花源記)》**와도 밀접한 관계가 있다. **그림과 함께 제문 및 발문이 붙어 있다.** 그림과 그들의 시문은 안평대군의 발문과 제서 시 1수를 비롯해 당대 20여 명의 고사들이 쓴 20여 편의 찬문이 들어 있다.

06-14 [전통회화] – 몽유도원도 – 분석

|모|범|답|안|
〈분석 : 선, 형상, 색상 등의 관계 기술, 조형 원리의 조직, 시각적인 조형적인 특징을 기술〉

관계 : 시·서·화 삼절주의, 주제는 도화원기, 조광의 표현, 조감법에 의한 공간의 확대, 북종화
공간 : 고원, 평원, 심원에 의한 삼원 표현
균형 : 편파 3단 구도, 시각의 대각선 운동
대비 : 고원과 평원의 강한 대조
기법 : 운두준, 해조묘, 조광효과, 수묵담채

5 2008학년도_15

다음 작품 (가), (나)와 같이 남종화법으로 그려진 산수화에서 대표적으로 쓰이는 준법(皴法)과 점엽법(點葉法)의 명칭을 쓰고, 작품 (가)의 상단부에 적힌 '방심석전(仿沈石田)'에서 '仿'이 가지는 교육적 의미를 쓰시오. [3점]

(가) 벽오청서도 / 강세황   (나) 인곡유거도 / 정선

① 준법(皴法)의 명칭:

② 점엽법(點葉法)의 명칭:

③ 교육적 의미:

6 2009학년도_20

동양화의 구도(構圖)에 대한 설명으로 옳은 것은? [2.5점]

① 입의(立意)는 구도를, 입형(立形)은 구상을 말한다.
② 포국(布局)은 화면의 구성과 배치를 의미한다.
③ 삼첩양단의 구도는 기명절지화(器皿折枝畵)에 많이 사용한다.
④ 응물상형(應物象形)은 화면 속의 각 물체의 위치를 정확히 배열하는 것을 말한다.
⑤ 삼원법에서 고원은 부감시(俯瞰視), 심원은 앙시(仰視), 평원은 평시(平視)로 보는 것이다.

08-15 [전통회화] - 몽유도원도 - 분석

|모|범|답|안|
① 준법의 명칭 : 피마준, 미점준
② 점엽법의 명칭 : 동엽점, 오동점, 개자점
③ 교육적 의미 : 첫째, 옛것을 모방하고 발전시켜 자신만의 독자적인 세계 표현
둘째, 방작을 통해 필법과 묵법을 읽히고 심도 있는 관찰과 체험이 가능하다.

09-20

|정답| ②

7. 2009학년도_35

한국화의 기본 용구 및 재료에 대한 설명이다. 옳은 것을 〈보기〉에서 모두 고른 것은?

―| 보기 |―
ㄱ. 호분(胡粉)은 조개껍질로 만든 흰색 물감이다.
ㄴ. 대자(代赭)는 보라색을 띤 천연 안료이다.
ㄷ. 필산(筆山)은 붓을 걸쳐 놓는 용구이다.
ㄹ. 한국화 물감은 원료에 따라 광물성, 식물성, 동물성이 있다.
ㅁ. 석채(石彩)는 발색이 좋고 변색이 거의 없으며, 입자가 미세한 것부터 거친 것까지 다양하다.
ㅂ. 연당(硯堂)은 벼루에 먹을 갈 때 쓰는 물을 담아 두는 그릇이다.

① ㄱ, ㄴ, ㄷ
② ㄱ, ㄹ, ㅁ
③ ㄱ, ㄷ, ㄹ, ㅁ
④ ㄴ, ㄷ, ㄹ, ㅂ
⑤ ㄷ, ㄹ, ㅁ, ㅂ

| 정답 | ③

8. 2010학년도_18

민화와 우키요에(浮世繪)에 관한 설명으로 옳지 않은 것은?
[별첨 컬러 도판 참고]

(가)

(나)

① (가)는 사물을 정면성과 동시적 표시에 의한 방식으로 표현하였다.
② (가)는 다시점으로 그려졌고 소박한 형태와 파격적인 구성 및 색채가 돋보인다.
③ (가)의 명칭은 고유섭(高裕燮)이 처음으로 사용하였고, 무의식과 무의도성을 특징으로 파악하였다.
④ (나)는 에도(江戶) 시대의 민중적 풍속화의 하나로 주로 목판화로 제작되었다.
⑤ (나)의 화풍은 고흐와 마네의 작품에 영향을 미쳤다.

| 정답 | ③

9. 2010학년도_31

다음 (가)~(다)에서 유추할 수 있는 산수화의 관찰 방법과 표현에 대한 설명 중 옳은 것을 〈보기〉에서 모두 고른 것은?

[별첨 컬러 도판 참고]

(가)　　　　(나)　　　　(다)

―| 보기 |―
ㄱ. 종이나 횡으로 긴 그림은 투시 원근법을 사용하여 표현한다.
ㄴ. 사물의 관찰과 묘사에 이르기까지 개괄과 취사 선택을 하여 공간을 효율적으로 표현한다.
ㄷ. 고정된 시점에서 특정한 시야의 사물을 자세히 관찰하여 사실적으로 표현한다.
ㄹ. 걸으면서 관찰하거나, 여러 면을 관찰하여 하나의 화면에 표현한다.
ㅁ. 가까운 것은 멀리 밀어서 완전한 형태로 보이게 하고 먼 것은 끌어 당겨서 비교적 분명하게 표현한다.

① ㄱ, ㄴ
② ㄱ, ㅁ
③ ㄱ, ㄴ, ㄹ
④ ㄴ, ㄷ, ㅁ
⑤ ㄴ, ㄹ, ㅁ

정답: ⑤

10. 2010학년도_38

다음 한국화의 전통 표현 기법에 관한 글에서 (가)~(라)에 들어갈 용어로 적절한 것은? [1.5점]

이 표현 기법은 색을 곱게 보이기 위해 비단 뒤에 채색을 가하여 앞으로 배어 나오게 하는 기법으로서 (가) 이라고 한다. 앞에서 채색하는 것보다 채색이 은은하고 물감이 쉽게 박락(剝落)되지 않는 장점이 있다. 주로 (나), 불화, (다) 등의 그림에 사용되며 전체적인 바탕색은 뒤에서 넣고 앞면에서는 (라), 눈동자, 윤곽선을 그려 완성한다.

	(가)	(나)	(다)	(라)
①	배채법	초상화	단청	배경
②	진채법	초상화	세필 화조화	의복
③	진채법	진찬도	민화	의복
④	배채법	초상화	세필 화조화	음영
⑤	진채법	진찬도	민화	음영

정답: ④

11 2011학년도_15

민화에 대한 설명으로 옳은 것만을 〈보기〉에서 모두 고른 것은?

|보기|
ㄱ. 일반 정통 회화와 무관하게 전개되었으며 독창적이고 창의적이다.
ㄴ. 일반적으로 익살스럽고 소박한 형태와 대담한 구성, 현란한 색채 등이 특징이다.
ㄷ. 도화서 화원들이 그린 십장생도와 같은 전통적이고 인습적 성격이 강한 것도 민화로 분류한다.
ㄹ. 무명 화가들에 의해 시작된 책가도와 문자도는 궁정화로 발전하여 사대부 계층에서 유행하였다.

① ㄱ, ㄴ
② ㄴ, ㄷ
③ ㄱ, ㄴ, ㄷ
④ ㄱ, ㄷ, ㄹ
⑤ ㄴ, ㄷ, ㄹ

| 정답 | ②

12 2011학년도_22

18세기 조선 시대의 작품이다. 이에 대한 설명으로 옳은 것은?   [별첨 컬러 도판 참고]

① 실경 산수화가 아닌 사의적인 산수화이다.
② 근경은 남종화풍, 원경은 북종화풍으로 표현하였다.
③ 원경의 산은 부벽준과 미점으로 담담하게 표현하였다.
④ 화면에 포치한 정자는 윤필법(潤筆法)으로 섬세하게 표현하였다.
⑤ 근경의 나무는 해조묘법(蟹爪描法), 몰골법, 구륵법 등으로 표현하였다.

| 정답 | ⑤

13 2011학년도_28

동양화의 여백에 대한 설명으로 옳지 <u>않은</u> 것은?

① 송원 시대의 선종 화가들은 여백으로 광대한 공간을 암시하여 종교 이념을 표명하였다.
② 여백과 실(實)은 상대적이며 회화의 표현에서 여백을 남기는 것은 실을 더욱 잘 표현하기 위한 것이다.
③ 여백은 묘사된 대상 이외의 부분으로 작품의 미완성 부분이 아니라 완전한 작품의 한 부분으로 존재한다.
④ 중국의 초기 산수화가들은 산수기상(山水氣象)을 묘사하고자 여백을 두었으며, 여기서 여백은 광(光)과 기(氣)를 의미한다.
⑤ 여백의 허처(虛處)는 주로 흰색이다. 산수화에서 안개와 구름은 허처로 남겨 두는데, 담묵으로 처리하면 여백이라 할 수 없다.

| 정답 | ⑤

14 2011학년도_40

조선 시대 작품인 (가), (나)에 대한 설명으로 옳지 <u>않은</u> 것은? [2.5점]

(가)　　　　　　　(나)

① (가)는 이재관의 고사 인물화이다.
② (가)는 작가가 도연명(陶淵明)의 〈귀거래사(歸去來辭)〉내용을 형상화한 조선 후기 작품이다.
③ (나)는 산수화에 능했던 이인문의 작품이다.
④ (나)는 주희가 머물렀던 무이산 계곡을 표현한 〈무이귀도도(武夷歸棹圖)〉이다.
⑤ (가), (나)는 역사적 인물의 일화를 인물과 산수로 그렸다.

| 정답 | ③

15 2012학년도_31

인물화에 적용된 기법과 작품의 설명으로 옳은 것만을 〈보기〉에서 있는 대로 고른 것은? [별첨 컬러 도판 참고]

(가) 〈남구만상〉의 부분   (나) 〈강세황 70세 자화상〉의 부분

(다) 〈어초문답도〉의 부분   (라) 〈달마절로도강도〉

|보기|
ㄱ. (가)의 안면 처리에 운염법(暈染法)을 구사하였다.
ㄴ. (나)의 안면 처리에 태서법(泰西法)을 구사하였다.
ㄷ. (다)의 옷 주름에는 갈대를 꺾은 듯한 느낌의 감필법(減筆法)을 사용하였다.
ㄹ. (라)는 간결하고 빠른 필치의 철선묘(鐵線描)를 사용한 대표적인 선화(禪畫)이다.
ㅁ. (가)는 전신사조(傳神寫照)에 중점을 두었으나 (나)는 사질적 표현에 치중하여 전신사조의 의미가 퇴조하였다.

① ㄱ, ㄴ
② ㄱ, ㄷ
③ ㄱ, ㄷ, ㄹ
④ ㄴ, ㄹ, ㅁ
⑤ ㄷ, ㄹ, ㅁ

|정답| ①

16 2013학년도_22

다음은 김두량의 〈흑구도(黑狗圖)〉이다. 이 그림의 표현 기법에 대한 설명으로 옳은 것은?

① 그림 상단의 나무는 구륵법(鉤勒法)으로 표현하였다.
② 개의 표현에는 태서법(泰西法)이라 불리는 음영법을 구사하였다.
③ 개를 묘사한 섬세하고 활달한 필치는 선종(禪宗)의 영향을 받았다.
④ 주변의 잡초에는 쓸쓸함을 강조하는 해조묘(蟹爪描)를 구사하였다.
⑤ 털 하나하나에 준법(皴法)을 사용하여 대상의 힘찬 느낌이 드러나도록 하였다.

|정답| ②

17 2014학년도_A기입형_05

(가)는 〈황현 초상〉 작품의 안면 부분이고, (나)는 이 작품에 적용된 기법에 대한 설명이다. (나)의 안면 묘사 기법이 무엇인지 쓰시오. [2점]

(가) 채용신, 〈황현 초상〉의 부분

(나)
이 기법은 예로부터 전해 내려오는 선묘(線描)나 선염법(渲染法)을 벗어난 것으로, 골상과 피부의 결을 따라서 가는 선으로 퇴적(堆積)하여 살갗 속에 배어 있는 주름을 표현하는데 사용되었다. 작가는 이 기법을 적용한 음영의 표현과 면밀한 묘사로 초상 기법에서 독특한 영역을 개척하였다.

14-A5

|정답| 운염법(훈염법)

18 2014학년도_B서술형_01

다음 작품에서 패랭이꽃과 제비꽃을 그리는 데 사용한 묘법(描法)의 명칭과 그 특징을 쓰고, 그림 속의 고양이, 나비, 바위, 패랭이꽃이 지닌 상징성을 바탕으로 작품에 담긴 의미를 서술하시오. [5점]

김홍도, 〈황묘롱접도〉

〈황묘롱접도〉의 부분

14-B1 [전통회화] - 김홍도 모질도

|모|범|답|안|
패랭이꽃과 제비꽃을 그리는 데 사용한 묘법은 **구륵 전채법**이다. 특징은 형태의 **윤곽을 먹선으로 먼저 그리고 그 안쪽을 채색**하는 기법이다.
일반적으로 **정밀하고 세밀한 화조화**에 사용된다. 대부분 **궁정취향의 원체화풍 화조화**에 애용되었다.

그림 속의 **고양이는 70세를 상징**한다.
나비는 80세를 상징한다. **바위는 장수**를 상징한다. **패랭이 꽃은 축하**를 상징한다.
이를 바탕으로 작품에 담긴 의미는 겉으로는 **장수를 기원하는 생신 축하용**으로서 칠십 노인이 팔십이 넘도록 장수하라는 축원의 의미이다. 또한, 내면적으로는 자연과 인간의 성정 교류, **성리학적 이념이 숨은 의도**이다.

19 2015학년도_A기입형_08

다음은 정선(鄭敾)의 작품이다. 작품을 참고하여 괄호 안의 ㉠, ㉡에 들어갈 준법(皴法)을 순서대로 쓰시오. [2점]

[별첨 컬러 도판 참고]

정선, 〈불정대〉

산수화 준법의 하나인 (㉠)은/는 측필을 수평으로 짧게 찍듯이 구사하여 크고 작은 타원형의 점들로 표현하는 방법으로, 이는 주로 습윤하고 안개 낀 봄이나 여름의 산을 그리는 데 사용된다. 정선은 이 준법을 사용하여 나무가 많은 토산이나 나무 자체를 표현하였다. 그리고 금강산의 바위 봉우리나, 암벽으로 이루어진 산들을 예리한 필선으로 죽죽 내리그어 나타내었는데, 이를 (㉡)(이)라 한다.

15-A8

|정답| ㉠ 미점   ㉡ 직찰준

|인|정답|
㉠ ·   ㉡ 수직준

20 2015학년도_B서술형_01

다음 작품이 조선 시대에 어떻게 사용되었는지 적고, 이와 관련하여 해와 달의 상징적 의미를 쓰시오. 그리고 이 작품에 드러난 구도 및 채색 표현의 특징을 각각 1가지씩 서술하시오. [5점] [별첨 컬러 도판 참고]

작자 미상, 〈일월오악도〉

15-B1 [한국 미술사] – 일월오악도

|모|범|답|안|

용도는 궁궐의 정전에 설치되어 어좌 뒤에 설치 사용된다.
해와 달은 음양(陰陽)을 상징하고 다섯 봉우리는 오행(五行)을 상징한다.
하늘과 땅, 물을 모두 그려서 우주를 의미하며 우주의 주재자는 곧 왕이며 이는 곧 왕권을 의미한다.
구도는 엄격한 좌우 대칭적이고 개성을 드러내지 않은 표현이다.
채색 표현은 화려한 광물성 안료로 그린 진채화이다.

21 2016학년도_A7

다음 작품과 설명에 해당하는 화법의 명칭을 쓰시오. [2점]

[별첨 컬러 도판 참고]

고기패, 〈고강독립도(高崗獨立圖)〉

허련, 〈강각어장도(江閣漁庄圖)〉

- 이 화법으로 널리 알려진 중국 화가는 고기패(高其佩)이다. 고병(高秉)의 글에 보면, 고기패의 꿈에 노인이 나타나 그를 토실(土室)로 데려갔다고 한다. 들어가 보니 사방에 오묘한 그림이 가득하여 이를 배워보려고 했지만 토실 안에는 오직 물 한 그릇밖에 없었다. 그래서 손가락으로 물을 찍어 연습하다가, 문득 꿈에서 깨어났고 이를 재현해 보면서 이 화법을 터득했다고 한다.
- 이 화법으로 표현된 그림은 독특한 효과와 함께 기묘한 정취가 있다. 우리나라에서는 심사정, 최북, 허련 등이 이 화법을 활용하여 작품을 제작하기도 하였다. 추사 김정희는 그의 제자 허련이 이 화법으로 그린 작품을 보고 제화시(題畫詩)를 남겼다.

16-A7

|정답| 지두화

|인정답|
지화(指畫), 지묵(指墨)

22 2017학년도_A2

다음 작품과 설명을 참고하여 ㉠, ㉡에 들어갈 표현 기법의 용어를 순서대로 쓰시오. [2점]

[별첨 컬러 도판 참고]

김두량, 〈월야산수도〉

한국화에서 대상을 직접 그리지 않고 주변을 그려서 나타내는 표현 방법을 홍운탁월(烘雲托月)이라고 한다. 이 그림에서 보이는 달의 표현처럼 홍운탁월은 붓 자국이 드러나지 않도록 한쪽을 짙게 하고 다른 쪽으로 갈수록 연하게 우려 주는 (㉠)을/를 주로 사용한다. 나뭇가지 표현에 있어서는 이곽파(李郭派) 화풍의 한림(寒林) 산수에서 많이 나타나는 게 발톱 모양의 (㉡)을/를 사용하고 있다.

17-A2

|정답| ㉠ 선염   ㉡ 해조묘

|인정답|
㉠ 묵훈법   ㉡ •

23 2018학년도_A11

다음 (가)는 효를 상징하는 민화이고, (나)는 여유를 상징하는 수묵화이다. 〈작성 방법〉에 따라 서술하시오. [4점]

[별첨 컬러 도판 참고]

(가) 문자도(文字圖)

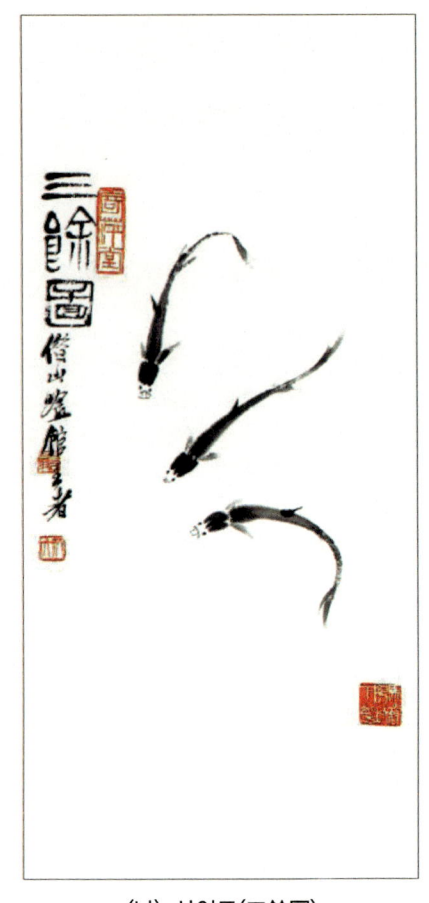

(나) 삼여도(三餘圖)

──┤ 작성 방법 ├──
- (가), (나)의 의미를 나타내기 위해 물고기를 사용한 이유를 순서대로 각각 서술할 것.
- (나)의 물고기에 사용된 주된 표현 기법을 제시할 것.
- '삼여(三餘)'의 구체적 의미를 3가지 서술할 것.

18-A11 [전통회화] – 삼여도, 문자도

|모|범|답|안|

(가) 왕상의 **효행과 관련된 소재로 사용**된 것이다. 계모가 엄동설한에 살아 있는 물고기를 원하자 왕상은 마다하지 않고 강에 가서 얼음을 두드려 깨니 신령의 가호가 있어 쌍 잉어가 뛰쳐나와 계모에게 정성껏 공양한 **고사의 내용**을 토대로 한다.

(나) 삼여도는 **고기 어와 남을 여가 중국 말과 독음이 같아서** 사용한 것이다.

(나)의 물고기에 사용된 주된 표현 기법은 **몰골법**이다.

(나) 삼여의 의미는 삼국지의 《위지》 중 〈왕숙전〉에 나오는 일화이며, 동우가 책 읽을 시간이 없다고 하자 학문을 하는 데는 **"세 가지 여가만 있으면 충분하다"**고 가르친 말에서 유래한 것이다. 세 가지 여가를 **'삼여'**라고 한다.

세 가지 여가란 **밤, 흐리거나 비오는 날, 겨울**을 가리킨다. 밤은 하루 중 일 할 수 없는 여분의 시간, 흐리고 비오는 날도 일 년 중 맑은 날의 나머지 시간, 겨울도 농사를 다 지은 후 남은 자투리 시간을 의미한다.

24 2019학년도_A6

다음 작품을 참고하여 괄호 안의 ㉠, ㉡에 들어갈 용어를 순서 대로 쓰시오. [2점]

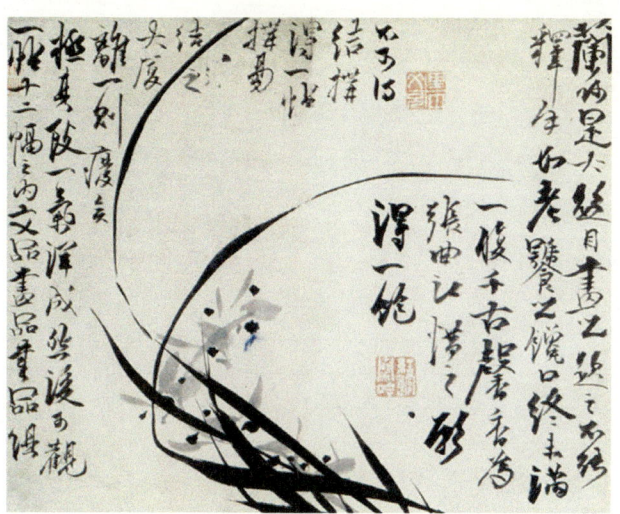

조희룡, 〈묵란도〉

전통적으로 그림을 배우는 방법으로는 3가지가 있다. 첫째, 모(摹)는 원본 위에 비치는 얇은 종이를 대고 윤곽선을 그대로 베끼거나, 어떤 방법으로든 똑같이 그리는 것을 말한다. 둘째, (㉠)은/는 그리고자 하는 원작을 앞에 놓고 보면서 그대로 그리는 것을 의미한다. 마지막으로 (㉡)은/는 옛 대가의 그림을 그대로 모방하는 것이 아니라 화의(畫意) 또는 필의(筆意)를 본받아 그리는 것이다. 위의 〈묵란〉은 언뜻 보면 추사 김정희(秋史 金正喜, 1786-1856)의 난 그림을 보는 듯하다. 그러나 이 작품은 추사의 제자로 그의 예술 세계를 따랐던 우봉 조희룡(又峰 趙熙龍, 1789-1866)의 작품이다. 날카로운 난 잎과 단순하면서 힘 있는 난 꽃의 표현에서 추사의 화의를 (㉡)한 것임을 알 수 있다. 이렇게 대가의 필치를 본받아 그리는 방법은 문인화가에게 중요한 학습 활동이자 기본 정신이다.

19-A6	[전통회화]
정답	㉠ 임 ㉡ 방

25 2019학년도_B7

다음은 전통 미술 수업을 위한 감상 카드이다. 〈작성 방법〉에 따라 서술하시오. [5점] [별첨 컬러 도판 참고]

감 상 카 드

- 작 가: 겸재 정선(1676-1759)
- 작품명: 단발령망금강
- 시 기: 조선 후기
- 재 료: 비단에 수묵 담채

〈작품 소개〉
- 이 작품은 《해악전신첩》에 실려 있는 그림으로 단발령을 넘는 순간 내금강을 바라보는 장면을 그린 것이다.
- 작품의 표현 특징: ㉠ _____

(가)

감 상 카 드

- 작 가: 소정 변관식(1899-1976)
- 작품명: 외금강삼선암추색
- 시 기: 1959년
- 재 료: 종이에 수묵 담채

〈작품 소개〉
- 이 작품은 작가가 수년간 전국을 다니며 그렸던 산수화 중 외금강 삼선암의 가을 풍경을 그린 것이다.
- 작품의 표현 특징: ㉡ _____

(나)

─┤ 작성 방법 ├─

- ㉠에 해당하는 (가) 작품의 특징을 시점과 준법을 중심으로 서술할 것.
- ㉡에 해당하는 (나) 작품의 특징을 시점과 바위의 표현 기법을 중심으로 서술할 것.
- (가), (나)에 등장하는 점경 인물의 화면상 표현 효과를 서술할 것.

19-B7 [정선, 변관식]

|모|범|답|안|

(가) 작품의 시점은 **심원법** 중심이며, 준법은 **미점**을 주로 사용한 **미가운산법**이다.
진경산수화풍에 속하지만 다소 필치가 소략하고 경물이 생략되었다. 화면 상단의 **내금강은 상악준**으로 묘사했다.
화면 왼쪽 상단에서 오른쪽 하단으로 이어지는 사선의 하단에 경물들을 집중 배치하고 나머지는 시원한 **여백**으로 처리했다.
전체적으로 **삼각형 구도**를 이루며 안정감과 변화감을 동시에 추구했다.

(나) 작품의 시점은 **고원과 심원, 평원이 고루 사용된 삼원법**으로 부분적인 시점을 달리 처리하는 **전통시점방식**을 사용해 운동감을 부여했다.
바위 표현 기법은 **갈필(渴筆)의 적묵법과 파선법과 분방한 호초점** 위에 갈색으로 응결시켜 짙고 거친 분위기를 특징으로 한다.

점경 인물은 화면에 **생동감을 부여하는 효과**가 있다.

26 2020학년도_B7

다음 작품과 설명을 참고하여 〈작성 방법〉에 따라 서술하시오. [4점]   [별첨 컬러 도판 참고]

(가)   (나)

전통 회화의 인물화는 ㉠ 주제에 따라 다양하게 분류된다. 특히 인물화에서 화가들은 인물의 특징과 분위기를 나타내기 위해 의복 표현에 다양한 선묘를 사용한다. 의복의 선묘법은 명대 추덕중(鄒德中)이 지은 『회사지몽(繪事指蒙)』의 '묘법고금십팔등(描法古今 十八等)'에 고고유사묘, 금현묘, 철선묘, 유엽묘, 혼묘, 난엽묘 등 18종으로 열거되어 있다.

─| 작성 방법 |─
○ ㉠에 따른 (가)의 인물화 종류를 쓰고, 작품 속 인물이 상징하는 바를 서술할 것.
○ (나)의 옷 주름 표현에 사용된 선묘법의 명칭을 쓰고, 운필 방법을 서술할 것.

20-B7

|모|범|답|안|

(가) 인물화 종류는 **도석인물화**이다. 도교와 불교에 관계되는 초자연적인 인물상을 그린 인물화를 뜻한다.
작품 속의 인물은 **수성** 노인이다. 상징은 **장수**를 상징한다.

(나) 옷 주름 표현의 선묘법은 **정두서미묘**이다.
운필 방법은 붓을 강하게 댄 후에 **점차적으로 가늘게** 직선적으로 끌어 때는 방식으로 마원이 주로 사용하였다.

|인|정|답|
(가) 남극성(남극노인)은 인간의 수명을 관장하는 신선이다.
(나) 운필 방법은 못 머리처럼 **뭉툭**하게 시작하여 쥐 꼬리처럼 **곧고 가느다랗게** 빠짐.

난엽묘. 거친 듯 힘차게 휘날리는 운필법

27 2021학년도_A2

다음 작품과 설명을 참고하여 괄호 안의 ㉠, ㉡에 들어갈 용어를 순서대로 쓰시오. [2점]

이 작품은 20세기 초 민영익(閔泳翊)이 그린 묵란도로서, 난이 뿌리가 드러난 채 그려져 있다. 이러한 난을 (㉠)(이)라 하는데, 중국 원나라 초기 정사초(鄭思肖)가 처음 그렸다고 한다. 그는 "땅은 오랑캐에게 빼앗겼다."라고 말하면서, 뿌리가 자라는 땅을 그리지 않았다. 정사초처럼 나라를 잃어버린 울분을 그림에 의탁하여 표현한 화가들을 (㉡)(이)라고 부른다. 민영익 역시 뿌리가 드러난 난을 그려 나라를 잃은 울분을 표현하였다.

21-A2

|정답| ㉠ 노근묵란   ㉡ 유민화가

|인정답| ㉠ 노근화

28 2021학년도_A5

다음은 단청에 관한 자료이다. 〈작성 방법〉에 따라 서술하시오. [4점]   [별첨 컬러 도판 참고]

(가)

(나)

한국의 전통 색채 체계에서 음양오행(陰陽五行)적 우주관에 근거한 오방색은 오정색과 오간색으로 구성된다. 오늘날 이러한 오방색의 아름다움을 가장 잘 살펴볼 수 있는 대표적인 사례가 (가)와 같은 단청인데, 우리 조상들은 이러한 단청으로 궁궐이나 사찰 건물의 내부와 외부를 장식했다.

단청의 대표적인 배색 원리는 상록하단(上綠下丹)이라 말할 수 있는데, 이는 건물의 도리, 창방, 공포 등의 상부는 녹색으로, 기둥은 붉은색으로 칠하는 것을 말한다. 단청에 쓰이는 대표적인 녹색 계열의 안료는 (나) 광물에서 채취한 (㉠)(으)로, 주로 건물 상부의 바탕칠에 사용한다. 또한 붉은색 계열 중에 대표적인 안료로는 석간주(石間硃)가 있다. 이와 같은 광물성 안료를 만들기 위해서는 분쇄된 원료를 ㉡ 정제하여 선별하는 방법이 필요하다.

─────── | 작성 방법 | ───────
◦ 오방색 중 백색과 청색의 간색 명칭을 쓸 것.
◦ ㉠에 들어갈 안료의 명칭을 쓸 것.
◦ ㉡의 명칭을 쓰고, 방법을 구체적으로 서술할 것.

21-A5

| 모 | 범 | 답 | 안 |

백색과 청색의 간색 명칭은 **벽색**이다.
㉠에 들어갈 안료의 명칭은 **뇌록색**(磊綠色, 시아닌그린(cyanin green))이다.
㉡의 명칭은 **수비법**이다.
광물성 안료를 만들기 위해 분쇄된 원료를 정제하여 선별하는 방법은 **분쇄된 원료를 흐르는 물에 정제하여 추출한 뒤 입자 크기별로 분류**하는 것이다.

| 인 | 정 | 답 |

㉠에 들어갈 안료의 명칭은 녹토(綠土)라고도 한다.

| 참고 도서 내용 |

① 돌을 곱게 가루 내어 물에 넣고 저어 앙금을 만들어 이를 말려서 아교에 개서 썼다. 물에 넣고 저어 앙금을 만드는 방법을 수비(水飛)한다고 한다.
② 수비법(水飛法): 흙과 물을 휘저어 물에 뜨는 부분을 모아 가라앉혀 가루를 얻는 일

29 2022학년도_B7

다음은 먹의 종류에 대한 설명이다. 〈작성 방법〉에 따라 서술하시오. [4점]

구분 \ 먹의 종류	㉠	㉡
그을음 채집	가마에서 산소를 적게 공급한 채 소나무나 솔뿌리를 불완전 연소시킨다. 연소 후 벽에 붙은 그을음을 긁어내어 채집한다.	식물성 기름을 넣은 등잔에 심지를 연소시키면서 불꽃상부에 도기 잔을 엎어 놓으면 그을음이 생긴다. 이를 긁어모아 그을음을 채집한다.
먹빛의 색감	청색 계열의 먹빛이 난다.	갈색 계열의 먹빛이 난다.
㉢ 광택의 정도		

── 작성 방법 ──

- ㉠, ㉡에 해당하는 명칭을 순서대로 쓸 것.
- ㉠보다 ㉡이 수묵화의 번짐에 효과적인 이유를 서술할 것.
- 먹의 종류에 따른 밑줄 친 ㉢의 차이를 서술할 것.

22-B7

|모|범|답|안|

㉠ 송연묵   ㉡ 유연묵
  송연묵은 **그을음에 아교만 섞어** 만들고, 유연묵은 **아교, 사향, 얼음 조각,** 향료를 섞어서 만들기 때문에 번짐 효과가 더 뛰어난다.
㉢ 송연묵은 광택이 적다.
  유연묵은 먹색이 아주 검고 윤기가 있다.

(가)~(다)는 양해(梁楷)의 작품이다. 다음 작품과 설명을 참고하여 〈작성 방법〉에 따라 서술하시오. [4점]

(가)

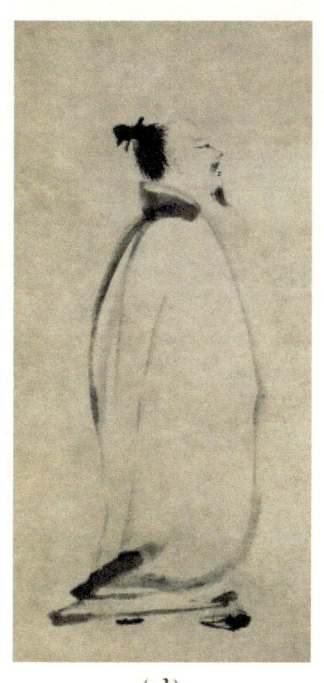
(나)

(다)

양해는 화원의 대조(待詔)이자 뛰어난 궁정화가였으나, 화원을 떠나 자유로움을 추구한 탈속적인 인물이었다. 그는 왕실을 위한 섬세한 불교적 인물화 (가)를 제작하기도 하였으나, (나)와 같이 빠른 필치로 필선의 수를 최소화한 (㉠)법의 인물화를 그리기도 하였다. (나)는 이공린의 ㉡백묘법이 간결하고 생략적인 필선으로 변모한 것이며, 원·명대 사의인물화(寫意人物畵)의 발전에 영향을 주었다. 그리고 (다)는 화원풍의 채색인물화와 구별되는 호방한 붓질의 묵법인 (㉢)(으)로 신선과 같은 인물의 모습을 묘사하였다.

─| 작성 방법 |─

- 괄호 안의 ㉠에 해당하는 필법의 명칭을 쓸 것.
- 밑줄 친 ㉡의 화법적 특징을 서술할 것.
- (다)의 작품명에 포함된 용어로서 괄호 안의 ㉢에 해당하는 기법의 명칭을 쓰고, 그 특징을 서술할 것.

23-A5

|모|범|답|안|

㉠ 감필
㉡ 백묘법은 채색을 가하지 않고 먹 선으로만 표현하는 방법이다.
  화법적 특징은 **필선이 간결**하고, 엷고 가벼운 필치, **선만으로 그리는 표현**, 부드럽고 **초연절속한 그림**, 윤곽선 묘사, 호방한 필치이다
㉢ 발묵법
  발묵법은 **먹을 듬뿍 찍은 붓**으로 쏟아붓듯이 그리는 기법으로, 그 특징은 화면에 먹물이 **진한 먹부터 옅은 먹까지 번지게 표현**이 된다는 것이다.

08 조소

1 2002학년도_05

조소 학습 단원에서 '시간과 움직임'의 개념이 입체형태에 도입된 내용을 설명하고자 한다. 다음 도판 중, 교수-학습 활동에 가장 적합하다고 생각되는 예시 작품 1개를 선택하고, 이 작품에 나타난 '시간과 움직임'의 개념을 3줄 이내로 서술하시오. [5점]

(가) 자장, 티키스

(나) 시간의 고귀함, 달리

(다) 활을 당기는 헤라클레스, 부르델

02-05 [조소] - 시간과 움직임

|모|범|답|안|

(가) 티키스 작품은 '**실재적 움직임**'을 보여준다. 철재의 선재와 양재로 설치된 작품으로 외부 조건과 자력에 따라 우연적이고 다양한 움직임을 유도하는 키네틱 아트이다.

(나) 달리 작품은 '**상상적·심상적 움직임**'을 보여준다. 멈춰진 시간에 의한 상상적이고 역설적인 움직임으로서 시간성의 속성은 규칙적이고 딱딱하지만 정지된 시간과 기억은 움직임이 소멸된 것으로서 대치를 이룬다.

(다) 부르델의 작품은 '**암시적인 움직임**'을 보여준다. 인체를 형상화한 구상적 표현이며, 근육의 움직임 활의 장력을 통한 움직임, 곧 날아갈 것 같은 화살의 시각적 생동감을 통해 암시적인 움직임을 보여준다.

2 2003학년도_06

미술가들은 자신의 독특한 조형 세계를 펼쳐나가기 위하여 작품 제작을 할 때, 여러 가지 다양한 방법으로 공간 표현의 문제를 해결하고 있다. (가)와 (나)의 경우 작가가 추구하고 있는 공간적 의미의 차이는 어떤 것인지 각각 2개씩만 쓰시오. [4점]

(가)

두형상/헵워스

아치/무어

(나)

물동이 인 여인/윤효중/한국

지원의 얼굴/권진규/한국

(가) (2점)
-
-

(나) (2점)
-
-

3 2004학년도_05

오늘의 조각가들은 각자 다양한 재료와 방법으로 활발하게 입체적 표현의 장을 개척하고 있다. 현대 조소에서 ① 전통적 재료인 돌, 철, 나무 등이 지니는 장점과, 이에 대비하여 ② 새로운 재료인 플라스틱, 알루미늄, 인조섬유 등이 지니는 장점을 재료적 특성과 표현상의 관점에서 각각 쓰시오. [총 4점]

	재료의 특성	표현상의 관점
①		
②		

03-06 [조소] – 공간

|모|범|답|안|

(가) 무어와 햅워스는 형상 안에 뚫리거나, 형상으로 둘러쌓인 **네거티브 스페이스**를 보여준다.
작가가 추구하는 의미는 첫째, 생명감 있는 균형, 비례, 공간감을 창출하는 것이다.
둘째, 환경속에 놓인 유기적인 형과 공간을 통해 현대인의 공허한 마음, 인간성 마저 상실된 텅빈 자아를 의미한다.

(나) 윤효중과 권진규의 작품에서 담긴 공간의 의미는 첫째, 움직을 통한 **암시적인 공간**이다.
둘째, 대상의 시각을 통한 내면적인 공간의 의미를 갖는다.

04-05 [조소] – 전통 재료 / 현대 재료

|모|범|답|안|

전통 재료의 재료적 특성은 돌, 나무는 서로 차이는 나지만 대체로 **내구성**이 강하다. 점토와 금속은 주물을 만들거나 주물 작업을 위한 **성형 제작용의 특성**을 지닌다.

표현적 특성은 주로 기념비 조각에 사용하여 인물이나 군상을 사실적, 이상적, 구상적 표현을 한다. 점토는 개성적이고 직접적인 표현을 가능케 한다.

새로운 재료가 지니는 장점의 **재료적 특성**은 전통 재료에 비해 무게가 가볍다. 또한, 주로 폐품이거나 산업 사회와 도시화에서 생긴 부산물, 기성품 등의 특성을 지닌다.
표현적 특성은 각종 다양한 재료를 결합하는 것이다. 이를 통해 물체에 작품으로서의 생명력과 의미를 부여하는 특성을 지닌다.

4 2005학년도_08

아래 오브제 작품을 보고 (1)과 (2)의 분류명을 쓰고, 제작 기법이나 재료에 따른 특징을 각각 간략하게 쓰시오.

(1)   (2)

구분	분류명	특징
(1)		
(2)		

5 2006학년도_10

김 교사는 중학교 3학년을 대상으로 '달리기 하는 친구의 모습'을 주제로 석고 뜨기가 아닌 직소조(direct building)로 수업하고자 한다. 김 교사가 직소조 방법으로 실기 수업을 할 경우 얻을 수 있는 효과를 2가지 쓰시오. [4점]

·

·

05-08 [조소] – 정크 / 앗상블라주

|모|범|답|안|
(1) **정크 아트**이다. 일상 생활에서 생긴 폐품이나 잡동사니를 소재로 제작하는 미술이다. **용접이나 앗상블라주**를 활용하며, 현대도시 문명에 대한 비판, 자본주의 사회를 비판하려는 의도를 담아내고자 한다.
(2) **앗상블라주**이다. 재료적 기법은 모으기, 집합, 조립 등이다. 재료적 특성은 우리 주위에서 볼 수 있는 **기성품이나 잡다한 물건**들이다.

|인|정|답|
(1) **해석된 오브제**이다. 제작 기법은 **용접과 설치**이다. 재료에 따른 특성은 발견된 오브제를 약간 가공해서 전혀 다른 물체의 모습으로 보이도록 한다. 추상표현주의에 대한 반작용의 일환으로 도시의 파괴되고 버려진 소비재들을 앗상블라주 형태로 작품에 차용 산업 폐기물을 용접하거나 혹은 해석된 오브제로 제시하였다.
(2) **발견된 오브제**이다. 제작 기법은 앗쌍블라주와 설치이다. 재료에 따른 특징은 주로 기계 제작된 일상용품으로서 기성의 물건이지만, 미술작품이나 미술작품의 일부분으로서 새로운 지위를 부여받은 오브제를 의미한다.

06-10 [조소 이론] – 직소조 장점

|모|범|답|안|
직소조 방법의 장점은
첫째, 만족할 만한 형상이 만들어질 때까지 계속 **수정, 보완 작업**을 할 수 있다.
둘째, 석고 붕대를 사용할 경우 움직이는 대상에 직소조를 하여 보다 **실재적인 움직임**을 표현할 수 있다.
그 외에도 즉흥적인 작업 방식 때문에 완성된 작품 표면에 손자국이 그대로 남게 되는 조형적 특징을 얻을 수 있다.

6 2007학년도_02

다음 작품을 보고 (가)작품 제작 방법의 장점 2가지와 (나) 작품 제작 방법의 단점 2가지씩만 쓰시오. [4점]

① (가) 제작 방법의 장점
-
-

② (나) 제작 방법의 단점
-
-

7 2007학년도_17

백남준의 '비디오 아트'가 현대미술에 끼친 영향을 매체적 관점에서 3가지만 쓰시오. [3점]

-
-
-

07-02 [조소] – 소조 / 조각

|모|범|답|안|

(가)는 소조이다. 소조의 장점은 첫째, 재료의 가소성으로 인해 자유롭고 섬세한 표현이 가능하다. 둘째, 손으로 빚어 형을 만들기 때문에 크기와 요철을 붙이는 방법이 자유롭다.

(나)는 조각이다. 조각의 단점은 첫째, 재료가 작품의 형태에 영향을 준다. 둘째, 깎거나 쪼아서 만들기 때문에 한 번 작업하면 수정이 불가능하다.

	돌	점토
재료적 특성	내구성이 강하다. 다루기가 힘들다.	내구성이 약해서 성형 제작용을 쓰인다. 다루기 쉽고, 유연하다.
표현적 특성	인체를 이상화, 사실화, 규범화, 구상화 표현한다. 표면 질감을 통한 생동감	개성적이고 직접적인 표현의 특성을 지닌다. 표면에 다양한 색감, 질감을 낼 수 있다. 섬세하고 세밀한 표현이 가능하다.

07-17 [서양 미술사] 비디오 아트 – 백남준 아트의 매체적 특징

|모|범|답|안|

비디오 아트는 비디오 영상, TV 등 새로운 **테크놀로지**를 미술에 적극적으로 활용하여 **매체의 확장**을 가져왔다.

시간, 공간, 동영상과 움직임, 소리, 빛 등의 요소를 종합 활용하여 매체의 다양성을 제시했다.

관람자의 수동적 감상을 넘어서 작품에 **적극 참여하는 상호소통적 상황**을 매체의 요소로 활용하여 **인터랙티브 아트**를 가져왔다. 전통적인 매체인 캔버스와 유채에서 **TV 브라운관과 전기 음극선관**에 의한 화면을 매체로 활용하여 매체에 대한 새로운 지각을 형성하였다.

8 2009학년도_02

환조의 석고형 뜨기에서 다음 과정이 필요한 이유로 가장 적절한 것은? [1.5점]

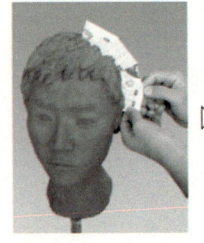 ▷ 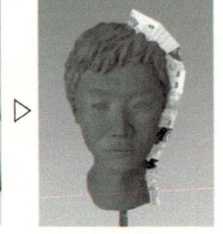 ▷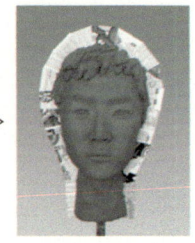

① 석고 외형틀과 점토의 엉겨 붙음을 방지하기 위해
② 석고 외형틀을 분할하여 원형 점토를 쉽게 제거하기 위해
③ 석고 외형틀 사이에 틈을 만들어서 분리제를 주입하기 위해
④ 석고를 바를 때 석고 반죽이 반대편으로 튀는 것을 방지하기 위해
⑤ 석고를 바를 때 원형의 위치를 파악하여 두께를 균일하게 하기 위해

9 2009학년도_34

(가)~(다)의 우리나라 작품과 표현 기법이 유사한 다른 나라 작품을 〈보기〉에서 고른 것은? [별첨 컬러 도판 참고]

(가) (나) (다)

ㄱ ㄴ

ㄷ ㄹ

	(가)	(나)	(다)
①	ㄱ	ㄷ	ㄹ
②	ㄴ	ㄱ	ㄷ
③	ㄴ	ㄹ	ㄱ
④	ㄷ	ㄱ	ㄴ
⑤	ㄷ	ㄴ	ㄹ

09-02 | 정답 | ②

09-34 | 정답 | ③

박 교사는 고등학교 1학년 학생들을 대상으로 다음의 조소 작품들을 비교하고 감사하는 수업을 하고자 한다. 다음 물음에 답하시오. [25점]

(가)
오귀스트 로댕
(Auguste Rodin, 1840~1917)
〈입맞춤〉

(나)
알베르토 자코메티
(Alberto Giacometti, 1901~1966)
〈여인〉

(다)
알렉산더 콜더
(Alexander Calder, 1898~1976)
〈붉은 꽃잎〉

1) 위의 각 작품에서 관찰할 수 있는 조소 기법의 특징을 설명하고, 각 작품의 작가가 미술사에 미친 영향에 대하여 다음 단어를 모두 사용하여 논하시오. [13점]

실존, 생명력, 키네틱 아트(kinetic art), 고독, 몬드리안(Mondrian), 인상주의

2) 박 교사는 이 비교 감상 수업을 위하여 펠드만(Edmund Feldman)의 미술 비평 방법에 따른 활동지(work sheet)를 활용하고자 한다. 이 활동지의 서술, 분석, 해석, 판단에 해당하는 질문들을 각각 3개씩 만드시오. [12점]

09학년도-2차-논술04

|모|범|답|안|
|참고| 아래 내용은 모범 답안의 핵심 키워드와 문장만 나열한 것입니다. 실제 시험에서는 기호는 생략하고 완성된 문장으로 작성해야 합니다.

▎로댕
- 사실주의 조각. 인간 내면의 정신성과 생명력을 강조한 표현
- 과거의 조각 양식을 거부하고 작품의 운동감, 미묘한 정신, 생명을 묘사하였다.
- 양감 강조, 운동감, 율동감을 표출하였으며, 볼륨에서 나오는 내면의 힘찬 약동과 힘이 존재한다는 것을 보여 주었다

- 전통적인 표현 기법으로 제작하였으나 표면은 미완성된 상태를 제시하여 오히려 사실적인 표현을 보여주었다.
- 이전 조각계에서 사용된 신화와 영웅, 종교적인 조각의 주제를 현실의 인간과 인간의 고뇌와 정신세계로 전환시킴으로 모더니즘 조각을 열었다.
- 대상을 단순화시킨 태도와 제스처로 내면세계를 표현하면서 현대 조각의 시발점 제시
- 작가의 이념을 작품에 표출하였다.
- 입체주의 조각가의 작품에 보여진 형태의 단순화와 강조, 물체의 해부학적 표현, 사물의 진실은 자연에서 기인 된다는 사실에 직접적인 영향을 주었다.
- 현대 조각에서 비형상적 기념 예술의 현대 조각을 있게 한 근원이 되었다.

▎자코메티
- **실존주의적 사상**에 기초함. 인간 존재의 탐구, 양감을 최소화하고 질감을 강조함.
- 인간의 문제를 자아를 통해서 인식하고자 하는 조각의 흐름을 제시하였다.
- 인간과 인간을 둘러싸고 있는 공간의 현실성을 제시하였다.
- **원시주의 영향**, 성을 풍자한 **오브제와 앗상블라주 조각**들의 등장에 큰 영향을 주었다.
- **청동주물 기법, 소조 기법**을 주로 사용함. 조각, 철, 설치 작품도 있음
- 환경조각의 도입에 영향을 미침.

▎콜더
- 움직이는 조각 모빌 제시. 신조형주의 몬드리안의 삼원색과 무채색을 받아들여 모든 작업에 기초적 색채를 본질적인 요소로 활용하였으며, 미로의 유희성에 영향을 받았다.
- 양감을 배제하고, 면과 선, 공간을 강조한 조형적 유희를 제시한 것이다.
- 재료는 강철, 제작 방식은 **용접**, 전시 방식은 **켄틸레버(cantilever) 방식**을 통한 **균형**
- 실제적인 형태와 잠재적인 형태의 움직이는 조각을 동시에 제시하였다.
- 자연과 예술을 조화시키는 흐름을 제시하였다.
- 조각에 **시간성이 수반된 다양한 운동**의 동적인 공간을 제시하였다.
- 조각에서 형태가 고정되지 않고 형태의 변화에 따라 다양한 변화를 구사하는 공간적 특성을 제시하였다.
  (환경에 의한 요소와 밀접한 관계를 가졌다)
- 조각에 채색하여 재료의 물질감을 배제하고 시각적 요소로 전환, 회화나 조각 세계를 새로운 차원에서 결합시켰다.
- 조각에 공간과 시간, 운동이라는 필수적인 요소를 제시하면서 키네틱 아트의 선구
- 현대 조각에 있어서 움직임의 선구적인 역할을 하였다.
- 조각에 **모빌과 스태빌**이라는 새로운 장르를 선보였다.
- 현대 조각과 건축을 조화시킨 환경 조각의 새로운 한 분야를 제시하였다. 〈끝〉

11 2010학년도_16

다음은 젊은 예술가들을 대상으로 쓴 로댕의 글이다. (가)와 (나)에 들어갈 내용으로 가장 적합한 것은?

> 조각을 하려 한다면 당신은 스스로 (가) 의 감각을 강화시켜 두어야 한다. 사실 인간의 감각으로 이것을 터득한다는 것은 무척 어려운 일이다. 사물의 표면은 쉽게 파악할 수 있지만 그 내부를 명확하게 포착하기란 어려운 일이다.
>
> (중략)
>
> 요컨대 조각에서 면이 구성되었을 때 비로소 모든 것이 존재하게 되며 마침내 생명을 얻었다고 할 수 있는 것이다. 세부는 그 후에 그 속에서 솟아나와 스스로 마무리하게 된다. 조소를 할 때는 대상을 평면이 아닌 요철이 있는 입체로 느껴야만 한다. 그렇게 함으로써 (나) 에 드러난 것은 모두 속으로부터 밀려나온 양(量)이라고 보아야 하며, 형(形)은 옆으로 펼쳐진 것이 아니라 앞으로 돌출한 것이라고 생각해야 한다는 말이다.

	(가)	(나)
①	비례	표면
②	깊이	표면
③	평면	입체
④	깊이	구조
⑤	비례	구조

|정답| ②

12 2011학년도_16

제시문에서 빈 칸에 해당하는 작가의 작품으로 옳은 것은? [2.5점]

> "나는 결코 순수하거나 추상적인 형태를 찾으려는 것은 아니었다. 순수성·단순성은 결코 내 마음속에 자리하고 있지 않으며, 사물의 본질에 이르는 것, 그것이 내 목표의 하나였다."라고 말한 ☐은/는 형태적 구조에 입각해 형체의 본질을 탐구하면서 극도의 단순화를 보이는 추상성에 도달하였다. ☐은/는 전통적인 재료로 작품을 제작한 점으로 보아 조각의 전통을 고수하였다. ☐은/는 추상 조각가의 선구자로 많은 작가들에게 실험적인 의식을 심어 주었으며, 현대 조각의 개념을 확장하였다.

①    ②

③    ④

⑤

|정답| ③

13 2011학년도_31

다음은 로댕의 〈코가 부러진 사나이〉이다. 작품의 특성과 제작 기법에 대한 설명으로 옳은 것만을 〈보기〉에서 모두 고른 것은? [1.5점]

―|보기|―
ㄱ. 작품의 재료는 브론즈이며 암모니아 등의 시약을 사용하여 착색하였다.
ㄴ. 소조는 목조와 석조에 비해 작품의 크기와 요철 표현에서 제한을 받는다.
ㄷ. 3차원의 미술로 입체성과 촉각성을 가진 환조이며, 소조기법으로 제작하였다.
ㄹ. 석고를 사용하여 성형을 하지 않는 직조법으로 원형을 제작하고, 보존을 위해 브론즈로 대체하기도 한다.

① ㄱ, ㄴ
② ㄱ, ㄷ
③ ㄴ, ㄹ
④ ㄱ, ㄷ, ㄹ
⑤ ㄴ, ㄷ, ㄹ

14 2012학년도_11

작품에 나타난 주된 조형 요소와 원리가 바르게 연결된 것만을 〈보기〉에서 있는 대로 고른 것은? [1.5점]

[별첨 컬러 도판 참고]

① ㄱ, ㄹ
② ㄷ, ㄹ
③ ㄱ, ㄴ, ㄷ
④ ㄱ, ㄷ, ㄹ
⑤ ㄴ, ㄷ, ㄹ

11-31 |정답| ②

12-11 |정답| ④

15 2012학년도_35

제시문의 (가)는 작가이고, (나)는 그 작가가 영향을 받은 시대이다. 〈보기 1〉에서 (가) 작가의 작품과 〈보기 2〉에서 (나) 시대에 속하는 작품을 바르게 연결한 것은? [2.5점]

(가) 은(는) 로댕의 영향을 받았지만 그의 많은 작업은 로댕과 다른 면을 보여주고 있다. 로댕이 인상주의적 색채가 짙은 작가라고 한다면, 그는 (나) 미술에서 영감을 받아 고전적 이상미와 현대적 미를 조화시킨 작가라 할 수 있다. 그의 작품은 견고한 윤곽, 육중한 양감, 소박하면서도 고귀한 인간 정신이 표출된 양식을 보여준다.

| 보기 1 |

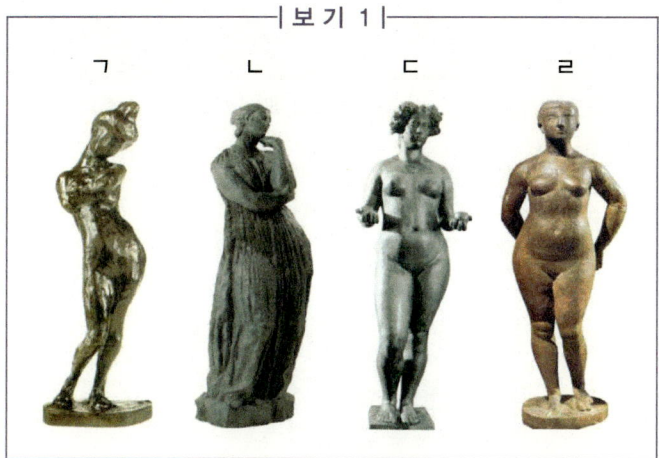

| 보기 2 |

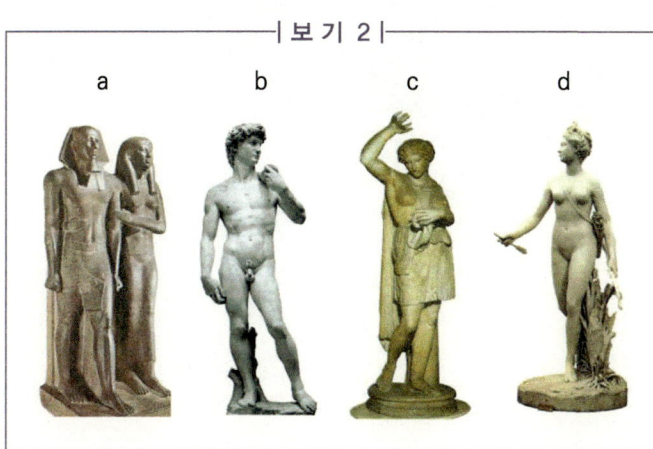

	(가)	(나)
①	ㄱ	d
②	ㄴ	a
③	ㄴ	b
④	ㄷ	c
⑤	ㄹ	b

12-35 | 정답 | ④

16 2013학년도_24

다음은 밀랍 주조 기법으로 만든 작품과 그 제작 과정을 요약한 것이다. 이에 대한 설명으로 옳은 것을 〈보기〉에서 고른 것은?

제작 과정

점토 원형 만들기
⇩
거푸집 만들기
⇩
밀랍 원형 만들기
⇩
실리콘 거푸집 만들기
⇩
열 가마 밀랍 제거하기
⇩
주물 붓기
⇩
청동상 완성

| 보기 |

ㄱ. 실제 무용복을 조각에 입혀 사실성을 높였다.
ㄴ. 밀랍 주조 기법은 밀랍 제거 기법으로도 불린다.
ㄷ. 작가는 밀랍과 점토로 만든 실험작을 바탕으로 다수의 청동상을 제작하였다.
ㄹ. 밀랍 주조 기법은 주물을 붓는 과정에서 공기가 빠져나가지 못하기 때문에 형상의 내부에 기포가 남는 단점이 있다.

① ㄱ, ㄴ
② ㄱ, ㄷ
③ ㄴ, ㄷ
④ ㄴ, ㄹ
⑤ ㄷ, ㄹ

13-24 | 정답 | ①

17 2013학년도_29

다음 (가)~(다)의 빈칸에 들어갈 작가가 바르게 배열된 것은?

위 작품의 작가는 영국의 근대 조각을 부흥시킨 예술가로 평가받고 있는 (가) 이다. (가)는 (나) 로부터 공간 문제에 대해, (다) 로부터 반추상적인 조각의 영향을 받았다. (가)는 고대 원시 조각, 아르카익 조각, 중세 조각, 르네상스 조각 등에서 인체의 본질을 배우면서 자신의 예술 세계를 구축해 나갔다.

	(가)	(나)	(다)
①	헨리 무어	아르키펭코	브랑쿠시
②	헨리 무어	자코메티	아르프
③	아르키펭코	아르프	자코메티
④	아르키펭코	헨리 무어	브랑쿠시
⑤	자코메티	브랑쿠시	아르프

13-29 | 정답 | ①

18 2014학년도_A기입형_07

(가)와 (나)는 키네틱 아트에 속하는 작품이다. (가), (나)를 움직이게 하는 주된 동력을 각각 쓰시오. [2점]

(가) 테오 얀센(T. Jansen), 〈해변의 페르키피에레 가족〉의 부분

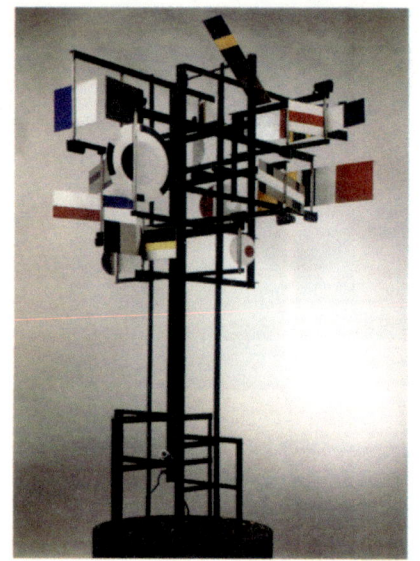

(나) 니콜라 쇠페르(N. Schöffer), 〈CYSP〉

14-A7 | 정답 | (가) 자연 동력   (나) 전기 동역(인공동력)

19 2014학년도_A기입형_12

다음 작품에 대한 설명 중 ( ) 안에 공통으로 들어갈 용어를 쓰시오. [2점]

로댕, 〈지옥의 문〉　　〈지옥의 문〉의 상인방 부분

부조는 조소와 회화의 복합적 성격을 가진 반입체로서 정면에서만 감상할 수 있다. 이 작품은 고부조 형식으로 제작되었다. 부조에서 ( )은/는 빛에 의해서 나타나고, 원근법은 요철의 높낮이와 밀접한 관계가 있다. 이에 관해 조각가 콘스탄트(Constant)는 로댕(A. Rodin)에게 다음과 같이 말하였다. "형태를 결코 길이로 보지 말고 두께로 보도록 하게. 표면은 다만 ( )을/를 감싸고 있는 것으로 생각하게."

14-A12

| 정답 | 양감

| 인 | 정 | 답 |
볼륨(volume)

20 2015학년도_B서술형_03

다음 그림은 속파기 성형 또는 석고틀 성형 기법을 적용하여 실물 크기의 테라코타 두상을 제작하는 과정이다. ㉠, ㉡의 장점과 제작 과정을 각각 서술하시오. [5점]

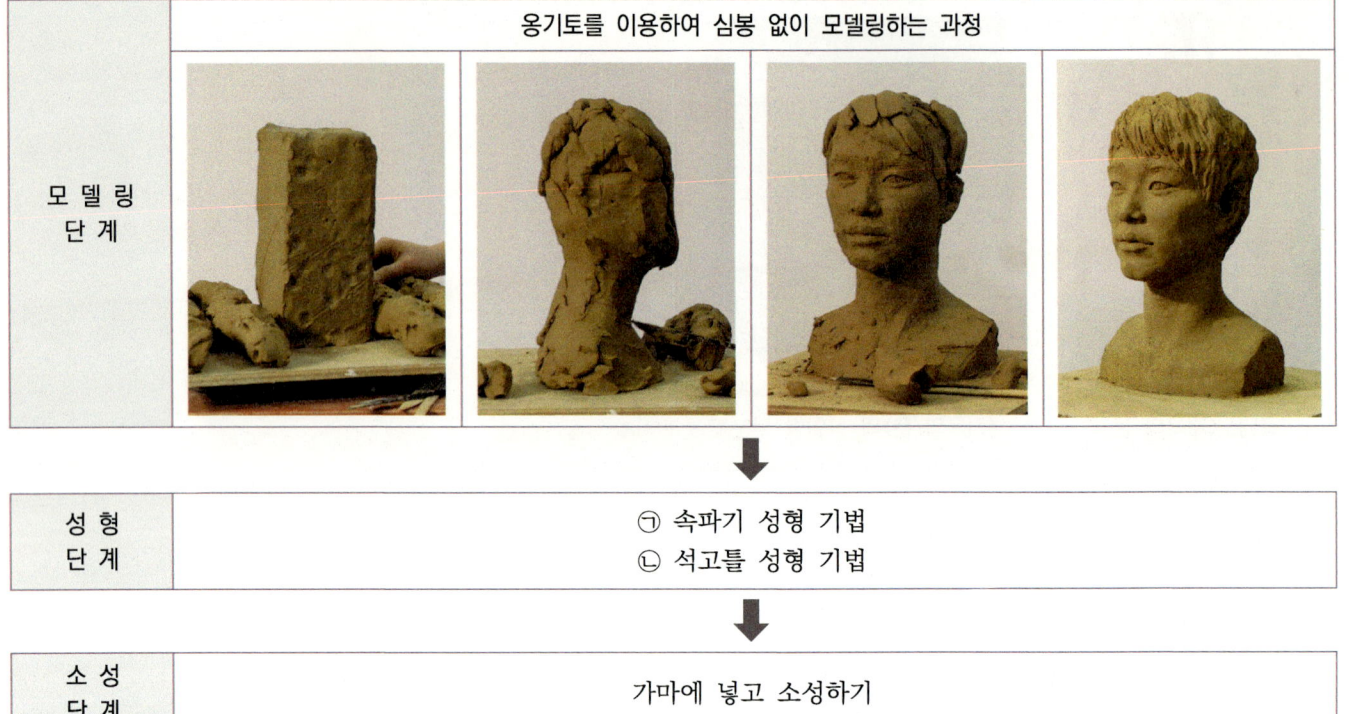

15-B3

|모|범|답|안|

㉠ **속파기 성형법**의 장점은 형태가 복잡하여 다른 성형 기법으로는 성형이 불가능한 경우나 현대 도예에서 조형성이 강조되는 작품 제작할 때 이용하기 유리하다.
제작 과정은 점토를 성형할 작품의 크기보다 조금 크게 뭉쳐서 외형을 마무리한다. 다음으로 형태가 완성되면 속파기에 용이한 크기와 형태로 절단하여 적당한 건조를 시킨다. 다음으로 속파기를 한다. 속파기가 끝나면 접합할 부분을 긁고 흙물을 바른 후 접합시켜 나간다.

㉡ **석고형 성형법**의 장점은 주로 반백 생산, 대량생산 작품에 유리하다.
제작 과정은 최초 조형을 만들고, 다량 복제를 위한 기본형인 **원형**을 만든다. 그리고 성형하기 위한 **사용형 틀**을 만든다. 그다음으로 수분을 제거한다. 이장(slip)을 부어 넣는다. 이장의 잔여분을 제거한다. 탈형하여 완성한다.

21 2017학년도_B2

다음은 부조 작품 제작 후 학생이 작성한 작품 제작 보고서이다. 이와 관련하여 〈작성 방법〉에 따라 서술하시오. [4점]

모둠별 작품 제작 보고서			
단 원	석고 형뜨기를 활용한 인물 부조 작품 만들기		
작성일	2016년 6월 7일	작성자	○○ 고등학교 1학년 3반 - 2 모둠
제 작 과 정	\<석고 부조 작품 제작 과정\>		
	① 원형 제작	(점토 원형 그림)	판재에 점토를 붙여 인물 부조 작품의 원형을 제작한다.
	② 형틀 제작	(점토 원형, 석고(형틀) 그림)	점토 원형에 석고 액을 일정한 두께로 바르고 굳힌다.
	③ 내형 제작	\<도판 생략\>	㉠
	④ 형틀 제거	(석고(내형), 석고(형틀) 그림)	고무망치와 끌 등으로 형틀을 제거한다.
	⑤ 정리 및 완성	(석고(내형) 그림)	제작된 작품을 정리하여 완성한다.
활 동 소 감	• 학생 A : 점토로 원형을 만들면 보존이 어려운데, 이렇게 석고로 복제하니 오랫동안 간직할 수 있어서 좋았다. • 학생 B : 이번에는 석고 형틀을 사용해 보았으니, 다음에는 선생님이 알려 주신 ㉡실리콘과 같은 탄성 재료를 활용하여 이중으로 형틀을 제작하는 방법을 시도해 보고 싶다.		

┤ 작성 방법 ├

◦ 석고 부조 작품 제작 과정을 참고하여 ㉠에 들어갈 내용을 서술할 것.
◦ 밑줄 친 ㉡과 같이 형틀 제작에 실리콘 등의 탄성 재료를 사용하는 목적을 서술할 것.

17-B2 [조소] - 실리콘

|모|범|답|안|

㉠ 점토 원형을 제거하고 비눗물이나 이탈제를 바른 후 내형 석고를 붓는다.
㉡ 실리콘을 사용하는 목적은 실리콘이 열경화성 수지로서 가볍다, 섬세한 표현이 가능하다. 내열성이 크다. 높은 온도에서 내산화성, 충분한 강도를 지닌다. 가소성이 크므로 여러 모양을 쉽게 만들 수 있다. 물이나 기름, 약품에 잘 견딘다.

22 2018학년도_A2

다음은 밀랍을 이용한 고대 그리스 청동 조각상의 주조 제작 과정이다. 괄호 안의 ㉠, ㉡에 해당하는 번호를 쓰시오. [2점]

① 점토 형태 위에 밀랍 두껍게 바르고 조각하기	② 알지네이트 칠하기	③ 청동 표면 정리하여 완성하기
④ 밀랍 녹여 제거하기	⑤ 거푸집 제거하기	⑥ 거푸집 만들기
⑦ 임시틀(심봉) 만들기	⑧ 청동 쇳물 붓기	⑨ 점토로 형태 만들기

- 청동 조각상 제작 과정에서 필요 없는 과정은 (㉠)이다.
- 청동 조각상은 ㉡ (___ → ___ → ___ → ___ → ___ → ___ → ③)의 8단계로 제작한다.

18-A2
|정답| ㉠ ②번   ㉡ ⑦→⑨→①→⑥→④→⑧→⑤

23 2019학년도_A7

다음 설명을 참고하여 ( ) 안에 공통으로 들어갈 용어를 쓰시오. [2점]
[별첨 컬러 도판 참고]

(가) 모리스(R. Morris), ⟨무제⟩, 1968   (나) 벵글리스(L. Benglis), ⟨무제⟩, 1969-1970

모리스(R. Morris)가 1968년 제시한 ( ) 개념은 제작 과정 자체가 작품화되어 작가의 미적 판단이 아닌 중력에 의해 모양이 갖춰지는 작품 형식을 뜻한다. (가)는 마치 작가의 개입이 없는 듯 재료의 속성을 고스란히 노출시키고 있다. 늘어뜨린 펠트 조각을 다른 장소에서 전시할 경우 그 구성이나 모양새를 똑같이 만들기란 불가능하다. (나) 역시 폴리우레탄이라는 액체 상태의 재료로 제작되어 물질이 지니고 있는 독특한 성질이 잘 드러난다. 이러한 ( ) 개념은 형식 주의적인 추상 조소에 반발하는 새로운 조각을 제시했고, 시간성, 가변성, 소재의 유연성 등이 고려되었다는 점에서 과정 미술로도 해석된다.

19-A7 [조각]
|정답| Anfi-form
|인|정|답|
반 정형, 반 형태, 부드러운조각, 연성조각

2020학년도_A11

다음은 도자 성형의 과정이다. 〈작성 방법〉에 따라 서술하시오. [4점]

슬립 준비	석고틀 준비	슬립 주입	슬립 배출	탈형
액상 점토에 ㉠해교제를 혼합하기	석고틀을 준비하기	석고틀에 슬립을 주입하기	석고틀을 거꾸로 하여 남은 슬립을 배출하기	㉡석고틀에서 기물을 분리하기

─── | 작성 방법 | ───

- 슬립에 첨가하는 ㉠의 역할을 서술할 것.
- 물레 성형과 비교하여 배출 주입 성형이 갖는 장점을 기물 형태의 측면에서 서술할 것.
- ㉡에서 기물이 쉽게 분리되지 않는 상황을 방지하기 위한 유의점을 2가지 서술할 것.

20-A11

|모|범|답|안|

㉠ **해교제**는 탄산나트륨, 규산나트륨으로 이장을 만들 때 물의 양은 줄이고 **점토가 잘 풀어져 엉기는 것을 풀어 줌**으로써 **성형에 적합**하도록 하는 역할이다.
물레 성형은 원심력을 이용하여 **대칭형의 형태**를 만든다. 단일 제품을 생산한다.
반면 **배출 주입 성형**은 대량생산이 가능하며, 기물 형태도 다각형에서 복잡하고 정밀한 선, 조각이 된 것 등을 쉽게 제작할 수 있다.

㉡ 유의점은 첫째, **석고 틀을 완전히 건조** 시킨 다음 사용한다.
둘째, 손바닥으로 **가볍게 석고 틀을 두들겨 주면서 분리**한다.

|인|정|답|

㉡ 석고 틀에 바른 비눗물은 스펀지로 완전히 닦아낸다.(비눗물이 이장을 틀에 붙게 함)
규산소다를 물과 점토를 합한 총중량의 1~2% 정도를 반드시 첨가해야 한다.

25 2021학년도_A8

다음은 온라인 가상 미술관을 구성하고 수업을 진행하기 위한 자료이다. 〈작성 방법〉에 따라 서술하시오. [4점]

[작가 소개] 훌리오 곤잘레스(Julio González, 1876-1942)

스페인의 조각가 곤잘레스는 금속 조각에 (㉠) 기술을 도입하여 기존의 주조나 ㉡ 단조의 방식에서 벗어난 혁신적인 조형 기법을 시도하였다. 그는 ㉢ 피카소와 교류하며 자신의 독창적인 표현 형식을 확립하였고, 이후 철의 물성을 생생하게 드러내며 초현실주의적 추상조각의 조형성을 탐색하였다. '공간 속의 드로잉'과 같은 곤잘레스의 조형 방식은 이후의 조각가들에게 큰 영향을 주었고, 이는 현대 금속 조각의 영역을 확장하는 계기가 되었다.

──| 작성 방법 |──
- ㉠에 들어갈 용어를 쓰고, ㉡의 제작 기법을 서술할 것.
- ㉢을 참고하여 곤잘레스가 입체파로부터 받은 영향을 서술할 것.
- 곤잘레스의 조형 기법이 이후 금속 조각에 끼친 영향을 1가지 서술할 것.

21-A8

|모|범|답|안|

㉠에 들어갈 용어는 **용접**이다.
㉡의 제작기법은 **금속을 망치로 두드려 강도를 단단하게 만드는 평면 및 입체 가공기법**이다.
㉢을 참고하여 곤잘레스가 입체파로부터 받은 영향은 대상의 형태를 분해, 해체하여 재구성하며, **형태를 단순화, 추상화하여 표현**했다는 점이다.
곤잘레스의 조형기법이 이후 금속 조각에 끼친 영향은 3차원 공간 속의 드로잉을 넘어서 조각 작품에 있어 '**공간을 작품의 한 요소로 포함시킨 점**'과 '**추상 조각에 영향을 준 점**'이다.

|인|정|답|

① 1920년대 후반 **금속판과 금속봉들을 용접**하여 **선적인 형태의 조각들을 창안**했다.
② 기존의 조각처럼 덩어리로 보이기를 거부하고, '**공간 속의 드로잉**'을 제시하였다.
③ 재료에 있어서 **연철을 조각의 중요한 매체로 고정시킨 업적**을 이루었다.
④ 데이비드 스미스, 수자나 솔리노(Susana Solano) 등 **철조각가들**에게 영향을 주어 **격렬하고 표현성이 넘치는 작품들을 창조**해내는 데 밑거름이 되었다.

26. 다음은 조각 제작 방법의 변화에 관한 자료이다. 도판과 설명을 참고하여 <작성 방법>에 따라 서술하시오. [4점]

(가)

(나)

1912년부터 1914년 사이에 피카소(P. Picasso)는 (가)와 같은 새로운 제작 방법의 작품들을 발표하며 전통적인 조각 작품 제작 방식에 변화를 일으켰다. 당시 피카소를 방문했던 타틀린(V. Tatlin)은 그 영향을 받아 1915년 상트페테르부르크(St.Petersburg) 전시에서 ㉠ 역부조(Counter-relief) 작품을 코너에 매다는 설치 방식으로 주목을 받았다. 이후 1950년대 말부터 조각가 루이즈 네벨슨(L. Nevelson)은 (나)와 같은 유형의 작품을 선보였는데, 이렇게 조각 작품을 제작하는 방식을 (㉡)(이)라 부른다. 이 용어는 원래 뒤뷔페(J. Dubuffet)가 작품의 입체성과 물질성을 강조하기 위해 제안했는데, 1961년 뉴욕 현대미술관 (MoMA)의 기획 전시 명칭에 사용되며 널리 통용되기 시작했다.

─── | 작성 방법 | ───

- 밑줄 친 ㉠을 통해 타틀린이 제시한 조형적 의미를 서술할 것.
- 괄호 안의 ㉡에 해당하는 용어를 쓰고, 작품의 제작 방법을 서술할 것.
- (가)와 (나)의 제작에 공통적으로 사용된 주재료를 쓸 것.

23-A8

|모|범|답|안|

㉠ 공간을 구성하는 요소로서 **물질성의 강조, 물질과 기술**에 근거를 둔 활력적인 창조의 과정(잰슨 p522)

㉡ 아상블라주
아상블라주는 **일상품을 한데 모아 구성한 미술품**을 말하며, 여러 **오브제를 쌓아 집적**한 것, 그리거나 조각된 것이 아니라 접착제나 용접 등에 의해 긁어 모아진 것으로 전부 또는 일부가 전혀 미술을 의도하지 않고 만들어진 자연물이거나 공업제품이 소재로 쓰인 기법
(나)는 아상블라주 기법으로 제작 되었다.
(가), (나)에 사용된 주 재료는 정크, 폐목재이다.

memo

PART

09. 해부학
10. 사진·영상
11. 판화
12. 서예·전각
13. 색채학
14. 디자인 역사&이론

09 해부학

1 2009학년도_38

[1] 다음 조각 작품을 보고 물음에 답하시오.

위의 전신 입상을 제작하고자 할 때 해부학적으로 같은 비례에 해당되는 것을 〈보기〉에서 모두 고른 것은?

보기
ㄱ. 상완   ㄴ. 유두에서 배꼽
ㄷ. 두상의 길이   ㄹ. 대퇴의 1/2
ㅁ. 배꼽에서 치골 하단   ㅂ. 하퇴

① ㄱ, ㄴ
② ㄱ, ㄴ, ㄷ
③ ㄴ, ㄷ, ㄹ, ㅁ
④ ㄴ, ㄷ, ㄹ, ㅁ, ㅂ
⑤ ㄱ, ㄴ, ㄷ, ㄹ, ㅁ, ㅂ

09-38
|정답| ③

2 2010학년도_37

다음은 두상 제작 시 알아야 할 두경부(頭頸部)의 근육이다. (가)~(라)가 지시하는 근육의 명칭을 바르게 연결한 것은?

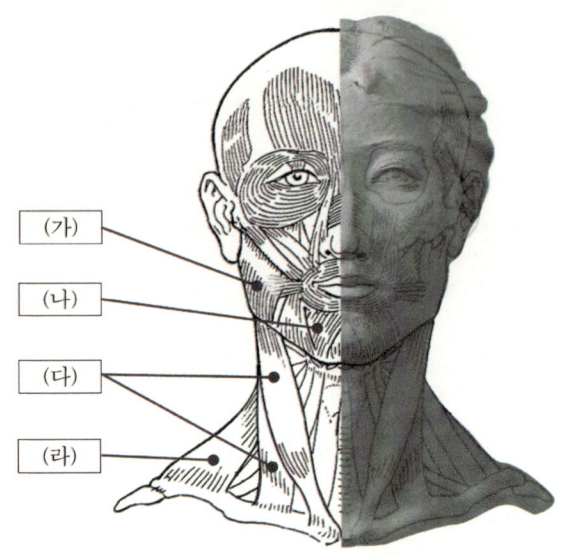

	(가)	(나)	(다)	(라)
①	협근	구륜근	흉쇄유돌근	견갑설골근
②	교근	구각하제근	견갑설골근	승모근
③	협근	구륜근	승모근	흉쇄유돌근
④	교근	하순하제근	흉쇄유돌근	승모근
⑤	협근	승모근	견갑설골근	흉쇄유돌근

10-37
|정답| ④

10 사진·영상

1 2009학년도_21

사진이 19세기~20세기 회화에 끼친 영향에 대한 설명으로 옳은 것을 <보기>에서 모두 고른 것은?

―| 보기 |―

ㄱ. 암실 기법을 통해 사진의 고유한 미학적 표현을 추구했던 회화주의 사진은 인상주의 회화에 영향을 주었다.
ㄴ. 시각 체험의 확장을 주도한 사진은 속도감과 움직임을 추구한 미래주의 회화에 영향을 주었다.
ㄷ. 초현실주의 작가들은 여러 장의 사진을 한 화면에 편집하는 포토몽타주 기법을 사용하였다.
ㄹ. 하이퍼리얼리즘 작가들은 사진을 일종의 대상으로 보고 이를 복제하는 방식으로 그렸다.

① ㄱ, ㄴ
② ㄴ, ㄷ
③ ㄱ, ㄴ, ㄷ
④ ㄱ, ㄷ, ㄹ
⑤ ㄴ, ㄷ, ㄹ

09-21
|정답| ⑤

2 2019학년도_A5

다음 그림과 설명을 참고하여 (   ) 안에 공통으로 들어갈 용어를 쓰시오. [2점]

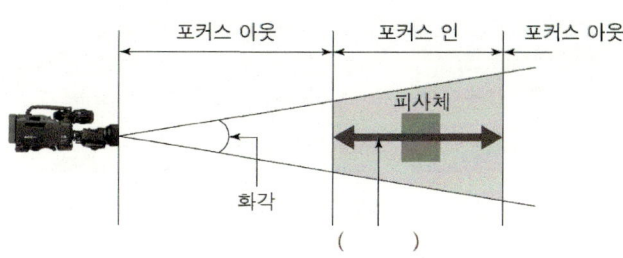

카메라로 촬영할 때, 초점 거리에 따라 피사체가 선명하거나 흐리게 보이면서 대상의 형태나 질감, 입체감 등이 강조 또는 약화되기도 한다. 이때 카메라 렌즈의 초점이 맞는 허용 범위를 (   )(이)라고 한다.

19-A5 [사진, 영상]
|정답| 피사계 심도 (depth of field)
|인|정|답|
초점이 맞는 공간의 범위. 심도

3 2020학년도_B4

다음 작품과 설명을 참고로 〈작성 방법〉에 따라 서술하시오. [4점]

(가) 웰스(O. Welles), 〈시민 케인〉 중 마지막 장면의 일부(1h:54m:59s~1h:59m:22s), 1941

(나) 에이젠슈타인(S. Eisenstein), 〈전함 포템킨〉 중 오데사 계단 장면의 일부, 1925

작가들이 영상 작품을 제작할 때 현장에서 최우선으로 생각해야 할 문제는 '무엇을 찍을 것인가', '어떻게 찍을 것인가', '그것을 어떻게 보여줄 것인가'이다. 이러한 질문은 '무대장치', '무대 위의 배치'를 의미하는 (㉠)와/과, '샷'의 조립인 몽타주와 관련된다.

(가)는 작가에 의해 극적으로 연출된 〈시민 케인〉의 마지막 장면이다. (나)는 〈전함 포템킨〉 중 오데사 계단 장면으로 ㉡ 몽타주에 대한 에이젠슈타인의 이론을 잘 보여준다. 이러한 기법들은 더 큰 감동과 효과를 의도하는 영상 작가들에 의해 다양하게 활용되고 있다.

─| 작성 방법 |─

- ㉠에 해당하는 용어를 쓸 것.
- (가) 장면에서 사용된 촬영 기법 2가지를 명칭을 포함하여 서술할 것.
- ㉡에 제시된 몽타주의 개념을 서술할 것.

20-B4

|모|범|답|안|

㉠ 미장센(mise-en-scene)
(가)는 첫째, **디프 포커스(Deep focus)기법**을 사용했다. 카메라에 가까이 있는 물체로부터 멀리 떨어져 있는 물체에 이르기까지 모두 초점이 맞도록 촬영하는 기법이다.
둘째, **플래시백(flash back)**이다. 주인공의 생애를 거슬러 올라가는 대목마다 장면의 급격한 전환을 뜻한다.

㉡ 에이젠슈타인의 몽타주의 개념은 여러 장의 사진을 잘라내어 한 화면에 결합하는 방법이며, 쇼트와 쇼트를 연결하는 영화 연출기법이다. 푸도프킨의 몽타주는 단순히 양적인 결합의 '서술적 몽타주'이나 에이젠슈타인의 몽타주는 상호충돌적, 변증법적, 질적인 변화의 '충돌적 몽타주'이다.

|인|정|답|

(가) **교차 편집(parallel editing)**: 여러 개의 장면이나 상황을 교차해 보여주는 기법.
　　오버랩(over lap): 앞의 장면이 서서히 사라져 가는데 겹쳐서 다음 장면을 서서히 나오게 하여 장면 전환
　　플랑(plan): 카메라가 켜졌다. 꺼지기까지의 샷. 삼차원이 깊이감을 담아낸다.
　　롱 테이크 샷(long take shot): 원경부터 초점이 확장되어 중경과 근경까지 한 번에 잡는 기법이다.

4 2023학년도 B5

다음 도판과 설명을 참고하여 〈작성 방법〉에 따라 서술하시오. [4점]

[별첨 컬러 도판 참고]

(가)

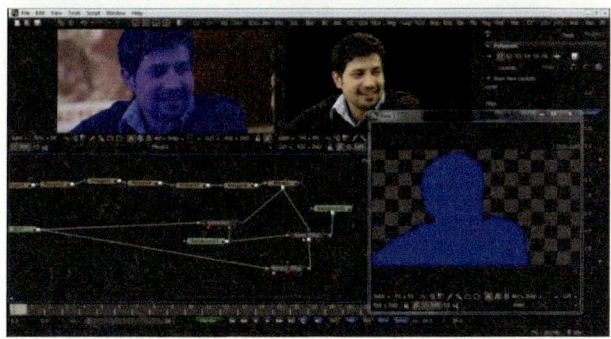

(나)

영상 제작 과정에서 둘 이상의 영상을 하나로 합성하기 위한 기법 중에는 화면의 특정 색상이나 명도를 투명 매트로 만드는 키(Key) 방식이 자주 쓰인다. (가)의 예시처럼 ㉠그린 스크린(Green Screen) 또는 블루 스크린(Blue Screen) 배경에서 촬영한 영상을 매트로 만들어 색보정이나 합성에 이용하는 (㉡)기법이 대표적이다. 필요에 따라 특정 휘도나 명도 요소를 키로 분리하거나 합성하는 (㉢) 기법도 사용한다. 이와 달리 ㉣로토스코핑(Rotoscoping) 기법은 원래 애니메이션의 제작 방식으로 도입되었지만, 최근에는 (나)의 예시처럼 컴퓨터 프로그램을 활용하여 편리하게 매트를 생성하고 영상을 합성하는 데에도 이용되고 있다.

―| 작성 방법 |―

- 밑줄 친 ㉠에서 촬영하는 이유를 서술할 것.
- 괄호 안의 ㉡, ㉢에 해당하는 용어를 순서대로 쓸 것.
- 밑줄 친 ㉣의 매트 생성 방법을 서술할 것.

23-B5

|모|범|답|안|

㉠ 블루 스크린 기법은 촬영 과정에서 배우가 단색 배경 앞에서 연기를 하고 후편집 과정에서 같은 색으로 찍힌 부분을 다른 배경으로 **바꾸면 바꾼 배경에서 연기한 것과 같은 효과를 얻기 위함**이다.
㉡ 크로마 키(chroma-key) 기법.
㉢ 루미넌스 키(luninance-key)
㉣ **소스 이미지에 생성된 매트**와 **배경 이미지**를 혼합하여 **합성하는 매트**를 만드는 방식이다.
즉, 피사체의 이미지와 배경 이미지를 각각 촬영한 후 인물이나 피사체의 매트를 전자적으로 정교하게 생산하여 **3장의 이미지를 합성**하여 만들어내는 방법이다. 움직이는 이미지를 합성할 수 있다.

5. 2024학년도_B7

다음은 교사가 사진 수업을 위해 작성한 연구 노트이다. 〈작성 방법〉에 따라 서술하시오. [4점]

사진 주제와 촬영 방법

(가) 스기모토 히로시(杉本博司), 〈극장〉

(나) 카르티에 브레송(H.Cartier-Bresson), 〈시프노스(Siphnos)〉

- ㉠ 측광(測光)하여 촬영하였다.
- 영화가 시작할 때부터 끝날 때까지 영화관 내부의 전면과 스크린에서 나오는 모든 이미지를 한 장에 담은 사진이다.
- 여러 도시를 다니며 같은 방식으로 촬영된 〈극장〉 시리즈를 발표했다.

- 작가는 주로 ㉡ 레인지 파인더(RangeFinder) 카메라와 ㉢ 50mm 표준 렌즈를 사용하여 촬영하였다
- 카르티에 브레송이 말한 '결정적 순간'은 장면을 거듭 살펴보면서 최고의 상황이라는 인식이 즉각적으로 드는 순간에 촬영된 것으로 최적의 장소와 시간을 인식하고 빠르게 반응하는 것까지 포함한다.

―| 작성 방법 |―

- (가)의 촬영 방법을 셔터 스피드 측면에서 쓸 것.
- (가)에서 밑줄 친 ㉠이 중요한 이유를 설명할 것.
- 밑줄 친 ㉡, ㉢을 (나)의 작가가 사용한 이유를 기계적 특성 측면에서 순서대로 서술할 것.

24-B7

|모|범|답|안|

(가)의 촬영 방법은 **카메라 렌즈를 장 시간 노출**시키고 **셔터 스피드도 최대한 느리게 최장 30초 나 B(벌브) 노출**을 준다.
㉠ 측광은 **질감과 양감**이 강조된다. 광원으로부터 거리가 멀어질수록 급격하게 어두워진다. **배경을 거의 암흑에 가깝지만, 앞에 있는 대상은 적정 노출**이 되었다.
㉡ 카르티에 브레송은 촬영 대상의 움직임 중 가장 좋은 순간을 가장 적절한 시간에 포착하려는 의도에서 **레인지파인더**와 **표준렌즈**를 사용했다.
레인지파인더(range finder, RF)는 **초점을 맞추는 거리계와 들여다보는 창이 일체로 된 파인더**이다.
50mm 표준렌즈는 사용되는 **필름의 대각선 길이와 거의 같은 길이의 초점거리**를 가진 렌즈. 즉, **육안으로 보는 시각과 거의 비슷한 화각**을 갖고 있다.

11 판화

1 2002학년도_06

다음 〈보기〉는 김교사가 '판화의 세계' 수업을 위해서 참고 자료로 준비한 것들이다. 물음에 답하시오. [총 6점]

| 보기 |
| (가) 도장   (나) 지폐
| (다) 광고전단지   (라) 무늬가 인쇄된 옷감

1) 〈보기〉와 관련된 각각의 판형의 명칭을 쓰시오.(4점)

   (가)

   (나)

   (다)

   (라)

2) 김교사가 '판화의 세계' 수업에서 〈보기〉와 같은 참고 자료를 준비한 의도를 쓰시오.(2점)

02-06 [판화] – 판형

|모|범|답|안|

6-1.　　(가) 도장= 볼록판　(나) 지폐=오목판
　　(다) 광고전단지=공판　(라) 무늬가 인쇄된 옷감=평판 옵셋

6-2.　　김 교사가 참고자료를 준비한 의도는 다양한 판화의 판형별 특징을 이해시키기 위해서이다.

2 2005학년도_19

다음과 같은 판화의 준비물과 제작 순서를 참고하여, (1)과 (2)의 판화 종류를 쓰고, 판화의 일반적인 특징과 구별되는 판화 (1), (2)의 특징을 1가지만 쓰시오. [3점]

구분	준비물	제작 순서
(1)	아크릴 판, 판화용 잉크, 종이, 붓, 헝겊	① 판 준비하기- ② 판 위에 그리기- ③ 찍기
(2)	천, 나무틀, 판화용 잉크, 종이, 스퀴저	① 나무틀에 천을 붙이기- ② 파라핀 바르기- ③ 감광하기- ④ 잉크를 밀어 넣어 찍기

　　　　(1)　　　　　　　　(2)

구분	종류	구별되는 특징
(1)		
(2)		

05-19 [판화] – 모노타이프 / 실크스크린

|모|범|답|안|

(1) 종류는 모노타이프
　특징은 한 장 내지 몇 장 밖에는 얻지 못한다.
　(17세기의 조반니 베네딕트 카스틸리오네, 19세기의 블레이크, 드가 등의 작품이 많다.)

(2) 실크스크린
　특징은 다른 판법에 비해 잉크가 스크린의 망점을 통과하여 인쇄되는 유일 날염법의 공정을 취한다.
　따라서 인쇄의 대상이 넓고 인쇄 시 압력이 낮다.
　(원화의 좌우가 바뀌지 않는다.)

3 2006학년도_16

판화 작품에 서명된 것을 보면, 38 / 100, A.P., C.P. 등이 쓰여 있는 것을 볼 수 있다. 각각 그 의미를 쓰시오. [3점]

(1) 38 / 100 :

(2) A.P. :

(3) C.P. :

06-16 [판화] - 판화 이론

|모|범|답|안|

38/100은 총 에디션 넘버 100장 중에서 38번째 작품이라는 뜻.

A.P(Artist Proof)는 작가 자신이 소장용. 에디션에 포함하지 않는 번호.

C.P(Cancellation Proof)는 인쇄 마감판으로 판에 흠집을 내고 찍는다. 보통 목판, 동판에서 제작한다.

4 2007학년도_25

다음 두 작품은 오목 판화의 예이다. (가)작품의 제작에 사용된 기법명과 제작 과정을 쓰고, (나)작품의 제작 과정을 참고하여 빈 칸을 채워 쓰시오. [3점]

(가) 달과 꽃 / 황규백

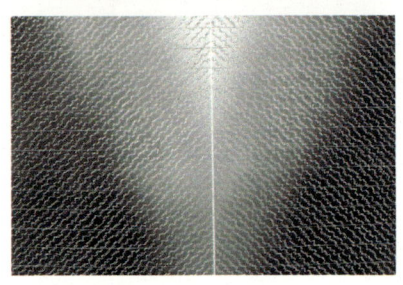

(나) 빛 / 하동철

(가) 기법명 :

　　제작 과정 :

(나) 제작 과정 :
　　(판을 준비한다) → (감광액을 바른다) → (빛에 노출한 후 현상한다) → (　　　　　　　　　　) → (잉킹하여 프레스로 찍는다)

07-25 [판화] - 오목 판화

|모|범|답|안|

(가) 기법명은 메조틴트이다.
제작과정은 로커로 요철 만들기 → 스케치 옮기기 → 스크레퍼로 깎고, 버니셔로 지우면서 점차 밝게 표현 → 룰렛으로 세부 표현 → 잉킹 → 잉크 닦고 프레스로 찍기

(나) 판을 부식한다.

5 2008학년도_18

다음 판화 기법들은 금속판의 표면에 용구로 직접 홈을 내고 잉킹을 한 후 찍어내는 기법들이다. 빈칸에 적합한 기법의 명칭과 홈을 내기 위한 용구 및 제작 효과를 쓰시오. [3점]

기법	필수 용구	제작 효과
①	철침(니들)	④
메조틴트	③	⑤
②	▽꼴의 송곳 (뷰린)	⑥

08-18 [판화] - 오목 판화

|모|범|답|안|

① 드라이포인트
② 인그레이빙
③ 로커, 룰렛
④ 선이 가늘고 자유롭다. 버(burr)에 고인 잉크에 의하여 선이 메워진 것처럼 보여 면의 부드러운 효과를 낸다.
⑤ 풍부한 명암 효과
⑥ 세밀한 선묘(線描), 엄격하고 격조 높은 선의 효과가 특징이다.

* **유리[그라뷔르(gravure)**, 투명한 유리그릇 표면에 화상을 새겨 넣어 유리의 투과광에 의해 부조의 효과를 내는 기법

6 2009학년도_27

판화의 개념과 용어 및 제작 과정에 대한 설명으로 옳은 것은?

① 실크스크린은 판의 뚫린 부분에 잉크를 밀어 넣어 찍는 판화이며 날염 등 산업적인 목적으로 활용될 때 세리그래프라 한다.
② 리소그래프는 물과 기름의 반발 원리를 이용하여 찍는 판화이며 석회석 판을 이용할 경우 칼과 니들로 긁는 기법도 사용할 수 있다.
③ 컴퓨터 프린트를 이용한 판화 작품들이 근래에 등장하고 있으며, 오리지널 판화와 차이를 두기 위해서 artist's proof의 약자인 A.P를 표기한다.
④ 에디션 넘버링은 작가가 공방의 도움을 받지 않고 제작한 것임을 증명하는 것이며, 작품의 총매수와 일련번호를 연필로 표기하는 것이다.
⑤ 애쿼틴트는 동판에 송진 가루를 뿌린후 열을 가하여 부착하며, 니들로 긁어 그림을 그린 후 산에 부식하여 농담을 표현한다.

|정답| ②

7 2010학년도_32

다음 (가)~(라)의 판화 제작 방법과 작품 설명으로 옳은 것을 〈보기〉에서 모두 고른 것은? [2.5점]

[별첨 컬러 도판 참고]

(가)

(나)

(다)

(라)

──| 보 기 |──

ㄱ. (가)는 평판화의 원리로 찍은 마네의 작품으로 (나), (다), (라)의 제작 방식에 비해 판에 그린 재료의 물성이 효과적으로 나타난다.
ㄴ. (가), (나), (다)는 모두 간접적인 방법으로 찍히기 때문에 판에 그려진 이미지의 좌우가 바뀌어 찍힌 결과물이다.
ㄷ. (나)는 고야의 드라이포인트 작품으로 부식을 거치지 않고 프레스로 찍어 회화적인 특징이 강조되어 나타난다.
ㄹ. (다)는 뭉크의 목판화로 피카소의 판 소멸법과 동일한 방법으로 제작하여 하나의 판으로 찍은 다색 판화이다.
ㅁ. (라)는 찍을 때 좌우가 바뀌기 때문에 이미지를 뒤집어 작업하는 과정이 필요하며, 유리와 도자기에도 찍을 수 있다.

① ㄱ, ㄴ
② ㄴ, ㄷ
③ ㄷ, ㅁ
④ ㄱ, ㄴ, ㅁ
⑤ ㄷ, ㄹ, ㅁ

|정답| ①

8 | 2011학년도_33

(가)~(다) 작품의 판화 기법에 대한 설명으로 옳은 것을 <보기>에서 고른 것은? [1.5점]   [별첨 컬러 도판 참고]

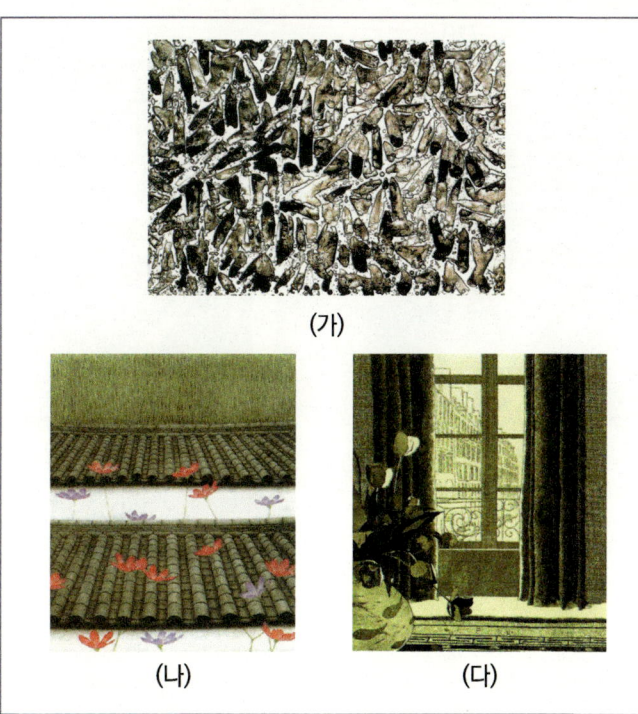

(가)

(나)   (다)

―| 보 기 |―

ㄱ. 록커(rocker)와 룰렛(roulette) 등의 도구를 사용하며 부드럽고 흐린 미묘한 톤의 변화와 동시에 어두운 색조의 풍부한 변화를 나타낼 수 있으므로 벨벳과 같은 감촉의 효과를 만들 수 있다.

ㄴ. 판에 그라운드를 바르고 철침으로 새긴 후 질산에 부식시키는 방법과, 판 위에 송진 가루를 엷게 입힌 뒤 부식시키는 과정을 반복하여 부드러우면서도 깊이 있는 톤을 얻을 수 있는 방법, 두 가지를 혼용한다.

ㄷ. 석판, 아연판, 알루미늄판에 해먹이나 양초, 크레용 등으로 그림을 그린 후 아라비아 고무액을 바르고 물기를 묻혀서 유성 잉크로 찍어 낸 것으로, 붓의 터치나 크레용, 해먹의 질감, 농담의 변화까지 나타난다.

	(가)	(나)	(다)
①	ㄱ	ㄴ	ㄷ
②	ㄱ	ㄷ	ㄴ
③	ㄴ	ㄱ	ㄷ
④	ㄷ	ㄱ	ㄴ
⑤	ㄷ	ㄴ	ㄱ

11-33

|정답| ④

9. 2012학년도_25

제시된 판화 작품과 표현 기법을 바르게 연결한 것만을 있는 대로 고른 것은 [2.5점] [별첨 컬러 도판 참고]

	판화 작품	표현 기법
(가)		니들로 선을 그으면 판이 긁혀 올라오며 니들의 압력에 따라 선의 강약이 달라진다. 이렇게 표현된 선은 가늘고 선명하게 인쇄되어 생동감을 준다.
(나)		니들로 선을 그어 그라운드를 벗겨낸 후 강한 산에 부식시키면 거친 선을 표현할 수 있다. 한번에 넓은 면적의 그라운드를 벗겨내고, 부식시키면 그 부분은 오히려 밝게 표현된다.
(다)		크레용이나. 해묵으로 그림을 그리고 제판을 한후 인쇄를 하면 그린 부분이 나타난다. 이렇게 표현된 선은 마치 크레용이나 붓으로 그린 것처럼 자연스럽다.
(라)		투명 필름 위에 검정색 크레파스와 먹물로 그림을 그린후 사진 감광하면 그린 부분이 뚫린다. 그 구멍으로 잉크가 통과해 찍힌 선은 섬세하고 선명하게 표현된다.

① (가), (나)
② (가), (다)
③ (다), (라)
④ (가), (나), (라)
⑤ (나), (다), (라)

| 정답 | ⑤

10. 2012학년도_30

(가), (나)는 표현주의 작가들의 목판화이다. 설명으로 옳은 것만을 〈보기〉에서 있는 대로 고른 것은 [1.5점]

뭉크(E. Munch) 〈키스〉   키르히너 (E. Kirechner) 〈고뇌〉

―| 보 기 |―

ㄱ. 뭉크는 단순하고 왜곡된 형태와 목판의 유기적인 나뭇결에 탐닉하였다.
ㄴ. 표현주의 작가들은 새로운 표현의 가능성으로서 목판화에 주목하였다.
ㄷ. 표현주의 작가들은 미술의 사회적 역할을 강조하였기 때문에 목판화를 대량 제작하여 보급하였다.
ㄹ. 키르히너는 아프리카 조각의 원시적 표현력에 영향을 받아 밑그림 없이 바로 거칠게 깎고 파낸 목판화를 선보였다.

① ㄱ, ㄴ
② ㄱ, ㄹ
③ ㄴ, ㄷ
④ ㄱ, ㄴ, ㄹ
⑤ ㄴ, ㄷ, ㄹ

| 정답 | ④

11 2013학년도_12

(가)~(다)와 관련된 판화 제작 기법을 〈보기〉에서 골라 바르게 연결한 것은? [별첨 컬러 도판 참고]

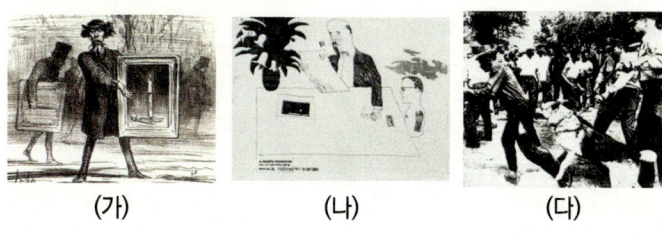

(가)   (나)   (다)

―| 보기 |―

ㄱ. 물과 기름이 섞이지 않는 속성을 이용한 기법이다. 이미지는 판 위에 기름 성분의 석판 크레용으로 그린다. 잉크가 묻은 그림 부분만 이미지로 남는다. 그려진 크레용 자국은 그릴 때의 압력에 따라 밝고 어두운 선과 톤으로 다르게 표현된다.

ㄴ. 펜으로 그린 선처럼 섬세한 효과, 강력한 붓터치, 동적인 검정색 면, 잔잔한 회색 등을 표현할 수 있다. 금속판을 날카로운 도구로 새기거나 산으로 부식시켜 판면보다 홈이 낮게 파이게 한다. 관련된 기법 중에는 드라이 포인트, 아쿼틴트, 메조틴트, 인그레이빙 등이 있다.

ㄷ. 실크나 나일론 같은 천의 망(스크린) 위에 이미지를 그리는데, 그림 부분은 망이 뚫려 있고 나머지 부분은 막혀 있다. 뚫린 부분으로만 잉크가 새어 나가 이미지가 찍힌다. 이 기법을 통해서 정확하고 칼로 끊은 듯한 형태와 자유로운 붓터치 이미지 등을 표현할 수 있다.

① (가) - ㄱ
② (가) - ㄴ
③ (나) - ㄱ
④ (나) - ㄷ
⑤ (다) - ㄴ

13-12
|정답| ①

12 2014학년도_A기입형_09

(가)를 참고하여 (나)에서 밑줄 친 판화 기법의 명칭을 쓰시오. [2점]

(가) 고바야시, 〈스페이스 원더랜드〉

(나)

○ 이 기법은 18세기 후반 영국의 토마스 베윅(T. Bewick)이 동판 인쇄 기법을 목판에 적용하여 발전시켰다. 19세기 중반에는 스케치에 사진 현상법을 도입하여 더욱 정교한 판화를 제작할 수 있게 되었다.
○ 삽화를 대량으로 제작하기 위하여 활용된 이 기법은 정교한 선을 표현하기 위하여, 뷰린(burin) 같은 예리한 도구와 단단한 판재를 사용한다.
○ 이 기법은 바렌을 사용하여 찍으며, 표면에 잉크를 발라 찍기 때문에 파낸 부분이 바탕색으로 나타난다.

14-A9
|정답| 우드 인그레이빙
|인|정|답|
눈목판법

13 2015학년도_A서술형_04

다음은 단색 석판화(lithography)의 제작 과정을 단계별로 구분한 것이다. 밑줄 친 ㉠, ㉡ 단계에 해당하는 재료와 사용법을 순서대로 서술하고, 석판화의 이미지가 형성되는 기본 원리를 쓰시오. [5점]

단계	내용
① 판의 감응 처리	연마된 석판화용 알루미늄 판을 흐르는 물에 씻어 말린다. 카운터 에치액을 판의 전면에 골고루 묻힌 후 일정 시간이 지나면 물로 씻어서 재빨리 건조한다.
② 이미지 제작	판 위에 니들로 표시 금을 긋고, 리도 펜슬이나 해먹을 이용하여 드로잉한 후 활석 가루(talc powder)를 드로잉 전면에 가볍게 바르고 나머지는 털어 버린다.
③ 첫번째 산 처리	㉠_____. 판에 얇은 피막이 입혀지도록 손바닥으로 훑어 주거나 가제 수건으로 말끔히 닦아 말린다. 테레핀을 사용하여 드로잉을 깨끗이 닦아 낸 후 드로잉한 부분에 보호 잉크로 얇은 피막을 입혀 말린다.
④ 제판잉킹	㉡_____. 물기가 있는 스펀지로 판을 적셔 가며, 제판 잉크(roll-up ink)로 얇게 여러 번 잉킹한다. 판 위의 물기를 말린 후 활석 가루를 드로잉 전면에 가볍게 바르고 나머지는 털어 버린다.
⑤ 두번째 산 처리	㉠_____. 판에 얇은 피막이 입혀지도록 손바닥으로 훑어 주거나 가제 수건으로 말끔히 닦아 말린다. 테레핀으로 제판 잉크를 깨끗이 닦아 낸다.
⑥ 잉킹 및 프린팅	㉡_____. 물기가 있는 스펀지로 판을 적셔 가며, 석판화 잉크(litho ink)로 잉킹한다. 판 위의 물기를 말린 후 판화지를 판의 표시 금에 맞추어 덮고, 석판 프레스로 찍어 낸다.

15-A서4 [판화] -석판화 과정

|모|범|답|안|

㉠ **아라비아 고무액**이다.
사용법은 판면의 어떤 특정 부위에 지나치게 오래 머물러 있지 않도록 **둥근 원을 그려 가면서 판면 위에 고르게 바른다**.

㉡ 롤러
롤러의 표면에 잉크를 입힌다. 잉크 층은 아주 얇게 한다. 판면의 전체 부분에 잉크가 입혀지도록 한다.
롤러는 거의 힘을 주지 않고 가볍게 있다가 **점차적으로 압력을 가해** 진한 부분에 힘을 주어 민다.
조금씩 단계적으로 잉크를 입혀가며 판 위에 수직, 수평, 대각선 방향으로 굴려준다.

석판화의 기본 원리는 배수성의 원리이다. 물과 기름이 섞이지 않고 분리되는 반발 작용을 뜻한다.

14 2016학년도_A3

다음의 설명을 참고하여 ( ) 안에 공통으로 들어갈 용어를 쓰시오. [2점]

- ( )은/는 유리판이나 셀룰로이드, 금속판 등 판재의 표면에 수성 또는 유성의 물감이나 잉크로 그림을 그리고 종이에 찍어내는 것이다.
- 판을 이용해 여러 장의 작품을 제작하는 일반적인 판화와는 달리, ( )은/는 대체로 하나의 판에서 한 장의 작품만을 얻어낸다.
- ( )은/는 17세기에 카스틸리오네(G. B. Castiglione)에 의해 시도되었으며, 이후 블레이크(W. Blake)와 드가(E. Degas)도 이 기법을 사용하였다.

16-A3

|정답| 모노타이프

|인정답|
모노타이핑 (monotyping)

15 2017학년도_A9

다음은 오목 판화의 한 기법을 6단계의 제작 과정으로 구분한 것이다. 이 판화 기법에 관하여 〈작성 방법〉에 따라 서술하시오. [4점]

단계	제작 과정
1	동판을 알맞은 크기로 자르고 광택이 나도록 연마제로 닦는다.
2	로커(rocker)나 룰렛(roulette)으로 동판 위에 ㉠ 촘촘하고 균일한 돌기와 홈을 만든다.
3	트레이싱지와 먹지를 이용하여 밑그림을 좌우가 바뀌게 전사한다.
4	㉡
5	버니셔(burnisher)를 이용하여 이미지를 섬세하게 다듬는다.
6	잉킹이 완료된 후, 동판화 프레스를 사용하여 찍어 낸다.

―| 작성 방법 |―
- 동판화의 일종인 이 기법의 명칭을 쓸 것.
- 밑줄 친 ㉠의 이유를 서술할 것.
- ㉡에 들어갈 톤(tone)의 형성 과정을 서술할 것.

17-A9 [판화] – 오목판화 – 메조틴트

|모|범|답|안|
기법 명칭은 **메조틴트**이다.
㉠의 이유는 **어두운 톤**을 만들기 위함이다.
㉡ 톤의 형성과정은 **거친 부분을 스크레퍼로 제거**한다.

16 2018학년도_B1

다음은 판화 수업에서 작성한 작품 제작 과정 보고서이다. 이와 관련하여 〈작성 방법〉에 따라 서술하시오. [4점]

[별첨 컬러 도판 참고]

작품 제작 과정 보고서				
단원	실크스크린 판화 작품 제작하기-2 (제판하기)			
작성일	2017년 7월 12일	작성자	○○고등학교 1학년 2반 ○○○	
제작 과정	〈실크스크린 판화 제판 과정〉			
^	단계	과정 사진	과정 설명	
^	① 감광액 바르기		스크린 판에 버킷으로 감광액을 칠한다.	
^	② 건조하기		㉠	
^	③ 노광하기		제작한 투명 필름을 감광대에 놓는다. 그 위에 스크린 판을 감광액이 칠해진 밑면과 서로 마주보게 하여 노광한다.	
^	④ 세척하기		노광이 끝난 판을 분무 세척기로 물을 뿌리면서 뚫는다.	
성찰 및 점검	노광을 마친 스크린 판을 세척할 때 ㉡ 감광액이 너무 빨리 씻겨 나가고 이미지 이외의 부분까지 떨어져 나가 당황스러웠다. 제작 과정의 어느 부분에서 문제점이 있었는지 다시 살펴보아야겠다.			

─| 작성 방법 |─

- ㉠에 해당하는 내용을 건조 조건을 포함하여 서술할 것.
- ㉡과 같은 문제가 발생할 수 있는 이유를 3가지 서술할 것.

18-B1

|모|범|답|안|

㉠은 암실에서 건조하는 과정이다. **더운 바람이 나오는 건조 박스** 안에서 **완전 건조**시킨다.
㉡과 같은 문제가 발생하는 이유는 첫째, **감광액이 너무 두껍게 도포**된 경우이다.
둘째, **노광 시간이 짧은 경우**이다. 노광은 캐미컬 램프나 형광등, 감광액의 종류, 감광막의 두께, 감광액의 혼합비율, 기온, 광원과의 거리 등 여러 조건에 의한 변수가 있다.
셋째, **감광액이 완전히 건조되지 않은 채 노광**을 한 경우이다.

17 2019학년도_B2

다음 작품을 참고하여 〈작성 방법〉에 따라 서술하시오. [4점]   [별첨 컬러 도판 참고]

작품	뭉크(E. Munch), 〈월광〉	뷰익(T. Bewick), 〈뉴 사우스 웨일즈 울프〉(부분)
목판화 종류	㉠	㉴

─| 작성 방법 |─

- ㉠, ㉴에 해당하는 명칭을 각각 쓸 것.
- ㉠, ㉴의 표현 특징을 목재의 제판 형식과 강도를 중심으로 각각 서술할 것.

19-B2 [판화 - 목판화]

|모|범|답|안|
㉠ 우드 컷
㉴ 우드 인그레이빙
㉠ 우드 컷은 세로로 자른 목판 형식으로 나뭇결 방향이다.
　강도는 부드러운 성질이다. 나뭇결을 살린 음, 양각 볼록판이며 조각칼을 사용한다.
㉴ 우드 인그레이빙은 가로로 자른 목판 형식으로 나이테 방향이다.
　강도는 균질한 성질로 단단하다. 뷰린을 사용하며 날카롭고 섬세한 선묘를 판각한다.

18 2020학년도_B5

다음은 오목 판화의 제작 방법을 정리한 표이다. 〈작성 방법〉에 따라 서술하시오. [4점]

구분 \ 종류	하드 그라운드 에칭	소프트 그라운드 에칭	㉠
방식제	그라운드	그라운드와 수지(유연제)	해당 없음
형태를 만드는 방법	에칭 니들로 방식제를 벗기며 형태를 그린다.	㉡	록커, 룰렛을 이용하여 어두운 톤을 만든 후 스크래이퍼나 버니셔 등으로 형태를 만든다.
표현 특징	㉢	부드러운 느낌의 선이나 다양한 사물의 질감 표현에 적합하다.	㉣

─┤ 작성 방법 ├─

- ㉠에 해당하는 명칭을 쓸 것.
- ㉡에 해당하는 방법을 서술할 것.
- ㉢, ㉣에 해당하는 표현 특징을 순서대로 서술할 것.

20-B5

|모|범|답|안|
㉠ 메조틴트
㉡ **수지나 밀랍**을 첨가한 방식제를 사용하여 **질감을 묘사**하며, 여러 가지 물질의 표면형태를 묘사한다.
㉢ **선들이 자연스럽다**. 부식 정도에 따라 선의 굵기와 깊이가 결정된다.
㉣ 부드럽고 미묘한 색조 변화를 얻을 수 있다. **회화적 효과**가 풍부하다.

19 2021학년도_B5

다음은 석판화의 전통 방식에 사용하는 석회석판과 그 대체재인 알루미늄판의 연마 과정이다. 〈작성 방법〉에 따라 서술하시오. [4점]

판의 종류	석회석판	알루미늄판
연마 장면		
연마 과정	석회석판 위에 정제된 (㉠)을/를 도포하고 물을 뿌린 후 (㉡)을/를 이용해 문질러 연마하거나 본판보다 작은 크기의 석판을 이용하여 고르게 연마한다.	알루미늄판 위에 정제된 (㉠)을/를 도포하고 물을 뿌린 후 쇠구슬이나 유리구슬을 얹은 뒤 진동 선반을 이용하여 고르게 연마한다.

─── 작성 방법 ───
- ㉠에 공통으로 들어갈 연마재의 명칭을 쓸 것.
- ㉡에 들어갈 도구의 명칭을 쓸 것.
- 알루미늄판의 연마가 필요한 이유와 그에 따른 효과를 각각 서술할 것.

21-B5

|모|범|답|안|

㉠은 **카보런덤**(carborundum)

㉡은 **레비게이터**

알루미늄판의 연마가 필요한 이유는 **인위적인 돌기와 미세한 구멍**을 만들고, **입자의 깊이를 조정하고 균일하게 하기 위함**이다. 인위적인 돌기와 미세구멍을 통해 물과 기름의 반발성을 높인다.
즉 **부드러운 색의 톤과 깊이를 표현**할 수 있다.

|인|정|답|
㉠ 연마재, 금강사, 탄화규소(SiC)

20 2022학년도_A10

다음은 판화 단원을 마무리하는 김 교사의 수업 내용이다. 〈작성 방법〉에 따라 서술하시오. [4점] [별첨 컬러 도판 참고]

수업명 : 원본 판화에 대해 알아보기

■ 주요 용어

용도에 따른 기호	기호의 뜻
㉠	여러 가지 순서나 방법으로 제판을 한 후에 제판 상태를 확인하기 위해 찍은 판화에 표기하는 기호
…(중략)…	
C·P	㉡

■ 참고 도판

(가)

─| 작성 방법 |─

○ ㉠에 해당하는 기호를 쓰고, ㉡에 해당하는 C·P의 뜻을 서술할 것.
○ (가) 판화의 용도를 나타내는 ㉢ E·A의 뜻을 서술할 것.
○ 판화 작품이 원본임을 보증하기 위해 서명과 함께 반드시 포함해야 하는 것을 쓸 것.

22-A10

|모|범|답|안|
㉠ 에 해당하는 기호는 **T.P (트라이얼 프루프)**이다.
㉡ C.P의 뜻은 마지막 에디션으로 이미지를 지운 다음에 찍어낸 프린트인데 더 이상 프린트를 내지 않는다는 의미이다.
㉢ E.A의 뜻은 작가 보관용으로 전체 에디션의 10%를 넘지 않는다. 전체 에디션에 포함시키지 않는다.
원본임을 보증하기 위해 서명과 함께 반드시 포함해야 하는 것은 일련번호, 총매수, 작품명, 제작연도 등이다.

|인|정|답|
원본임을 보증하기 위해 서명과 함께 반드시 포함해야 하는 것은 일련번호, 총매수, 작품명, 제작연도 등이며, 서명은 **연필**로만 해야 한다.

21 2023학년도_A6

다음 도판과 설명을 참고하여 〈작성 방법〉에 따라 서술하시오. [4점]   [별첨 컬러 도판 참고]

구 분	(가)	(나)
작 품	뭉크(E. Munch)	피카소(P. Picasso)
판 재	목판	리놀륨판
기 법	(㉠)	판소거법
특 징	하늘과 인물의 경계면에 ㉡ 흰색 선이 나타난다.	컵과 전등 일부에서 ㉢ 흰색 부분이 보인다.

―| 작성 방법 |―
- 목판과 구별되는 리놀륨판의 장점을 판각(板刻) 중심으로 1가지 서술할 것.
- 괄호 안의 ㉠에 해당하는 명칭을 쓰고, 밑줄 친 ㉡의 이유를 제작 방법을 중심으로 서술할 것.
- 밑줄 친 ㉢을 표현하는 제작 방법을 서술할 것. (단, 해당하는 제판 단계를 포함할 것.)

23-A6

|모|범|답|안|
리놀륨판의 장점은 다음과 같다.
① **표면에 결이 없어 부드럽게** 깎을 수 있기 때문에 목판보다 깨끗하고 깔끔한 넓은 면을 한번에 얻을 수 있다는 점이다.
  ㉠ **분할 판 다색법**
  ㉡ **분판법**은 판목을 찍을 여러 가지 색에 따라 부분적으로 오리고 해체한 후에 각각의 색으로 잉킹하고, 다시 조합해 찍는 방법이다. 다시 조합해서 프린팅을 하더라도 오린 부분의 경계에 나타나는 것을 **흰강**이라고 한다.
  ㉢ **판소거법**은 한 판을 점진적으로 제판해서 여러색을 찍는 것이다. 판목에 처음 파낸 것은 흰색에 해당한다.

|인|정|답|
리놀륨판의 장점 (②~④중에서 하나만 서술해도 정답)
② 표면에 결이 없기 때문에 목판화에 비해 **제작이 용이**하고 초심자도 이용하기 쉽다.
③ **어느 방향으로나 제판 작업이 가능하다**는 점이다. 리놀륨판은 판재의 결이 없어 어떤 방향으로도 자유롭게 제판할 수 있다.
④ 외곽선의 형태를 자유롭게 자를 수 있어서 누구나 쉽게 다룰 수 있는 장점이 있다.

26. 다음 표와 도판을 참고하여 〈작성 방법〉에 따라 서술하시오. [4점]

단계	동판의 준비 과정
① 판 자르기	선을 긋고 동판용 절단기로 힘을 가해서 동판을 자른다.
② 절단면 다듬기	판의 테두리를 2~3mm정도 줄(File)을 이용해 45도 각도로 갈아 내고 네 모서리를 둥글게 정리한 후, (㉠)(으)로 거친 줄 자국을 깎아 내어 다듬고 (㉡)(으)로 요철 부분을 문질러 깨끗이 정리한다.
③ 기름기 없애기	활석 가루와 암모니아수 몇 방울을 떨어트린 다음 천 조각으로 고르게 문지르고 잘 닦아 동판 표면의 불순물과 기름기를 완전히 제거한다.
④ 세척하기	깨끗한 물로 판면을 씻는다. 불순물과 기름기가 완전히 제거되었다면 물이 판 위에 고르게 흐르지만, 남아 있으면 물이 불규칙적으로 흐른다. 이런 경우에는 앞의 과정을 반복한다.
⑤ 건조하기	불순물과 기름기가 완전히 제거된 상태를 확인한 후 말린다.

(가)

―| 작성 방법 |―

◦ 괄호 안의 ㉠, ㉡에 해당하는 판화 도구의 명칭을 순서대로 쓸 것.
◦ 단계 '② 절단면 다듬기'를 수행해야 하는 이유를 프린팅할 때 발생할 수 있는 문제점에 근거하여 서술할 것.
◦ 오목 판화의 작업 방식에 의해 생긴 도판 (가)의 ㉢의 명칭을 쓸 것.

27. 다음 도판과 대화를 참고하여 <작성 방법>에 따라 서술하시오. [4점]

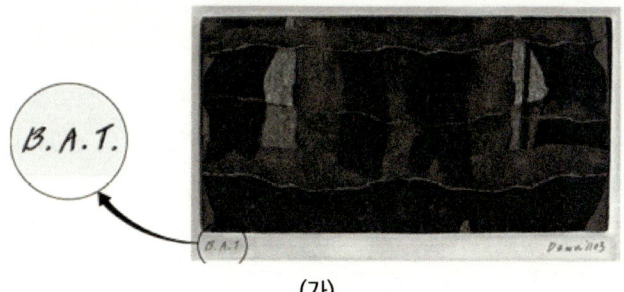

(가)

교 사: 이번 시간에는 오목 판화 중 애쿼틴트(aquatint)를 제작하겠습니다. 먼저 (㉠)을/를 뿌린 후 열을 가해 판에 정착시키고, 부식 시간에 차이를 주면서 다양한 톤을 만들어 봅시다.
학 생: 선생님, ㉡애쿼틴트 판을 부식할 때 올라오는 공기 기포들을 없애는 방법이 있나요? 그대로 두면 작품에 영향을 줄 것 같아요.
교 사: 정말 좋은 질문이에요. 알아봅시다.
⋯(중략)⋯
학 생: 아, 그렇군요. 감사합니다. 이번에 열심히 작업해서 한정 에디션을 찍어 볼 생각이에요. (가)에서와 같이 ㉢B.A.T.로 쓸 수 있는 작품을 찍고 싶은데, 판화지 준비 과정에서 유의할 점이 있을까요?
교 사: 네. ㉣잉크가 잘 흡수되도록 하는 판화지 처리 방법이 필요합니다. 이 과정을 거친 후 프레스 준비 단계로 들어갑니다.

─| 작성 방법 |─

∘ 괄호 안의 ㉠에 해당하는 용어를 쓰고, 밑줄 친 ㉡을 서술할 것.
∘ 밑줄 친 ㉢의 의미를 서술할 것.
∘ 밑줄 친 ㉣을 서술할 것.

25-B7

|모|범|답|안|
㉠ 송진가루
㉡ 기포를 없애는 방법은 첫째, **부드러운 새의 깃털**을 이용해서 기포를 제거하는 방법. 둘째, **염화제2철이나 네델란드 부식액을 사용**하는 방법
㉢ 최상의 시험인쇄라는 뜻으로 에디션에 들어가기 전의 완성판으로 작가, 공방 보존용으로 사용되는 용어이다.
㉣ **잉킹하기 전에 종이보다 큰 그릇에 평평하게 종이를 물 속에 담가 충분히 적셔 놓는다.**

12 서예·전각

1 2002학년도_09

서예의 운필법 중에는 중봉과 편봉이 있다. 각각의 ① 운필 방법과 ② 필획의 특징을 서술하시오. [4점]

(가) 중봉
① 운필의 방법 :

② 필획의 특징 :

(나) 편봉
① 운필의 방법 :

② 필획의 특징 :

2 2003학년도_12

한국화 작품이나 서예 작품을 완성한 후 아호나 성명을 쓰고 인장을 찍는 것을 낙관이라 한다. "금수강산"의 성명인과 "금수강산"의 아호인을 정사각형의 전각 기법으로 날인된 작품을 그리시오. [6점]

성명인 : 금수강산(3점)	아호인 : 금수강산(3점)

금수강산

02-09 [서예 운필법]

|모|범|답|안|

중봉
① 운필 방법: 글씨를 쓸 때 **붓끝이 항상 글자의 점획(點劃) 중간**에 위치해야 한다. **획의 진행 방향과 붓결이 일치**하도록 하는 방법
② 필획의 특징: 중봉에 충실해야 **힘 있고 기운 가득찬 획**을 그을 수 있다. **입체적이면서 묵직한 힘**이 느껴진다.

편봉
① 운필 방법: 필봉을 **뉘어서 붓 허리로 쓰는 것**. 편필, 측봉이라고도 한다. 점획의 가장자리로 붓 끝의 예리함이 표현되는 방법
② 필획의 특징: **평면적이면서 화려하고 경쾌한 기교**가 느껴진다. 쓰는 것. 편필, 측봉이라고도 한다. 점획의 가장자리로 붓 끝의 예리함이 표현되는 방법
② 필획의 특징: 평면적이면서 화려하고 경쾌한 기교가 느껴진다.

03-12 [전각]

|모|범|답|안|

| 금 수 | 금 강 |
| 강 산 | 수 산 | (한글은 좌에서 우로 읽는다)

|인|정|답|

| 繡 錦 | 江 錦 |
| 江 山 | 山 繡 | (한문의 장법으로 해석하면 가능함)

3 2005학년도_14

아래 표 안의 전각 작품을 보고, 빈칸에 인장의 명칭과 특징을 간략히 쓰시오. [2점]

인장의 종류	인장의 명칭과 특징
	성명인 : 개인의 신용을 증명하기 위해 자신의 이름을 새긴 인장
	호인 (아호인) : 자신의 호(아호)를 새긴 인장으로, 낙관으로 찍을 때는 주로 성명인 밑에 주문으로 찍는 인장
	(1) _____ : _____
	(2) _____ : _____

05-14 [전각]

|모|범|답|안|
(1) 사구인 : **아름다운 글이나 문구**를 새긴 것으로 서화의 적당한 **여백에 찍어 특별한 조형미**를 나타낸다.
(2) 초형인 : **문자가 아닌 사람의 얼굴, 동물 등을 새긴 것**

4 2006학년도_09

다음 조선시대 월인석보에 쓰여진 큰 글씨의 한자와 한글 서체 이름을 각각 쓰시오. 또 월인석보의 왼편과 같이 작은 글씨를 쓸 때 적절한 집필법(붓 잡는 방법)과 완법(팔의 자세)의 명칭을 쓰고, 그 방법을 설명하시오. [4점]

(1) 한자 서체 :

(2) 한글 서체 :

(3) 집 필 법 :

(4) 완 법 :

06-09 [서예 – 전각] – 월인석보, 판본, 해서

|모|범|답|안|
(1) 한자 서체 : 해서체
(2) 한글 서체 : 판본체
(3) 집 필 법 : 단구(=단포, /쌍구= 쌍포)
(4) 완   법 : 침완법

5 2007학년도_13

다음에 제시된 표는 조맹부의 〈작화추색도〉에 사용된 전각의 종류에 대한 설명이다. 작품을 참고하여 빈 칸에 알맞은 내용을 쓰시오(단, 초형인은 제외함). [2점]

구분	종류	특징
①	성명인 (姓名印)	이름을 음각(백문)하고 주로 판본체(전서체)로 새긴다. 정사각형이 많다.
②	아호인 (雅號印)	호를 양각(주문)하고 주로 판본체(전서체)로 새긴다. '호인(號印) 또는 별호인(別號印)'이라고도 한다. 정사각형이 많다.
③	두인 (頭印)	작품의 머리 부분이나 오른쪽 위 어깨에 찍는다. '수인(首印)'이라고도 한다. 직사각형이 많다.
④		
⑤		

07-13 [중국 미술사] – 조맹부, 작화추색도 – 전각

|모|범|답|안|
④ 감상인 : 작품을 감상하거나 감정 했을 때 새긴다. 직사각형이 많다.
⑤ 수장인 : 소장한 서화에 찍는 인장이다. 둥근 형태나 직사각형을 사용한다.

6 2008학년도_08

화선지 4절(약 35×70cm)에 전서 8자를 임서하려 한다. 전서체 필법의 특징을 2가지 쓰고, 임서할 글자의 크기에 맞는 집필법과 완법의 명칭, 방법을 각각 1줄 이내로 쓰시오. [3점]

① 전서체 필법의 특징
  •
  •

② 집필법의 명칭과 방법:

③ 완법의 명칭과 방법:

08-08 [서예]

|모|범|답|안|
① 전서체 필법의 특징
  • 가로 수평, 세로 수직, 획의 끝과 전절은 둥글게, 굵기가 일정하게 함.
  • 기필은 장봉 영입, 행필은 중봉, 수필은 회봉, 좌우 대칭 균제미, 장방형
② 집필법의 명칭과 방법: 오지법
③ 완법의 명칭과 방법: 현완법

7 2009학년도_19

(가)~(마) 한자 서체의 서법을 바르게 설명한 것을 〈보기〉에서 고른 것은?

(가) (나) (다) (라) (마)

|보기|

ㄱ. 가로획의 기필(起筆)은 장봉(藏鋒)하고, 수필에서 전절하여 세로획을 쓴다. 사획은 비스듬히 행필 후 파책(破磔)한다.
ㄴ. 운필은 필압, 속도, 맥락을 고려한다. 점획의 연결, 생략 또는 단순화함에 있어서 엄격한 규칙이 있으면서도 자유로움이 있다.
ㄷ. 기필은 역입, 행필은 중봉, 수필은 회봉한다. 영자팔법인 측, 늑, 노, 적, 책(策), 약, 탁, 책(磔)을 기본으로 쓴다.
ㄹ. 운필은 속도, 억양, 장단, 굵기와 필순에 따른 연결성에 주의하고, 자형에 중용(中庸)의 의미를 살피면서 안정감 있게 쓴다.
ㅁ. 운필은 원필(圓筆)과 장봉으로 쓴다. 점획의 굵기는 일정하게 하고 전절(轉折)은 모(角)가 나지 않도록 쓴다.

	(가)	(나)	(다)	(라)	(마)
①	ㄱ	ㅁ	ㄹ	ㄷ	ㄴ
②	ㄴ	ㄱ	ㄷ	ㄹ	ㅁ
③	ㄴ	ㅁ	ㄷ	ㄹ	ㄱ
④	ㄹ	ㄱ	ㄷ	ㅁ	ㄴ
⑤	ㄹ	ㄴ	ㄷ	ㅁ	ㄱ

09-19 |정답| ③

8 2010학년도_22

다음 도판에 대한 설명이 옳은 것을 모두 고른 것은?

도판	설명
ㄱ	서화가 완성되었을 때 작가가 작품에 직접 성명이나 시구, 발문을 쓰거나, 성명과 아호를 쓰고 인장을 찍는 것을 낙관(落款)이라고 한다.
ㄴ	문자가 아닌 사람의 얼굴이나 새, 짐승 등의 형태를 간략하게 그려 새긴 것을 초형인(肖形印)이라고 한다.
ㄷ	조선 시대에 목판이나 활자로 찍어 낸 한글 서체로 궁체(宮體)라 하고, 획의 굵기가 일정하며, 원필(圓筆)과 방필(方筆)이 함께 존재한다.
ㄹ	힘찬 속도감과 함께 자유분방하고 기개가 넘치는 독특한 작품으로 서체의 변천 과정으로 볼 때 전서체(篆書體)이다.
ㅁ	전각을 할 때 도장을 새기기 전(前) 단계로 글자를 배열하는 방식이며, 자법(字法)이라고 한다.

① ㄱ, ㄴ   ② ㄱ, ㄷ   ③ ㄴ, ㅁ
④ ㄴ, ㄷ, ㄹ   ⑤ ㄴ, ㄹ, ㅁ

10-22 |정답| ①

9 2011학년도_21

서예에 대한 설명으로 옳은 것은? [1.5점]

① 행서와 초서는 예서를 빨리 쓰기 위해 점과 획을 단순화시킨 서체로 한(漢) 대에 사용하였다.
② 훈민정음 해례본에서 사용된 판본체는 최초의 한글 서체이다. 처음에는 방필이었으나 후에 원필로 바뀌었다.
③ 조선 시대 궁체의 정자는 점과 획을 쓰는 법이 정해져 있지 않으며, 흘림체는 율동감과 속도감으로 변화를 주는 서체이다.
④ 봉니인(封泥印)은 문서의 내용이 공개되는 것을 막기 위해 사용하였고 인장의 외형과 인고(印稿)의 구성에는 정형화된 규칙이 있었다.
⑤ 전서(篆書)체를 이용하여 새기는 것은 전각(篆刻), 예서(隷書)체를 새기는 것은 예각(隷刻), 서체를 현판이나 비석에 새기는 것은 서각(書刻)이라고 한다.

11-21
| 정답 | ①

10 2012학년도_13

전각에 대한 설명으로 옳은 것만을 〈보기〉에서 있는 대로 고른 것은? [1.5점]

|보기|
ㄱ. 전각의 측면에 새기는 것을 방각(傍刻)이라고 한다.
ㄴ. 글자가 정확한지 검토하는 것을 장법(章法)이라고 한다.
ㄷ. 인도(印刀)를 잡는 방법에는 쌍구법과 악관법 등이 있다.
ㄹ. 인뉴(印鈕)는 도장의 손잡이 부분으로 여기에 다양한 형상을 조각하기도 한다.
ㅁ. 사구인(詞句印)은 좋아하는 문구를 새긴 것으로 장서인(藏書印)이라고도 한다.

① ㄱ, ㄷ
② ㄴ, ㄹ
③ ㄱ, ㄴ, ㅁ
④ ㄱ, ㄷ, ㄹ
⑤ ㄷ, ㄹ, ㅁ

12-13
| 정답 | ④

11. 2013학년도_34

다음은 추사 김정희의 글씨이다. (가)와 (나)의 빈칸에 들어갈 서체의 명칭으로 옳은 것은?

정조 연간(1777~1800), 청의 새로운 사조인 고증학을 받아들이려는 북학 운동과 더불어 금석학이 진전되었고, 서예에서도 옛 서체를 당시의 글씨에 응용하려는 풍조가 일어났다. 유한지(兪漢芝)가 대표적 인물이다. 추사는 서한(西漢) 시대 (가) 을(를) (나) 에 응용해 독창적인 추사체를 이루었다.

	(가)	(나)
①	갑골문	대전
②	갑골문	예서
③	예서	해·행서
④	예서	초서
⑤	해·행서	대전

13-34 |정답| ③

12. 2014학년도_A기입형_11

다음은 전각 기법에 대한 설명이다. ( ) 안에 공통으로 들어갈 용어를 쓰시오. [2점]

- ( )은/는 인면(印面)에 글자를 배치하는 방법을 말한다.
- ( )에는 소밀(疏密), 경중(輕重), 증손(增損), 굴신(屈伸), 변화(變化) 등 여러 방법이 있다.
- ( )은/는 '분주포백(分朱布白)'이라고도 하며, 회화에서는 '포국(布局)', '포치포백(布置布白)', '치진포세(置陣布勢)', '경영위치(經營位置)'라고도 하는 구도법이다.
- ( )에서 글자 수에 따른 배치 방법은 아래의 예시 작품과 같다.

〈확(雀)〉 〈우선(藕船)〉 〈유숙인(劉淑印)〉 〈권돈인인(權敦仁印)〉

14-A11 |정답| 장법

|인|정|답| 포자법

13 2015학년도_A기입형_09

다음은 비문의 서체와 파책(波磔)에 대한 설명이다. 괄호 안의 ㉠, ㉡에 해당하는 용어를 순서대로 쓰시오. [2점]

예기비(禮器碑), 한(漢)

| 파책이 분명하게 드러나며 삐침획이 다양하게 변하고, 자형이 납작하고 모가 난 서체를 일반적인 예서와 구별하여 (㉠)(이)라고 부른다. | 이 서체의 횡획(橫劃)을 쓸 때에는 시작을 장봉으로 기필하여 누에 머리 같은 형상을 만들고 획의 꼬리 부분의 필을 잠시 눌렀다 빼는데 이를 (㉡)(이)라고 한다. |

14 2016학년도_A기입형_01

다음 작품과 설명을 참고하여 (   ) 안에 들어갈 서체의 명칭을 쓰시오. [2점] [별첨 컬러 도판 참고]

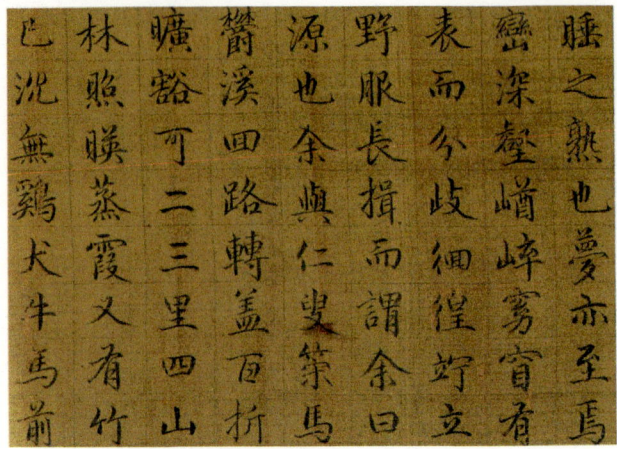

안평대군, 〈몽유도원도 발문〉 (부분)

(   )은/는 원나라 때에 왕희지체를 중심으로 진(晉)·당(唐)의 서예 전통을 이어받아 탄생한 서체로서, 결구(結構)가 정밀하고 필획은 힘이 있으면서도 유려하다. 우리나라에는 고려 말에 전해진 이후, 조선 초기를 대표하는 서체가 되었다. 안평대군이 쓴 〈몽유도원도 발문〉은 그 좋은 예이다. 이 작품을 보면 이 서체의 특징이 잘 드러나면서도 거침없고 활달한 느낌을 지니고 있어, 그가 이 서체를 완전히 소화하였음을 알 수 있다.

15-A9
|정답| ㉠ 팔분 ㉡ 안미(연미), 잠두연미

16-A1
|정답| 송설체

15 2017학년도_A기입형_07

다음은 서예의 운필 방법과 획의 모양에 대한 설명이다. ㉠, ㉡에 들어갈 용어를 순서대로 쓰시오. [2점]

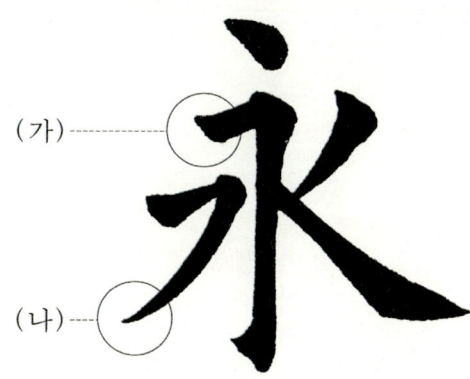

- (가)는 영자팔법(永字八法) 중 륵(勒)에 해당되는 부분으로 선을 그을 반대 방향에서 시작했다가 거꾸로 그어 들어가는 (㉠)하는 방법을 사용하였다. 이 운필법을 사용하여 나타난 획에서 붓끝의 흔적이 숨겨지는 모양을 장봉(藏鋒)이라 한다.
- (나)는 영자팔법 중 략(掠)에 해당되는 부분으로 선을 긋는 방향으로 붓을 왼쪽으로 길게 그어 내린다. 이 운필법을 사용하여 뾰족한 붓끝이 드러나는 모양을 (㉡)라/이라 한다.

17-A7

|정답| ㉠ 역봉   ㉡ 노봉

|인|정|답|
㉠ 역입   ㉡ ·

16 2019학년도_A2

다음 글씨를 참고하여 괄호 안의 ㉠, ㉡에 들어갈 용어를 순서 대로 쓰시오. [2점]

갈 지(之)

서예에서 획의 방향을 전환하는 방법에는 전(轉)과 (㉠)이/가 있다. 전(轉)이란 붓을 굴려서 획의 방향을 바꾸는 방법이고, (㉠)은/는 직선적으로 꺾어서 획의 방향을 전환하는 방법이다. '갈 지(之)'의 날(捺) 획을 쓸 때에는 획의 굵기와 방향에 변화가 있어야 한다. 날(捺) 획의 운필에서는 방향을 3번 전환하여 완곡하면서도 생동감 있는 자형을 이루게 되는데, 이와 같은 운필법을 (㉡)(이)라고 한다.

19-A2 [서예]

|정답| ㉠ 절   ㉡ 일파삼절

17 2020학년도_B2

다음을 참고하여 〈작성 방법〉에 따라 쓰시오. [2점]

송나라 주월(周越)은 『고금서법원(古今書法苑)』의 서문에서 고문·대전·소전·예서·(㉠)·팔분·행서·초서를 '팔체'라 하여 서예사의 여덟 가지 주요 서체로 인정하였다. 이 중 (㉠)은/는 후한의 채옹(蔡邕)이 창시한 것으로 전해지고 있다. 굵은 필획을 그을 때 먹과 물의 분량에 따라서 그 획의 일부가 먹으로 채워지지 않으며, 마치 빗자루로 바닥을 쓴 자국처럼 ㉡불규칙적인 흰 부분을 드러내게 하는 필법으로 ㉢운필의 속도가 느리다. 이것은 궁궐 건물의 편액 글씨로 사용되는 등 주로 ㉣장식 서체로 쓰였다. 회화에서는 묵매의 굵은 가지를 묘사할 때나 바위 묘사에 주로 사용하였다.

― 작성 방법 ―
- ㉠에 공통으로 들어갈 명칭을 쓸 것.
- ㉡~㉣의 내용 중 ㉠에 해당하지 않는 것을 1가지 찾아 틀린 부분을 바르게 고쳐 쓸 것.

[20-B2]
| 정답 | ㉠ 비백서   ㉢ **속도감** 있는 필선을 구사해야 한다.

18 2021학년도_B2

다음은 전각의 제작 과정에 관한 도판과 설명이다. 밑줄 친 ㉠, ㉡에 해당하는 용어를 순서대로 쓰시오. [2점]

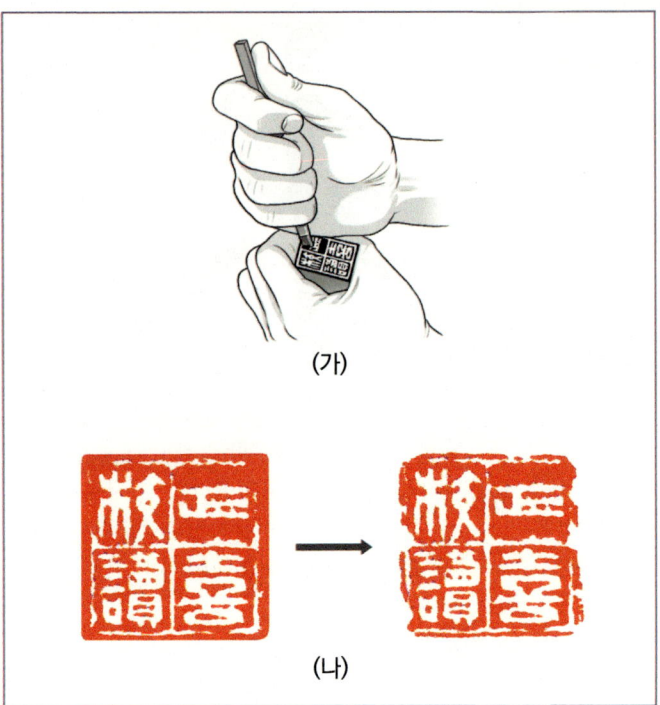

(가)

(나)

전각을 새기는 집도법 중 (가)는 ㉠주먹을 쥐듯 다섯 손가락으로 인도를 감싸고 새기는 방법으로, 선이 굵고 큰 도장을 새길 때 사용한다. 전각의 글자가 완성되면 (나)와 같이 ㉡전각 가장자리를 칼날의 모서리로 두드리는 작업을 한다. 이 작업은 외형의 단조로움을 없애고 자연스러운 효과를 나타낼 수 있다.

[21-B2]
| 정답 | ㉠ 악권법   ㉡ 잔파병렬법(잔파, 殘破)

다음 작품과 설명을 참고하여 괄호 안의 ㉠, ㉡에 해당하는 용어를 순서대로 쓰시오. [2점]

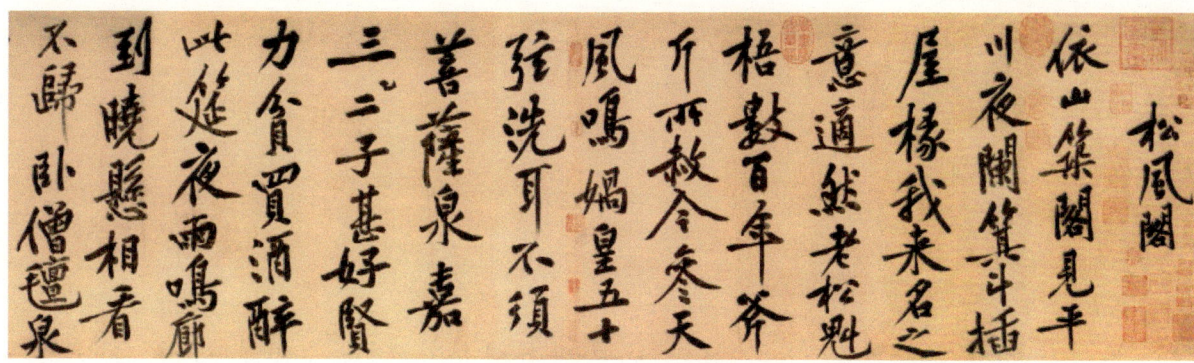

(가) 황정견, 〈송풍각시(松風閣詩)〉

(가)에서 볼 수 있는 서체는 왕희지의 전통에서 벗어나 (㉠)체의 표현 범위를 새롭게 확장하는 계기가 되었다. (가)의 서체에는 길게 뺀 획이 많아 결구를 중앙에 집중시키면서도 비대칭적 균형이 보인다. 그리고 아래 글자를 위 글자에 바짝 붙이거나 멀리 떨어지게 배열하며, 몇 글자는 중심선을 벗어나는 등 자간과 행간의 장법에서 다양한 변화가 나타난다. 팔을 허공에 매단 듯 운필하는 (㉡)법으로 글씨를 썼기 때문에 서체가 활달하고 호방하다.

22-B1

|정답| ㉠ 행서   ㉡ 현완

20 | 2023학년도_A3

다음 도판과 설명을 참고하여 괄호 안의 ㉠, ㉡에 해당하는 용어를 순서대로 쓰시오. [2점]

(가)

(나)

<산수도>

낙관이란 서화 작품을 완성한 후에 관지(款識)를 하고 작가의 인장을 찍는 것을 의미한다. 제시된 <산수도>에는 음각인과 양각인 낙관이 있다. 글자의 색에 따라 (가)는 음각으로 새긴 (㉠)(으)로 성명인(姓名印)이며, (나)는 자호인(字號印)이다. 그리고 (가), (나)와 달리 한 인면(印面)에 음각과 양각이 같이 있는 음양각인을 (㉡)(이)라고 한다

23-A3

|정답| ㉠ 백문인 ㉡ 주백문상간인

|인|정|답|
㉡ 주백간문인

21 2024학년도_B9

다음 도판과 설명을 참고하여 〈작성 방법〉에 따라 서술하시오. [4점]

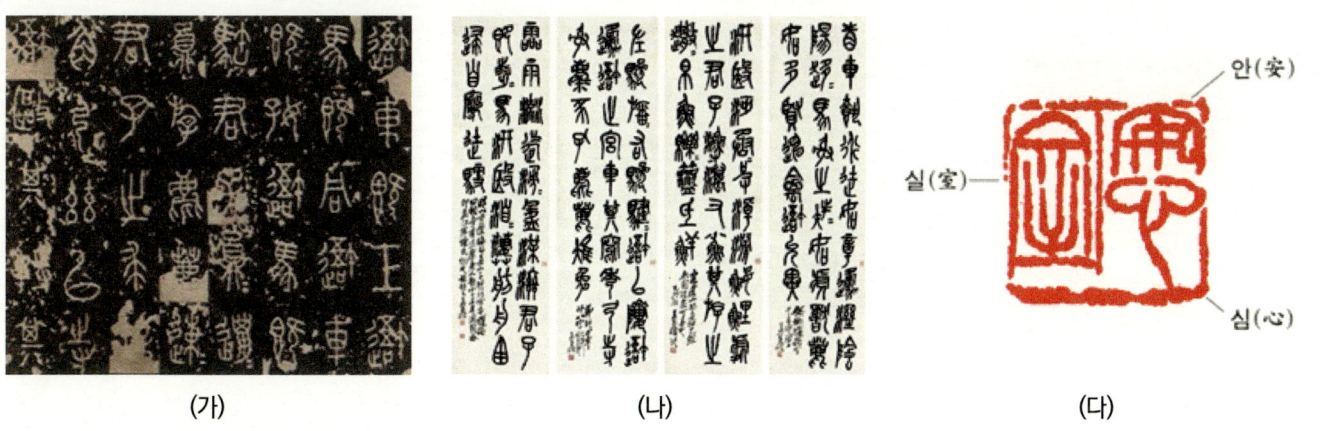

(가)　　　　　　　　(나)　　　　　　　　(다)

중국 청대의 오창석(吳昌碩)은 (가)와 같은 석고문(石鼓文)의 전서체 연구를 바탕으로 (나), (다)와 같은 법고창신(法古創新)의 풍격(風格)을 갖춘 작품을 남겼다. (나)는 (가)와 같이 장봉(藏鋒)의 필법으로 기필(起筆)과 수필(收筆)에 있어서 각(角)없이 운필해서 얻어진 (㉠)을/를 사용하였고, 전체 구도와 서체에 있어서 개성이 엿보인다. (다)는 ㉡'안심실(安心室)'의 글자를 인면(印面)에 새긴 전각 작품으로 오창석만의 인풍(印風)을 엿볼 수 있다. 이 작품은 전서체의 자형(字形)을 선택하여 인고(印稿)를 작성하는 방법인 '자법', 그리고 둔탁한 전각도 사용을 위한 집도(執刀)와 운도(運刀)의 '도법'이 잘 드러난다. 그러나 무엇보다 전체적 풍격 표현에 있어 ㉢'장법' 가장 뛰어남을 볼 수 있다

──────| 작성 방법 |──────

- 저술된 시대에 따라 (가)~(라)를 순서대로 쓸 것.
- (가)에서 저자가 제안하는 화면 구성 방법의 명칭을 쓸 것.
- (나)에서 밑줄 친 ㉠이 가리키는 예술 작품이 무엇인지 쓰고, 저자가 이 작품을 '예술의 종말'의 사례로 제시한 이유를 서술할 것.

24-B9

| 정답 |
㉠ 원필
㉡ **재당인**
㉢ 첫째, **소밀법**. 왼쪽 부분은 인위적으로 긴밀하게 하고 우측은 아래에 공백을 남겼다.
둘째, **계격합문법**. 계격과 인문 사이의 관계를 주의하여 장법을 사용하는 것이며, 중간에 공간을 남기고, 잘 연계시켜 문자의 배열과 **조화롭고 알기 쉽도록 시각 효과를 구성**하였다.

| 인 | 정 | 답 |
㉡ 재관인, 헌(軒), 실(室), 루(樓), 각(閣), 원(院), 려(廬) 등의 글자도 정답
㉢ 잔파병문법 좌우측 인변을 부분적으로 잔파해 인장이 전체적으로 혼연일체 되게 함으로써 **소밀의 대비가 강렬한 효과**를 만들었다.

22 2025학년도_A3

다음 도판과 설명을 참고하여 괄호 안의 ㉠, ㉡에 해당하는 용어를 순서대로 쓰시오. [2점]

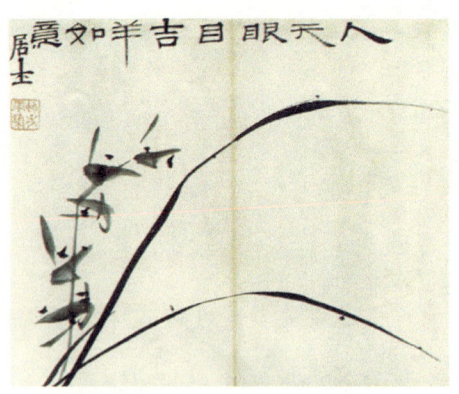

(가) 김정희, 〈인천안목길상여의〉

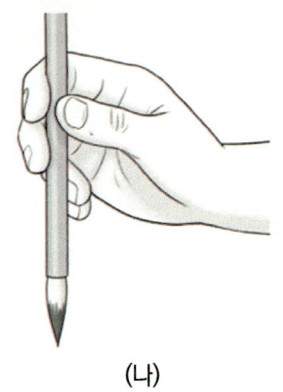

(나)

추사 김정희(金正喜)는 묵란(墨蘭)을 잘 치기 위해서는 화법이 아닌 서법으로 그려야 한다고 하였다. 추사가 묵란에서 추구한 조형미는 고졸한 미감이었으므로 (㉠)을/를 쓰는 법으로 난을 쳐야 한다고 강조하였다. 이는 (가)의 작품 상단에 쓰인 '인천안목길상여의(人天眼目吉祥如意)'의 서체에서 찾아볼 수 있다.

서예와 사군자에 있어 운필(運筆)할 때에는 팔꿈치를 들어 팔이 책상의 지면과 평행이 되도록 하는 현완법을 사용하는 것이 편리하다. 붓을 쥐는 방법은 여러 가지가 있으나 (나)와 같이 엄지와 검지, 중지로 붓대를 쥐는 (㉡)을/를 사용하면 안정된 필력을 얻을 수 있다

25-A3

|정답| ㉠ 예서   ㉡ 쌍구

|인|정답|
㉠ 한(漢)대 예서   ㉠ **초예기자지법**

13 색채학

1 2002학년도_13

다음은 명도대비 현상을 설명하기 위한 도형으로, 명도대비 내에서도 인접 색이나 크기에 따라 〈보기〉와 같은 대비 현상을 동시에 느낄 수 있다. 〈보기〉의 (가), (나)항과 관계 있는 색의 대비 현상을 각각 2줄 이내로 서술하시오.

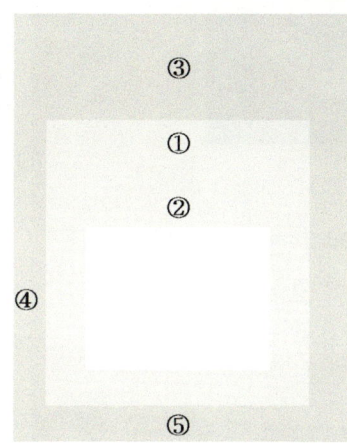

―| 보기 |―
(가) ①, ②는 같은 명도지만, ①보다 ②의 부분이 더 어둡게 느껴진다.
(나) ③, ④, ⑤는 같은 명도지만 ③의 부분이 ④나 ⑤보다 더 밝게 느껴진다.

(가) ____대비 : _____

(나) ____대비 : _____

02-13 [색채학]

|모|범|답|안|

(가) 연변 대비: 색과 색이 접하는 경계 부분에서 색상·명도·채도가 다르게 보이는 현상. 명도가 높은 곳에 인접한 곳이 상대적으로 어두워 보이고 낮은 부분에 인접한 곳이 더 밝아 보인다.

(나) 면적 대비: 동일한 색상에 대한 대비로 면적에 따라 명도와 채도가 달리 보이는 현상. 면적이 넓으면 명도와 **채도가 높아 선명해 보이고**, 면적이 작으면 명도와 채도가 상대적으로 낮아 보이는 현상이다.

2 2004학년도_10

오방색(五方色)에 대하여 정리한 표이다. 빈칸에 알맞은 단어를 쓰시오. [총 3점]

색채	①	빨강(赤)	노랑(黃)	파랑(靑)	검정(黑)	흰색(白)
	간색(間色)	홍색	하늘색	초록	보라	②
	방위	남	중앙	동	북	서
	풍수	주작	③	청룡	현무	백호

①
②
③

04-10 [색채학 – 전통 오방색]

|모|범|답|안|
① 정색   ② 벽색   ③ 황웅, 봉황

3. 2005학년도_15

컴퓨터 칼라 모니터와 칼라 프린터의 색 혼합 원리는 다르다. 각각의 색 혼합 원리를 쓰고, 그 실례를 1가지씩 쓰시오. [2점]

구분	색 혼합 원리	실례
칼라 모니터		
칼라 프린터		

05-15 [색채학] - 가산 / 감산

|모|범|답|안|

컬러 모니터의 색 혼합 원리는 **색광의 혼합**을 말하며 **가색혼합**, 가산혼합, 색광 혼색이라고도 한다.
실례는 컬러 텔레비전이나 컬러 조명 등이다.

컬러 프린터의 색 혼합 원리는 혼합색이 원래의 색보다 명도가 낮아지도록 색을 혼합하는 방법으로 **감색혼합**이다.
실례는 컬러 슬라이드 필름, 안료 등에 사용된다.

4. 2006학년도_12

다음 도형 (가)와 (나)는 '게슈탈트(Gestalt) 지각 현상'과 관련지어 설명할 수 있다. '게슈탈트 지각 현상'의 기본 요인 중 두 그림의 비교에서 드러나는 요인을 빈칸 ③에 적고, 회색 원형 고리에 나타나는 색의 대비 현상을 이 요인과 관련시켜 2줄 이내로 설명하시오. [3점]

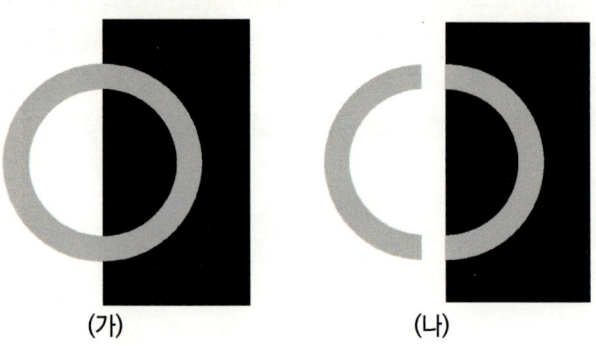

(가) (나)

(1) '게슈탈트 지각 현상'의 기본 요인
   ① 근접성의 요인
   ② 유사성(유동)의 요인
   ③ _____
   ④ 폐쇄성의 요인
   ⑤ 형과 바탕의 요인

(2) ③요인과 관련된 색의 대비 현상 설명

06-12 [색채학] - 명도 대비

|모|범|답|안|

③ 연속성의 원리
③과 관련된 색의 대비 현상은 **명도 대비**와 **연변 대비**이다.
명도 대비는 명도가 다른 두 색을 이웃하거나 배색하였을 때, 밝은 색은 더욱 밝게, 어두운색은 더욱 어둡게 보이는 현상이다.
연변 대비는 인접색이 저명도인 경계 부분은 더 밝아 보이고, 고명도인 경계 부분은 더 어두워 보인다.

(나)의 백색 바탕과 흑색 바탕 사이에서 회색 원형 고리가 이어져 보인다. 그 이유는 명도 대비와 연변대비의 영향이며, 회색 고리의 영향으로 인해서 두 바탕이 갈라진 흰색 바탕에서 회색 고리 부분은 다른 하얀색보다 밝아 보이기도 하고, 더 어두워 보이기 때문이다.

5 2007학년도_14

색채 수업을 하면서 다음의 (가)와 (나)를 통해서 색의 혼합을 설명하려고 한다. 이 때 공통적으로 나타나는 색의 혼합과 그 특징을 쓰시오. [2점]

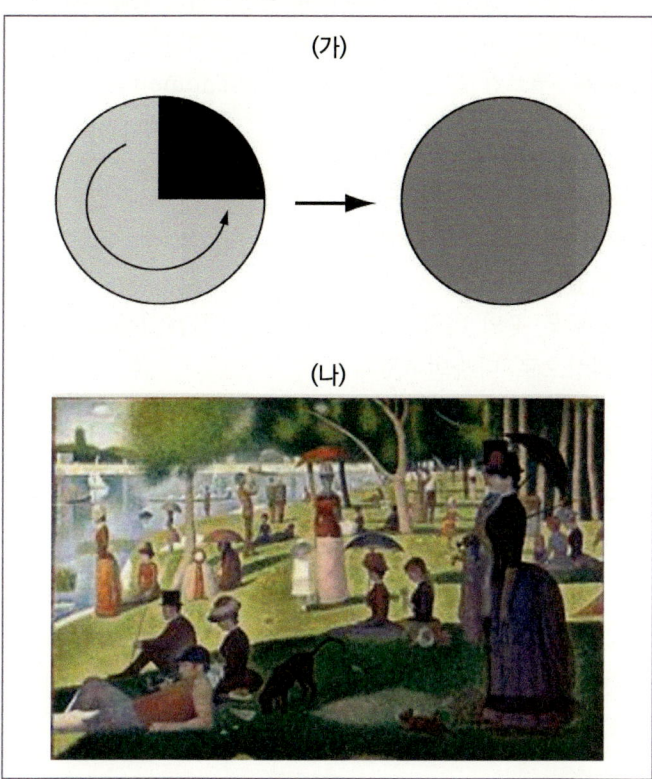

① 색의 혼합 :

② 특징 :

6 2008학년도_12

다음에 제시한 조건에 따라 ①, ②에 적합한 색상명을 '교육부 제정 교육용 20색상환'에서 찾아 쓰고, 두 색의 배치에서 나타나는 색의 대비현상과 특징을 2줄로 쓰시오. [3점]

---| 조 건 |---
- ①의 색은 먼셀 표색계에서 5R 4/14로 표시된다.
- ①과 ②의 색의 관계는 가산혼합에서 어떤 두 색광의 혼합이 백색광이 되는 관계와 같다.

|①|②|

- 색상명
  ①

  ②

- 색의 대비현상과 특징 ③ (　　　　　)대비 :

07-14   [색채학] – 중간 혼색

|모|범|답|안|

① 색의 혼합은 중간 혼색이다.
② 특징은 두 색 또는 그 이상의 색이 섞여서 중간의 밝기를 나타내는 원리를 이용한 혼색으로, 혼색 된 밝기의 정도는 혼색의 조건과 양에 따라 다르게 나타난다.

(가)는 **회전 혼색**이다. 1초간에 30회 이상의 속도로 회전시키면, 실제로는 이 두 가지 색을 번갈아서 계시적으로 보고 있는 것이지만, 눈의 망막에서 혼색 되어 하나의 새로운 색으로 보이게 된다. 이때 혼색 된 색의 밝기는 밝은 원색과 어두운 원색의 중간 밝기로 된다.

(나)는 **병치 혼색**이다. 작은 색점의 집합에 의해 멀리서 보면 혼색 되어 다른 색으로 보이는데, 이것은 색의 면적과 거리에 따라 눈의 망막 위에서 혼합되어져 보이는 생리적인 현상이다.

08-12

|모|범|답|안|

① 빨강
② 청록 5BG 5/10
③ 보색 대비이다. 서로 보색이 되는 색들끼리 나타나는 대비 효과로 보색끼리 이웃하여 놓았을 때 색상이 더 뚜렷해지면서 선명하게 보이는 현상이다.

7 2009학년도_32

색에 관한 설명 중 옳은 것을 〈보기〉에서 모두 고른 것은?

|보기|

ㄱ. 명시도를 높이기 위한 배색은 색상 차이를 크게 하는 것이 가장 효과적이다.
ㄴ. 보색은 색상 차가 가장 많이 나며, 두 색을 혼합하면 회색에 가까운 무채색이 된다.
ㄷ. 한 가지 색상에 명도나 채도의 차이를 둔 배색은 정적인 질서, 통일감, 간결함을 준다.
ㄹ. 면적 배분에 있어 시각적 균형을 위해 명도와 채도가 높은 색상은 작게 하고, 명도와 채도가 낮은 색상은 크게 한다.
ㅁ. 병치 혼합은 명도와 채도가 평균값으로 지각되며, 병치 혼합의 원리를 이용한 것으로 베졸트 효과(Bezold effect)가 있다.

① ㄱ, ㄴ, ㄹ
② ㄱ, ㄷ, ㅁ
③ ㄴ, ㄷ, ㄹ
④ ㄱ, ㄴ, ㄹ, ㅁ
⑤ ㄴ, ㄷ, ㄹ, ㅁ

|정답| ⑤

8 2010학년도_21

다음에 제시된 현상을 고려한 디자인 사례로 옳은 것은? [2.5점]

우리 눈의 시세포인 간상체와 추상체의 민감도 차이로 인하여 빛의 자극과 색이 정비례로 느껴지지 않는 시각적 상황을 푸르킨예 현상(Purkinje phenomenon)이라고 한다.

① 유치원의 유아 원복을 노랑의 색상으로 디자인하였다.
② 의사의 수술복과 수술실 벽면을 초록의 색상으로 배색하였다.
③ 어두운 곳의 비상 계단을 표시하는 픽토그램을 청록의 색상으로 디자인하였다.
④ 병원 대합실의 실내 환경을 고명도, 저채도의 파스텔 색조로 배색하였다.
⑤ 휴대용 소형 MP3를 고채도의 색상으로, 크기가 큰 가정용 CD 플레이어는 저채도의 색상으로 디자인하였다.

|정답| ③

9 2011학년도_39

회전 원판을 분당 2,000~3,000회의 속도로 회전시켰다. 먼셀 표기법에 따라 제시된 색을 기준으로 할 때 명도와 채도가 나타날 수 있는 가장 가까운 수치로 옳은 것은?

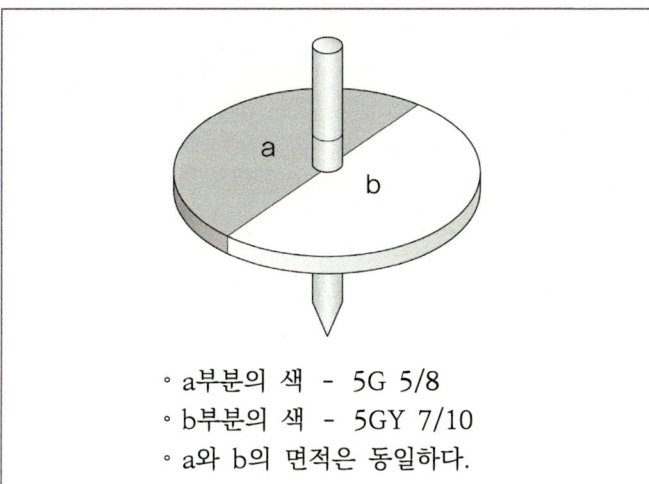

- a부분의 색 - 5G 5/8
- b부분의 색 - 5GY 7/10
- a와 b의 면적은 동일하다.

① 명도 2에 채도는 2보다 높게 나타난다.
② 명도 5에 채도는 2보다 높게 나타난다.
③ 명도 7에 채도는 7보다 낮게 나타난다.
④ 명도 9에 채도는 7보다 낮게 나타난다.
⑤ 명도 6에 채도는 10보다 낮게 나타난다.

|정답| ⑤

10 2012학년도_27

학교 축제 포스터를 컴퓨터로 디자인하여 출력하고자 한다. 이 과정에서 적용되는 색채의 특성과 표현 원리에 관한 설명으로 옳은 것만을 〈보기〉에서 있는 대로 고른 것은? [2.5점]

―|보기|―
ㄱ. 가산 혼합과 감산 혼합의 원리가 모두 적용된다.
ㄴ. 디지털 색채 체계는 수치와 논리의 구성이므로 현색계에서 표현이 어려운 색 좌표를 입출력할 수 있다.
ㄷ. 24비트의 색채 보드인 경우 R, G, B 값이 (255, 0, 255)로 주어질 때 모니터에서 변화되는 색채는 시안(cyan)이다.
ㄹ. R, G, B 값이 (0, 0, 0)일 때 모니터에서 표현되는 색은 C, M, Y 잉크 조합에 의해 프린터에서 검은색(black)으로 출력된다.
ㅁ. 24비트의 색채 보드는 R, G, B의 각 색에 $256(2^8)$ 단계의 색을 적용하여 약 1,670만 가지가 넘는 색을 표현할 수 있으며, 이를 트루 컬러(true color)라고 한다.

① ㄱ, ㄴ
② ㄷ, ㄹ
③ ㄷ, ㅁ
④ ㄱ, ㄴ, ㅁ
⑤ ㄴ, ㄹ, ㅁ

|정답| ④

11 2013학년도_32

(가)~(다)는 색채 이론에 대한 설명이다. 이론에 관련된 그림을 <보기>에서 골라 바르게 연결한 것은? [1.5점]

(가) 먼셀(A. Munsell)은 다섯 개의 주요 색과 다섯 개의 간색을 기준으로 색상을 100개로 분할하였다.

(나) 오스트발트(W. Ostwald)는 흰색과 검은색을 양 끝에 배치하고 그 사이에 계단식의 회색 단계가 배열되는 이중 원뿔 구조를 제안하였다.

(다) 비렌(F. Birren)은 따뜻한 색채들과 차가운 색채들을 구별 하고, 중심에서 옮겨진 회색 주위의 13개의 색채들을 하나로 묶은 컬러 서클을 제안하였다.

	(가)	(나)	(다)
①	ㄱ	ㄴ	ㄷ
②	ㄱ	ㄷ	ㄴ
③	ㄴ	ㄱ	ㄷ
④	ㄴ	ㄷ	ㄱ
⑤	ㄷ	ㄱ	ㄴ

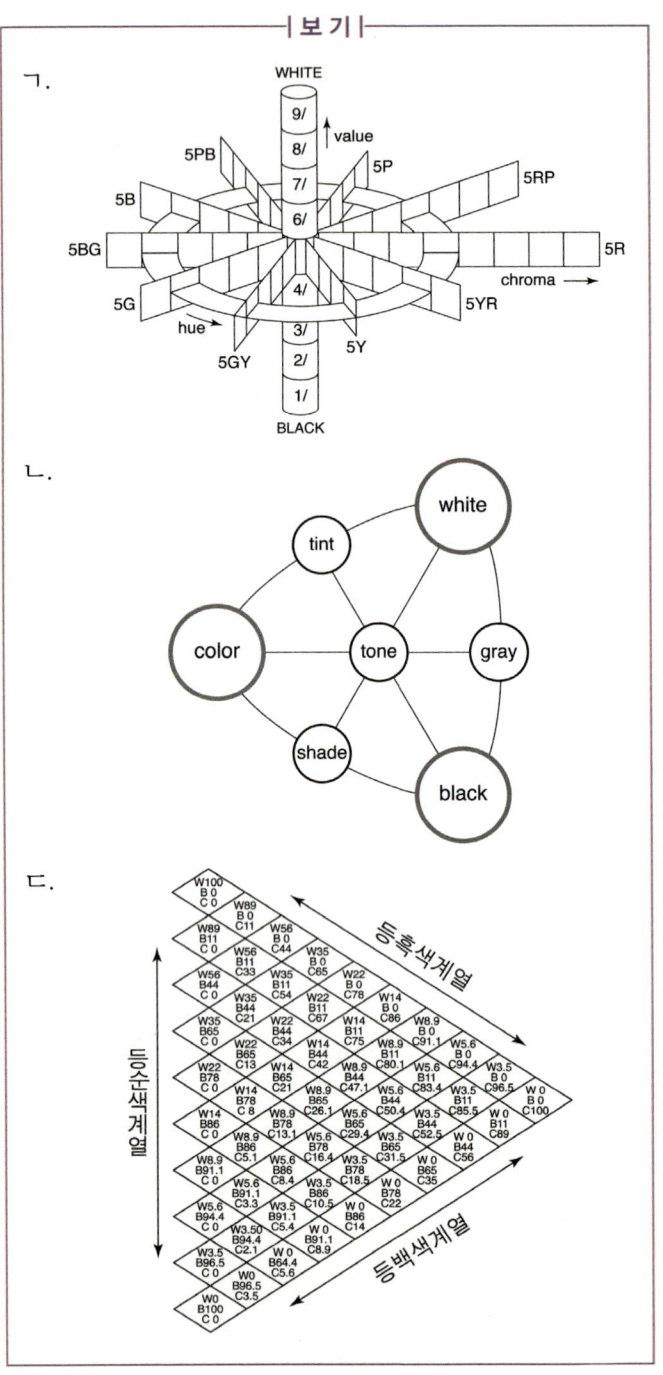

|보기|

ㄱ.

ㄴ.

ㄷ.

13-32

|정답| ②

12. 2014학년도_A기입형_08

다음은 저드(D. Judd)의 색채 조화론에서 밝히고 있는 색채 조화의 4가지 원리 중 하나에 대한 설명이다. 어느 원리에 해당하는지 쓰시오. [2점]

- '공통성의 원리'라고도 한다.
- 색의 3속성의 차이가 적을수록 색채 효과가 높아진다.
- 부조화인 배색의 경우도 모든 색에 어느 하나의 색을 더하면 조화를 이룰 수 있다.
- 배색에 사용되는 색채 상호 간에 공통되는 성질이 내포되어 있을 때 조화를 이룬다.

14-A8

| 정답 | 유사의 원리

13. 2015학년도_A기입형_02

다음에서 설명하는 색의 지각 현상을 쓰시오. [2점]

- 체코의 생리학자가 발견한 현상으로서, 밝은 곳에서 어두운 곳으로 이동할 때 생기는 지각 현상을 말한다.
- 밝은 곳에서는 빨간색, 주황색, 노란색 등의 장파장 계열이 색의 감도가 좋고, 어두운 곳에서는 청록색, 파란색 등의 단파장 계열이 색의 감도가 좋다. 따라서 빛의 세기가 약해지고 어두워지면 파장이 짧은 파란색이 파장이 긴 빨간색보다 더 선명하게 보인다.
- 파란색의 도로 표지판, 초록색의 비상계단 표시 등 일상생활에서 어두운 곳에서도 주목을 끌어야 할 부분에 이 현상을 이용한 사례를 볼 수 있다.

15-A2

| 정답 | 푸르키네 현상(Purkinje phenomenon)

14 2016학년도_B2

오프셋 인쇄(off-set printing)에서 사용되는 프로세스 컬러(process color)의 색명을 모두 쓰시오. 또한 도판을 참고하여 인쇄 과정에서의 색 혼합 원리와 색을 재현하기 위한 방법을 각각 서술하시오. [4점]

[별첨 컬러 도판 참고]

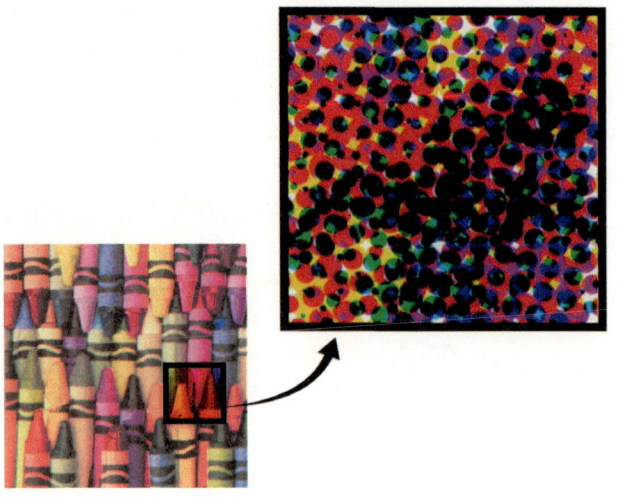

15 2017학년도_A4

다음은 빛의 혼합 원리를 나타낸 그림이다. 이를 참고하여 (   )안에 들어갈 용어를 쓰시오. [2점]

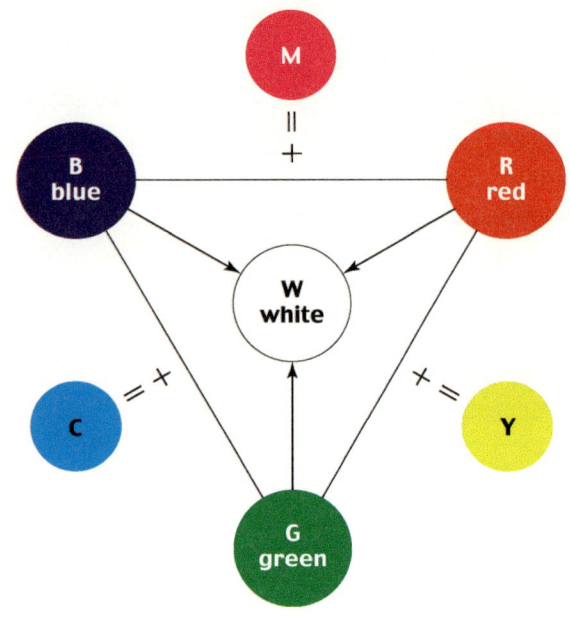

광원이 거의 동일한 양의 빨강(red), 초록(green), 파랑(blue)의 파장을 방출하여 혼합되면 백색광이 만들어진다. 색광은 섞을수록 명도가 높아지는데, 이처럼 색광의 파장들이 서로 더해짐으로써 빛의 색이 생성되는 현상을 (   )라고/이라고 한다.

16-B2 [색채학] - 감산 혼합

|모|범|답|안|

1차 색은 **청록(C), 자주(M), 노랑(Y)**이다.
2차 색은 노랑(Y)과 자주(M)를 혼합하면 **빨강(R)**, 노랑(Y)과 청록(C)을 혼합하면 **녹색(G)**, 청록(C)과 자주(M)를 혼합하면 **파랑(B)**, 노랑(Y)과 청록(C), 자주(M)를 모두 혼합하면 **검정(BL)**이 된다.
색 혼합 원리는 **감산 혼합**이다.
색을 재현하기 위한 방법은 **망점 인쇄**이다. 일반적으로 망점을 도트라고도 한다.
스크린을 건 제판법으로 만드는 미세한 점의 집합에 의해 시각적으로 농담을 느끼도록 하는 인쇄 방법을 이용한 원리이다.

17-A4

|정답| 가산 혼합

|인|정|답|
가법 혼합, 그라스만의 법칙

16 2018학년도_A7

다음은 저드(D. B. Judd)의 색채 조화론 4가지 원리에 관한 설명이다. 다음 괄호 안의 ㉠, ㉡에 해당하는 용어를 순서대로 쓰시오. [2점]

질서의 원리	규칙적으로 선정된 색상, 명도, 채도 등 색채의 요소가 일정하면 조화를 이룬다는 원리이다.
(㉠)	자연 경관과 같이 관찰자에게 잘 알려진 배색은 조화를 이룬다는 원리이다.
유사의 원리	배색에 사용되는 색채 상호간에 색상, 명도, 채도 중 공통적인 요소를 갖고 있으면 조화를 이룬다는 원리이다.
(㉡)	배색에 사용된 색채들의 색상, 명도, 채도, 면적의 차이가 분명하여 여러 색의 관계가 시각적으로 뚜렷하면 조화를 이룬다는 원리이다.

18-A7

| 정답 | ㉠ 친근감 ㉡ 명료

17 2019학년도_A11

(가)~(다)는 색의 조화를 위한 배색 기법이다. 다음 설명을 참고하여 〈작성 방법〉에 따라 서술하시오. [4점]

[별첨 컬러 도판 참고]

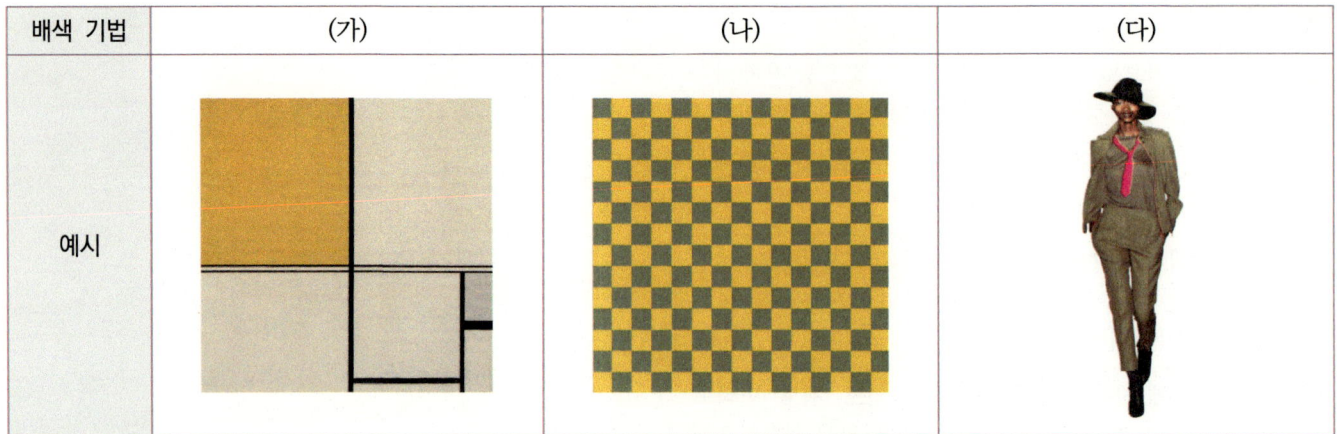

배색 기법	(가)	(나)	(다)
예시			

배색이란 색을 섞는 것이 아니라 2가지 이상의 색을 서로 배치하는 기법을 말한다. (가)는 접합된 색과 색 사이에 1가지의 (㉠)을/를 삽입하여 조화롭게 배색하는 방법이다. 두 색이 유사하거나 대비가 강할 경우 혹은 두 색이 부조화할 때 사용하면 효과적이다. (나)는 서로 다른 두 색을 하나의 유닛 단위로 되풀이하는 배색 기법이다. 타일이나 체크무늬의 배색 등에서 볼 수 있다. (다)는 주조색과 대조되는 색이나 톤을 사용함으로써 효과를 높이는 배색 기법이다.

―| 작성 방법 |―

- ㉠에 해당하는 용어를 쓸 것.
- (나)에 해당하는 배색 기법의 명칭을 쓸 것.
- (가), (다)의 예시에 나타나는 배색 효과를 색의 기능과 관련하여 각각 서술할 것.

19-A11 [색채 배색]

|모|범|답|안|

㉠ **분리색(Seperation)**
효과는 뚜렷하지 않아 애매한 인상을 주는 경우 **배색 효과를 분명하게 함, 명쾌감을 준다.**

(나) **레퍼티션(Repetition)**

(다)의 배색은 **액센트(accent) 배색**이다.
배색 효과는 첫째, 배색에 초점을 주어 **전체의 상태를 돋보이게 한다.** 강조하는 주목성을 부각시키기 위한 효과이다.
둘째, 눈에 띄게 하고, **배색에 긴장감과 주목성**을 준다.

18 2020학년도_B1

다음 작품과 설명을 참고하여 ㉠, ㉡에 해당하는 용어를 순서대로 쓰시오. [2점]   [별첨 컬러 도판 참고]

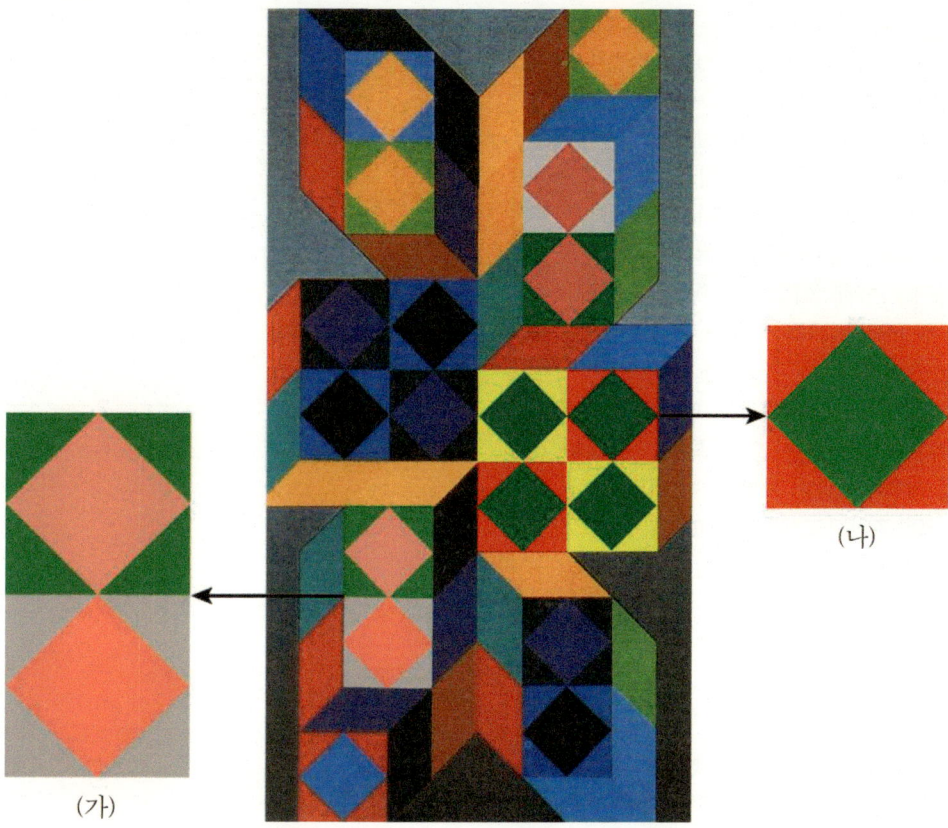

(가) (나)

(㉠) 대비	(㉡) 대비
• 미국의 미술교육자 케페스(G. Kepes)는 (㉠)을/를 특정 색의 실제적이고 고유한 내용의 척도라고 정의하였다. 예를 들어 어떤 적색을 다른 것보다 더 붉다고 지각하였다면, 색의 순도(purity)를 감각적으로 경험한 것이다. • (가)와 같이 녹색과 회색을 배경으로 두고 그 위에 붉은 색을 배치했을 때, 녹색 배경 위에서보다 (㉠)이/가 없는 회색 배경 위의 붉은 색이 더욱 선명해 보인다.	• 프랑스의 화학자 슈브뢸(M. E. Chevreul)은 '동시대비'라고 하는 현상을 발견했는데, 이는 물체의 색은 여러 가지 색상이 눈에서 혼합됨으로써 인식될 수 있다는 것이다. 순색의 점은 망막에서 그 색 주위에 달무리와 같은 (㉡) 잔영을 드리운다. • (나)와 같이 (㉡) 관계의 색을 인접하여 배열했을 때, 각각의 색은 동시에 같은 정도로 명도와 색감이 강조된다.

20-B1

| 정답 | ㉠ 채도   ㉡ 보색

19 2021학년도_A4

다음은 색상 체계에 관한 설명이다. 괄호 안의 ㉠, ㉡, ㉢에 들어갈 수치를 순서대로 쓰시오. [2점]

> 1704년 뉴턴(I. Newton)이 『광학(Opticks)』에서 빛의 파장과 컬러 스펙트럼을 정리하여 발표한 후, 다양한 논쟁과 가설을 거쳐 20세기 초 먼셀(A. Munsell)은 색상환을 중심으로 채도와 명도를 구분하는 삼속성의 색상 체계를 제안하였다. 그 속성을 바탕으로 멀티미디어와 디지털 환경에서는 색상의 가산혼합 또는 가법혼색을 활용하는 색상 체계를 다수 개발하여 사용해 왔다. 그중에서 색상(Hue), 채도(Saturation), 명도(Value)를 기준으로 삼는 HSV를 비롯하여 HSB(Hue Saturation Brightness), HSL(Hue Saturation Lightness) 등의 체계에서는 흰색을 표현하기 위해서 명도 또는 밝기에 해당하는 값을 최대로 설정한다. 이와 다르게 디지털 삼원색(RGB) 체계는 빨강(Red), 녹색(Green), 파랑(Blue)의 조합으로 색상을 표현한다. 색상별 256단계에서 순수 흰색을 표현하기 위해서 설정하는 RGB 삼원색의 값은 (㉠ , ㉡ , ㉢)이다.

21-A4

|정답|
㉠ 256 ㉡ 256 ㉢ 256

|인|정|답|
㉠ 255 ㉡ 255 ㉢ 255

|참고 도서 내용|
① 디지털 색채에는 아날로그와 달리 일정한 단위의 비트(bit)로 구성되어 있다. 비트란 2진수 단위 시스템을 말하며 여덟 개의 비트를 묶어 바이트(byte)로 총칭한다. 즉 바이트는 2의 8승 =256이다.
② 2의 8승, 세 개의 속성인 RGB 모두를 8비트로 표현한 경우 = 인덱스드 컬러로 표기함.
③ 가법 혼색 체계에서 RGB 각각 최고 단계인 255일 때, 즉 각각 속성은 0~255까지 256단계를 갖도록 설계되어 있다.
④ 24비트(2의 24승)=256(R) × 256(G) × 256(B)=16,777,216색
⑤ R, G, B 값이 각각 1바이트인 경우 R=255, G=255, B=255 이다.

20 2022학년도_A9

다음은 색채학 이론에 대한 설명이다. 〈작성 방법〉에 따라 서술하시오. [4점]   [별첨 컬러 도판 참고]

(가)	(나)	(다)	(라)
『색의 동시 대비 법칙』	『색채의 예술』	『광학』	『색상 표기법』
• 색의 동시 대비와 계시 대비, 시각적 혼색의 법칙, 색채 조화의 원리와 종류 등을 제시함.	• 삼원색에서 출발하여 3개의 이차색, 6개의 삼차색으로 이루어진 12분할 색상환을 제시함.	• 가시 스펙트럼에서 7가지 색을 추출하여, 수학적으로 정량화하는 시스템을 제시함.	• 나무 모양의 색입체(컬러 트리)를 통해 색이 다양한 차원에서 공간을 차지하는 방식을 제시함.

─────| 작성 방법 |─────

◦ 발표 시기가 오래된 것부터 (가)~(라)를 순서대로 배열할 것.
◦ (가)에 언급된 색채 조화 중 대비 조화의 종류를 2가지 쓸 것.
◦ (라)에 제시된 컬러 트리의 중심축을 기준으로 고채도와 저채도의 위치를 서술할 것.

22-A9

|모|범|답|안|

순서는 **(다- 뉴턴), (가-슈브롤), (라-먼셀), (나-이텐)** 이다.
(가)에 언급된 슈브롤의 색채 조화 중 대비 조화에는 **대비적 단계의 조화, 색상 대비의 조화, 색채 대비의 조화** 등이 있다.
(라)에 제시된 컬러 트리의 중심축을 기준으로 고채도는 명도의 중심축을 기준으로 가로로 가장 떨어져 있는 곳에 있는 색이다.
저채도는 명도의 중심축을 기준으로 가장 가까운 곳에 있는 색이다.

|인|정|답|

① (가)에 언급된 색채 조화 중 대비 조화 종류는 첫째, **인접보색대비의 조화** 둘째, **보색대비의 조화**이다.
② (가)에 언급된 색채 조화 중 대비 조화에는 **동시 대비와 계시 대비** 현상 2가지가 있다.

21　2023학년도_A9

다음은 색채 수업 중 교사와 학생의 대화이다. 도판을 참고하여 〈작성 방법〉에 따라 서술하시오. [4점]

[별첨 컬러 도판 참고]

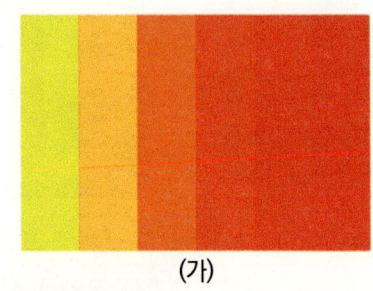

(가)

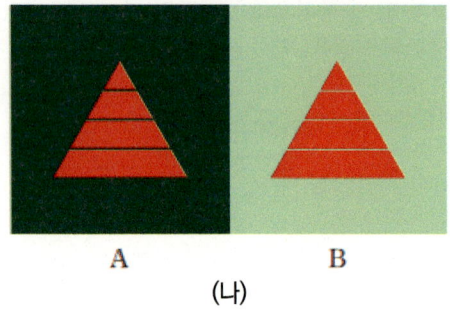

(나)

교사: 이번 시간에는 명도대비로 인해 일어나는 색채 지각 현상에 대해 알아보도록 할게요. (가)는 연변대비의 예시인데, 어떻게 보이나요?

학생: 동일한 색면에서 ㉠ 다른 색과 만나는 경계선 부분과 그렇지 않은 부분이 다르게 보여요. 그런데 어떤 경우에는 두 색 사이의 경계가 몽롱하게 보일 때가 있어요.

교사: 그것은 ㉡ 연변대비의 경계 부분에서 대비가 너무 강할 때 경계가 흐릿하게 보이는 현상이에요.

학생: 그렇군요.

교사: (나)의 A에서는 보색대비의 잔상효과 이외에도 배경과 도형의 관계에서 일어나는 (㉢) 효과가 나타나요. 특히 도형이 작고 복잡할 때 생기기 쉽죠. (나)의 A와 B를 비교해 볼까요?

학생: 제가 보기에는 ㉣ A의 도형이 B의 도형보다 뚜렷하게 보이지 않는 것 같아요.

┤ 작성 방법 ├

- 밑줄 친 ㉠에서 원래 색을 바꾸지 않고 연변대비를 약화시킬 수 있는 방법을 서술할 것.
- 밑줄 친 ㉡의 명칭을 쓸 것.
- 괄호 안의 ㉢에 해당하는 명칭을 쓰고, 밑줄 친 ㉣의 현상을 색상과 명도의 관계로 서술할 것.

23-A9

|모|범|답|안|

㉠ 연변대비를 약화시키고자 할 때 두 색 사이의 **테두리를 무채색**으로 한다.
㉡ 할레이션 효과
㉢ 베졸트
㉣ 리프만 효과(Liebmann's effect)이다. **색이 서로 달라도 그림과 바탕의 밝기 차이가 별로 없을 때** 그림으로 된 문자나 모양이 뚜렷하지 않게 보인다.

22 2024학년도_B8

다음은 중간 혼색에 대한 자료이다. 〈작성 방법〉에 따라 서술하시오. [4점]

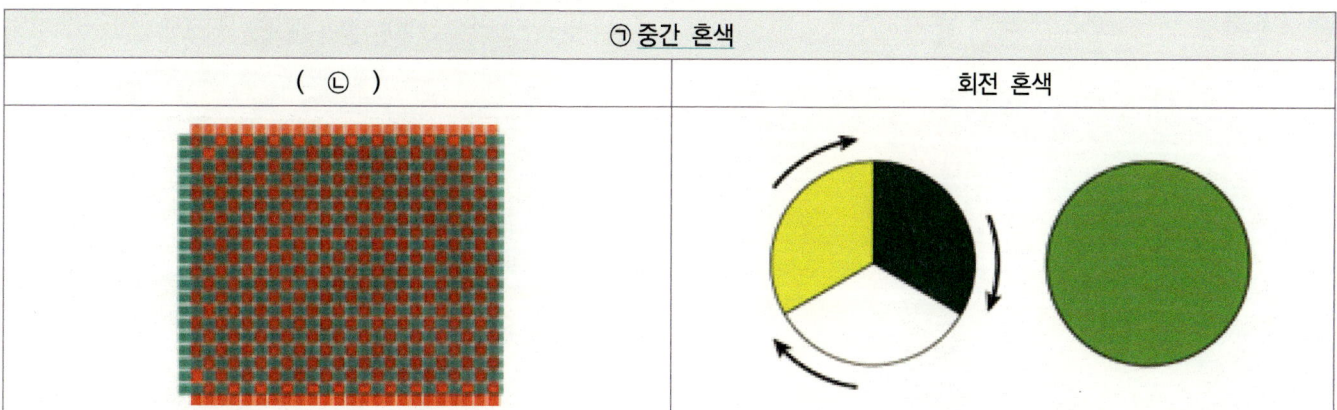

중간 혼색에는 날줄과 씨줄에 의한 직물의 제조, 19세기 인상주의 화가들의 ⓒ 점묘화 등에 활용된 (ⓒ)와/과, 두 가지 이상의 색을 놓고 고속 회전을 시키면 나타나는 회전 혼색이 있다. 회전 혼색의 색상은 사용되는 각 색상의 (ⓔ)에 따라 결정된다.

―| 작 성 방 법 |―

- 밑줄 친 ㉠이 나타나는 이유를 생리적인 측면에서 서술할 것.
- 괄호 안의 ㉡에 해당하는 명칭을 쓰고, 밑줄 친 ㉢에서 사용되는 색들이 혼색되면서 나타나는 채도 변화에 대해 서술할 것.
- 괄호 안의 ㉣에 해당하는 용어를 쓸 것.

24-B8 [색채 혼색]

|모|범|답|안|
㉠ 중간 혼색은 **두 개의 색자극**이 **망막 위에서 융합해** 혼색되어진 것이다.
㉡ 병치 혼색
㉢ **채도가 낮아지거나 높아지지 않는다.**
㉣ 면적

23 2025학년도_A8

다음 도판과 설명을 참고하여 〈작성 방법〉에 따라 서술하시오. [4점]

(가) (㉠) 배색	(나) 분리 배색

(㉠)배색은 3색 이상의 다색 배색에서 색상, 명도, 채도를 점진적으로 배열한 것으로, ㉡루드(O.Rood)의 색채 조화론에서 이 배색의 특징을 찾을 수 있다. 이는 주로 무지개나 스펙트럼의 색상에서 나타난다.	분리 배색은 접해 있는 두 색 사이에 ㉢분리 색을 삽입하여 배색의 효과를 주는 것으로, ㉣슈브뢸(M.Chevreul)의 색채 조화론에서 이 배색의 특징을 찾을 수 있다. 이는 주로 스테인드글라스에 나타나 있다.

─| 작성 방법 |─

∘ 괄호 안의 ㉠에 해당하는 용어를 쓰고, 밑줄 친 ㉡에 대해 서술할 것.
∘ 밑줄 친 ㉢에 사용되는 색의 종류를 쓰고, 밑줄 친 ㉣에 대해 서술할 것.

25-A8 [색채 조화론, 배색]

|모|범|답|안|
㉠ 그라데이션(gradation)
㉡ **'자연색의 외양효과'**를 설명하면서 강조한 배색이다. 자연의 관찰을 통해 자연계의 법칙에 합치되는 관계의 색채는 조화한다고 설명한 이론
㉢ 검정색
㉣ 색채조화의 대조 원리이다. **세퍼레이션 컬러는 선명한 윤곽**이 있음으로 조화된다.

14 디자인 역사 & 이론

1 2003학년도_09

건축은 인간에게 단순한 생활 공간을 제공할 뿐만 아니라 사용하는 목적에 따라 기능과 양식이 다양하다. 아래의 두 건축물 (가) 가우디 성가족 성당, (나) 그로피우스의 바우하우스를 보고 건축의 기능과 양식적 특징을 비교하여 쓰시오. 단, 1가지, 양식적 특징 2가지만 쓰시오. [6점]

성가족 성당/가우디/에스파냐
(가)

바우하우스/그로피우스/독일
(나)

(가) 기능(1점)

　양식적 특성(2점)

　•

　•

(나) 기능(1점)

　양식적 특성(2점)

　•

　•

03-09　[디자인 역사] - 아르누보 / 바우하우스

|모|범|답|안|

(가) 기능은 종교적 기능으로 가톨릭 성당이다.
양식은 입체기하학에 바탕을 둔 네오고딕식이다. 아르누보 시기에 제작을 시작하였다.
양식적 특징은 대표적인 특징은 바로 높은 건물과 뾰족한 첨탑, 대체적으로 수직적이고 직선적인 느낌을 준다.
곡선 중심, 극단적인 원형 그대로 자연적인 형태를 수용한다. 건축 구조는 크게 3개의 파사드(Façade)로 이루어져 있다.

(나) 기능은 교육적, 실용적인 기능이다.
양식은 바우하우스이며, 모던 디자인 양식이다.
양식적 특징은 기하학적 구조를 통한 단순한 형태와 기능적인 구조를 추구하며, 현대 산업재료인 철, 유리, 콘크리트를 사용했다.
※ 네오 고딕 : 토머스 칼라일과 어거스터스 퓨진이 추구하였다.

2. 2004학년도_08

근대에 들어와서 다양한 디자인 양식 운동이 전개되었다. 그 중에서 ① 아르누보와 ② 바우하우스의 발생 배경 및 특성을 각각 60자 이내로 쓰시오. [총 4점]

① 아르누보(2점)
  ㉠ 발생 배경 :

  ㉡ 특성 :

② 바우하우스(2점)
  ㉠ 발생 배경 :

  ㉡ 특성 :

3. 2005학년도_09

3. 굿 디자인 (Good Design)을 선별하기 위한 조건을 4가지만 쓰시오. [3점]

①

②

③

④

04-08 [디자인 역사] - 아르누보 / 바우하우스

|모|범|답|안|

①
㉠ 아르누보 발생 배경은 첫째, 새로운 예술 형식 창조의 갈망, 둘째, 반 데 벨데와 미술 공예 운동의 영향이다.
셋째, 켈트, 자포니즘 등 이국적인 예술 양식의 영향이다.
㉡ 특성은 첫째, 이국적인 식물 형태의 사용, 둘째, 직선적 경향과 곡선적 경향의 국가별 유행이다.
셋째, 그래픽, 유리 공예, 가구, 보석, 실내 건축 등 종합 예술을 지향하였다.

②
㉠ 바우하우스 발생 배경은 첫째, 러스킨, 모리스 등 미술 공예 운동에 의한 독일 사회의 재건 이념의 반영한다.
둘째, 앙리 반 데 벨데의 예술 공예 학교 영향과 독일 공작 연맹의 결성이다.
셋째, 신조형주의 등 20세기 기하학적 추상 양식의 움직임과 새로운 조형 의식의 대두이다.
㉡ 특성은 첫째, 순수 기하학적 추상, 기능주의 추구. 둘째, 과학적 교육과정과 이론 교육을 중시하였다.
셋째, 기계에 의한 합리적, 실용적인 디자인 추구. 넷째, 순수 미술과 응용미술의 차별 철폐와 건축 중심의 종합적 미학 추구 등이다.

05-09 [디자인 이론] - 굿 디자인 조건

|모|범|답|안|

첫째, 합목적성이다. 목적에 부합되는 성질이며, 가장 기본적인 기능성과 그에 따른 실용성, 용도, 성능, 적합성을 말한다.
둘째, 심미성이다. 형태, 색채, 질감, 공간, 명암 등의 표현으로 아름다움을 느끼게 하는 조건이다. 시대, 국가, 민족, 사회, 유행, 개성에 따라 다르게 나타난다.
셋째, 독창성이다. 다른 디자인과의 차별성, 주목성, 특징, 창조성, 고유성, 시대정신이 반영된 디자인이다.
넷째, 경제성이다. 최소 재료의 투자로 최대의 효과를 얻는 효율성을 말한다.
다섯째, 질서성이다. 디자인의 4대 조건인 합목적성, 심미성, 독창성, 경제성 등이 조화를 이루어 유지되는 것을 말한다.

4 2006학년도_11

오늘날 디자인 분야에서는 환경 문제와 관련하여 '그린 디자인(Green Design)'의 흐름이 형성되고 있다. 산업 디자인 분야에서 생활 용품을 제작할 때, 재료적 측면에서 유의해야 할 사항을 3가지 쓰시오. [3점]

-
-

5 2007학년도_03

산업 혁명 이후 유럽에서는 새로운 디자인 운동이 전개되었다. 아래 제시된 디자인 운동이 나타난 배경과 의의를 각각 2가지 쓰시오. [4점]

디자인 운동	배경	의의
미술공예운동 (19세기 후반)	• 대량 생산에 의한 제품의 질적 저하가 나타났다. • 산업화로 인해 수공예 노동자들의 사회적 지위가 불안해졌다.	② • •
바우하우스 (20세기 초)	① • •	• 대량 생산에서 디자인의 역할이 강화되었다. • 국제적 양식을 창출하는데 공헌하였다.

①
-
-

②
-
-

06-11 [디자인 이론] - 그린 디자인

|모|범|답|안|

재료적 측면에서 유의해야 할 사항은
재활용을 위한 디자인, 재사용을 위한 디자인, 제품 수명 연장을 위한 디자인 다품종 소량 주문 생산에 의한 디자인, 생산성 중심의 디자인, 분해를 위한 디자인, 소재의 순수성을 높이는 디자인

07-03 [디자인 역사] -미술공예운동/바우하우스

|모|범|답|안|

① 첫째, 윌리엄 모리스의 미술공예 운동이 바우하우스 태동의 기초가 되었다.
   둘째, 독일공작 연맹이 기계의 적극적인 도입과 표준화에 의한 대량생산을 추구하는 점에서 영향을 받았다.

② 미술공예 운동의 의의는 첫째, 공예를 예술적 차원으로 승격시켰다. 공예를 사회 대중화하고 수공예를 존중하여 직인(職人)을 예술가로 끌어올리는 결과를 가져왔다.
   둘째, 디자인을 사회 개혁적 차원에서 전개하였다.

스트리트 퍼니처(street furniture)는 거리 시설물로서 휴지통, 우체통, 벤치(bench), 식수대, 가판대, 공중전화 부스(booth), 표지판 등을 말한다. 다음 물음에 답하시오. [25점]

1) 스트리트 퍼니처의 바람직한 디자인 방향을 사회적 역할, 합목적성, 심미성의 관점에서 논하고, 다음 두 벤치를 합목적성, 심미성, 경제성, 독창성의 관점에서 구체적으로 비교하시오.[16점]

(가)　　　　　　　　　　　　　　　(나)

2) 김 교사는 스트리트 퍼니처 디자인에 관하여 교수·학습 계획안을 작성하려고 한다. 다음 교수·학습 계획안에 제시된 내용을 고려하여 도입, 전개, 평가 항목을 각각 3가지씩 서술하시오. [9점]

학습활동	스트리트 퍼니처 디자인	영역	표현활동
대상	중학교 3학년	차시	1~2차시
학습목표	(1) 스트리트 퍼니처의 사회적 역할, 기능, 아름다움에 관하여 이야기할 수 있다. (2) 합목적성, 심미성, 경제성, 독창성을 고려하여 주변 환경과 어울리는 스트리트 퍼니처를 계획하고 디자인할 수 있다. (3) 주변 활동과 어울리는 스트리트 퍼니처의 모형을 제작할 수 있다.		
준비물	교사 : 스트리트 퍼니처 사진 또는 슬라이드, 파워포인트 자료 학생 : 주변의 퍼니처 사진, 스케치 도구, 모형 제작 재료		
학습 지도 내용			
도입	(1) (2) (3)		
전개	(1) (2) (3)		
정리	(1) 완성된 스트리트 퍼니처 모형을 보여주고 용도 및 설치 장소에 대하여 발표하게 한다. (2) 차시를 예고하고 정리한다.		
평가	(1) (2) (3)		

|모|범|정|답|

|참고| 아래 내용은 모범 답안의 핵심 키워드와 문장만 나열한 것입니다. 실제 시험에서는 기호는 생략하고 완성된 문장으로 작성해야 합니다.

디자인 조건	1. 디자인 조건(일반적 조건 4가지 + 질서성) 　가. 합목적성 - 용도, 성능, 적합성, 기능성 　나. 독 창 성 - 창조성, 고유성, 시대정신 　다. 심 미 성 - 미의식, 형태와 색상, 유행 　라. 경 제 성 - 최소 재료, 최대 효과, 효율성 2. 제품 디자인 조건 : 기능성, 심미성, 경제성, 독창성, 안전성
합목적성	- 디자인 제작 시 가장 기본적인 기능성과 실용성, 효용성을 말한다. - 디자인의 목적 즉 클라이언트의 직접적인 요구에 부합하느냐 아니냐를 본다. - 디자인을 요구하는 사회적 여건과 디자인. 인간. 환경의 관계에 대한 종합적 이해 - **빅터 파파넥**은 합목적성을 디자인의 **'기능 복합체'**로 불렀다. **용도, 요구, 목적지향, 연상, 미학, 방법에 대한 기능**을 종합적이고 이상적으로 성취시킨 디자인을 뜻한다. * 어떤 목적을 실현하는데 적합한 성질, 사물이 일정한 목적에 적합한 방식으로 존재하는 성질, 생물의 환경과의 조화 등이 합목적성에 바탕을 둔 것이다. 디자인 성립의 요건으로 **디자인을 요구하는 사회적 여건과 디자인과 인간과 환경과의 관계에 대한 종합적 이해**를 뜻한다.
심미성	- 보기에 아름다워야 한다는 뜻으로 외적인 아름다움을 말한다. - 시대성, 국제성, 민족성, 사회성, 개성 등이 복합되어진 대중의 공감을 얻는 아름다움. - 객관적 조형미와 메이커의 특성, 디자이너 자신의 미적 감각 및 전문적인 지식의 결합 - 새로운 아름다움이 느껴지는가? - 문자, 기호의 표시, 레이아웃, 색상의 조화는 어떠한가?
독창성	- 실용적인 목적을 명확히 설정하고 접근해 가는 창조기술로서, 어떤 사물을 새롭게 처음 만들어 내는 것이다. - 종래의 제품에는 없던 디자인 제안이 있는가? - 디자인에 참신성은 있는가?
경제성	- 최소의 적은 경비로 최대한 효과를 얻을 것. - 최소 경비 최대 효과의 실현으로 비용과 효과의 차이가 클수록 경제성이 좋다. - 대량생산이 기본인 현대 산업사회에서 디자인은 단순히 디자인에 그치는 것이 아니라 재료를 얼마나 구하기 쉬운지, 가공이나 조립 방법 등에 들어가는 설비나 비용을 경제성 원칙에서 고려해야 한다.

▌디자인의 사회적 역할

- 사회적 역할의 관점에서 (가)는 단순히 의자로서의 기능을 취하고 있으며, 기능성과 기능주의적 사고를 중심으로 디자인 되었으며, 기능주의 디자인 입장에서 구상된 경직된 형태로 도시 공원 내에 설치되어 시민 생활 향상에 단순히 앉아 휴식하는 기능을 하고 있다.
- (나)는 도로가에 설치되면서, 심미성, 독창성이 돋보이며, 지나가는 시민들의 접근성, 사용성, 필요성이 뛰어난 제품이다. 또한, 도로와 도시에 새로운 활력과 함께 미적 또는 문화적 역할을 감당하는 디자인으로 시민들의 생활 향상에 기여하고 있다.
- **도시 환경 디자인**은 도시 환경과 디자인이라는 행위가 합쳐진 개념으로 **도시 환경의 심미적 아름다움**과 도시민들의 **편의성, 삶의 질적 향상을 위한 환경 개선**을 의미한다.
- 스트리트 퍼니처 디자인의 사회적 역할
  - **자연 경관을 보호**하고, **시민의 건강, 휴양, 정서 생활을 조성**해 주어야 하는 **기본적인 역할**
  - 도시에 있어 사람들에게 **교육적, 미적 또는 문화 이용을 목적**으로 시민들의 **생활 향상에 기여**
  - 그 **지역의 디자인적 특성**을 보여주는 기본 척도로의 디자인 방향을 가져야 한다.
  - **진정한 공공성**, 즉 자유로운 개인과 연대하는 집단 사이에 균형을 이룰 수 있는 역할
  - 공공미술, 스트리트 퍼니처 디자인을 통해 다양한 통찰력과 꿈, **사회적 창의를 확장**하는 사회적 역할이 필요한 것이다.

▌합목적성

- 합목적성은 용도, 성능, 적합성, 기능성적 측면에서 검토하여야 한다.
  (가)는 목재를 사용하여 단순하게 앉아서 쉬는 용도는 보유하였으나 시간과 날씨 등에 쉽게 마모되거나 변색되고 부서지는 취약한 성능이 있지만, 공원에서 잠시 휴식을 취할 수 있는 적합성과 휴식의 기능적 측면에서는 적당한 기능을 갖고 있다. 그러나 숲과 도시와 인간과의 조화적 효용성이 부족하다.
- (나)는 의자로서의 합목적적 용도와, 견고한 성능, 도시 미관을 아름답게 꾸미는 성능과 함께 접근성과 편리성, 유희성을 보유하고 있으며,

형태와 색채적 측면에서 장식성의 기능과 렌드마크 역할을 하면서 현대 대도시의 도로와 인간의 자연스런 조화를 추구하고 있어서 적합성과 기능성이 뛰어난 디자인이라고 할 수 있다.

- 스트리트 퍼니처 디자인은 **공공 시설물 디자인**으로서 실용성, 효용성이 필요하다. 따라서 **주민의 복지를 증진할 목적**으로 무엇보다 먼저 **견고**하고, **접근이 용이**하며, **실용성, 기능성, 효용성, 편리성, 상징성**을 지녀야 한다.
또한 그 지역을 알리는 **랜드 마크적인 기능**을 수행할 수 있어야 하며, **수리와 관리가 용이**해야 하고, 수리 및 제작비가 비교적 **경제적**이어야 한다.
- 이를 바탕으로 **국가의 복지에 헌신**하고 **공동체에 봉사**하는 디자인이어야 하며 한 지역과 **국가의 이미지를 결정**짓는 중요한 요소를 포함하여야 한다. 아울러 미래에도 지속 가능한 주거 환경과 생활양식을 의미하는 **친환경적 디자인**, 자연 친화와 환경 보존의 목적을 달성해야 한다.

심미성

- 심미성의 관점에서는 미의식, 형태와 색상, 유행을 검토할 수 있다.
(가)는 기능주의가 강조된 모더니즘적인 미의식에서 발현된 디자인으로써 현대 도시 문화와 조화를 이루지 못하고 경직된 근대적 형태와 색상을 취하고 있는 디자인인데 반해
- (나)는 형태와 색상, 유행적 측면으로 볼 때 시대의 미의식이 반영되었으며, 국제성, 민족성, 사회성, 개성 등이 복합되어진 미래 지향적인 디자인으로 거리에 활기를 주고 시민들의 정서적 여유를 제공하고 있다. 또한 색상, 구조미와 조형미가 독창적이며 거리의 이미지에 미적인 아름다움을 주고 있다.
- 스트리트 퍼니처 디자인은 대중적으로 공개된 장소에 설치하는 **공공 미술이나 예술 작품으로 환경 조형물**이라고도 한다. 따라서 보기에 아름다운 **작품성**은 물론이고 미의식, 형태와 색상, 유행 등이 뛰어나야만 한다. 특히 스트리트 퍼니처가 설치되는 주변의 **자연물과 인공물의 조화로운 아름다움**을 추구해야 하며, **미래 지향적인 독창성**이 내재되어 있어야 한다.
- 왜냐하면 **심미성**이 고려된 공공디자인은 부조화의 **도시를 조화와 협력이 넘치는 곳**을 만들기 때문이다. 그리고 **거리를 아름답고 활기 있게 할 뿐 아니라 시민들의 마음에 깊은 여운과 정서적인 여유를 제공**하는 것이다. 또한 단순히 조형물을 설치하는 것이 아니라 공간과 작품을 함께 디자인 하는 행위를 통해 **새로운 환경을 만드는 것**이다. 이를 통해 **장소의 지역적 특성**을 살려 대중이 공유할 수 있어야 하며 소유자인 **대중에게 정서적 안정과 만족감**을 줄 수 있는 아름다움을 지녀야 한다. 따라서 도시의 모든 시설물은 **구조미와 조형미**를 살려 아름답게 디자인되어야 하며 **설치와 배치에 있어서도 예술적 감각**이 필요한 것이다.

경제성

- 최소의 투자로 최대의 효과를 이루는 것이다.
재료의 선택, 형태와 구조의 성형, 제작 기술과 공정의 선택 등 가장 합리적이고 효율적이며 경제적인 제작 효과를 얻을 수 있게 디자인해야 한다. 허용된 경비로 가장 우수한 디자인과 효과를 창출하도록 노력해야 하며, 가장 저렴한 값으로 소비자에게 공급하여 이윤을 극대화시켜야 한다.
(가)는 나무와 도료를 이용하였으나 목공의 수작업이 필요하고, 사용상의 하자 보수비용이 필요하여 경제성이 높지는 않다.
(나)는 스테인리스 스틸과 세라믹 페인트로 제작되었다. 단일 재료, 단순한 금형, 단순한 공정으로 재료는 비싸지만, 제작비가 비교적 저렴하고, 사용상의 하자 보수비용이 적게 들어 경제적이다.

독창성

- 독창성의 관점에서는 창조성, 고유성, 시대정신을 검토해 볼 수 있다.
(가)는 기능이 우선시 되는 모더니즘적 사고이기 때문에 일반화, 보편화가 우선 중시 되었다. 따라서 창조성과 고유성은 낮은 디자인이지만 20세기 초반에 국제적으로 유행했던 시대정신을 반영하고 있는 디자인이다.
- (나)는 설치 장소, 자유로운 곡선과 동양적인 모티브, 쉽게 마모되거나 부서지지 않는 재질과 형태, 유희적이고 장식적인 고유성이 돋보이며 현대적인 포스트모더니즘 시대정신이 반영된 디자인으로 높은 독창성을 보여주고 있다.

- 도입 : (1) 스트리트 퍼니처 자료 탐색
  (2) 학습 동기 유발
  (3) 스트리트 퍼니처 디자인의 기능에 관한 문제 인식

- 전개 : (1) 주변 환경과 어울리는 스트리트 퍼이터 계획, 자료, 조사와 분석
  (2) 스트리트 퍼니처 디자인 합목적성, 심미성의 관점에 맞는 디자인 스케치와 렌더링
  (3) 주변 환경과 어울리는 스트리트 퍼니처의 모형 제작

- 평가 : (1) 스트리트 퍼니처의 사회적 역할과 기능, 심미성에 관하여 설명할 수 있는가?
  (2) 스트리트 퍼니처의 계획은 디자인 합목적성, 경제성, 주변 환경과 잘 어울리는가?
  (3) 제작된 모형은 독창적이고 심미적인가? 〈끝〉

7 2010학년도_23

다음 내용에서 제시하는 역사적 운동에 기초하여 디자인 된 제품은? [1.5점] [별첨 컬러 도판 참고]

- 20세기 초 네덜란드를 중심으로 일어난 운동이다.
- 이 운동에 참여한 주요 인물들은 새로운 조형을 지향하기 위해 그룹을 결성하였으며, 1917년 회화, 건축, 조각, 실내 디자인 등에 관한 내용을 다룬 잡지를 발간하였다.
- 이들은 과거의 미술이 인체나 풍경 등 자연물을 그대로 재현하는데 비하여, 조형 활동은 인공 세계를 상징하고 표현하는 데 중점을 두어야 한다고 주장하였다.

| 정답 | ⑤

8 2011학년도_19

다음 작품의 양식에 대한 설명으로 옳은 것만을 〈보기〉에서 모두 고른 것은?

 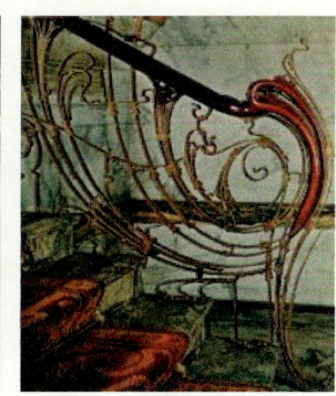

―| 보 기 |―
ㄱ. 미술공예운동의 이념적 영향으로 예술의 대중화, 생활과의 연계성을 강조하였다.
ㄴ. 19세기 말부터 20세기 초에 걸쳐 유럽을 중심으로 유행한 장식적인 예술 양식이다.
ㄷ. 독일에서는 유겐트스틸(Jugendstil), 오스트리아에서는 분리파(Secession)라는 이름으로 전개되었다.
ㄹ. 후기의 직선적 형태의 출현은 기계적인 대량 생산으로 연결되며, 이탈리아 미래파의 기반이 되었다.

① ㄱ, ㄷ
② ㄱ, ㄹ
③ ㄴ, ㄹ
④ ㄱ, ㄴ, ㄷ
⑤ ㄴ, ㄷ, ㄹ

| 정답 | ④

9 2012학년도_37

<보기>는 근·현대 디자인 경향을 나타내는 작품들이다. 시대순으로 바르게 배열한 것은 [2.5점] [별첨 컬러 도판 참고]

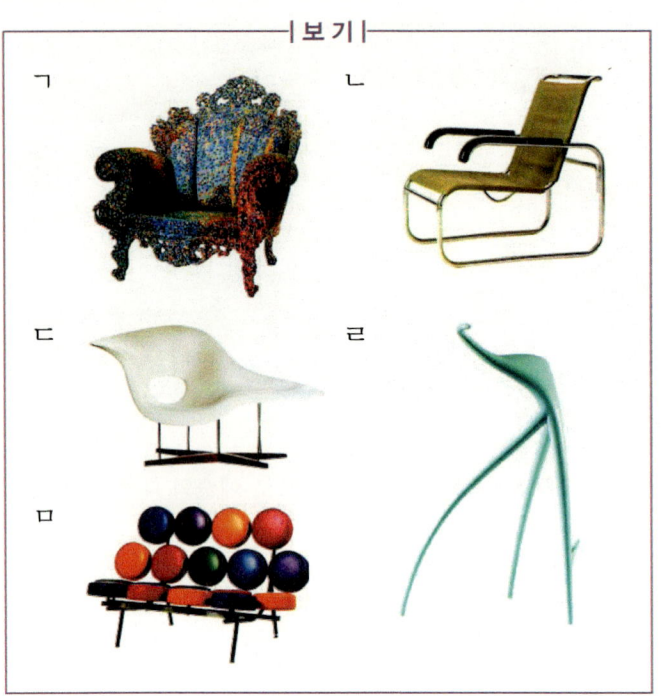

① ㄱ-ㄴ-ㄷ-ㄹ-ㅁ
② ㄱ-ㄴ-ㅁ-ㄷ-ㄹ
③ ㄴ-ㄱ-ㄷ-ㄹ-ㅁ
④ ㄴ-ㄷ-ㅁ-ㄱ-ㄹ
⑤ ㄴ-ㅁ-ㄷ-ㄱ-ㄹ

12-37
|정답| ④

2012학년도_2차_논술03

디자인 시각요소의 개념화에 중요한 게슈탈트(Gestalt) 시지각 원리들 중 근접성(Proximity), 유사성(Similarity), 폐쇄성(Closure), 연속성(Continuation)의 개념들을 설명하고, 표현의 색채를 중심으로 (가)와 (나)에서 나타나는 근접성의 원리와 폐쇄성의 원리를 각각 분석하시오. 그리고 스톨니츠(J. Stolnitz)의 의도주의 비평방법을 설명하고, 이 방법으로 (가)와 (나)의 상징적 의미와 조형적 특성을 서술하시오. [30점]

(가)

다나카 이코, 〈니혼부요〉 포스터, 1981

(나)

〈서울디자인올림픽 2008〉 심벌마크, 2008

12학년도-2차-논술03

|해설|

■ 근접성, 유사성, 폐쇄성, 연속성의 원리 개념 설명

- 게슈탈트 심리학은 "부분의 합은 전체와 다르다"라고 주장한다. 지각은 뇌와 감각의 상호작용 결과라는 것이다. 즉, 형태를 지각하기 위해서는 형을 갖는 대상에서의 빛의 자극과 형태적인 정보, 과거의 기억이나 경험의 누적 등이 혼합된 적극적인 대뇌 활동에 의해 지각하게 된다는 것이 지각 심리학의 주장이다.

- 지각 심리학적 입장에서는 다음과 같은 보편적인 경향을 주장한다.
  첫째, 우선 주어진 조건 안에서 가능한 한 간결하게 보려는 경향이 있다.
  둘째, 시각은 본질 파악을 위해 적극적인 탐색을 한다는 것이다.

- 이러한 시지각의 심리적 법칙 또는 원리에는 여러 가지가 있는데 그중에서도 게슈탈트 심리학자들이 연구해 낸 형태에 관한 시각의 기본 법칙은 다음과 같다.

- **근접성**. 형태가 서로 가까이 있을수록 지각적으로 함께 집단화되는 경향을 갖는다. 보다 더 가까이 있는 두 개 또는 그 이상의 시각요소들은 패턴이나 그룹으로 보일 가능성이 크다. 즉 근접한 것끼리의 짝지어지는 법칙이다. 근접성과 면적의 문제에 있어서는 공간의 면적이 작으면 작을수록 그것이 형태로 보이는 가능성이 커진다.

- **유사성**. 다른 요인이 동일하다면, 유사성에 따라 형태는 집단화 되어 보인다. 형태, 규모, 색채, 질감 등에 있어서 유사한 시각 요소들은 연관되어 보이는 경향이 있다. 이처럼 연관된 물체들을 보면 자연스럽게 그루핑 하여 패턴으로 보게 된다. 즉 유사한 형태를 가지는 시각요소들은 다른 어떤 것보다도 서로 그루핑 되는 경향을 가지고 있는 것이다.

- **연속성**. 복잡하게 보이기보다는 원래의 진행 방향을 따라 부드럽게 연속되는 윤곽을 선호하는 성질이다. 유사한 배열이 하나의 묶음으로 되는 것으로 공동운명의 법칙이라고도 한다. 인간에게는 연속적인 선과 형을 지각하려는 경향이 있으며, 완결성과 밀접한 관계가 있는 법칙이 바로 연결성이다.
- **폐쇄성**. 벌어진 도형을 완결시켜 보려는 경향을 갖는 성질이다. 윤곽선으로 닫힌 공간은 하나의 도형을 이루도록 하며, 또한 윤곽선이 완전히 연결되어 있지 않다하더라도 일정한 형태로 지각될 수 있다. 거의 완전하고 익숙한 선과 형태는 불완전한 것보다 완전한 폐쇄적인 것으로 보이기 쉽다.
- 그 외에도 **형과 바탕의 원리**와 **시각적 연상성** 등이 있다.

(가)와 (나)의 근접성, 폐쇄성 원리로 분석

- (가)는 다나카 이코의 그래픽 디자인은 철저히 일본 전통에 기반을 두면서도 기법과 표현에 있어서는 대담한 현대성을 담고 있는 포스터이며, 세계적인 주목을 받은 작품이다.
- 일본 전통 극 '노(能)'를 모티브로 구성한 '니혼 부요(Nihon Buyo)' 포스터는 간결한 구도와 명쾌한 조형, 대담한 색상이 절제된 그리드 위에 모던하게 표현된 특징이 있다.
- 화면 중앙 상단은 **근접성과 폐쇄성**이 적용된 이미지이다. 상단에 사각형으로 채색된 검정색과 좌우측에 마름모꼴로 채색되어 **근접한** 검정색은 일본의 전통 연극에 등장하는 여인의 머리 형태로 **그루핑** 된다. 또한, **근접**한 검정색 안쪽의 보라색, 흰색, 붉은 색 점은 **근접한** 검정색의 경계선으로 인해 **폐쇄성**이 적용되어서 눈과 입술에 화장을 한 전통 연극 여배우의 얼굴로 지각된다.
- 화면 하단의 파랑색 삼각형과 녹색 삼각형은 색상환에서 서로 인접한 색으로써 서로 근접해 있으면서 가까이 배치되어 앞서 표현된 검정색과도 근접해 있기 때문에 여인의 기모노로 인식되고, 오른쪽 붉은색 사각형은 기모노의 등 뒷면으로 인식된다.
- 검정색 사각형과 푸른색 삼각형은 서로 비슷한 모양끼리 가까이 배치되어 각각 배우의 머리카락과 의상을 연상케 하는 것으로 이는 **근접성과 유사성**의 원리가 적용된 것이다.
- (나)는 서울디자인올림픽을 상징하는 디자인 시각규정인 EI(Event Identity)이다. 이 포스터는 한국인 특유의 실용성과 미적 감각을 나타내는 '조각보'를 모티브로 제작된 것이다. / 아이덴티티 유형(VI: 시각적 통일, BI: 행동 통일, MI: 심리통일)
- 입체적인 구의 형태로 서울디자인올림픽의 중요 행사를 상징하는 4가지 색채와 지혜를 의미하는 검정색으로 구성되었다.
- 상징 마크는 **폐쇄성과 근접성**이 작용하여 그루핑을 이룬다. 전체적 형태는 5가지 색채 면들이 선으로 둘러싸여 있어서 **폐쇄성**이 작용하고, 이러한 선들의 **근접성**이 크면 클수록 선 안의 면이 특정한 모양으로 보일 가능성이 커진다. 즉, 삼각형의 면을 이루는 선들이 근접하여 5각형의 형태와 6각형의 형태로 그루핑이 되기도 하고, 전체의 형태는 하나의 둥근 구로 지각되는 것이다.
- 이것은 폐쇄성과 근접성이 함께 작용한 것이며, 게슈탈트의 기본 개념에 해당하는 '한 덩어리로 조직되어 유의미한 전체를 형성하고 있는 것'을 적용된 사례이다.

스톨니츠의 의도주의 비평 설명

- 스톨니츠의 '의도주의 비평'은 **예술가가 예술작품을 생산할 때의 의도를 따져서 작품을 설명하고 이해하려는 입장**이다. 즉 예술작품에 반영된 작가의 의도를 밝혀내어 비평하려는 것이며, 또한 구현시키려고 한 의도와 조형적 특성과는 어떤 구조적인 관계를 이루고 있는가를 살피려는 비평 방법이다.

(가)와 (나) 상징적 의미와 조형적 특성 서술

- (가)는 타이포그래피를 최소화 하면서 기하도형과 추상적인 형태를 강조한 조형적인 특성이 있다. 이러한 조형적 특성으로 가장 일본스러운 이미지를 잡아내었으며, 일본의 가부키 무대나 기모노 의상을 상징하고 있다. 특히 삼각형과 사각형이 이루는 근접성과 폐쇄성의 원리는 전통적인 일본 이미지 요소를 현대적으로 작품에 담아 낸 것으로 작가의 의도가 잘 적용된 것이며, 일본의 고유한 아름다움을 현대적으로 표현하는데 성공한 작품이다.
- (나)는 전통적인 오방색의 원리 중에서 오간색이 채색된 삼각형, 오각형, 육각형으로 구성되었으며 간결하고 가독성과 전달성이 뛰어난 타이포그래피가 조형적 특징이다.
- 삼각형이 모여 있는 구의 형태는 조각보가 내포하는 '펼치다'와 '싸두다'라는 상징성을 잘 드러내고 있다. 근접성과 폐쇄성을 이용해서 심볼마크의 전체적 형태는 하나하나의 조각들이 결합과 조화를 이루며 새로움을 창조하도록 표현됐고, 입체적인 구의 형태는 전 세계인이 함께 하는 글로벌 축제를 상징하는 것으로 디자인 의도가 잘 적용된 것이다.
이것은 전 세계인의 디자인 축제인 행사의 취지와 의의에 잘 부합된다. 〈끝〉

11 2013학년도_13

공공 시설물에 대한 설명으로 옳은 것을 〈보기〉에서 고른 것은?

―― 보기 ――
ㄱ. 볼라드(bollard)는 공간의 경계를 구분하는 것이며, 보행자의 동선과 차량 주차의 편리함을 동시에 고려하여 디자인한다.
ㄴ. 간판은 각 브랜드의 특징을 살린 고유 서체로 제작하며 가독성과 주목성을 높이기 위해 보색을 사용하여 디자인한다.
ㄷ. 공사 가림벽은 분진과 소음을 차단하고 공사에 대한 거부감을 줄이며 행인을 보호하기 위한 것으로, 도시 미관을 고려하여 디자인한다.
ㄹ. 키오스크(kiosk)는 공공 장소에 보행자의 편익과 거리에 활력을 주는 필수적인 시설물이며, 이용자의 동선 방향 등을 고려하여 설치한다.

① ㄱ, ㄴ
② ㄱ, ㄷ
③ ㄴ, ㄷ
④ ㄴ, ㄹ
⑤ ㄷ, ㄹ

| 정답 | ⑤

12 2013학년도_18

(가)~(라)는 제품 디자인에 대한 설명이다. 시대 순으로 바르게 나열한 것은? [2.5점]

(가)		베렌스(P. Behrens)는 근대적이고 규격화된 상품을 제조하는 업체를 위해 디자인한 최초의 예술가이다. 그는 기능적이고 공학 기술적인 특성을 지닌 전기 주전자를 디자인하였다.
(나)		그레이브스(M. Graves)의 〈새 주전자〉이다. 이 양식은 모더니즘 디자인의 지나친 이상주의에 대한 반동으로 출현하였다.
(다)		모홀리 나기(Moholy-Nagi)의 지도로 바우하우스의 금속 공방에서 제작된 작품이다. 구성주의 이론에 영향을 받아 전형적인 조형주의 양식으로 디자인하였다.
(라)		덴마크 건축가 야콥센(A. Jacobsen)은 〈실린더〉라는 원통형 스테인리스 커피 주전자를 디자인하였다. 이 시기에는 장식적인 아르 데코 양식이 부흥하였다.

① (가) - (나) - (다) - (라)
② (가) - (다) - (나) - (라)
③ (가) - (다) - (라) - (나)
④ (다) - (가) - (라) - (나)
⑤ (다) - (나) - (가) - (라)

| 정답 | ③

13 2013학년도_23

다음은 20세기 초반의 건축에 새롭게 나타난 기능주의 혹은 '국제양식'의 특징에 대한 설명이다. 이 설명에 부합하는 건축물을 〈보기〉에서 고른 것은?

- 건축물이 목적에 맞게 설계되어야만 형태도 아름답게 보인다는 신념에 근거한다.
- 사각형의 구성, 무장식의 평평한 벽면 등을 특징으로 한다.
- 1926년 독일에서 결성된 건축가 그룹의 일원이었던 그로피우스(W. Gropius)와 반 데어 로에(L. M. van der Rohe)등이 대표적 건축가이다.

|보기|

ㄱ.

ㄴ.

ㄷ.

ㄹ.

① ㄱ, ㄴ
② ㄱ, ㄷ
③ ㄴ, ㄷ
④ ㄴ, ㄹ
⑤ ㄷ, ㄹ

13-23
|정답| ①

14 2013학년도_2차_논술04

다음에 제시된 (가)~(다)는 비엔나 분리파의 작품들이다. 비엔나 분리파의 형성 및 전개 과정을 서술하고, 비엔나 분리파의 양식적 특징과 관련지어 (가)~(다)작품의 표현 특징을 각각 설명하시오. [15점]

(가)

(나)

(다)

13학년도-2차-논술04

| 해설 |

■ 비엔나 분리파의 형성 및 전개 과정

- 1888년 전시회(Arts and Craft Exhibition Society)를 계기로 시작된 예술 공예운동은 유럽 전역에서 유겐트스틸이라는 약칭으로 번져나가기 시작했다. **모리스와 러스킨의 영향**으로 유럽의 모든 나라에 조형이라는 영역 안에서의 예술적인 의미에 대한 탐구가 시작되는 계기를 제공한 것이며, 조형에서의 역사주의를 거부하는 경향을 보이게 된 것이다.
- 1900년경 오스트리아의 빈에서는 건축에서 석조를 중심으로 하는 과거 방식의 건축을 벗어버리고 철의 사용을 통한 **유기적인 형태 표현을 추구**하였으며, 특히 **일반적 조형에서는 직선적 장식을 적용하는 경향**이 고조된 상태였다.
- 오스트리아 빈은 '제체씨온(Sezession in Austria)' 즉, 분리파로 지칭된다. 최초의 분리파는 1892년 폰 슈툭이 주도하는 뮌헨 분리파로서 당시로서는 획기적이었다.
- 이후에 영국의 매킨토시의 영향을 받고, **제품의 실제적인 측면에 대한 접근**을 시도하면서 1897년 빈 공작 연맹을 결성되었고, 모던 디자인이 시작된 것이다. 즉, 화가 구스타프 클림트와 콜로만 모저 시작으로 **사실적이고, 대칭적인 건축을 통한 기하학적 제품 디자인생성에 몰두**했던 요셉 호프만, 요셉 올브리히, 합목적성을 강조하며 **산업적 생산을 전제한 디자인을 추구**했던 오토 바그너의 '근대건축 선언' 등이 중심이 되었다.
- 한편 1899년에는 뭉크의 작품 전시 거부를 계기로 리버만의 지도하에 베를린 분리파가 창설되었고, 베를린 분리파는 1910년 재분열되어 신분리파가 조직되었고, 여기에는 드레스덴의 다리파와 뮌헨 신미술가협회의 화가들이 참가하여 전성기를 맞이하였다.

■ 비엔나 분리파의 양식적 특징

- 빈 제체씨온은 **과거의 전통에서 분리되어 자유로운 표현 활동을 목표**로 했으며 그 목적은 미술과 삶의 상호 교류를 추구하고 인간의 내면을 미술을 통해 전달하고자 하는 데 있었다.
- 따라서 **목적에 맞는 기능을 추구하며 적절한 재료의 적용, 간편하고 경제적인 구조 즉, 유기적인 형태와 기능적 형태를 혼합한 양식을 추구**하였다. 또한 새로운 재료의 모색과 도전을 통해 차후 기능주의 건축의 사상적, 이론적 모태가 되었다.
- 분리파의 시각적 특성은 일반적으로 **평평하고 대칭적인 조합과 아울러 기하학적인 패턴들을 조화시키기 위해 문자 형식들의 왜곡과 원, 삼각형, 정방형 등을 이용하는 기하학적 디자인과 2차원적 형태**들을 띠고 있다.

■ (가) 작품의 표현 특징

- (가)는 요셉 호프만의 디자인으로 구부린 **너도밤나무, 목재, 합판, 황동**으로 제작된 것이다. 이와 비슷한 종류의 뒤로 젖혀지는 의자는 1860년 이후 미술공예운동의 영향 하에 제작된 것으로 교외의 모델하우스 배치용으로 제작된 것이다.
- 표현의 특징으로는 **간결하면서 장식을 배제한 기초적인 디자인**이며, 뒤로 젖혀지는 의자가 **기하학적으로 정리된 모양**을 유지하고 있다. 또한 의자를 지탱하는 골격은 역학적으로 맞추어진 나무 부품과 커브형식을 가진 뒷부분을 잘 배합한 **구부려진 사각형의 목재를 사용**, 합성하여 **구조적인 면을 강조**하는 특징이 있다. **장식성과 기능성 모두를 갖춘** 둥근 모형은 호프만 특유의 디테일로 원형과 사각모형의 균형을 맞추고 있으며, 등받이 부분의 동그란 모형은 네모난 틈과 조형적인 조화를 이루고 있다.
- 생활 기능과 구부린 너도밤나무 목재의 특성, 형태와 사회적 관심에 동등한 비중을 두고 윤리적, 미학적으로 아름다운 디자인을 추구하였지만, 수공생산 방식으로 인해 경제성은 떨어진다.

■ (나) 작품의 표현 특징

- (나)는 벨기에의 미술 애호가 슈토클레트의 의뢰로 호프만이 1911년에 디자인한 브뤼셀에 있는 슈토클레트 저택이다. 저택과 정원, 가구와 바닥재, 카펫과 은제품 등은 빈 공방에서 제작하여 아주 사소한 부분까지도 빈 분리파 디자인의 특성을 적용시킨 사례이다.
- 특히 클림트의 황금빛 대형 모자이크 벽화와 대조되면서도 조화를 이루는 기하학적 무늬 등 화려함의 극치를 보여주며 순수미술과 응용미술의 성공적인 통합을 보여주고 있다.
- 이 건물의 외형은 **직선 형태에 정통한 디자인적 특징을 보여주는 반면, 내부는 기능성과 장식성을 어느 한쪽으로 치우침 없이 조화롭게 결합**시킨 특징이 있다.

■ (다) 작품의 표현 특징

- (다)는 알프레드 롤러가 1902년에 제작한 제14회 비엔나 분리파 전시회의 포스터이다. 비엔나 분리파 예술가들이 프랑스의 꽃문양 스타일에서 벗어나 지향했던 양식은 평면적인 형태와 단순성이었다. 이러한 변모가 (다) 작품과 같이 **기하학적 패턴과 규격화된 디자인 구조를 강조하며 정사각형, 직사각형, 원들의 반복과 조합이라는 디자인의 특징을 추구**하게 된 것이다.
- 특히 포스터의 타이포그래피에서 보이는 장식성과 장식적 문양의 적용은 리듬감 없이 연속되는 유사한 요소들에 의해 더욱 강조되었고, 이러한 기하학적 화면의 구성은 기계적이거나 딱딱하지 않고 미묘한 유기적 특성을 지니고 있다. 또한 빽빽하게 밀집된 기하학적 패턴은 복잡한 선, 톤, 형태를 통해 조화를 이루고 있으며 이를 통해 입체파와 아르데코를 예견하면서 그래픽 디자인에서 중대한 혁신을 이루어 낸 것이다. 〈끝〉

15 2014학년도_B서술형_02

다음은 카상드르(A. Cassandre)의 포스터 작품이다. 이 작품이 속한 아르 데코(Art Déco) 사조의 특징을 쓰고, 이 작품의 표현 특징을 2가지 쓰시오. [5점]

카상드르, 〈뒤보-뒤봉-뒤보네〉

16 2017학년도_A5

다음은 '폐품으로 생활 용품 만들기' 수업 시간에 교사와 학생이 나눈 대화이다. (   ) 안에 공통으로 들어갈 아이디어 발상법의 명칭을 쓰시오. [2점]

- 교사 : 이번 시간에는 '폐품으로 생활 용품 만들기'를 하겠습니다. 먼저 (   )을/를 활용하여, 폐품으로 만들고 싶은 생활 용품을 정하겠습니다.
- 학생 : 선생님, (   )은/는 어떻게 하는 거예요?
- 교사 : 먼저 도화지 중앙에 폐품으로 만들고 싶은 생활 용품과 관련된 주제를 적고 바깥쪽을 향해 선을 그려 보세요.
- 학생 : 주제는 어떻게 표현하면 좋을까요?
- 교사 : 주제는 함축적인 단어, 상징화한 그림, 만화 등으로 나타낼 수 있습니다.
- 학생 : 그 다음에는 어떻게 하는 거예요?
- 교사 : 주제에 연결된 선 위나 끝에 주제와 관련된 핵심 단어를 적어 보세요. 그런 다음 핵심 단어에 선을 연결하여 관련된 생각이나 아이디어를 단어로 적거나 그림으로 그리세요. 이런 방식으로 계속해서 선으로 가지를 그려나가며 생각을 확장시켜 보세요.

14-B2 [디자인역사] – 아르데코

|모|범|답|안|

아르데코는 1920년대 프랑스와 미국 중심으로 파생된 국제적 장식 미술이며, **공업적 생산방식을 미술과 결합**했다.
사조의 특징은 첫째, **기하학적 형태, 선명한 색상, 대담한 실루엣, 각진 평면 형태, 라운드 된 모퉁이** 등이다.
아르누보와는 대조적이며 기본형태의 반복, 동심원, 지그재그 등 기하학적인 것에 대한 취향이 두드러지게 나타나 있다.

작품의 표현 특징은 첫째, 포스터 구성의 중앙에 텍스트를 위치하여 **텍스트와 이미지의 조화를 추구**하고 있다.
직선, 곡선, 원으로 구성되어 총체적으로 단순화된 표현이다.
시각적 이미지와 텍스트가 상호 조화를 이루면서 유희적이고, 고유하고 독특한 리듬을 창출하고 있다.
둘째, 순차적인 세 개의 포스터를 통해 **시간의 흐름**을 공간으로 표현하며 이야기를 만드는 형식을 취하고 있다.
일러스트레이션과 타이포그래피의 병행, 서체는 산세리프체를 사용했다.

17-A5

|정답| 마인드 맵

17 2018학년도_A10

다음은 오르가닉 디자인에 관한 내용이다. 연표와 작품을 참고하여 〈작성 방법〉에 따라 서술하시오. [4점]

[별첨 컬러 도판 참고]

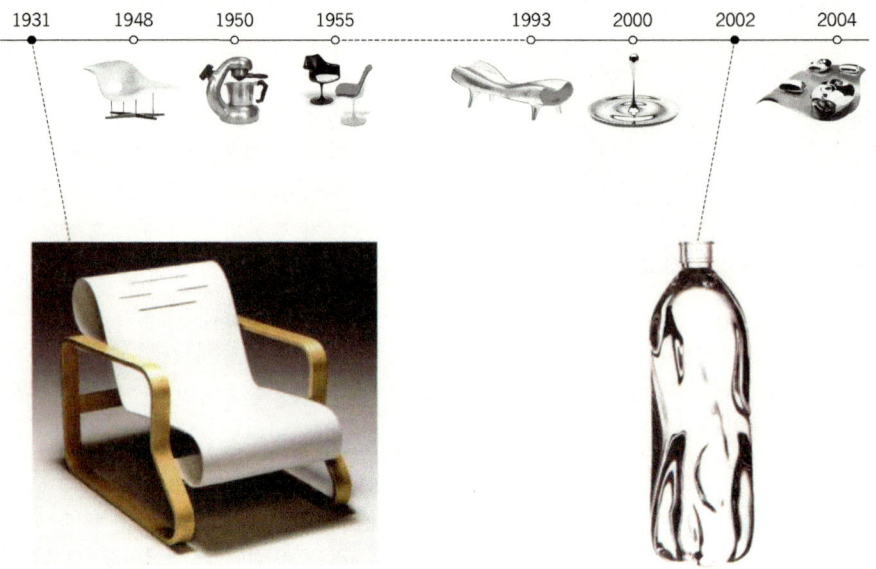

(가) 알바 알토(A. Aalto), 〈의자 41〉   (나) 로스 로브그로브(R. Lovegrove), 〈티 난트 생수병〉

―――――| 작성 방법 |―――――
- (가), (나)의 소재와 유기적 형태의 특성을 비교하여 서술할 것.
- (가), (나)의 디자이너가 오르가닉 디자인에 갖는 의의를 각각 서술할 것.

18-A10 [디자인 역사+재료] - 스칸디나, 포스트모던 / 알바알토

|모|범|답|안|

(가)의 소재는 **합판**이다. 목재의 얇은 판을 섬유 방향이 서로 직교 되게 홀수 겹으로 쌓아서 접착시켜 접합한 판을 말한다.
판재에 비하여 **균질이며, 넓은 판을 얻을 수 있고, 가격이 저렴**하다. **비틀림이나 균열과 같은 변형이 적다.**
단판을 휘어서 **곡면판을 만들 수 있고, 가공이 쉽다.**

(나)는 **플라스틱**이다. 유리나 금속에 비교하여 가볍다.
가소성이 크므로 여러 가지 모양을 쉽게 만들 수 있다. 열과 전기를 잘 전달하지 않는다. 물이나 기름, 약품에 잘 견딘다.
표면 광택이 좋으며 색소에 의해 여러 가지 색깔을 낼 수 있다.

(가)는 **인체 공학적인 유기적 형태**이며, 자연 소재의 사용, 사용자의 기능적 요구와 심리적 요구가 충족되는 조화로운 형태가 특징이다.
(나)는 유기적이고 **자연적인 곡면 형태**를 비례에 맞게 완벽한 흐름을 구성했다. 전체적으로 부드럽게 흐르는 듯한 형태이다.

(가) 디자이너가 오르가닉 디자인에 갖는 의의는 **인간과 자연의 조화**에 있다. (나) 디자이너가 오르가닉 디자인에 갖는 의의는 **자연의 유기적 형태를 닮은 디자인**이다.

18 2019학년도_A12

다음 (가), (나) 포스터에 관하여 〈작성 방법〉에 따라 서술하시오. [4점]   [별첨 컬러 도판 참고]

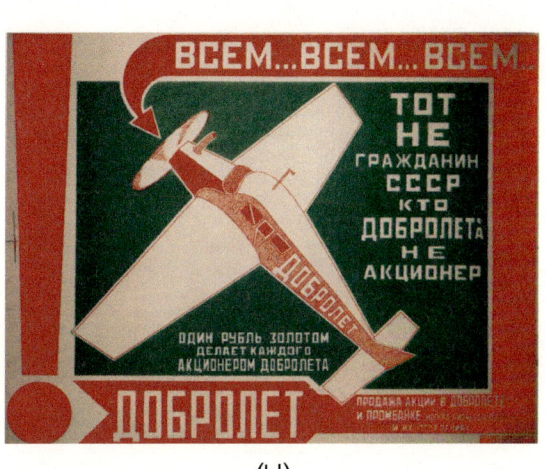

(가) (나)

─────| 작성 방법 |─────
- (가)의 작가가 해당 디자인 운동에 미친 영향을 서술할 것.
- (나)에 사용된 서체의 분류명과 특징을 서술할 것.
- 당시 산업화에 대한 (가), (나) 디자인 운동의 관점을 각각 서술할 것.

19-A12   [뮤샤 / 로드첸코 – 포스터]

|모|범|답|안|

(가) 알폰스 뮤샤는 아르누보 디자인에 **실용 미술을 순수 미술의 단계로 끌어 올렸으며**, **실물 크기의 인물, 모자이크 패턴, 길게 늘여진 형태, 장식적인 패턴의 지면과 타이포그래피, 일러스트레이션의 유기적 상호작용** 등 근대 미술의 발전에 큰 영향을 주었다.

(나)에 사용된 서체는 **산세리프체**이다.
(나) 서체의 특징은 자획, 끝부분에 돌출선이 없는 글자나 숫자를 사용하며 세로의 선과 가로의 선 굵기가 고른 두께이다.
본문보다는 제목에 자주 쓰이는 서체이다. 글씨에 **명료함과 모던함** 혹은 미니멀리즘을 담고 있다.

(가)의 산업화에 대한 아르누보 운동의 관점은 **수공예 생산과 기계생산을 동시에 옹호**했다.
(나)는 러시아 구성주의이며 **산업화에 의한 기계생산을 옹호**했다.

19 2020학년도_A9

다음 작품을 참고하여 〈작성 방법〉에 따라 서술하시오. [4점]

[별첨 컬러 도판 참고]

(가) 미스 반 데어 로에(L. Mies van der Rohe), 〈바르셀로나 체어〉, 1929, 독일

(나) 아르키줌 아소치아티(Archizoom Associati), 〈미스〉, 1969, 이탈리아

─| 작성 방법 |─
- 모던 디자인에 대한 (가) 작가의 관점과 이를 반영한 (가)의 특징을 각각 서술할 것.
- (나)가 속한 디자인 운동의 명칭을 쓰고, 이 디자인 운동의 사상이 반영된 (나)의 특징을 서술할 것.

20-A9

|모|범|답|안|

모던 디자인은 바우하우스 운동을 계기로 하여 전개되어온 기능주의적인 디자인을 말한다. 보통 단순하고 명쾌한 형태나 기능미를 나타내는 형태 등을 노리는 디자인 경향이다.

(가)는 순수하고 단순한 형태와 객관성과 보편성 및 가능성을 추구하는 모던 디자인을 옹호한다. 모티브는 권력을 상징하는 고대 이집트 귀족 의자이며, 소재는 모더니즘 디자인에 어울리는 크롬 도금된 철재 틀 위에 가죽시트와 등받이가 있다. 다리 접합도 모던 디자인이 사용하는 용접이다.

(나)는 이탈리아 급진주의 운동이며, 안티 디자인이다. 1966년 밀라노 중심의 디자인이며 바우하우스나 기능주의 모더니즘 디자인에 대한 비판적 시각에도 불구하고 철제 큐브를 사용하였다.
라텍스 고무로 만든 좌석, 날카로운 모서리, 빛을 발하는 따듯한 느낌의 발 받침과 묘한 대조를 이룬다. 동물의 가죽을 사용한 것은 르코르뷔지에 가구를 차용한 것이다.

|인|정|답|
(가) 미스 반 데어 로에는 모던 디자인의 기능주의를 옹호한다. 수직과 수평선이 강조된 대단히 단순하고 비례가 아름다운 것을 추구한다. "less is more"(적을수록 많다)라고 주장하며, 극적인 명확성과 단순성으로 표현되는 모더니즘을 추구했다.
(나) 포스트모더니즘, 이탈리아 팝, 키치, 양식 부흥주의, 안티 디자인

20 2022학년도_B10

다음 작품을 참고하여 〈작성 방법〉에 따라 서술하시오. [4점]   [별첨 컬러 도판 참고]

(가) 게디스(N. Geddes), 〈에머슨 패트리어트 라디오〉

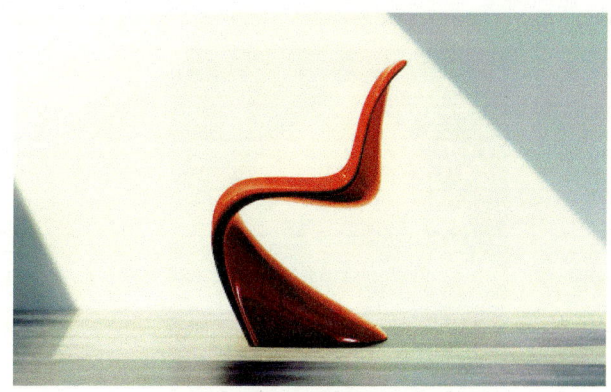
(나) 판톤(V. Panton), 〈판톤 체어〉

　　(가)와 (나)는 플라스틱 재료를 사용한 획기적인 디자인의 사례이다. 게디스(N. Geddes)는 저서 『지평(Horizons)』에서 "우리 시대의 외침이자 미래의 외침"인 (㉠)을/를 '현대성의 핵심'으로 간주하였다. 이를 구현한 (가)의 양식은 동적인 제품뿐만 아니라 정적인 제품의 디자인에도 폭넓게 적용되었다. 한편 판톤(V. Panton)은 의자의 다리가 최소 3, 4개이어야 한다는 통념을 깨고 (나)와 같이 일체형 다리로 지탱하는 (㉡) 방식, 즉 등판 쪽으로 실리는 무게를 앞쪽으로 분배하는 구조로 의자를 만들었다.

―| 작성 방법 |―

- 괄호 안의 ㉠, ㉡에 들어갈 용어를 순서대로 쓸 것.
- (가)가 속한 디자인 양식과 관련하여 작품에 사용된 재료의 효과를 서술할 것.
- (나)의 일체형 의자 제작이 가능하게 된 플라스틱 성형 방법을 쓸 것.

22-B10

|모|범|답|안|

㉠ 리 스타일링
(가)가 속한 디자인 양식은 유선형 디자인이다. 작품에 사용된 플라스틱 제조용 수지를 염료로 착색하여 **온갖 화려한 색깔의 재료를 이용**할 수 있으며, **소비자들에게 신선함과 호기심을 선사할 수 있는 새로운 스타일링 방식을 제시**할 수 있다.

㉡ 은 캔틸레버이다.
(나)의 플라스틱 성형 방법은 사출성형이다.

|인|정|답|
㉠ 유선형　　㉡ 외팔보 의자

21 2026학년도_B1

다음 도판과 설명을 참고하여 괄호 안의 ㉠, ㉡에 해당하는 용어를 순서대로 쓰시오. [2점]

(가) 에밀 갈레(E.Gallé)

(나) 루이스 컴포트 티파니(L.C.Tiffany)

> 에밀 갈레와 루이스 컴포트 티파니는 19세기 말에서 20세기 초에 걸쳐 유행했던 장식 예술 양식인 (㉠)의 대표적인 유리 공예 작가이다. 이들은 유리 공예의 무색 투명성보다 색채의 아름다움을 강조했다. 갈레는 시점에 따라 색이 다르게 보이는, '달빛'이라는 반투명 색유리를 개발하였다. 티파니는 오랜 연구 끝에 수제 착색유리에 특유의 무지갯빛 광택을 구현한 (㉡) 유리를 개발하였다.

25-B1

| 정답 | ㉠ 아르누보(프랑스 아르누보)
         ㉡ 퍼브릴(Favrile)

PART

15. 시각 디자인
16. 제품 디자인
17. 염색 공예
18. 금속 공예
19. 도자 공예
20. 목공예
21. 지공예
22. 유리 공예

15 시각 디자인

1 2002학년도_04

'환경친화적 디자인 정신'을 중학교 디자인 표현 수업에 적용하고자 한다. 포장디자인 영역에서, 이에 적합한 재료를 활용한 수업제재를 제시하고 다음 표의 빈 칸 (가), (나), (다), (라)에 적절한 내용을 기입하여 수업지도안을 완성하시오. [총 8점]

제재	(가)
준비물	(나) ① 교사: ② 학생:
학습 목표	(다) ① ②

단계	교수-학습 활동
도입 (준비 및 발상)	(라) ① ②
전개 (구상 및 표현)	• 포장 디자인의 제작과정을 이해한다. • 주제를 정하고 구상 및 다양한 아이디어를 스케치한다. • 주제표현에 적합한 재료와 표현 방법을 결정하고 각자 제작한다.
감상 및 정리	• 서로의 작품을 비교·감상하고, 평가한다. • 사용한 재료와 용구를 정리하고 차시 학습내용과 준비물을 숙지한다.

02-04 [교수학습 방법] – 학습 지도안 완성

|모|범|답|안|

- 제재: **지기구조**를 이용한 친환경 포장 디자인(커피 전문점 쇼핑백 지기 구조 디자인)

- 준비물 교사: 컴퓨터 및 주변 기기

- 준비물 학생: 종이(켄트지, 방안지, 아이보리 방안지 등), 자, 연필, 지우개, 커터 칼, 테이프, 접착제, 쇼핑백 손잡이 재료

- **학습목표:**
  1. 포장 디자인과 환경에 대한 여러 가지 문제점을 설명할 수 있다.
  2. 쇼핑백의 일반적인 구조인 5개의 면에서 면과 면이 연결되는 독창적인 디자인을 표현할 수 있다.

- **도입**
  1. 동기 유발, 쇼핑백의 종류는 재질과 형태, 크기에 따라 무수히 많다.
  2. 재사용에 적합한 재질과 형태는 어떤 것들이 있으며, 차별화된 디자인의 특징은 어떤 것들이 있는지 자료 분석과 감상한다.

2 2003학년도_04

다음은 미술과 애니메이션 단원 교수·학습 지도안의 일부분이다. 본 예시 지도안에서 학습 목표 2가지와 전개 단계의 표현 활동에서 이루어지는 학습 내용 2가지를 간략하게 쓰시오.

단원명	애니매이션
단원 설정의 이유	• 애니메이션의 특징을 살펴보고, 애니메이션의 제작 방법과 원리를 학습하여 영화, TV, 컴퓨터 등 영상 매체에 대한 이해를 높이기 위하여 단원을 설정하였다.
학습 목표	• _____ • _____
준비물	• 교사: 애니메이션 비디오 테이프, 신문 만평, 애니메이션 작품집, 실물 화상기, 교과서 등 • 학생: 종이, 자, 연필, 지우개, 펜, 잉크, 채색 용구

학습단계	
도입	〈발상〉 • 신문이나 잡지 등에서 본 만화와 애니메이션, 영화에 대해서 이야기한다. • 참고 작품을 감상하여 제작 방법을 이해한다.
전개	〈표현〉 • _____ • _____
정리	〈감상〉 • 대상의 특징을 잘 살렸는가? • 전달 목적에 맞게 표현되었는가? • 작품의 관점을 정하여 서로의 작품을 비교 감상할 수 있는가?

학습 목표(2점)
•
•

표현(2점)
•
•

03-04 [교육과정 – 학습 지도안 작성]

|모|범|답|안|
- 학습 목표:
  1. 애니메이션의 특징과 제작 방법, 원리를 설명할 수 있다.
  2. 창의성을 살려 움직임의 효과를 표현할 수 있다.

- 전개: 신문이나 잡지 등에서 본 내용을 구성하여 **스토리보드**를 제작한다.
  구상한 내용을 시간 순서와 전달 목적에 맞게 배치하여 재생할 수 있도록 애니메이션을 제작한다.

3 2003학년도_13

다음 그림은 포장 디자인 단원 학습을 위한 김 교사의 준비물이다. 김 교사는 예시 작품에서 찾아볼 수 있는 포장 디자인의 장·단점을 각각 1개씩 간략하게 쓰시오. [6점]

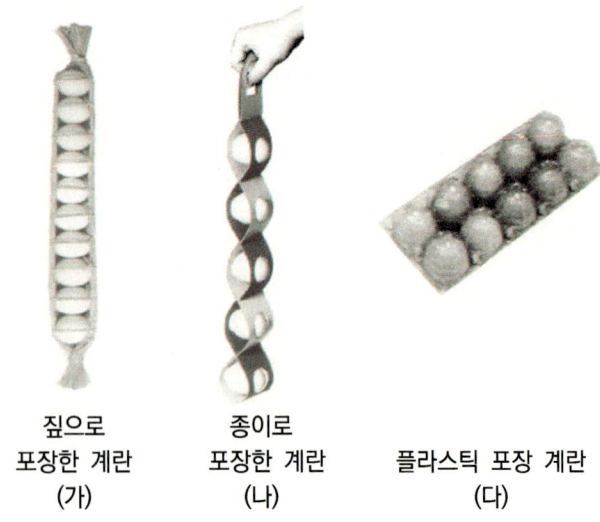

짚으로 포장한 계란 (가) | 종이로 포장한 계란 (나) | 플라스틱 포장 계란 (다)

(가)	장점 •
	단점 •
(나)	장점 •
	단점 •
(다)	장점 •
	단점 •

03-13 [시각디자인] - 포장 디자인 조건

|모|범|답|안|

	(가)	(나)	(다)
장점	환경성	명시성, 편의성	편의성, 명시성
단점	보호성, 경제성	보호성	환경성

4 2005학년도_16

학교의 새로운 정체성과 이미지를 갖자는 의견을 수렴하여 아래의 교수·학습 계획안을 세웠다. 교수·학습 계획안에 알맞은 단원명을 쓰고, 빠져 있는 기본 시스템 2가지와 픽토그램의 특징을 1가지 쓰시오. [4점]

단원명	①	
학습 목표	학교의 정체성을 살릴 수 있는 종합적인 이미지를 디자인할 수 있다.	지도상 유의점

학습 내용	디자인에 대한 기본과 응용 프로그램을 모두 종합하여 자신이 다니는 학교의 시각 이미지를 만들어간다.
	• 기본 시스템 제작 :
	  ②_____,
	  ③_____,
	  기본색, 시그니처(Signature)
	• 응용 시스템 제작 : 서식류, 홍보류, ④ 픽토그램(Pictogram), 캐릭터
		• 학교의 특징이 잘 나타날 수 있도록 자료를 수집, 분석한 후에 아이디어를 스케치하고 제작하게 한다.

• 단원명
  ①

• 기본 시스템
  ②
  ③

• 픽토그램의 특징
  ④

05-16 [시각 디자인] - 아이덴티티

|모|범|답|안|

- 단원명: ① 학교 아이덴티티 디자인
- 기본 시스템: ② 심벌마크, 로고 타입
  ③ 전용 서체, 그래픽 모티브, 패턴
- **픽토그램의 특징**: 사물, 시설, 행위 등을 누가 보더라도 그 의미를 쉽게 알 수 있도록 만들어진 그림문자로서 글씨보다 그림으로 이해하는 것이 훨씬 빠른 경우에 해당하며, **지시와 안내의 기능**을 한다.

5 2006학년도_17

중학교 3학년 디자인 표현 영역에서 다음 그림과 같은 '케이크 상자 만들기' 수업을 진행하고자 한다. 디자인의 조건 중 기능성과 심미성의 항목에 중점을 두어 각각에 관련된 평가 내용을 쓰시오. [2점]

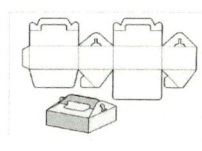  

• 평가 내용

① 구상, 스케치, 제작의 전 과정이 합리적이며 의도한 바를 잘 표현하였는가?

② 학습 자료를 성실하게 준비하고 열의를 갖고 제작에 참여하였는가?

③ 기능성 관련 :

④ 심미성 관련 :

6 2006학년도_21

애니메이션의 제작 원리를 쓰고, 제작 방법에 따른 애니메이션의 종류와 특징을 정리한 표의 빈칸을 채우시오. [4점]

(1) 애니메이션의 제작 원리 :

(2) 애니메이션의 종류와 특징

종류	특징
셀 애니메이션	②
모래 애니메이션	③
①	흑백의 강한 콘트라스트로 구성되며, 형체는 전체 윤곽선에 의한 윤곽만을 볼 수 있기 때문에 단조로우나 신비감을 줄 수 있음

06-17 [시각 디자인] - 포장 디자인

|모|범|답|안|

③ 기능성 관련 : 용도를 제대로 수행하는 기능, 상품 보호, 유통에서 취급의 용이성, 상품의 정보 전달, 환경성 배려가 반영되었는가?

④ 심미성 관련 : 아름다운 형태, 색 등 대중이 공감하는 공통의 미의식과 소비자 욕구 만족, 감성 만족을 주는 디자인인가?

06-21 [시각 디자인] - 애니메이션

|모|범|답|안|

(1) **잔상의 원리**이다. 방금 전에 눈으로 본 것을 뇌가 기억하고 있어서 그 다음에 본 것과 방금 전에 본 것이 겹쳐져 보이는 것이다.

① **컷 아웃 애니메이션**

② **셀 애니메이션**은 작가가 셀 위에 그린 움직이는 부분 즉, 캐릭터, 구름, 탈것 등을 그려, 움직이지 않는 부분을 그린 배경 위에 겹쳐 놓고 **연속적인 그림을 한 프레임씩 끊어서 촬영**한 후 정상 속도로 재생함으로써 연속적인 움직임을 창조하는 방식이다. 제작과정을 분업화·전문화할 수 있고, 제작 결과물에 대한 예측도 어느 정도 가능하며 수정이 쉽다.

③ **모래 애니메이션**은 모래를 이용한 애니메이션. 유리 밑에서 빛을 비추고 그 위에 모래로 형상을 그리거나 만들어 한 장씩 촬영하여 움직임을 만들어내는 애니메이션 기법이다.
두께에 따라 다양한 톤을 만들어 내며, 메타몰포시스 기법을 통하여 자유롭게 형태를 변화시키면서 카메라의 움직임과 화면 전환까지 구현함으로써 부드러우면서도 환상적인 움직임을 만들어 낼 수 있다.

7 2008학년도_05

다음 (가)는 광고 브로슈어의 제작 과정이고, (나)는 그 중 '디자인작업'과정을 구체화한 것이다. 제시한 설명을 참고로 하여 브로슈어 제작 과정 단계 ①과 아이디어 스케치의 종류 ②를 쓰고, 시안작업 ③에서 구체적으로 작업할 내용을 쓰시오. [3점]

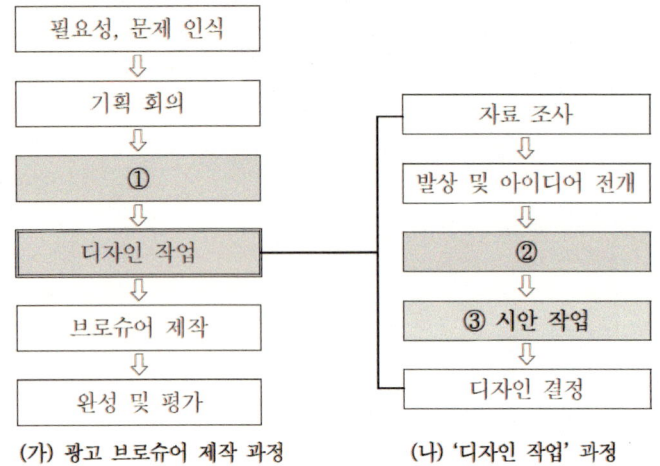

(가) 광고 브로슈어 제작 과정   (나) '디자인 작업' 과정

① _____ : 표현 목표 설정, 구체적인 표현의 기본 방향을 설정한다.

② _____ : 아이디어 발상에 따라 작은 지면에 여러 가지로 표현하는 스케치

③ 시안작업 :

08-05 [시각 디자인] - 브로슈어 디자인

|모|범|답|안|
① 디자인 컨셉
② 섬네일 스케치
③ 시안 작업 : 선택 → 수정 보완 → 타이포그래피 → 레이아웃 → 실물 원형 제작 타이포그래피 → 사진 및 일러스트레이션 → 그래픽요소 → 레이아웃 → 실물원형제작

8 2008학년도_07

애니메이션은 기본적으로 초당 24프레임(frame)의 정지된 이미지를 촬영하여 움직임을 만든다. 이때 1초당 사용되는 프레임의 제작 수에 따라 애니메이션은 크게 2가지로 구분될 수 있다. 이에 따른 애니메이션의 명칭을 쓰고, 그 특징을 각각 2가지씩 쓰시오. [4점]

예시 작품	타잔 (1999 / 미국)	아톰 (1963, 1982 / 일본)
종류	①	②
특징	③ •	④ •

08-07 [시각 디자인] - 애니메이션

|모|범|답|안|
① 풀 애니메이션
② 리미티드 애니메이션
③ 1초에 24프레임의 그림을 그려 연속 동작을 만들어 내는 애니메이션 기법으로 **자연스럽고 유연한 동작, 부드러운 동작을 표현**할 수 있다.
리미티드에 비해 모든 그림을 오직 한 번만 사용해 연속적인 그림을 만들기 때문에 상당히 많은 그림이 필요하다.
④ 1초에 6~12장 정도의 그림으로 초당 프레임 수를 줄여 제작하는 애니메이션 제작 방식이다.
모든 동작을 그리지 않고 키(key pose)와 움직임에 필요한 캐릭터의 일부 동작의 그림을 2~4장씩 반복 촬영하여 연속 동작을 만든다. 풀보다는 **비용이 적게 들고 쉽게 작업**할 수 있지만 **자연스러운 동작의 느낌이 부족**하다.

9 2009학년도_23

다음에 제시된 광고 디자인에 관한 내용으로 가장 옳은 것은?

> 예상 고객을 선별할 수 있고 광고의 빈도를 자유롭게 조절할 수 있으며 타 광고와의 동시 경쟁을 피할 수 있다.

① 소비자에게 직접 전달되는 특성을 고려하여 목적을 명화하게 하고 친근감을 느끼도록 디자인한다.
② 반복 광고가 가능하며 수요자의 범위가 넓어 신뢰성과 보편성이 높은 디자인이어야 한다.
③ 판매하는 상품의 종류나 설치 장소에 따라 다양한 표현으로 장식할 수 있고, 여러 가지 소재로 만들어진다.
④ 고객의 신체 조건과 시선을 고려하고 동선을 비롯한 실내 계획과 조명의 종류와 방법 등에 유의한다.
⑤ 상품의 형태와 크기를 고려하여 취급과 보관이 용이한 구조로 제작하고 브랜드를 부각시킨다.

10 2010학년도_24

A 회사는 새로운 경영 방침에 따라 CIP(Corporate Identity Program)를 도입하고자 한다. 이와 관련된 사항으로 옳은 것을 〈보기〉에서 모두 고른 것은?

─| 보 기 |─
ㄱ. 응용 시스템(application system)에는 서식류, 사인물, 마스코트, 캐릭터, 유니폼 등이 있다.
ㄴ. 기본 시스템(basic system)으로 심볼 마크, 로고타이프, 전용 색상, 전용 서체, 시그니처 등이 있다.
ㄷ. 대중에게 전달하는 커뮤니케이션 기능이 증대되어 기업에 대한 건전하고 성실한 이미지가 형성될 수 있다.
ㄹ. 기업의 이미지가 극히 저하된 경우 현재 이미지를 탈피할 목적의 CIP 도입은 바람직하지 못하다.

① ㄱ, ㄴ
② ㄴ, ㄷ
③ ㄱ, ㄴ, ㄷ
④ ㄱ, ㄷ, ㄹ
⑤ ㄴ, ㄷ, ㄹ

11 2010학년도_36

다음과 같은 광고 디자인에 대한 설명으로 옳은 것을 〈보기〉에서 모두 고른 것은?

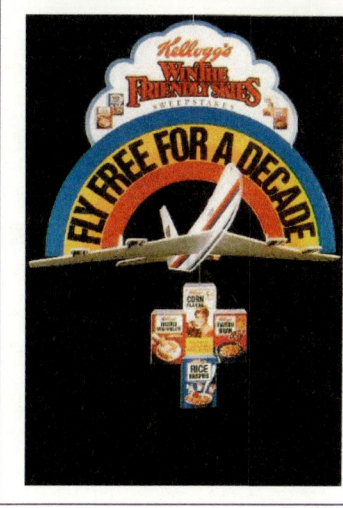

점포의 현장 광고로 제조업자가 판매 성과를 올리기 위하여 판매점을 통하여 소비자와 직접적인 접촉이 용이하도록 만든 수단이다.

─| 보 기 |─
ㄱ. 점포 내의 구매자와 외부 통행인에게 작용하여 구매 행위에 영향을 미친다.
ㄴ. 점두(店頭)와 점내(店內)에서 타사 제품보다 유리한 조건으로 상품의 주의를 끌도록 하되 충동 구매를 유도해서는 안 된다.
ㄷ. 입체적이고 독특한 디자인 방식으로 메시지를 전달할 수 있고 점포를 개성적으로 꾸밀 수 있다.
ㄹ. 상품을 여러 가지 사용법에 따라 사용해 보도록 함으로써 구매자를 주목시켜 판매하는 입증 판매 방식도 있다.

① ㄱ, ㄴ
② ㄱ, ㄷ
③ ㄱ, ㄴ, ㄷ
④ ㄱ, ㄷ, ㄹ
⑤ ㄴ, ㄷ, ㄹ

09-23	10-24	10-36
|정답| ①	|정답| ②	|정답| ④

12 2011학년도_30

신문 광고 디자인에 대한 설명으로 옳은 것을 〈보기〉에서 고른 것은?

─── |보기|───
ㄱ. 내용적 요소에는 헤드라인, 슬로건 등이 있고 조형적 요소에는 로고타입, 보더라인 등이 있다.
ㄴ. 헤드라인은 일러스트레이션의 보조로 두는 경우와 본문의 구절마다 도입부에 배치하는 리드(lead)가 있다.
ㄷ. 잡지 광고에 비하여 소구(訴求) 대상을 선별하는 것이 용이하며 소구점의 문제는 일러스트레이션을 통하여 해결한다.
ㄹ. 다른 인쇄 매체 광고에 비해 인쇄물의 질이나 색상이 다양하지 않으나, 도달 범위가 넓어 신제품을 전국적으로 광고하려고 할 때 유리하다.

① ㄱ, ㄴ
② ㄱ, ㄹ
③ ㄴ, ㄷ
④ ㄴ, ㄹ
⑤ ㄷ, ㄹ

11-30
|정답| ②

13 2012학년도_14

그래픽 디자인의 영역에 대한 설명과 작품이 옳은 것은?

	설명	작품
①	컬리그래피(calligraphy)는 이미 디자인된 활자를 가지고 디자인하는 것으로, 커뮤니케이션의 수단에 조형미를 더하여 이를 예술의 차원으로 끌어올린 것이다.	
②	히에로그리프(hieroglyph)는 내용을 이해하기 쉽게 도표로 보여준다거나 점이나 선, 이미지 등을 이용해 제시하는 설명적인 그림으로, 과학적 사실과 미학적 질서가 집약된 예술이다.	
③	다이어그램(diagram)은 여러 데이터의 구성 요소들을 상징하는 그래픽과 그림 문자로서, 국제적 기호 체계로 발전하였으며 컴퓨터 그래픽 인터페이스 디자인에서 아이콘으로 사용할 수 있다.	
④	그래픽 심볼(graphic symbol)은 핸드 드로잉에 의한 그림만을 뜻하지만 일반적으로는 인쇄 매체를 통해 어떤 목적이나 내용을 효과적으로 전달하기 위한 모든 종류의 드로잉이나 이미지를 일컫는 용어이다.	
⑤	세만토그래피(semantography)는 상형 문자인 한자의 표의성에서 본따 만든 그림 문자 시스템이며, '하나의 세계, 하나의 서법'이라는 슬로건으로 100여 종의 그림 문자를 조합해 단어를 만든 국제적인 의미 글자이다.	

12-14
|정답| ⑤

14 2012학년도_26

애니메이션 기법에 따른 제작 방식에 관한 설명으로 옳은 것은? [1.5점]

	기법	제작 방식
①	로토스코핑 (rotoscoping)	재료의 특성상 입체 캐릭터의 다양한 표정과 색채를 원하는 모양으로 자유롭게 변형시키며, 만들어진 형상을 한 프레임씩 촬영한다.
②	컷 아웃 (cut out)	일반적으로 종이나 필름 위에 직접 칠하거나 그리며, 주요 배경은 그대로 두고 움직이는 캐릭터만을 각 프레임별로 설계하여 배경과 겹쳐서 촬영한다.
③	픽실레이션 (pixilation)	사람을 소재로 애니메이션을 만드는 기법으로, 위치가 고정된 카메라로 연출된 상황을 순간 포착하는 연속 촬영 기법에 의해 한 장면씩 움직여 가면서 촬영한다.
④	스톱 모션 (stop motion)	실사의 움직임을 먼저 촬영하여 동화상을 만든 후 애니메이션 이미지를 합성하는 기법으로, 셀에 그린 후 촬영된 필름과 동화상 필름을 하나의 필름으로 만드는 것이다.
⑤	조트로프 (zoetrope)	두꺼운 원형의 종이에 연속 동작을 그리고, 원판을 회전시키면서 원판의 구멍에 시선을 고정하고 보면 거울에 반사된 그림이 움직이는 것처럼 착시 현상을 일으킨다.

12-26 | 정답 | ③

15 2013학년도_17

교내 미술 전시회를 위한 작품집을 디자인하고자 한다. 이 과정에서 적용되는 디자인의 요소와 원리에 대한 설명으로 옳은 것만을 〈보기〉에서 있는 대로 고른 것은?

─| 보기 |─

ㄱ. 시각적 상호 작용은 위치, 방향, 공간 등을 고려하여 배열함으로써 의미 파악에 영향을 끼친다.
ㄴ. 본문용 서체로 세리프(serif)체를 사용하는 이유 중 하나는 게슈탈트(Gestalt) 지각 이론의 시각적 연속성 원리가 적용되기 때문이다.
ㄷ. 편집 디자인의 요소에는 포토그래피(photography), 일러스트레이션(illustration), 레이아웃(layout), 타이포그래피(typography) 등이 있다.
ㄹ. 그리드 시스템은 편집 디자인에 질서를 부여하는 하나의 수단이므로, 그리드 시스템을 해체하거나 파괴해서 공간을 구성해서는 안 된다.

① ㄱ, ㄴ
② ㄴ, ㄹ
③ ㄷ, ㄹ
④ ㄱ, ㄴ, ㄷ
⑤ ㄱ, ㄷ, ㄹ

13-17 | 정답 | ④

○○중학교에서 근무하는 김 교사는 애니메이션 수업을 위하여 (가)와 (나)의 자료를 준비하였다. (가)와 (나)를 활용하여 '파이 현상(Phi Phenomenon)'을 설명하고, (나)와 같은 '페나키스토스코프(Phenakistoscope)'를 지도할 때, 김 교사가 유의해야 할 점을 제작 방법과 사용 방법적 측면에서 각각 서술하시오. 그리고 영상과 관련된 교육이 2007 개정 미술과 교육과정과 2009 개정 교육과정에 따른 미술과 교육과정의 내용 영역에 각각 어떻게 반영되었는지 서술하시오. [10점]

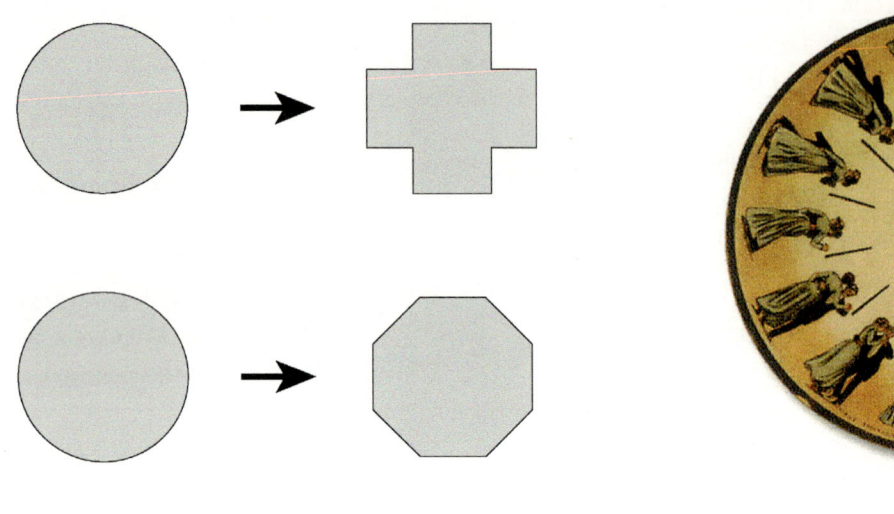

(가) 수업 예시 자료   (나) '페나키스토스코프' 예시 자료

14학년도-B 논술1 　 애니메이션

|모|범|답|안|
| 참고 | 아래 내용은 모범 답안의 핵심 키워드와 문장만 나열한 것입니다. 실제 시험에서는 기호는 생략하고 완성된 문장으로 작성해야 합니다.

▎파이 현상
- 실제로 움직이지 않는데 움직이는 것처럼 보이는 현상. 어떤 두 그림을 아주 짧은 순간 연속적으로 보여주면 첫 번째 그림이 두 번째 그림으로 움직였다고 느끼는 것.
- 이미지가 사라진 후에도 찰나 동안 망막에 남아 있는 현상, 짧은 순간 연속적으로 보여주면 움직였다고 느끼는 현상이다.

(가)는 하나의 도형으로 겹쳐 보이게 되는 것이다. 즉 돌아가는 십자가형 도형이나 팔각형이 하나의 원처럼 보인다.
(나)는 페나키스토스코프이다. 동작이 있는 그림을 거울에 비추어 돌려보면 움직이는 동작을 볼 수 있게 고안한 것.
초당 12프레임에서 24프레임으로 영사되는 이미지에 운동감이 형성되면 잔상이 발생해 관객은 이미지 사이의 어두운 부분을 보지 못하는 현상

▎페나키스토스코프
- 1832년 벨기에 조제프 플라토가 발명한 것으로 회전하는 원반을 사용한 초기 애니메이션 장치이다. 움직이는 영상을 만들어 내기 위해 둥그런 원판을 12내지 16분할하고 동작이 있는 그림을 차례로 그려 넣은 후 거울에 비추어 돌려보면 움직이는 동작을 볼 수 있게 고안하였다.
- 원형의 두꺼운 종이에 연속 동작을 차례로 그려 거울 앞에서 원판을 잡고 회전시키면서 원판의 갸름한 구멍을 통해 거울에 비치는 그림의 연속을 보면 마치 그림 속의 사물이 움직이는 듯한 착각을 갖게 된다.

▎제작 방법 유의사항
- 지름 20cm 내외에 중점을 기준으로 12등분한다.
- 원 가장자리에 길이 2cm, 폭 0.5cm의 직사각형을 그려 오려낸다. 원의 맨 끝 부분을 오려낸다.
- 홈 사이의 공간에 12개의 연속 동작을 그린다.
- 12이나 16등분의 동작
- **1번과 끝번이 이어지게**
- 나무 지지대가 이탈하지 않도록 고정 장치에 유의

▎사용 방법적 측면에서 유의사항
- **거울** 앞에 그림 앞면이 가게하고, 뒷면은 검은 색
- **구멍**이 보이게 해야 한다.

▎2007 개정 미술과 교육과정에서 '영상'
- 표현 영역 중 학습 내용에 **영상 표현을 포함**
- 표현 방법에서 '**사진·영상 등의 새로운 매체와 표현 방법을 탐색하여 나타내기**'로 제시되었다.

▎2009 개정 미술과 교육과정에서 '영상'
- 구체적인 표현은 삭제
- **매체와 방법의 활용으로 그 범주의 확대**
- 표현방법에서 '**가. 새로운 표현 방법과 매체 탐색하기**'로 제시된 것이다. 〈끝〉

17 2015학년도_서술형_A3

타이포그래피(typography)의 가독성에는 '레저빌리티(legibility)'와 '리더빌리티(readability)'의 2가지 개념이 있다. (가), (나)의 예를 활용하여 각각의 개념을 서술하시오. [5점]

가독성이 높은 예

아름다운 우리 강산

아름다운 우리 강산

(가) 가독성(레저빌리티)이 낮은 예

아름다운 우리 강산 (손글씨체)

아름다운 우리 강산 (손글씨체)

(나) 가독성(리더빌리티)이 낮은 예

아　다　우　강
　름　운　리　산

아　다　우　강
　름　운　리　산

15-A서3 [시각 디자인] - 가독성

|모|범|답|안|

레지빌리티는 개개의 글자 형태를 '식별하고 인지하는 과정'을 말한다.
(가)는 레저빌리티가 낮은 예이다. 그 이유는 글자의 기울기를 지나치게 줌으로써 본문 독서 속도에 나쁜 영향을 준다.
즉, 레저빌리티가 높으려면 글자꼴은 꼭 식별되어야 할 뿐 아니라 특성을 지닌 낱말의 형태로 지각되어야 하며,
연속적인 본문은 빠르고, 정확하게, 그리고 쉽게 읽혀 이해되어야 한다. '아름다운 우리 강산'이 **낱말 형태로 지각**되어야 한다.

리더빌리티란 '보고 지각하는 과정의 성공도'를 나타낸다. 즉 본문의 문장적, 디자인적인 면에서의 가독성을 말한다.
인쇄물의 경우 활자 서체의 선정, 조판 방법, 즉 자간, 행간 등에 의해 본문의 읽기, 가독성에 영향을 미친다.

(나)는 리더빌리티가 낮은 예이다. 덩이글 디자인이 **사선으로 끊어 읽도록 되어서 읽기가 어렵고, 시선의 흐름을 방해**한다. 따라서 **가로 읽기와 연속성의 원리가 반영된 디자인으로 수정**하여 가독성이 충분히 검토되어야 한다.

다음 두 작품에 관하여 〈작성 방법〉에 따라 서술하시오. [5점] [별첨 컬러 도판 참고]

(가) 전시 포스터, 1926

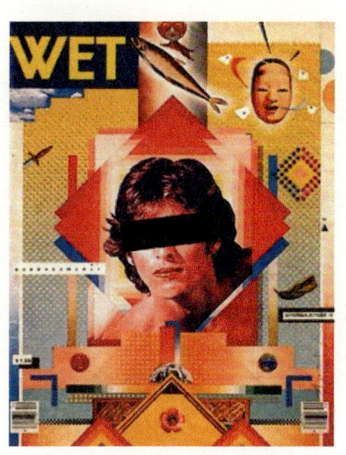

(나) 잡지 표지, 1979

―| 작성 방법 |―
- (가)가 제작된 학교의 명칭과 (나)가 속한 디자인 경향의 명칭을 순서대로 쓸 것.
- (가)와 (나)의 레이아웃의 특징을 그리드의 적용, 정보 전달의 효과 측면에서 각각 서술할 것.

16-B6 [디자인 역사+이론] - 편집 디자인 / 바우하우스, 포스트모더니즘

|모|범|답|안|

(가)는 바우하우스, (나)는 포스트모던 디자인에 속한다.
(가)는 **그리드 방식**이 적용된 **모더니즘 레이아웃**이다. **기능주의 디자인**에 맞도록 타이포그래피, 사진, 색, 여백을 수평과 수직으로 줄을 맞추고 전체 내용을 대각선 방향으로 기울여서 역동적이면서도 균형 잡힌 통일성을 보인다.
정보 전달의 효과를 최대한 높이려고 **산세리프체**를 활용하여 **절대적 명료성**과 **가독성**을 높였으며, 검정색, 빨강색 등 **원색의 배치**, 화면 중앙에 **여백**을 두면서 **합리적인 구성과 정보 전달의 기능을 최대한 살렸다.**

(나)는 컴퓨터를 이용한 **프리 방식의 그리드**를 사용하였다. 화면 가득히 무작위로 배치한 것 같이 보이는 레이아웃은 **비트맵을 의도적으로 부각시킨** 것으로 **컴퓨터가 주는 픽셀 등의 각진 느낌**과 **콜라주의 이미지**를 살린 도형을 **반복적으로 배치**한 것이다.
언어보다는 **이미지로 정보 전달**은 **효과**를 살렸으며, 산세리프체의 단어와 강한 명도 대비, 화면 중앙에 배치된 사진 이미지를 통해 **독창성을 통한 정보전달력을 지닌다**.

19 2017학년도_A1

다음 작품과 설명을 참고하여 (   ) 안에 들어갈 용어를 쓰시오. [2점] [별첨 컬러 도판 참고]

줄리앙 오피(J. Opie), 〈걷는 사람들〉, 2011, 서울스퀘어 빌딩

건축물의 외벽이나 표면에 LED 조명을 설치하여 영상 미디어 작품을 구현하는 (   )은/는 예술적으로 아름다울 뿐만 아니라 정보 전달도 가능하다. 또한 눈에 띄는 LED 조명으로 인해 도시의 랜드 마크가 되기도 한다. 이러한 미디어 아트 작품은 대중이 미술관을 찾아가지 않더라도 일상생활에서 예술 작품을 감상할 수 있게 하고, 첨단 기술과 융합된 예술을 체험할 수 있게 한다.

17-A1

| 정답 | 미디어 파사드

20 2017학년도_A12

(가)는 상품 개발에 필요한 패키지 디자인(package design)의 사례이다. (가)를 참고하여 (나)의 ㉠, ㉡에 들어갈 내용을 순서대로 서술하시오. [4점]

(가)

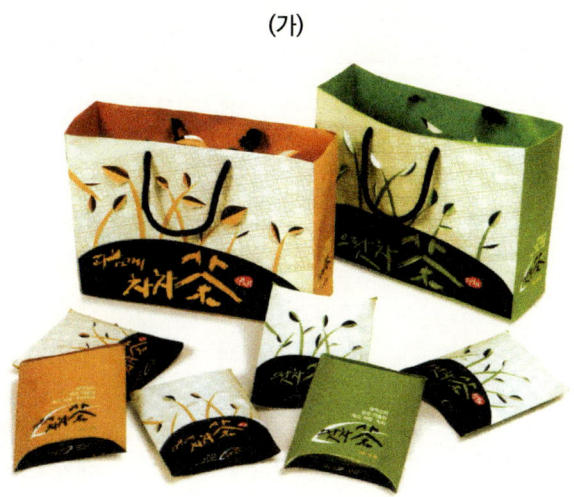

(나)

패키지 디자인의 요소	
요소	내용
네이밍 (naming)	상품의 이름을 짓는 작업으로, 상품의 성격이나 종류의 특징을 표현하는 기능을 한다.
브랜드 로고 (brand logo)	㉠
색채 (color system)	상품에 대한 색채 계획으로, 색채의 시각적 자극을 통해 제품의 특성을 더욱 부각시키는 효과가 있다.
캐릭터 (character)	특정한 인물이나 동물, 사물의 고유한 성격을 살려 시각화하는 것으로, 친밀도를 높여 대중에게 쉽게 접근할 수 있는 장점을 지닌다.
타이포그래피 (typography)	글자꼴이나 조판 방법을 활용하여 글자를 조형적으로 표현하는 것으로, 미적 기능과 정보 전달의 역할을 한다.
레이아웃 (layout)	㉡
일러스트레이션 (illustration)	특정한 내용과 목적을 설명적으로 시각화하는 것으로, 제품의 내용, 형태, 성격을 쉽고 빠르게 전달하는 기능을 한다.

17-A12 [시각 디자인] – 패키지 디자인 조건

|모|범|답|안|
- ㉠ 기업 또는 상품의 상징으로, 이념이나 사상을 담고 있는 추상적 혹은 구상적 형태이며, **커뮤니케이션에 있어서 시각적 효과를 강하게 연출하는 기능**을 한다.
- ㉡ 패키지에 표현되는 형태의 크기, 여러 가지 디자인 요소들을 **배열**하고 **정리**하는 것으로 입체적 요건을 지니며, **시각적 주의 집중의 기능, 타사 제품과 비교할 때 우월한 경쟁력을 지니게 하는 기능**을 한다.

21 2018학년도_A8

다음은 애니메이션 기법에 관한 그림과 설명이다. 괄호 안에 들어갈 애니메이션 기법의 명칭을 쓰시오. [2점]

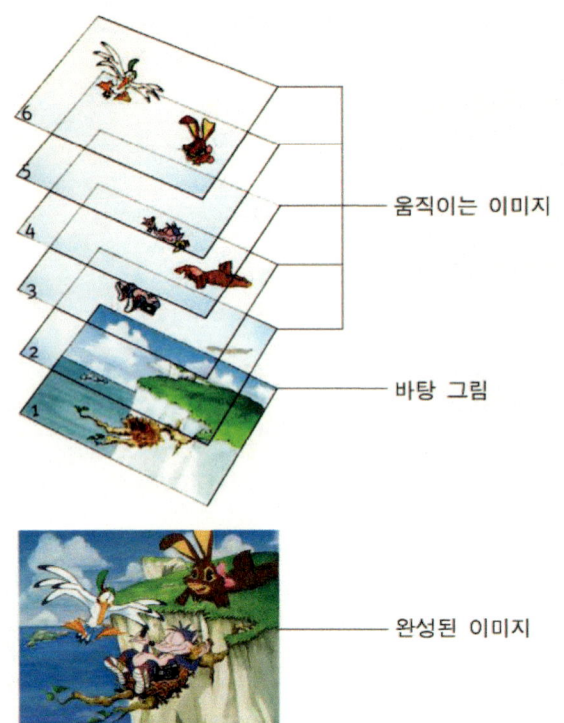

전 세계적으로 널리 보급되어 있는 캐릭터 애니메이션의 표현 방법인 (   )은/는 화면에서 움직이는 부분의 이미지를 아세테이트 필름 등과 같은 투명한 판지에 그려, 움직이지 않는 부분을 그린 바탕 그림 위에 겹쳐놓고 촬영하는 제작 방식이다. 이 방식을 사용하면 제작 결과물에 대한 예측이 가능하며 수정 작업이 쉽다. 또한 제작 과정을 분업화, 전문화할 수 있어, 노동 집약적인 제작 현장에서 체계적인 시스템을 갖출 수 있다.

18-A8
| 정답 | 셀 애니메이션

22 2021학년도_B9

다음은 시각 디자이너와 미술 교사의 대화이다. 〈작성 방법〉에 따라 서술하시오. [4점]

디자이너 : 선생님, 중학교 미술 수업에서는 디자인에 관하여 무엇을 지도하셨나요?

교   사 : 지난주에는 '정보를 전달하는 이미지' 단원에서 문자 디자인과 픽토그램을 주제로 수업했어요.

디자이너 : 학생들이 준비할 수 있는 자료와 메시지가 더 풍부하다면 인포그래픽으로 확장될 수도 있겠습니다.

교   사 : 네. 이번에는 인포그래픽 방식으로 우리 동네의 교통 사고 발생 장소를 조사하고 시각화하는 프로젝트 수업을 준비하고 있어요. 아이들에게 안전의 중요성을 깨우쳐 주고 싶은데 어떤 유형으로 준비할지 고민이 많아요.

디자이너 : 먼저 교통사고 발생과 관련된 데이터를 수집한 후, ㉠ 교통사고 발생 위치를 표시하고 ㉡ 사고의 빈도를 제시하는 형태를 조합하면 어떨까요?

교   사 : 그게 좋겠네요. 그런데 정보를 시각화한다는 것이 데이터만 모은다고 저절로 되는 것은 아니잖아요. 아이들도 아직 데이터와 정보를 구분하지 못하고 있는 것 같아요.

디자이너 : 맞습니다. 요즘 데이터 시각화가 크게 주목되면서 서로 혼동하는 경우가 많아요. 선생님은 학생들에게 ㉢ 데이터 시각화와 정보 시각화의 차이를 어떻게 설명하시겠어요?

| 작성 방법 |

- ㉠과 ㉡의 표현에 적합한 인포그래픽의 형태적 유형 명칭을 각각 쓸 것.
- ㉢을 데이터와 정보의 특성 측면에서 비교하여 서술할 것.

23 | 2022학년도_A3

다음 작품과 대화를 참고하여 괄호 안의 ㉠, ㉡에 해당하는 용어를 순서대로 쓰시오. [2점] [별첨 컬러 도판 참고]

(가) 맥라렌(N. McLaren)의 작품 일부

(나) 하트(Q. Hart)의 작품 일부

교사 : 오늘은 작업 결과를 즉시 확인할 수 있고, 초보자도 쉽게 다룰 수 있는 핸드 메이드 애니메이션(Hand Made Animation)에 대해 배워 볼 거예요.
학생 : 핸드 메이드 애니메이션에는 어떤 종류와 방법이 있나요?
교사 : 핸드 메이드 애니메이션에는 사용하는 필름과 수작업 방식에 따라 2가지 종류가 있어요. (가)의 예시와 같이 (㉠)은/는 노광으로 인해 까맣게 된 필름이나 불투명한 필름의 젤라틴층에 날카로운 송곳 등의 도구를 이용하는 방식이에요. (나)의 예시와 같이 (㉡)은/는 노광 되지 않은 필름을 현상하여 투명한 필름을 만든 후 그 위에 유성 잉크 등을 이용하는 방식이에요.

21-B9

|모|범|답|안|

㉠은 **지리 및 위치기반** 인포그래픽이다.
㉡은 **통계기반** 인포그래픽이다.

ⓒ **데이터 시각화란 다양한 분야에서 축적되는 가공되지 않은 데이터**를 통계와 알고리즘을 통해 시각화한 것이다. 따라서 데이터 시각화는 **많은 데이터를 한눈에 살펴보기 쉽게 만든 특성**을 지니며, **정보는 의미보다는 현상 그 자체를 시각화한 특성**이 있다. 이를 이용하면 정보 구조나 패턴을 찾아낼 수 있다.
반면에 정보시각화란 단순 시각화에서 벗어나 **명확한 목적**을 갖고 **정보의 관계, 패턴, 구조를 파악**한 다음, 파악한 내용을 **정확한 메시지로 구체화하고 스토리를 중심으로 새롭게 가공하여 만든 것**이다.

|인|정|답|

ⓒ 데이터 시각화란 통계적 수치, 사실을 수집해서 모아 놓은 것 반면에 정보시각화란 비수량적, 자료를 특정 목적에 맞게 가공해서 판단의 근거로 사용될 수 있도록 의미와 가치를 부여한 것

22-A3

|정답| ㉠ 스크래치 온 필름 애니메이션
㉡ 페인트 온 필름

|인|정|답|

㉠ 스크래치 애니메이션
㉠ 디렉트 온 필름 애니메이션
㉠ 카메라 리스 애니메이션

24 2023학년도_B7

다음은 교사가 작성한 '일상 속의 디자인' 수업 계획서의 일부이다. 〈작성 방법〉에 따라 서술하시오. [4점]

<'일상 속의 디자인' 수업 계획서>

주제	모두를 위한 도시 디자인
내용	• 편리하고 안전한 환경을 제공하는 공공 디자인을 이해하고 사례를 찾아본다.
주요 개념	• 유니버설 디자인 : 모든 사용자들에게 공평하고 사용하기 편리한 환경과 제품, 서비스 등을 제공하는 디자인 • (㉠) : 생활환경을 안전하게 만들어 대상 지역 주민들의 불안감을 줄이고 삶의 질을 향상시키는 디자인

[유니버설 디자인 원리]
• 공평한 사용
• 사용상의 융통성
• 간단하고 직관적인 사용
• 쉽게 인지할 수 있는 정보
• 오류에 대한 포용력
• 적은 물리적 노력
• (㉡)

[(㉠) 적용 원리]
• 자연적 감시
• (㉢)
• 영역성 강화
• 명료성 강화
• 활용성 증대
• 유지 관리

┤ 작성 방법 ├

◦ 유니버설 디자인의 출발 계기가 된 디자인의 명칭을 쓸 것.
◦ 괄호 안의 ㉠에 공통으로 해당하는 디자인의 명칭을 쓸 것.
◦ 괄호 안의 ㉡, ㉢에 해당하는 원리의 내용을 접근성 측면에서 각각 서술할 것.

23-B7 [시각 디자인] – 패키지 디자인 조건

|모|범|답|안|

디자인 명칭은 **노멀라이제이션**
㉠ 셉테드 디자인
㉡ 다양한 사용자가 동작하면서 중요한 것을 잘 볼 수 있도록 **시선 확보**, 다양한 사용자가 조작하려는 모든 것에 **쉽게 손이 닿을 것**. 보조기구 사용이나 인적 **도움에 충분한 공간을 제공**할 것. 손이나 잡는 것의 다양한 크기에 대응할 공간.
㉢ **자연적 접근 통제**. 자연적 접근 통제란 사람들을 도로, 보행로, 조경, 문 등을 통해 일정한 공간으로 유도함과 동시에 허가받지 않은 사람들의 진출입을 차단하여 **범죄목표물에 대한 접근을 어렵게 만들고 범죄행동의 노출 위험을 증가시켜 범죄를 예방**하는 것을 말한다. 또한, 아파트나 공동 주택단지의 경우 주민편의 등을 고려하여 단지내 출입구 수를 최소화함과 동시에 출입통제장치를 설치하여 **허가받지 않은 사람의 출입을 차단하는 것**을 말한다.

25 | 2024학년도 A10

다음은 UX 디자인에 대한 자료이다. 〈작성 방법〉에 따라 서술하시오. [4점]

(가)

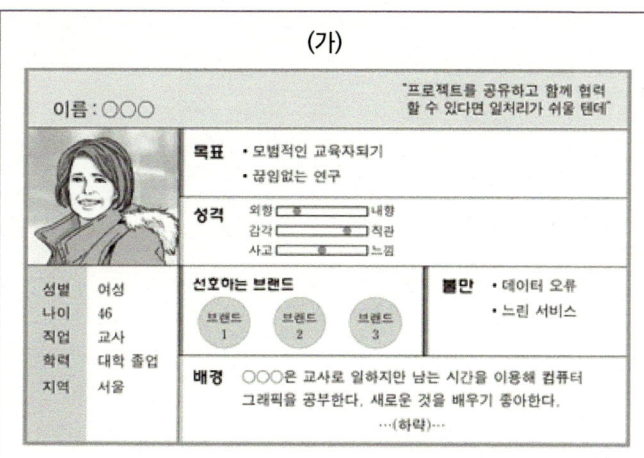

- UX 디자인 제작 과정에 사용되는 도구적 인물인 (㉠)은/는 실제 리서치 데이터를 바탕으로 만든 전략적 가상의 인물이다.
- (㉠)은/는 사용자의 관점에서 디자인을 진행하게 해 준다.

(나)

종류	(㉡)	디지털 프로토타입
장점	• 시간과 비용이 절약된다. • 가장 기초적인 방법이며 제작과 수정이 편하다.	• 그래픽 요소가 뛰어나다. • 화면 변화가 자연스럽다.
단점	• 상세한 디자인 구현이 어렵다.	• 실제 제품과는 차이가 있다.

- UX 디자인의 프로토타이핑(Prototyping)은 디자인 안을 ㉢ 사용자들과 함께 만들어 내는 과정이다.
- UX 디자인을 위한 프로토타입(Prototype)의 종류는 (㉡)와/과 디지털 프로토타입 등이 있다. 각각의 장단점을 고려하여 적절한 프로토타입을 제작할 수 있다.

| 작성 방법 |

- 괄호 안의 ㉠에 해당하는 명칭을 쓸 것.
- 괄호 안의 ㉡에 해당하는 명칭을 쓸 것.
- 밑줄 친 ㉢에서 사용자가 직접 참여하여 수행하는 일을 2가지 서술할 것.

24-A10 [제품 디자인] – UX/UI 디자인

|모|범|답|안|

㉠ 페르소나
㉡ Lo-fi prototype(low-fidelity prototyping, **저수준 프로토타입**)
㉢ 사용자가 직접 참여하는 수행은 첫째, **사용성 테스트** 둘째, 기능의 수정과 검증을 통한 **개선 요구**

|인|정|답|

㉡ 저수준 프로토타입 (low-fidelity prototyping)=**페이퍼 프로토타입(paper prototype)**
* 고수준 프로토타입(high-fidelity prototyping)=**디지털 프로토타입**

26 2026학년도 B8

다음 도판과 설명을 참고하여 〈작성 방법〉에 따라 서술하시오. [4점]

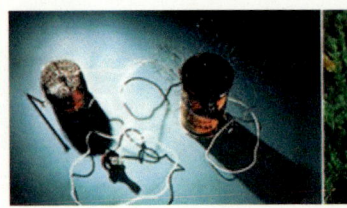

(가) 빅터 파파넥(V. Papanek), 〈깡통 라디오〉

슈마허(E. Schumacher)는 그의 저서 『작은 것이 아름답다』에서 원시적인 생산 기술보다 우수하지만, 선진국의 거대 기술보다 비용이 덜 들고 소박한 기술인 (㉠)을/를 소개했다. 이 개념은 ㉡적정 기술 디자인의 기반이 되었으며, 대표적인 디자인 사례로 빅터 파파넥의 〈깡통 라디오〉를 들 수 있다. 이것은 1960년대 화산 폭발이 잦은 인도네시아에서 라디오가 없던 가난한 주민들이 경보 방송을 들을 수 있도록 제작한 간단한 통신 기기이다. 특히, ㉢빅터 파파넥은 이 〈깡통 라디오〉를 사용하는 주민들이 깡통 표면을 장식할 수 있도록 하였다.

―| 작성 방법 |―
- 괄호 안의 ㉠에 해당하는 용어를 쓸 것.
- 밑줄 친 ㉡의 원칙을 (가)에서 찾아 재료 측면에서 2가지 서술할 것.
- 밑줄 친 ㉢의 이유를 서술할 것.

25-B8 [제품 디자인] – 적정기술 디자인

|모|범|답|안|
㉠ 중간 기술 디자인
㉡ 적정기술 디자인의 원칙 첫째, **경제성**이다. 지역 사회에서 쉽게 접근할 수 있는 저렴한 비용의 기술과 재료를 사용, 유지, 보수, 대체 부품에 대한 부담을 줄여야 한다.
둘째, **단순성과 사용성**. 복잡한 기계나 과정을 배제하고, 누구나 쉽게 이해하고 사용할 수 있는 기술과 재료를 말한다.
㉢ 관광객이 버린 깡통과 동물의 배설물, 파라핀 왁스 등으로 만들어지고 작동하는 이 라디오는 원가 9센트에 불과한 촌스러운 디자인의 물건이었지만, 희생자 수를 현저히 감소시켰다.

16 제품 디자인

1 2002학년도_12

다음 (가), (나)는 서로 다른 디자인의 조건을 만족시키고 있다. 각 제품에서 특히 중점을 둔 디자인 조건을 2가지씩 나누어 쓰고, 그 내용을 서술하시오. [4점]

(가) 등산용 스테인리스컵, 종이컵, 유리컵

(나) 노벨상 시상식 연회용 유리공예 제품

(가)
① _____ : _____
② _____ : _____

(나)
① _____ : _____
② _____ : _____

2 2007학년도_19

휴대전화 디자인 실기 수업에서 랜더링을 하고자 한다. 랜더링의 의미를 쓰고, 랜더링을 했을 때의 장점을 2가지 기술하시오. [3점]

① 의미 :

② 장점 :
  •

  •

02-12 [제품 디자인] - 디자인 조건

|모|범|답|안|
(가) **합목적성**은 디자인이 목적에 알맞은 내용을 갖추고 있는 것을 말한다. **용도, 성능, 적합성, 기능성**을 포함한다.
경제성은 **최소한의 가격과 노력으로 최대의 결과**를 얻고, 최소한의 양으로 최선의 것을 얻는 능력으로 효율성을 포함한다.

(나) **심미성**은 **아름다움을 조화롭게 갖추는 것**으로 형태, 색상, 유행에서 공통의 미의식이 반영된 디자인을 말한다.
독창성은 창조성, 고유성, 시대 정신이 포함된 디자이너 고유의 개성과 능력으로 가치를 새롭게 창작하는 것을 뜻한다.

07-19 [제품 디자인] - 렌더링

|모|범|답|안|
원래 '표현'이라는 뜻으로 제품을 디자인하는 과정 중 디자인 대상 제품의 스타일을 정하는 단계에서 그 제품이 마치 실물로 눈앞에 있는 것처럼 **충실하고 정확한 표현**으로 그려내는 것이다. 즉 **완성 예상도**이다.

장점은 첫째, 디자인 안을 눈으로 확인할 수 있다.
둘째, 제품의 구조와 기능을 설명할 수 있다.
셋째, 사진 표현이 어려운 내부 장식 또는 내부의 상세도 등 보이지 않는 곳을 설명할 수 있다.

3 2013학년도_15

다음 도판에 나타난 조형 원리와 관련된 사례로 옳은 것만을 〈보기〉에서 있는 대로 고른 것은? [1.5점]

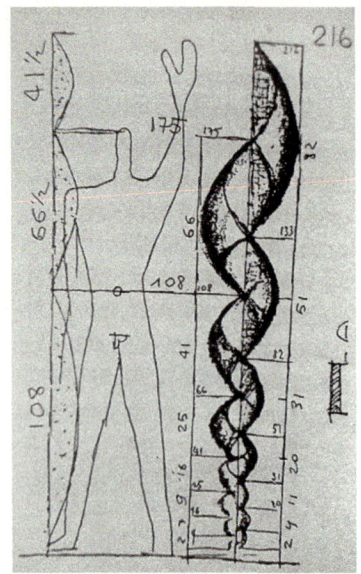

르 코르뷔지에(Le Corbusier)
〈모듈러(Modulor)〉

―| 보기 |―

ㄱ. 둥근달은 점차 기울어졌다가 다시 둥글어진다.
ㄴ. 책이나 잡지의 레이아웃을 할 때 황금비율을 적용하여 디자인한다.
ㄷ. 파르테논 신전은 기둥의 지름을 단위로 건물의 높이와 길이가 산출되었다.
ㄹ. 솔방울은 2개의 소용돌이 모양의 줄이 교차되고, 그 줄의 개수는 피보나치 수열로 전개된다.

① ㄱ, ㄴ
② ㄱ, ㄹ
③ ㄴ, ㄷ
④ ㄱ, ㄷ, ㄹ
⑤ ㄴ, ㄷ, ㄹ

13-15
|정답| ⑤

4 2014학년도_서술형_A1

김 교사는 다음 교수·학습 지도안의 도입부에서 스캠퍼(SCAMPER) 기법을 활용하여 창의적 아이디어 발상 방법을 지도하고자 한다. 다음 교수·학습 활동에서 제시한 스캠퍼의 7가지 발상 방법 가운데 ㉤, ㉥, ㉦에 해당하는 발문을 각각 1가지씩 쓰시오. [5점]

수업 주제	생활 속의 디자인	
학습 목표	○ 창의적 아이디어 발상법을 이해할 수 있다. ○ 창의적인 아이디어를 적용하여 우리의 일상용품을 디자인할 수 있다.	
단계	교수·학습 활동	수업 자료
도입	○ 수업 목표를 인지한다. ○ 스캠퍼 기법인 7가지 창의적인 아이디어 발상법을 알아본다. ㉠ 선풍기의 날개를 제거해도 시원한 바람을 나오게 할 수 있을까? ㉡ 선풍기와 진공 청소기의 기능을 결합하면 어떻게 될까? ㉢ 일반적으로 선풍기는 여름에 더위를 식히기 위해서 사용하는데, 겨울철에 온풍기 등과 같이 다른 용도로 사용할 수는 없을까? ㉣ 베르누이(Bernoulli) 원리로 매우 크고 무거운 비행기가 활주로를 이륙하는데, 이와 같은 원리를 선풍기에 적용할 수는 없을까? ㉤ _____ ㉥ _____ ㉦ _____	날개 없는 선풍기, D사, 영국, 2009
전개		

14-A서1 [디자인 일반] – 아이디어 발상법 – 스캠퍼

|모|범|답|안|

㉤ S(Substitute)는 대체이다. 발문은 "선풍기의 날개를 무엇으로 대치할 수 있을까?
㉥ M(Modify, Minify, Magnify)는 '변경, 축소, 확대'이다. 발문은 "선풍기의 날개를 변경시키면 어떨까?" "선풍기의 날개를 더 축소하면 어떻게 될까?", "선풍기의 날개를 터무니없이 확대하면 어떻게 될까?"이다.
㉦ R(Reverse, Rearrange)는 재배치이다. "선풍기 모터의 속도를 거꾸로 또는 재배치 하면 어떨까?"

17 염색 공예

1 2003학년도_08

교내 체육 대회에서 입을 티셔츠에 학급 심볼 마크를 새기기 위하여 염색 수업을 하기로 하였다. 바틱염, 전사염, 묘염, 홀치기염 중 가장 적합하다고 생각되는 방법 1가지를 고르고, 그 이유를 2가지만 쓰시오. [4점]

방법 (2점)

-

이유 (2점)

-

-

2 2007학년도_10

중학교 3학년 미술 시간에 염색 방법에 대해 조사하고 염색 작품을 만들려고 한다. 다음 작품의 제작 과정을 쓰시오. [2점]

①

②

03-08 [염색 공예] – 바틱, 전사, 묘, 홀치기

|모|범|답|안|

전사염은 폴리에스테르 포지에 인쇄된 날염지와 함께 밀착되어 200~210℃에서 약 5초간 열 압축으로 날염하는 방법이다. 평상식(平床式)으로 T셔츠 등에 1매씩 원 포인트 무늬 등을 날염하는 방법이 있다. 학급 심볼 마크 염색에 적합하다.
첫째, **색이 선명**하다. 둘째, **단일 디자인을 대량 인쇄**할 수 있다.

바틱염색은 인도네시아의 전통 수공예 직물 염색법으로 납염법에 속한다. 왁스를 가열하여 용해한 것으로 무늬를 그리거나 또는 틀로 찍은 후 왁스가 식어 굳어 강력한 방염력을 갖는 점을 이용하여 무늬를 만드는 왁스 방염법이다.
수공예식 염색법이라서 대량생산에는 부적합하다.

묘염은 붓이나 간단한 용구를 사용하여 방염처리한 피염물에 염액으로 문양을 그리는 기법이다.
기계에 의한 염색기법에 대하여 **자유로운 회화적 표현이 염출**되는 것이 특징이다. 따라서 단체복을 위한 염색으로 적절하지 않다.

홀치기염법은 묘염에 속한다. 실로 섬유를 바느질하거나 묶어서 염색하는 방법으로 섬유에 염료가 닿는 부분은 염색이 되고, 묶인 부분은 염색되지 않는다. 묶는 방법에 따라 다양한 문양을 얻을 수 있으나 학급 심볼 마크와 같이 단체복에는 부적절하다.

07-10 [염색 공예] – 홀치기, 납방염

|모|범|답|안|

① **홀치기염** 방법은 [모소 → 호발 → 정련 → 표백 → 면 담그기 → 탈수 → 밑그림 그리기 → 홀치기 → **탄산나트륨(완염제)** → 염욕에 넣기 → 온도 올리기 → **황산나트륨(촉염제)** → 염색 → 수세 → 증열 → 건조 후 완성]

② 납방염 방법은 [섬유를 팽팽하게 고정 → 밑그림 그리기 → **콩즙 바르기** → 납 녹이기 → 천에 납칠 방염 → 찬팅에 납 넣고 선 긋기 → 염액 조제 → 굳힌 후 크랙주기 → 염액 칠 → 납제거 → 무늬에 맞는 염액칠 → 납제거 → **증열처리** → 용제 처리나 다림질로 잔여 납제거 → 수세 → 건조 후 완성]

***콩즙 바르기** : 염액의 번짐과 붓자국을 방지한다.

3 2009학년도_40

합성염료를 사용하는 염색 작품 제작 과정의 유의 사항으로 옳은 것을 〈보기〉에서 모두 고른 것은?

| 보기 |
ㄱ. 면이나 마섬유에 염료의 착염도를 높이기 위한 조제로는 초산을 사용한다.
ㄴ. 염색 후 염료 분자를 섬유 내부에 정착시키기 위해 수증기로 증열 처리 한다.
ㄷ. 염색이 끝난 작품은 염료가 떨어져 나가는 것을 방지하기 위해 고여 있는 물로 수세를 한다.
ㄹ. 납방염에서 균열(crack)을 만들기 위한 첫 번째 초칠은 초가 천의 뒷면까지 침투하지 않도록 한다.
ㅁ. 염색에 쓰이는 천연 섬유는 불순물을 포함하고 있으므로 풀기를 빼거나 정련을 해야 착염력과 발색을 높일 수 있다.

① ㄱ, ㄹ
② ㄴ, ㅁ
③ ㄱ, ㄷ, ㄹ
④ ㄴ, ㄷ, ㅁ
⑤ ㄷ, ㄹ, ㅁ

09-40
| 정답 | ②

4 2014학년도_A기입형_14

다음은 '염색 공예' 단원의 미술 수업에서 교사와 학생이 나눈 대화이다. 교사의 설명에 해당하는 날염법을 쓰시오. [2점]

교사 : 이번 염색 공예 수업에서는 지난 시간에 제작한 무늬로 '나만의 티셔츠 만들기'를 하려고 합니다. 계획하고 있는 디자인을 어떤 방법으로 표현할 것인지 각자의 계획을 설명해 봅시다.
학생 : 저는 색도가 적고 단순한 무늬라서 바탕천에 안료를 사용하여 간단하게 프린트하려고 해요.
교사 : 너의 티셔츠 디자인은 바탕색이 무늬보다 더 진한 색이니까 다른 방법으로 시도해 보면 어떨까?
학생 : 어떤 방법이에요?
교사 : 필요한 바탕색을 먼저 가발성 염료로 침염하여 염착시키고, 환원 약제를 함께 넣어 무늬를 프린트하는 방법이 좋을 것 같구나.
학생 : 그러면 진한 바탕색 위에 염료로 프린트해도 연한 색무늬를 나타낼 수 있나요?
교사 : 물론이지! 환원 약제의 화학적 반응에 의해서 무늬 부분을 하얗게 빼내거나, 무늬가 찍힌 부분에 바탕색을 빼냄과 동시에 착색을 하는 날염법이 있거든.

14-A14
| 정답 | 착색발염

5 2021학년도_B7

다음은 수업 계획을 위해 미술 교사들이 나눈 대화의 일부이다. 〈작성 방법〉에 따라 서술하시오. [4점]

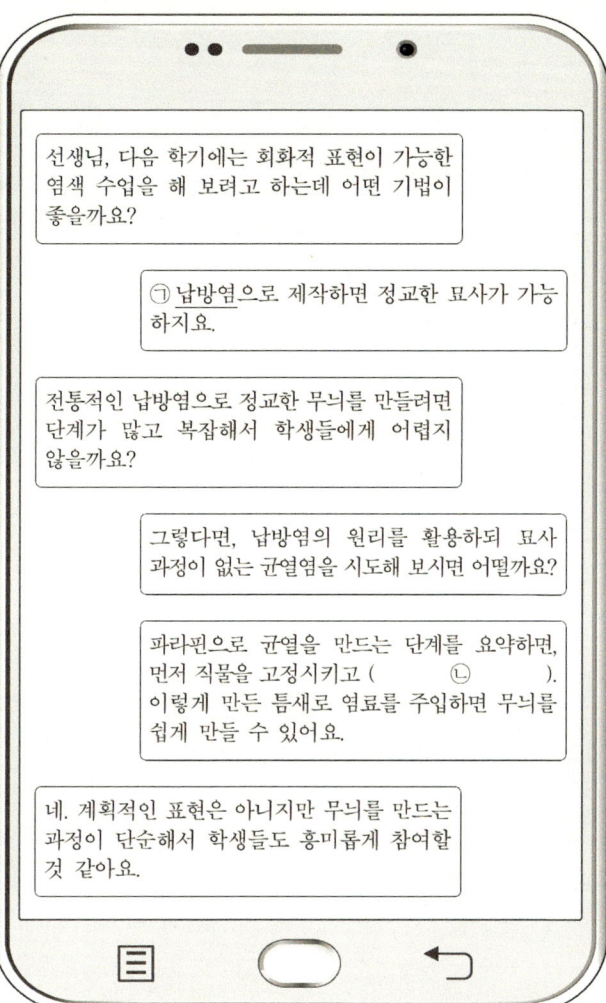

── | 작성 방법 | ──
- ㉠에 활용되는 방염제의 특성과 방염 방법을 서술할 것.
- 균열을 만드는 방법을 포함하여 ㉡에 들어갈 제작 과정을 2단계로 서술할 것.

21-B7

|모|범|답|안|
㉠ 방염제의 특성은 사용공간의 **온도, 계절, 문양의 특징에 따라 적절하게 혼합하여 사용**해야 한다. **균열성이 좋고, 방염력이 높아서, 균열에 의한 우연적, 재미있는 무늬**를 얻을 수 있다.
방염의 방법은 온도, 계절, 표현방법에 따라 방염제를 **두 가지 이상 섞어서 피염포 위에 무늬를 표현하고 다음에 찍힐 염료의 염색을 방지**하여 무늬를 표현한다.
㉡ 제작과정은 첫째, (직물고정 후) **밑 그림 그리기, 콩즙 바르기, 납칠로 무늬를 표현**한다.
둘째, 냉수에 천을 담가 납을 굳힌 후 구김을 주어 **균열**을 만들어 낸 후 염색하기.

|인|정|답|
㉠ 방염제의 특성은 벌집에서 체취 한 밀납, 옻나무에서 체취 한 목납, 목납을 정제한 백납과 석유에서 체취한 파라핀을 적절하게 혼합하여 사용해야 하며 섬유에 염색을 방지하는 특성이 있다.
방염의 방법은 2~3종류의 납을 혼합하여 사용한다.
㉡ 제작 과정은 첫째, 밑그림을 그린다. 흰색으로 남기고 싶은 부분에만 납칠을 하고, 건조시킨다. 둘째, 인위적인 힘을 가하여 균열을 나타낸다.

6 2024학년도_B1

다음은 섬유 공예 수업 시간에 교사와 학생들이 나눈 대화이다. 괄호 안의 ㉠, ㉡에 해당하는 염색 기법을 순서대로 쓰시오. [2점]

> 교 사: 오늘은 침염으로 염색한 직물에 문양을 넣는 기법에 대해 알아보겠어요.
>
> 학생1: 선생님, 저의 직물은 너무 진하게 염색이 된 것 같아요. 이런 경우에도 문양을 넣을 수 있나요?
>
> 교 사: 네, 그런 경우에는 이미 진하게 염색된 직물에서 색을 빼내어 문양을 만들 수 있습니다. 이때는 약제를 섞은 풀로 원하는 무늬를 표현한 후 증기 열처리를 하여 그 부분을 탈색시키는 기법인 (㉠)을/를 하면 됩니다.
>
> 학생2: 선생님, 저는 색을 빼서 문양을 만드는 것뿐만 아니라 만들어진 문양에 다른 색상을 넣는 방법은 없는지 궁금합니다.
>
> 교 사: 네, 다른 색으로 문양을 넣기 위해서는 바탕색 염료를 제거하는 동시에 새로운 색소를 고착하는 (㉡)이/가 있습니다. 이 기법들은 직물의 표면과 이면이 서로 동일하게 염색되는 특징이 있어요.

24-B1

|정답| ㉠ 백색 발염   ㉡ 착색 발염

18 금속 공예

1 2005학년도_21

다음 세 작품이 제작된 시대를 쓰고, 이 작품들의 기법상 공통점을 쓰시오. [2점]

(가)　　　(나)　　　(다)

- 시대:

- 기법:

05-21 [금속 공예] - 입사 + 도자기 상감법

|모|범|답|안|

	(가)	(나)	(다)
시대	고려	고려	고려
기법	나전칠기, 평탈 기법, 상감기법	입사 기법, 상감 기법	청자 동화 상감

2 2008학년도_19

다음은 우리나라 전통 공예의 종류와 제작 방법을 정리한 것이다. 빈칸 ①, ②에 적합한 전통 공예의 종류를 쓰고 ③, ④에 제작 방법을 쓰시오. [4점]

종류	작품	제작 방법
은입사		③
①		얇게 갈은 전복이나 조개 껍데기 등을 오려내어 기물의 겉면에 붙여 장식하고 칠을 한다.
②		풀을 섞은 종이죽을 점토처럼 만들어 틀에 부어 넣거나 덧붙여 형태를 만든다.
화각 공예		④

08-19 [공예 종합] - 입사, 나전, 지호, 화각

|모|범|답|안|

① 나전칠기
② 지호 공예
③ 정으로 기물 전체에 홈을 파서 은실을 원하는 무늬에 박아 넣는다.
④ (물에 삶아서 안의 뼈대를 뺀다. 뾰족한 윗부분 잘라낸다.) 쇠 뿔을 얇게 저며 반투명으로 만든 후 석채를 하고, 가구에 뒤집어 붙인다.

3 2009학년도_26

작품의 시대와 분석이 옳은 것을 〈보기〉에서 모두 고른 것은?

[별첨 컬러 도판 참고]

	작품	시대	작품 분석
ㄱ		고려 시대	균형 잡힌 기형에 은입사로 장식하였고, 몸체에는 지상의 가을 풍경을, 꽂이 부분에는 천상의 구름무늬를 나타냈으며, 청자시대 이전의 작품이다.
ㄴ		조선 시대	회색빛 태토 위에 백토로 분장한 후 철사 안료로 물고기 문양과 당초문, 연판문을 그렸으며, 임진왜란 이전에 성행한 양식이다.
ㄷ		백제 시대	몸체와 밑받침, 뚜껑과 봉황장식의 네 부분을 따로따로 주조하여 결합한 것으로 조형성과 균형 잡힌 위용, 불교와 도교의 사상이 복합적으로 나타난 동양의 우수한 향로 중 하나이다.
ㄹ		신라 시대	천마총에서 출토되었으며, 말의 가슴에 긴 주구가 달여 있는 작품으로서 뛰어난 조형성, 소성 기술면에서 이 시기의 대표적인 이형토기이다.

① ㄱ, ㄷ
② ㄴ, ㄷ
③ ㄱ, ㄴ, ㄹ
④ ㄴ, ㄷ, ㄹ
⑤ ㄱ, ㄴ, ㄷ, ㄹ

09-26
|정답| ②

4 2011학년도_36

다음 작품과 제시문에 대한 설명으로 옳은 것만을 〈보기〉에서 모두 고른 것은?

금, 은, 구리, 점토, 유리 등의 바탕 재료에 유약을 입혀 구워내는 것으로, 다채로운 색상을 표현하는 장식 기법이다.

|보기|

ㄱ. 조선 시대에는 '파란'이라 불렸으며 이것은 유약이 파란색인 것에서 유래되었다.
ㄴ. 유약은 규석 등을 원료로 하며 바탕 재료의 성질을 보완하여 부식이나 변색을 방지한다.
ㄷ. 중세 길드에 의해 금속 가공법으로 시작되었으며, 우리나라에는 조선 초기에 중국을 통하여 전해졌다.

① ㄱ
② ㄴ
③ ㄱ, ㄴ
④ ㄱ, ㄷ
⑤ ㄴ, ㄷ

11-36
|정답| ③

5 2022학년도_B8

다음 금속 공예 작품과 상감기법의 종류를 참고하여 〈작성 방법〉에 따라 서술하시오. [4점]

(가) 통일 신라 시대의 상감단지   (가)의 부분 (확대)

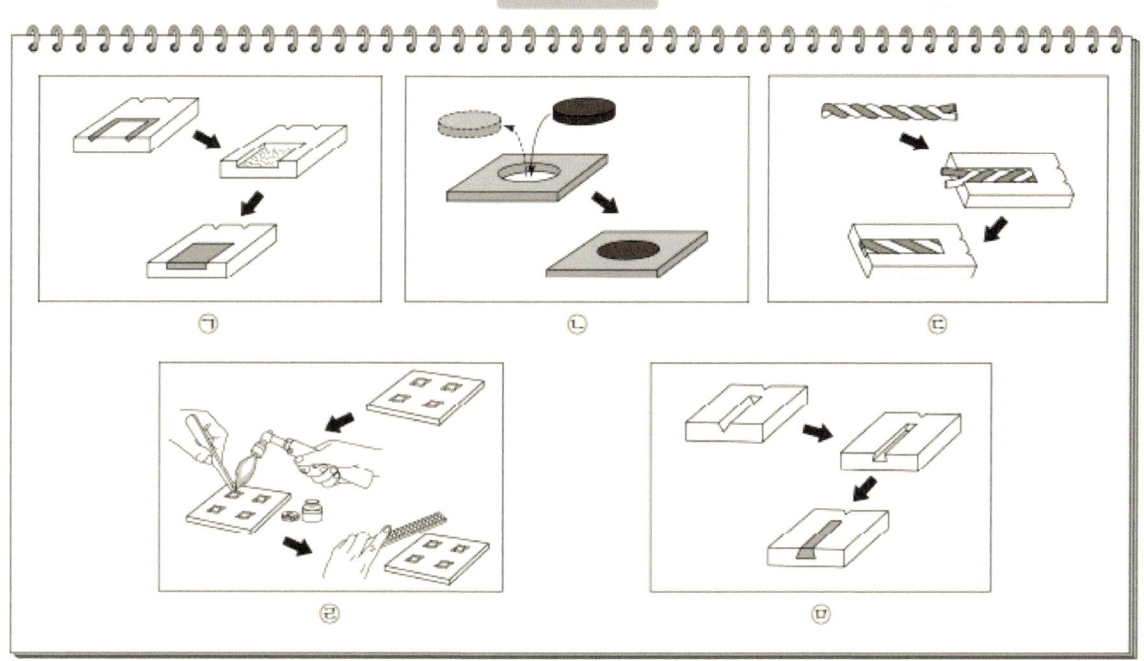

― | 작성 방법 | ―
- (가)에 사용된 상감기법 2가지를 ㉠~㉤에서 찾아 해당하는 기호를 쓸 것.
- ㉢ 상감기법의 명칭을 쓰고, 이 기법의 표현 효과를 서술할 것.

22-B8

|모|범|답|안|
(가)에 사용된 상감기법은 첫째, ㉠이다. 둘째, ㉤이다.
㉢ 상감기법의 명칭은 승목상감이다.
새끼줄과 같은 빗금 문양의 금속이 상감되는 장식 효과를 얻을 수 있다.

19 도자 공예

1 2003학년도_10

다음 작품은 우리나라 전통 도자 공예품이다. 작품이 만들어진 시대, 작품명, 종류, 미적 특징 등을 간략하게 정리한 표의 빈 칸을 채우시오. 단, ②, ⑥은 각각 2가지만 쓰시오. [8점]

작품 (가)   작품 (나)   작품 (다)

전통 도자 공예품	시대	작품명	종류	미적 특징
작품 (가)	고려 시대	청자 상감 운학 무늬 매병	①	②
작품 (나)	③	분청 사기 조화 물고기 문양 편병	④	• 두 마리 물고기를 그린 선이 자유분방하다. • 색이 소박하다 • 거칠지만 자연스럽다. • 조화문 기법, 박지 문양기법이다.
작품 (다)	조선 시대	⑤	백자	⑥

① (1점)

② (2점)
  •
  •

③ (1점)

④ (1점)

⑤ (1점)

⑥ (2점)
  •
  •

03-10 [도자 공예 + 한국미술사]

|모|범|답|안|
① 청자
② 비색으로 표현된 색, 중국에서 찾아보기 어려운 독창적인 상감 기법
③ 조선시대
④ 분청
⑤ 백자 달 항아리
⑥ 순수하고 소박한 미적 특징

2 2005학년도_25

〈보기〉를 참고하여 도자기의 이름 붙이는 순서를 번호로 쓰고, 그 순서에 따라 아래 도자기의 이름을 쓰시오. [3점]

──── | 보 기 | ────
① 도자기의 종류 - 청자, 분청사기, 백자, 청화백자 등
② 도자기의 무늬 - 매화문, 운학문, 죽문, 연화문, 화조문 등
③ 도자기에 무늬 넣는 방법 - 양각, 투각, 상감 등
④ 도자기의 형태 - 매병, 편병, 연적, 주자, 호(항아리) 등

- 이름 붙이는 순서 :
  (   ) → (   ) → (   )
  → (   )

- 도자기의 이름 :

05-25 [도자 공예 + 한국미술사]

|모|범|답|안|
이름 붙이는 순서 (①) → (③) → (②) → (④)
도자기 이름: 청자 상감 운학문 매병

3 2006학년도_20

다음은 우리나라 전통 분청사기의 종류 및 분장 방법을 정리한 것이다. 빈칸 ①, ②에 적합한 분장 방법을 각각 서술하고, 근대 화가인 이중섭의 은지화 기법과 유사한 ③에 해당하는 분청사기의 종류를 쓰시오. [3점]

종류	분장방법
분청상감	그릇의 표면에 문양을 파내고 백토를 상감함
분청인화	점열·국화문·육각변문 등 도장을 표면에 찍은 후 백토를 메움
분청박지	①
분청철회 (분청철화)	백토 분장 위에 철분의 안료로 그림을 그림
분청귀얄	②
③	백토 분장 후 원하는 무늬를 긁어 선조로 무늬를 새김
분청덤벙 (분청분장)	백토를 탄 물에 그릇의 굽다리를 잡고 거꾸로 담갔다가 꺼냄

06-20 [도자 공예] - 분청사기 기법

|모|범|답|안|
① **분청 박지**는 무늬 외 배경 표면을 칼로 긁어 청자바탕을 노출시킴으로써 하얗게 무늬만을 남기는 방법
② **분청 귀얄**은 귀얄이라는 시문도구, 풀비에 백토를 묻혀서 그릇 표면을 빠르게 칠하여 백토분장을 하는 방법
③ **분청 조화기법**

4 2008학년도_20

다음 두 테라코타 작품에서 각각의 성형 기법을 쓰고, (가)의 제작 목적과 (나)의 도상적 의미를 쓰시오. [4점]

(가) 기마인물형토기

(나) 산수도깨비무늬벽돌

(가)
- 성형 기법 :

- 제작 목적 :

(나)
- 성형 기법 :

- 도상적 의미 :

5 2010학년도_15

다음 (가) ~ (다)의 분청사기(粉靑沙器)와 〈보기〉의 내용을 가장 바르게 연결한 것은? [별첨 컬러 도판 참고]

(가)　　　　　(나)　　　　　(다)

| 보기 |

ㄱ. 분청사기 조화문(彫花紋) - 청자의 음각 기법과 같이 화장토를 바른 후 그 위에 문양을 음각하는 것이다.

ㄴ. 분청사기 상감문(象嵌紋) - 상감청자와 같은 기법으로 기면(器面)에 문양을 파내고 백토로 메워서 문양을 나타내는 것이다.

ㄷ. 분청사기 박지문(剝地紋) - 기면 전체에 붓으로 백토를 바르고 문양을 그린 후 여백의 백토를 모두 긁어내어 문양을 드러내는 것이다.

	(가)	(나)	(다)
①	ㄱ	ㄴ	ㄷ
②	ㄴ	ㄱ	ㄷ
③	ㄴ	ㄷ	ㄱ
④	ㄷ	ㄱ	ㄴ
⑤	ㄷ	ㄴ	ㄱ

08-20 [도자 공예] - 성형법- 빚어 만들기, 틀 성형

|모|범|답|안|
(가) 성형 기법 : 손으로 빚어 만들기
　　　제작 목적 : 무덤 부장용, 제사 의식용 제기
(나) 성형 기법 : 형틀에 넣고 떠내는 주형 뜨기
　　　도상적 의미 : 벽사구복, 재앙, 질병을 쫓아내기

10-15

|정답| ③

6 2012학년도_19

전통 공예품 중 동일한 문양 장식 기법이 적용된 작품을 〈보기〉에서 고른 것은? [1.5점] [별첨 컬러 도판 참고]

보기
ㄱ ㄴ
ㄷ ㄹ

① ㄱ, ㄴ
② ㄱ, ㄷ
③ ㄱ, ㄹ
④ ㄴ, ㄹ
⑤ ㄷ, ㄹ

12-19

| 정답 | ②

7 2015학년도_B서술형_03

다음 그림은 속파기 성형 또는 석고틀 성형 기법을 적용하여 실물 크기의 테라코타 두상을 제작하는 과정이다. ㉠, ㉡의 장점과 제작 과정을 각각 서술하시오. [5점]

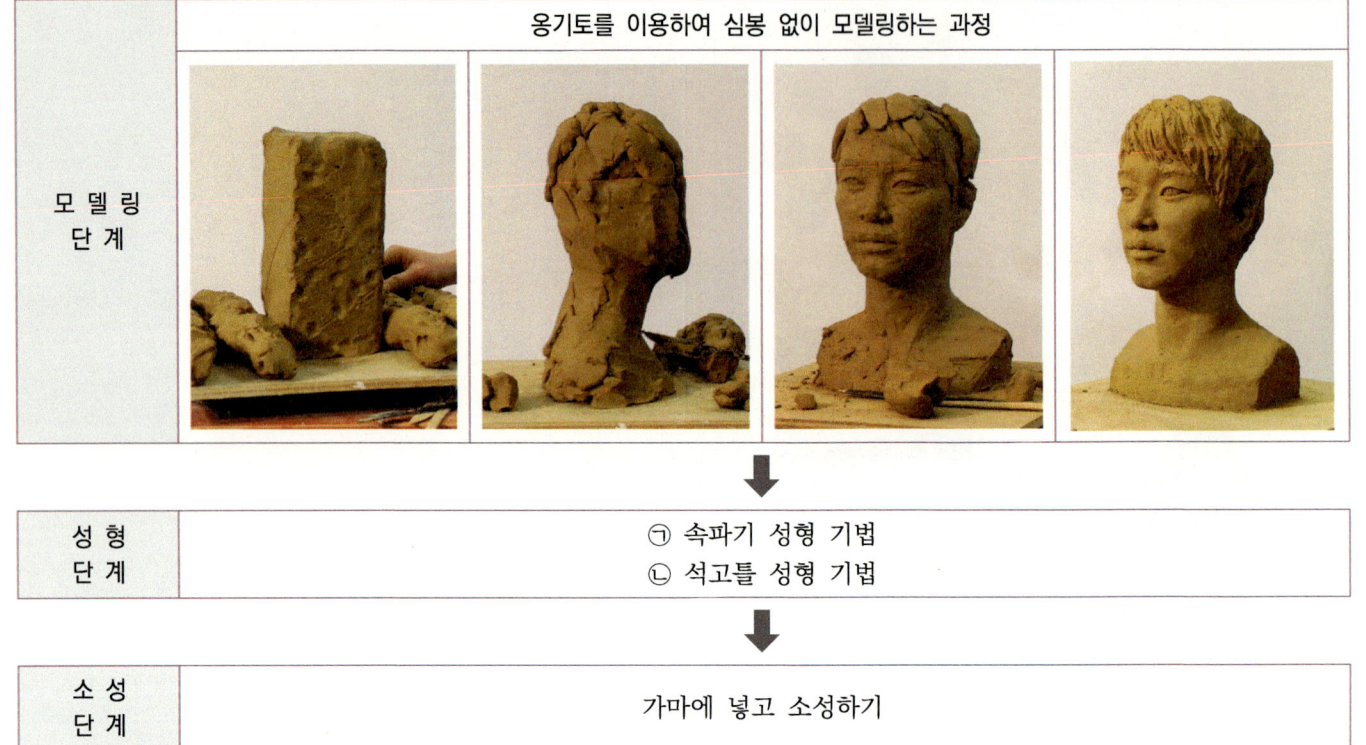

15-B3

|모|범|답|안|

㉠ 속파기 성형법의 장점은 형태가 복잡하여 다른 성형 기법으로는 성형이 불가능한 경우나 현대 도예에서 조형성이 강조되는 작품 제작할 때 이용하기 유리하다.
제작 과정은 점토를 성형할 작품의 크기보다 조금 크게 뭉쳐서 외형을 마무리한다. 다음으로 형태가 완성되면 속파기에 용이한 크기와 형태로 절단하여 적당한 건조를 시킨다. 다음으로 속파기를 한다. 속파기가 끝나면 접합할 부분을 긁고 흙물을 바른 후 접합시켜 나간다.

㉡ 석고형 성형법의 장점은 주로 복잡한 형태의 그릇이나, 대량생산 작품에 유리하다.
제작 과정은 최초 조형을 만들고, 다량 복제를 위한 기본형인 원형을 만든다. 그리고 성형하기 위한 **사용형 틀**을 만든다. 그다음으로 수분을 제거한다. 이장(slip)을 부어 넣는다. 이장의 잔여분을 제거한다. 탈형하여 완성한다.

8 2016학년도_A6

다음 작품과 설명을 참고하여 괄호 안의 ㉠, ㉡에 해당하는 용어를 순서대로 쓰시오. [2점]   [별첨 컬러 도판 참고]

〈빗살무늬 토기〉

〈타날문 토기〉

- 노지(露地)에서 600~800℃ 정도의 온도로 굽는 연질 토기이다.
- (㉠)에 의한 소성(燒成)으로 태토 속 철분이 산화 제2철로 바뀌어 적갈색을 띤다.

- 밀폐식 등요(登窯)에서 1,000℃가 넘는 고온으로 굽는 경질 토기이다.
- (㉡)에 의한 소성으로 태토 속 철분이 산화 제1철로 바뀌어 회청색을 띤다.

16-A6

|정답| ㉠ 산화염 ㉡ 환원염

9 2018학년도_B4

다음 (가), (나)는 조선 시대 분청사기이다. ㉠, ㉡에 해당하는 장식 기법의 명칭과 ㉢, ㉣에 해당하는 분장 방법에 대해 순서대로 서술하시오. [4점]

[별첨 컬러 도판 참고]

분류	(가)	(나)
기법 명칭	㉠	㉡
분장 방법	㉢	㉣

18-B4 [도자 공예] – 분청사기 기법 – 덤벙, 귀얄

|모|범|답|안|
㉠ 덤벙
㉡ 귀얄
㉢ 굽다리를 잡고 거꾸로 백토 물에 담가서 분장한다.
㉣ **돼지털이나 말총을 넓적하게 묶어서 만든 귀얄**, 풀비 같은 넓고 굵은 붓으로 형체가 완성된 기면 위에 백토를 빠르게 바르면서 분장한다.

10 2020학년도_A11

다음은 도자 성형의 과정이다. 〈작성 방법〉에 따라 서술하시오. [4점]

슬립 준비	석고틀 준비	슬립 주입	슬립 배출	탈형
액상 점토에 ㉠해교제를 혼합하기	석고틀을 준비하기	석고틀에 슬립을 주입하기	석고틀을 거꾸로 하여 남은 슬립을 배출하기	㉡석고틀에서 기물을 분리하기

─┤ 작성 방법 ├─

- 슬립에 첨가하는 ㉠의 역할을 서술할 것.
- 물레 성형과 비교하여 배출 주입 성형이 갖는 장점을 기물 형태의 측면에서 서술할 것.
- ㉡에서 기물이 쉽게 분리되지 않는 상황을 방지하기 위한 유의점을 2가지 서술할 것.

20-A11

|모|범|답|안|
㉠ 해교제는 탄산나트륨, 규산나트륨으로 이장을 만들 때 물의 양은 줄이고 **점토가 잘 풀어져 엉기는 것을 풀어 줌으로써 성형에 적합하도록 하는 역할**이다.
물레 성형은 원심력을 이용하여 **대칭형의 형태**를 만든다. 단일 제품을 생산한다.
반면 배출 주입 성형은 대량생산이 가능하며, 기물 형태도 다각형에서 복잡하고 정밀한 선, 조각이 된 것 등을 쉽게 제작할 수 있다.

㉡ 유의점은 첫째, 석고 틀을 완전히 건조 시킨 다음 사용한다. 둘째, 손바닥으로 가볍게 석고 틀을 두들겨 주면서 분리한다.

|인|정|답|
㉠ 배출 주입 성형은 물레성형에 비해 능률적이면서도 동일 디자인을 복수로 제작할 수 있으며, 좀 더 세련되고 다양한 작품을 적은 비용으로 얻어낼 수 있는 장점이 있다.
배출 주입 성형은 같은 모양이나 복잡한 모양의 도자기를 단시간에 대량으로 생산할 수 있다.

㉡ 석고 틀에 바른 비눗물은 스펀지로 완전히 닦아낸다.(비눗물이 이장을 틀에 붙게 함)
규산소다를 물과 점토를 합한 총중량의 1~2% 정도를 반드시 첨가해야 한다.

11 2021학년도 A7

다음은 조선 시대 도자기 작품이다. 〈작성 방법〉에 따라 서술하시오. [4점]

(가)

(나)

(다)

―| 작성 방법 |―
- (가)의 물고기 문양을 장식한 기법의 명칭을 쓸 것.
- 소상팔경(瀟湘八景) 중 (나)에 그려진 장면의 내용을 서술할 것.
- (다)의 시유와 채색의 순서에 따른 제작 방법을 중국 명·청 시대의 다채 백자와 비교하여 서술할 것.

21-A7

| 모 | 범 | 답 | 안 |

(가) 물고기 문양을 장식한 기법 명칭은 **분청 조화**이다.
(나)에 그려진 장면은 소상팔경 중 **동정추월**이다. 동정추월은 **동정호에 비치는 가을 달을 묘사**한 것이다.

(다)는 조선후기에 제작된 청화백자 진사연화문 항아리이다. **다채백자**로 **하회기법**, 즉 청화 그림에 진사채 장식을 한 것으로서 산화동으로 그릇에 문양을 그리고 채색한 후 그 위에 시유를 한 것이다.
(다)의 청화 그림과 진사채 장식 모두 유하채이며 **하회 기법**이다. 이에 비하여 중국 명, 청 시대의 다채 백자는 **상회 기법**의 일종이다. 청화로 문양의 윤곽선을 그린 후 투명유를 시유하여 번조하고, 그 다음 유약 위에 투명감이 있는 다른 안료, 즉 유상채로 색을 칠하고 다시 번조하는 것이다. 이때 청화는 유약 아래쪽에 있기 때문에 **유하채**이고, 유약 위에 장식한 안료는 **유상채**가 된다.

12 2023학년도 A1

다음 도판과 설명을 참고하여 〈작성 방법〉에 따라 쓰시오. [2점]

(가)　　　　　　　　(나)

고려시대 청자는 9세기 후반~10세기 중반 중국 월주요의 영향을 받은 후 점차 고려적인 청자로 발전하였다. 이 과정은 축조 재료에 따른 청자 가마의 변화와 깊은 관계를 맺고 있다. 초기에는 고려청자가 경기도를 중심으로 한 중서부 일원에서 (가)와 같은 전축요(塼築窯)를 통해 만들어졌다. 그러나 가마의 중심지가 전남 강진을 위시한 남서부 일원으로 옮겨지면서, (나)와 같은 (㉠)에서 수준 높은 청자가 생산되었다. 12세기 전반에는 강진과 부안 등지의 가마에서 중국적인 요소를 제거한 순청자가 만들어졌는데, 송나라 사신 서긍에 의하면 당시 고려인들은 순청자의 빛깔을 '(㉡)'(이)라 불렀다고 한다.

――| 작성 방법 |――
○ 괄호 안의 ㉠에 해당하는 가마 명칭을 쓸 것.
○ 괄호 안의 ㉡에 해당하는 용어를 쓸 것.

23-A1

|모|범|답|안|
㉠ 토축요 ㉡ 비색

|인|정|답|
㉠ 등요, 오름가마, 단실묘
㉡ 월주고비색

20 목공예

1 2015학년도_A기입형_04

다음은 전통 목공예 작품이다. (가), (나)의 문양 장식에 사용한 주재료를 순서대로 쓰시오. [2점]

[별첨 컬러 도판 참고]

(가)

(나)

15-A4

|정답| (가) 조개 껍질   (나) 쇠 뿔

2 2017학년도_B7

(가)와 (나)는 조선 시대 전통 공예품에 대한 자료이다. 이와 관련하여 〈작성 방법〉에 따라 서술하시오. [5점]

[별첨 컬러 도판 참고]

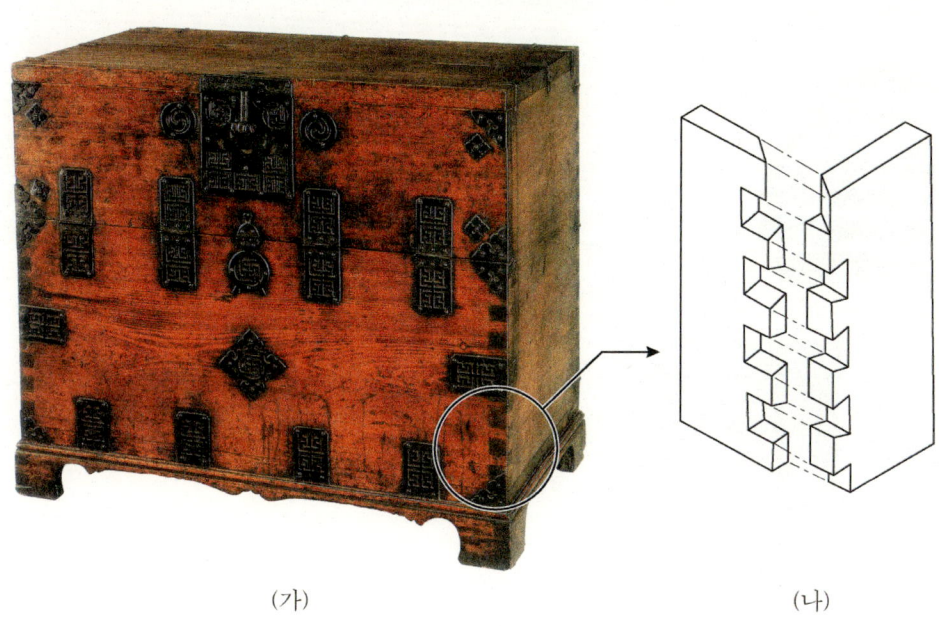

(가)   (나)

─────────── 작성 방법 ───────────

- (가)의 명칭을 쓸 것.
- (나) 구조의 명칭과 장점을 서술할 것.
- (가)에 사용된 금속 장석(裝錫)의 기능을 서술할 것.

17-B7 [목공예] – 안방가구 – 반닫이 + 목재 짜임– 사개물림

|모|범|답|안|
(가)는 반닫이다.
(나)는 **사개물림**이다. 장점은 **가장 튼튼한 결구 방식**의 짜임이다.
(가)에 사용된 금속 장석의 기능은 첫째, **가구의 결구나 모서리를 보강**한다. 둘째, **장식적 효과**의 기능을 한다.

3 2020학년도_A2

다음 작품을 참고하여 ㉠의 장식 기법 명칭과 ㉡의 제작 과정에 해당하는 용어를 순서대로 쓰시오. [2점]

[별첨 컬러 도판 참고]

〈연꽃 장식〉

경주 안압지에서 출토된 〈연꽃 장식〉은 통일 신라 시대에 제작된 것으로, 불상 대좌나 감실을 장식한 장엄가구(莊嚴架構)로 추정된다. 이 유물은 연꽃잎 모양으로 생긴 여덟 개의 부재가 모여 하나의 연꽃 봉오리 모양을 하고 있으며, 각 부재의 바깥면은 (㉠)(으)로 화훼초충문(花卉草蟲紋)을 장식했다. 현재 이 유물은 표면에 붙여 놓았던 은편(銀片)이 박락되어 이전의 화려했던 모습은 아니나, 남아 있는 문양의 흔적을 통해서 통일 신라 시대 장인의 섬세한 솜씨를 느낄 수 있다.

이 장식 기법은 크게 3단계의 과정으로 이루어진다. 먼저 얇은 은판이나 금판으로 만든 문양을 장식할 표면에 붙인다. 그리고 그 위에 (㉡)을/를 하고, 이를 연마하여 문양을 드러낸다. 이 장식 기법은 한대(漢代)에 시작하여 당대(唐代)에 성행했고 우리나라와 일본에 전해진 것으로 판단된다.

20-A2

| 정답 | ㉠ 평탈 기법   ㉡ 칠
| 인정답 | ㉡ 옻칠

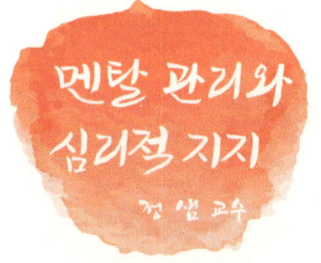

4 2023학년도_B1

다음 도판과 설명을 참고하여 괄호 안의 ㉠, ㉡에 해당하는 용어를 순서대로 쓰시오. [2점]

(가)

(나)

조선시대에 왕가부터 서민들까지 두루 사용하던 소반은 지역에 따라 형태와 장식이 매우 다양했다. 그중에서도 (가)는 해주 인근에서 쉽게 구할 수 있는 가래나무나 배나무 판재를 사용하여 측면의 판각(板脚)을 (㉠) 기법으로 화려하게 장식한 것이 특징이다. 소반을 비롯한 전통 목공예는 목재의 보호와 내구성 강화를 위해 옻칠로 마감하는 경우가 많았다. 나뭇결이 드러나는 생칠(生漆)과 달리 채칠(彩漆)은 정제한 칠에 안료를 섞어 색을 내는 기법이다. 궁중에서는 소재가 드러나지 않도록 불투명칠을 한 소반이 주로 사용되었다. 궁중 원반인 (나)에 적용된 칠의 종류는 흑칠과 (㉡)인데, 검은색을 내기 위해서는 정제칠에 산화철 성분을 섞고, 붉은색을 낼 때에는 수은 성분이 든 광물 가루를 사용했다

17-B7

|모|범|답|안|
㉠ 투조, 투각   ㉡ 주칠

21 지공예

1 2004학년도_13

전통공예 중 지승공예와 입사공예의 재료 및 제작 방법에 대한 표이다. 빈칸에 알맞은 답을 쓰시오. [총 4점]

공예의 종류	재료	제작 방법
지승 공예		
입사 공예		

04-13 [지공예]

|모|범|답|안|

공예의 종류	재료	제작 방법
지승 공예	버려지는 한지	노엮개, 지노라 불리며, 옛날 버려지는 한지를 이용하여 한지를 잘게 찢고, 일정하게 잘라 꼬아서 노끈을 만들고 그것을 엮어서 그릇 등을 만들고, 옻칠로 마감을 한다.
입사 공예	금, 은, 동, 주석	동, 철 등의 금속에 정을 이용하여 사방으로 촘촘하게 쪼아 미세한 선이나 홈을 파서 그 홈에 금, 은, 동, 주석 등의 다른 금속을 채워 넣는 장식기법. 상감 기법

2 2019학년도_B4

다음은 수제 종이 만들기 수업의 교수·학습 활동 상황이다. 〈작성 방법〉에 따라 서술하시오. [4점]

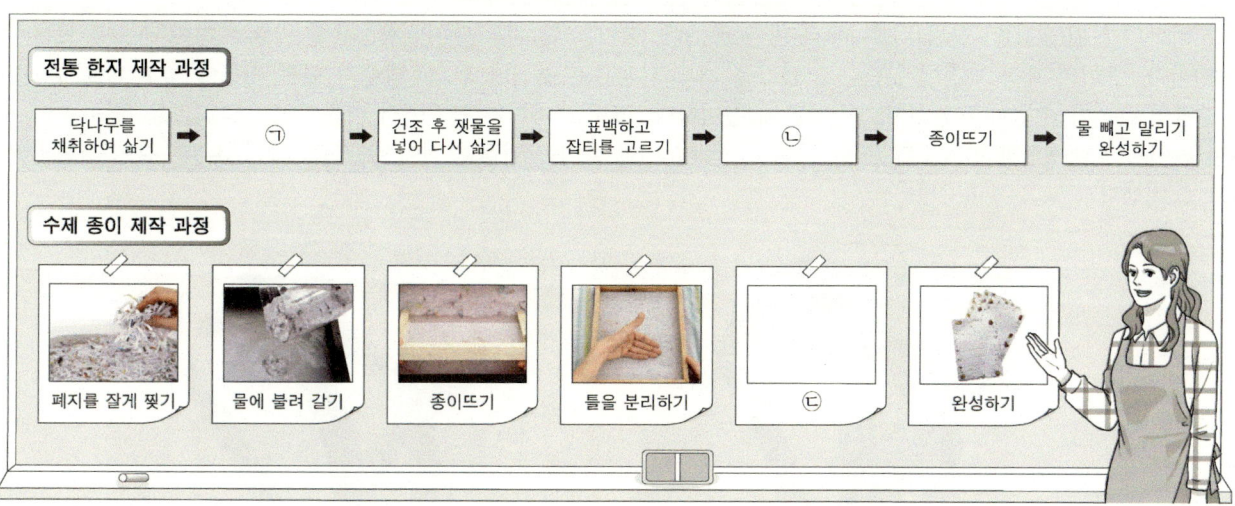

교 사 :	여러분, 지난 시간에 전통 한지 제작 기법에 대해 배웠죠? 제시된 자료에서 전통 한지 제작 과정의 ㉠, ㉡ 단계에 해당하는 내용을 학습지에 작성하고 모둠별로 확인해 보세요.

활동 : 전통 한지 제작 과정 확인

교 사	이제 폐지를 이용해서 직접 수제 종이를 제작해 봅시다.

활동 : 수제 종이 제작 과정 실습

학 생 :	선생님, 떠 낸 종이에 물기도 많고 두께가 일정하지 않아 울퉁불퉁해요.
교 사 :	(㉢) 이 단계 다음에는 건조대에 잘 넣어놓도록 합니다. 다음 시간에는 제작한 종이에 ㉣사이징(sizing) 처리를 하고 채색화 실습을 할 계획이에요.

─────────────| 작 성 방 법 |─────────────

- ㉠, ㉡에 해당하는 한지 제작 과정의 단계를 순서대로 서술할 것.
- 학생이 말한 문제를 해결하기 위한 ㉢ 단계의 내용을 서술할 것.
- ㉣의 목적을 서술할 것.

19-B4 [지공예 - 전통 한지 제작 과정]

|모|범|답|안|
㉠ 겉 껍질 벗기기, 백피, 물에 불림
㉡ 절구에 찧어서 섬유 분해(지통에 물과 닥을 넣어 풀대질)
㉢ 둥글게 뭉친 닥을 절구에 찧어서 섬유를 분해시킴(떠낸 종이와 종이 발 위에 무거운 돌로 눌러 놓는다)
㉣ 목적은 물이나 잉크가 번지지 않도록, 외관, 촉감, 가공성을 개선한다.

3 2023학년도_B8

다음은 한지에 대한 설명이다. <작성 방법>에 따라 서술하시오. [4점]

전통 회화의 화지(畵紙)인 한지는 닥나무로 만든 종이다. 한지는 닥나무 인피의 장섬유를 원료로 하여 손으로 뜨는 수부지(手浮紙)이다. 종이의 제작 과정에서 닥나무 껍질을 개개의 섬유로 분리한 후, ㉠ 닥풀과 함께 지통에 넣고 발로 종이뜨기를 하면 낱장의 분리가 수월하고 중성지로서 보존에 용이하다. 그리고 마지막 단계에서 다듬이인 (㉡)을/를 하면 종이 표면의 보풀이 없어지고 내구성과 평활도를 높일 수 있다. ㉢(㉡)한 종이는 번짐이 적어서 (가)와 달리 (나)와 같이 필획의 자취를 그대로 드러낸다.

(가)

(나)

―| 작성 방법 |―

- 밑줄 친 ㉠의 단계에서 닥풀의 작용을 2가지 서술할 것.
- 괄호 안의 ㉡에 공통으로 해당하는 용어를 쓸 것.
- 밑줄 친 ㉢의 이유를 서술할 것.

23-B8 [지공예 – 전통 한지 제작 과정]

|모|범|답|안|

㉠ 닥풀의 기능은 첫째, **닥 섬유가 엉기는 것을 방지**한다.
  둘째, **물의 속도를 조절**하며 **종이뜨기(초지)를 용이하게** 하여 **지질을 고르게 하는 작용**을 한다.
㉡ 도침
㉢ 종이를 **치밀하고 평활하게 만들어서 강도와 광택성**을 증가시키기 때문이다.

|인|정|답|

㉠ 닥풀의 기능은 첫째, **섬유가 일정한 농도로 유지되도록 하는 작용**이다.
  둘째, **섬유조직이 잘 풀어지도록** 한다.

22 유리 공예

1 2013학년도_33

(가)~(라)의 공예 작품에 대한 제작 기법이 바르게 설명된 것만을 있는 대로 고른 것은? [별첨 컬러 도판 참고]

	공예 작품	제작 기법
(가)		기물을 백토로 분장한 후에 문양을 음각으로 새기고, 문양이외의 배경을 긁어내어 백색 문양을 두드러지게 하는 방법으로 표현한다.
(나)		두드리거나 압력을 가하여도 조직이 파괴되지 않고 견뎌내는 금속의 성질을 이용하여 제작한다.
(다)		바탕 재료에 유리질 유약이나 그 혼합물을 입힌 후 바탕 재료의 융점보다 낮은 온도에서 소성하여 유약을 녹여 점착시킴으로써 문양이나 색상을 표현한다.
(라)		규산, 소다회, 석회석을 재료로 사용하며, 블로우 파이프를 회전시켜 신속하게 만드는 기법으로 입김을 불어가며 성형한다.

① (가), (나)
② (가), (다)
③ (다), (라)
④ (가), (나), (라)
⑤ (나), (다), (라)

13-33
| 정답 | ⑤

memo

정샘 전공미술

PART

23. 동양 미술사·중국 미술사

24. 한국 미술사

23 동양 미술사 · 중국 미술사

1 2004학년도_07

남제(南齊) 시대 사혁(謝赫)의 회화 이론서인 고화품록(古畵品錄)에는 그림을 평하는 기준으로 화육법(畵六法)을 제시하고 있다. 화육법의 6가지 이름을 쓰고, 한국화를 그릴 때 각각이 어떻게 적용될 수 있는지를 쓰시오. [총 6점]

① :

② :

③ :

④ :

⑤ :

⑥ :

04-07 [중국 미술사] – 사혁– 화론육법

|모|범|답|안|
① 기운생동(氣韻生動):기(氣)를 충실하게 한 대상의 생생한 표현과 예술가의 주관적 정신력과 우주 기운의 통일추구이다.
② 골법용필(骨法用筆):안정된 선으로 대상 골격을 분명하게 파악하여 대상의 형태를 구륵할 때 사용한다.
③ 응물상형(應物象形):대상의 형에 따라서 사실적으로 그릴 때 적용
④ 수류부채(隨類賦彩):대상에 따라서 채색할 때 사용한다.
⑤ 경영위치(經營位置):구도를 분명하게 결정하는 것으로, 포치와 포백을 할 때 사용한다.
⑥ 전이모사(傳移模寫):고화(古畵)를 모사하여 기술과 정신을 배우는 것으로 옛 기법을 계승할 때 사용한다.

2 2004학년도_12

다음은 작가 자신의 내면을 표현한 동·서양 작품이다. 아래의 물음에 답하시오. [총 5점]

(가) 〈자화상, 지본담채, 윤두서〉   (나) 〈자화상, 유채, 뒤러〉

1) (가)와 같은 초상화에 나타나는 전신(傳神)의 의미에 대해서 60자 이내로 쓰시오. (3점)

2) (가), (나) 작품의 ① 시대적 배경의 공통점과 ② 표현상의 차이점을 각각 1가지씩 쓰시오. (2점)

① 시대적 배경의 공통점

② 표현상의 차이점

04-12 [중국 미술사] – 고개지 – 전신론

|모|범|답|안|
전신이란 '전신사조'의 준말로 초상화를 그릴 때 인물의 외형 묘사 뿐 아니라 인격과 내면세계까지 표출해야 한다는 초상화론이다. 전신(傳神)이나 신사를 어떻게 이루어낼 것인가에 관하여 고개지는 **'이형사신(以形寫神)', '천상묘득(遷想妙得)'** 을 제시했다.
① 시대적 공통점 : 수공업과 상업의 발달에 의한 경제적 부흥이다.
② 표현상의 차이점 (가)는 먹의 농담에 의한 담백하고 다양한 표현, 선 중심의 예술 표현, 비움의 미술, 여백 중시, 평면적이고, 정면관의 표현, 정신적인 이치를 중시함

(나) 유채에 의한 세밀한 표현, 면의 예술, 채움의 미술, 꽉 찬 구도 입체적이고, 깊이 있는 공간감, 측면관, 의상 표현하였다. 과학적인 양감의 표현이다.

3 2005학년도_23

아래 그림을 보고, ①~④에 남종화와 북종화가 성립한 시대, 각각을 시작한 대표 작가, 발달한 그림 종류를 쓰시오. [4점]

작품		
성립한 시대	①	
시작한 대표 작가	②	③
발달한 그림 종류	④	진채화, 초상화
특징	상징적이고 주관적이며, 정신의 표현 강조	객관적이고 사실적이며, 보이는 세계에 대한 표현 중시

4 2006학년도_23

다음은 조선 시대 화단과 중국 화풍을 관련지어 도표화한 것이다. ①에 대표 작가 1명과 ②에 화풍의 특징 2가지를 쓰시오. [3점]

중국 화풍	시대	대표 인물	화풍의 특징	조선 시대 관련 화가
이곽 화풍 (곽희파)	북송 (北宋)	이성, 곽희	• 침식된 거대한 토산을 중심으로 거비(巨碑)적 표현 • 화면 전면에 빛이 흐르는 듯한 조광(照光) 효과 • 근경·중경·원경의 점차적 상승으로 유기적 연결 • 공기 원근법·해조묘(蟹爪描)로 그림	①
절파 화풍	명 (明)	대진	② • •	• 강희안 • 김명국, 이경윤

①

②
 •

 •

05-23 [중국 미술사] – 강남산수, 강북산수

|모|범|답|안|

① 당 ② 왕유 ③ 이사훈 ④ 수묵화, 산수화

왕유 화풍 : 수묵화, **족성법**(대략적으로 용필하여 완성하고 더 이상 꾸미지 않는다), 나무는 질박하고 꾸밈없다.

파묵산수, **필선은 피마준**, **산수화에 평원구도 사용**

선담법(먹의 농담을 조절하여 담묵부터 거듭 바림하여 음양, 요철 등 입체감 공간감의 효과를 나타내는 것)

- 용필 : 필선의 굵기와 허실의 변화가 없었던 이전의 가느다란 필선을 계승 발전시킴
- 필격은 굳셈을 표방하고, 전절하는 필세에 방필이 출현함.
- 준법 : 윤곽선만 있었던 육조시대의 산수화와는 현격히 달랐다. 경물의 윤곽선과 간단한 맥락만 긋고 착색함.
- 용색 : 금벽, 밝은 면에 금분을 칠하고 어두운 면에 남색을 가하는 방식

06-23 [중국 미술사] – 이곽파, 절파 화풍

|모|범|답|안|

① 안견

② 필묵이 거칠고 자유분방하다. 율동감을 강조한다. 사생보다 점경의 형식이나 묵면과 여백의 대비를 강조한다.

5 2007학년도_22

다음은 동양화론 저자와 저서, 화론을 짝지은 것이다. (가)와 (나)에 알맞은 답과 일품화(逸品畵)의 특징을 2가지 쓰시오. [3점]

저자	저서	화론
고개지	화운대산기(畵雲臺山記)	도영사실론
사혁	고화품록(古畵品錄)	(나)
황휴복	익주명화록(益州名畵錄)	일품화론
곽희	(가)	일품화론

① 저서 및 화론

(가) 저서 :

(나) 화론 :

② 일품화의 특징 :

-
-

07-22 [중국 미술사] – 중국 화론

|모|범|답|안|

(가) 임천고치집
(나) 화육법
일품화의 특징 : 전통화법에서 벗어나 작가의 감흥, 직관 중심의 사의적 표현 자연을 터득한 표현은 간략하되 의취는 심원한 것으로 기운생동을 중시함.

6 2008학년도_09

다음 조맹부의 글 중 (가)에서 주장하는 화론을 쓰고, (나)의 '고의'가 가리키는 시대와 고의론(古意論)을 주장한 의도를 쓰시오. [3점]

(가) 돌은 비백(飛白)처럼, 나무는 주서(籒書)같이, 대나무를 그릴 때는 오히려 팔법(八法)에 두루 통해야……
⟨수석소림도(秀石疏林圖)⟩의 제화시

(나) 그림을 그릴 때는 고의(古意)가 있는 것을 귀하게 여기니, 만약 고의가 없으면 비록 교묘하여도 이익되는 것이 없다.……
『청하서화방(淸河書畵舫)』

(가) 화론 :

(나)
- 시대 :

- 의도 :

08-09 [중국 미술사] – 중국 화론

|모|범|답|안|

(가) 화론 : 서화용필동원론
(나) 시대 : 당나라와 북송 초

의도 : 송대 원체화풍이 형사와 격법을 지나치게 중시한 풍조를 버리고자 함이며, 문인화 표현 기교의 결론을 제시함

7 2010학년도_2차_논술04

고개지가 말한 '전신(傳神)'의 구현과정을 설명하고, 이 이론에 입각하여 작품 (가), (나)의 표현 특성을 비교, 분석하시오. 그리고 작품 (가), (나)에서 각각 중시된 관점이 한쪽으로 편중되었을 때 나타나는 현상을 논하시오. [25점]

(가) 〈달마도〉 김명국(1600~?)

(나) 〈이채 초상〉 작가 미상

10학년도-2차-논술04

|모|범|정|답|
|참고| 아래 내용은 모범 답안의 핵심 키워드와 문장만 나열한 것입니다. 실제 시험에서는 기호는 생략하고 완성된 문장으로 작성해야 합니다.

■ 전신 구현 과정

- 전신이란, '정신을 전한다'는 뜻으로, 중국 동진의 인물화가 고개지의 화론에서 비롯된 '전신사조'의 준말이다. 이는 초상화에 있어서 **인물의 외형묘사에만 그치지 않고 그 인물의 고매한 인격과 정신까지 나타내야 한다는 초상 화론**이다. 또한, 그 연장 선상에서 산수의 사실적 묘사에도 적용되는 용어이다.
- 고개지는 **인물을 묘사함에 있어서 외형의 닮음 못지않게 정신과 마음을 파악할 것을 중시하였다. 이는 곧 형과 신의 겸비를 위함이라는 것**이다. 이를 토대로 회화비평의 기준을 제시하였으며, 오늘 날까지 중국 회화 미학의 중심이론이 되었다.
- 고개지는 전신을 획득하는 구현 과정으로 먼저, '이형사신'을 제기하였다.
- '이형사신'은 **인물의 내재적인 정신을 그림에 표출하는 방법으로 "형상을 빌어 정신을 표현한다."라는 이론이다.**
  형과 신을 아울러 중요시한 것이며, 형상으로써 정신을 그린다는 것이다. 다시 말해서 정신은 객관 사물의 형상 가운데 존재하고, 정신은 이러한 형상을 통해 표현되는 것인데, 형상이 없으면 정신이 존재할 수 없기 때문에 형상과 정신의 조화와 통일을 강조한 것이다.
- '**천상묘득**'은 고개지가 전신 미학 중에서 전신사조, 이형사신 하는 방법으로 끌어낸 심미의 기준이 바로 천상묘득이다. 이는 "생각을 옮겨 묘사할 대상을 얻는다"라는 의미이다. '생각을 옮기는 것'이란, **화가는 그림을 그리기 전에 먼저 묘사할 대상을 관찰하고 연구해서 대상의 사상과 감정을 깊이 이해하고 체득을 해야 한다는 뜻**이다.
- '묘를 얻는 것'이란, 천상을 한 이후에 그 대상의 정신적 특징을 이해하고, 분석하여 정련하는 과정을 거쳐서 예술적 구상을 얻는 것을 뜻하는 것이다.
- 서양의 감정이입 설과 유사한 관점으로 **화가와 대상 간의 심미적 교감**이 중요하다는 입장과 같은 것이다. 왜냐하면, 인물의 사상과 감정은 미묘하고, 복잡하며 쉽게 파악할 수 있는 것이 아니기 때문이다.

- **'부점목정'**은 인물화에서 전신을 전할 수 있는 부분, 즉, **생명력**을 불어넣을 수 있는 핵심이 되는 곳이 **눈동자**라는 것이다. 왜냐하면, 눈동자는 그 인물이 가지고 있는 정신의 특징을 가장 잘 드러낼 수 있다고 보아 인물화에서 생명력을 느낄 수 있게 해 주므로 더욱 중요하다고 본 것이다. 이는 대상의 외적 형태와 내면의 정신, 즉 객관적인 것과 주관적인 것의 관계를 눈동자를 통해 생명력 표현으로 조화롭게 통일시켜야 한다는 주장이다.
- 이형사신과 천상묘득의 미학과 부점목정의 사상은 회화에 대해 기록적인 의미를 부여했던 단계를 넘어서 소재의 제한을 초월하여 화가의 주관적 정사와 객관적 현실이 화면을 통함으로 신과 물상이 함께 노니는 '형신일체'의 경지를 추구한 것이다.

(가), (나) 표현의 특성 비교, 분석

(가)는 선종화이다. 진채 위주의 전통적인 불교회화와는 달리 **수묵** 위주로 그렸으며, **감필의 간일하고 조방한 화풍**으로 묘사하였다. 다시 말해서 형상에 구애되지 않고, 붓질이 경직되지 않게 한순간의 붓놀림과 최소한의 붓질로 대상의 본질을 잡아내는 감필법을 구사하였다. 모필의 굵고 가는 변화와 빠르고 느린 힘의 분배, 담묵의 경쾌한 붓질을 통해 대상의 요체만 잡아내었다.
/간결한 필치로 형태를 그려내는 감필법

(나)는 **치밀하고 정교한 묘사**의 초상화로 두 손을 공수한 채 정면을 바라보고 있는 **반신상**이다. 화면 상단 좌우측에는 찬문들이 조화롭게 어우러져 성리학적 사회의 분위기를 느끼게 해 준다.
18세기에 도입된 정면 관임에도 불구하고 얼굴의 윤곽과 특징을 거의 정확하게 표현하고 있다. 이는 **서양 화법의 도입에 따른 운염법**을 사용한 것이다.

즉, 얼굴 표현은 분홍색을 배채하고 윤곽선과 주름선을 갈색 필선으로 그렸다. 그 다음 붓끝에 물기가 적은 갈색으로 수없이 많은 단선을 활용하여 비벼대듯 명암을 넣는 필묘법을 구사하였다.

이 층의 높은 정자관은 먹보다도 짙은 흑색 안료를 사용하여 말총으로 짜여진 올을 하나하나 꼼꼼하게 묘사하였다. 그 뒤 내부 전체를 중묵으로 우려서 정자관의 검고 반투명한 특징을 표현했다. 정자관은 화면 하부의 부드러운 흰색 심의와 강한 대조를 이룬다.

물기가 많은 담묵의 먹선으로 잡은 옷 주름은 거의 눈에 보이는 그대로 묘사되었다. 심의에 호분을 배채하여 흰색이 은은하게 드러나도록 하였으며, 어깨 부분의 배경을 담묵으로 엷게 우림으로써 신체가 더욱 도드라지게 하였다.

한쪽으로 편중 되었을 때 나타나는 현상

(가)를 표현주의적 경향, (나)를 사실주의적 경향으로 구분하거나, 혹은 (가)를 로웬펠드의 촉각형, (나)를 시각형으로 구분하여 설명할 수 있다.

(가)는 **표현주의적 경향**이다. 즉, 내적 충만성과 격동, 예술의 진정한 목적은 **감정과 감각의 직접적인 표현**이며, 회화의 선, 형태, 색채 등은 작가의 감정 표현을 위한 도구로만 이용되어야 한다는 입장이다.
이러한 표현주의는 회화의 구성과 균형, 전신사조에서 드러나는 사실성, 객관적인 아름다움에 대한 전통적인 회화 개념 등은 감정을 더욱 강력하게 전달하기 위해 무시한다.

또한, 표현주의란, **왜곡이나 혹은 요체만 간략하게 잡아내는 것을 중시하는 경향**으로서 현실을 존중하고 객관적으로 묘사하려는 예술 제작 태도 또는 방법을 무시하게 된다.

즉, 신만 강조하는 것은 경험론적 미학과, 취미론 적 입장이며, 낭만적인 심미관에만 그치게 된다. 또한, 미적 판단의 근거를 지나치게 주관적인 즐거움에 두는 것이며 대상을 아름답다고 판단하는 근거가 개인적이고 주관적인 경험에 의한 즐거움에 그치는 것으로, 보편적이고 객관적인 미의 기준을 충족하지 못하는 점이 있다.

(나)를 외형의 실재적인 모습만 추구하는 **사실주의적 경향**으로 구분하거나, **시각형**으로 분류하여 볼 때, 사실주의 즉, 시각형의 그림 경향은 외형의 닮음만 지나치게 강조하는 것이며, 이는 현실주의적 경향에만 머무르게 편협적인 경향만 주장하게 된다.

이러한 사실주의적 입장에서 객관적인 형상과 규격, 구조만 강조하는 것은 생명력이 없는 것으로 볼 수 있다. 인간의 외적 모습은 시시각각 변모하지만, 그 사람만이 가진 불변의 본질 즉 정신이나 마음은 늘 형의 배후에 자리하고 있다는 점을 상기할 때 형에 편중되는 경향은 그 내면과 정신세계를 놓치게 되는 우를 범할 수 있다.

또한, 외적인 형상의 강조는 형식론적이며, 합리론적 입장에서 강조하는 미의 기준으로서 객관적인 인식과 규칙은 충족시킬 수 있지만, 미적 판단의 개별성, 독자성, 주관성을 무시하는 문제가 생기게 된다.

결론적으로, 고개지의 주장을 통해 알 수 있는 것처럼 가장 바람직한 회화의 경지는 바로 '신여물유' 즉, 정신과 대상이 일체가 되어 조화되는 경지를 추구해야 하는 것이다. 다시 말해 예술창작에 있어서 가장 조화되는 경지는 인체미와 정신미가 일체가 될 수 있도록 하는 것이다.

〈끝〉

8 2012학년도_16

중국 송대에서 청대까지의 문인화가에 대한 설명으로 옳은 것만을 〈보기〉에서 있는 대로 고른 것은? [2.5점]

―| 보 기 |―

ㄱ. 소식(蘇軾)은 그림의 목적을 사물 묘사가 아니라 감정이나 사상의 표현으로 보는 혁신적인 개념을 전개하였다.
ㄴ. 동기창(董其昌)은 '상남폄북(尙南貶北)론'을 통해 문인화의 위상을 높이고, 복고주의적인 미학 사상을 형성하고 공고히 하였다.
ㄷ. 서위(徐渭)는 "그림을 그리는 데는 고의(古意)가 있는 것을 귀하게 여긴다."라고 하는 복고적 미학 사항을 제시하였다.
ㄹ. 예찬(倪瓚)은 '일기(逸氣)'와 '일필(逸筆)'이라는 두가지 미학 사상을 제시하였다.
ㅁ. 석도(石濤)는 고법(古法)에서 벗어나는 것을 비판하며, 일획(一劃)의 근본 원리에 따라 자연과 자아가 필묵일체의 상태로 표현되는 천리적(天理的)인 회화 이념을 제시하였다.

① ㄱ, ㄴ
② ㄴ, ㄹ
③ ㄱ, ㄴ, ㄹ
④ ㄱ, ㄷ, ㅁ
⑤ ㄴ, ㄷ, ㅁ

| 정답 | ③

9 2013학년도_38

(가)와 (나)는 오대(五代) 말기에서 북송(北宋) 초기의 산수화이다. (가)와 (나)의 작품의 특징과 그 경향에 대한 설명으로 옳지 <u>않은</u> 것은? [별첨 컬러 도판 참고]

(가)

(나)

① (가)는 북방계 산수의 대표적 그림이며, 이러한 경향의 그림은 관동(關同)과 범관(范寬)에 의해 계승되었다.
② (가)는 화북 지방의 높고 험준한 산수를 그린 그림으로, 주로 고원(高遠)의 시점을 이용하여 산의 웅장함을 강조하였다.
③ (나)의 화풍은 원대 문인화의 탄생에 큰 영향을 미쳤다.
④ (나)와 같은 남방계 산수 양식은 동원(董源)과 거연(巨然)의 화법이 기초가 되었다.
⑤ (나)에서는 물과 호수가 많고 낮은 산과 평지가 전개되는 강남산수의 효과적 표현을 위해 부벽준(斧劈皴)이 사용되었다.

| 정답 | ⑤

10 2013학년도_39

다음 설명과 관련된 작품으로 옳은 것을 〈보기〉에서 고른 것은? [2.5점]

> 320~550년경 장엄하고 우아한 마투라와 사르나트의 불교 조각상은 북인도를 중심으로 발달하였다. 이 불상들은 균형과 조화를 이룬 인도 조각의 고전기적 양식을 잘 보여준다. 이 시대에는 아잔타 석굴의 화려한 채색 벽화와 신상 등이 제작되었으며, 마투라의 불교 조각 양식은 힌두교 미술에도 영향을 주었다.

―〈보기〉―

ㄱ.

ㄴ.

ㄷ.

ㄹ.

① ㄱ, ㄴ
② ㄱ, ㄹ
③ ㄴ, ㄷ
④ ㄴ, ㄹ
⑤ ㄷ, ㄹ

13-39

|정답| ③

11 2014학년도_A10

다음은 중국 고대 청동기 유(卣)에 대한 도판과 설명이다. 밑줄 친 '이 문양'의 명칭을 쓰시오. [2점]

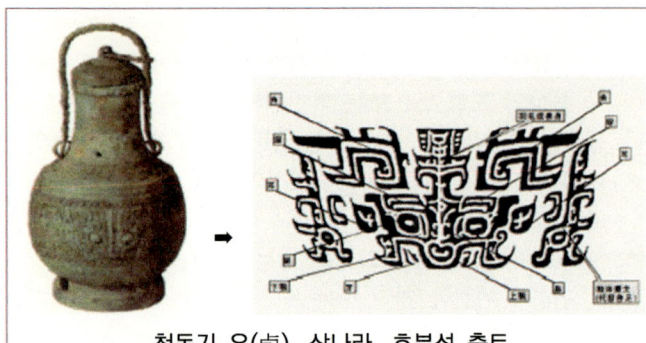

청동기 유(卣), 상나라, 호북성 출토

- 이 문양의 명칭은 전국시대 말기 문헌에 처음 나타난다.
- 이 문양은 정복 사회였던 상나라의 시대 정신을 반영하고 있다.
- 이 문양은 동주(東周) 이후에는 본래 가지고 있던 무서운 모습은 사라지고, 화려하고 유려한 장식으로 변화되었다.
- 이 문양은 동물 머리의 정면 모습으로 보이지만, 자세히 보면 머리, 몸체, 뿔, 다리를 가진 두 동물의 옆모습이 마주하고 있는 모습이다.

14-A10

|정답| 도철문(饕餮紋)

|인|정|답|
수면문(獸面紋)

12 2014학년도_서술형_A3

다음은 '복고'와 '혁신'의 의미를 지닌 원나라 초기 전선(錢選)의 작품이다. 작품 중 표현 소재, 나무 묘사법, 채색 방법에서 나타나는 복고적인 특징을 각각 쓰고, 남송 원체화풍과 비교하여 이 작품의 혁신적인 회화 경향을 2가지 쓰시오. [5점]

전선, 〈왕희지 관아도〉

14-A서3 [중국 미술사] 원대 – 전선 / 남송 원체화

|모|범|답|안|

표현 **소재**는 왕희지가 **유연한 거위 목을 보고 행서 서체**를 생각해냈다는 고사이다.
나무 묘사법은 **구륵법과 해조묘법**을 사용했다. 구륵법은 형태의 윤곽을 먹선으로 먼저 그리고 그 안쪽에 채색하는 기법이다.
채색 방법은 **청록 산수화**에서 사용하는 방법으로서 **녹색과 청색의 광물성 안료로 채색**하였다.
복고적인 특징은 당 시대에 유행했던 청록산수 화법으로 질박, 담담, 유연한 필치로 탈속한 의경을 표현하였다.

남송 원체풍은 **사실적이며, 서정적인 아름다움을 추구**한 화풍인 데 비해 원대 전선작품과 같이 원대 초기 문인화풍에서 볼 수 있는 혁신적인 회화 경향은 첫째, **대상의 입체감, 질감 표현이 되지 않았다.**
둘째, **매우 평면적이며 고졸한 느낌**이다. 그리고 화면 구성에서 공간감과 원근감을 그다지 강조하지 않았다.
(그 외에도 원대 복고적인 특징은 **구도**에 있다. 남송 시대 마하파의 **변각구도**를 연상시키는 근경과 원경을 조화롭게 만들면서, **중경의 여백을 무한한 의미가 함축된 회화적인 세계로 표현**하였다.)

동양 회화의 전통적인 비평 기준 중 하나인 일품(逸品) 혹은 일격(逸格)의 의미와 내용을 쓰고, 다음 작품에서 일품(일격)에 속하는 요소를 기술하시오. 그리고 김정희(金正喜)가 추구했던 문인화 정신의 핵심과 그가 조선 화단에 끼친 영향을 서술하시오. [10점]

[별첨 컬러 도판 참고]

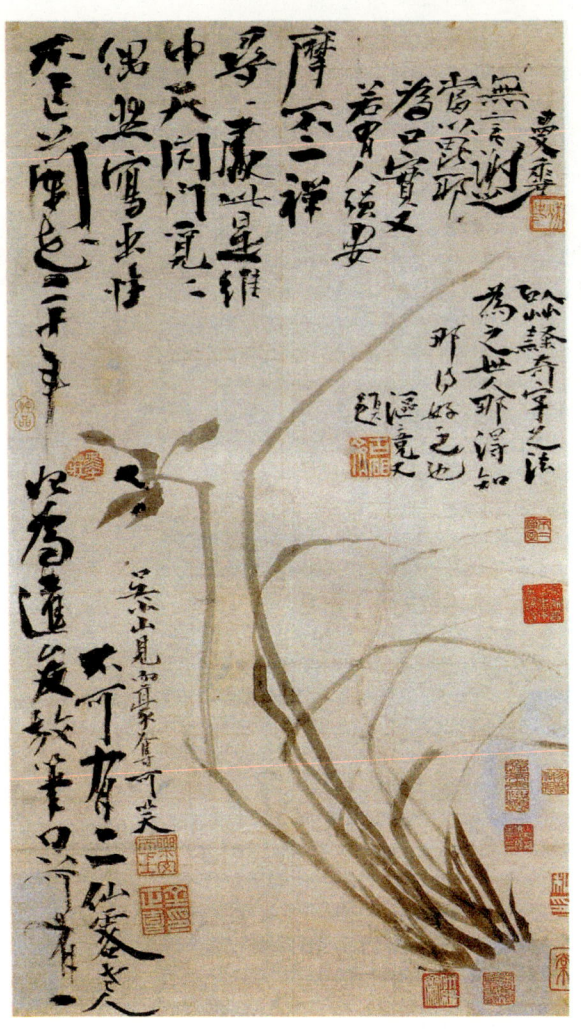

15학년도-B논술2

|모|범|답|안|

조선 말기 김정희는 **시·서·화 일치 사상**에 입각한 고답적인 이념미의 구현, 한 대의 **예서체**를 바탕으로 독창적인 서체를 창출하였는데 바로 필체가 **서투른듯하면서도 맑고 고아한 추사체**를 창안하였다.

일품화란 **규칙을 준수하는 것을 벗어나고, 채색을 정밀하게 가다듬는 것도 소홀히 하며, 붓 질을 간결하게 하여 형을 갖추고, 자연스러움을 얻어, 모방할 수 없고, 의표를 벗어나는 것이라고 했다**. 다시 말해서 **전통화법을 벗어난 작가의 감흥과 호방한 필법의 결합**으로 이루어진 그림을 말한다. 이는 왕유의 수묵 산수기법을 이어받은 **발묵 산수 기법**에서 시작한 것으로 정통 산수기법을 벗어난 비정통화이며, **기운생동을 중시하는 일종의 추상적 성격**을 지니는 그림으로 이는 **화가 자신의 자유로운** 의사표현을 인정하는 송대 이후 새로운 회화 품평에 기초한 화론이다.

이러한 일품에 대한 규명은 시대와 품평 기준에 따라 다른 경향을 보인다. 당대 주경현의 일품론은 상법에 어긋나는 것, 본법이 아닌 것으로 최하위 등급으로 품평하였으나 송 대 **황휴복**은 **필묵이 간결하면서 자연스럽게 전신하는 것으로 최상위** 등급으로 품평하였다.

김정희 작품에서 보이는 일품에 속하는 요소로는 먼저, '**초서와 예서에 의한 기이한 글자 쓰는 법**'을 사용하여 서예적인 추상성과 선적인 초월성을 활용한 **독창적인 서체와 삼전법을 사용한 난 잎의 선묘**를 들 수 있다. 다음으로 작품 속에 작성된 여러 제시문에 작가의 고답을 추구하는 은일 처사의 자부심을 표현한 점, 장법과 서법의 극단적 변화, 난의 형상을 극단적으로 관념화한 점 등을 들 수 있다. 이와 같은 일품화적 요소를 통해 알 수 있는 김정희가 추구했던 문인화 정신의 핵심은 바로 '**문자향 서권기**'로 요약 된다. 이는 고증학적 입장에서 시·서·화 일치 사상에 입각한 철저한 이념미를 추구한 결과이며, 뛰어난 화품이란 형사에 있는 것이 아니며, **심의를 드러내는 간결한 필법과 고담한 묵법을 중시**한 것이다.

김정희가 조선 화단에 끼친 영향은 첫째, 청대 고증학을 배경으로 **명, 청대 예술론을 정교하고 종합적으로 절충**하였다.

둘째, 모화사상에 기초한 **청조 취미풍의 형성과 문인화의 새바람을 형성**하였다. 셋째, 조선 후기 이후에 흥기했던 진경산수화풍과 풍속화의 쇠퇴를 가져왔으며, 전통화단에서 조선의 사실주의 화풍을 가로막은 현상을 심화시켰다. 넷째, 고증학적 입장에서 시서화 일치사상의 이념미를 형성했으며, 여항문인과 북학주의를 형성하였다.

추사의 일품적 예술미는 소식으로부터 이어지는 철저한 시·서·화 일치의 문인 취미를 계승하는 것이며, 문자향과 서권기를 주장하여 기법보다는 일품과 심의를 중시하는 문인화풍을 매우 존중하였다. <끝>

14 2017학년도_A3

다음 설명과 작품을 참고하여 ( )안에 들어갈 석굴의 명칭을 쓰시오. [2점]

> ( )은/는 중국에서 서역으로 가는 관문이자 서역에서 중국으로 들어가는 입구에 위치해 있다. 이곳은 승려 낙준(樂僔)이 366년에 처음으로 굴을 판 이래로 원대(元代)까지 조성되었다고 하며, 현재 490여 개의 석굴이 남아 있다. 이 중에서 위진 남북조 시대의 석굴은 조각과 회화에서 동서 미술의 교류를 잘 보여 준다.
>
> 4세기 후반부터 5세기에 제작된 (가)는 서역을 통해 들어온 간다라 미술의 영향을 받았다. 간다라 미륵보살 도상에 따라 두 다리를 교차시킨 형상이 그 예다. 5세기에서 6세기에 제작된 석굴의 벽화에서도 서역의 영향을 받아 석가의 현생이나 본생담(本生譚) 그림이 많이 그려졌다. 특히 (나)는 석가가 전생에 태자로 태어나 사냥하던 중 굶주린 어미와 새끼 호랑이를 보고 자신의 몸을 던져 먹이가 되어 호랑이를 살렸다는 내용이다. 여기에서는 중국 그림에서 주로 다루어진 필선 위주의 묘사가 아니라 중앙 아시아 석굴 벽화와 마찬가지로 다채로운 채색을 통해 음영을 나타내는 면 위주의 방식으로 그려졌다.

(가) 〈교각미륵보살상〉, 제275굴

(나) 〈사신구호도〉, 제428굴

17-A3

|정답| 돈황 막고굴

15 2017학년도_A11

(가)와 (나)는 청대(淸代)의 작품이다. 이와 관련하여 〈작성 방법〉에 따라 서술하시오. [4점] [별첨 컬러 도판 참고]

(가) 왕시민(王時敏),
〈방(倣)황공망산수도〉

(나) 석도(石濤),
〈여산관폭도〉

―| 작성 방법 |―
- (가)의 화가가 속한 화파(畵派)를 쓰고, 이와 관련된 동기창(董其昌)의 화론을 서술할 것.
- (가)와 (나)에 나타난 고화(古畵)에 대한 태도를 서로 비교하여 서술할 것.

17-A11 [중국 미술사] – 청대 – 왕시민, 석도 비교

|모|범|답|안|

(가)는 **정통파**에 속한다. 이와 관련된 **동기창의 화론은 '남북종론'에 기초한 '상남폄북'이론**이다.
남종화를 숭상하고 북종화를 배척한다는 내용의 회화 이론이며, '복고주의'이다.

동기창은 역대의 화가들을 문인화가와 직업 화가로 나누고 그 작품들을 각기 남종화와 북종화로 나누었다.
나아가 문인 화가들이 그린 남종화는 고아하고 미적 가치가 높으며, 직업 화가들이 그린 북종화는 천박하고 그 가치가 떨어진다고 주장한 것이다.

고화에 대한 태도로 (가)는 **복고주의**이다. '창작은 전통에서 나오는 것이며, 전통을 모르고서는 진정한 창작이 있을 수 없다는 것으로 동기창을 맹신한 결과이다. 이리하여 원사대가, 특히 황공망을 존중하였다.
이에 비해 (나)는 고화를 분석적으로 받아들이면서 **고화에 대한 방작을 경멸**하였으며 **자신의 화법**으로 그림을 그리고자 하였다(일획론).

16 201학년도8_A4

다음 괄호 안의 ㉠, ㉡에 해당하는 용어를 순서대로 쓰시오. [2점]

(㉠)은/는 글씨를 쓸 때 '뜻이 필보다 앞서야 한다.'는 주장으로, 위부인이 「필진도(筆陣圖)」에서 이야기한 내용을 근거로 한다. 이에 관해 왕희지는 "무릇 글씨는 마음을 가라앉히는 것이 중요하니, 뜻이 붓에 우선하게 하고 글자를 마음의 뒤에 둔다면, 아직 쓰지 않았을 때라도 생각은 이미 완성된 것이다."라고 하여 그 의미를 명확히 하였다. 한편 소식은 문동의 묵죽화를 보고 그의 그리는 태도에 대해 쓴 글에서 "그림을 그리기 전에 이미 마음 속에서 대나무 그림이 완성되어 있어야 한다."라는 의미의 (㉡)을/를 강조하였다. 이 두 용어는 모두 글씨나 그림을 그리기 전 작가의 마음가짐을 강조한 말이다.

18-A4
|정답|
㉠ 의재필선   ㉡ 신여죽화
|인|정|답|
㉠ ·   ㉡ 흉중성죽

17 2018학년도_A6

다음 밑줄 친 ㉠, ㉡에 해당하는 화파와 기법의 명칭을 순서대로 쓰시오. [2점]

중국 청대 중기인 18세기, 이 도시에서는 예술의 후원자인 염상(鹽商)들의 취향에 따른 다양한 그림들이 추구되었다. 그 중 안휘 지방 상인들의 후원을 받았던 화파와, 북방 산서 지방의 상인들로부터 환영을 받았던 화파가 유명하였다. 전자의 ㉠ 화파는 몰락한 문인이나 관료 그리고 문화적 소양을 갖춘 대표적인 8명의 직업 화가들이 중심이 되었다. 이들은 뚜렷한 양식적인 공통점이 없으나, (가)와 같이 전통적인 화법을 탈피하여 개성적인 작품을 그렸다. 후자의 원파(袁派)는 제재나 기법에서 섬세하고 사실적인 묘사를 구사한 송대(宋代) 화원의 전통을 계승하였다. 특히 (나)에 묘사된 건물에서처럼 ㉡ 자와 같은 도구를 사용해 건물의 수치를 계산하여 정밀하게 그리는 기법과 화려한 색채로 누각과 산수를 그렸다.

(가)   (나)

18-A6
|정답| ㉠ 양주화파   ㉡ 계화법

18 | 2019학년도_A8

다음 그림과 설명을 참고하여 밑줄 친 ㉠이 지칭하는 것과 ㉡ 표현 기법의 명칭을 쓰시오. [2점]

[별첨 컬러 도판 참고]

〈서매수 초상〉(부분)

인물화와 인물화론에 뛰어났던 동진(東晉)의 고개지(顧愷之, 344-406)는 '전신사조(傳神寫照)'라고 하여 인물을 그릴 때는 반드시 그 정신이 전해져야 한다고 주장하였다. 그는 특히 "사지가 잘생기고 못생긴 것은 묘처(妙處)와 무관하니, 전신사조는 바로 아도(阿堵) 가운데 있다."라고 하여 인물 표현에서 ㉠ 이것의 중요성을 강조하였다. 조선 후기 초상화 중에는 고개지의 인물화론에 부합하는 뛰어난 작품들이 매우 많다. 예를 들어, 1792년에 제작된 서매수(徐邁修)의 초상화를 보면 한 올 한 올 정성을 다해 묘사한 수염, 인물의 품성이 느껴질 듯한 눈매, 심지어 얼굴 표면에 보이는 얽은 자국까지 어느 것 하나 대강 그린 것이 없다. 또한 골상에 의해 생겨나는 육리문(肉理紋)을 따라 ㉡ 안면의 움푹 들어간 부위를 여러 번의 붓질로 덧칠하여 요철(凹凸)을 나타냄으로써 이전 시대의 초상화에서 볼 수 없었던 실체감을 표현하였다.

19-A8 [전통회화]

|정답| ㉠ 눈동자   ㉡ 훈염법

|인|정답|
㉡ 운염법

19 2019학년도_A14

다음 작품과 전문적 학습 공동체 활동 내용을 참고하여 〈작성 방법〉에 따라 서술하시오. [4점] [별첨 컬러 도판 참고]

〈불입상〉, 탁트 이 바히 출토, 2세기, 높이 104 cm

전문적 학습 공동체 수업 연구	
과 목	고등학교 「미술」
단원명	세계 미술 문화의 교류
성취기준	[12미03-02] 시대와 지역에 따른 미술의 교류와 상호 관련성을 설명할 수 있다.

… (상략) …

이 교사 : 간다라 양식의 불상(佛像)을 그리스, 로마의 신상(神像)이나 인물상과 비교 감상하는 수업을 하면 어떨까요?
박 교사 : 간다라 불상과 그리스·로마 조각상이 어떤 관련이 있나요?
이 교사 : 네, 간다라 불상은 '그리스식 불상'이라고 불릴만큼 지중해 지역의 미술 문화에 많은 영향을 받았어요. 그래서 시대와 지역에 따른 미술의 교류를 살펴보는 좋은 사례가 됩니다.
박 교사 : 그렇군요. 혹시 학생들에게 수업과 관련해서 사전에 조사하도록 할 내용이 있다면 어떤 것이 있을까요?
이 교사 : ㉠ 언제부터, 왜 이 지역에 그리스 문화의 영향이 나타나기 시작했는지 시대적, 지역적 배경을 찾아보도록 하면 좋을 것 같아요.

… (중략) …

박 교사 : 그럼 수업에서 학생들과 함께 ㉡ 간다라 불상과 그리스·로마의 조각상을 가지고 비교 감상 수업을 할 수 있도록 저는 여러 관련 자료를 준비하겠습니다.

─┤ 작성 방법 ├─

- ㉠과 관련하여 간다라 지역에 그리스 문화가 영향을 미치게 된 시대적, 지역적 배경을 각각 1가지 서술할 것.
- ㉡과 관련하여 제시된 작품이 그리스·로마 조각으로부터 받은 양식적 영향을 자세와 복식에서 찾아 각각 1가지 서술할 것.

19-A14 [동양 미술사 – 인도 간다라 불상]

|모|범|답|안|

㉠ 간다라 불상의 시대는 BC 2세기에서 AD 5세기에 해당한다.
지역은 고대 인도 북서부 간다라 지방으로 현재 파키스탄이다. 이 지역은 문명의 교차로이며 로마와 접촉이 빈번했다.

㉡ 양식적 영향 중에서 자세는 로마 종교의 신인동형적 전통에 따라 부처를 아폴로 같은 얼굴로 조성했다.
복식은 로마 황제와 비슷한 옷과 그리스풍의 주름이 잡힌 통견을 하고 있다.

20 2020학년도_A5

다음 작품과 설명을 참고하여 <작성 방법>에 따라 서술하시오. [4점]   [별첨 컬러 도판 참고]

고검부, 〈만겁위루(萬劫…危樓)〉

고검부(高劍父, 1879~1951)는 ㉠ 20세기 초 광동성을 중심으로 활동했던 한 화파(畫派)의 대표적인 작가이다. 그는 스승인 거렴(居廉, 1828~1904)으로부터 중국화의 전통을 익혔고, 일본 유학을 통해서 일본화와 서양화를 접함으로써 자신의 독자적인 화풍을 세워갈 수 있었다. 이러한 경험을 바탕으로 그는 ㉡ '중서절충(中西折衷)'이란 예술사상을 세우고, 이를 통해 중국화를 혁신하고자 하였다. 또한 그는 손문이 세운 동맹회(同盟會)에 가입하여 반청 혁명 운동에 적극 가담하였으며, 이러한 활동은 그의 작품 창작에 많은 영향을 주었다.

―| 작성 방법 |―

◦ ㉠에 해당하는 화파의 명칭을 쓸 것.
◦ ㉡의 사상이 위 작품에 구현되어 나타난 예를 표현 방법을 중심으로 2가지 서술할 것.
◦ 위 작품에 표현된 누각이 우의(寓意)하는 바를 서술할 것.

20-A5

|모|범|답|안|

㉠ 영남화파
㉡ 첫째, 전경을 **애매하게 처리**
　둘째, 정치적 연관성을 표현

누각의 우의 **망해가는 중국**과 그에 대하여 **재건의 의지**를 불태움

21 2021학년도_A12

다음 작품과 설명을 참고하여 〈작성 방법〉에 따라 서술하시오. [4점]

[별첨 컬러 도판 참고]

(가) 중국, 4세기

(나) 중국, 338년

(다) 한국, 6세기 중반

　불상은 인도에서 중국으로, 중국에서 한국으로 전래되면서 그 지역과 나라의 특징에 맞는 양식과 미감을 형성하였다. 중국의 경우, (가)와 (나)의 비교를 통해서 인도 간다라 불상이 중국에 전래되어 중국화되는 과정을 살펴볼 수 있다. (가)는 간다라 불상에 비해 양감이 약화되고 옷 주름의 표현이 자연스럽지 못하다. 이것은 간다라 불상이 중국식으로 변형된 모습이지만, 전체적으로 (가)의 이국적인 얼굴이나 자세에서 여전히 인도 불상의 영향이 강하게 나타나고 있다. 그러나 (나)는 얼굴과 옷 주름의 표현, 선정인의 자세에서 ⊙(가)보다 중국화된 조형적 특징을 잘 보여 준다. 한편, 한국의 (다)는 이러한 (나)의 중국화된 조형 양식과 유사한 면을 보이면서도 ⓒ(나)와 다른 조형적 특징도 보여 주고 있다.

―| 작성 방법 |―

- ⊙을 옷 주름의 표현과 선정인의 자세를 들어 각각 서술할 것.
- (다)의 대좌 명칭과 그 의미를 서술할 것.
- ⓒ을 1가지 서술할 것.

21-A12

|모|범|답|안|

⊙ (나)의 옷 주름의 표현은 법의의 주름이 **좌우대칭으로 정리**되었다. 이에 비해 (가)의 법의는 **도드라진 융기선으로 표현되어 사실적이면서도 입체적**이다.
선정인의 자세는 (가)는 **손을 포개어 손바닥을 위로 향한 모습을 한 것**에 비하여 (나)는 한 **손바닥이 배를 덮고 있는 것**도 한나라 때의 도용에서 그 전통을 찾을 수 있다.

(다)의 대좌 명칭은 연꽃대좌이다. 의미는 불상이 **연꽃으로부터 화생하는 모습을 형상화**한 것이다.
ⓒ은 원오리 사지 소조불상이다. 상당히 **온화하고 유연하며 우아한 양식적 특징**을 보여준다.
고구려 제3기 양식에 해당하며, 오래된 농경생활과 **중국의 남북조 절충양식**, 즉 **화화양식(華花樣式)**의 영향으로 세련되며 원만한 양식이 성립되었다.

|인|정|답|

(다)의 대좌 명칭은 연화좌이다.
의미는 연꽃 모양의 대좌이며, 모든 만물의 생명이 연꽃에서 태어난다는 의미이다.

다음 작품을 참고하여 〈작성 방법〉에 따라 서술하시오. [4점] [별첨 컬러 도판 참고]

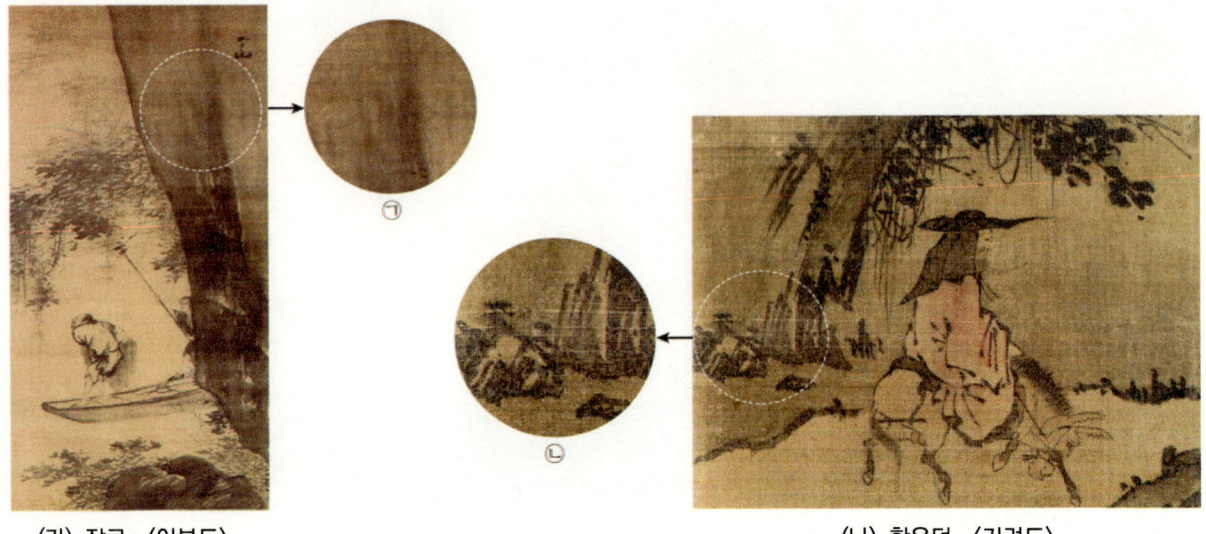

(가) 장로, 〈어부도〉   (나) 함윤덕, 〈기려도〉

| 작성 방법 |

- 먹의 점진적 농담 변화를 표현한 ㉠ 기법의 명칭을 쓸 것.
- 암벽의 굳세고 거친 질감을 표현한 ㉡ 준법의 명칭을 쓸 것.
- (가)와 (나)에서 공통으로 나타나는 화풍상의 특징을 2가지 서술할 것. (단, 준법은 제외할 것)

22-A7

|모|범|답|안|
㉠기법의 명칭은 **선염법**이다.
㉡준법의 명칭은 **부벽준**이다.
(가)와 (나)에 공통으로 나타나는 화풍상의 특징은 첫째, 소경산수 이다. 인물을 중심에 두고 산수를 배경으로 구성한 산수화이다.
둘째, 절파화풍의 영향이다. 필묵이 거칠고 자유분방하며, 사생보다는 점경의 형식이나 묵면과 여백의 대비, 율동감 등을 강조하는 것을 지향한다.

23 2022학년도_B6

다음 작품과 설명을 참고하여 〈작성 방법〉에 따라 서술하시오. [4점]

(가) 범관, 〈계산행려도〉   (나) 이당, 〈만학송풍도〉   (다) 소조, 〈산요누관도〉

중국 북송의 산수화가 남송의 산수화로 변천하는 과정은 범관과 그의 영향을 받은 이당, 소조의 작품에 잘 나타나 있다. 특히 북송과 남송에서 활동했던 이당은 두 시대의 산수화를 연결하는 중요한 화가이다. (가)에서 원경의 산과 나무를 그리는 ㉠범관의 독특한 표현 방식과 ㉡그의 구도는 (나)와 (다)에서도 공통적으로 나타난다. 그러나 (나)에서는 범관식 구도가 약화되면서 ㉢자연을 표현하는 새로운 방식이 드러나는데, 이러한 방식은 이당의 남송 시대 산수화에서 더욱 분명해진다. 남송 강남 지역의 자연을 그린 (다)는 범관식 구도를 여전히 사용하지만, 스승 이당이 성취한 것과 다른 ㉣혁신적인 변화를 보여준다. 이는 남송 산수화 양식의 구도에 속하는 것이다.

――| 작성 방법 |――

- 밑줄 친 ㉠, ㉡을 순서대로 서술할 것.
- (가)와 다른 (나)의 밑줄 친 ㉢을 서술할 것.
- 밑줄 친 ㉣을 (다)의 구도 측면에서 서술할 것.

22-B6

|모|범|답|안|

㉠은 산 위에 키가 작은 나무들, 즉 관목들을 표현한 것과 산의 표면에 **우점준**을 사용한 것이다.
㉡은 화면 중앙에 높이 솟은 산을 배치하고 좌우로는 낮은 산들을 두며, 직사각형 꼴의 대산대수를 장엄한 느낌이 나도록 거대하고 거비적인 산을 괴량감 넘치게 표현한 것이다.
㉢ 붓을 눕힌 **측필을 옆으로 그어서 삼각형의 필적을 남기는 방식**
㉣ ① 근경에 역점을 두되, 한쪽 구석으로 치우치게 하는 변각구도, 일각구도이다.
　② **'변각지경'** 이라 불리는 구도를 취하였다.

|인|정|답|

㉠ 은 실제 경치에 접하여 발생하는, 말로는 드러낼 수 없는 감동을 그림을 통해 표현한다. 이렇게 **경을 빌어 정을 드러내고, 정과 경을 융합**시키는 **의경** 방식이다.
㉢ ① 날카로운 도끼로 찍어낸 듯 한 부벽준으로 표현하는 방식
　② **중앙에 있던 주산의 위치가 약간 측면으로 이동한 것을 의미한다.**

다음 작품과 설명을 참고하여 〈작성 방법〉에 따라 서술하시오. [4점]

(가) 심주, 〈여산고도〉　　　　　(나) 문징명, 〈고목한천도〉

　(가), (나)는 같은 ⊙화파에 속하는 명대 화가들의 작품이다. 이 화파는 원나라의 대가들 작품을 계승하여 새로운 경지를 개척하였다. 동일한 화가의 작품을 기초로 하여 그렸어도 화가들이 처한 상황이나 마음에 따라 조형적으로 서로 다르게 표현하였는데, 이는 (가), (나)에서 잘 드러난다. 먼저 두 작품은 원대 왕몽의 영향을 받아 화면이 빽빽하고 용필이 촘촘하여, 왕몽의 복잡한 구도를 느끼게 한다. 그러나 (가)는 ⓒ화가의 경외하는 마음을 여산 봉우리의 숭고하고 웅장한 산수로 표현하고 있고, (나)는 소나무를 통해 자신의 절개와 의지를 드러내고 있기 때문에 두 작품에서 서로 다른 조형적 특징도 엿볼 수 있다. 즉 용필에서 (가)가 부드러운 필선으로 짧고 촘촘하게 구사하고 있다면, (나)는 강건하고 거친 필치로 빠르게 구사하고 있다. 또한 구도에서 두 작품은 상이한 주제에 따라 ⓒ경물의 배치와 묘사를 서로 대조적으로 표현하고 있다.

―| 작성 방법 |―
- 밑줄 친 ⊙의 명칭을 쓰고, 그 명칭이 만들어진 유래를 서술할 것.
- 밑줄 친 ⓒ의 구체적인 내용을 포함하여 (가)의 주제를 서술할 것.
- (가)와 대조되는 (나)의 밑줄 친 ⓒ을 서술할 것.

25 2024학년도_A3

다음 도판과 설명을 참고하여 〈작성 방법〉에 따라 쓰시오. [2점]

(가)

(가)는 중국 북위 시대에 제작된 운강 석굴의 제20굴이다. 운강 석굴 중 제16굴에서 제20굴에 이르는 다섯 석굴은 태무제(太武帝)의 손자 문성제(文成帝)의 지지와 후원 아래 정치적 목적으로 제작되었다. 이를 주관하고 관장했던 승려의 이름을 따서 '(㉠)'(이)라고도 부르는 이 석굴은, 불교가 태무제의 폐불(廢佛)사건과 같은 법난을 겪지 않고 영원히 지속되길 기원하기 위한 것이었다. 여기에는 문성제와 그 이전 4대조의 다섯 황제를 상징하는 불상이 만들어져 봉헌되었다. 이 이전에도 ㉡ 문성제는 불상을 자신의 모습과 똑같이 만들 것을 명령하였고, 완성된 불상에는 황제의 얼굴과 발 위에 있는 검은 사마귀를 본 따서 각각에 검은 돌이 박혀 있었다고 기록되어 있다.

―| 작성 방법 |―
○ 괄호 안의 ㉠에 해당하는 용어를 쓸 것.
○ 밑줄 친 ㉡과 관계되는 사상을 쓸 것.

24-A3

|모|범|답|안|
㉠ 담요 5굴
㉡ 왕즉불

26 2024학년도_B10

다음 도판과 설명을 참고하여 〈작성 방법〉에 따라 서술하시오. [4점]

(가) 조맹부(趙孟頫), 〈사유여구학도(謝幼輿丘壑圖)〉(부분)

(나) 서비홍(徐悲鴻), 〈우공이산(愚公移山)〉

　　(가)와 (나)는 나라의 어려운 상황에서 역사적인 일화나 고사를 소재로 선택하여 그린 작품이다. ㉠ (가)는 고개지(顧愷之)가 동진(東晉)의 사유여(謝幼輿)일화를 그린 방식을 따랐다. 조맹부가 이 작품에 표현한 자연은 그가 이민족의 지배에 저항 혹은 동조하든 간에 현실을 부정하며 은둔하는 이상적인 장소였다. 그는 이를 구현하기 위해 현실의 화법을 부정하고 과거로 돌아가는 ㉡ 복고적인 화풍을 사용했다. 이에 반해 (나)는 집을 가로막은 산을 옮기려는 우공(愚公)이라는 노인의 강력한 의지에 하늘이 감동하여 산을 옮겨 주었다는 ㉢ '우공이산'의 고사를 그렸다. 서비홍은 이 작품에서 사람의 목적을 위해 변화시키는 대상으로 자연을 그렸다. 그는 이와 상응해서 청나라 시대에 성행하였던 명나라 말기 동기창(董其昌)의 화법을 비판하고, 전통적인 중국화를 개량하기 위해 ㉣ 새로운 화법을 도입하였다.

─| 작성 방법 |─

- 밑줄 친 ㉠의 이유와, 밑줄 친 ㉡의 특징을 (가)에서 찾아 각각 서술할 것.
- (나)에서 밑줄 친 ㉢을 통해 은유적으로 표현하려는 내용을 서술할 것.
- 밑줄 친 ㉣의 특징을 (나)에서 찾아 서술할 것.

24-B10

|모|범|답|안|

㉠ **고의(古意)**를 담고 있으며, 산수나 풍류를 의미하며 **은일을 주제**로 하고 있어서 복고적인 고개지의 방식을 따랐다.
㉡ **복고적인 특징**은 평원산수를 보이고, **역삼각형의 구도**와 오대시대 **동원이 그린 작품에서 차용**하고 있다.
㉢ 우공이 산을 옮긴 것 처럼 **중국 사람의 힘은 무궁무진하여 큰 산도 옮길 수 있을 뿐만** 아니라 **항일전쟁은 반드시 승리한다는 확신**을 보여주려고 했다.
㉣ **서양의 명암법을 인물에 적용**하였으나 배경 산수는 **전통화법으로 처리**하여 절충적인 면모를 보였다.

27 2025학년도_B9

다음 도판과 설명을 참고하여 〈작성 방법〉에 따라 서술하시오. [4점]

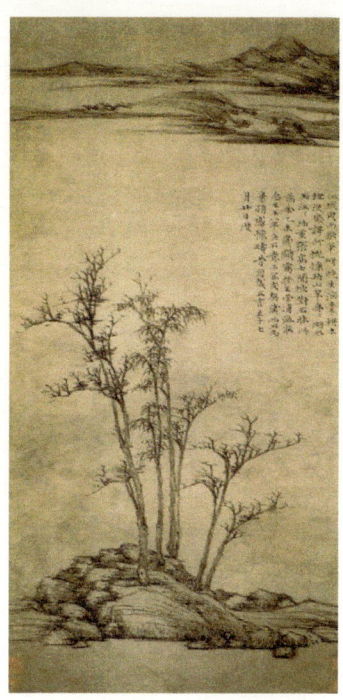
(가) 예찬, 〈어장추제도〉

(나) 오진, 〈노화한안도〉

원대(元代)에는 송대(宋代)미술에서 중요한 역할을 담당했던 화원(畫院)이 폐지되면서 문인 화가들의 활동이 두드러졌다. 조맹부(趙孟頫)가 주장한 ㉠ 고의론(古意論)은 원대 회화에 큰 영향을 끼쳤으며, 당시 문인들은 대부분 서예가였기 때문에 제발문(題跋文)을 많이 적었고, 그 결과 그림에 문인적인 분위기가 짙었다.

원말 사대가는 조맹부의 영향을 받으면서도 각자의 개성이 반영된 그림을 그렸다. (가)와 (나)를 보면 예찬(倪瓚)과 오진(吳鎭)은 필묵법에서 서로 차이를 보이지만, 화면의 구성에서는 ㉡ 동원(董源) 화풍의 구도가 공통적으로 나타난다. 황공망(黃公望)과 왕몽(王蒙)도 각각 독자적인 화풍을 추구하며 원대 산수화의 수준을 끌어올렸다.

―| 작성 방법 |―

- 밑줄 친 ㉠의 의미를 서술할 것.
- (가)와 (나) 작품에 나타난 필묵법의 특징을 각각 서술할 것.
- 밑줄 친 ㉡을 (가)의 작품에서 찾아 서술할 것.

25-B9

|모|범|답|안|

㉠ "고의가 있는 것을 귀하게 여긴다(古)."는 강렬한 복고주의적 경향. 특히 이성과 동원을 추구하였으며, 오직 송대의 원체화가 '형사'와 '격법'을 지나치게 중시한 것을 버리고자 함이다.

(가) 일필의 미적 특징은 첫째, 사기(士氣)이다. 둘째, 초초(草草)이다. 간략한 붓놀림을 말한다. 셋째, 주경(遒勁)이다.
(나) 오진은 현실사회에 대한 불만을 간접적으로 표현한 것이다.

㉡ 전체적인 구도는 조맹부의 구도를 따르고 있으나 필선이 굵고 깊이가 있으며 후경을 확대시킨 점은 동원의 정신을 살린 것이다.

24 한국 미술사

1 2002학년도_07

한국, 중국, 일본의 미술교사들이 '동북 아시아 3국의 미술 문화'를 주제로 세미나를 열었다고 가정하고, 다음에 제시된 전통정원 도판과 지문을 참고하여 한국 교사의 입장에서 우리 문화의 특징을 빈칸에 서술하시오. [5점]

(가) 창덕궁 후원, 한국

(나) 이허위안 공원, 중국

(다) 류안지 정원, 일본

- 사 회 자 : 한국, 중국, 일본은 동북아시아의 공통된 문화적 전통을 지니고 있으나, 자세히 비교해 보면 각각 그 차이를 발견할 수 있을 것 같습니다. 각 나라의 미술 문화의 특징을 말씀해 주시겠습니까?
- 중국교사 : 중국은 넓은 국토를 바탕으로 규모가 크고 호화로운 점이 두드러집니다. 거기에 기술적인 완벽성과 세련된 솜씨로 야심찬 인공미를 구사하여 보는 사람을 압도합니다. 자연과의 조화보다는 자연과의 대비에 중점을 두고 있다고 봅니다.
- 일본교사 : 일본은 인위적, 장식적 요소를 극대화하여 시각적 효과를 추구하는 경향이 큽니다. 주어진 재료를 섬세하게 사용하여 정신세계를 상징화하는 점이 특징이죠. 관상적 가치가 강조됨으로써 실용성이 약한 면도 있습니다.
- 한국 교사 : _____

02-07 [미적 체험] – 한국의 정원

|모|범|답|안|

한국의 전통조경은 인간의 손에 의한 인위적이고 인공적인 방법을 배제하고 자연 상태 그대로를 유지하면서 그 상황에 동화되고자 하는 사고를 우선으로 하여 비록 사람이 만들었기는 하나, 마치 하늘이 자연적으로 만들어 놓은 것 같이 느껴지도록 하는 것에 그 목표를 두었다.

전통 조경의 원리는 첫째, **자연과의 조화** 둘째, **인차(因借)**이다. 즉, '**인**'은 지세와 지형 및 주어진 공간적 여건과 특성에 따라 이를 잘 활용하도록 만드는 것이다.
'**차**'는 건축물 간의 적당한 안배와 건축과 대지 내의 조경이 조화를 이루도록 만들되, 원경, 근경, 앙경, 부경 등의 모든 시각적 경관은 위치와 계절 등의 공간과 시간의 양 방향성이 고려된 것이다.

2 2002학년도_11

조선 전기에는 중국 화풍의 영향을 받아 (가)와 같은 그림이 많이 그려졌다. 그러나 조선 후기에는 (나)와 같이 우리 모습을 그린 풍속화들이 많이 등장하게 된다. (나)와 같은 그림의 ①시대적 배경과 ②그로 인한 표현상의 특징을 서술하시오. [4점]

(가) 고사관수도(부분), 강희안

(나) 파적도, 김득신

① 시대적 배경 :

② 표현상의 특징:

02-11 [한국 미술사] – 조선 후기 풍속화 – 배경 + 표현상 특징

|모|범|답|안|

조선 후기에 새로운 경향의 회화가 발전하게 된 것은 외침의 부재와 탕평책에 의한 정치적 안정, 농업과 수공업의 발달에 따른 경제적 발전과 시장경제의 활성화 등의 배경과 새로운 회화 기법 및 사상의 수용에 힘입은 것이다.

표현상의 특징은 생활상을 소재로 삼아 사실적인 경향의 생동감 넘치는 풍속화 표현을 나타나게 했다.
서민들의 생활주변에서 찾은 재미있는 소재를 간결하면서도 초점을 이루는 구도 속에 익살스럽게 승화시켰다.

3 2004학년도_09

다음 그림을 보고 아래의 질문에 답하시오. [총 5점]

(가) 〈몽유도원도, 견본담채, 안견〉   (나) 〈인왕제색도, 지본수묵, 정선〉

1) (가), (나)의 그림을 참고하여 ① 사의적 산수화와 ② 사실적 산수화의 특징을 각각 2가지씩 쓰시오. (4점)

   ① 사의적 산수화(2점)
      ㉠

      ㉡

   ② 사실적 산수화(2점)
      ㉠

      ㉡

2) 그림 (가)에 영향을 준 중국의 화파(畵派)를 쓰시오. (1점)

04-09-1 | 04-09-2

|모|범|답|안|

〈사의적 산수화〉
외형보다는 내재적인 정신이나 의취를 표현하는 것.
사물의 의태와 신운을 포착.
사실을 의미하는 '형사(形似)'와 대조적인 표현.
송대 수묵화와 함께 정립된 표현.
물상의 이치와 섭리를 터득하고 흉중구학의 경지를 표출.
조필이라 하며 공필과 대비되는 표현.
대상의 형체 표출과 객관대상의 정신과 본질을 담는 것.

〈진경 산수화〉
실재하는 경관의 사생에 주력하여 표현하는 것.
우리나라의 자연경관과 명소를 소재로 그린 산수화.
종래의 실경산수 화풍에 남종화법을 가미한 표현.
조선 초, 중기에 걸쳐 실용적 목적으로 제작된 실경화.
단순한 재현이 아니라 회화적 재구성을 통하여 경관에서 받은 감흥과 정취를 표현함.
부감법, 대각선이나 사선을 활용한 화면 구성법.
피마준, 태점, 괴량감 넘치는 짙은 적묵, 편필직필, 수직준.

4 2005학년도_02

소묘는 대상의 형태를 그대로 옮겨 그리는 기술이 아니라, 대상의 특징을 파악하여 표현하는 것이다. 이러한 관점에서 서구 인물 석고상이 아닌 '금동미륵보살반가사유상'을 소묘의 대상으로 할 때의 장점을 2가지만 쓰시오. [2점]

①
②

5 2005학년도_05

아래 사진은 '부석사 무량수전'이다. 이 건축물의 기둥 양식과 관계가 깊은 그리스 건축 양식의 이름과 특징을 2가지만 쓰시오. [3점]

- 그리스 건축 양식 :
  ①

- 그리스 건축 양식의 특징 :
  ②

  ③

05-02 [한국 미술사] – 반가사유상 + 소묘

|모|범|답|안|
삼국시대 유행한 반가사유상의 형식과 양식, 미의식을 파악할 수 있다.
신체와 옷의 주름을 곡선으로 유연하게 표현하고 있으며, 다소 과장된 손이나 발도 전체적인 형태와 조화를 이루고 있다.

늘씬한 체구, 어깨의 새 깃 같은 옷자락, X자형의 천의 자락, 규칙적인 옷주름 등을 통해서 **중국 북위 양식을 계승한** 동·서위 말 내지 북제(北齊)·북주(北周) 초기 양식의 조형적 특징을 파악할 수 있다. 6, 7세기 동아시아의 불교 조각의 특징을 파악할 수 있다.

05-05 [한국 미술사] – 부석사 무량수전

|모|범|답|안|
그리스 건축 양식 : 고전 양식의 도리스식 원주, 엔타시스 원주 양식
양식의 특징은 첫째, 간소하며 웅장하고 힘찬 성격을 갖는 것. 둘째, 기둥이 굵고 주추가 없으며, 주두는 얕은 사발 모양을 한 주관과 네모진 모양의 판관으로 되어 있다.

주신에는 세로로 16~20개의 도랑이 새겨져 있고, 윗부분은 차차 가늘어지면서 '엔타시스(entasis)'라는 불룩한 부분이 있다.

24. 한국 미술사

6 2005학년도_10

아래 그림의 제작 기법명과 제작 방법을 쓰고, 역사적 의의를 1가지만 쓰시오. [3점]

- 기법명 :

- 제작 방법 :

- 역사적 의의 :

05-10 [회화, 한국미술사] - 벽화 기법

|모|범|답|안|

◦ 기법명: 프레스코

◦ 제작 방법: 회반죽으로 미리 벽에 초벌질을 하고, 그 위에 **시노피아(sinopia)**라고 하는 실제치수의 소묘를 그린다.

시노피아를 그릴 수 없는 경우에는 **인토나코(intonaco)** 다음에 **스폴베로(spolvero)**나 **카르통(판지)** 방법을 쓴다.

채색할 때에는 아침에 완성 가능한 예정부분**(조르나타:giornata)**에만 마무리칠의 회반죽을 칠한다.
이어 내(耐)알칼리성 토성안료를 물에 개어 그림을 그린다. 매끈한 흙손으로 힘차게 눌러 주면서 문지르기를 반복하여 광택을 내고 완성한다.

◦ 역사적 의의 : 당시 생활과 풍속을 파악할 수 있다. 5세기 전반 고구려 회화 형식의 독창성을 나타내고 있다.

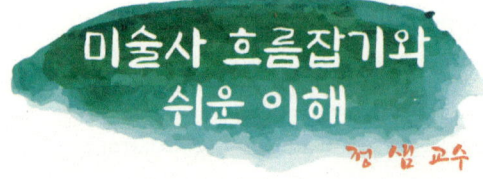

7 2005학년도_13

아래 작품들은 조선 후기의 회화 작품이다. ①~④에 작가나 작품명을 쓰고, ⑤와 ⑥에 화풍의 대표적 특징을 2가지씩만 쓰시오. [4점]

(1)

(2)

(3)

(4)

구분	(1)	(2)	(3)	(4)
화풍	남종 문인화	진경 산수화	풍속화	민화
작품명	① _____	② _____	파적도	④ _____
작가명	김정희	정선	③ _____	작가 미상
화풍의 특징	⑤ • _____ • _____	• 눈으로 보고 실경 산수를 그림 • 우리 산천에 어울리는 필법으로 그림	• 사실성, 기록성 중시 • 솔직하고 담백함 • 당시의 생활상을 표현함.	⑥ • _____ • _____ • 채색화 위주 • 풍자적이며 해학적임

05-13

|모|범|답|안|

① 세한도
② 금강산 만폭동
③ 김득신
④ 책가도
⑤ 사의적, 관념적
   수묵위주, 갈필, 감필법
⑥ 상징성, 기복중시
   구륵전채화, 역원근법

8 2005학년도_24

민중미술은 현실 참여적이고 사회 비판적인 경향을 띠고, 1980년대에 본격적으로 시작된 미술운동이다. 민중미술이 한국미술에 기여한 점과 그 한계점을 2가지씩 쓰시오. [4점]

- 기여한 점 :
    ①

    ②

- 한 계 점 :
    ①

    ②

05-24 [한국 미술사] – 한국 근대회화

|모|범|답|안|

민중미술의 기여한 점 첫째, 민족 미술의 재건, 주제와 서사성의 복귀둘째, 미술에서 현실 인식 이념의 도입, 미술의 사회적 소통 기능 회복

민중미술의 한계점 첫째, 지나친 정치색으로 미술 기능을 축소시킨 점.
둘째, 장르를 볼록판화적 모티브로 단일화를 고집하여 현대 미술의 실험성을 저해한 점, 일반 대중과 소통이 부재한 점.

9 2006학년도_18

다음은 부석사 무량수전의 공포(두공, 포작)이다. 공포의 기능과 미적 특징을 쓰시오. [4점]

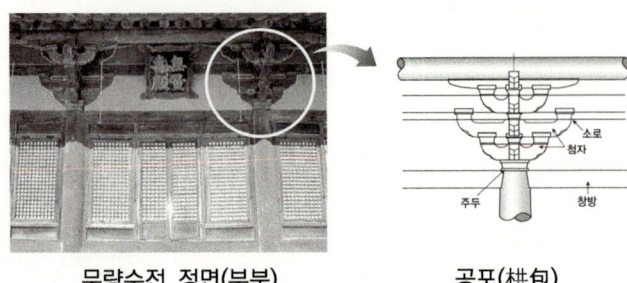

무량수전 정면(부분)   공포(栱包)

(1) 기 능 :

(2) 미적 특징 :

06-18 [한국 미술사] – 부석사 무량수전

|모|범|답|안|

공포는 **건물 지붕의 무게를 분산** 혹은 집중시켜 **구조적으로 안전한 완충적 기능**을 하기도 하고, **내부공간을 확장**시키고 건물을 높여 웅장한 멋을 낼 뿐 아니라, 그 **구성과 공작이 섬세하고 화려하여 장식적으로 중요한 기능**을 가진다.

부석사 무량수전은 '**주심포 양식**'이다.
미적 특징은 **외관상 화려함보다는 단아한 맛**을 보여준다. **건축 전체를 통한 구조적 아름다움**을 보여준다.

10 2006학년도_22

다음 그림은 우리나라의 전통 조각을 분류한 것이다. 빈칸 ①, ②, ③에 적절한 내용을 쓰고 ④에 제작 방법을 쓰시오. [5점]

작품				
분류	① /	소조 / 금동불	조각 / 목장승	소조 / 건칠불
시대	통일 신라	고구려	조선	②
제작 목적	왕릉 수호용	신앙 예배용	③	신앙 예배용
제작 방법	석재의 윤곽선에 따라 큰 덩어리를 만들면서 세부를 조각하여 완성	④	목재의 윤곽선에 따라 큰 덩어리를 만들면서 세부를 조각하여 완성	나무로 골격을 만들고 종이·천으로 형태를 완성 후 여러 번 옻칠을 한 다음 도금

①

②

③

④

06-22

|모|범|답|안|

① 조각 / 석인
② 조선
③ 마을 수호, 이정표
④ 철심에 진흙 붙여 형태 만들고, 밀랍 입혀 전체 소조, 표면에 진흙 덧 씌워 바깥틀 제작, 열 가열하여 밀랍제거, 놋쇠 주입 후 완성

11 2007학년도_04

윤 교사는 감상 수업의 주제로 '석굴암'을 선정하였다. (가)그림을 참고하여 주제 설정의 이유를 사회·문화적 측면에서 2가지 기술하시오. 그리고 (나)그림을 참고하여 본존불의 조형적 특징을 2가지 쓰시오. [4점]

(가) 석굴암의 내부(서쪽)

(나) 석굴암본존불상

① 주제 설정의 이유 :

-
-

② 본존불의 조형적 특징 :

-
-

07-04

|모|범|답|안|

사회·문화적 측면에서 주제 설정의 이유는 첫째, 중학교의 감상 영역은 "사회·문화적 맥락과 관련지어 작품을 해석할 수 있는 능력을 기른다." 둘째, "다양한 미술 문화에 대한 유연하고 개방적인 태도를 기른다." 이다.

본존불의 조형적 특징은 첫째, 이상적 사실미가 돋보이며 모습이 지극히 자연스럽다. 인공적인 부자연스러움이 없이 부드럽게 넘치는 생명력을 표현한 간다라식의 외형, 반개의 눈, 굽타 양식의 나발과 백호, 결가부좌, 본존불의 손은 항마촉지인의 인상을 나타내고 있다.
둘째, 본존불의 모습은 소박성·순수성·자연성에 장중한 모습으로 신성한 조화의 분위기를 자아낸다.

석굴암 후원에 부조로 구성된 두광은 본존불 좌상의 환조와 조화를 이루며, 신비스러운 정신의 미를 표현하고 있다.

12 2007학년도_23

다음은 근대 한국화를 대표하는 작품이다. 작품의 작가를 쓰고, (가)의 작품에 가장 많이 사용된 표현 기법 2가지와 그 특징을 쓰시오. [4점]

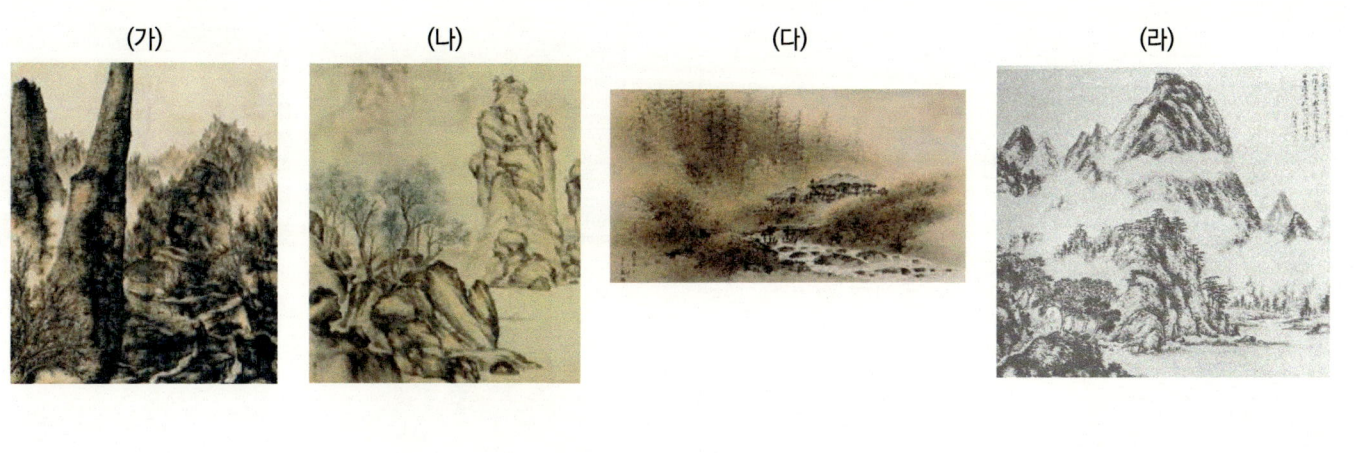

① 작가명 : (가)_____ (나)_____ (다)_____ (라)_____

② (가)의 표현 기법과 특징

표현 기법	특징

07-23 [한국 미술사] – 근대 동양 회화 – 동연사 / 적묵, 파묵

|모|범|답|안|

(가) 변관식   (나) 노수현   (다) 이상범   (라) 허백련
적묵은 먼저 담묵을 칠하고 그 먹이 마르면 좀 더 짙은 먹을 입히는 방법을 여러 번 반복하는 방법으로 표현한다.
깊은 양감, 중후한 느낌, 중량감 표현, 중첩, 쌓아올리는 방법

파묵은 처음 칠한 먹이 마르지 않은 상태에서 덧칠하여 처음 먹을 깨트리는 것이다.
매끄럽고, 생기 있는 효과, 억세고 강한 느낌

13 2008학년도_21

다음 작품이 그려진 시기를 쓰고, 이 시기에 사대부 화가들이 독자적 화풍을 형성한 수묵 영모화의 특징 2가지를 쓰시오. [3점]

숙조도 / 조지운

① 시 기 :

② 수묵 영모화의 특징
 •
 •

08-21 [한국 미술사] - 조선 중기 영모화

|모|범|답|안|

조선 중기 동물화나 화조화는 거의 대부분 순수한 수묵으로 그려져 있다.
특히 화조화는 농채를 사용한 부귀체보다는 **수묵으로만 담백**하게 표현하는 **야일체의 수묵사의 화조화**가 주를 이루었다.
소재는 가금류보다는 자연 속에서 자유롭게 서식하는 각종 야금류 위주로 다루었다.

구도면에서 가장 중요한 것이 **화면의 중앙을 차지하도록 하는 구성**이 특징이다.

묘사법에서는 나뭇가지들은 대체로 윤곽선이 없이 **몰골법**으로 묘사되었으며, **나뭇잎은 삼각형**을 이루도록 표현하였다.
용묵법에서는 먹의 농담을 적절히 조절하여 강약과 변화를 도모하였다.

종합적으로 효율적인 구성, 힘찬 필법, 변화있는 묵법에 힘입어 **화면이 기운생동하며 서정적 표현** 효과가 컸다.
그 외에도 농채를 사용한 보다 전통적인 부귀체의 화조화도 어느 정도 유행했다.

14 2009학년도_14

(가)~(라)의 수원성 성곽 건축에 대한 설명으로 옳은 것을 〈보기〉에서 고른 것은? [1.5점] [별첨 컬러 도판 참고]

(가)   (나)
(다)   (라)

―| 보 기 |―

ㄱ. 현안(懸眼)은 적대의 위쪽 바닥에 안구를 두고 외벽면을 파서 성벽에 접근하여 기어오르는 적을 격퇴할 수 있도록 한 것이다.
ㄴ. 치성(雉城)은 성벽에 접근하는 적을 정면 또는 측면에서 격퇴할 수 있도록 성벽의 일부를 돌출하게 만들어서 쌓은 것이다.
ㄷ. 옹성(甕城)은 성문을 밖으로부터 보호하기 위하여 성문의 외부에 설치한 것이다.
ㄹ. 여장(女墻)은 체성 위에서 적의 공격으로부터 방패의 역할을 하면서 활이나 총을 쏘기 위해 구멍이나 사이를 띄워서 쌓은 것이다.

	(가)	(나)	(다)	(라)
①	ㄱ	ㄷ	ㄴ	ㄹ
②	ㄱ	ㄹ	ㄴ	ㄷ
③	ㄴ	ㄱ	ㄷ	ㄹ
④	ㄴ	ㄷ	ㄱ	ㄹ
⑤	ㄹ	ㄷ	ㄱ	ㄴ

09-14

|정답| ④

15 2009학년도_29

조선 시대 회화 양식을 초기, 중기, 후기, 말기로 구분할 때, 조선 산수화와 중국 산수화의 관계를 시기별로 설명한 것 중 옳은 것을 〈보기〉에서 모두 고른 것은?

|보기|

ㄱ. 조선 초기의 안견은 북송의 이곽파화풍의 영향을 받았다.
ㄴ. 남송의 마하파는 일각 구도가 특징이며 조선 중기에 유행하였다.
ㄷ. 조선 중기의 산수화는 초기의 안견화풍을 계승하면서도 북송의 절파화풍이 크게 유행하였다.
ㄹ. 조선 후기에는 절파화풍이 쇠퇴하고 남종화풍이 유행하였으며, 남종화풍을 토대로 한국적인 산수화풍인 진경산수화가 크게 발달하였다.
ㅁ. 미법산수화풍은 원의 미불, 미우인 부자가 창시한 화풍으로 조선 후기의 이정근에게 영향을 주었다.
ㅂ. 명대 말기 동기창의 상남폄북론은 조선 말기의 김정희에게 영향을 주었다.

① ㄱ, ㄴ, ㅂ
② ㄱ, ㄷ, ㄹ
③ ㄴ, ㄹ, ㅁ
④ ㄱ, ㄴ, ㄹ, ㅂ
⑤ ㄴ, ㄷ, ㅁ, ㅂ

09-29

|정답| ④

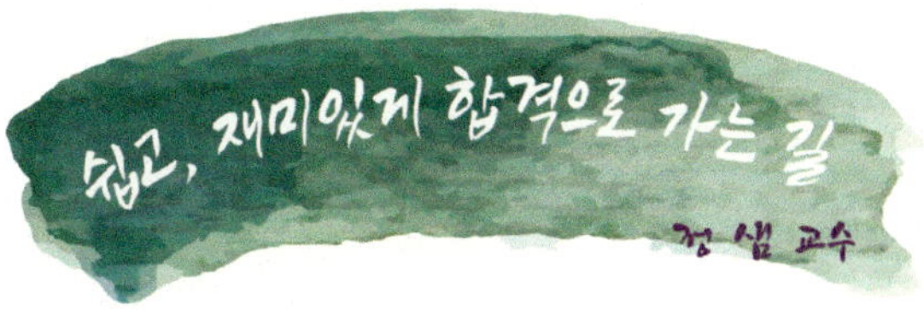

작품 (가)는 조선 시대 후기의 〈금강전도(金剛全圖)〉이다. 이 작품과 같이 우리나라의 실경을 그리는 진경산수화의 태동과 전개 과정, 작품의 제재와 특성, 독자성에 대해 논하고, 조선 시대 산수화에 나타나는 곽희(郭熙)의 삼원법과 작품 (나)에 나타난 서양화의 원근법을 비교하여 서술하시오. [25점]

(가) 정선(1676~1759)

(나) 카미유 코로(Camille Corot, 1795~1875)
〈티볼리에 있는 에스테 별장의 정원〉

|모|범|정|답|

| 참고 | 아래 내용은 모범 답안의 핵심 키워드와 문장만 나열한 것입니다. 실제 시험에서는 기호는 생략하고 완성된 문장으로 작성해야 합니다.

▌진경 산수화의 개념

- 우리의 산천을 주자학적 자연관과 접목시키고자 하였던 문인 사대부들의 자연 친화적 풍류 의식과 함께 조선의 문화적 고유색과 자주의식의 팽배 등의 시대 사상적 배경으로 형성된 실경산수화 계열이다.
- 실경의 단순한 재현이 아니라 회화적 재구성을 통하여 경관에서 받은 감흥과 정취를 감동적으로 구현하였다는 데 그 특색이 있는 조선의 **고유적, 토착적** 화풍이다.
- 조선 후기 정선에 의해 형성된 화풍. **우리나라에 실재하는 경관의 사생에 주력**하여 정선 특유의 화풍으로 발전시킨 산수화

* 진경산수에 대한 개념은 조선 중기 이후에 자리 잡은 **천기론적 사상**을 기본으로 한다.
  의고주의 풍조를 반대하는 **천기론(天機論)**은 인간에게 내재된 순수본질과 **개성을 중시**하고 아름다운 경치가 있는 현장을 찾아가 **흥취를 경험**할 것을 강조하는 태도를 기반으로 형성되었다.

▌진경 산수화의 태동

- 사상적 배경으로는 조선 중기 율곡학파에 의한 조선 성리학의 완성과 **조선 후기에 형성된 실사구시의 실학적 사상**이다.
- 사회문화적 배경으로는 **실학사상**에 의해 형성된 **산수 기행문학의 유행, 여행의 붐, 서울 경기 일대를 중심으로 화폐 경제의 흥기** 등을 들 수 있다.
- **회화사적 배경**으로는 서양 과학문명의 자극과 **서양화법의 유입으로 인해 관념주의를 탈피하고 실제의 실경을 표현**한다는 사고가 크게 작용한 것이다.

▌진경 산수 전개 과정

- 풍경을 그리는 실경산수화는 고려시대부터 내려왔다.
- **윤두서의 세심한 대상 관찰을 통한 묘사와 조영석이 시도한 사실주의적 창작방식**이 기초가 되었다.
  - 조선풍과 개성적 독창성을 가능케 한 조선 후기의 회화 사상은 사실주의 정신이다.
  - 살아있는 그림을 위해 현장 사생을 시도한 조영석으로 사실주의적 창작방식이 기초가 되었다.
- 조선 중기 사실적인 화풍을 형성했던 **조영석**의 화풍을 기반으로 형성된 화풍은 정선에 의해 진경산수 양식으로 자리 잡게 되었다.
- 이와 같은 전개 과정을 통해 진경 산수화풍은 조선 후기에 문인회화풍의 중요한 양식으로 자리 잡았을 뿐 아니라 기록화 등 국가적 회사의 주된 화풍으로 자리 잡게 되었다.
- 조선 후기 **정선**은 조선의 경치를 직접 기행하고 **중국의 남·북종 화풍을 독특하게 해석·종합**하여 실재의 경치가 아닌 도교적 이상향을 담은 신선경이나, 이상향과 선경의 의미가 내포된 풍경을 그리게 되어 이전의 실경산수화와는 전혀 다른 화풍을 제시한 것이다.
- 정선의 손자인 정황을 비롯하여 심사정(1707~1769), 강세황(1713~1791) 등에게도 영향을 미쳤으며, 강희언, 최북, 김응환, 김홍도, 김득신 등과 함께 조선 말기의 유숙 등에게까지 영향을 미치게 된다.

▌진경 산수화의 제재와 특성

- 조선의 절경 금강산 등을 예술적 대상으로 삼았다.
- 제재는 금강산. **부감법으로 조망한 그림을 원형 구도**로 표현하였다.
- 토산과 암산의 대비에 사용된 필법과 묵법은 이전의 화가들이 사용했던 중국풍의 고루한 습성을 버리고 **직찰준, 수직준, 묵찰준과 쇄찰준**과 같이 수직으로 죽죽 그어 내리는 새로운 필묵법을 사용하였다.
- 화면 왼편에 토산은 마 껍질과 같은 **피마준법과 미점, 태점**으로 표현하고, 오른쪽 바위산은 서릿발 같은 **상악준에 흰 채색**을 했으며, 산들과 하늘이 마주치는 **여백**의 가장자리에는 연한 푸른색을 **선염**하였다. 이를 통해 직선과 곡선의 음양을 뚜렷하게 대비시켰다.
- 작품의 특성으로는 그림 왼편에 '금강전도'라고 씌어있고, 오른편에 칠언율시가 쓰여 있어서 **'시중유화 화중유시'의 정신**을 보여주고 있다.

▌진경 산수화의 독자성

- 진경 산수화풍은 중국 북종화풍 즉 화북산수의 필선 위주 산수기법과 남종화풍 즉 강남지역의 안개 자욱한 묵 번짐 위주의 산수 기법 등 양대 필법과 묵법을 조화시켜 독자적인 조선의 진경 산수화풍을 이끌어낸 것이다.
- 제재적인 측면에서도 중국풍의 정형화된 산수의 이미지처럼 기교와 형식적으로 묘사하지 않고 자연에서의 대상물과 자아 간의 직접적인 교류를 통해 형사적인 전신을 드러내는 창작을 보이고 있다.

- 중국의 문인 산수화는 전반적으로 관념미를 강조하는 경향이고, 화원들이 그리는 실경산수화는 당대의 현실을 반영한 현실미를 표현하는데 중점을 두었다.
- 정선은 표현할 대상의 특징을 강조하여 **외형(형사)과 본질을 표현**하였다.
- 겸재의 그림은 한국적인 정서의 발현과 한국적인 풍경의 수립이라는 회화사적 의의를 가지며 민족적 자각에 의한 중국문화 모방에서 벗어나 한국적 회화를 수립했다는 점에서 높은 가치를 지닌다.

▌삼원법

- 조선 시대 산수화에는 북송의 곽희가 《임천고치》에서 화가의 시점에 따라 고원, 심원, 평원과 같이 회화 구도를 달리 할 수 있다고 주장한 원근 표현법을 사용하였다.
- **고원**은 산 밑에서 정상을 처다 볼 때의 시점으로, '**치솟은 산세**'를 표현할 때 사용한다.
  심원은 앞에 있는 산이나 봉우리로부터 뒤에 있는 산들을 들여다볼 때의 시점으로, '**중첩되는 산세**'를 나타낼 때 사용한다.
  평원은 가까운 산에서 멀리 있는 산들을 보았을 때의 시점으로 '**아득히 멀게 전개되는 산**' 들을 그릴 때 사용된다.
- **삼원**은 자연을 관찰하는 기본적인 각도를 모두 종합한 것이다.

▌(나)에 나타난 서양화의 원근법

- **대기 원근법**은 눈과 대상 간의 공기층이나 빛의 작용 때문에 생기는 대상의 색채 및 윤곽의 변화를 포착하여 거리감을 표현하는 방법이며, 색채로 흡사 대기와 같은 효과를 나타내면서 색채들의 단계적인 변화를 통하여 회화의 깊이감을 산출해내는 방법이다.
- 주변 세계에 대한 **실증적이고 과학적인 사고를 토대로 풍경을 묘사**하는 태도이며, 작가가 서 있는 장소를 중심으로 그림을 펼쳐나가는 작가 중심적 사고의 원근법이다.
- **1점 투시도법**은 선 투시도의 하나이며, 작가가 서 있는 입면의 한 면과 화면과를 평행하게 설정한 것으로써 소실점이 1점이다. 즉, 1점 소실은 대상을 투시하여 연장선을 그었을 때 하나의 소실점에서 만나도록 하는 방법으로 깊은 공간감을 나타낸다. 〈끝〉

17. 2010학년도_25

다음 석조 작품에 대한 설명 중 (가)와 (나)에 들어갈 내용으로 가장 적합한 것은? [1.5점]

이 작품은 우리나라에서 보기 드문 대리석 조각 작품이다. 시대적으로는 (가)에 제작된 것이지만 양식적으로는 석굴암 감실의 (나)과 유사한 복식으로 통일 신라 조각 전통을 계승한 정교한 작품이다. 이 조각상의 특징은 높은 원통형관을 쓰고 있다는 점인데, 이것은 강릉의 신복사지 석조보살좌상과 오대산 월정사 석조보살좌상에서도 공통적으로 보이는 특징이다. 이는 당시 불교 조각이 중심지였던 경주 지역을 벗어나 강원도 지방에서도 발달하였고, 그 지방의 독특한 양식이 있었음을 보여준다.

	(가)	(나)
①	고려 초기	본존상
②	고려 초기	보살상
③	고려 중기	본존상
④	고려 중기	보살상
⑤	고려 말기	본존상

| 정답 | ②

18. 2010학년도_28

다음 그림과 관련된 화파의 설명으로 옳은 것은? [2.5점]
[별첨 컬러 도판 참고]

① 조선 초기 안견파(安堅派)의 화풍에 많은 영향을 주었다.
② 산과 바위의 표현에서 절대준(折帶皴)을 즐겨 사용하였다.
③ 명대의 화가 동기창(董其昌) 등에 의해 남종화(南宗畫)로 분류되었다.
④ 이 화파의 예술 정신과 형식은 명대의 오파(吳派) 화가들에게 이어졌다.
⑤ 무로마치(室町) 시대 셋슈(雪舟等楊)의 작품에 많은 영향을 주었다.

| 정답 | ⑤

19 2011학년도_22

18세기 조선 시대의 작품이다. 이에 대한 설명으로 옳은 것은?

[별첨 컬러 도판 참고]

① 실경 산수화가 아닌 사의적인 산수화이다.
② 근경은 남종화풍, 원경은 북종화풍으로 표현하였다.
③ 원경의 산은 부벽준과 미점으로 담담하게 표현하였다.
④ 화면에 포치한 정자는 윤필법(潤筆法)으로 섬세하게 표현하였다.
⑤ 근경의 나무는 해조묘법(蟹爪描法), 몰골법, 구륵법 등으로 표현하였다.

| 정답 | ⑤

20 2011학년도_25

다음 작품은 감산사 〈아미타불입상〉이다. 이에 대한 설명으로 옳은 것을 〈보기〉에서 고른 것은?

―| 보기 |―
ㄱ. 이상화된 사실주의적 신체 표현 양식은 석굴암 조각으로 이어진다.
ㄴ. 7세기 후반에 제작된 것으로 삼국 시대 조각 양식을 전형적으로 계승한 불상이다.
ㄷ. 재료는 화강석을 사용하였고 불신, 광배, 대좌를 갖춘 완전한 형식으로 구성되어 있다.
ㄹ. 균형 잡힌 몸매와 삼곡(삼굴) 자세, U자형의 옷 주름과 같은 세련된 표현은 남·북조 양식의 영향으로 나타난 것이다.

① ㄱ, ㄴ
② ㄱ, ㄷ
③ ㄴ, ㄷ
④ ㄴ, ㄹ
⑤ ㄷ, ㄹ

| 정답 | ②

21 2011학년도_35

다음 작품의 제작 시대와 설명을 바르게 연결한 것은?

[별첨 컬러 도판 참고]

	작품	시대	설명
①		선사 시대	구석기 시대의 암각화로 풍요를 기원하는 주술적 의미를 담고 있다. 바위 표면에 고래, 물고기, 사슴 등의 모습을 모두파기 기법과 윤곽파기 기법으로 표현하였다.
②		삼국 시대	천마총에 그려진 신라 시대 고분 벽화이다. 갈기와 꼬리털을 휘날리며 달리는 백마의 역동적인 모습이 묘사되었는데 이러한 소재는 고구려 고분 벽화에서도 나타난다.
③		통일 신라 시대	인도의 굽타 시대에 유행한 석굴 양식이 우리나라에 전래되어 김대성이 설계한 석굴이다. 방형(方形)의 전실(前室)에 석가본존상을 안치한 기본 형식으로 좌우대칭의 구조를 이루고 있다.
④		고려 시대	야외에서 영산재를 올릴 때 사용하는 대형괘불탱(掛佛幀)이다. 조화로운 몸의 비례, 대비된 색감, 갸름한 얼굴, 신광(身光)은 고려 불화의 특징을 잘 나타낸다.
⑤		조선 시대	인왕산을 그린 강희언의 진경산수화이다. 전체적으로 정선의 화풍을 추종하면서도, 짙은 음영의 바위 묘사에서 작가의 독특함이 보이는 작품이다.

| 정답 | ⑤

조선 시대 문인화의 철학적 배경을 설명하고, 아래 작품에 나타난 소재의 상징적 의미, 표현 방법, 미적 가치를 기술하시오.
[20점]

11학년도-2차-논술02

| 해설 |

조선 시대 문인화의 철학적 배경

동양예술의 특징을 가장 잘 드러내고 있는 문인화에는 **유, 불, 도가 사상이 예술정신에 바탕**을 이루고 있다. 특히 문인화는 문인사대부가 현학의 자연관이나 실천적인 삶을 통해 이루어낸 회화적 미학 이념으로 시작된 것이다. 특히 중국 남북조 시대에 종병의 화론에서 교양 문화의 삶을 실천하며 문학화가 곧 문인화의 시작이라는 가치 이념을 발견할 수 있으며, 종병의 화론서 『화산수서』에 사유와 철학이 잘 드러난다. 여기에는 **노장사상에 바탕을 둔 은일정신과 문학화의 자연주의가 결합**한 것이다. 이러한 사상적 기반을 시작으로 문인화의 사상적 배경이 형성 된 것이다.

유가 사상은 공자의 논어에서 '**회사후소' 정신**을 통해 엿 볼 수 있는데 이는 '예술 작품은 결국 인간의 내면적 정신세계가 밖으로 표현된 것'으로 보고 예술가로서 **기교나 기능을 습득하기에 앞서 내면적인 도덕적 충실성과 인격을 우선적으로 갖추어야 한다**는 사상을 내포하는 것이다. (본질 추구)

도가 사상은 무위자연설을 주창하여 인간의 본성을 파괴시키고 질곡에 빠뜨리는 인위적이고 획일적인 사상을 거부한다. 따라서 예술가는 먼저 사물을 통해서 도를 깨닫고 도를 깨달음으로써 **천인합일의 경지**, 즉 자유의 경지에 도달할 수 있다고 보았으며, 이러한 천인합일의 경지를 화폭에 표현한 것이 바로 문인화라는 것이다. 특히 문인화에서 볼 수 있는 **여백의 미는 도가의 허실론**과 관련된 것으로 간일함을 통해 대자연의 풍부함과 다채로움을 표현하고 있는 것이다.

불가 사상에서는 **선 사상**과 **중도 사상**이 문인화에 배경을 이룬다. 문인화는 역사적으로 볼 때 은일함을 그 정신적 기조로 삼고 있다. 또한 '**돈오'의 선 사상**은 일필휘지의 묵희를 특징으로 하는 문인화에 그 정신적 기조가 되었다.

즉, 문인화에 담긴 **지식인들의 함축적이며 암시적인 표현방법**과 선가적 수행방법상에서 그 유사성을 발견할 수 있는 것이다

한편, 조선시대 새로운 문화지형의 중심사상은 유학을 바탕으로 한 **성리학**이다. 그 중에서도 주자가 집대성한 정주학이 그 중심에 있다.

이어서 조희룡이 활동했던 조선 말기에는 이전 시대와는 다르게 중국을 추종하는 **모화사상**과 함께 **고증학**과 **금석학**적 사고가 크게 유행을 했으며 중국식 불교 사상이 강하게 영향을 미쳤다. 특히 김정희는 중국의 대학자 옹방강이 추구해온 불교 선학사상과 소동파 미학에 밀착했고, 신위는 수묵주종 묵죽화를 통해 조희룡 등의 김정희 제자들에게 많은 영향을 주었다.

조희룡 매화서옥도의 소재, 상징적 의미, 표현 방법

이 작품은 매화가 한 겨울의 함박눈송이처럼 만발한 계절에 절벽 같은 산을 배경으로 비스듬히 하고 놓은 서옥에서 책상 앞에 앉아 있는 선비를 묘사한 작품이다.

작품에 나타난 소재는 매화이다. 매화는 이른 봄의 추위를 무릅쓰고 제일먼저 꽃을 피는 것으로, 꺾일지언정 굴하지 않는 선비의 정신과 함께 청초한 아름다움을 담은 **선비정신**을 상징한다.

이와 같은 매화가 만발하게 핀 집, 즉 매화서옥이 그림의 주제이다. 매화 서옥은 조선 말기에 **우국충정**을 담은 것으로, **어려운 시대 맥락 속에서도 충정을 잃지 않으려는 조선 선비 정신**의 의미를 담고 있다.

표현 방법은 **문인적 주제**를 선정하여 **수직성과 사선구도가 조화**를 이루게 한 화면의 **경영위치**와 **빽빽하고 꽉 찬 구성이 특징**이다. 또한 화면 우측 절벽에 **추사체로 씌여진 제발**은 '시정화의, 화중유시'를 통한 흉중구학 정신을 표현하였으며, **서예적 필법, 대담하고 능숙한 묵법**, **먹색과 어울리게 가한 능란한 담채의 설채법** 등이 조화롭게 구사되었다. 조선 말기의 **김정희에게 영향을 받았음에도 불구하고 김정희가 사용한 갈필은 피하고,** 부드러운 **선염과 발묵**을 활용하였다.

조희룡 작품의 미적 가치

조희룡의 매화서옥도는 **문인들의 고결한 이상을 표현**한 상징물에서 나아가 혼신을 다한 개성적이고 독창적인 작품이다. **서예적인 필치로 산과 나무와 매화를 나부끼는 듯하게 자유롭게 그려서 사물의 형태에 연연해하지 않은 작가의 의중**을 발견할 수 있다. 전체적으로 보면 조희룡은 그 자신만의 화풍을 이 작품에 뚜렷하게 구현하였으며, 이전의 회화 전통에서는 볼 수 없는 독특한 구성과 필법을 통해 독창적인 조형을 보여주고 있다.

결론적으로 이 작품은 작가 조희룡 스스로가 추구하는 삶의 지향점을 보여 주는 동시에 **능숙한 필치로 형사를 초월한 사의적인 작품**으로서, 심의적인 표현을 활달하게 구사한 조선 말기의 대표적인 문인화로서 그 가치가 있다. 〈끝〉

23 2012학년도_12

혜허(慧虛)의 불화(佛畫)이다. 이 작품에 관련된 설명으로 옳은 것을 〈보기〉에서 고른 것은? [2.5점]

[별첨 컬러 도판 참고]

―| 보 기 |―

ㄱ. 이 작품은 〈양류관음상(楊柳觀音像)〉 또는 〈수월관음상(水月觀音像)〉이라고도 한다.
ㄴ. 화면 하단의 산호초, 꽃, 맑은 물결은 아름다운 현세(現世)를 상징한다.
ㄷ. 채색 기법인 복채법(伏彩法)은 안료의 박락(剝落)을 방지하는 역할을 한다.
ㄹ. 개인의 호신(護身)보다는 호국(護國)을 지향하는 고려 후기 사회의 성격이 나타나 있다.
ㅁ. 불화 제작에 참여한 불화사(佛畫師)들은 궁중을 중심으로 활동한 우수한 화사(畫師)들이었다.

① ㄱ, ㄷ, ㅁ
② ㄱ, ㄹ, ㅁ
③ ㄴ, ㄷ, ㄹ
④ ㄴ, ㄹ, ㅁ
⑤ ㄷ, ㄹ, ㅁ

|정답| ①

24 2012학년도_15

1910년대에 제작된 한국 근대 미술 작품이다. 이 작품에 관한 설명으로 옳은 것은?

[별첨 컬러 도판 참고]

① 한국 최초의 누드화이며, 작가는 창작에 전념하여 서양화가의 효시가 되었다.
② 뒷모습을 보여주는 누드는 일본의 전통적인 주제로서 동경 유학생들을 통해 한국에 도입되었다.
③ 조선미술전람회에서 입상하였지만 누드라는 이유로 한국의 언론(신문)에 작품 사진이 게재되지 못하였다.
④ 인물은 실내에서, 배경은 실외에서 그린듯한 어색함은 당시 인상주의를 절충적으로 수용한 일본 외광파의 영향이다.
⑤ 이 작품 이후 누드 소재와 빛의 효과를 표현하는 화풍은 한국 서양화단의 중심적인 소재와 양식으로 정착되었다.

|정답| ④

25 2012학년도_17

다음 작품과 동시대에 제작된 작품을 〈보기〉에서 고른 것은?

―| 보기 |―

① ㄱ, ㄴ   ② ㄱ, ㄹ   ③ ㄴ, ㄷ
④ ㄴ, ㄹ   ⑤ ㄷ, ㄹ

12-17

| 정답 | ②

26 2012학년도_32

근·현대 한국화 작가에 대한 설명이다. (가)~(라)에 들어갈 작가와 〈보기〉의 작품을 바르게 연결한 것은? [2.5점]

근·현대 한국화 작가들은 현대화 과정에서 다양한 시도를 하였다. (가) 은(는) 묵림회 회원으로 1970년대부터 여백을 강조하는 글씨 방식의 수묵 조형으로 독자적인 현대성을 추구하였다. (나) 은(는) 백양회 창립 회원으로서 분석적인 방법으로 구상과 추상의 다양한 작업을 하였으며, 그의 실험적 모색은 한국화의 표현 영역을 확장하였다. 또한 (다) 은(는) 남종화 계열이 다루었던 소재의 범주를 벗어나지 않았으나, 대담한 생략과 분방한 묵법으로 새로운 실험을 시도하였다. 이와 유사한 실험적 정신을 지닌 (라) 은(는) 1970년대 중반 이후부터 춤을 소재로한 추상적 묵법 시리즈를 발표했다.

|보기|

	(가)	(나)	(다)	(라)
①	ㄱ	ㄷ	ㄹ	ㄴ
②	ㄴ	ㄱ	ㄷ	ㄹ
③	ㄷ	ㄱ	ㄹ	ㄴ
④	ㄹ	ㄴ	ㄷ	ㄱ
⑤	ㄹ	ㄷ	ㄱ	ㄴ

12-32
|정답| ⑤

27 2012학년도_34

(가), (나)에 대한 설명으로 옳은 것만을 〈보기〉에서 있는 대로 고른 것은

(가) 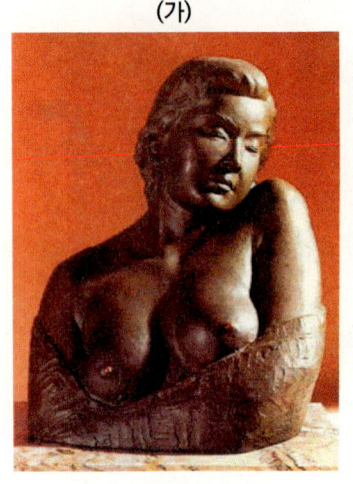   (나)

|보기|

	(가)	(나)
ㄱ	김경승의 〈춘몽〉이다. 여인의 형상을 사실적으로 표현하였으며, 작가는 근·현대 1세대 조각가로 사실주의 조각을 정립하는데 역할을 하였다.	김종영의 〈새〉이다. 새의 형상을 추상화한 작품이며, 작가는 한국에서 처음으로 추상조각을 시도하였다.
ㄴ	제작과정에서 점토를 사용하여 소조 기법을 적용하였으며, 점토는 가소성이 강해 소조 작품에 많이 사용된다.	제작 과정에서 양붙임 기법을 적용하였으며, 목조는 내구성과 보존성이 좋아 석조와 함께 가장 많이 사용된다.
ㄷ	이와 같은 소조 작품은 석고나 주물 성형의 대체 과정을 거쳐야 하는 한계가 있고 한 작품만 남는 특성이 있다.	이와 같은 목조 작품의 재료는 건조가 잘된 목재가 좋으며, 습기와 직사 광선에 변질될 수 있어 보존에 유의하여야 한다.
ㄹ	인물 구상 작품의 제작에서는 해부학적 구조, 인물의 동세와 양감 등을 고려하여 인체가 지닌 생명감을 느끼게 하는 것이 중요하다.	순수 추상 작품에서는 대상이 가진 특징보다 조형미를 살려 제작하며, 특히 이 작품은 재료가 지닌 질감을 살려 절제된 조형미를 보여주고 있다.

① ㄱ, ㄹ   ② ㄴ, ㄷ   ③ ㄷ, ㄹ
④ ㄱ, ㄴ, ㄷ   ⑤ ㄴ, ㄷ, ㄹ

12-34
|정답| ①

28 2012학년도_38

(가)~(다)에 대한 설명으로 옳은 것만을 〈보기〉에서 있는 대로 고른 것은? [2.5점]

(가)

(나)　　　　　(다)

―| 보기 |―

ㄱ. (가)~(다)는 석가모니의 진신사리(眞身舍利)나 법신사리(法身舍利)를 봉안한 탑(무덤)이며, 불상과 함께 예배의 대상이 되었다.

ㄴ. (가)는 인도에서 가장 오래된 불탑으로 기원전 3세기경 아쇼카 왕 때에 조성되었으며, 네 개의 탑문에는 불교의 내용이 조각되어 있다.

ㄷ. (나)는 기단(基壇)부, 탑신(塔身)부, 상륜(上輪)부로 구성되었으며, 기단 하부에는 비천상이 기단 상부에는 팔부신중(八部神衆)이, 탑신에는 사방불(四方佛)이 조각되어 있다.

ㄹ. (나)는 목탑에서 석탑으로 발전된 백제탑 유형으로 통일 신라 시대의 작품이며, (다)의 팔각 유형은 고려 시대에 시작되어 조선 시대로 계승되었다.

① ㄱ, ㄷ　　② ㄴ, ㄷ　　③ ㄷ, ㄹ
④ ㄱ, ㄴ, ㄹ　　⑤ ㄴ, ㄷ, ㄹ

12-38

| 정답 | ②

다음은 고구려 고분 벽화의 부분도이다. (가)~(다)가 그려져 있는 고분의 이름, 시기, 벽화 내용, 묘실의 평면구조에 대하여 각각 서술하고, 세 작품에 나타난 내세관의 변화를 설명하시오. [20점]

(가)

(나)

(다)

|해설|

(가)는 안악 3호분이다. 황해도에 있으며, 고구려 초기 357년에 조성된 것이다.
- 벽화 내용으로는 전실과 측실의 벽면 및 후실 외벽의 판석에는 채색벽화가 그려져 있다.
  - **서측실에는 주인공 부부, 동측실에는 외양간, 부엌** 등이 그려져 있다.
  - **후실의 동쪽 회랑 벽**에는 전체 길이 10.5m 에 달하는 긴 화면에 250여 명이 등장하는 **대규모의 행렬도**가 그려져 있다.
  - 주인공과 부인의 초상화는 각각 정면관이나 측면관으로 표현되어 있으나 좌우의 시종들과 함께 삼각구도를 이루고 있다. 주인공과 부인은 크게 그렸고, 시종들은 작게 그려져 있어 마치 **불상의 삼존불 형식을 연상**시킨다. 즉 인물의 계급과 비중에 따라 크기가 달리 표현되었으며 삼각구도를 이루고 있다.
  - 무덤의 주인공은 왕만이 쓸 수 있었던 백라관을 쓰고 있고, 옆에 왕을 상징하는 정절이 서 있으며 행렬도 중에 '성상번'이라 씌어진 깃발이 보인다.
- 묘실의 평면구조는 **다실묘**이다.
  - 남향에 석회질 대판석으로 구축된 'T' 자형 석실로서 앞에 연실과 연도가 달려 있고 전실 좌우에는 두 개의 측실이 있다. 관이 놓인 후실은 돌기둥들에 의해 전실과 구분되었다.
  - **천장은 모두 말각조정, 즉 귀죽임천장**이며, 구조는 여러 면에서 3세기경의 중국 산동성 기남석묘와 통한다.

(나)는 장천 1호분이다. 시기는 고구려 5세기 말~6세기에 조성된 중기 벽화이다.
- 고구려 고분벽화가 풍속도에서 장식문양도로 변화하는 과정을 보여주는 예이다.
- 벽화 내용은 크게 **풍속 장면과 불교적인 장면**의 두 가지 내용이 중심을 이루고 있다.
  - 앞방과 이음길의 벽화는 벽면과 천장고임에 덧입혀진 백회 위에 그렸으며, **널방 벽화는 석면 위에 직접 그렸다**. 벽화 가운데 백회가 떨어져 나가거나 습기로 말미암아 지워진 부분이 많다.
  - 벽화 내용으로는 우선, 앞방 좌측 벽면에 씨름, 사냥, 나들이, 목마놀이 등 묘주인과 관련된 **각종 생활상이 묘사**되어 있다.
  - 이들 장면의 배경으로 연꽃봉오리가 흩뿌려져 있어서 단순히 현실의 생활 묘사에서 그친 것이 아니라 **불교적으로 승화된 장면을 묘사한 것**이다.
  - 천장에는 연화좌 위에 모셔진 네 구의 보살들이 널방의 입구 쪽 불상을 향해 그려져 있다. 널방의 입구에는 대좌 위에 앉아 있는 불상과 예불을 드리는 묘주인 부부의 상이 그려져 있다.
- 묘실의 평면구조는 전실과 현실로 이루어진 **'여(呂)'자형 2실묘**이다.
  - 앞방 천장 구조는 3단의 평행고임과 3단의 삼각고임을 번갈아 얹은 **변형평행삼각고임**이며, 널방의 천장 구조는 5단의 평행고임이다.

(다)는 강서대묘이다. 고구려 후기에 조성된 것이다. **벽화는 대체로 철선묘법**으로 그려졌다.
- 후기 벽화는 전체적으로 그 묘사 기법이 극히 화려하고 뛰어나다.
- **벽화 내용은 4신도**이다. 도교의 사신도이다.
  - 판석으로 된 벽면에 직접 **4신**을 그렸는데 북벽의 현무가 특히 주목을 끈다. 거북이를 감싼 뱀의 유연하고 뒤틀린 타원형의 곡선진 몸매, 거북이와 뱀 사이의 팽팽한 긴장감, 그들이 자아내는 경쾌한 동감 등이 거침없는 숙달된 솜씨로 묘사되었다.
  - 이 밖에도 이 고분의 층급 받침에는 비선들과 산들의 모습이 그려져 있다. 또한, 벽화의 문양에서도 후기가 되면 전기의 괴운문이 과도기인 중기를 거쳐서 소멸하고 인동당초문이 등장 유행하게 된다.
- 묘실의 평면구조는 **단실묘**이다.
  - 전실이 없는 남향의 '구(口)'형 단실묘이다. 즉 널방 남벽의 중앙에 딸린 널길과 정사각형 평면인 널방으로 구성된 한 칸 무덤이다. 널방의 네 벽과 천장은 잘 다듬어진 큰 화강암 판석 한 장씩으로 축조하였다.
  - 천장은 **말각조정 방식**으로 구축되어 있다.

▌내세관의 변화 설명

(가)는 **계세적 내세관**이다. 고구려 초기 고분은 무덤의 내부를 마치 생전의 저택처럼 꾸며 놓았다. 생활 풍속도에는 무덤 주인공의 생전 생활 중 기념할 만한 장면과 풍요로운 생활상을 그려, 내세에도 이와 같은 삶이 재현되기를 바라는 내세적이고 계세적인 사상이 담겨져 있다. 즉, 현세와 내세의 일치를 바라는 전통적인 내세관이 반영된 것이다.

(나)는 **불교적 내세관**이다. 중기 벽화에는 생활 풍속도나 사신도를 함께 표현하거나 연꽃무늬를 비롯한 장식무늬를 많이 그렸다. 벽화에 사신도와 연꽃무늬가 등장한 까닭은 당시 고구려 사회에서 풍수지리설 및 불교의 유행과 관련이 깊은 이유에서이다. 무덤 방 안에 그려진 연꽃무늬는 죽은 이의 정토왕생을 희구하는 표현이다. 이것은 전통적인 내세관을 대신하여 정토에서의 새로운 삶을 꿈꾸는 불교적 내세관이 크게 유행하였음을 알 수 있다.

(다)는 **도교적 내세관**이다. 후기 벽화에는 주제도 중기에 유행하던 풍속도가 후퇴하고, 전기에 주벽에 자그맣게 나왔다가 중기에는 천장 부분으로 올라갔던 사신도가 네 벽을 차지하게 된다. 이들은 우주를 상징하는 것으로, 도교에서 연유한다. 전반적으로 불교적 요소가 감퇴하고 도교적 영향이 커진 것이다. 〈끝〉

30. 2013학년도_19

(가)~(라)의 작품에 대한 설명으로 옳지 않은 것은? [2.5점]

(가)   (나)

(다)

(라)

① (가)는 구멍 난 장갑, 속고 속이는 사람들의 표정과 동작 등 통속적인 주제가 사실적으로 묘사되어 있다. 카드 놀이는 이 작가의 참신한 주제로, 이후 드 라 투르(G. de La Tour) 등에게 영향을 주었다.
② (나)는 돋보기를 쓴 인물을 포함해 등장 인물들의 동작과 표정이 실감나게 묘사되어 있다. 이 작품에 나타나는 선과 공간 표현은 이후 조영석(趙榮祏) 등에게 영향을 주었다.
③ (다)는 해골, 깃털, 불 꺼진 초, 유리잔, 시계, 낡은 책들을 통해 허영과 허무를 상징하고 있다. 이런 주제의 그림은 절제와 검소, 근면의 미덕을 일깨우게 한다.
④ (라)는 명암법, 원근법 등의 서양화법을 통해 선비들의 애장물을 다루고 있다. 책가도는 대체로 화공들에게 주문, 생산되었다.
⑤ (다)는 칼뱅주의가 지배적이었던 네덜란드의 17세기 경제적 부흥과 깊은 관련이 있고, (라)는 18세기 후반 조선의 경제적 부흥과 함께 양반층의 확대, 청과의 교류로 인한 외래 문물의 관심 증대가 반영되어 있다.

| 정답 | ②

31. 2013학년도_20

다음은 우리나라 동경(銅鏡)의 역사를 설명한 것이다. 이에 근거하여 동경의 제작 시기를 시대 순으로 옳게 나열한 것을 <보기>에서 고른 것은? [별첨 컬러 도판 참고]

우리나라의 동경은 정교한 기하학적 문양이 특징인 다뉴세문경이 청동기 시대에 제작된 이래 다양한 모습으로 변모해왔다. 백제 무령왕릉에서 출토된 거울에는 중앙의 둥근 꼭지 둘레로 사각형의 구획이 있으며, 그 밖으로 짐승 네 마리와 사람의 형상이 덧붙여졌다. 삼국 시대 후반과 통일 신라 시대에는 넝쿨무늬나 짐승들을 옻칠이나 나전을 이용해 장식하는 평탈경(平脫鏡)과 나전경(螺鈿鏡) 등 화려한 거울이 제작되었다. 고려 시대에는 거울의 형식이 다양해져서 원형을 기본으로 방형, 팔각형, 종형 등이 등장했다.

―| 보 기 |―
ㄱ   ㄴ   ㄷ

① ㄱ- ㄴ- ㄷ
② ㄱ- ㄷ- ㄴ
③ ㄴ- ㄱ- ㄷ
④ ㄷ- ㄱ- ㄴ
⑤ ㄷ- ㄴ- ㄱ

| 정답 | ⑤

32. 2013학년도_21

(가)~(라)는 18세기 조선 시대의 그림이다. 이에 대한 설명으로 옳은 것을 <보기>에서 고른 것은? [2.5점]

[별첨 컬러 도판 참고]

(가)   (나)
(다)   (라)

| 보기 |

ㄱ. (가)는 정선의 <인왕제색도(仁王霽色圖)>로 비온 뒤 연운이 깃든 인왕산의 모습을 그린 것이며, 바위의 단단한 질감을 농묵의 강한 효과로 표현하였다.
ㄴ. (다)는 윤두서의 <채애도(採艾圖)>이다. 신윤복의 풍속화에서 보이는 유한(有閑) 계층 여인들의 모습과는 다른 서민 계층 여인들의 모습을 표현하였다.
ㄷ. (가)와 (나)는 실경의 사생을 통해 이해한 것을 북종화법으로 그린 것이다.
ㄹ. (다)와 (라)는 서민 계층의 일상 모습을 부각시킨 작품으로, 풍속화의 발달은 조선 후기 회화의 특징 중 하나이다.

① ㄱ, ㄷ
② ㄱ, ㄹ
③ ㄴ, ㄷ
④ ㄴ, ㄹ
⑤ ㄷ, ㄹ

| 정답 | ④

33. 2013학년도_27

(가)~(라)의 표현 양식에 대한 설명으로 옳은 것을 <보기>에서 고른 것은?

(가)   (나)

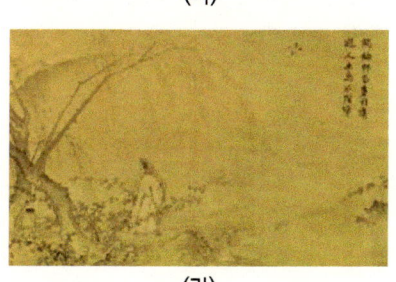

(다)

(라)

| 보기 |

ㄱ. (가)와 같은 양식의 그림들은 주로 화면을 가로로 삼등분하여 근경, 중경, 원경으로 나누어 배치함으로써 원근을 관념적으로 표현하였다.
ㄴ. (나)는 삼원법을 사용하여 산이 주는 특성을 입체적으로 느낄 수 있도록 하였다.
ㄷ. (다)와 같은 양식의 그림들은 화가가 경험한 내용을 관객이 시간적 추이에 따라 느낄 수 있도록 하는 이동 시점을 채택하여 가로로 길게 구성하였다.
ㄹ. (라)는 이성(李成)에 의해 처음 시작된 비대칭의 일각구도 (一角構圖)로 구성되었다.
ㅁ. (가)와 (다)는 남송 시대, (나)와 (라)는 북송 시대 원체 화풍의 대표적 작품이다.

① ㄱ, ㄴ, ㄷ   ② ㄱ, ㄷ, ㄹ   ③ ㄱ, ㄹ, ㅁ
④ ㄴ, ㄷ, ㅁ   ⑤ ㄴ, ㄹ, ㅁ

| 정답 | ①

34 2014학년도_A기입형_04

다음은 우리나라 9세기 중반에 성행하였던 불상과 관련된 설명이다. 이 불상의 명칭을 쓰시오. [2점]

- 온 우주에 가득한 진리의 본체를 나타낸다.
- 통일신라 말기에 당나라에서 화엄을 수학하고 돌아온 선종 승려들이 선종 사찰의 본존으로 모시면서 불교 조각의 주류가 되었다.
- 지방 호족의 후원을 받아 지방에서 많이 제작되었다.
- 중앙 귀족 내부의 분열과 지방 세력의 신장이라는 대립 구도 속에서 '통일과 화합'을 바라는 민중 신앙의 대상이었다.
- 대표적으로 대구의 동화사와 장흥의 보림사 불상이 있다.

35 2014학년도_A기입형_15

(가)의 〈경천사 십층석탑〉은 고려 시대의 목조 건축 양식을 반영하고 있다. (가)와 그에 대한 설명 (나)를 참조하여 (다)의 공포(栱包) 형식을 쓰시오. [2점]

―― (나) ――
이것은 공포를 기둥 위에만 설치하는 것이 아니라, 기둥과 기둥 사이에도 설치하는 형식이다. 이는 상부의 하중을 분산시키는 구조적 기능과 화려하게 보이는 미적 효과를 지닌다.

(가) 〈경천사 십층석탑〉   (다) 〈경천사 십층석탑〉의 부분

14-A4

|정답| 비로자나

|인|정|답|
노자나불·자나불, 광명불, 적광불

14-A15

|정답| 다포

36 2015학년도_서술형_B2

다음 괄호 안의 ㉠, ㉡에 들어갈 용어를 순서대로 쓰고, 고려 불화가 갖는 조형적 특성을 3가지만 서술하시오. [5점]

> 탱화(幀畵)는 붙박이 벽화가 아니라 (㉠) 형식의 그림으로, 실내 봉안용과 야외 법회용의 2가지가 있다. 야외 법회 때 사용하는 탱화를 (㉡)(이)라고 한다.

15-B2

|모|범|답|안|

㉠ 두루마리   ㉡ 괘불

고려 불화의 조형적 특징은 첫째, 높이 120cm, 너비 80cm 내외의 **아담한 소폭**으로 일반 사찰에는 어울리지 않게 작은 크기이다.

둘째, 도상은 매우 제한적이었으며 **수월관음도, 아미타여래도, 지장보살도** 등이 압도적으로 많았다.
구도의 측면에서는 도상 자체가 대단히 권위적이며 군상의 경우 **상하 2단으로 엄격하게 나누고 위계를 명확히 했다.**

셋째, 문양은 국화, 모란, 새털구름, 봉황 무늬 등과 동그라미 안에서 재구성한 **S자형 원권무늬나 넝쿨무늬** 등과 **귀갑문, 연화문** 등이며 기법은 **섬세하고 화려한 필치, 배채법** 등이 특징이다.

37 2016학년도_B1

다음은 고려 말기의 불상이다. 이 불상에 관하여 〈작성 방법〉에 따라 서술하시오. [4점] [별첨 컬러 도판 참고]

| 작성 방법 |
- 이 불상에 영향을 준 중국 불상 양식의 명칭을 쓸 것.
- 이 불상이 취하고 있는 자세의 명칭을 쓸 것.
- 이 불상의 신체 표현의 특징과 장식의 특징을 각각 서술할 것.

16-B1 [한국 미술사] –고려 불상

|모|범|답|안|

중국 불상 양식은 **라마 양식**이다.
불상이 취하고 있는 자세는 **윤왕좌**이다.

불상의 신체 표현 특징은 역삼각형의 얼굴과 가늘고 긴 상체이며, 원형의 커다란 귀걸이, 화려한 영락으로 뒤덮인 신체, 윤왕좌의 특이한 자세를 유기적인 신체 비례 등이 보인다.

장식적 특징은 가슴에 U자꼴로 늘어진 영락 장식이 허리 부분의 커다란 꽃잎 장식판으로 모아졌다가 다시 갈라지는 것은 라마 양식에서 영향받은 장식이며, **끝이 뾰족한 삼각형의 높은 보관은 한국적 라마 양식의 전개**에서 보이는 것이다.

38 2016학년도_B4

(가)와 (나)의 제작 방법의 명칭을 순서대로 쓰고, 두 작품에서 공통적으로 볼 수 있는 한국 근대 조각의 특징을 2가지 서술하시오. [4점]

[별첨 컬러 도판 참고]

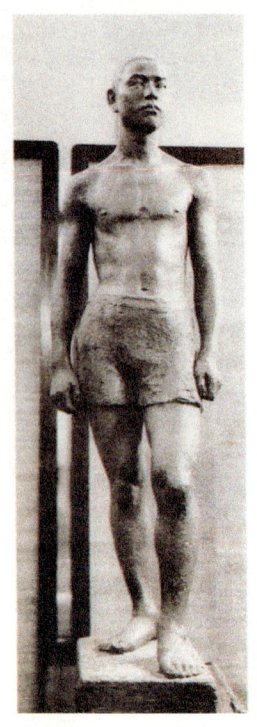
(가) 김복진, 〈소년〉, 석고, 1940

(나) 윤효중, 〈물동이를 인 여인〉, 나무, 1940

16-B4 [한국 미술사] - 근대 조각- 김복진, 윤효중

|모|범|답|안|

(가)는 석고 소조이고, (나)는 목조 조각이다.
한국 근대 조각의 특징은 첫째, 고졸한 추상성에서 **객관적 사실주의**로 전이되었다.
둘째, 인체 모델링을 충실하게 따라서 작업을 하여 모델에 대한 세심한 관찰 아래 제작되었다.
셋째, 서구인의 이국정서를 모방한 일본인의 식민지 이국취향과 결부하여 대두된 **토속적 향토색**이 반영된 제작이 있었다.
넷째, 일본 근대 조각과의 연계 속에서 전개된 새로운 조각 양식이 전개 되었으며, 인물의 흉상과 인체 표현이 유행하였다.

39 2016학년도_B5

(가)~(다)에서 공통적으로 볼 수 있는 통일신라 석탑의 전형 양식을 쓰시오. 또한 기단과 탑신의 비례에 따른 (가)~(다)의 시각적 효과를 각각 서술하시오. [4점]

[별첨 컬러 도판 참고]

(가) 7세기 후기

(나) 8세기 중기

(다) 9세기 초기

16-B5 [한국 미술사] – 통일신라 석탑 양식

|모|범|답|안|

통일신라 석탑의 전형 양식은 **2중 기단의 3층 석탑**이다. 탑신은 **몸돌과 지붕돌이 각각 하나의 돌로 구성**되어있다.

(가)는 통일신라 초기의 양식으로 **시각적 안정감 확보**를 위해 탑신에 해당하는 탑의 높이에 비해 기단의 넓이, 즉 지표의 점유 면적을 넓게 축조했다. 이로 인해 기단과 탑신의 비례는 안정적인 삼각형 형태의 **시각적 효과**를 보인다.

(나)는 2층 기단의 3층 탑신으로 전형 양식에 해당한다. 탑신은 몸돌과 지붕돌이 각각 하나의 돌로 조성되어 있다. 초기 양식에 비해 기단의 넓이를 줄이고 탑신의 높이를 올리면서 **시각적인 안정감과 상승감**을 동시에 추구하였다. 지표면의 가로 길이보다 **높이의 세로 비례를 강조**하였다.

(다)는 9세기 이후에 나타나는 양식적 변화로서 기단이 좁고 탑신이 가늘고 높게 조성되어 **시각적으로 긴 세장형**으로 변화하였다. 이는 안정감보다는 **상승감을 추구**한 것이다.

40 2016학년도_B7

최 교사는 다음 두 작품을 활용하여 비교 감상 수업을 한 후, 비교 분석한 내용에 기초하여 학생들과 함께 '작품 카드'를 제작하였다. (가) 작품 카드의 작품 설명 을 참고하여, (나) 작품 카드에 들어갈 내용을 〈작성 방법〉에 따라 서술하시오. [5점]

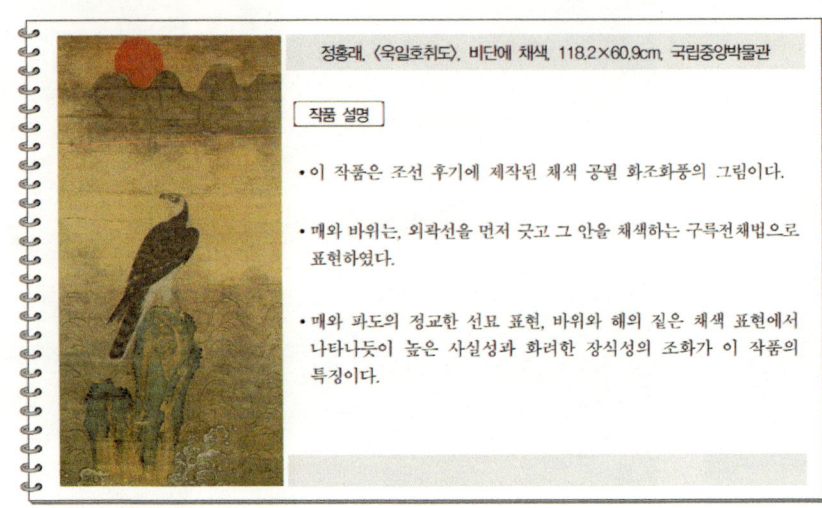

(가) 〈욱일호취도(旭日豪鷲圖)〉 작품 카드

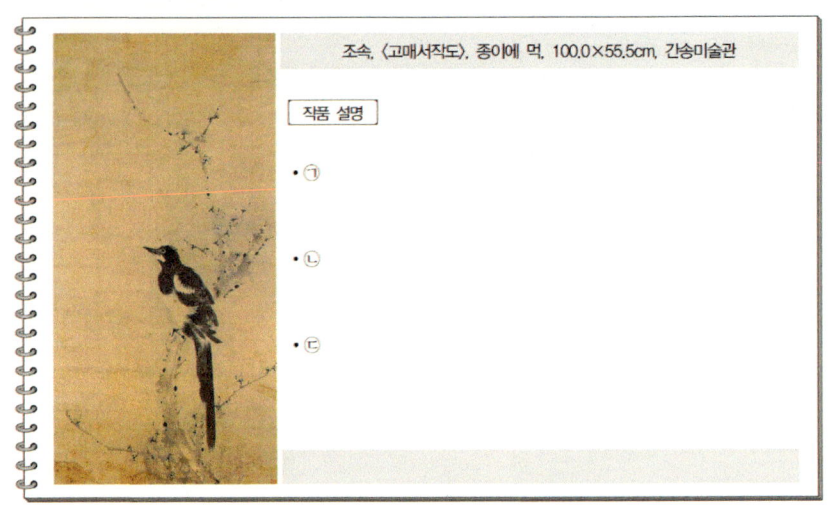

(나) 〈고매서작도(古梅瑞鵲圖)〉 작품 카드

──── 작 성 방 법 ────

- ㉠은 시대와 화풍을 서술할 것.
- ㉡은 작품에 나타난 소재를 지시하여 표현 기법을 서술할 것.
- ㉢은 화풍과 표현 기법에 따른 작품의 특징을 서술할 것.

16-B7 [한국 미술사] - 조선 중기 영모화

|모|범|답|안|
㉠ 조선 중기 **수묵사의 화조화풍**의 그림이다.
㉡ 까치는 **형태의 윤곽선을 그리지 않고** 수묵의 농담만으로 직접 대상을 그린 **몰골 선염법**으로 표현하였다.
㉢ 조선 중기 문인화풍의 수묵 영모화로서 **화면 중앙에 핵심을 배치**하면서 주변에 **여백**을 함께 활용했다.
　먹선과 자연스런 농담의 변화와 필선이 강하게 살아남아 있으며, **생생한 표현, 서정적이고, 기운생동한 구성미**를 보인다.
　이를 통해 조선 중기 사대부 화가들의 독자적 화풍을 볼 수 있다.

41 2017학년도_B4

다음은 백제의 미륵사지 복원 조감도이다. 이를 참고하여 〈작성 방법〉에 따라 서술하시오. [4점]

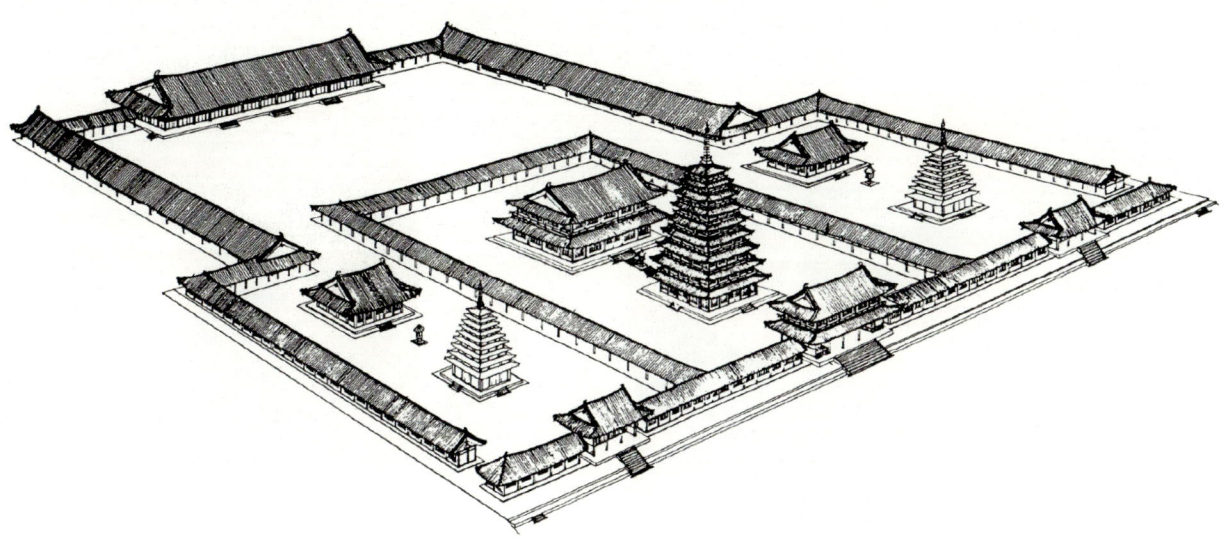

―| 작성 방법 |―

- 삼국시대 고구려와 신라의 가람 배치 형식을 순서대로 서술할 것.
- 백제 미륵사지의 가람 배치 형식과 이와 관련된 불교 신앙을 서술할 것.
- 가람 배치 형식은 탑과 금당의 관계를 중심으로 서술할 것.

17-B4 [한국 미술사] – 삼국시대 – 가람배치

|모|범|답|안|

고구려는 탑을 중심으로 남북에 문과 금당, 동서로 두 개의 금당을 두는 **1탑 3금당식 가람 배치**를 보인다.
신라는 고구려와 같은 1탑 3금당식이지만, 중앙의 금당 좌우에 동금당과 서금당을 두는 **병렬식 배치**를 보인다.
백제 미륵사지는 **1탑 1금당식 가람 세 개를 병렬로 배치**한 구조를 보인다.
이는 **미륵 신앙**의 근본 경전인 미륵하생경에 따른 **용화삼회**를 구현하기 위한 것이다.

42 2017학년도_B6

(가)의 작품과 관련된 일화의 내용과 사상을 서술하고, <조건>을 참고하여 ㉠, ㉡에 들어갈 내용을 순서대로 서술하시오. [5점]

[별첨 컬러 도판 참고]

구분	(가)	(나)
작품		
분류	고사 인물화	풍속화
소재	문학적 내용이나 고사의 일화를 그렸다.	서민들의 일상적인 모습을 그렸다.
화풍 및 화면 구성	㉠	사실적 화풍으로, 배경을 생략하고 인물이 돋보이도록 하였다
인물 표현 방법	인물을 관념적으로 표현하였으며, 굵기의 변화가 큰 의습선으로 간결하게 묘사하였다.	㉡

―| 조 건 |―

㉠은 관련된 화파(畵派)의 구체적인 명칭을 포함하여 서술할 것.

17-B6 [한국 미술사] –조선 중기 / 후기 : 이경윤 / 신윤복

|모|범|답|안|

일화의 내용은 중국 초나라의 굴원이 쓴 "창랑의 물이 맑으면 내 갓끈을 씻을 것이고, 창랑의 물이 흐리면 내 발을 씻으리라."는 시구이며 이는 맹자의 이루편에 기록된 것으로 수신제가를 의미하는 **유교사상**을 담고 있다.

㉠ **절파화풍**으로 **변각구도와 배경과 산수가 돋보이는 소경산수 인물화**로 절파화풍의 면모를 보여준다.
중경을 삽입시킨 복잡한 구성과 **거친 필치를 구사**하여 그림 전체가 다소 거칠다.
몸동작은 정확하게 표현하고, **옷주름은 정두서미묘**로 간결하게 묘사하여 고담한 가운데 정취가 있다.
근경의 바위는 짙은 먹빛으로 **부벽준** 처리한 반면 냇물의 윗부분은 담묵으로 은은하게 분위기만 나타냈다.

㉡ 인물은 사실적으로 표현하였으며, 굵기의 변화가 적은 의습선과 **유엽묘**로 묘사하였다.
섬세한 묘사 방식과 화사한 색채로 표현하였다.

43   2018학년도_A13

다음은 조 교사가 미술 감상 수업을 위해 제작한 사찰 건축 대조표이다. 각각의 항목을 참고하여 괄호 안의 ㉠~㉣에 들어갈 내용을 순서대로 서술하시오. [4점]

항목 \ 종류	(가) 수덕사 대웅전	(나) 금산사 미륵전
건축사적 의의	고려 시대 사찰 건축으로 현재 기록이 알려진 건물 중 가장 오래된 목조 건축이다.	(㉠)
지붕	(㉡) 맞배지붕으로 되어 있다.	우진각 지붕 위에 맞배지붕을 결합한 형태인 팔작지붕으로 되어 있다.
공포	(㉢) 주심포 형식으로 되어 있다.	기둥 위 뿐만 아니라 기둥과 기둥 사이에도 공포를 놓은 다포 형식으로 되어 있다.
크기	정면 3칸, 측면 4칸 크기의 건물로 되어 있다.	3층 중 1층은 (㉣)

18-A13   [한국 미술사] 건축 –고려/조선

|모|범|답|안|

㉠ 의의는 현존하는 유일한 조선 시대 중기의 건축이다. 겉모양이 3층 목조로 된 한국의 유일한 법당으로 내부는 통층(通層)이다.
㉡ 정면과 배면 쪽에만 지붕을 구성한 형태
㉢ 기둥 위에만
㉣ 1·2층은 정면 5칸, 측면 4칸

44 2018학년도_B3

다음은 검은 비단에 그려진 작품이다. 〈작성 방법〉에 따라 서술하시오. [4점]

[별첨 컬러 도판 참고]

---| 작성 방법 |---
- 작품에 사용된 재료 기법을 제시할 것.
- 해당 재료 기법이 고려 시대에는 주로 무엇을 제작하는데 사용되었는지 서술할 것.
- 작품이 영향을 받은 한국의 화풍을 제시하고, 그 화풍에서 변화된 특징을 작품에서 찾아 서술할 것.

18-B3 [한국 미술사] - 조선 초기, 중기 - 이징, 안견파 화풍

|모|범|답|안|

재료는 검은 비단에 **금분과 아교를 사용**하였다. 기법은 **니금기법**과 **사직**(絲織, 비단에 채색)이다.
니금기법이란 금분에 아교를 섞어 바르는 것으로 화려하면서도 품격이 있어 **고려 시대에 주로 불화를 제작할 때 사용**되었다.
이 작품이 영향을 받은 한국 화풍은 **안견파 화풍**이다.

안견 화풍에서 가장 크게 변화된 특징은 첫째, 주산이라고 불릴 수 있는 하나의 크고 **뚜렷한 산이 사라지고** 대신에 뭉게구름처럼 무리를 이룬 **작은 산들이 연이어 서 있는 모습**을 하고 있다는 점이다.

둘째, 근경의 정자와 소나무가 서 있는 언덕이 **화면의 중심축으로 나와 있다**는 점이다.
원래 안견파 화풍은 언덕 모티프가 그림의 하단부 **어느 한쪽 구석에 치우쳐 있다.**
이러한 화풍이 **16세기부터 중심축을 향하여 옮겨가는 경향**을 띠기 시작한 것이다.

셋째, 공간은 확대 지향적이면서도 작은 산이나 언덕, 토파 등으로 채워져 있어 초기의 안견파 산수화에서 볼 수 있던 **확 트인 공간에서 변화된 모습**을 보여준다. 반면에 **거리감이나 오행감이 좀 더 강조**되어 있다.

45 2018학년도_B7

다음은 통일신라 시대의 범종과 비천상이다. 〈작성 방법〉에 따라 서술하시오. [5점]

[별첨 컬러 도판 참고]

(가) 상원사 종, 725년 　　(나) 성덕대왕 신종, 771년 　　(다) 상원사 종의 비천상 　　(라) 성덕대왕 신종의 비천상

―| 작성 방법 |―

- 한국 범종 용뉴(龍鈕)의 형상적 특징을 중국 범종 용뉴와 비교하여 서술할 것.
- (가), (나)의 종신(鐘身)에 새겨진 (다), (라) 비천상의 종류를 각각 서술할 것.
- 고려 시대 범종에서 비천상 대신 새롭게 나타나는 도상을 서술할 것.

18-B7 [한국 미술사] -신라 범종, 고려 범종 비교

|모|범|답|안|

한국 범종 용뉴의 형태는 사지로 땅을 밟고 **머리를 숙여 지면을 물어뜯고 있는 듯한 용 모양**이다.
용뉴의 목 뒷부분에는 우리나라 범종에서만 볼 수 있는 대롱 형태의 커다란 관이 부착되어 있으며 이것을 **용통 또는 음통, 음관**이라고 부른다. 이러한 **용통은 속이 비어있다.**

중국 종은 ∧모양의 뉴뿐이고, 손으로 잡고 흔들거나 때리는 소위 탁에는 ∧모양 뉴 대신 자루 같은 용이 있을 뿐이다.
중국 종의 용은 외형이 우리와 같으나 **내부가 비어있지 않다.**

상원사 종은 한 쌍의 **주악 천인 상이 악기를 연주하며 하늘에서 날아 내리는 모습을 흩날리는 천의와 함께 조각**하였다.
성덕대왕 신종은 당시 통일신라 종과 조금 다르게 몸체에는 **비천상 대신 향로를 받쳐 들고 기도하는 듯한 공양자상이 조각**되어 있다.

고려 시대 범종은 비천상 대신 **불·보살상으로 변화된다. 그 가운데 삼존상이 새롭게 나타난다.**
중앙의 불좌상을 중심으로 좌우에 **합장한 보살상이 구름 위에 올려 있는 연화 좌에 앉아 있는 모습**이다.

46 2019학년도_B6

다음은 고구려 벽화 무덤의 평면도이다. 〈작성 방법〉에 따라 서술하시오. [5점]

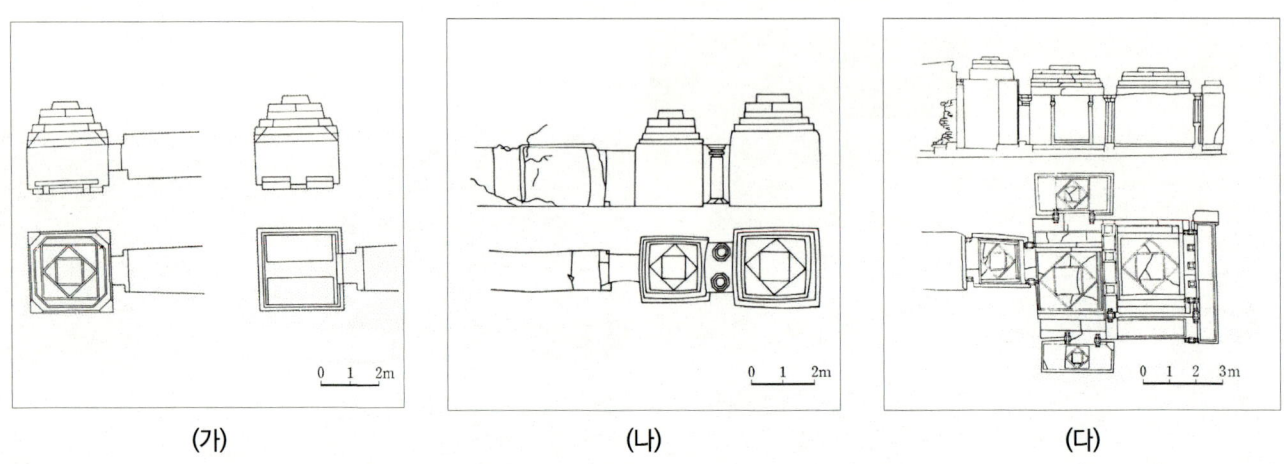

(가)　　　　　　　　　　　(나)　　　　　　　　　　　(다)

―| 작성 방법 |―

- (가), (나), (다)의 석실 구조를 참고하여 먼저 조성된 벽화 무덤부터 순서대로 배열할 것.
- (가), (나), (다)에 공통으로 나타나는 천정 구조의 명칭을 쓰고, 그 축조 방식을 서술할 것.
- (다)의 회랑에 그려진 벽화의 내용을 쓰고, 이에 나타난 내세관을 서술할 것.

19-B6 [고구려 벽화 - 초기, 중기, 후기]

|모|범|답|안|

먼저 조성된 벽화 무덤의 순서는 (다) 안악 3호분, (나) 두 기둥 무덤, (가) 강서대묘이다.
천정 구조의 명칭은 **평행 삼각고임**이다. 축조 방식은 **3단의 평행고임 위에 삼각고임을 얹은** 방식이다.
삼각고임 축조 방식은 **네 벽의 모서리에 부분에 판석을 얹어 가운데 부분이 마름모꼴**을 이루도록 하는 방식이다.
(다) 안악 3호분의 회랑에 그려진 벽화는 **행렬도**이다. 이에 나타난 내세관은 **계세적 내세관**이다.

47 2020학년도_B3

다음은 조선 말기 화가 허련(許鍊)이 쓴 회고록의 내용 일부와 그의 작품이다. 〈작성 방법〉에 따라 서술하시오. [4점]

[별첨 컬러 도판 참고]

어느 날 저녁에 추사공이 미소를 지으며 내게 말씀하셨어요.

… (중략) …

㉠ "우리나라에서 옛 그림을 배우려면 곧 공재로부터 시작할 것이네. 그러나 신운의 경지는 결핍되었네. 정겸재, 심현재가 모두 이름을 떨치고 있지만, 화첩을 전하는 것은 한갓 안목만 혼란하게 할 뿐이니 결코 들치어 보지 않도록하게."

… (중략) …

어느 날 추사 선생께서는 청나라 화가 왕잠(王岑)의 화첩 하나를 내어 주며 말씀하였습니다. ㉡ "이는 원인(元人)의 필법을 방사(倣寫)한 것이네. 이것을 익히고 나면 점차 깨치는 길이 있을 것이네. 한 본 한 본마다 열 번씩 본떠 그려보는 것이 좋을 것이네."

… (중략) …

지금 나의 소치(小癡)라는 호도 바로 추사 선생이 지어주신 것입니다. 옛날 중국에 대치(大癡) ㉢ 황공망(黃公望)이란 이가 있었으므로 거기에 견주어 소치라 한 것이지요

(가) 『소치실록(小癡實錄)』 중 일부

(나) 허련, 〈추경산수도〉

──| 작성 방법 |──

- (가)의 ㉠, ㉡에서 유추할 수 있는 조선 말기 산수화풍의 경향을 각각 서술할 것.
- (나)에서 확인할 수 있는 '㉢황공망' 화풍의 영향을 표현 기법을 중심으로 서술할 것.
- (나)에서 허련 화풍의 독자적인 면을 찾아 표현 기법을 중심으로 서술할 것.

20-B3

|모|범|답|안|

㉠ 진경산수 화풍   ㉡ 원말 사대가 화풍

㉢ 황공망 화풍은 팔필의 소산하고 간담한 경지를 이상으로 표현하였고, 장피마준, 천강법을 구사하였다.
 (구, 준, 염을 가한 후에 붉은 자석계열의 색채를 엷게 바림하는 담채 산수)

(나) 허련 화풍이 독자적인 면은 다소 **거칠고 소박한 느낌**을 자아내는 **갈필법**과 푸르스름한 담청을 쓴 설채법. 먹이 짙고 분방한 가운데 한편으로는 **까슬까슬하면서 메마른 필치** 등이다.

|인|정|답|

㉠ 조선 남종화풍
㉢ 피마준
- 허련 화풍은 여백을 강조하였다.

다음은 '미술 감상과 비평' 수업에서 학생이 작성한 감상 활동지이다. <작성 방법>에 따라 서술하시오. [4점]

[별첨 컬러 도판 참고]

전통 회화 감상 활동지		
작가 소개	조속(趙涑: 1595~1668)	
	조선 시대 중기의 대표적인 사대부 화가이다. 호는 창강(滄江)이다. 그는 인조반정에 참여하여 공훈을 얻었으나, 이를 사양하고 지방 관료로 생활하면서 시·서·화에 매진한 화가였다. 산수, 묵매, 묵죽, 화조화로 이름을 떨쳤으며, 특히 까치를 소재로 한 수묵 화조화가 유명하다. 그의 아들 조지운도 부친의 화풍을 이어 묵매와 수묵 화조화로 이름을 남겼다.	
작 품	 〈금궤도〉	 〈고매서작도〉
나의 작품 감상	국립중앙박물관에 소장된 ㉠ 축화(軸畵)로 장황(裝潢)한 고사인물도이다. 작품을 살펴보면, 화면 중앙에는 금궤가 나무에 걸려 있고 그 밑에 흰 닭이 있으며, 화면 아래쪽에는 하인을 거느린 선비가 금궤를 바라보고 있다. 배경이 되는 산수는 청록산수화풍으로 그렸으며, 인물과 닭은 ㉡ 구륵전채법으로 표현하였다. 작품의 내용은 김알지 탄생 설화의 한 장면이다. 상단에는 인조(仁祖)의 어제(御製)가 있는데, 김알지의 후손이자 신라의 마지막 왕인 경순왕이 고려에 순순히 나라를 넘겨주었다고 쓰여 있다. 아마도 인조가 신라의 멸망을 되새기면서 나라를 잃지 않으려는 바람으로 작품 제작을 지시한 것이 아닐까 한다.	간송미술관에 소장된 그림으로 종이 바탕 위에 그린 수묵 사의화풍의 화조화이다. 작품을 살펴보면, 넓은 여백 위에 아무런 화제가 쓰여 있지 않다. 매화나무 한 그루가 중앙에서 왼쪽으로 향하다가 오른쪽으로 방향을 틀어 위를 향해 그려져 있다. 까치는 나무줄기 가운데에 앉아서 왼쪽을 응시하고 있는데, ㉢ 몰골법으로 표현하였다. 보통 화조화에서 많이 그리는 원앙이나 오리, 기러기는 (㉣)을/를 상징하여 쌍으로 그리는 경우가 많은데, 이 그림에는 까치가 홀로 앉아 먼 곳을 바라보고 있다. 아마도 사군자 중의 하나인 매화나무와 홀로 있는 까치의 모습을 통해 선비의 모습을 비유적으로 표현한 것 같다.

┤ 작성 방법 ├

○ ㉠의 의미를 서술할 것.
○ ㉡과 ㉢의 표현 기법을 각각 서술할 것.
○ ㉣에 들어갈 내용을 쓸 것.

21-B8

|모|범|답|안|
㉠ 축화의 의미는 **세로로 긴** 그림이다.
㉡ **구륵 전채법**은 그리고자 하는 대상의 **윤곽을 필선으로 먼저 정하고, 그 윤곽선 안을 색채**로 매우는 방법이다.
㉢ **몰골법**은 **윤곽선을 긋지 않고 바로 먹이나 채색만을 사용**하여 붓을 눌러 넓게 퍼지도록 하여 사물의 형태를 묘사하는 기법이다.
㉣ 의 상징은 **부부간 금슬**이 좋은 것이다.

|인|정|답|
㉡ 구륵 전채법은 윤곽선을 긋고 그 안에 채색이나 농담으로 형태를 표현하는 것이다.
㉢ 몰골법은 윤곽선을 긋지 않고 농담이나 채색으로 형태를 표현하는 것이다.
㉣ 기러기의 상징은 자유를 추구하는 선비의 기풍

다음 작품과 설명을 참고하여 괄호 안의 ㉠, ㉡에 해당하는 용어를 순서대로 쓰시오. [2점]

(가) 〈추강귀어〉, 1922

(나) 〈초동〉, 1926

이상범은 1922년부터 개최되었던 조선미술전람회에 5년의 간격을 두고 (가)와 (나)를 출품하였다. 이 두 작품에 나타난 주목할 만한 화풍의 변화에서 그가 새로운 '미술'을 위해 얼마나 고민했는지를 엿볼 수 있다. (가)는 스승 안중식과 조석진의 전통적인 관념 산수에 머물고 있다. 그러나 이상범은 1923년에 한국 최초의 동양화 동인회인 (㉠)을/를 결성하여 미술의 새로운 방향을 모색하였다. 이러한 모색이 반영된 (나)는 전통적인 서화에서 'fine art'의 '회화'로 전환된 새로운 동양화로서, 우리 주변에서 일상적으로 볼 수 있는 경치를 그린 (㉡) 산수라고 할 수 있다.

22-A4

| 정답 | ㉠ 동연사　　　　㉡ 사경

50 2022학년도_A8

다음 자료와 설명을 참고하여 〈작성 방법〉에 따라 서술하시오. [4점]

(가) 법주사 팔상전

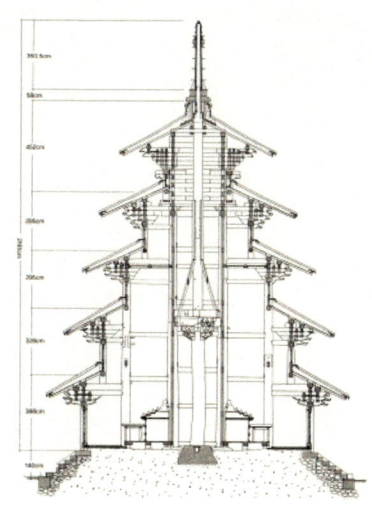

(나) 법주사 팔상전 단면도

(다) 법주사 팔상전 사천주

한국의 목탑은 신라의 황룡사 목탑지, 고려의 만복사 목탑지에서 알 수 있듯이 삼국 시대부터 다수 건립되었지만, 현재는 조선 후기의 법주사 팔상전이 유일하게 남아 있다. (나)를 보면 탑 중앙에 세워진 심주(心柱)가 기단부에서 시작하여 탑신부를 지나 꼭대기인 (㉠)까지 이어진다. 심주를 보호하는 사천주(四天柱)가 탑의 수직력과 수평력을 지탱하면서 4층까지 이어지며, 5층은 여러 개의 나무판으로 우물의 윗부분을 짜 맞춘 듯한 구조로 되어 있다. 이러한 가구법(架構法)은 팔상전의 ㉡ 독특한 내부 구조를 만든다. (다)에서 볼 수 있듯이, 사천주와 연결된 네 벽에는 각각 2폭씩, 모두 8폭의 ㉢ 팔상도가 걸려 있는데, 이 때문에 건축의 명칭이 유래되었다.

─| 작성 방법 |─

- 괄호 안의 ㉠에 해당하는 명칭을 쓸 것.
- 밑줄 친 ㉡의 특징과 용도를 서술할 것.
- 불화 종류의 하나인 밑줄 친 ㉢의 주제를 서술할 것.

22-A8

|모|범|답|안|

㉠ **찰주**

㉡ 팔상전 내부 구조는 3층까지 뚫려 있는 **통층식 구조** 이다.
용도는 첫째, 1층 내부가 상대적으로 넓어서 **사리를 모시고 있는 공간**과 **불상과 팔상도를 모시고 있는 공간**, 그리고 **예배를 위한 공간** 등으로 활용할 수 있다.
둘째, 불사리 봉안처. 예배장소 기능 갖춘 목조 탑전 형식 건축
㉢의 주제는 부처의 탄생에서부터 죽음에 이르는 과정을 총 여덟 장면으로 그린 주제이다.

|인|정|답|

㉠ **상륜부**

|참고| **귀틀식 구조의 용도**
넓은 통층 공간을 만들 수 있는 용도이다.
용도는 5층과 상륜부의 수평력을 지탱해주는 역할이다.

51 2023학년도_A12

다음 도판과 설명을 참고하여 〈작성 방법〉에 따라 서술하시오. [4점]

(가)   (나)

　(가), (나)는 통일신라의 불상 도상과 양식의 변화를 보여 준다. 도상적으로, (가)는 인간의 몸으로 화신하여 나타난 (㉠)(으)로서 항마촉지인을 취하고 있는 석가불이며, 아미타불이나 비로자나불 등으로 해석하기도 한다. (나)는 진리 자체를 의미하는 법신불로서 지권인을 취하고 있는 비로자나불이다. (나)는 보관을 쓰고 화려한 장신구와 천의를 걸친 ㉡중국이나 일본 밀교의 보살형 비로자나불과는 다른 특징의 모습을 하고 있다. 양식적으로, (가)가 왕족이나 중앙 귀족 가문에 의해 경주에 조성된 중앙 양식이라면, (나)는 선종 사찰과 호족의 후원을 받아 지방에 만들어진 지방 양식이다. 불상 등 뒤에 새겨진 명문에 따르면 (나)는 지방의 신도 1500여 명이 결연하여 조성하였다고 한다. 이렇게 중앙에서 지방으로 옮겨 가는 후원자의 변화는 ㉢(나)의 조형적 특징에 반영되어 나타난다.

───────| 작성 방법 |───────

◦ 괄호 안의 ㉠에 해당하는 용어를 쓸 것.
◦ (나)에 나타나는 밑줄 친 ㉡을 서술할 것.
◦ (가)와 대비되는 밑줄 친 ㉢을 얼굴과 옷주름의 표현을 중심으로 서술할 것.

23-A12

|모|범|답|안|

㉠ 여래
㉡ 중국이나 일본 밀교의 보살형 비로자나불과 다른 점은 첫째, **여래형 비로자나불상**이라는 점이다.
　둘째, 이상적인 양식과 장식이 사라지고 **친밀감 있고, 인간적인 모습**을 띠고 있다.
㉢ (가) 이상주의적 사실주의 경향, 균형이 잡힌 얼굴과 반개의 눈
　　　　옷주름의 간략화, 사실적인 옷주름
　(나) 얼굴에서 정신미가 감퇴, **옷주름의 편화가 진전**,
　　　옷주름은 양감을 잃고 **단순화되거나 가느다란 선각**으로 변화함.
　　　인간적인 형태, 섬약한 얼굴, 옷주름을 얇게 빚은 듯 묘사한 **평행계단식 표현**

52 2024학년도_A2

다음 도판과 설명을 참고하여 〈작성 방법〉에 따라 쓰시오. [2점]

(가) 박종배,〈역사의 원〉

우리나라 앵포르멜 회화의 전개는 작가들의 그룹 활동과 밀접하게 연계되어 있다. 초기 앵포르멜 운동을 일으킨 주도적인 그룹은 1957년에 결성된 '(㉠)'(이)다. 김창렬, 박서보 등이 참여했으며, 주로 두터운 질감과 과격한 붓질의 표현적인 작업을 펼쳤다. 그 밖에 '60년 미술가협회', '벽동인', '악티엘' 등의 그룹이 활동했다.

앵포르멜 조각의 전개에서는 작가들의 표현 욕구와 더불어 재료와 기법의 실험이 중요한 역할을 했다. 20세기 초 곤살레스(J. González)와 피카소(P. Picasso) 등에 의해 시도되었던 (㉡)기법이 한 예이다. 우리나라 조각가들은 이 기법을 이용해서 한국 전쟁 이후 어려운 환경 속에서 비교적 쉽게 구할 수 있는 고철로 다양한 구조와 형태를 만들어냈다. 작품 (가)에서 관찰되는 바와 같이 이 기법은 1960년대에 들어와서 앵포르멜 경향과 결합되어 다양한 방식으로 확장되었다.

| 작성 방법 |

◦ 괄호 안의 ㉠에 해당하는 미술가 그룹의 명칭을 쓸 것.
◦ 괄호 안의 ㉡에 해당하는 기법의 명칭을 쓸 것.

24-A2
|모|범|답|안|
㉠ 현대미술가협회, 현대전
㉡ 용접

다음 도판과 설명을 참고하여 〈작성 방법〉에 따라 서술하시오. [4점]

(가)

(나)

통일 신라는 석조 미술의 전성 시대이다. 석탑의 경우, 통일 신라 시대에는 고려와 조선 시대로 계승되는 ㉠전형 양식이 형성되는 한편, 여기서 벗어나는 (가), (나)와 같은 ㉡이형 석탑도 만들어졌다. 이 두 이형 석탑의 공통적인 특징은 불교 경전의 내용과 관계가 깊다는 점이다. (가)는 현재불인 석가여래가 『법화경』을 설법할 때 과거불인 다보불이 그 내용을 증명하기 위해 땅 속에서 탑의 모습으로 솟아났다는 것에 근거한다. (가)는 ㉢『법화경』에 나오는 다보불의 모습과 부합한다. (나)는 사찰과 그곳에 보존되어 있는 석경(石經)의 명칭을 고려할 때, 선재 동자가 53인의 선지식을 찾아가 법문을 듣고 마지막에 부처 세계에 들어간다는 내용이 담긴 ㉣경전과 관련이 있다. 이 두 탑은 전형 양식에서 벗어나 있지만, 각각 경전의 내용과 관계가 깊으면서도 독특한 형식을 이루어 통일 신라 시대 석조 미술의 전성 시대를 열었다.

─┤ 작성 방법 ├─

- 밑줄 친 ㉠의 특징을 서술하고, 이와 비교하여 밑줄 친 ㉡의 특징을 (나)에서 찾아 서술할 것. (단, 도판에 나타나는 모습에 한정하며, 탑의 세부 명칭을 사용하여 서술할 것.)
- 밑줄 친 ㉢을 (가)에서 찾아 서술할 것.
- 밑줄 친 ㉣의 명칭을 쓸 것.

24-A11

|모|범|답|안|

- ㉠ **2중 기단 3층 석탑.** 상·하 기단의 각 면에는 **우주와 탱주가 각각 2개씩** 새겨져 있고 다른 조각은 없다. 탑신부의 옥신석(屋身石)과 옥개석(屋蓋石)은 각각 하나의 돌로 되어 있으며 옥신에는 우주가 새겨져 있을 뿐이다. 옥개석의 층급받침은 5단이며 그 위에는 2단의 옥신받침이 있다.
- ㉡ (나) 이형탑의 특징은 첫째, 하층 기단 면석 각 면에는 양쪽 **우주가 각출**되었을 뿐 **중간에는 탱주가 없다. 각 면에는 천인상을 돋을새김**하였다. 둘째, 상층기단은 우주를 대신하여 연화대 위에 무릎을 꿇고 앉은 암수 **두 쌍의 사자를 한마리씩 지주 삼아 네 귀에 배치**하였다.
- ㉢ 기단부에 나타나는 사방의 계단, 곳곳에 보이는 사각과 팔각의 난간, 또 그 내부에 표현된 **감실**, 많은 보배로 장식된 탑의 형상은 **법화경 견보탑품**에서 **다보 여래**가 있다고 하는 **법화경 내용을 조형으로 표현**함.
- ㉣ 화엄경

54 | 2024학년도_A12

다음 도판과 설명을 참고하여 〈작성 방법〉에 따라 서술하시오. [4점]

(가)

(나)

(다)

조선 시대의 사군자에서 중시된 것은 묵죽화(墨竹畵)였다. 묵죽화는 초기에도 그려졌으나, 중기에 들어와 이정(李霆)의 화풍이 하나의 전형을 이루면서 크게 발전하였다. (가)의 작품과 같이 이정은 ⓐ 대나무 앞과 뒤 사이의 거리감 표현에 능숙하였으며, ⓑ 기상(氣象) 관련 소재의 작품을 많이 남겼다. (나)에서 볼 수 있듯이 조선 후기의 유덕장(柳德章) 역시 이러한 화풍과 연관이 있음을 알 수 있다. 조선 말기에는 김정희(金正喜)의 영향 아래 조선 중기와 후기의 묵죽화 경향에서 벗어났으며, 그의 제자 허련(許練)작품인 (다)에서 볼 수 있듯이 예찬(倪瓚)의 ⓒ '일기론(逸氣論)'과 ⓓ '일필론(逸筆論)'을 기반으로 하는 남종문인화 특성이 드러난다.

―| 작성 방법 |―

- 밑줄 친 ⓐ의 방법을 '삼묵법'을 기반으로 하여 서술하고, 밑줄 친 ⓑ에 해당하는 (가), (나)의 공통된 소재를 쓸 것.
- 밑줄 친 ⓒ, ⓓ에 해당하는 화론의 의미를 각각 서술할 것

24-A12

|모|범|답|안|

- ⓐ 삼묵법은 **짙은 먹색의 농묵(濃墨)**, **중간 먹색의 중묵(中墨)**, **옅은 먹색의 담묵(淡墨)**의 농담 단계를 한 붓에 표현하는 기법이다.
  (가) 이정의 묵죽도에는 전면에 나타나는 **짙은 농묵과 윤필의 줄기**들, 위쪽으로 흐릿하게 보이는 담묵, 또 다른 줄기들이 있다. 좀더 높게 솟아오른 이 줄기들은 거리감을 표현하려는 듯 얼핏 보면 그림자처럼 보이지만 묘한 운치를 느끼게 한다.
- ⓑ 대나무는 **아름다움·강인성** 그리고 높은 **실용성**으로 **군자를 상징**한다.
- ⓒ 일기론은 **세속에서 벗어난 기품**. 그림을 그리는 데 있어 대상이 지닌 형상을 추구하는 것보다 **화가의 생각을 표현**하고, **내면의 정신을 중요시**하는 것, 흉중일기, 자오(自娛)의 가치를 주장.
- ⓓ 일품론은 산수시나 산수화가 **세속에서 벗어난 일필의 표현으로 완성된 작품**

55 2025학년도_B2

다음은 학생과 교사의 대화이다. 괄호 안의 ㉠, ㉡에 해당하는 용어를 순서대로 쓰시오. [2점]

학 생: 선생님, 고구려의 덕흥리고분, 쌍영총 등에는 벽화가 그려져 있는데, 신라의 황남대총이나 천마총 등에는 벽화가 그려져 있지 않아요. 왜 그런가요?

교 사: 무덤 축조 방식의 차이를 이유로 들 수 있습니다.

학 생: 어떤 차이인가요?

교 사: 벽화가 그려진 고구려의 무덤은 돌을 쌓아 방을 만든 후, 그 위에 흙을 덮는 (㉠)축조 방식입니다.

학 생: 신라의 황남대총이나 천마총은 어떤가요?

교 사: 이 무덤들은 나무로 궤를 만든 후, 그 주위를 돌로 쌓아 두르고, 다시 흙으로 덮는 (㉡)축조 방식입니다.

학 생: 그렇다면, (㉠)의 경우 돌로 쌓은 벽에 그림을 그릴 수 있는 반면, (㉡)은/는 나무가 부패하여 안정된 벽을 이룰 수 없기 때문에 그림을 그릴 수 없겠네요.

교 사: 맞습니다. 혹시 그림을 그렸다 하더라도 나무가 부패한다면 그림이 남아 있지 못하겠지요.

학 생: 예, 잘 알겠습니다.

25-B2

|모|범|답|안|
㉠ 흙무지돌방무덤(石室封土墳, 석실봉토분)
㉡ 돌무지덧널무덤(적석목곽분)

다음 도판과 설명을 참고하여 〈작성 방법〉에 따라 서술하시오. [4점]

(가)

(나)

조석진(趙錫晋)과 안중식(安中植)은 장승업에게 그림을 배웠고, 고종 황제의 어진 제작에 참여하였으며, 영선사(領選使)의 제도사(製圖士)로 선발되어 중국 천진에 1년 머물면서 견문을 넓혔다. 이들은 서화미술회강습소에서 이상범, 노수현, 박승무 등 후진을 양성하였으며, 1918년에는 한국 최초의 근대적 미술 단체인 (㉠)을/를 설립하여 조선 말기에서 근대로 이어지는 한국화단 형성에 기여하였다. (가)와 (나)의 작품을 살펴보면 전통적인 화법에서 근대화를 모색하던 조석진과 안중식의 화풍을 알 수 있다.

─| 작성 방법 |─

- 괄호 안의 ㉠에 해당하는 용어를 쓸 것.
- (가)의 작품에서 서양화 기법의 영향을 찾아 서술할 것.
- (나)의 작품에서 작가가 나타내고자 한 의미와 그 의미를 상징하는 소재를 각각 서술할 것.

25-A7

|모|범|답|안|

㉠ 서화협회(書畫協會)
(가) 조석진 작품은 첫째, 대기원근법의 사용으로 전경은 색채가 짙고 후경으로 갈수록 색채가 옅어진다.
　　둘째, 대상의 의취보다는 **형사적 정확성에 중점을 둔 필선**들로 이룩되어 있다
(나) 안중식 작품은 조선의 지나간 영화를 그리워하는 작가의 마음을 상징적으로 담았으며, 그 의미를 상징하는 소재는 **일제의 연회장으로 훼손된 경복궁**을 고요하고 장엄한 모습으로 표현하였다.

57 2025학년도_A10

다음 도판과 설명을 참고하여 〈작성 방법〉에 따라 서술하시오. [4점]

(가)

(나)

(가)의 매화는 늙은 나무등치[老樹幹]가 용처럼 힘차게 꿈틀거리며 화폭을 가득 채우고 있다. 꽃을 피운 잔가지는 주된 가지[主幹]와 서로 조화를 이룬다. 조희룡(趙熙龍)은 나무등치의 거친 질감을 표현하기 위해 ㉠필획의 일부가 먹으로 채워지지 않게 표현하였고, 홍매꽃은 붉은 색료를 ㉡붓에 찍어 한 번에 그리는 기법을 사용하였다.

(나)의 국화는 괴석을 감싸듯이 피어 있고 들풀 주변의 여백과 어우러져 화면에 안정감을 준다. 심사정(沈師正)은 꽃의 윗부분을 잘라 내는 과감한 표현을 시도하였고, 변치 않는 바위와 쉽게 시드는 들풀을 함께 배치하여 국화가 상징하는 오상고절(傲霜孤節)의 뜻을 전달하고자 하였다.

─── | 작성 방법 | ───

- 밑줄 친 ㉠, ㉡의 표현 기법을 순서대로 쓸 것.
- (나)의 작품에 나타난 화풍의 명칭을 쓰고, 그 특징을 서술할 것.

25-A10

|모|범|답|안|

㉠ 비백법
㉡ 몰골법

(나)는 **수묵사의 화조화풍**이다. 특징은 첫째, **평담사상**과 수묵 담채에다 평담의 미학에서 추구하는 맑은 표현의 극대화는 **담채로 맑게 선염하는 방식**으로 이루어졌다.
둘째, **담채법**이다. 안료를 사용하되 아주 엷게 쓰는 담채법을 사용하였다.

다음 도판과 설명을 참고하여 〈작성 방법〉에 따라 서술하시오. [4점]

(가) 최북, 〈풍설야귀인도〉

(나) 윤제홍, 〈송하관수도〉

조선 후기의 최북(崔北)은 직업 화가로서 산수화와 화조·초충도 등 다양한 그림을 섭렵하였고, 당대에 ⊙삼절(三絶)이라 불리었다. 분방하고 기이한 기질의 최북은 거칠고 파격적인 필법을 구사했다. (가)의 작품에는 모필로 그리는 기법과는 다른 (ⓒ)기법이 주로 사용되었다. 같은 시대의 윤제홍(尹濟弘)은 문인 화가이었으나 독특한 화면 구성과 채색법으로 조선 말기의 ⓒ새로운 화풍 형성에 선구적인 역할을 하였다. (나)의 작품에서는 기발한 형태와 미세하게 떨리는 선, 굵고 뭉툭한 윤곽선 등을 볼 수 있다.

─| 작성 방법 |─

- 밑줄 친 ⊙의 의미를 서술할 것.
- 괄호 안의 ⓒ에 해당하는 용어를 쓸 것.
- 밑줄 친 ⓒ의 명칭을 쓰고, 그 특징을 서술할 것.

25-B5

|모|범|답|안|
⊙ 시(詩)·서(書)·화(畵)에 뛰어난 사람
ⓒ 지두화
ⓒ 명칭은 **이색화풍, 19세기의 신경향**
  특징은 **화면을 상하로 이분**하여 **배경을 단순화**시키고 **인물을 그려넣어 과감하면서도 이색적인 화면구성**을 보여주었다.

PART

25. 서양 미술사(1)
26. 서양 미술사(2)
27. 미학

25 서양 미술사(1)

1 2004학년도_11

다음 작품들에 대하여 각각의 표현의 특징과 양식 이름을 아래 표의 빈칸에 쓰시오. [총 6점]

(가) 〈삼등객차, 유채, 도미에〉

(나) 〈절규, 유채, 뭉크〉

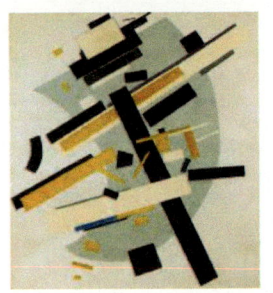

(다) 〈노랑과 검정, 유채, 말레비치〉

(라) 〈관념, 유채, 마그리트〉

작품	표현의 특징	양식
(가)	재현적 표현	사실주의
(나)		
(다)		
(라)		

04-11 [서양 미술사] 양식 + 표현의 특징

|모|범|답|안|

	표현의 특징	양식
(가)	재현적 표현	사실주의
(나)	표현, 직관, 감정적 표현	표현주의
(다)	형식적, 기하학적, 추상적 표현	절대주의, 구성주의, 러시아 아방가르드
(라)	구상적, 초현실적, 심상적, 무의식적 표현	초현실주의

2 2005학년도_04

사회학자 프루동 (Joseph Proudhon)은 예술의 사회적 공익성을 강조하면서 "미술이 쓸데없는 오락이 아니라 사회의 오점을 사람들에게 드러냄으로써 사회의 건전성을 위해 봉사해야 하며, 비도덕적인 여러 가지의 실태, 위선, 빈곤 등을 노출시켜 인간의 존엄성과 이상을 위해 기여해야 한다."고 주장하였다. 위와 같은 관점을 표방하는 서구의 리얼리즘 작가 중, 아래의 설명에 해당하는 작가의 이름을 빈칸에 쓰시오. [3점]

(1) _____ : 내가 천사를 그리기 원한다면 내게 천사를 보여주시오. 하며, 자신의 눈으로 확인한 진실만 그리기를 주장하여 시대의 상황을 정직하게 표현함.

(2) _____ : 기층 민중인 농부를 주요 대상으로 화면에 등장시켜 노동에 따른 질곡의 삶을 증언함.

(3) _____ : 사회 상층부의 권력층과 가진 자들의 위선과 허위, 오만을 풍자하고 작품을 통해 서민 계층을 대변함.

05-04 [서양 미술사] – 사실주의

|모|범|답|안|
(1) 꾸르베 (2) 밀레 (3) 도미에

3 2005학년도_17

아래의 세 작품을 활용하여 (1)은 기법을 처음 시도한 화파, (2)는 색의 혼합 방법, (3)은 작품의 제작 목적과 연계하여 지도하려고 한다. 화파, 색의 혼합 방법, 작품의 제작 목적을 해당하는 빈칸에 쓰시오. [3점]

(1) 학생 작품

(2) 시냐크

(3) 미켈란젤로

- (1)의 작품 기법을 처음 시도한 화파 :

- (2)의 작품에서 사용된 색의 혼합 방법 :

- (3)의 작품 제작 목적 :

05-17 [서양 미술사]

|모|범|답|안|
(1) 화파: 입체파
(2) 색의 혼합 방법: 병치 혼합
(3) 제작 목적: 종교 교화, 성당 내부 장식, 교황 권위의 향상

4 2007학년도_20

다음은 20세기 초 유럽에서 등장한 미술작품이다. 두 작품의 형식적 측면에서 본 공통점 2가지와 작품의 바탕이 되는 미술운동의 이념상의 특징을 각각 1가지씩 쓰시오. [3점]

(가) 창가의 여인(동시성) / 카라

(나) 아코디언을 켜는 남자 / 피카소

① 형식적 특징의 공통점
  -
  -

② 미술 운동 이념상의 특징
(가)

(나)

07-20 [서양 미술사] 입체 / 미래 → 형식적 특징, 이념상의 특징

|모|범|답|안|

형식적 공통점은 **대상을 복수 시점**에서 파악한 이미지를 같은 화면에 중복시키고 **'면(面)의 상호침투'** 방법을 사용한다.
(가) 미래파는 전통을 부정하고 기계문명이 가져온 **도시의 약동감**과 **속도감**을 새로운 미(美)로써 표현하려고 하였다.
입체주의와 마찬가지로, 시점을 고정시키지 않고 복수(複數)의 시점에서 움직임을 파악하려고 하였다.

(나) 입체파는 **사물의 존재성**을 2차원의 타블로로 구축하여 **재구성**하는 형식이다.

(가) 미래파 이념은 '신시대는 그에 적합한 생활양식과 표현을 필요로 한다'라고 선언하고, 일체의 과거를 청산하고 속도를 표현하고 다이내믹한 힘이 용솟음치는 기계문명 감각을 강하게 표현할 것을 주장하며, 기하학적 형태를 사용했다.

(나) 입체파 이념의 특징은 세잔이 제시한 새로운 조형 이념을 실천하면서, 색채 위주의 표현주의와 대조적으로 형태의 본질을 객관적으로 파악하여 그 자체의 **리얼리티를 추구**하고자 사물을 여러 시점(다시점)과 입체적으로 표현하는 것이다.

5 2008학년도_13

다음은 바로크 미술 양식과 로코코 미술 양식의 비교이다. 빈칸에 들어갈 알맞은 내용을 쓰시오. [4점]

양식	바로크	로코코
시기	1600~1750년경	1700~1750년경
지역	전 유럽	프랑스
사회적 배경	반종교개혁	②
양식적 특징(2가지)	①	③
대표적 화가(3인)	루벤스, 렘브란트, 코르토나	④

08-13 [서양 미술사] 바로크 양식

|모|범|답|안|

양식	바로크	로코코
시기	1600~1750년경	1700~1750년경
지역	전 유럽	프랑스
사회적 배경	반종교개혁	② 루이 15세 등극, 귀족 중심 문화, 부르주아적 중심의 여흥 문화 유행
양식적 특징(2가지)	① 역동적 구성, 극적 명암과 질감 대비	③ 장식적이며 우아한 여성적 표현, 주제는 귀족의 행락적 사치
대표적 화가(3인)	루벤스, 렘브란트, 코르토나	④ 와토, 부셰, 프라고나르

6 2008학년도_14

다음은 고대 그리스 미술을 3기로 구분할 때 각 시기의 대표 작품이다. 빈칸에 들어갈 알맞은 내용을 쓰시오. [4점]

(가) 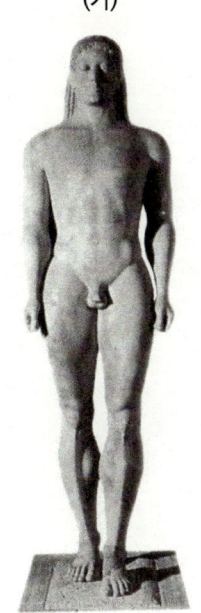 (나)  (다)

구분	작품명	시기	시기별 표현 특징
(가)	①	②	정면성, 소박함, 엄격하고 경직된 자세
(나)	원반 던지는 사람	클래식기	④
(다)	라오콘과 그의 아들들	③	감성적, 격동적, 극적인 표현

08-14 [서양 미술사] 그리스 양식사

|모|범|답|안|

구분	작품명	시기	시기별 표현 특징
(가)	① 쿠로스	② 아르카익	정면성, 소박함, 엄격하고, 경직된 자세
(나)	원반 던지는 사람	클래식 B.C.5~B.C.4세기	④ 유기적, 표정의 깊은 내면성, 절제적, 이상적, 조화로운 아름다움 도리스식 오더에다 이오니아식의 요소를 가미, 유각(遊脚)과 입각(立脚)을 구별. '**스키아글라피아(음영묘법)**'를 처음으로 사용
(다)	라오콘과 그의 아들들	③ 헬레니즘	감성적, 격동적, 극적인 표현

7 2009학년도_16

다음 작품과 관련된 설명 중 옳은 것을 <보기>에서 모두 고른 것은?

―| 보 기 |―
ㄱ. 표현주의적 요소가 있다.
ㄴ. 도상학에 의해 작품을 해석할 수 있다.
ㄷ. <한국에서의 학살> 이후에 제작되었다.
ㄹ. 게르니카는 프랑스군에 의해 폭격당한 스페인의 도시이다.

① ㄱ, ㄴ
② ㄱ, ㄷ
③ ㄴ, ㄹ
④ ㄱ, ㄴ, ㄷ
⑤ ㄴ, ㄷ, ㄹ

| 정답 | ①

8 2009학년도_22

다음은 <신성한 대화>라는 이탈리아 르네상스 시대의 작품이다. 작품에 대한 설명으로 옳지 않은 것은? [2.5점]

[별첨 컬러 도판 참고]

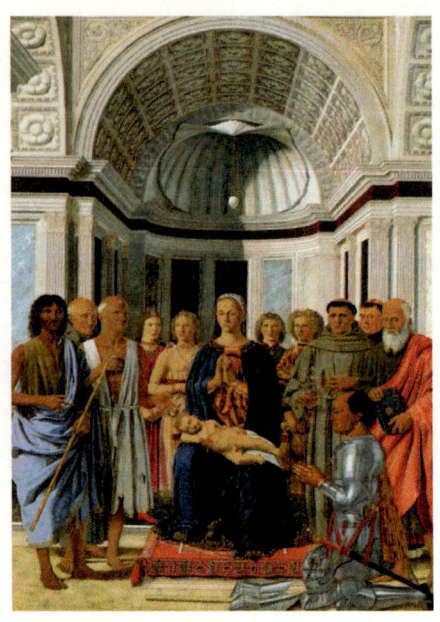

① 원근법은 작품의 핵심 요소에 속한다.
② 등장인물들의 이름이나 신분을 알 수 있다.
③ 라파엘로가 그린 <아테네 학당>의 영향을 받았다.
④ 무릎을 꿇고 있는 인물은 작품을 주문한 후원자이다.
⑤ 폴랑드르 회화의 영향을 받았으며 패널에 유화물감으로 정교하게 그렸다.

| 정답 | ③

9 2009학년도_25

(가)~(라)의 작품 설명으로 옳은 것을 <보기>에서 모두 고른 것은?

[별첨 컬러 도판 참고]

(가) (나)

(다) (라)

|보기|

ㄱ. (가) 1세기, 작가 미상
   영웅의 일화를 소재로 한 고대 로마 시대의 폼페이 벽화로 인체와 공간의 표현이 탁월하다.
ㄴ. (나) 14세기, 조토
   유다의 입맞춤을 그린 프레스코화로 중세의 관념적 회화에서 벗어나 공간이나 인물 묘사에 리얼리티 개념을 도입하였다.
ㄷ. (다) 17세기, 베르메르
   서민의 일상을 주제로 그린 풍속화로 카라바조의 명암 대비법을 활용하고 있으며 정물화에 대한 관심이 엿보인다.
ㄹ. (라) 15세기, 로지에르 반 데르 웨이든
   그리스도가 십자가에서 내려지는 순간을 그린 르네상스 시대의 제단화로 정교한 사실 묘사 방식으로 그렸다.

① ㄱ, ㄷ
② ㄱ, ㄹ
③ ㄱ, ㄴ, ㄷ
④ ㄱ, ㄴ, ㄹ
⑤ ㄴ, ㄷ, ㄹ

09-25

|정답| ④

10 2009학년도_30

(가)~(마)의 작가와 작품에 대한 설명으로 옳은 것은?

[별첨 컬러 도판 참고]

(가) (나)

(다) (라) (마)

① (가)는 영국의 팝 아티스트 리처드 해밀턴의 작품으로 서구 사회 남성의 삶과 소망을 포토 실크스크린 기법으로 제작하였다.
② (나)는 인상주의 화가 클로드 모네의 작품으로 거센 눈보라 속을 헤쳐 나가는 증기선의 모습을 순간 포착하여 그렸다.
③ (다)는 네델란드의 신조형주의 화가 피에트 몬드리안의 작품으로 큐비즘의 영향을 받지 않고 독자적으로 탄생하였다.
④ (라)는 벨기에의 아르누보 건축가 빅토르 오르타의 작품으로 미술과 공예 운동의 정신을 이어받아 기계를 거부하고 수공예로 곡선의 아름다움을 살려 장식하였다.
⑤ (마)는 스페인의 낭만주의 화가 프란시스코 고야의 말년 작품으로 그리스 신화를 주제로 하여 인간의 광기와 잔혹성등을 표현하였다.

09-30

|정답| ⑤

11 2009학년도_37

다음 조각 작품을 보고 물음에 답하시오.

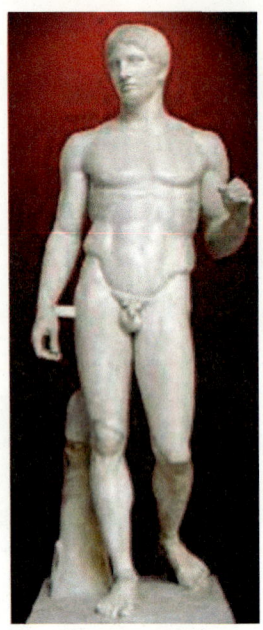

위의 조각상과 관련하여 다음 지문이 설명하는 것은?

> 인체에서 보이는 동적인 유연성과 정적인 균형미로 몸 전체에 걸쳐 미묘한 S자의 곡선을 드러나게 만든다. 무릎을 약간 구부려 엉덩이를 조금 회전시키며 그 연결 작용으로서 척추의 만곡이 나타나고 어깨도 한쪽으로 기울어진다. 이런 자세는 정지된 상태에서도 동세를 암시할 수 있고 시각적으로 안정감 있는 균형을 보여 줄 수 있다.

① 카논(canon)
② 메토프(metope)
③ 콘트라포스토(contrapposto)
④ 완전한 입상(free-standing figure)
⑤ 부드러운 입상(soft-standing figure)

12 2010학년도_19

다음 (가)와 (나)의 작품에 대한 설명으로 옳은 것은? [2.5점]

　　(가)　　　　　　　(나)

① (가)는 훌리오 곤잘레스(J. Gonzalez)의 작품으로 초현실주의적 경향을 보인다.
② (가)는 훌리오 곤잘레스에게 철조 기법을 배운 후 제작한 피카소의 작품이다.
③ (가)는 정원과 여성을 주제로 하여 선재와 면재로 표현한 데이비드 스미스(D. Smith)의 작품이다.
④ (나)는 단조와 용접 기법을 조각에 도입한 피카소의 작품이다.
⑤ (나)는 데이비드 스미스의 작품으로 우주의 영원성과 무한한 공간을 표현하였다.

13 2010학년도_20

미켈란젤로의 〈최후의 심판〉에 관한 설명으로 옳은 것은?

[별첨 컬러 도판 참고]

① 루터의 종교개혁은 작품 제작 당시의 사회적 배경이다.
② 성 베드로의 얼굴에는 작가의 자화상이 그려져 있다.
③ 화면 전체는 르네상스 회화의 특징인 투시 원근법에 의해 그려졌다.
④ 16세기 말에 완성되었으며, 인류 종말의 날을 주제로 그렸다.
⑤ 작품 완성 당시의 인물들은 오늘날까지 가필과 수정 없이 보존되었다.

10-20
|정답| ①

14 2010학년도_26

19세기 낭만주의에 대한 설명으로 옳지 않은 것은? [1.5점]

① 낭만주의자들은 중세 미술의 재발견에 기여했다.
② 낭만주의는 문학과 예술에 있어서 주관주의이다.
③ 낭만주의는 형식보다 정신에 우위성을 부여한다.
④ 낭만주의는 열정적 감정에 바탕을 두며 비례와 조화를 중시한다.
⑤ 푸진(A. W. Pugin)과 러스킨(J. Ruskin)은 낭만주의의 사상가이다.

10-26
|정답| ④

15 2010학년도_29

다음 (가)~(마)의 작품에 대한 설명으로 옳은 것은?

[별첨 컬러 도판 참고]

(가)　　　　　　　(나)

(다)　　　　　　　(라)

(마)

		작품 설명
①	(가)	로마 시대 신전의 메토프(metope) 부분으로 헤라클레스 신화를 고전주의 양식으로 조각
②	(나)	로댕의 〈지옥의 문〉으로 제리코의 〈메두사의 뗏목〉에 영향을 줌
③	(다)	바로크 양식을 대표하는 베르니니의 조각으로 성녀 테레사의 영적 체험을 연극적으로 표현
④	(라)	중세 비잔틴 양식의 교회 정문 팀파눔(tympanum)으로 예수와 4대 복음 저자를 상징하는 천사, 황소, 독수리, 사자를 부조로 조각
⑤	(마)	아르데코 양식의 모자이크 벤치로 가우디가 바르셀로나의 구엘 공원에 제작, 설치

10-29　|정답| ③

16 2010학년도_30

다음 (가)와 (나)는 마티스의 작품이다. 작가 및 작품에 관한 설명으로 옳은 것을 〈보기〉에서 고른 것은?

[별첨 컬러 도판 참고]

(가)　　　　　　　(나)

─|보기|─

ㄱ. 마티스는 인상주의와 후기인상주의의 영향을 받았다.
ㄴ. (가) 〈마티스의 부인 : 녹색의 선〉은 자연의 색에서 벗어나 화가 자신의 강렬한 색으로 그렸으며, 야수주의의 특징이 보인다.
ㄷ. (가)는 야수주의라는 용어 탄생의 계기가 된 살롱 도톤느전(展)에 출품한 작품이다.
ㄹ. (나) 〈달팽이〉는 말년 작품 중 하나로 색을 칠한 종이를 오려 붙여 만들었다.
ㅁ. 마티스는 조각 작품을 제작하지 않았으며 색채 중심의 회화에 전념하였다.

① ㄱ, ㄴ, ㄷ
② ㄱ, ㄴ, ㄹ
③ ㄴ, ㄷ, ㄹ
④ ㄴ, ㄷ, ㅁ
⑤ ㄷ, ㄹ, ㅁ

10-30　|정답| ②

17 2011학년도_13

동·서양 작품 중 비슷한 시기에 제작된 것으로 연결된 것은? [2.5점]

[별첨 컬러 도판 참고]

	동양	서양
①		
②		
③		
④		
⑤		

11-13

|정답| ⑤

18 2011학년도_29

다음 근·현대 미술 작품에 대한 설명으로 옳은 것은?

[별첨 컬러 도판 참고]

	작품	설명
①		오르낭 마을에서 있었던 평범한 시골 사람의 매장을 그린 것이다. 장례식의 엄숙함과는 무관한 심리를 해학적으로 나타낸 풍속화로 낭만주의 작품이다.
②		우울한 내면을 기묘한 심리학적 암시로 드러낸 작품이다. 표현주의를 대표하는 작품이며 상징주의 운동의 전조를 보여준다.
③		그리스·로마 신화를 소재로 한 상상화이다. 작가의 상상력과 낭만적 감수성으로 주제를 생생하게 묘사하여 낭만주의의 개막을 알리는 작품이다.
④		프랑스 혁명 직후의 역사를 증언하는 기록화이자 역사화이다. 절제된 화면 구성을 보이며 주인공을 영웅적으로 시각화한 신고전주의 작품이다.
⑤		원근법을 과장하고 색면을 단순화함으로써 작가의 불안한 심리 상태가 노출되었다. 표현주의의 영향을 받은 작품이다.

11-29

|정답| ④

25. 서양 미술사(1)

19 2011학년도_32

(가) ~ (라) 작품의 작가와 표현 특성에 대한 설명으로 옳지 않은 것은? [별첨 컬러 도판 참고]

(가)   (나)
(다)   (라)

① (가) 폴록(J. Pollock) 작품은 그린다는 행위 자체에 가치를 부여해 형상성이 없는 순수 추상의 방법론을 획득하고 있다. 행위의 반복적 표현 특성을 포함한 토톨로지(tautology)의 원류로 볼 수 있다.

② (나) 발라(G. Balla) 작품은 구상 회화에 움직임을 도입함으로써 다이너미즘(dynamism)을 구현하려고 시도하였다. 시공간 속에서 일어나는 소리, 빛, 운동 등을 가시적으로 표현할 수 있는 가능성을 보여준 미래주의 작품에 속한다.

③ (다) 브라크(G. Braque) 작품은 전통적인 원근법과 명암법을 지양하고 시점을 복수화하여 인물을 기본적인 기하학적 형태로 포착하였다. 데포르마시옹(deformation) 기법으로 구축적인 재구성을 하고 있다.

④ (라) 들로네(R. Delaunay) 작품은 색채성이 풍부한 오르픽큐비즘(orphic cubism)의 특징을 가지고 있다. 화면의 에펠탑은 다시점으로 표현되었다.

⑤ (가)~(라)는 1910~1950년대에 제작된 작품으로 (가)는 미국에서, (나)~(라)는 유럽에서 일어난 미술 운동의 결과이다. (다)와 (라)는 입체주의의 화면 구성을 따르고 있다.

11-32
|정답| ③

20 2011학년도_34

다음 작품이 제작된 시대의 미술의 특징으로 옳은 것만을 <보기>에서 모두 고른 것은?

― 보 기 ―

ㄱ. 미술은 과학의 차원으로까지 간주되었으며 자연을 탐구하는 동시에 발견하는 수단이었다.
ㄴ. 인간 정신의 회복을 바탕으로 종교를 소재로 한 작품이 사라지고 평범한 일상을 주로 다루었다.
ㄷ. 수학적인 비율을 적용한 원근법을 사용함으로써 평면 위에 공간감과 거리감을 표현하여 시각적 효과를 극대화하였다.
ㄹ. 건축은 로마식 둥근 지붕에 새롭게 발명한 늑골 궁륭과 외부의 부벽 기법을 더해 수직선이 강조된 바실리카 양식이다.
ㅁ. 작가의 자유로운 창작 의지에 따른 순수 미술품보다는 주문을 받아 제작된 사회적 기능을 지닌 작품들이 대부분이었다.

① ㄱ, ㄴ
② ㄴ, ㄹ
③ ㄷ, ㅁ
④ ㄱ, ㄷ, ㅁ
⑤ ㄴ, ㄷ, ㄹ

11-34
|정답| ④

21 2012학년도_22

프란츠 할스(F. Hals)의 〈화승총 부대원의 연회〉이다. 이 작품에 관련된 설명으로 옳은 것만을 〈보기〉에서 있는 대로 고른 것은?

[별첨 컬러 도판 참고]

― 보 기 ―

ㄱ. 할스의 검소하고 절제된 표현 기법은 신흥 중산 계층의 윤리와 덕목의 표상으로 받아들여졌다.
ㄴ. 할스가 활동하던 시기의 네덜란드에서는 그림의 수요가 폭증하여 화상(畫商)을 통해 상업적으로 거래되었다.
ㄷ. 할스가 활동하던 시기의 네덜란드는 해상 무역의 부흥과 급진적인 경제 발전으로 길드 조직이 발달하여 집단 초상화가 많이 그려졌다.
ㄹ. 할스 작품의 빠르고 힘찬 붓놀림, 순간적인 표정과 동작을 포착하는 특징은 네덜란드의 전통적인 화법으로서 플랑드르 화가들에게까지 널리 영향을 미쳤다.
ㅁ. 네덜란드는 국가적 차원에서 미술가들에 대한 후원이 활발하였고, 할스는 연방 정부에 소속된 미술가로서 관료들의 초상화를 중점적으로 그렸다.

① ㄱ, ㄴ
② ㄱ, ㄹ
③ ㄴ, ㄷ
④ ㄴ, ㄷ, ㅁ
⑤ ㄴ, ㄹ, ㅁ

12-22
|정답| ③

22 2012학년도_24

제시문은 20세기 초 추상 미술 운동에 관한 것이다. (가)~(라)에 들어갈 용어와 인명을 바르게 연결한 것은?

> 추상 미술은 1910년에 태동되어 1920년대에 이르면 유럽 전역에 보편적으로 인정받는 조형 언어가 된다. 기하추상의 대가 몬드리안(P. Mondrian)은 (가) 을 기하추상의 개념으로 받아들였으며, 또한 양식적으로 (나) 의 실험을 거쳐 신조형주의를 완성하였다. 뿐만 아니라 기하추상은 기술적인 (다) 와 결합하는 경향을 보였다. 그로피우스(W. Gropius)의 초청으로 바우하우스에 교수로 부임한 (라) 는 "기계는 과거시대의 초월적인 정신주의를 대체한다."라고 주장하며 기계에 대한 지식, 기계의 직접적 사용을 중시하였다.

	(가)	(나)	(다)	(라)
①	조형학	입체주의	기능주의	칸딘스키 (W. Kandinsky)
②	신지학	순수주의	실용주의	칸딘스키 (W. Kandinsky)
③	조형학	순수주의	기능주의	모홀리 나기 (Moholy-Nagy)
④	조형학	입체주의	실용주의	모홀리 나기 (Moholy-Nagy)
⑤	신지학	입체주의	기능주의	모홀리 나기 (Moholy-Nagy)

12-24
|정답| ⑤

23 2012학년도_40

틴토레토(J, Tintoretto)의 〈최후의 만찬〉이다. 이 작품에 관련된 설명으로 옳은 것만을 〈보기〉에서 있는 대로 고른 것은? [별첨 컬러 도판 참고]

|보 기|

ㄱ. 이 작품의 주제와 양식은 레오나르도 다 빈치(Leonardo da Vinci)의 〈최후의 만찬〉에서 영향을 받은 것이다.
ㄴ. 틴토레토는 베네치아 미술가로 강렬한 에너지, 혼란스럽고 극적인 동세, 불안한 심리적 동요 등을 표현하였다.
ㄷ. 이 작품은 성(聖)과 속(俗)의 결합을 통해 자연과 초자연의 경계를 허물면서 성찬의 장면을 가시적으로 보여 주고 있다.
ㄹ. 이 작품은 교회의 회랑 장식을 위해 주문된 것으로 '유다의 배반'이라는 주제를 통해 속세의 유혹을 경계하고자 한 것이다.
ㅁ. 틴토레토의 극적인 표현성은 종교 개혁에 감흥을 받아 신교의 전투적 신앙심을 강조하기 위한 것으로 17세기 북유럽 바로크 미술에 영향을 미쳤다.

① ㄱ, ㄴ
② ㄴ, ㄷ
③ ㄹ, ㅁ
④ ㄱ, ㄴ, ㄷ
⑤ ㄷ, ㄹ, ㅁ

|정답| ②

24 2013학년도_16

'십자가 책형'을 주제로 그린 (가)~(라)의 작가와 작품에 대한 설명으로 옳은 것을 고른 것은? [별첨 컬러 도판 참고]

	작품	작가	설명
(가)		뒤러 (A. Dürer)	독일 중세 종교화를 대표하는 이 그림은 인물의 중요성에 따라 그 크기를 변화시킨 중세의 원칙에 충실했다. 이 제단화는 성 안토니 교단 소속의 수도원 교회를 위해 그려졌다.
(나)		렘브란트 (Rembrandt)	극적인 명암 대비를 특징으로 하는 바로크 시대의 작품으로, 십자가가 세워지는 순간에 하늘을 바라보는 예수의 모습을 보여 준다. 당시 총독인 헨드릭 왕자의 주문으로 그려졌다.
(다)		놀데 (E. Nolde)	단순하고 왜곡된 형태, 거친 붓터치와 강렬한 원색을 통해 예수의 고통을 형상화하였다. 다리파의 원시적 미술에 대한 관심과 관계가 깊다.
(라)		드 쿠닝 (W. de Kooning)	변형, 왜곡, 분절된 인간의 몸을 통해 20세기 전쟁의 참상을 은유하였다. 십자가 책형은 작가가 액션페인팅 작품에 전념하기 전에 마지막으로 그려진 구상 작품 주제 중의 하나였다.

① (가), (나)
② (가), (다)
③ (가), (라)
④ (나), (다)
⑤ (다), (라)

|정답| ④

25 2013학년도 30

다음 작품의 표현과 관련된 설명으로 옳지 않은 것은?

[별첨 컬러 도판 참고]

작품	설명
①	주제를 과장되게 나타내기 위해 나무판 위에 깨진 접시들을 붙이고 그 위에 그림을 그렸다. 작품의 효과는 거칠지만 동시에 장식적이다.
②	점묘법으로 알려진 회화 기법으로 순수한 색점들을 캔버스에 찍어가며 형태와 풍경을 완성하였다. 작가는 자연을 원통과 구체, 원추형으로 해석하였다.
③	물감을 떨어뜨리면서 형상적인 요소를 가미하는 드리핑 페인팅 작업이다. 커다란 화폭을 바닥에 펼쳐 놓고 주변이나 화폭 위를 걸어 다니며 물감을 떨어뜨리고 흘리면서 제작하였다.
④	희미하게 반짝이는 배경에 금가루를 이용했고, 인물의 옷에는 반짝이는 금박을 붙였다. 모자이크 기법의 영향을 받아 파편 같은 문양과 풍부하게 장식된 표면을 만들었다.
⑤	색채들의 시각적 혼합 방법을 통해 빛의 변화를 표현하고 있다. 매순간 변하는 빛의 움직임과 수면에 반사되는 밝은 하늘을 표현하는 색채로 인해 나뭇잎과 수면의 형체가 뚜렷이 구별되지 않는다.

|정답| ②

26 2013학년도_37

(가)와 (나)의 작품에 관련된 설명으로 옳은 것을 〈보기〉에서 고른 것은? [1.5점]

[별첨 컬러 도판 참고]

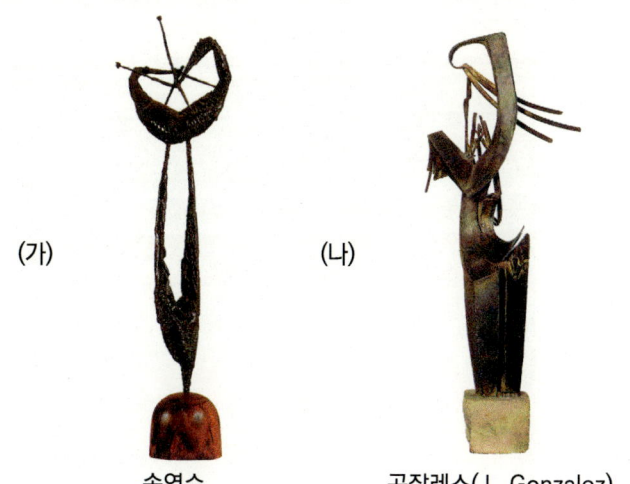

(가) 송영수   (나) 곤잘레스(J. Gonzalez)

―| 보 기 |―
ㄱ. (가)는 큐비즘의 영향을 받았다.
ㄴ. (나)는 삼차원 공간에 펼쳐진 공간 드로잉의 성격을 지닌다.
ㄷ. (가)는 여인을, (나)는 새를 모티브로 하였다.
ㄹ. (가)와 (나)는 철조 용접 방식으로 제작되었다.

① ㄱ, ㄴ
② ㄱ, ㄷ
③ ㄴ, ㄷ
④ ㄴ, ㄹ
⑤ ㄷ, ㄹ

|정답| ④

(가)는 벨라스케스(D. Velazquez)의 〈교황 이노센트 10세〉의 초상화이고, (나)는 베이컨(F. Bacon)이 이를 보고 그린 여러 작품 중의 하나이다. (가)의 조형적 특징(형태, 색채, 공간 표현)을 쓰고, (나)에서 이러한 조형적 특징이 어떻게 재해석 되었는지 비교하여 서술하시오. 그리고 (가)와 (나)를 회화사적인 맥락에서 각각 설명하시오. [10점]

(가) 벨라스케스, 〈교황 이노센트 10세〉, 캔버스에 유채

(나) 베이컨, 〈벨라스케스의 교황 이노센트 10세 초상에 관한 습작〉, 캔버스에 유채

14학년도-B 논술2

|모|범|답|안|

(가)는 **스페인 바로크의 벨라스케스** 작품으로 르네상스의 조화·균형·완결성에 비해 **양감, 광채, 역동성을 중시**했다. 조형적 특징으로 먼저 형태는 인물이 의자에 앉아 편지를 들고 관람자를 바라보는 자세로서 스냅사진처럼 자연스럽게 한 순간을 포착하면서도 교황의 당당한 성격까지 드러내는 형태를 취하고 있다. 이는 **르네상스 미술에 비해 매우 현세적이고, 사실적인 형태**를 띠고 있는 것이다. 색채는 **붉은 색과 흰색의 채도 대비**로 화면에 장중한 느낌을 주면서 **극적인 색채 효과를 추구**하고 있다.

공간적 측면에서는 주인공 의상의 소재 측, 재질에 대한 정밀하고 세밀한 묘사와 대비되는 **검고 어두운 뒷 배경**을 통해 **과감하고 깊이 있는 공간감을 연출**하고 있다.

(나)의 **베이컨은 복제사진을 사용한 중요한 사례**이다. 형태적 측면에서는 형상을 흐리게 처리해서 독특한 공포감을 자아내는 형상으로 아름다움보다는 **추의 미를 추구하는 조형적 특징을 보인다. 푸른색과 노란색의 보색대비**를 통해 **시각적 긴장감을 유도**하는 색채를 사용했으며, 표현력 넘치는 물감사용과 격렬한 붓질로 어두운 빈 공간을 처리함으로써 고립된 인간, **스트레스로 가득 찬 인간 존재의 상황**과 함께 당시 원자 폭탄의 위협에 움츠러든 시대의 표상을 표현했다.

바로크는 17세기 고전주의와 공통적으로 나타난 현상이다. 르네상스 미술의 단정하고 우아한 고전 양식에 비해 **장식이 지나치고 과장된 조각의 형태를 추구**하며, 기교를 중요시한다. 이후 바로크 예술은 18세기 후반 신고전주의의 등장과 고전으로의 복귀 경향이 나타날 때까지 이어졌다.

베이컨은 **독일 표현주의의 영향**과 복제사진, 의학사진 등 스타이컨 중심의 **사실적 사진전의 영향**과 **데이비드 봄버그** 중심의 **소용돌이파와 이에 영향을 받은 런던파 등의 영향**으로 등장했으며, 허영심 가득한 중·상류 사회의 문화를 풍자한 영국 팝아트의 선구이다. <끝>

28 2015학년도_A기입형_01

다음은 시냐크(P. Signac)의 작품과 그에 대한 설명이다. ( ) 안에 공통으로 들어갈 용어를 쓰시오. [2점]

[별첨 컬러 도판 참고]

시냐크, <아비뇽의 교황청>

- 1899년에 출판된 『외젠 들라크루아에서 신인상주의까지』에서 시냐크는 신인상주의 운동의 체계적이고 과학적인 색채 이론을 옹호하기 위해 (　)을/를 이론화하였다.
- 시냐크를 비롯한 신인상주의자들은 단순하고 직관적인 점묘와 자신들의 과학적이고 수학적인 점묘를 구별하기 위한 용어로 점묘주의보다 (　)을/를 선호하였다.
- 시냐크의 설명에 따르면, (　)은/는 색채를 혼합하지 않고 사용하며 화폭의 크기에 따라 색점의 크기들을 결정함으로써 색채 에서 최상의 밝기와 조화를 확보하는 방법이다.

15-A1

|정답| 분할주의

29 | 2015학년도_B서술형_04

다음 (가), (나), (다)의 작품에 사용된 풍경 표현 방식의 특징을 해당 미술 사조와 관련지어서 순서대로 서술하시오. [5점]

(가) 프리드리히(C. Friedrich), 〈북극해〉

(나) 모네(C. Monet), 〈인상, 해돋이〉

(다) 브라크(G. Braque), 〈에스타크의 집들〉

15-B4

|모|범|답|안|

(가) 풍경 표현 방식은 **대기 원근법**이다. 미술사조는 **독일 낭만주의**에 속한다. 대기 원근법은 대기 중에 습도와 먼지의 작용으로 물체가 멀어질수록 푸르스름해지고 **채도가 낮아지며**, 물체의 **윤곽이 흐릿해지는 법칙**을 말한다
프리드리히의 풍경화에는 18세기 미학의 '**숭고 정신**'과 유한한 것에서 벗어나 무한한 것을 추구하고자 하는 **낭만주의 정신**이 반영되었다. 풍경화가 종교적인 계시의 전달 수단이며, 북유럽의 강렬하고 시적인 풍경을 묘사하였다.

(나)는 **알라 프리마**와 **대기 원근**법을 사용했다. 미술사조는 **인상파**이다. 알라프리마는 **밑그림 없이** 그림물감의 단일한 칠로 빨리 그리는 기법이다. 인상파는 **찰나적이고 순간적인 인상**과 **시시각각 변하는 빛과 대기의 색**을 표현하려고 알라프리마를 사용했다.

(다)는 **데콩포제** 기법을 사용하였다. 미술사조는 **입체파**이다. 데콩포제는 **눈에 보이지 않는 부분까지 표현하기 위해 사물을 해체하고 조립**하는 미술 행위를 말한다. 입체파는 **시점을 복수화**하여 자연의 여러 가지 형태를 기본적인 **기하학적 형상**으로 환원시키려고 **분해, 해체하는 데콩포제**를 사용한 것이다.

다음 두 작품을 참고하여 브랑쿠시(C. Brancusi)의 추상 조각의 특징을 2가지 쓰고, 작품의 받침대가 그의 조각에서 갖는 의미를 2가지 서술하시오. [4점]

브랑쿠시, 〈물고기〉, 1930

브랑쿠시, 〈갓난아기〉, 1920

16-A13

|모|범|답|안|

특징은 첫째, 조각에 **조명이나 주변의 환경적 요소를 배치**해 **서술적인 효과**를 부여했으며, 독자적인 동시에 위치 이동이 가능한 조각의 특징이 있다. (**가동적인 그룹의 개념**이다.)
둘째, **형태의 단순화**를 통해 **존재의 핵심**을 드러낸다. **극도의 단순화**를 거쳐 **형체의 본질을 탐구**하는 추상조각이다.

브랑쿠시 작품에서 받침대의 의미는 첫째, 그것을 본체와 상호 보완적인 가치를 지니는 **독립적 조각품의 의미**였다.
둘째, 받침대는 **오브제**가 되어 작품의 **방랑적인 속성**을 드러내는 의미, 본질적으로 **이동 가능한 것으로서의 의미**가 **부여**되었다.
이동이 자유로우며 따라서 **자유로운 위치 선택과 다양한 결합을 통해 조각적인 환경을 이룰 수 있는 가능성을 지닌** 것이다.

31   2016학년도_A14

(가)와 (나)에 해당하는 미술 양식을 순서대로 쓰고, 각 작품에 반영된 사회·정치적 상황과 연결하여 (가)와 (나)의 주제를 각각 서술하시오. [4점]

(가) 바토(J.-A. Watteau), 〈시테라 섬으로의 출항〉

(나) 다비드(J.-L. David), 〈마라의 죽음〉

16-A14   [서양 미술사+회화]

|모|범|답|안|

(가) 미술 양식은 로코코이다.
로코코 미술의 사회, 정치적 상황은 루이 14세의 죽음 이후 베르사유 궁을 버리고 자신들의 저택으로 돌아온 귀족들, 그러한 귀족들이 긴장감을 버리고 생활의 쾌락에 몰두하는 상황과 보다 우아하고 화려하게 저택을 꾸미려고 하는 취미와 장식 요구의 유행 등이다. (가) 주제는 사랑의 섬을 순례하는 젊고 기품 있는 남녀들의 사랑 이야기를 그린 것이다.

(나) 미술 양식은 신고전주의
신고전주의 미술의 사회, 정치적 상황은 18세기 프랑스 대혁명으로 인한 유럽의 자유화 물결 속에서 시민 중심으로 로코코의 감각적이고 과도한 화려함을 거부했다. (나)의 주제는 혁명 지도자 중 하나인 장 폴 마라의 죽음을 기념하는 그림이다.

32 2017학년도_B5

다음은 기원전 2세기에 소아시아의 도시 페르가몬에 세워진 제우스 제단의 프리즈 조각의 일부이다. 이와 관련하여 〈작성 방법〉에 따라 서술하시오. [4점]

[별첨 컬러 도판 참고]

―| 작성 방법 |―

- 이 작품이 속하는 미술 양식의 명칭을 쓸 것.
- 이 작품에서 고대 그리스의 고전주의 양식과 대조되는 조형적인 특징을 찾아 3가지 서술할 것.

17-B5 [서양 미술사] 고대 그리스 - 헬레니즘 / 고전주의

|모|범|답|안|

양식 명칭은 **헬레니즘**이다.
고대 **고전주의 양식**은 형식과 조화에서 **이상적인 인간상의 모범**을 보여주고, **균형과 안정감, 대응균형, 자연주의적 요소와 조화로운 비례**를 갖춘 **이상주의적 경향**이 특징이다. 이와 대조되는 헬레니즘 양식의 조형적 특징은 첫째, **사실주의에 입각한 표현성**이 훨씬 강하게 드러난다. 이는 의상과 자세에서 보다 적극적인 실험 정신을 보여준다.
둘째, 헬레니즘 조각은 **강한 역동성과 율동감**이 뛰어나며, **좀 더 연극적**이다. 또한, **뒤틀린 자세의 인체**에 많은 관심을 보여주었으며, **과장, 빛과 그림자의 강한 대조가 특징**이다.
셋째, 개인의 얼굴 묘사에 불안한 표정 등 **인간적인 속성**을 보다 분명히 드러낸다.

33 2018학년도_A5

다음 작품과 설명을 참고하여 괄호 안의 ㉠에 해당하는 용어와 ㉡에 해당하는 미술 사조를 순서대로 쓰시오. [2점]

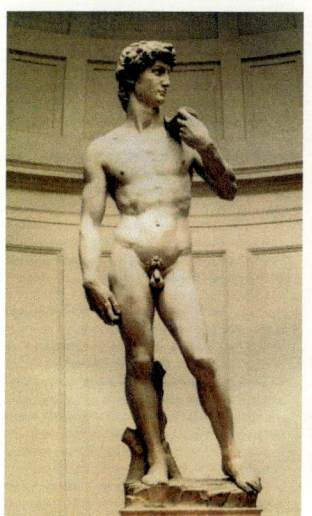

미켈란젤로(Michelangelo), 〈다비드〉, 1504년

잠볼로냐(Giambologna), 〈사비니 여인의 납치〉, 1583년

미켈란젤로의 〈다비드〉는 콘트라포스토(contrapposto) 자세를 취하여 균형 잡힌 인체의 자연스러운 모습을 보여준다. 이처럼 르네상스는 이상적인 아름다움과 우아함을 추구하여 고대의 부활을 알린다. 반면 잠볼로냐의 〈사비니 여인의 납치〉는 '뱀과 같은 형상'이란 의미인 (㉠) 자세를 이용하여 뒤틀리는 듯한 움직임을 강조한다. 고요한 상태의 〈다비드〉가 고전 양식에 따라 감상 시점이 정면이라면, 〈사비니 여인의 납치〉는 한 시점에 머무르지 않고 조각상을 돌아가며 관람하도록 이끈다. 과장되고 왜곡된 표현은 (㉡)의 특성으로 당시 종교적·정치적으로 혼란스러웠던 시대적 상황을 반영한 것이다.

18-A5

| 정답 | ㉠ 피쿠라 세르펜티나타   ㉡ 매너리즘

다음 (가), (나)를 참고하여 〈작성 방법〉에 따라 서술하시오. [4점]

(가) 작자 미상, 1150년경, 필사본

(나) 시모네 마르티니(Simone Martini), 1333년, 제단화

―| 작성 방법 |―
- (가), (나)의 공통된 제목을 쓰고, (나)에서 화병 속 백합이 갖는 상징적 의미를 서술할 것.
- (가)보다 (나)에서 긴장감이 잘 나타나는 이유를 인물의 표정과 자세의 측면에서 서술할 것.

18-A14 [서양 미술사] 후기 고딕 – 시에나파 – 마르티니

| 모 | 범 | 답 | 안 |

(가), (나)의 공통된 제목은 **수태고지**이다. (나)의 백합은 처녀성의 상징으로 **마리아의 순결**을 의미한다.
인물의 표정과 자세의 측면에서 왼쪽 대천사 가브리엘은 마리아에게 인사를 하고 왼손에 올리브를 들고 있고, 오른손은 마치 말을 시작하려는 듯한 자세를 하고 있다.

오른쪽 검정 의상의 마리아는 천사의 출현에 매우 놀라고, 두려움과 겸허한 몸짓으로 움츠리면서 천사를 돌아다보고 있다.
섬세한 형태와 서정적인 감정을 나타내고 있으며, 흘러내리는 의상의 부드러운 곡선과 가느다란 몸매의 미묘한 우아함과 인간의 체형, 복잡한 인간적인 감정 표현 등으로 긴장감을 나타내고 있다.

또한, 인물들을 패널의 복잡한 형태 속에 알맞게 배치한 방식, 즉 천사의 날개가 왼쪽 아치에 들어맞게 그려졌고, 마리아가 오른쪽 아치 속에 그려지며 인물 사이의 공간을 꽃병, 비둘기로 채운 방법 등으로 긴장감을 조성하고 있다.

35 2018학년도_B2

다음은 서로 다른 시대의 초상조각을 비교한 대조표이다. ㉠~㉣에 해당하는 내용을 순서대로 서술하시오. [4점]

[별첨 컬러 도판 참고]

(가)

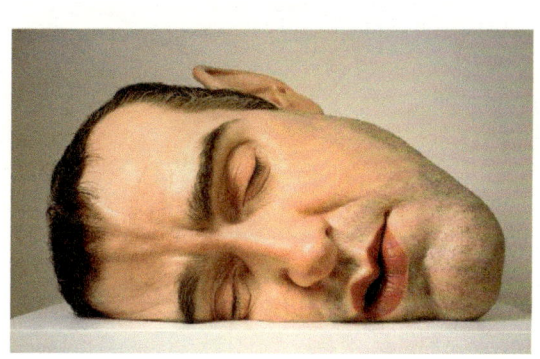
(나)

	(가)	(나)
대상	㉠	일반인의 얼굴을 표현하였다.
주요 재료	대리석을 사용하였다.	혼합재료를 사용하였다.
표현 방법	사실적 표현에 근거하나 전체적으로 단순화시키는 방식을 사용하였다.	㉡
크기로 인한 효과	㉢	거대한 크기로 인해 대상을 낯설게 한다.
(가)시대/(나)사조	고대 로마제국 시대의 초상조각이다.	㉣

18-B2   [서양 미술사] 로마 조각 vs 현대 극사실

|모|범|답|안|
㉠ 콘스탄티누스 황제
㉡ 극사실적 표현과 전체적으로 대상을 확대시키는 방식을 사용하였다. 대상의 일부를 묘사하였다.
㉢ 초월적인 대상, 숭배의 대상으로 느껴지게 한다.
㉣ 현대 극사실주의 조각이다.

36 2019학년도_A3

다음 괄호 안의 ㉠, ㉡에 해당하는 건축 용어를 순서대로 쓰시오. [2점]

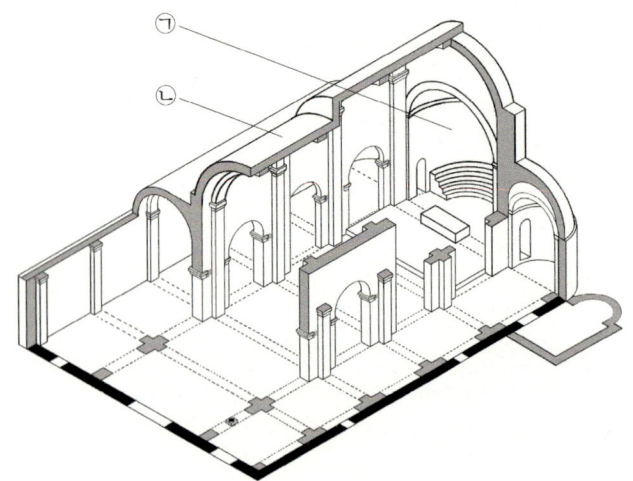

중세 교회 건축은 로마 건축으로부터 많은 영향을 받는다. 초기 기독교 교회는 그리스 신전이 아니라 로마의 공회당인 바실리카를 모범으로 삼는다. 신상과 기둥으로 인해 내부가 협소한 그리스 신전과 달리 바실리카는 많은 사람이 모일 수 있는 공간을 제공하기 때문이다. 장방형 바실리카 교회에서 신랑(nave)은 신자들을 위한 곳이며, 긴 방향의 한쪽 끝에 위치한 반원형의 (㉠)은/는 제단이 놓이는 공간이다. 이후 로마네스크 시대에는 로마의 건축술인 아치(arch)를 활용한 (㉡) 구조의 천장을 이용하여 크고 육중한 바실리카형 교회가 건축된다. 이러한 아치 구조는 기둥에 수평 들보를 얹는 그리스 신전 방식과 달리 넓은 실내를 확보할 수 있는 장점이 있다.

19-A3 [건축]

|정답| ㉠ 앱스(Apse)   ㉡ 볼트(Voulte)

|인|정|답|
㉡ 궁륭

37 2019학년도_B3

(가), (나)에서 서양 회화의 전통이 어떻게 수용되고 부정되는지 각각 서술하시오. [4점]

[별첨 컬러 도판 참고]

(가)

(나)

19-B3 [쿠르베 / 마네]

|모|범|답|안|

(가)는 **사실주의 쿠르베**의 작품이다. 전통의 수용은 '**사실주의, 환영주의, 원근법주의, 집단 초상 형식, 전통적인 종교 주제**' 등이다. 전통에 대한 부정은 첫째, '역사화에서 주로 사용되는 **삼각형 구도를 거부하고 화면 구도가 수평적**이다. 둘째, 이전의 전통 역사화에서는 중요 인물만 다루었으나 쿠르베는 중요 인물과 주제 파악이 모호한 대상 표현, **진부한 현실을 사실 그대로 제시한 점**이다. 셋째, 환영적 공간을 거부하고 깊이감 없는 촘촘한 구성, 평평한 캔버스 처리 등이다.

(나)는 **인상파 마네**의 작품이다. 전통의 수용은 '**역사화**'이며, **낭만주의 방식으로 죽음과 학살**을 드러냈고, **리얼리스트 시각을 수용하여 역사적 사실을 주제**로 다루었다. **그림에 감정 이입을 배제하고, 냉정한 관찰자 시각**을 사용했다.' 전통에 대한 부정은 첫째, '공들이지 않은 화면 마무리 등은 전통 회화에 없던 **현대성**이다. 둘째, **사회·문화의 지배적 가치에 대한 비판의식**을 그림에 도입한 것이다.'

38 2020학년도_A4

다음 도판과 설명을 참고하여 ㉠, ㉡에 해당하는 용어를 순서 대로 쓰시오. [2점]

[별첨 컬러 도판 참고]

(가) 폼페이의 로마 시대 주택 내부

(나) 프레스코 벽화 장식의 예

비트루비우스(M. Vitruvius Pollio)는 로마 주거 건축의 구조와 장식에 대해 상세한 기술을 남겼다. 그는 (㉠)을/를 로마 주택의 핵심으로 여겼다. 이는 건물 입구와 연결되어 외부인을 맞이하는 데 사용되었던 공간으로, (가)에서 보이는 것처럼 천정이 뚫려 있고 그 아래에 저수조가 놓여서 빗물을 받도록 되어 있다. 그는 그리스인들의 주택에는 (㉠)이/가 없고 출입구로부터 통로가 있을 뿐이라고 서술했다.

또한 비트루비우스는 로마인들이 프레스코 벽화와 회반죽 장식으로 건물들을 화려하게 꾸미는 전통을 가지고 있다고 언급했다. 과거에는 건물의 모습이나 풍경을 사실적으로 표현하는 식으로 전개되었으나, 자신의 시대에 와서는 기둥 대신 갈대 줄기나 촛대가 건물을 받치거나 식물 줄기에서 사람과 동물이 돋아나는 등 기괴하고 환상적인 이미지를 재현하는 그릇된 풍조가 생겼다고 했다. (나)에서 발견되는 이러한 경향은 르네상스 시대에 재조명되면서 (㉡)의 기원이 되었으며, 서양 근세 장식 미술에 큰 영향을 주었다.

20-A4

| 정답 | ㉠ 아트리움   ㉡ 그로테스크 장식

39 2020학년도_A8

다음을 참고하여 〈작성 방법〉에 따라 서술하시오. [4점]

[별첨 컬러 도판 참고]

(가) 가보, 〈구축된 머리 No. 2〉, 1923~1924 (원작 1916)

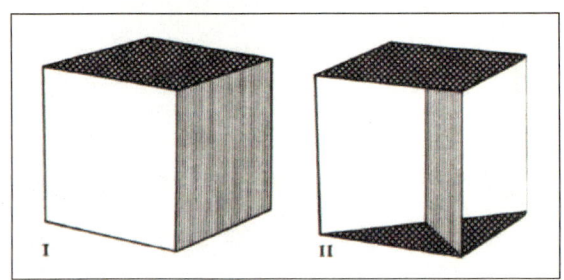

(나) 용량측정적 육면체(Ⅰ)와 용적측정적 육면체(Ⅱ)

가보(N. Gabo)는 새로운 표현에 적합한 수단을 공간과 구조의 원리에서 찾았다. 형태 내부의 구조를 드러내는 (가)는 이러한 시각을 보여주는 대표작이다. 1920년 「사실주의 선언(The Realistic Manifesto)」에서 언급된 "조각적 요소로서의 덩어리(mass)를 거부한다."라는 주장은 이를 뒷받침한다. 그는 (나)와 같이 '용량측정법(volumetry)'과 '용적측정법(stereometry)'을 제시하며 기하학 개념을 통해 자신의 조형 원리를 정리하기도 하였다. 가보는 ㉠ 당시 러시아에 팽배했던 타틀린(V. Tatlin) 중심의 미술 경향에 반대하는 입장을 나타내기도 하였으며, 그의 새로운 조형적 시도는 이후 현대 미술에 다양한 영향을 미치게 되었다.

―| 작성 방법 |―

- (가)에 나타난 공간 표현의 의도를 (나)와 관련지어 서술할 것.
- 가보가 주장한 조형 예술의 궁극적 목적을 ㉠과 관련지어 서술할 것.

20-A8

|모|범|답|안|

(가) 공간 표현 의도는 조각에서 물질적 덩어리를 조각적 요소로 수용하는 것을 거부하며, 인체를 재현한 공간이 아니라 전적으로 스스로 "드러나는" 공간을 표현한 것이다. (나)의 용량측정법은 전통조각 기법인 '조각'에 해당하고 용적측정법은 **새로운 기법인 '구축'**에 해당한다. 전자가 **'물질적 덩어리(volume of mass)'의 체적**을 드러낸다면, 후자는 '공간의 체적(volume of space)'을 드러낸다.

㉠ **타틀린은 "실제공간과 실제재료"라는 지론을 강조**한다. 작품에서는 그 구조가 내부에서 외부로 전위되었다. 또한, 시간과 공간의 경험이 가보와 반대되는데 타틀린은 실제 시간의 경험과 관련되어 있으나, 가보는 시간성이 전복된 지각적 종합을 관람자에게 제공한다.

|인|정|답|

(가) 공간 표현 의도는 양적 공간을 거부하고, 면 중심의 공간을 제시하고자 함. 구성 조각을 나타내고자 함

㉠ 타틀린은 혁명에 유용한 예술을 생산하는 것이 목적이지만, 가보는 예술의 독립성을 전제로 순수 예술을 창조하는 것이 목적이다.

40 2021학년도_A11

다음 작품과 설명을 참고하여 〈작성 방법〉에 따라 서술하시오. [4점]   [별첨 컬러 도판 참고]

(가) 라파엘로(Raffaello Sanzio), 〈성처녀의 결혼식〉   (나) 티치아노(Tiziano Vecellio), 〈바쿠스와 아리아드네〉

> 16세기 이탈리아의 피렌체에서는 회화, 조각, 건축을 육체 노동에 의존하는 손기술의 산물이 아니라 구상이나 계획과 같은 지적 능력의 산물로 보았다. 여기에는 '디세뇨(disegno)'에 대한 새로운 인식이 중요하게 작용하였다. 본래 디세뇨는 '드로잉'을 뜻하는 것이었으나, 15세기 후반 들어 단순한 스케치를 넘어 예술가의 정신적 의도나 아이디어의 표현으로 이해되면서 독립적인 지적 산물로도 인식되었다. 바사리(G. Vasari)는 이러한 디세뇨의 측면에서 피렌체의 회화가 베네치아의 회화보다 뛰어나다고 보았으며, 이와 같은 견해를 피렌체의 아카데미 교육에 적용하였다. 피렌체 회화와 베네치아 회화의 차이는 17세기 프랑스의 아카데미에서 두 화풍의 우열에 대한 논쟁으로 이어져 '푸생주의자(Poussinistes)'와 '루벤스주의자(Rubénistes)'의 대립을 초래하였다.

─── | 작성 방법 | ───

- (가)의 조형적 특징을 디세뇨의 측면에서 2가지 서술할 것.
- (나)에 나타난 베네치아 화풍의 특징을 2가지 서술할 것.

21-A11

|모|범|답|안|

디세뇨란 데생(소묘), 디자인이라는 뜻이며, (가)는 이탈리아 르네상스 피렌체 화파에 속한다.
따라서 디세뇨의 측면에서 (가)의 조형적 특징은 첫째, **명료한 형태와 윤곽선**을 활용하였다.
둘째, **합리적이고 극적인 감동을 중시하며 자연주의적 경향**이다.

(나)에 나타난 베네치아 화풍의 특징은 **첫째, 빛, 색채, 분위기를 강조**한 것이다. 둘째, **회화적인 색채를 사용**한 점이다.

41 2022학년도_B5

다음은 로댕(A. Rodin)의 조각 작품이다. 〈작성 방법〉에 따라 서술하시오. [4점] [별첨 컬러 도판 참고]

(가) 〈청동 시대〉, 1876

(나) 〈세 망령〉, 1880

―― | 작성 방법 | ――
- 당대 아카데미즘 조각과 비교하여 (가)에서 볼 수 있는 인체 표현의 특징을 2가지 서술할 것.
- (나)의 군상에 사용된 비전통적 제작 방법의 명칭을 쓰고, 이 제작 방법의 특징을 서술할 것.

22-B5

|모|범|답|안|

당대 아카데미즘 조각에서 볼 수 있는 인체 표현의 특징 첫째는 부드럽고 매끄럽게 다듬어진 형태와 피부의 표현이 특징이다. 반면에 (가) 로댕은 **인체의 움직임을 통해 감정을 표현**하려 했으며, **순간적이고 인상적인 형태**를 위해 **흙의 질감과 손맛을 살려 표현**했다.
둘째, 아카데미즘 조각은 이상적인 인체의 비례가 특징인 반면에 (가) 로댕은 **사실적인 인체 비례**가 특징이다.

(나) 비전통적 제장 방법의 명칭은 **마르코타주**이다.
이 방법의 특징은 **인물의 반복을 통한 일화성 해체**이다.

|인|정|답|

1) 당대 아카데미즘 조각은 **신화적인 주제와 특징 없는 의상으로 감쌌였던 타성**이 지배적이었다.
   반면에 (가) 로댕은 **살아 있는 듯한 질감과 완벽한 구조의 통일**을 보여주고 있다.
2) **(가) 로댕은 예술작품의 근원으로 개인적인 경험을 강조한 것이 아카데미 미술과 거리가 먼 것이다.**
3) 작업 과정에서 발생하는 자연스러운 흔적과 주조 과정에서 나타나는 붙임선 등을 인위적으로 다듬지 않고 드러냄으로써 조각에서 주관성과 자율성의 중요함을 인식시켰다.

(나) 마르코타주의 특징은 조각상의 인체 **부분 부분을 맥락에서 떼어내어 재조합하고 결합하여 내러티브의 다중성을 나타낸** 것이다.

42 2022학년도_B9

다음 작품과 대화를 참고하여 <작성 방법>에 따라 서술하시오. [4점]

(가) 터너(J, Turner), 1840

(나) 비어스타트(A. Bierstadt), 1868

이 교사 : 다음 주에는 '19세기 풍경화의 미적 감상과 맥락적 이해'를 주제로 미술사 수업을 진행하려고 합니다. 아름다움에 대한 쾌(快)의 감정과 대조되는 감정, 즉 자연의 막강한 힘이나 무한한 크기에 의해 느껴지는 두려움과 고양의 감정인 (㉠)의 측면에서 풍경화를 감상하려고 해요. 우선 영국의 풍경화가인 터너(J. Tuner)의 (가) 작품을 보면서 자연의 광폭한 힘에 대한 공포의 감정이 어떻게 느껴지는지 얘기해 보려고 합니다. 이어서 작품의 제작 동기가 된 사회 고발적 글에서 다루어진 ㉡당대의 사회 정치적 배경을 찾아보고, 이에 따른 표현 방식을 함께 토론해 볼 거예요. 이 외에 또 다른 좋은 예가 있을까요?

최 교사 : 비슷한 시기에 그려진 미국의 풍경화를 감상하면 좋을 것 같습니다. 예를 들어 비어스타트(A. Bierstadt)가 그린 (나) 작품을 보면 자연의 위력에 대한 두려움의 감정보다는 대자연의 장대함에 대한 경외의 감정이 잘 표현되어 있어요. 신대륙에 건국된 미국의 ㉢국가적 성장이라는 시대적 배경을 바탕으로 이 작품을 살펴보면 왜 이러한 표현을 했는지 맥락적으로 이해할 수 있습니다. 결국 자연을 대할 때 그 사회정치적 배경이나 역사적 상황이 다르면 자연에 대한 미적 감정과 표현 방식 또한 달라진다는 것을 알 수 있을 거예요.

──────| 작성 방법 |──────

∘ 괄호 안의 ㉠에 해당하는 용어를 쓸 것.
∘ (가) 작품에 반영된 밑줄 친 ㉡을 쓰고, 이를 표현한 조형적 특징을 서술할 것.
∘ (나) 작품에 반영된 밑줄 친 ㉢을 서술할 것.

22-B9

|모|범|답|안|

㉠은 **숭고**이다.
㉡ 사회 정치적 배경은 1781년 아프리카 해안에서 영국의 선적에 타고 있는 **노예를 산 채로 바다에 던진 사건**과 그에 따른 재판, 그리고 투표를 통한 **영연방 노예제 폐지**이다.
  이를 표현한 조형적 특징은 노란색과 파란색의 대비, 붉은 핏빛으로 물들은 하늘과 흰색 태양 등 섬세한 색채 변화가 특징이다.
㉢ 근경은 꼼꼼하게 세부 묘사하고, 원경은 햇빛을 받고 있는 록키 산맥을 표현함으로써 **서부 개척이 미국의 위대한 의무**인 듯 묘사하는 일종의 선전화이며 이를 통해 국가적 성장이라는 시대적 배경을 반영하였다.

|인|정|답|

㉡ 이를 표현한 조형적 특징은
  ① 실제로 눈에 보이는 사물의 색채를 있는 그대로 사용하기 보다는 감정적인 효과를 극대화하기 위해 색과 형을 자유롭게 구사하며, 알라프리마를 사용하여 빠른 붓질로 표현하였다.
  ② 애벌칠로 하얀색 바탕을 사용함으로써 최종적인 완성작을 보다 환하게 보이게 하였다.

다음 도판과 설명을 참고하여 괄호 안의 ㉠, ㉡에 해당하는 용어를 순서대로 쓰시오. [2점]　　　[별첨 컬러 도판 참고]

(가) 생피에르(Saint-Pierre) 수도원 교회

(나) 수도원의 일부 공간

　11~12세기 프랑스에는 스페인의 산티아고 데 콤포스텔라(Santiago de Compostela)로 가는 순례길을 따라 많은 교회 건물이 세워졌다. 초기 그리스도교 시대의 바실리카 구조를 궁륭형 천장으로 덮고 내부에 신랑, 측랑, 익랑을 갖춘 거대한 십자가 형태의 이러한 중세 교회 건축은 훗날 (㉠) 양식이 라고 불리게 되었다. 프랑스 남부 무아삭(Moissac)의 생피에르 수도원은 (가)와 같이 수도원과 교회가 합쳐져 있는 수도원 교회로서 순례길의 핵심 요지 중 하나였다. (나)는 수도원의 중정을 둘러싼 'ㅁ'자 형태의 공간인 (㉡)(으)로, 수도원 내의 다양한 생활 영역을 연결하는 통로이자 수도사들이 안뜰을 바라보며 명상하는 공간이었다.

다음 도판과 설명을 참고하여 〈작성 방법〉에 따라 서술하시오. [4점]

(가) 드가(E. Degas), 〈무희〉

(나) 마티스(H. Matisse), 〈뱀〉

㉠ 덩어리와 양감을 조소의 중요한 요소로 표현한 로댕(A. Rodin)은 많은 소조 습작을 제작했다. 가소성 높은 재료로 형상을 만드는 기법인 소조는 조각가뿐만 아니라 화가에게도 인체를 탐구하는 데 유용하게 활용되었다. 소조 제작 과정을 거친 (가)와 (나)는 외부 충격에 약하기 때문에 청동으로 주조되었다. (가)의 원형 제작 재료인 (㉡)은/는 높은 온도에서 액화되는 특성 때문에 주조의 소성 작업에 필수 재료이기도 하다. (나)에서는 수분을 함유한 (㉢)을/를 길게 말아서 코일링 기법으로 인물의 팔과 다리를 표현하였는데, 청동으로 주조된 후에도 물질적 특성이 남아 있다.

──────| 작성 방법 |──────

- 밑줄 친 ㉠과 비교하여 (가), (나)의 인체 표현에서 공통적으로 파악할 수 있는 조형적 특징을 2가지 서술할 것.
- 괄호 안의 ㉡, ㉢에 해당하는 소조 재료를 각각 쓸 것.

45 2025학년도_B6

다음 도판과 설명을 참고하여 〈작성 방법〉에 따라 서술하시오. [4점]

(가) 미켈란젤로(Michelangelo), 시스티나 예배당 천장화

(나) 포초(A. Pozzo), 산티냐치오 성당 천장화

르네상스 시대 천장화인 (가)와 바로크 시대 천장화인 (나)는 회반죽 바탕에 수성 안료로 채색하는 (㉠)기법을 사용했다는 점에서는 유사하지만, 환영적인 공간을 표현하는 방식에 있어서는 분명한 차이를 보인다. (가)와 (나) 모두 눈속임 기법(trompe l'oeil)을 사용하였으나, (나)는 ㉡(가)의 공간 표현 방식에서 한층 더 나아가 공간의 환영을 극대화하였다. 즉, (나)는 '아래에서 위를 올려다보는' 방식인 (㉢)기법과 건축 요소를 회화에 결합시킨 콰드라투라(quadratura)기법을 더욱 발전시켜 무한한 공간으로 뻗어나가는 듯한 환영을 창출하였다. ㉣(나)와 같은 유형의 그림은 17세기 로마 가톨릭 교회에서 유행하였으며 이후 유럽의 궁정 건축 회화로 널리 확산되었다.

─── | 작성 방법 | ───
- 괄호 안의 ㉠, ㉢에 해당하는 용어를 순서대로 쓸 것.
- 밑줄 친 ㉡을 회화와 건축 요소를 일체화한 방식에 초점을 맞추어 서술할 것.
- 밑줄 친 ㉣의 이유를 종교적 배경과 관련하여 서술할 것.

25-B6

|모|범|답|안|

㉠ 프레스코
㉡ 천장을 가로지르는 **궁륭에 그려진 그림의 일부**이다. 천장과 연결된 건축 구조를 그림으로 연장시켜 표현하여 **건물의 구조처럼 묘사**된 **틀 속에 인물을 배치**했다.
㉢ **지렁이 시점(worm's-eye view) 원근법**, 소틴수(sottins)
㉣ 가톨릭 교회를 중심으로 한 반종교개혁의 입장. 교회를 신비한 체험의 장소로 장식하여 교황의 권위와 신의 영광을 드러내는데 미술이 중요한 역할을 하였다.

26 서양 미술사(2)

1 2003학년도_11

벽화는 고대로부터 현대에 이르기까지 당대의 시대적, 사회적, 문화적, 영향을 반영한다. 다음에 제시된 (가), (나), (다)의 벽화에서 시대적, 사회적, 문화적 변화에 따른 벽화의 기능과 역할을 각각 2줄 이내로 쓰시오

  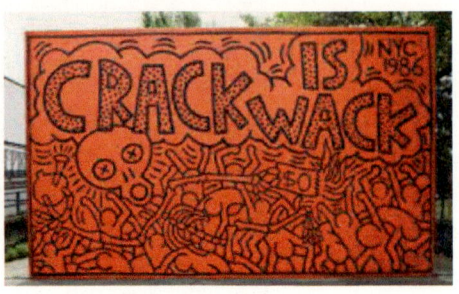

(가) 고분벽화/고구려   (나) 학교 벽에 그려진 벽화/한국   (다) 다운타운가 벽화/미국

(가) (2점)

(나) (2점)

(다) (2점)

03-11 [서양 미술사]고구려 벽화 / 환경 벽화 / 낙서 미술

|모|범|답|안|

(가)는 무덤을 장식하는 기능이다. 주인이 죽은 뒤에도 행복하게 살기를 바라는 마음이 담겨 있는 계세사상을 표현하는 장식적 기능이다. 벽에는 주로 현실 생활과 관련된 내용을 그리고 천장에는 하늘 세계와 관련된 내용을 비교적 생생하게 그려 넣는 묘사의 역할이다.

(나)는 도시 환경을 장식하는 기능, 주변 미관 개선 등의 다양한 부가가치 창출 기능과 거대한 스케일을 가지고 있기 때문에 식별성과 가시성에서 랜드마크의 기능 등을 가지고 있다.
역할은 직접적 정보교환이나 의사소통을 의도하는 평면 조형적 표현방법이다.

(다)는 1970년대 낙서 미술 1960년대 미술의 지나친 엘리트주의, 관념적이고 개념적 미술에 반대하며 등장했다. 반항적 청소년들과 흑인이나 푸에르토리코인과 같은 소수민족들이 즉흥적·충동적이며 장난스럽고 상상력이 넘치는 내용을 통해 자신들의 **사회적 메시지를 펼치는 기능**이었다. 역할은 힙합 문화의 확산, 현대미술의 다양한 전개이다.

2 2004학년도_14

전시 디자인을 하기 위하여 전시장 모형을 제작하는 수업을 하려고 한다. 다음의 질문에 답하시오. [총 6점]

(가) 〈미술관 도슨트〉

(나) 〈전시장 모형〉

1) 미술에 관련된 직업 중에서 ① 큐레이터 (curator)와 ② 도슨트 (docent)가 하는 일에 대하여 각각 30자 이내로 쓰시오. (2점)

   ① 큐레이터

   ② 도슨트

2) (나)와 같이 팝아트 (Pop Art)를 주제로 전시장 모형을 제작하려고 한다. 이 작업과 관련하여 ① 팝아트의 발생 배경 및 특성과 이와 같이 ② 전시 디자인을 할 때 고려해야 할 사항을 각각 60자 이내로 쓰시오. (4점)

   ① 팝아트의 발생 배경 및 특성 (2점)

   ② 전시디자인을 할 때 고려해야 할 사항 (2점)

04-14 [서양 미술사] - 팝 아트 발생 배경 및 특징

|모|범|답|안|

1) ① 도슨트는 관람객의 감상을 돕고 시청각 기기 제공, 상담, 새로운 프로그램 개발을 돕기, 프로그램을 평가하는 일정 교육과정을 이수한 자원봉사자.
   ② 큐레이터는 미술관의 모든 일을 처리하고 수행하는 역할

2) 전시디자인 고려사항은 전시할 내용이 효과적이고 일괄적으로 전달될 수 있도록 하며, 관객의 동선을 고려해 자연스러운 흐름이 되도록 한다.
팝 아트의 발생 배경은
첫째, 영국의 **인디펜던트** 그룹의 결성과 활동.
둘째, 추상표현주의의 애매하고 환영적인 형태와 주관적인 미학에 대한 반대.
셋째, 지극히 평범한 것도 예술적, 미적 가치가 있다고 한 존 케이지의 사상.
넷째, 미국 중심의 현대 테크놀로지에 대한 낙관적 기조 등에 의해 출현했다.

특징은 첫째, 일상생활에 범람하는 기성 이미지인 대중적 이미지에서 제재를 취했다.
둘째, 흔히 발견되는 일상의 이미지나 물체를 미술 작품으로 전환하였다.
셋째, 화면에 나타낸 이미지는 구성적이지만 회화 체계 자체는 추상성이 높다.

3 2004학년도_15

첨단매체를 활용하여 제작한 아래와 같은 작품들이 ① 현대 미술에 미친 영향과 ② 이러한 작품을 관람할 때 작품과 관람자의 관계 및 감상 태도에 관하여 각각 60자 이내로 쓰시오. [총 4점]

〈자석T V, 텔레비전과 자석, 백남준〉

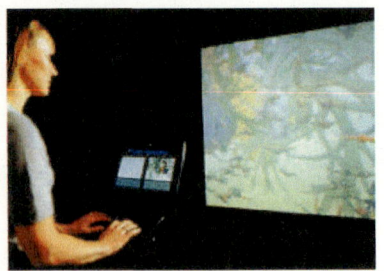
〈라이프 스페이시스, 컴퓨터와 비디오의 미디어, 조머러〉

〈바느질하며 걷기, 비디오, 김수자〉

① 현대미술에 미친 영향 (2점)

② 작품과 관람자의 관계 및 감상 태도 (2점)

04-15 [서양 미술사] - 비디오 / 미디어 / 설치

|모|범|답|안|

1960년대 이후 현대 미술, 특히 비디오 아트, 미디어 아트, 설치 미술 등이 이후 미술에 끼친 영향은 첫째, **미술에서 다양한 매체와 재료의 확장**을 가져왔다.
둘째, **감상자의 적극적인 감상과 참여**를 유도하는 **인터렉티브성 아트**의 전개를 가져왔다.
셋째, 변화와 소통을 취하는 개념 미술의 타당성을 제시했다. 그 외에도 다양한 실험 정신의 당위성을 제공했다.

작품과 관람자의 관계 및 감상 태도는
첫째, 관람객도 작품 표현과 본질적 요소로서 상호작용할 수 있다는 인식으로 적극적인 감상을 해야 한다.
둘째, 다양한 비평 요소와 기준을 활용하여 다양한 관점에서 작품의 가치 판단을 하는 이른바 **인터비주얼 과정**을 전개해야 한다.

4 2005학년도_03

아래 작품은 대지 미술(Land Art)이다. 이 미술의 미술사적 의의와 일반적인 문제점을 1가지씩 쓰시오. [2점]

- 미술사적 의의 :

- 문제점 :

05-03 [서양 미술사] - 대지 미술의 의의, 문제점

|모|범|답|안|

대지 미술의 미술사적 의의는 첫째, 미술에서 **재료, 표현 방법, 공간, 매체의 확장**을 가져왔다.
둘째, 개념 미술에 대한 인식의 확대를 가져왔다.
셋째, 미술에서 환경성의 문제를 제기하여 미술의 사회적 기능을 활성화 했다.

문제점은 첫째, 환경을 파괴했다.
둘째, 실질적인 관람 기회를 제한하여 대중과 미술의 괴리를 가져왔다.
셋째, 거대 자본의 유입과 간섭이 생기고, 자본주의에 종속되는 미술의 내적 문제 해결을 못했다.

5 2006학년도_24

다음 작품의 작가명을 쓰고, 사조의 특징을 각각 2줄 이내로 쓰시오. [4점]

(가) 가을의 리듬 : No. 30 / 1950

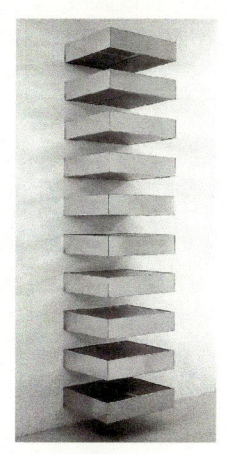

(나) 무제 / 1970

사조		작가	특징
(가)	추상표현주의	①	②
(나)	미니멀리즘	③	④

06-24 [서양 미술사] - 추상표현주의 / 미니멀 조각

|모|범|답|안|

① 작가는 잭슨 폴록.
② **추상표현주의**는 그린다는 **행위** 자체에 중점을 둔 액션적인 제작 태도와 **전면 균질적 공간 구성**, **드립 페인팅** 기법의 활용, 화면의 **평면성을 추구**했다.

③ 작가는 도널드 저드.
④ **미니멀 조각**은 작가의 감정과 주관적 행위의 배제, 최소한의 조형 수단의 활용, 회화와 조각의 구분을 배제하고, 공간에서 관람자 역할을 부각 시킨다. 조소에서 모든 일루전의 요소를 배제했을 때 필연적으로 드러나는 조소 자체의 '사물성'을 추구했다. 저드는 이것을 '특수한 사물'이라고 이름을 붙였다. 이것은 형태, 색채 등 작품의 외적 요소를 예술적 사고의 수단으로 여긴 것이 아니라 그 자체를 예술의 대상으로 여긴 것이기 때문이다. 따라서 **동어 반복적 표현**을 특징으로 하는 **무관계 미술**이 성립된다.

6 2006학년도_25

기존 작품에 대한 재해석을 통한 창작은 현대 미술에서 빈번하게 등장한다. (가) 작품들의 해석을 통해 나타난 (나) 작품들에 사용된 표현 방법의 명칭과 이러한 방법의 특징을 2가지 쓰시오. [3점]

(가)

모나리자 /
레오나르도 다 빈치

레카미에 부인 /
다비드

놀란 눈의 자화상
/ 렘브란트

(나)

L.H.O.O.Q /
마르셀 뒤샹

전망 I /
마그리트

표정 연습 /
모리무라 야스마사

(1) 표현 방법의 명칭 :

(2) 특징
-
-

06-25 [서양 미술사] 차용 - 다다 표현 방법

|모|범|답|안|
표현 방법의 명칭은 **차용**이다.
특징은
첫째, 이미 등장한 형상을 가지고 새로운 형상과 합성시켜 또 다른 작품을 창조하는 방식이다.
둘째, 예술 작품의 의미를 새롭게 하거나 무관심 속에서 의미를 잃어가는 예술품에 대한 관심을 유발 시킨다.
셋째, 미술사적 전통 작품의 지적 소유권에 도전하고 모더니즘의 독창성에 대한 숭배를 비웃기 위한 효과적인 수단으로 사용된다.

---

7 2007학년도_11

설치미술(Installation)이 전통적인 조각과 다른 특징을 2가지 쓰시오. [2점]

-
-

07-11 [조소] - 현대 조소, 설치미술

|모|범|답|안|
설치미술이 전통적인 조각과 다른 특징은 다음과 같다.
첫째, **전시 공간을 고려**하여 제작된 **작품과 공간이 총체적인 하나의 환경**을 이룸으로써 그 자체가 작품이 된다.
둘째, 관객은 그것이 만들어내는 환경에 직접 **참여**하게 되며, 작품 자체 및 작품과 주위 공간뿐 아니라 공간과 관람자가 이루는 관계까지 작품의 본질을 구성하는 요소가 된다.
그 외에도 공간 예술인 **미술에 시간 개념을 도입**했다. 가변성, 일회성을 본연의 속성으로 지니며 자료 형식이 다큐멘테이션이다.

8 2007학년도_15

다음 두 작품 (가)와 (나)에 나타난 초현실주의 표현 기법을 각각 쓰고 그 특징을 쓰시오. [4점]

(가) 한밤의 여인과 새 / 미로   (나) 우편엽서 / 마그리트

(가) 기법 :

특징 :

(나) 기법 :

특징 :

9 2007학년도_16

다음은 20세기 현대미술의 경향을 보여주는 작품들이다. 각 작품에 알맞은 미술 사조를 쓰시오. [3점]

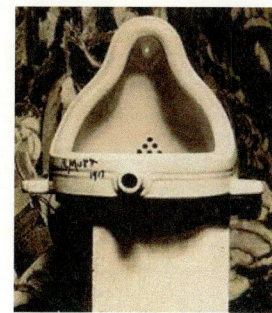

(가) 샘 / 뒤샹   (나) 봄의 태양 / 팅겔리

(다) 관광객 / 핸슨

(가)

(나)

(다)

07-15 [서양 미술사] – 초현실주의

|모|범|답|안|

(가) 기법 : 오토마티즘
특징 : 무의식적인 표현, 우연성, 고정관념과 이성을 벗어난 표현

(나) 기법 : 데페이즈망
특징 : 낯선 것들을 병치 조합 시킨다. 낯선 상황을 연출하고 심리적 충격을 준다.

07-16 [서양 미술사] – 현대미술

|모|범|답|안|

(가) 다다
(나) 누보레알리즘 (|인정답| 키네틱 아트)
(다) 극사실주의

10   2007학년도_17

백남준의 '비디오 아트'가 현대미술에 끼친 영향을 매체적 관점에서 3가지만 쓰시오. [3점]

-
-
-

11   2008학년도_11

다음 작품들은 평범하고 작은 일상용품을 거대한 규모로 도심에 설치한 환경조형물이다. 이 작품들의 공통된 미술사조와 작가를 쓰고, 이러한 환경조형물의 역할 2가지를 쓰시오. [3점]

① 미술사조:

② 작가:

③ 환경조형물의 역할
   -
   -

07-17   [서양 미술사] 비디오 아트 – 백남준 아트의 매체적 특징

|모|범|답|안|

비디오 아트는 비디오 영상, TV 등 새로운 테크놀로지를 미술에 적극적으로 활용하여 매체의 확장을 가져왔다.

시간, 공간, 동영상과 움직임, 소리, 빛 등의 요소를 종합 활용하여 매체의 다양성을 제시했다.

관람자의 수동적 감상을 넘어서 작품에 적극 참여하는 상호소통적 상황을 매체의 요소로 활용하여 인터랙티브 아트를 가져왔다.
전통적인 매체인 캔버스와 유채에서 TV 브라운관과 전기 음극선관에 의한 화면을 매체로 활용하여 매체에 대한 새로운 지각을 형성하였다.

08-11   [서양 미술사] 팝

|모|범|답|안|
- 미술사조: 팝아트
- 작가 : 올덴버그
- 환경조형물의 역할 : 랜드마크, 심미적 개선, 도시구조를 쾌적하게 하고 정서를 순화하기 위한 공간, 삶을 풍요롭게 한다.

12 2008학년도_16

이중해석이 가능한 영상을 그린 작품 (가)에 사용된 표현 기법을 작가 자신은 '편집광적 비평'이라고 불렀다. 작품(나)와 (다)에 사용된 표현 기법을 ①, ②에 쓰고 작품 (가)와 (다)의 표현 기법과 관련한 제작 의도를 ③, ④에 각각 2줄 이내로 쓰시오. [4점]

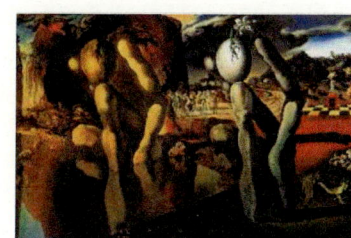

(가) 나르시스의 변형 / 달리

(나) 물고기들의 전쟁 / 마송   (다) 파타가가 / 에른스트, 아르프

구분	표현 기법	제작 의도
(가)	편집광적 비평	③
(나)	①	심리적 무작위, 우연적인 필치를 통해 충동적 욕구의 분출을 기록하여 무의식의 세계를 탐구했다.
(다)	②	④

13 2008학년도_17

다음 두 작품을 제작한 작가와 표현 기법을 쓰고, 이 작품을 통해 알 수 있는 20세기 현대 조소의 일반적인 특징 2가지를 쓰시오. [4점]

① 작가:

② 표현 기법:

③ 현대조소의 특징

-
-

08-16 [서양 미술사] 초현실주의 기법

|모|범|답|안|
① (나) 오토마티즘
② (다) 데페이즈망, 포토몽타주
③ (가)는 **편집광적 비평 기법**으로 이성의 지배를 거부하고 비합리적인 것, **의식 아래의 세계를 표현**하려는 의도이다. 의식 이전의 꿈과 현실의 모순된 상황을 절대적 현실, 초현실적 상태로 변형시키려는 의도이다.
④ (다)는 **데페이즈망**의 의도는 **심리적 충격**, 무의식 세계의 해방이다.

08-17 [서양 미술사] - 네오 다다

|모|범|답|안|
① 작가 : 로시네, 라우센 버그
② 표현 기법 : 컴바인 페인팅
③ 현대 조소의 특징
첫째, 공산품, 연질 재료 등 다양한 재료와 표현 방법을 사용한다.
둘째, 오브제를 활용하거나, 과학 기술의 도입, 정크 아트의 도입 등 재료와 방법이 다양해졌다.
셋째, 혼성 모방 양식 등 장르와 예술 경계가 타파되었으며, 설치 작업이 유행하였다.

14 2009학년도_28

미디어 아트는 디지털 테크놀로지를 활용하면서 주제와 표현 방법과 영역이 확장되었다. 컴퓨터를 사용하면서부터 새롭게 가능하게 된 미디어 아트의 특징으로 옳은 것을 <보기>에서 고른 것은?

|보기|

ㄱ. 텍스트, 그래픽, 사운드, 이미지 등의 조형 요소가 비선형적으로 결합하여 나타난다.
ㄴ. 대중 매체를 통해 중개되며 엘리트적 모더니즘과는 다른 민주적 가능성을 제시하게 되었다.
ㄷ. 이미지를 편집, 저장할 수 있으며 글과 그림이 하이퍼텍스트를 통해 상호 연결된다.
ㄹ. 영상 헬멧과 조작 단추가 달린 장갑, 센서 등을 사용하여 가상공간을 체험한다.
ㅁ. 작품을 통한 관람객의 참여와 놀이가 가능하게 되었고 신체성과 장소성이 중요하게 대두되었다.

① ㄱ, ㄴ, ㄷ
② ㄱ, ㄷ, ㄹ
③ ㄱ, ㄹ, ㅁ
④ ㄴ, ㄷ, ㄹ
⑤ ㄴ, ㄹ, ㅁ

09-28 |정답| ②

15 2010학년도_17

백남준의 비디오 아트와 관련된 설명으로 옳은 것은?

① <굿모닝 미스터 오웰>은 1984년 한국, 미국, 프랑스 등에 동시에 방영되었으며, 인공위성으로 중계한 최초의 비디오 아트이다.
② <다다익선>은 서울 올림픽에 즈음하여 제작하였으며 개천절을 뜻하는 TV 모니터 1,003대가 사용되었다. <TV 정원>과 함께 다채널 비디오로 제작되었다.
③ 백남준은 1990년대에 라이브 퍼포먼스에서 멀티모니터 비디오 구조물로 방향을 전환하였으며, 모니터 이미지는 다큐멘터리와 같은 객관성을 강조하였다.
④ <로봇 가족> 시리즈는 TV 수상기 자체에 의해 형성되는 조각적 설치 효과가 강조되었고, 관람자의 몸짓으로 조종할 수 있는 인터랙티브 아트(interactive art)이다.
⑤ 1965년 교황을 촬영한 비디오 상영은 예술지향적인 비디오 아트의 시작으로 볼 수 있다. 그는 "콜라주 기법이 회화를 대체했듯이 음극선관(陰極線管)이 캔버스를 대체할 것이다."라고 말하였다.

10-17 |정답| ⑤

16 2010학년도_27

다음 (가)~(다)의 주된 조형 요소와 재료가 가장 적절하게 연결된 것은?   [별첨 컬러 도판 참고]

(가)

(나)

(다)

	(가)	(나)	(다)
①	매스, 청동	공간, 철	형태, 합성수지
②	매스, 나무	공간, 합성수지	색채, 복합 재료
③	형태, 청동	매스, 철	매스, 나무
④	동세, 합성수지	형태, 청동	형태, 나무
⑤	동세, 청동	형태, 철	색채, 복합 재료

10-27 |정답| ⑤

17 2010학년도_34

다음 흑백 사진은 폰타나(L. Fontana)의 작업 장면이다. 작품 제작과 관련된 설명으로 옳은 것을 <보기>에서 모두 고른 것은?

보기

ㄱ. 제소(gesso)로 밑칠을 하지 않은 로 캔버스(raw canvas)에 스테이닝(staining) 기법을 주로 사용하였으며, 얼티메이트 페인팅(ultimate painting)의 표현 방법을 사용하였다.

ㄴ. 화면을 칼로 오려 환영의 미학을 타파하는 표현 방식으로 평면성에 공간성을 더하였으며, 캔버스의 바탕색을 모노크롬으로 선택한 이유는 찢기거나 구멍 난 부분을 더욱 확실히 보이기 위해서였다.

ㄷ. 제스처를 수반한 붓질을 선호하고, 마티에르가 배제되며, 화면의 색채가 무엇을 서술하거나 은유하는 수단으로서의 기능에서 벗어나 그 자체로 자율성을 획득하는 색면 회화를 표방하고 있다.

ㄹ. 그림을 그리다가 망쳐 버려 화면을 칼로 그어 버린 순간 떠오른 발상이다. 그는 변형 캔버스(shaped canvas)에 구멍을 뚫기도 하였으며, 회화와 조소의 전통적 구분을 없앤 4차원적 예술을 주장하였다.

ㅁ. 실제 눈에 보이는 대상보다 관념적이고 추상적인 것들이 더 구체적인 것이라는 회화 정신에 입각한 구체 미술(concrete art)의 개념을 가시화하였으며, 다다이즘의 파괴 정신을 결합한 것이다.

① ㄱ, ㄴ
② ㄱ, ㄷ, ㄹ
③ ㄴ, ㄹ, ㅁ
④ ㄴ, ㄷ, ㄹ, ㅁ
⑤ ㄱ, ㄴ, ㄷ, ㄹ, ㅁ

10-34 |정답| ③

18 2010학년도_35

손 교사는 '미술영역의 확장'을 주제로 진행한 수업에서 오브제 미술의 개념과 (가), (나)의 제작 기법을 소개하였다. 이에 대한 설명으로 옳지 <u>않은</u> 것은?

[별첨 컬러 도판 참고]

(가)   (나)

① (가)는 세 개의 성조기를 레디 메이드(ready-made)로 차용하여 사물과 이미지의 차이를 어떻게 볼 것인가의 문제를 제기한 작품이다.
② (나)는 라우센버그(R. Rauschenberg)의 작품으로, 기능이 상실된 일상 사물이 도입된 정크 아트이다.
③ (나)는 컴바인 아트이며 회화와 일상 사물의 결합을 통하여 회화와 조각의 경계를 허문 작품이다.
④ '레디메이드'는 마르셀 뒤샹(M. Duchamp)이 예술 작품으로 전시하기 위해 임의로 선택한, 양산된 사물에 붙인 이름이다.
⑤ 존 체임벌린(J. Chamberlain)은 폐자동차와 기타 금속을 조합하여 전통적 회화 개념에 반하는 작업을 선보였다.

|정답| ①

19 2010학년도_40

다음 (가)~(마)에 대한 설명으로 옳은 것을 〈보기〉에서 모두 고른 것은? [2.5점]

[별첨 컬러 도판 참고]

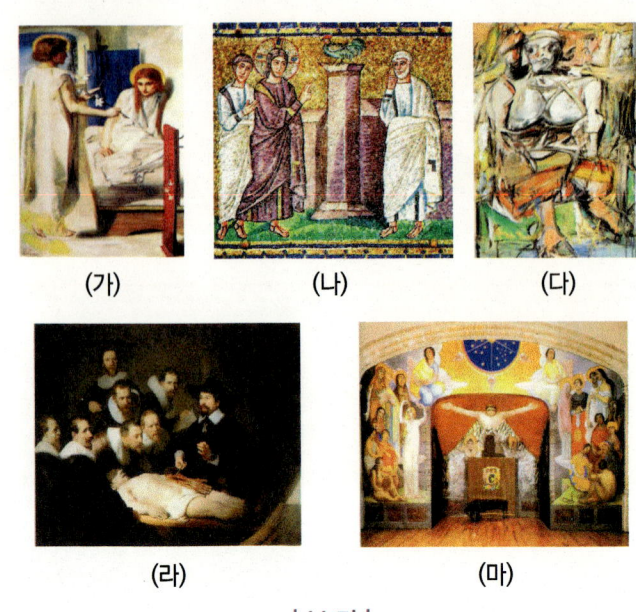

(가)   (나)   (다)

(라)   (마)

―| 보기 |―

ㄱ. (가)는 19세기 후반 이탈리아에서 활동했던 단테 가브리엘 로제티(D. G. Rossetti)의 〈수태고지〉이다. 윌리엄 모리스의 영향을 받은 로제티의 그림들은 근대 디자인의 탄생으로 이어졌다.
ㄴ. (나)는 6세기 라벤나의 모자이크 〈예수를 세 번 부인하는 베드로〉이다. 성서 내용의 명확한 전달을 위해 장식적 요소를 배제하고 장면의 핵심을 부각시켰다.
ㄷ. (다)는 추상표현주의 작가 드 쿠닝(W. de Kooning)의 〈여인 I〉이다. 그의 〈여인〉 연작은 형상성을 내포한다는 특징이 있다.
ㄹ. (라)는 렘브란트의 〈튈프 박사의 해부학 교실〉이다. 극적 효과를 고조시키는 명암법은 이탈리아 바로크의 거장 카라바조에게 영향을 주었다.
ㅁ. (마)는 멕시코의 대표적인 화가 디에고 리베라(D. Rivera)의 〈창조〉이다. 그의 작품에는 입체주의 외에도 이탈리아의 중세 및 르네상스 회화의 영향이 보인다.

① ㄱ, ㄴ
② ㄴ, ㄷ
③ ㄴ, ㄷ, ㄹ
④ ㄴ, ㄷ, ㅁ
⑤ ㄷ, ㄹ, ㅁ

|정답| ④

20 2011학년도_14

1960년대 이후 현대미술의 전개 과정에서 나타난 사조와 경향에 대한 설명으로 옳은 것을 〈보기〉에서 고른 것은?

--- 보기 ---

ㄱ. 모더니즘 이후 회화의 한 경향인 이탈리아 중심의 트랜스아방가르드, 독일과 미국 중심의 신표현주의는 회화의 형식보다 내용과 이야기를 중시하는 형상 회화적 특징을 갖는다.

ㄴ. 대지미술은 설치된 환경과의 연관 속에서 작품을 제작하거나 배치함으로써 작품 내용의 일부로 장소성을 수용하였다. 작품은 시간의 경과에 따라 변화하거나 사라지므로 사진 기록이 중요해졌다.

ㄷ. 페미니즘 미술은 모든 관람자의 신체가 지각적으로나 심리적으로 동일하다는 미니멀아트의 입장과, 언어가 중립적이고 합리적이라는 개념미술의 입장을 계승하여 여성에 대한 평등권, 신체성의 이슈를 제기하였다.

ㄹ. 팝아트는 놀랜드(K. Noland), 해밀튼(R. Hamilton) 등의 네오다다이즘의 경향과 존스(J. Johns), 라우센버그(R. Rauschenberg) 등의 대중 매체 형상을 탐구한 경향으로 구분한다. 두 경향은 평면성 주장을 계승하면서 회화의 환영성을 접목하였다.

① ㄱ, ㄴ
② ㄱ, ㄷ
③ ㄴ, ㄷ
④ ㄴ, ㄹ
⑤ ㄷ, ㄹ

| 정답 | ①

21 2011학년도_17

(가)~(마)의 작품에 대한 설명으로 옳지 않은 것은?

[별첨 컬러 도판 참고]

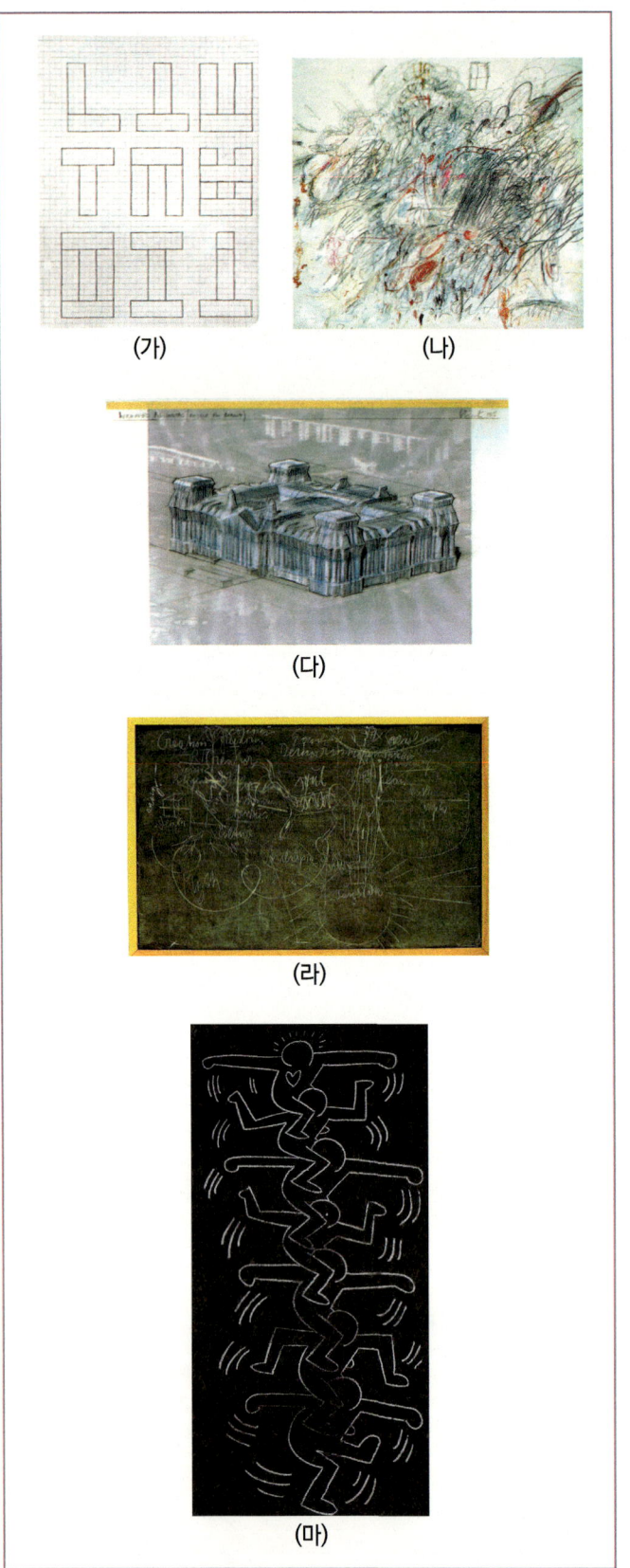

(가)

(나)

(다)

(라)

(마)

		작품 설명
①	(가)	안드레(C. Andre)는 전통적 조소 개념 및 형태를 탈피한 '잃어버린조소(lost sculpture)'의 작가이며, 기본 조형 요소 시리즈를 모눈종이 위에 연필로 그린 것을 드로잉 북으로 만들었다.
②	(나)	톰블리(C. Twombly)는 그라피티 아트(graffiti art)에 대한 지속적인 관심을 가지고 고대 로마의 유적에 남아 있는 낙서를 연상시키는 작업을 함으로써 드로잉의 속성을 극대화하고 있다.
③	(다)	크리스토(J. Christo)가 사진 위에 트레이싱 페이퍼를 올려놓고 그린 인포메이셔널(informational) 드로잉이며, 독일의 옛 국회의사당 포장 작업을 통해 엠파게타주(empaquetage)의 완결된 형식을 보여주었다.
④	(라)	보이스(J. Beuys)가 강연하는 도중에 칠판에 분필로 그린 실물 크기의 밑그림인 카르통(carton)에 해당하며, 대중과의 직접적 토론을 작품화한 다큐멘테이션이다.
⑤	(마)	해링(K. Haring)이 지하철 역 벽에 부착한 검은 종이 위에 초크로 그린 드로잉으로, 공간적 제약과 틀에서 벗어나려는 시도인 '벽없는 미술관' 개념과 연결된다.

11-17

|정답| ④

22. 2011학년도_18

비디오 아트에 관한 설명으로 옳은 것을 〈보기〉에서 고른 것은? [1.5점]

| 보 기 |

ㄱ. 기술 복제 시대를 대표하는 최초의 예술 장르로서 대표 작가로는 나우만(B. Nauman), 스티글리츠(A. Stieglitz) 등이 있다.
ㄴ. 영화에 비해 상대적으로 제작과 상영이 편리하며 스크린의 영상과 전자 매체의 오브제적 성격이 예술적 요인으로 작용하고 있다.
ㄷ. 현대 사회의 대중에게 친밀한 매체를 선택하여 커뮤니케이션과 매체 미학, 전자 기술의 잠재성과 진보성의 문제를 효과적으로 다루었다.
ㄹ. 1950년대 말 영화, 텔레비전, 광고, 과학 소설 등 대중문화에 관심이 많았던 현대예술연구소(ICA)의 '인디펜던트 그룹'을 중심으로 시작되었다.

① ㄱ, ㄷ
② ㄱ, ㄹ
③ ㄴ, ㄷ
④ ㄴ, ㄹ
⑤ ㄷ, ㄹ

| 정답 | ③

23. 2011학년도_24

뒤샹(M. Duchamp)의 (가)~(라) 작품에 대한 설명으로 옳은 것만을 〈보기〉에서 모두 고른 것은? [2.5점]

[별첨 컬러 도판 참고]

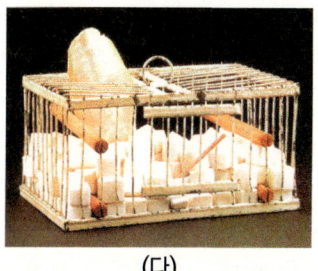
(가)

(나)

(다)   (라)

| 보 기 |

ㄱ. (가) 〈자전거 바퀴〉는 1913년에 제작한 최초의 레디메이드(ready-made) 작품이다. 예술가의 선택을 통해 기성품이 예술품으로 승격된 사례로서 창작에 대한 근본적 질문을 제기하며 여러 차례 재제작되었다.
ㄴ. (나) 〈샘〉의 소변기를 샘이라 명명한 것과 전시장에 설치한 것은 사물의 원래 기능과 미술가, 미술 작품, 대중의 관계를 일치시키려는 의도이다. 시각적 무관심으로 선택된 무관계 미술(non-relational art)이다.
ㄷ. (다) 〈로즈 셀라비는 왜 재채기를 하지 않는가?〉는 금속제의 새장 속에 각설탕 모양의 대리석 입방체와 온도계, 오징어 뼈 등을 넣어 제작한 것이다. 언어적 의미와 물체에 대한 인식의 전환을 제기하고 있다.
ㄹ. (라) 〈큰 유리〉는 영구 보존하기 위하여 캔버스에 납과 유화 물감으로 제작한 후 유리로 봉합하여 완성한 것이다. 주제는 인간의 익명성이다.

① ㄱ, ㄷ   ② ㄱ, ㄹ   ③ ㄴ, ㄹ
④ ㄱ, ㄴ, ㄷ   ⑤ ㄴ, ㄷ, ㄹ

| 정답 | ①

24 2011학년도_37

(가), (나) 작품 및 작가와 관련된 설명으로 옳은 것은? [1.5점]

[별첨 컬러 도판 참고]

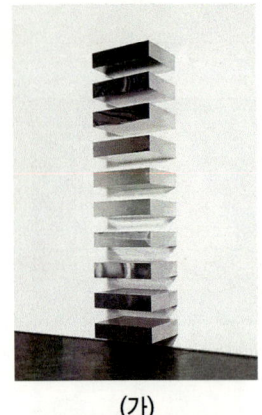 

(가)   (나)

① (가)는 저드(D. Judd), (나)는 세라(R. Serra)의 작품이다.
② 자기완결성을 지닌 것으로 관객과 장소에 관계없이 의미가 완성되어 있다.
③ 그린버그(C. Greenberg)와 프리드(M. Fried)는 작품의 근본 특성이 숭고의 체험을 유도하는 것으로 보았다.
④ 1950년대에 미국에서 제작된 것으로 최소한의 조형 요소를 사용하며 단순화된 형태와 절제된 양식이 특징이다.
⑤ 단순한 물체의 반복이거나 3차원의 단일한 입방체로 작품을 직접 제작하는 과정에서 작가의 노동을 중요시하였다.

11-37
| 정답 | ①

25 2011학년도_2차_논술03

다음에 제시된 조셉 코수스(Joseph Kosuth) 작품의 표현 특성을 설명하시오. 그리고 이 내용을 바탕으로 애드먼 펠드먼(Edmund Feldman)의 비평 단계를 감상 수업에 적용할 때 나타날 수 있는 한계점을 3가지 제시한 후 그 이유를 설명하고, 이에 대한 보완 방안과 그 근거를 제시하시오. [35점]

11학년도-2차-논술03

| 해설 |

| 참고 | 아래내용은 중요 키워드와 설명으로 구성되었습니다. 실제 시험에서는 기호를 생략하고 완전한 문장으로 작성해야 합니다.

조셉 코수스 작품의 표현 특성

조셉 코수스는 개념미술 작가이다. L.비트겐슈타인의 영향으로 언어에 기초한 작업을 했으며, 특히 〈하나 그리고 세 개의 의자들〉에서 접는 의자와 그것의 사진 외에도 의자의 사전적 정의를 작품으로 제시하였다. 즉, '**실제의자**' '**의자의 사진**', '**의자의 정의(텍스트)**'를 통해 개념미술이 어떤 것인지? 를 제시한 것이다.

나란히 제시한 이 3가지의 의자를 두고 어떤 것이 진짜 의자인지 의문을 던짐으로써 인간에게 일반적으로 적용되고 있는 기준에 대해 상기시키는 표현적 특성이 있다.
이 작업에서 '진정한' 작품은 개념이다. 즉 '의자란 무엇인가?" "어떻게 재현할 것인가?", "미술과 재현이란 무엇인가?"를 묻는다.
이처럼, 경험론에 기초한 분석철학의 영향을 크게 받은 조셉 코수스는 새로운 창조물을 제시하기보다는 만들어진 사물에 대한 언어적 접근을 통해 그것의 의미 분석을 하는 특성이 있다. 즉, '창조자라기보다는 언어적 매개자로서의 예술가의 모습' 으로 작품을 표현하였다. 또한 미술의 동어 반복적 특성을 강조하고, 다른 한편으로 실제 사진 도판만이 아니라 그것이 표현하는 아이디어도 미술로 간주될 수 있음을 명확히 했다.

개념미술에서는 일반적으로 네 가지 형식이 있다.
뒤샹으로 대표되는 '**레이메이드**', 사물들을 엉뚱한 문맥에 집어넣는 '**개입**', 기록, 차트 등으로 제시하는 '**자료형식**', 개념과 진술을 제시하는 '**언어**'이다.
조셉 코수스는 이러한 4가지 형식을 모두 집약할 수 있는 작품으로써 중요하다.

▎조셉 코수스 작품에 펠드먼의 비평단계를 직접 적용했을 때의 한계점-제1안

먼저, 미술 감상·비평교육의 중요한 관점과 태도를 살펴보면 다음과 같다.
첫째, 미학적 측면의 접근으로 미술과 생활을 연관시켜서 미적 안목을 육성해야 한다.
둘째, 창작에 도움을 받기 위한 관점이어야 한다.
셋째, 미술사적 측면에서 접근하여 미술의 흐름을 이해할 수 있도록 해야 한다.
넷째, 일반 역사와 통합하여 접근하는 것으로 시대정신, 사회의식과 상호관련성을 중심으로 비평하도록 해야 한다.
다섯째, 비평적 측면에서, 보고, 생각하고, 말하는 활동이 함께 이루어져야 한다.

다음으로, 펠드먼의 감상·비평방법은 기술-분석-해석-판단으로 이어지는 순서를 갖는다. 비평 순서상 처음은 '기술'인데, 이 때 작품에 보이는 주제를 주의 깊게 살펴보고, 작품의 제목, 작가, 제작연도, 제작 장소, 사용된 재료, 표현 방법에 대해서 서술해야한다.
그런데 조셉 코수스는 앞서서 밝힌 바와 같이 개념미술 작가이다. 따라서 작품은 다큐멘테이션 상태로 밖에 감상할 수 없다. 이렇게 언어적이고, 개념적인 상태에서 실재적인 작품이 없는 작품을 놓고 '기술'을 하기엔 몹시 어려운 일이다.

특히, 펠드먼의 비평 단계는 현상적이고 실재적인 작품을 눈으로 보면서 기술을 하고 그를 바탕으로 작품을 분석해야 하기 때문에 순탄한 비평 자체가 어려운 것이다. 즉, 다큐멘테이션으로 남은 자료가 주는 정보만으로 비평해야 하는 비평은 첫 단계인 기술단계부터 실제적인 활동 자체가 단편적이고 한계적인 비평에 머무르는 문제가 생기는 것이다.

▎펠드먼의 비평 단계를 적용할 때 나타날 수 있는 한계점-제2안

펠드먼의 미술 비평단계는 연역적 사고방식에 바탕을 두고 있으며 형식주의적 비평 방식에 기초한다. 펠드먼은 미술작품에 있어 시각요소들 사이의 관계를 평가하는 형식주의적 비평을 제시하였다. 그러나 이러한 펠드먼의 비평 단계는 지나치게 **형식주의적**인 관점으로 작품을 보는 활동으로 작품의 **맥락적인 이해를 수용하지 못한다는 것**에서 한계점을 가진다.

첫째, **표면적인 분석만으로 작품의 가치를 단정하는 우**를 범할 수 있다. 즉, 작품이 가지는 표면적인 특징만을 파악하고 작품의 의미와 가치를 판단했다는 오류를 범할 수 있다. 이는 예술작품이 가지고 있는 상징성에 대해 도외시하며 심도 있는 작품에 대한 파악이 이루어지지 않을 수 있다. 즉, 작가가 작품을 통해 보여주고자 하는 진정한 의미를 지나치는 결과를 야기한다.

둘째, 작품 감상을 하는데 있어 작품에 대한 감상자의 **개인적 느낌을 배제하여 개인적 반응을 소홀히** 한다.
셋째, **선수학습, 내지는 내재적 지식 습득 단계가 없다**. 즉, 비평할 때 감상자가 비평 활동의 주체자가 되어야하나 그를 위해 필요한 내재적 지식을 습득할 활동 단계가 제시되어 있지 않다. 다시 말해서 선지식이 없이는 작품에 대한 맥락적인 이해가 어렵기 때문에 작가가 처한 사회적, 시대적 상황에 고려한 내재적 지식 습득의 단계가 필요한 것이다.

넷째, **획일적이고 비순환적인 단계** 절차이다. 비평에서 기술과 해석의 관계를 분리하여 단계화할 수 없는 것이다.
다섯째, **판단 단계에서 부족한 체계성**이다. 판단 단계에 대해 설명하면서 형식주의, 표현주의, 도구주의를 거론하나 모방주의에 대해서는 거론되지 않았다.

▎펠드먼에 대한 보완 방안과 그 근거-제1안

미술은 단순한 자연의 재현과 개인의 특성을 반영하는 것을 뛰어넘어 장소와 시간에 따라 문화 집단적인 특징을 가지고 있다. 이런 문화 집단적인 특징은 속해있는 나라의 문화적 특성과 환경의 영향을 받는다. 이렇듯 각 시대의 사상과 문화가 반영되어 나타나는 미술의 특성상 동·서양화 안에도 사람들의 세상을 바라보는 상이한 세계관과 자연관이 녹아들어있다.
이것은 곧 작품을 이해하는데 있어 작품의 형식적인 이해보다 그 안에 녹아든 문화와 사상을 이해하는 것이 중요하다는 것을 나타낸다. 세상을 보는 서로 다른 관점은 동양 회화에서는 산수화, 서양 회화에서는 풍경화에서 두드러지게 나타난다. 그 중에서도 공간표현 양식은 그림 속에서 동양과 서양의 상이한 세계관과 자연관의 차이를 명확하게 드러낸다.

따라서 아래와 같은 방안을 제시할 수 있다.
첫째, **사회문화적 이해를 통한 조형 의식 탐구를 추구**한다. 미술 감상, 비평, 문화 학습은 미술 문화가 형성되는 시대정신, 사회문화적 배경을 밝히면서 조형 의식을 되짚는 것이어야 한다. 미술품은 조형적 요소나 원리로 구성된 조형물 이전에 한 개인이나 집단, 그리고 시대가 만들어낸 정신의 산물이므로 시대와 사상을 통해 미술품을 바라보아야 한다.
둘째, **미적 체험과 제작 경험을 강화하는 방안**이 필요하다. 미술교과의 본질과 정신이 학생들에게 체감되도록 구체적인 미적 체험과 제작 경험을 같이 갖게 해야 한다.

셋째, **통합교과적인 학습 활동을 강화**해야 한다. 형식주의적이고, 미술과 중심의 개별 교과 단위의 학습 보다 국어, 사회과학과 함께 참여하는 통합적 접근이 바람직하다.

펠드먼에 대한 보완 방안과 그 근거-제2안

펠드먼의 비평 방식이 지나치게 형식주의적인 측면에 머무르는 부분을 보완할 수 있는 방안으로는 **앤더슨의 교육적 미술비평** 단계를 제시할 수 있다.

앤더슨이 제안한 비평의 모델은 작품에 대한 '직관적, 정서적' 요소와 '분석적, 지적' 요소와의 균형을 고려하여 5단계를 기본으로 하고, 8가지 조작을 설정하여 제안하고 있다. 단계의 특징을 살펴보면 다음과 같다.

첫째, '반응'이다. 앤더슨이 제시한 교육적 미술비평은 펠드먼과 같은 객관적인 묘사를 요구하지 않고 작품을 보고 직관적이며 **자유로운 반응**을 일으키는 적을 중시하여 '반응'이라는 단계를 설정하였기 때문이다.

둘째, '지각 분석'이다. 앤더슨은 미술작품의 비평과 감상에서 강조될 수 있는 '직관적 요소'와 '분석적 요소'의 조화를 꾀한 것이다. 이것은 하나의 작품을 비판해 나가는 입장에서 작품을 대하여 처음 느끼는 **'인상주의적 비평'의 입장을 중시**하면서도 작품의 본질적인 특성인 **형식상의 구조를 분석하는 '형식주의 비평'을 융화**시킨 것이다.

셋째, '개인적인 해석'이다. 이 단계는 **감상자의 개인적인 해석에 의미를 투영**하도록 하여 개인의 특성을 보완할 수 있는 것이다.

넷째, '작품을 둘러싼 상황의 검증'이고, 다섯째, '평가'이다. 여기에서는 작품의 특성을 표현주의, 형식주의, 모방주의, 실용주의, 개념주의 라는 양식에서 선택하도록 하여 평가에 있어서 **다양성과 객관성**을 도모할 수 있게 제시되었기 때문이다.

펠드먼에 대한 보완 방안과 그 근거-제3안

펠드먼식의 비평 방식의 문제에 대한 보완 방안으로 **'게히건의 비평적 탐구'**를 제시할 수 있다.

펠드먼식의 비평은 무엇보다 **언어적인 방식을 중심으로 전개**하는 문제점이 있다. 즉, 비평을 '구두 또는 글로써 표현하는 담화'이다.

이와 같은 구조는 첫째, **직선적이고 일직선상 구조에 따라 학습이 진행**되는 문제가 있다.

둘째, 비평학습이 지나치게 언어에만 의존하고 있다. 즉 미술 비평 학습에서 학생들은 단순히 글 쓰는 활동에 의하여 분석으로만 머물게 되는 실제적인 문제를 갖고 있다는 점이다.

이러한 문제점은 먼저, '작품의 표면적 특징에만 주목하는 오류', '작품이 지니는 의미와 가치, 문화적 맥락의 이해 탐구 경시'라는 문제가 있다.

다음으로, '감상 작품에 대한 개인적 반응을 소홀히 함', '비평 자가 작품에 대한 깊은 지식을 얻을 수 없다'는 문제점이 생긴다. 그리고 '비평 단계의 체계화 부족' 현상과 함께 '사실주의적 작품에 대한 이해 부족'의 문제점이 있다.

이와 같은 문제점을 개선하고자 **게히건은 '비평적 탐구' 방식**을 제시하였다.

게히건의 비평적 탐구는 **'문제인식-문제의 명확화-가설설정-추론-검증-적용'**의 단계로 제시되었다. 이 방식의 장점은 다음과 같다.

첫째, 탐색하고 발견하는 데 초점이 맞추어졌다.

둘째, '순환적 과정'을 중시하여 비평에 있어서 어떤 순서나 절차 보다는 다양한 가설의 설정과 탐구를 통해 다양한 비평 단계를 펼칠 수 있는 이점이 있다.

셋째, 비평적 탐구는 일종의 '절차'가 아니라 '일련의 경험적 활동'에 해당한다.

넷째, 비평적 탐구는 작품의 비평에 관한 전문화된 지식과 배경 정보를 확실히 연구하는 시도들을 포함하고 있다.

다섯째, 비평적 탐구는 '공동체의 노력'을 중시한다.

결론적으로 게히건의 비평적 탐구 방식은 학생들로 하여금 미술작품에 대한 개인적인 반응을 높이고, 연구 활동을 강화하며, 비평개념 및 비평 기술을 개발할 수 있고, 탐구하는 과정 속에서 다양한 진술과 맥락적 정보를 획득할 수 있으며, 토론 학습을 통한 공동 연구를 추구할 수 있다. 나아가 반성적 사고로서의 미술 비평 탐구력을 신장시킬 수 있는 것이다. 〈끝〉

26 2012학년도_21

(가)는 제스퍼 존스(J. Johns)의 작품이고, (나)는 칼 안드레(C. Andre)의 작품이다. (가), (나)와 관련된 설명으로 옳은 것은? [2.5점]

[별첨 컬러 도판 참고]

(가) (나)

① (가)는 일상성을 드러내고 (나)는 형이상학적 정신성을 드러내며 서로 대립된 특징을 갖고 있다.
② 두 작품은 공통적으로 이미지의 반복을 보여 주지만 (가)는 재현을 통해 중심성과 상호 연관성을, (나)는 관계성과 균형성을 추구하였다.
③ 두 작품의 주제는 물질이고 형식은 이념과 실용성이 만나는 구조로서, 1950~1960년대 물질 만능주의적인 대중 소비 사회를 반영한 것이다.
④ 제스퍼 존스는 대중의 사회적·정치적 쟁점에 관심을 가졌고, 반면에 칼 안드레는 대중 사회에 대한 무관심, 기계적이고 중립적인 탈인간화의 특징을 보여주었다.
⑤ 제스퍼 존스는 스텔라(F. Stella)의 줄무늬 회화의 연속적 체계에 영향을 미침으로써 미니멀리즘의 근원이 되었고, 칼 안드레는 조각의 장소 개념을 재정의하였다.

|정답| ⑤

27 2012학년도_28

뉴미디어 아트 작품인 〈텍스트 레인(Text Rain)〉이 전시되는 갤러리 상황에 대한 설명이다. 작품과 관련된 설명으로 옳지 않은 것은?

|보기|

작품 〈텍스트 레인〉은 두 개의 커다란 스크린으로 이루어져 있다. 하나는 비디오가 투사되고 다른 하나는 배경막 역할을 한다. 갤러리 내부에 설치된 두 개의 스크린은 약 30미터 거리의 통로를 만든다. 통로를 지나가는 관객은 숨겨놓은 비디오 카메라를 통해 스크린에 투사되어 나타나는 자신을 발견한다. 그와 동시에 형형색색의 문자들이 스크린에 비처럼 쏟아진다. 문자들은 스크린에 갑자기 등장한 관객의 모습과 접촉할 때마다 달라붙어 떨어지지 않는다. 관객이 움직이면 이미지 주변에 몰려있던 문자들도 그 움직임에 따라 떨어진다. 관객들은 떨어지는 문자를 잡아서 무의미하게 나열해 보기도 하고 뜻이 통하는 문장을 만들어 보기도 한다. 그러나 하나 또는 그 이상의 문자들이 사라지거나 혹은 다른 문자가 끼어들어 대두분 무의미한 것이 되고 만다.

 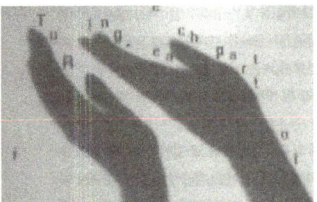

① 관객이 작품과 상호작용을 하는 순간 인터페이스가 작동되는 컴퓨터 테크놀로지를 사용하였다.
② 갤러리 내부의 물리적 공간과 스크린에 비치는 비물질 공간의 상호작용을 중요시한 작품이다.
③ 컴퓨터 아트인 이 작품은 기존의 미디어 아트와 결합함으로써 신체성과 탈신체성을 동시에 경험하게 한다.
④ 이 작품은 관객과의 상호작용을 통해 완성되므로 창작자의 표현일 뿐만 아니라 관객의 표현이기도 하다.
⑤ 작가, 작품, 관객 간에 이루어지는 상호작용은 뉴미디어 아트의 한 종류인 컴퓨터 아트에서 사용되기 시작하였다.

|정답| ⑤

28 2012학년도_29

데이비드 호크니(D. Hockney)의 〈페어블라섬 고속도로〉이다. 이 작품에 관한 설명으로 옳은 것은? [1.5점]

[별첨 컬러 도판 참고]

① 풍경 사진의 사실성, 기록성, 현장성의 특징을 보여준다.
② 투시도법이 적용된 사진을 통해 공간감과 원근감을 표현하고 있다.
③ 사진 콜라주 기법을 사용하여 회화주의 사진과 같은 효과를 내고 있다.
④ 도로의 교통 표지판을 소재로 삼아 방향감과 속도감이 느껴지도록 표현하였다.
⑤ 조금씩 달라지는 다양한 시점에서 촬영한 사진들을 하나의 화면에 모아 재구성하였다.

12-29
|정답| ⑤

29 2012학년도_36

크리스토(J. Christo)의 〈포장된 퐁뇌프의 다리〉이다. 이 작품에 관련된 설명으로 옳은 것만을 〈보기〉에서 있는 대로 고른 것은?

―|보 기|―
ㄱ. 아름다운 도시 프로젝트를 위해 파리 시의 주문을 받아 설치하였다.
ㄴ. 포장하는 행위를 통해 장소의 공공성의 훼손한다는 전위적 실험성을 강조하고 있다.
ㄷ. 작가는 엽서, T셔츠 등의 판권과 다큐멘트로서 사진, 스케치, 판화 작품등의 판매를 통해 제작 비용을 충당한다.
ㄹ. 이 작품의 설치 기간은 2주에 불과하지만, 기획, 제작, 완성, 해체의 모든 과정이 작품으로서 의미를 가진다.

① ㄱ, ㄴ
② ㄱ, ㄹ
③ ㄷ, ㄹ
④ ㄱ, ㄴ, ㄷ
⑤ ㄴ, ㄷ, ㄹ

12-36
|정답| ③

30 2012학년도_39

페미니즘 작가들의 작품과 비평 내용을 가장 바르게 연결한 것은?

[별첨 컬러 도판 참고]

①		여성의 일상적 취향이 담긴 공예 특유의 감수성을 재조명하여 순수 미술 작품으로 제작하였다.
②		마치 배설물을 뒤집어쓴 듯 온 몸에 초콜릿을 바르고 여성의 낮은 지위를 상징화하고 있다.
③	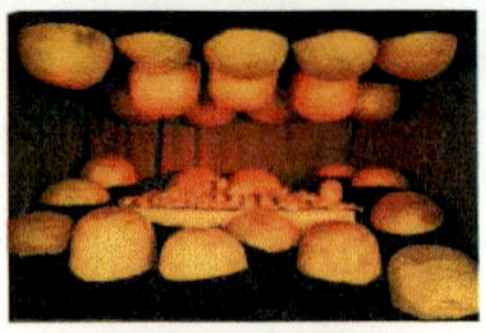	미적 대상으로서 여성의 신체를 형상화하여 환영적 공간을 구성하고 있다.
④		위대한 여성을 찬미하고 그들에게 헌장한 작품으로 역사속 여성들의 업적을 재조명하고 있다.
⑤	  	개성을 드러내는 이미지, 단어, 붓질이 어우려져 있으며 세상에 관한 여성의 개인적 관점이 아닌 사회적인 업적을 담고 있다.

12-39

| 정답 | ①

31 2012학년도_2차_논술01

다문화 미술 교육에 대한 다음 물음에 답하시오. [30점]

1) 포스트모더니즘과 문화적 상대주의 관점의 특징을 각각 설명하고, 두 관점이 다문화 미술 교육에 미친 영향을 서술하시오. [15점]

2) (가)와 (나) 작품의 조형적 특징을 각각 설명하고, 다문화 미술 교육관점에서 두 작품을 해석하시오. [35점]

(가)
강익중, 〈놀라운 세상〉, 2002

(나)
니키 드 생팔(Niki de Saint-Phalle), 〈미의 세 여인〉, 1997

12학년도-2차-논술01

|모|범|정|답|
| 참고 | 아래내용은 중요 키워드와 설명으로 구성되었습니다. 실제 시험에서는 기호를 생략하고 완전한 문장으로 작성해야 합니다.

1) 〈포스트모더니즘 특징〉

중요한 특징으로는 첫째, 다른 문화로부터 양식과 이미지를 **차용**하는 경우가 많다.
둘째, 고급문화와 저급문화의 엄격한 구분을 파기하고 장르의 장벽을 넘나들기 위해, 여러 가지 대중문화의 현상들, 신문기사, 광고, 만화, 통속물과 갖가지 신화적 요소들을 작품에 차용하기도 한다.
셋째, 미술에서는 추상 대신에 대중성을 띠고 다시 구상이 등장하고, 패러디와 복제 등 단 하나의 절대재현을 거부한다.
넷째, 작품과 감상자에게 선택권을 주는 수용 미학적 입장을 취한다.
다섯째, 개성·자율성·다양성·대중성을 중시한 포스트모더니즘은 절대이념을 거부하며, 탈이념, 광고와 패션에 의한 소비문화, 여성운동, 제3세계운동 등 포스트모던시대의 사회정치현상의 특징을 갖는다.

2) 〈문화적 상대주의〉
- 민족과 단체의 크기와 힘에 관계없이, 세계 각 문화의 다양성을 인정하고, 각 문화는 문화의 독특한 환경과 역사적·사회적 상황에서 이해해야 한다는 견해다.
- 사회의 환경과 맥락을 고려하여 문화를 판단하는 것으로, 어떤 문화요인도 나름대로 존재이유가 있는 것이다.

3) 〈다문화 미술교육에 미친 영향〉
1) 포스트모더니즘은 다문화 미술교육의 개념을 강화시켜 준다.
- 포스트모더니즘은 다문화 미술교육의 입장을 더욱 견고하게 해주는 것이다. '하나의 국가 내지 사회 속에서 복수의 다른 인종, 민족, 계층 등이 존재할 때, 서로 다른 문화의 공존을 적극적으로 인정하고 그들 각자의 독자성을 인정하기 때문이다.

2) 문화 상대주의는 다문화 미술교육론의 입장을 지지한다.
- 각 집단의 사람들이 각기 다른 다양하고 독특한 가치, 태도, 문화를 가지고 있으므로 한 문화를 다른 문화의 기준으로 평가할 수 없고 자기 집단과 다른 집단을 다룰 때 판단을 보류하여야 한다는 입장이다.

4) 〈강익중 조형적 특징〉
- 놀라운 세상은 뉴욕 UN 빌딩에서 2001년과 2002년에 전시된 작품이다.
- 이 작품은 설치 작품이며, 어린이 그림 조각 작품을 앗상블라주 형식으로 모은 것이다. 전 세계 어린이들의 평화에 대한 희망과 꿈이 담긴 3인치 그림 3264개를 쌓아 만들었다.
- 3개의 벽과 원기둥 위에 135개국의 약 3만8천 명의 어린이들에게 받은 자신들의 꿈에 대한 그림들을 작가의 그림과 함께 전시한 작품이다.
- 모자이크 하는 독특한 방식의 조형적 특징이 있다.
- 다문화 주의의 시대의 조화된 모습을 주장하고 있다.

  다른 측면에서 보면 작가는 자신이 직접 묘사한 그림을 벽면에 부착하는 것이 아니라, 어린이들에게 평화와 꿈에 대한 주제에 해당하는 그림을 손바닥만 한 작은 판에 그리게 하고, 그 것을 벽면에 모자이크 하는 독특한 방식의 조형적 특징이 있다. 즉, 손바닥만 한 아이들의 그림을 나무 블록에 붙여서 모아진 그림 수천 점을 조각조각 이어서, 거대한 크기의 벽화로 제작했던 것이다.
  작가는 세계 어린이들과의 공동 작업을 통해 글로벌 사회와 다문화 주의의 시대의 조화된 모습을 주장하고 있다. 또한 시민들이 작품제작과 설치의 전 과정을 지켜볼 수 있을 뿐만 아니라, 민족과 나라를 넘어서서 모든 시민들이 직접 그림을 그리고, 작성한 소망이 담긴 그림판을 통해서 다문화적 문화 행사와 미술 작품제작 일부에 동참하도록 배려한 특징을 지닌다고 볼 수 있다.

5) 〈생팔의 조형적 특징〉
- **니키 드 생팔**은 **누보레알리슴** 작가이다. 1961년에 '슈팅 페인팅'으로 명성을 얻은 여류 작가이며, 환경조각가이다.
- 제시된 (나) 작품은 분수 조각으로 **환경조각, 설치 미술**에 속한다.
- 불균형적 균형의 원리를 적용하여 매우 유희적이고 율동적인 모습을 띠고 있다. **밝게 채색된 폴리크롬 스컬프쳐에 해당하며, 그로테스크한 조각상의 모습을 하고 있다.**
- 생명과 기쁨, 폭력, 죽음, 남성 중심의 세계에 대한 경고와 해방을 동시에 추구하고 있다.
- 주제 : 인간으로서의 여성의 생명력
- 〈미의 세 여신〉은 마티스의 '춤'에서 영감을 받아 세 여인을 노랑, 검정, 흰색으로 표현하여 온 지구인의 화합과 인류의 사랑과 평화를 기원하는 다문화적인 메시지를 담고 있다.

  이와 같은 형상의 조각은 니키 드 생팔의 작품 전반에 등장하는 '나나(Nana)' 시리즈 작품에 해당한다. 여성의 모형 '나나(Nana)'는 과장되게 부푼 특유의 모습과 춤을 추는 동작을 통해 생명력 넘치는 여성의 원형으로서 낙천적이고 맵시 없는 형태이지만 밝고 재미있는 색채를 띠어 활기차 보이면서도 그 내면에는 인간의 약점이나 두려움, 불확실성 등에 대한 역설적인 상상을 하게 만든다. 〈끝〉

서양회화의 역사에는 그림 속 공간이 3차원의 공간처럼 환영(幻影, Illusion)의 전통이 있으나 20세기의 미니멀리즘(Minimalism)은 이 전통을 거부한다. 이러한 사실을 참고하여 아래 (가)와 (나)의 두 작품을 주제와 형식의 측면에서 각각 분석하시오. 그리고 환영과 반(反)환영의 관점을 미술사적 맥락에서 서술하시오. (단, 미술사적 맥락 서술은 폼페이 벽화, 르네상스 회화, 바로크 천장화, 마네(E. Manet)의 그림, 그린버그(C. Greenberg)의 모더니즘 이론, 미니멀리즘을 중심으로 전개 하시오.) [20점]

(가)

레오나르도 다 빈치, 〈최후의 만찬〉
1498년, 460X880cm

(나)

도널드 저드(D. Judd), 〈무제〉
1963년, 193X243.8X29.8cm

|모|범|정|답|

|참고| 아래내용은 중요 키워드와 설명으로 구성되었습니다. 실제 시험에서는 기호를 생략하고 완전한 문장으로 작성해야 합니다.

> **형식(形式, form)이란,**
> 예술작품의 외부적 측면, 즉 그 내용이 표현되는 구조나 요소들과 그 요소들 서로의 관계의 전체성을 말한다. 예술적 형식은 내용의 표현이며, 새로운 형식은 새로운 내용에서 나온다.
> 또한, 형식이란 다양한 예술(조각, 회화, 음악, 시 등)의 장르를 의미한다.

▎(가) 다빈치, 최후의 만찬-주제와 형식

1. 주제
 예수와 제자들이 수난을 당하기 전에 마지막 저녁식사를 나누는 장면으로 15세기 이후 수도원 식당의 벽면을 장식하는 주제이다. 특히 이 작품은 이전의 회화적 전통을 과감히 무시하고, 예수는 평화롭게 식사를 나누는 대신에 제자들을 향해서 여기 배신자가 있다는 사실을 공표하고 걷잡을 수 없는 혼란을 촉발하는 순간을 재현한 것이다.

2. 형식
 회벽에 유채와 템페라로 그려졌으며 **'타블로' 형식**의 느낌이 나도록 표현했다.
 화면은 공간감을 살리기 위한 **1점 투시, 선원근법**의 구성이다. 소실점을 지나는 수평선, 곧 중심선을 따라서 제자들의 머리가 수평의 리듬을 이루고 있으며, 벽화 속 천장은 실제 수도원 식당의 천장과 맞붙어 있는 것 같은 착시를 일으킨다.
 재료는 전통적인 프레스코화가 아니라 석재의 바닥 면 위에다 달걀에 안료를 섞어서 제조한 **템페라**를 칠하였다.
 최후의 만찬은 2차원 평면 회화 형식을 취하고 있으며, 사실주의 양식으로 환영적인 공간을 실재처럼 보이도록 표현하였다.

▎(나) 도널드 저드, 무제-주제와 형식

1. 주제
 단순하고 거의 **무의미한 입체 기하학**에 대한 형태의 축소.
 행위도 주제도 없다. 절대적인 객관성과 실증성의 추구. 매체 그 자체로 존재하는 것.
 유럽적인 전통적 가치와 정서의 모든 구조를 전달하는 의미나 표현성의 효과에 반대

2. 형식
 생생하게 채색된 나무와 금속제의 단순한 입체물. **3차원 오브제의 형식**을 취하고 있다. 즉, 회화와 조각의 범주를 무용지물 화하는 오브제의 형식을 띠고 있다.
 일루전이 완전히 배제된 하나의 단일한 사물로서의 전체성을 표상하는 형식이다.

▎폼페이 벽화
 폼페이의 회화 양식은 대체로 4단계로 구분하지만, 모두 눈속임 효과를 사용하여 **환영적인 화면**을 보여주고 있다. 모두 프레스코화법과 스투코 방식을 함께 사용하면서 **회화의 원근법**을 사용해서 깊이감과 양감을 나타내고 있다. 이와 같은 환영 기법은 그리스에서 비롯되었지만 로마시대에서는 이를 더욱 다양한 방법으로 사용하였다.

▎르네상스 회화
 고전주의의 부활, 인본주의, 자연의 재발견, 개인의 창조성 등을 특징으로 하는 르네상스 미술은 당시에 과학의 차원으로까지 간주되었으며, 자연을 탐구하는 수단인 동시에 발견의 기록이었다. 따라서 미술은 이전의 중세미술과는 다르게 가시적인 세계에 대한 관찰을 바탕을 두고 **원근법** 등의 수학적 원칙에 따라 **객관적인 사실주의를 추구**하였다.
 특히 전성기 르네상스 회화에서는 초기 르네상스 미술이 추구했던 이성적인 질서보다는 오히려 시각적인 효과에 더 많은 관심과 노력을 기울여서 **자연의 충실한 모방과 환영적 공간 묘사**에 주력하였다

▎바로크 천장화
 바로크 시대에 천장화로 유명한 화가로는 안니발레 카라치, 구이도 레니, 구에르치노, 다 코르토나 등을 꼽을 수 있다. 이 시기의 주제는 주로 신화적인 내용을 표현하였는데, 전체 이미지의 구성은 르네상스 미술과, 코레조, 베네치아 거장들이 구사했던 **환영적인 기법을 반영**한다. 특히 안니발레 카라치가 파르네세 천장화에 표현 한 양식은 **'감각적인 환영주의'** 기법이다. 이를 토대로 구에르치노, 코르토나 등의 화가들은 코레조의 회화적 환영 기법과 원근법적인 깊이감, 티치아노의 강렬한 광선 효과 및 색채 기법과 결합시키면서 그림의 표면을 무한정한 공간

속으로 후퇴시키는 듯이 느껴질 만큼 환영적으로 표현했다. 이 시기에는 환영적인 장면을 묘사한 작품들이 무수하게 제작되기도 하였다.

마네의 그림

마네는 〈풀밭 위의 점심식사〉 작품을 통해 이전의 미술과 다른 혁명적인 표현을 사용하였다. 마네에게 있어서 붓질과 색점은 다른 어떤 대상을 그리는 수단이 아니라 그 자체가 화가에게 1차적인 리얼리티가 되어야 한다는 측면에서 **붓질과 색점을 활용하여 화면을 평면화**하였다
(**평면성 시작**).

특히, 지오토 시대 이후로 평평한 화면에 회화적인 공간을 묘사하기 위해 화가들이 개발해 온 모든 방법을 무시하고, 그림에서 그림자와 입체감 그리고 공간의 깊이조차 묘사하지 않았다.

또한, 〈피리 부는 소년〉작품을 통해 캔버스의 존재에 대한 새로운 정의를 내렸다. 즉, 이제부터 캔버스는 어떤 장면을 바라보는 '창문'이 아니라 평평한 색으로 덮인 하나의 표면으로 인식되기 시작했던 것이며, 더 이상 환영적인 공간처리와 묘사는 하지 않고, **반환영적인 회화를 시작**한 것이다.

그린버그의 모더니즘

클레먼트 그린버그는 모더니즘 미술과 추상미술에 미학적 의미를 부여한 이론가이다. 그의 이론은 정신적으로 **벨과 프라이의 형식주의와 맥을 같이한다**. 그는 회화에서 '**평면성**'과 '**매체성**'의 중요성을 강조했는데, 평면성은 이전 미술이 추구하던 무한한 깊이에서부터 표면에 이르기까지 궁극적으로 **2차원성을 복원**하는 것이었다.

그린버그는 미술의 자율성을 위해 사회와 정치, 문학적 요소로부터 미술을 분리하고자 '매체의 특성'을 강조하였다. 즉, **다른 매체로부터 차용한 효과, 2차원 화면에 3차원 조각매체와 같은 환영적 표현들을 제거해야 한다고 주장하면서 '내재적 비판'을 통해 반환영적 관점으로서 2차원 회화의 고유성을 회복**해야 한다고 주장한 것이다. 특히, 그린버그는 매체의 특성 가운데서도 **회화예술이 지녀야 할 가장 고유하고 독자적인 특성**이 **반환영적 관점의 '평면성'**이라고 선언하였다.

미니멀리즘

미니멀리즘의 대표적인 이론가이자 작가인 저드는 **재현과 환영을 차단하기 위한 좀더 적극적인 대안으로 '사물성'을 제시하였다**. **추상표현주의**로 대변되는 모더니즘 회화가 **재현적 연상을 완전히 제거하는 데 실패했다고 간주**하고, 아무것도 연상되지 않는 3차원의 기본 단위를 만들어내고 그것을 **회화도 조각도 아닌 '특수한 사물'**이라고 명명했다.

그는 스테인리스 스틸이나 플라스틱 유리, 합판 상자 등으로 만들어진 이러한 단위들을 **전시장 벽면에 수직이나 수평으로 절대적 대칭을 이루게 하여 반복하여 설치**했다. 이러한 **반복성**은 미니멀리스트들에게 **대상에 대한 환영을 차단**하고 '**자기지시성**'을 확보하는 데 유용한 **방법**으로 채택한 것이다. 〈끝〉

33 2013학년도_14

다음은 리히터(G. Richter)의 작품 세계에 대한 설명이다. 이 작가의 작품이 아닌 것은? [1.5점]

[별첨 컬러 도판 참고]

> 리히터는 다양한 장르의 작품을 제작하였다. 그는 형태의 외곽선이 흐리게 번지는 회화 기법을 활용한 '사진회화'를 제작하였는데, 작품의 모델로는 신문에서 취한 사진 혹은 개인적인 사진에서 참고하였다. 또한 물감을 덕지덕지 바른 캔버스를 서로 붙였다 떼거나 긁어내는 등의 방법으로 추상화를 제작하여 그의 작품들은 '자유 추상 회화', '새로운 메타 회화'로 불려진다.

| 정답 | ②

34 2013학년도_26

(가)~(라)의 작가와 작품의 설명으로 옳은 것만을 〈보기〉에서 있는 대로 고른 것은?

[별첨 컬러 도판 참고]

──| 보기 |──

ㄱ. (가)는 해링(K. Haring)이 공공장소에서 마커 펜으로 미니 자동차에 드로잉하는 장면이다. 이것은 자동 기술적 글쓰기나 몸짓 추상(gestural abstraction)의 의미를 담고 있다.

ㄴ. (나)는 마든(B. Marden)이 그라피티(graffiti) 기법을 사용하여 야자나무 형태를 변형한 드로잉이다. 유기체의 형태가 맞물려 소용돌이치는 에너지 발산의 느낌을 전달하는 개념미술에 속하는 작품이다.

ㄷ. (다)는 크레이그-마틴(M. Craig-Martin)이 큰 벽면에 테이프를 이용하여 일상적인 오브제의 크기 변화를 대비시킨 드로잉이다. 도안한 이미지를 컴퓨터에 모은 후 데이터를 활용하는 작품 제작 과정과 아이디어를 중요시한다.

ㄹ. (라)는 척 클로스(C. Close)가 그린 드로잉이다. 카메라의 형태 왜곡이나 초점이 흐려지는 비사실성을 제거함으로써 적나라한 현실을 지각하게 하는 극사실주의 작품이다.

① ㄱ, ㄴ   ② ㄱ, ㄹ   ③ ㄴ, ㄷ
④ ㄱ, ㄷ, ㄹ   ⑤ ㄴ, ㄷ, ㄹ

| 정답 | ④

35 2013학년도_35

(가)~(다)는 YBA(young British artists) 작가의 작품이다. 이에 대한 설명으로 옳은 것만을 〈보기〉에서 있는 대로 고른 것은? [별첨 컬러 도판 참고]

(가)

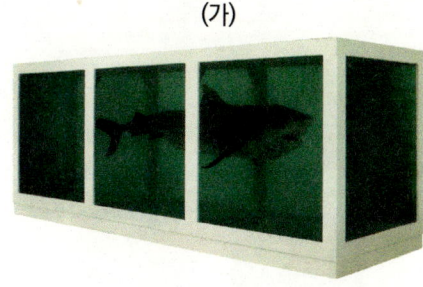

데미안 허스트(D. Hirst)
〈살아 있는 누군가의 마음속에서 물리적으로 불가능한 죽음〉

(나)   (다)

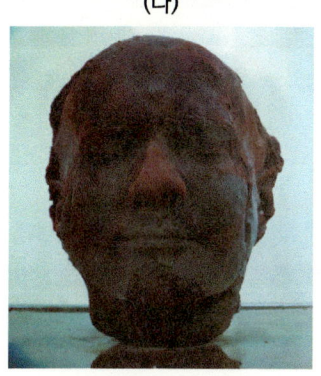 

마크 퀸(M. Quinn)   질리언 웨어링(G. Wearing)
〈자기 자신〉   〈난 절망적이야〉

―| 보기 |―
ㄱ. (가)는 yBa의 후원자 사치(C. Saatchi)의 지원을 받아 제작한 작품으로 5미터 길이의 상어를 포름알데히드로 가득 찬 대형 수족관에 보존한 것이다.
ㄴ. (나)는 작가가 인공 혈액을 모아 자신의 머리를 본 뜬 냉동 주형을 제작한 것이다.
ㄷ. (다)는 작가가 거리에서 만난 사람들에게 생각하고 있는 것을 적게 한 뒤 그것을 들고 있는 모습을 찍은 사진 연작 작품 중의 하나이다.

① ㄱ   ② ㄷ   ③ ㄱ, ㄴ
④ ㄱ, ㄷ   ⑤ ㄴ, ㄷ

| 정답 | ④

36 2013학년도_36

(가)~(라) 작품의 표현 방식과 특성에 대한 설명으로 옳지 않은 것은? [2.5점]

(가)   (나)

(다)   (라)

① (가)는 평면 회화를 입체적으로 재해석한 작품으로, 미적 자의식과 자기 성찰, 동시성과 몽타주의 선호, 통합된 주체의 강조 등으로 나타나는 포스트모더니즘 작품이다.
② (다)는 설치 작품으로 일상생활과 예술의 경계 파괴의 특성을 가지고 있다. 이 시기는 패러디, 혼성 모방, 반어와 유희라는 특징이 나타난다.
③ (가)는 (나)를 패러디한 것이다. 패러디에는 원작에 대한 잠재적 경의가 내포되어 있다.
④ (다)는 (라)를 차용한 것으로, 차용은 알레고리, 브리콜라주 등과 함께 포스트모더니즘의 범주에서 사용하는 기법 중 하나이다.
⑤ (가)는 (나)에 등장하는 레까미에 부인을 관으로 바꾸었으며, (다)는 (라)가 금전적 가치로 환산되는 세태를 비판하였다.

| 정답 | ①

37 2013학년도_40

(가)~(라)의 작품과 작가가 바르게 연결된 것은? [2.5점]

[별첨 컬러 도판 참고]

(가)		얼굴 크기에 맞게 천으로 만든 형태에 비디오를 영사함으로써 얼굴이 살아있는 것처럼 보인다. 스피커에서는 절박한 목소리가 들리는 설치 작품이다.
(나)		인터랙티브 가상현실을 보여주는 작품이다. 관람자가 자전거 페달을 밟으면 3D 컴퓨터 그래픽으로 만들어진 맨하탄, 암스테르담, 칼스루에의 장면들을 통과하며 달리게 된다.
(다)		수직으로 설치된 두 개의 커다란 스크린 양쪽에서 영상이 보인다. 한 쪽에서는 한 남자가 점차 불길에 휩싸이고 다른 한 쪽에서는 같은 남자가 서서히 물줄기에 휩싸인다.
(라)		1994~2002년 사이에 만들어진 5부작 〈크리매스터 (Cremaster)〉 중 4편에 나오는 한 캐릭터이다. 젠더의 정체성을 퍼포먼스, 영상, 조각, 사진 등으로 다양하게 표현하였다.

① (가) - 매튜 바니   (나) - 빌 비올라
② (가) - 빌 비올라   (다) - 제프리 쇼
③ (가) - 토니 아우슬러   (라) - 제프리 쇼
④ (나) - 제프리 쇼   (다) - 빌 비올라
⑤ (나) - 토니 아우슬러   (라) - 매튜 바니

| 정답 | ④

38 2014학년도_A기입형_13

다음은 백남준 작품과 그에 대한 설명이다. (   ) 안에 공통으로 들어갈 명칭을 쓰시오. [2점]

- 백남준은 존 케이지(J. Cage), 요셉 보이스(J. Beuys)와 함께 (   ) 그룹에서 활동하였다. 요셉 보이스가 그에게 일생동안 가깝게 소통한 동료였다면, 존 케이지는 정신적 스승이었다.
- 1950년대 말엽에서 1960년대 초엽 백남준, 조지 브레히트(G. Brecht) 그리고 볼프 포스텔(W. Vostell)이 (   ) 그룹에서 활동하였다는 사실은 비디오 아트의 역사에서 중요하다.
- (   ) 그룹은 고상한 예술에 반대하며, 순간이나 우연성, 일상성 등의 가치를 추구하고, 오브제, 제스처, 악보, 해프닝, 비디오, 통신 수단 등에 이르기까지 다양한 실험을 전개하였다.

| 정답 | 플럭서스

39 2014학년도_A서술형_04

다음은 팝아트 경향으로 분류되는 키엔홀츠(E. Kienholz)의 작품이다. 이 작품은 포스터, 군인들과 추모비, 핫도그와 칠리 판매점, 코카콜라 자판기 등의 오브제를 모아 재구성하여 설치한 것이다. 이 작품의 표현 방법을 쓰고, 작가가 이 작품에서 전달하고 있는 메시지를 2가지만 서술하시오. [5점]

키엔홀츠, 〈휴대용 전쟁 기념관〉

14-A서4 [서양 미술사]-타블로 조각-키엔홀츠

|모|범|답|안|

키엔홀츠 작품의 표현 방법은 **타블로 조각**(Tavleaux Sculpture) 이다.
작가가 전달하고 있는 메시지는 첫째, 현대 사회 상황, 미국이라는 특수한 반군국주의적 **자본주의 사회의 비도덕성을 비판하는 것**이다.
둘째, **평화의 상태는 전쟁과 불가분의 관계에 있다**는 메시지이다.

※ 타블로 조각의 인정 답: **환경 앗상블라주, 앗상 블라주 환경 조각, 환경 타블로, 콜라주 된 타블로 토탈 환경**

40 2015학년도_A기입형_05

다음 ( ) 안에 공통으로 들어갈 미술 사조의 명칭을 쓰시오. [2점]
[별첨 컬러 도판 참고]

포트리에, 〈유태인 여인〉

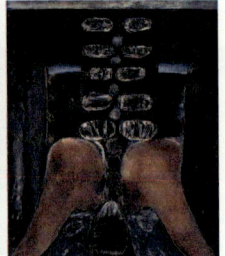
박서보, 〈원형질 1-62〉

- ( )은/는 제2차 세계대전 이후 프랑스를 중심으로 전개되었던 서정적 추상 미술을 가리키는 것으로 '아르 오트르(Art Autre)' 등으로 불리기도 했다.
- ( )의 대표 작가인 포트리에(J. Fautrier)는 1940년대에 제작한 〈인질〉 연작에서 전쟁의 비극적 참상을 두껍고 거친 마티에르와 얼룩지고 모호한 이미지로 표현했다.
- ( )은/는 우리나라에서 국전 중심의 아카데미즘과 사실주의 경향에 반발하여 1950년대 후반에 등장해서 1960년대에 절정을 이루었던 집단적 추상 운동을 지칭하는 용어로 사용되었다. 이 운동의 주요 참여 작가로는 박서보, 장성순 등을 들 수 있다.

15-A5

| 정답 | 앵포르멜

41 2015학년도_A기입형_06

다음의 작품과 설명을 참고하여 ( ) 안에 공통으로 들어갈 용어를 쓰시오. [2점]
[별첨 컬러 도판 참고]

샌딘, <동굴>

- 미디어 아트(Media Art)는 인간과 컴퓨터 사이의 인터페이스를 통해 관람자가 시공간의 물리적 경계를 넘어서는 ( )을/를 체험하도록 하는 방향으로 확장되고 있다.
- ( )의 개념은 20세기 후반 컴퓨터 기반 환경 개발에 관심을 가졌던 크루거(M. Krueger)와 래니어(J. Lanier) 등에 의해서 구체화되었으며, 미국 VPL-리서치와 미국 국립 항공 우주국(NASA)이 공동으로 진행한 프로젝트를 계기로 알려지게 되었다.
- 샌딘(D. Sandin)의 작품 <동굴(CAVE)>은 사용자의 행동에 인터랙티브하게 반응하는 입체적 컴퓨터 그래픽과 입체 안경, 그리고 이미지를 구동하도록 프로그래밍된 일종의 마우스 장치 등으로 구성되어 있어서 ( )을/를 통해 관람자에게 마치 새롭게 창조된 세계 속에 있는 듯한 몰입감을 경험하게 한다.

15-A6

| 정답 | 가상현실

| 인 | 정 | 답 |
인공현실(artificial reality), 사이버 공간(cyberspace),
가상세계(virtual worlds),
가상환경(virtual environment),
합성환경(synthetic environment),
인공환경(artificial environment) 모두 정답

42 2016학년도_A4

다음은 행위 미술(Performance Art)의 한 종류에 대한 설명이다. (　) 안에 공통으로 들어갈 용어를 쓰시오. [2점]

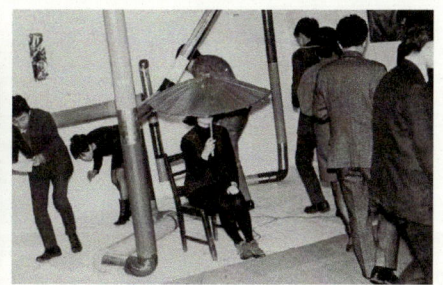

1959년 뉴욕　　　　1967년 서울

- 캐프로우(A. Kaprow)는 1959년 뉴욕의 루벤 갤러리(Reuben Gallery)에서 공식적으로 (　)을/를 처음 선보이며 이 용어를 사용하였다. 이는 전시장이나 야외에서 미리 기획된 연기나 즉흥적인 행위를 수행하는 미술을 일컫는다.
- 캐프로우의 (　)은/는 일상의 소음을 음악에 도입한 전위 음악가 케이지(J. Cage)의 영향을 받았다는 점에서 플럭서스 그룹의 '이벤트'와 유사하다.
- 1967년 서울의 ≪청년작가연립전≫에서 '무(無)동인'과 '신전(新展)동인'이 함께 수행한 행위 미술은 한국의 대표적인 (　)이다.

16-A4

| 정답 | 해프닝

43 2016학년도_A11

다음은 1960년대 미니멀리즘에 대응하여 등장한 이탈리아 미술 사조의 대표적인 작품이다. 이 사조에 관하여 〈작성 방법〉에 따라 서술하시오. [4점]

[별첨 컬러 도판 참고]

쿠넬리스(J. Kounellis), 〈무제(열두 마리의 말)〉, 1969

―| 작성 방법 |―
- 이 미술 사조의 명칭을 쓸 것.
- 미니멀리즘에서 사용된 재료와 대비되는 이 사조의 재료의 특성을 2가지 서술할 것.
- 이 사조의 미술가들이 사용한 재료에 담긴 의미를 2가지 서술할 것.

16-A11 [서양 미술사] 아르테 포베라

|모|범|답|안|
사조의 명칭은 **아르테 포베라**이다.
미니멀리즘에서 사용된 재료는 **극도의 몰개성**을 지향하며, 대부분은 구성상 나눌 수 없는 **단일한 형태**를 취한다.
제작과정에서는 **작가 개성의 흔적이나 손질이 가해지지 않으며 공장에서 주문 생산된 고급 재료와 산업 재료가 사용**된다.
이에 비해 **아르테 포베라** 재료의 특성은 **지극히 일상적인 재료, 모래, 시멘트, 나뭇가지** 등 **구체적인 사물을 가능하면 손질을 최소화**하여 배치하면서 자연, 초자연, 언어, 역사 등에 대한 작가의 사색과 성찰을 은유적인 이미지를 통해 나타낸다.

아르테 포베라 재료에 담긴 의미로는 첫째, **빈곤한 재료와 수법을 통해서** 일면으로는 서구문화로부터 소외된 **주변 문화와 빈곤한 제3세계를 대변**하는 측면이 있다.
둘째, **지나친 변형을 가하지 않은 채 사용하는 재료**는 **지배적인 미학적 표준과 문화적인 체제를 붕괴**하기 위한 급진적인 실험도구가 된다.
아르테 포베라 재료에 담긴 의미로는 경쟁과 상업성을 피하면서 **관객의 참여를 촉진**하려고 한다.

(가)와 (나)는 1970년대 미국의 페미니즘 미술 작품이다. 이와 관련하여 〈작성 방법〉에 따라 서술하시오. [4점]

[별첨 컬러 도판 참고]

(가) 주디 시카고(J. Chicago),
〈디너 파티〉, 1974-79, 식탁보, 접시, 타일 등 복합 재료.

(나) 신디 셔먼(C. Sherman),
〈무제 영화 스틸 #7〉, 1978, 흑백 사진.

―| 작성 방법 |―
- (가)와 (나)에서 여성성의 문제를 다루기 위해 사용된 제작 방법을 각각 서술할 것.
- (가)와 (나)에 나타난 여성성에 대한 관점을 각각 서술할 것.

17-A13 [서양 미술사] 페미니즘

|모|범|답|안|

(가) 제작 방법은 **설치 조각**이다. 여성명사와 관련된 양식과 이미지에 기초하여 그리거나 조각한 채색 도자기, **자수, 손뜨개, 레이스**, 기타 장식적인 **수공예품**들을 이용하여 거대한 식탁 테이블보 형태로 설치한 조각이다.
(나) 방법은 **연출 사진**이다. 작가 스스로가 여배우들을 **패러디**하여, 영화의 장면을 어느 정도 연출된 거짓말임을 암시하는 자세로 사진을 찍는 **셀프 포토레이트 방법**으로 제작하였다.

(가)는 1970년대 초기의 제1세대 페미니즘 미술에 속한다. 여성의 몸에 대한 편견, 남성 중심의 사고에 정면으로 대항하면서 여성성에 대한 관점을 보여주었다. 여성의 관점으로 여성의 신체와 관련된, 여성에 관한 미술을 만들었다.
(나)는 남성 사회가 규정한 여성상을 비판하며 여성의 진정한 자아확립과 주체 회복에 대한 메시지를 표현했다.
영화 산업이 여성에 관한 스테레오타입을 조장하기 위해 사용해온 각종 시각적 상투어에 관한 지적이며 남성이 여성에게 행사하는 폭력에 대해 문제를 제기하고 있다. 즉, 사회적 관점이다.

45 2017학년도_A14

다음 내용을 읽고 〈작성 방법〉에 따라 서술하시오. [4점] [별첨 컬러 도판 참고]

- (가)는 정부 후원으로 제작된 조각 작품으로 연방 정부의 광장을 완만한 곡선으로 가로지르는 강철판의 설치물이었다. 시간이 흐르면서, 이 작품은 시민들의 통행을 방해하고 위압적이라는 비난을 받게 되었다. 이러한 문제로 이전(移轉) 계획이 발표되자 이번에는 작가가 소송을 제기했다. 작가는 "조각이 위치한 장소를 옮기는 것은 곧 파괴하는 것"이며, ⊙ 작품이 설치된 특정 장소에 의미와 형식이 부여되므로 그 장소로부터 분리하거나 떼어낼 수 없다고 반박하였다. 그러나 그의 주장에도 불구하고 작품은 결국 철거되었다.
- 공모를 통해 당선된 (나)는 이전의 전쟁 관련 기념물과 다른 형식으로 논란과 찬탄을 가져온 사례이다. 이 작품은 워싱턴 D.C.의 정치와 역사적 전통을 상징하는 공간에 위치하여 낮은 벽면이 길게 이어져 지면 아래로 내려가는 구조로 제작되었다. 검은 대리석 벽면에는 베트남 전쟁에서 실종되거나 전사한 군인들의 이름만 새겨져 있을 뿐, 전쟁을 재현하지도 전쟁에 대한 정보를 제공하지도 않았지만 애도와 추모를 이끄는 기념물이 되었다.

(가) 리처드 세라(R. Serra), 〈기울어진 호〉, 1981.   (나) 마야 린(M. Lin), 〈베트남 참전 용사 추모비〉, 1982.

―| 작성 방법 |―

- 밑줄 친 ⊙이 의미하는 용어를 쓸 것.
- (나)가 공공 미술로서 존립하게 된 이유를 (가)의 사례와 비교하여 서술할 것.

17-A14 [서양미술사]-장소 특수성

|모|범|답|안|

⊙은 **장소 특수성**이다. (나)가 공공 미술로서 존립하게 된 이유는 **장소 특수성에 대한 올바른 이해와 적용**이 있었다.
진정한 장소 특수성은 작품이 설치된 환경과 합치되면서 현대미술과 알레고리간의 연계성을 갖는 것이다.
즉, 그저 바라본다는 의미에서의 관객의 입장이 아니라, 작품을 창출하는 **적극적인 개입자로서의 관객의 참여를 유도**하는 환경으로서의 미술의 개념으로부터 출발한 것이다.
따라서 장소 특수성은 단순하게 작품이 특정한 장소에서 발견될 수 있다거나, 또는 바로 작품이 장소 자체임을 의미하지 않는다. (가)의 주장처럼 특정 장소로부터 분리하거나 떼어내면 작품을 파괴하는 것이라고 보지 않는다.

또한, (나)는 (가)와는 다르게 작품이 실제적으로 장소를 구성한다는 설치나 배치의 전시적 규범의 확대를 추구했으며, 공공미술의 조건인 **사용자 중심 미학, 공간적 상황과 예술적 속성의 결합, 예술적 비전과 사회적 가치의 결합을 추구**했기 때문이다. 이에 비해 (가)는 작가 중심과 예술적 속성만 고집했기 때문에 공공미술적로서 존립할 수 없었다.

다음 (가), (나)는 화이트리드(R. Whiteread)의 작품이다. 아래 설명을 참고하여 〈작성 방법〉에 따라 서술하시오. [4점]

[별첨 컬러 도판 참고]

(가) 〈집〉, 1993년, 콘크리트

(나) 〈모뉴먼트〉, 2001년, 투명 레진

- (가)는 런던 동부 지역의 재개발로 사라질 가옥을 이용하여 제작한 작품으로, 4개월 만에 철거되었다.
- (나)는 런던 트라팔가 광장 '네번째 좌대 프로젝트(The Fourth Plinth Project)'로 전시되었던 작품으로, 한시적으로 설치되었다.

─────| 작 성 방 법 |─────

- (가), (나)에서 공통적으로 사용된 제작 방법을 쓰고, 이를 통해 구현된 공간의 특징을 서술할 것.
- (가), (나)에서 작가가 전달하고자 한 주제를 기념비의 속성과 관련하여 각각 서술할 것.

18-A12 [서양 미술사] 화이트 리드

|모|범|답|안|

제작 방법은 **석고로 떠낸 주조 방법**이다.
공간은 **닫힌 공간, 꽉 찬 공간. 사용 불가능한 공간**이다.
(가) 주제는 **극히 일상적이고 원형적인 삶의 오브제로서의 집**이며, 건축과 사적·공적인 영역의 관계에 대한 문제 제기이다.
(나) 관으로서 **죽음을 은유**한다. **기억, 몸과의 관계에 대한 문제 제기**이다.

기념비의 속성은 어떤 뜻 깊은 일이나 훌륭한 인물 등을 오래도록 잊지 아니하고 마음에 간직하기 위하여 세운 비영구적 속성의 의미를 지닌다. 결국 (가), (나) 에서 작가가 전달하고자 하는 것은 **인간의 존재와 부재에 대한 기호로서 인간의 유한성과 죽음을 은유**하고자 하였다.

47 2019학년도_A13

다음은 ○○○ 학생의 대지미술 작품에 대한 감상 보고서이다. 이를 참고하여 <작성 방법>에 따라 서술하시오. [4점]

[별첨 컬러 도판 참고]

⟨ 대지미술 감상 보고서 ⟩

하이저(M. Heizer), ⟨Double Negative⟩, 1969-1970

작 가 : 마이클 하이저(M. Heizer, 1944-)
제작 년도 : 1969-1970
크 기 : 폭 9 m, 깊이 15 m, 총길이 457 m (길이가 12m와 30m인 두 개의 구덩이로 이루어짐.)
위 치 : 미국 네바다 사막
작업 방식 : 테이블 모양의 바위언덕 가장자리의 가운데 부분을 절개하고 양쪽으로 두 개의 구덩이를 파 서로 마주 보게 함. 폭약과 중장비를 이용해 24만 톤의 흙과 바위를 퍼냄.

감상 노트

• 광활한 자연에 풍경을 조각함.
• 도시에서 멀리 떨어진 사막 지역에 위치함. 미술관에서 작품을 감상하던 방식과 전혀 다른 느낌을 경험하게 됨.
• 거대한 규모는 마치 선사시대의 조형물을 보는 듯함. ㉠ 관련 자료를 찾아보니 대지 미술가들은 선사 미술에 크게 매료되었다고 함.
• 크라우스(R. Krauss)는 (㉡)(이)란 용어를 사용하여 대지미술을 현대조각의 범주에 포함시킴.

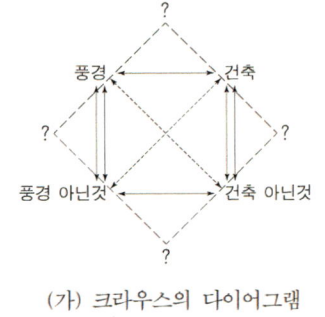

(가) 크라우스의 다이어그램

┤ 작성 방법 ├

○ ㉠에서 언급한 선사 미술과 하이저 작품의 관련성을 당시의 반문화 정신을 중심으로 서술할 것.
○ ㉡에 해당하는 용어를 쓰고, 하이저의 작품이 속하는 영역을 (가)에서 찾아 그 내용을 서술할 것.

19-A13 [대지 미술 – 마이클 하이저 / 크라우스]

|모|범|답|안|

㉠ 사회적이고 종교적 맥락 보다는 **병들고 타락한 과학 기술 문명 세계를 새롭게 대치할 힘의 근원지**로서 선사 미술과 관련 짓는다. 당시 반문화 정신은 **자연 회기와 기계 혐오, 삶과 예술이 융화된 사회를 표명**한다.
㉡은 **"확장된 장"(크라우스)** 이다.= **표시된 장소 (하이저)**

(가) 다이어그램에서 좌측 "풍경과 풍경이 아닌 것" 사이에 위치한다.
내용은 이를 하이저는 "표시된 장소(Marked sites)"라고 하였다.
물리적 장소의 변형이며, '표시 하기(marking)'의 또 다른 형태이다. 비영구적이고, 사진적, 정치적 특성을 지닌다.

다음 (가), (나)에 사용된 재료의 주제 표현 효과를 설치된 공간과 관련하여 각각 서술하시오. [4점]

[별첨 컬러 도판 참고]

(가) 카푸어(A. Kapoor), 〈구름 문〉

(나) 쿤스(J. Koons), 〈풍선 개(마젠타)〉

19-B5 [네오 팝 / 카푸어]

|모|범|답|안|

(가), (나)에 사용된 재료는 **스테인리스 스틸**이며, (가)의 주제는 환경 미술, (나)는 대중문화와 일상생활, 팝 문화적 유희를 주제로 다루었다. 재료의 특성상 작품 표면에 **반사와 착시의 공간이 연출**된다. (가)는 시카고 밀레니엄 공원에 설치된 환경 조각이다. 168개의 스테인리스 철판 조각을 용접하였으며, 표면에 이음새를 없앴다. 구름문이 가진 곡선으로 인해 스카이라인은 왜곡, 반사되며, 보는 각도에 따라 설치된 지역의 하늘과 빌딩, 관람객의 모습은 다양한 각도로 일그러져 보인다. 즉 시간과 계절의 조건에 따라 외부 환경을 반사한다.
표면에 비치는 관객의 모습은 작품의 일부가 되기도 하고, **관람객과 상호작용**이 가능한 것이다.

(나)는 매력적인 색상의 스테인리스 스틸을 아주 매끈하고 티 없이 가공해서 마치 아동용 풍선 장난감처럼 만든 금속 조각품이다. 실내에 설치되어서 실내 공간, 주변 인테리어 조명에 따라 내부를 반사하여 유쾌한 공간, 귀여운 형상, 매력적인 색 조합에 따른 실내 분위기 공간을 연출하게 된다. 현대 미술에서 공공성은 과학기술의 발전에 따라 빛, 기호, 영상, 소리, 그림 등 새로운 미술 매체를 사용하며 관객의 참여를 유도하기도 한다.

49 | 2020학년도_A6

다음 작품과 설명을 참고하여 〈작성 방법〉에 따라 서술하시오. [4점]
[별첨 컬러 도판 참고]

클로스, 〈마크〉, 274.3×213.4cm

클로스(C. Close)는 사진처럼 매끄러운 표면을 구현하기 위해 (㉠)을/를 즐겨 사용하였다. 기존에 사진을 수정하는 데 주로 이용되었던 이 도구는 20세기 후반에 들어오면서 하이퍼리얼리즘 계열의 화가들에 의해서 적극적으로 활용되기 시작했다. 또한 그는 평범한 인물 사진을 캔버스로 옮기기 위해 기하학적 조직망인 (㉡)을/를 활용하여 그렸다. 위 작품은 그의 이러한 작업 방식을 보여주는 사례이다. 이렇게 만들어진 작품들은 ㉢ 사진 이미지를 정확하게 재현하고 있지만 역설적이게도 비현실적으로 보인다.

─┤ 작성 방법 ├─
◦ ㉠, ㉡의 명칭을 순서대로 쓸 것.
◦ ㉢의 이유를 작가가 활용한 사진의 표현 기법과 작품 크기의 측면에서 각각 서술할 것.

20-A6

|모|범|답|안|
㉠ 에어 브러시   ㉡ 그리드

㉢ 사진 이미지를 재현하고 있지만 역설적이게도 비현실적으로 보이는 이유는 근원적으로 실제 사진이 사람처럼 보이지 않는다. 또한, 사진 자체로는 매우 지루하게 느껴진다. 따라서 클로스는 **실체와 거리가 있게**(실제와 같지 않게) **묘사함**으로써, 사람이 지니고 있는 특성을 넘어서서 **사진이라는 이미지에 접근**하는 방법을 사용했다. 그래서 초점 심도가 전체 사진으로 확장되지 않는 카메라로 사진을 찍은 것처럼 얼굴 특정 부분, 예를 들어 귀가 다소 흐릿하다. 그리고 거대하게 확장된 크기의 영상을 기념비적으로 큰 캔버스에 옮기면서 원본의 흠까지도 복제하는 래스터(raster) 기법을 사용하기 때문이다.

|인|정|답|
㉡ 래스터 기법, 격자형 행렬방식

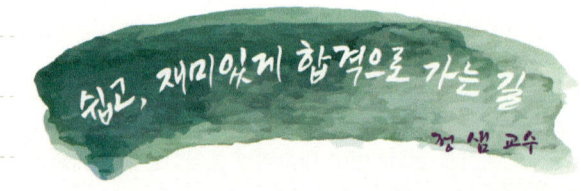

50 2020학년도_B10

다음 (가)는 플럭서스(Fluxus) 그룹의 선언문 일부이며, (나), (다)는 이 그룹에서 활동한 작가들의 작품이다. 〈작성 방법〉에 따라 서술하시오. [4점]

(가)

> 무엇이든 예술이 될 수 있고 누구나 예술을 할 수 있다는 것을 증명해야 한다.
> … (중략) …
> 제한을 없애고, 대량생산하고, 모두가 가질 수 있는 것으로 만들어 결국에는 누구나 생산할 수 있도록 함으로써 예술 오락의 가치를 낮추어야 한다.

(나)

```
Composition 1960 #10        콤퍼지션 1960 #10
to Bob Morris               밥 모리스에게

Draw a straight line        직선 하나를 긋고
and follow it.              그것을 따라가라.

        October 1960                1960년 10월
```

라몬트 영(La Monte Young),   (번역)
 〈콤퍼지션 1960 #10〉

(다)

백남준, 〈머리를 위한 선(禪)〉

―| 작성 방법 |―

- (가)를 참고하여 플럭서스 그룹이 타파하고자 했던 기존 예술의 속성을 2가지 서술할 것.
- (나)는 소위 '이벤트 악보(event score)'의 사례이다. 작품 (나)와 (다)의 관계를 서술하고, 이를 참고로 플럭서스 그룹의 '이벤트' 개념을 서술할 것.

20-B10

| 모 | 범 | 답 | 안 |

(가)는 기존예술의 **유럽주의**, 예술의 전문화 등의 특성에 반대한다. 또한, 기존예술의 **엘리트주의**, 프로화 된, **상업화된 문화에 반대**한다. (다)는 (나)의 라몬트 영이 쓴 퍼포먼스를 백남준식으로 재해석한 것이다.

즉, 라몬트 영이 쓴 "직선 하나를 긋고 그것을 따라가라"를 잉크와 토마토 주스를 섞은 재료에 머리카락을 묻혀서 선종의 행동과 같은 퍼포먼스를 한 것이다.

플럭서스 그룹의 이벤트 개념은 전통적인 극장 공간과 문학적 공상과 배치됨.
현실성 자체를 전면에 드러내는 것이다.

51 2021학년도_B1

다음 작품과 설명을 참고하여 괄호 안의 ㉠, ㉡에 들어갈 용어를 순서대로 쓰시오. [2점]   [별첨 컬러 도판 참고]

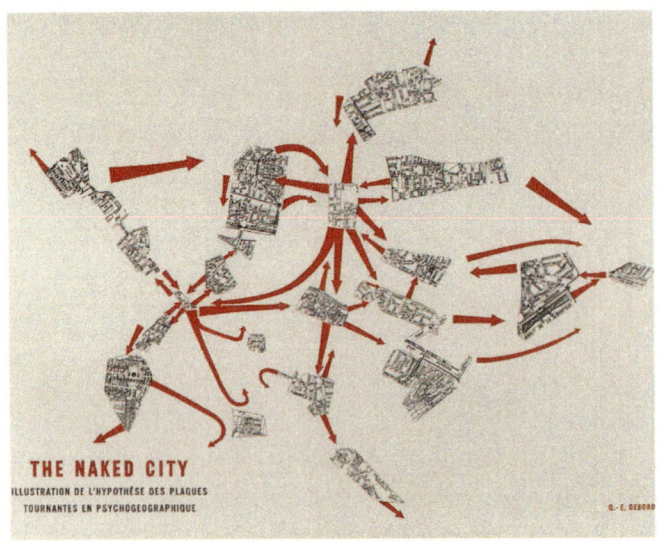

(가) 드보르, 〈벌거벗은 도시〉

(나) 요른, 〈아방가르드는 포기하지 않는다〉

> 1950년대 이후 유럽에서는 소비 자본주의의 문제를 비판하며 일상생활 속에서 문화적 변혁을 시도하는 아방가르드 운동이 일어났다. 덴마크의 미술가 요른(A. Jorn)과 프랑스의 문화이론가 드보르(G. Debord)가 주도하여 1957년에 결성한 (㉠) 그룹은 유럽 각국의 예술가들이 참여한 국제적인 단체로서 삶과 예술을 통합하려는 급진적인 문화 운동을 펼쳤다. 이들은 이미지의 수동적인 소비를 조장하는 '스펙터클의 사회'를 비판하고, 도시의 일상생활을 새롭게 재조직하기 위해 다양한 행동주의적 전략을 사용하였다.
>
> 그중 하나인 '표류(dérive)'는 소비도시의 흐름을 끊고 심리 지리적 환경을 떠돌아다니는 방법으로, (가)에서와 같이 파리의 구역들을 가상의 여정에 따라 재배열한 드보르의 지도에서 확인할 수 있다. 또 다른 전략인 '(㉡)'은/는 기존의 작품이나 텍스트를 원래의 기능과 다르게 변형하여 탈가치화하거나 재가치화하는 방법으로, 키치 이미지를 활용하여 아방가르드 미술에 대한 고정관념을 해체한 요른의 작품 (나)를 그 예로 들 수 있다.

21-B1

|정답|
㉠ 상황주의 인터네셔널   ㉡ 변환, 방향전환(detournement)

|인|정|답|
㉠ 상황주의, 상황주의자 인터내셔널   ㉡ 콜라주

|참고도서 내용|
※ **상황주의 인터네셔널의 주요 전략**
1. '표류'(de+rive) : 능동적 탐색 – 합리적/기능적 도시를 유희의 공간으로 재 정의함.
2. '심리지리(psychogeography)' : 도시 탐험하기 위한 재미있고 창의적인 전략
3. '통합적 도시주의(untary urbanism)' : '예술과 기술의 통합'을 추구한 바우하우스적 전략
4. '변환'(de+tournement) : '스펙터클'이라는 매스미디어 문화에 대항하는 카운터 전략

52 2021학년도_B4

다음 작품과 설명을 참고하여 〈작성 방법〉에 따라 서술하시오. [4점] [별첨 컬러 도판 참고]

(가) 쇼(J. Shaw), 〈읽을 수 있는 도시〉

(나) 골드버그(K. Goldberg), 〈텔레가든〉

컴퓨터 시스템과 사용자를 연결하기 위하여 개발된 (㉠)은/는 미디어아트에서도 상호 작용 구현의 중요한 요소로 기능한다. (가)는 실제의 도시 구조를 3D 텍스트 공간으로 구현하였는데, 관람객이 자전거를 타고 가상 공간을 체험하는 인터랙티브 설치 작품이다. (나)는 멀리 떨어진 장소에 위치한 로봇을 조종하여 꽃씨를 심고 키우는 과정에 사용자가 어디서든 인터넷을 통해 참여할 수 있는 로보틱 아트 작품이다. 전 지구적 네트워크 기반의 (나)는 웹페이지를 사용자의 (㉠)(으)로 활용하였고, ㉡ 물리적인 거리를 뛰어넘는 실재감을 구현하였다. 이러한 체험은 물리적 세계와 가상 공간을 서로 연결한다는 점에서 가상 현실과 다르며, 미디어아트뿐만 아니라 비대면 교육, 가상 미술관, 미디어 커뮤니케이션 등의 분야에서도 그 중요성이 증가하고 있다.

─── | 작성 방법 | ───

- ㉠에 공통으로 들어갈 용어를 쓸 것.
- ㉡에 해당하는 용어를 쓸 것.
- 관람객(사용자)의 참여 측면에서 (가), (나)의 특징을 비교하여 서술할 것.

21-B4

|모|범|답|안|

㉠은 **유저 인터페이스**(User Interface, UI) 이다.
㉡은 **프레즌스**(presence)이다.
(가)는 관람객이 **직접 참여**하여 신체적 움직임을 통해 페달을 굴려 가상현실의 이미지를 표현 한다.
반면에 (나)는 신체적, 물리적 움직임을 뛰어넘어 **관람자가 웹페이지에서 참여**하여 로봇을 통해 이미지를 표현한다.

|인|정|답|

㉠은 사용자 중심 이다. ㉡은 임장감, 몰입감

53 2021학년도_B11

다음은 1960년대 미국 미술에 대한 자료이다. 작품과 설명을 참고하여 〈작성 방법〉에 따라 서술하시오. [4점]

[별첨 컬러 도판 참고]

(가) 저드, 〈무제〉

(나) 헤세, 〈우연〉

1966년 뉴욕에서는 매우 상이한 경향의 미술을 선보인 두 전시가 개최되었다. 맥샤인(K. McShine)의 기획으로 유대인 미술관에서 열린 〈기본 구조(Primary Structures)〉 전시에는 저드(D. Judd), 모리스(R. Morris), 플래빈(D. Flavin) 등 미니멀리즘의 주요 작가들이 참가하였고, 이는 이후 미니멀리즘이 하나의 미술 운동으로 자리매김하는 계기가 되었다. 이 전시에는 저드가 '특수한 사물(Specific Objects)'이라 명명한 구조물들이 다수 포함되어 있었다.

한편, 리파드(L. Lippard)의 기획으로 피시바흐 갤러리에서 열린 전시에는 헤세(E. Hesse), 부르주아(L. Bourgeois), 쿠사마(Y. Kusama) 등이 참가했는데, '기본 구조'나 '특수한 사물'과 대조되는 특성의 작품들이 주를 이루었다. ㉠ 이 전시의 명칭은 이후 포스트미니멀리즘의 한 흐름을 지칭하는 용어로 사용될 만큼 미니멀리즘과 상반되는 특징을 담고 있었다. 특히 헤세의 작품은 미니멀리즘에 대해 대안적인 조형 언어를 제시한 대표적인 예이다.

─── 작 성 방 법 ───
- (가)에 나타나는 '특수한 사물'의 특징을 구성 측면에서 1가지 서술할 것.
- ㉠에 해당하는 명칭을 쓸 것.
- 미니멀리즘과 대조되는 특징을 중심으로 (나)의 재료가 지닌 함의를 2가지 서술할 것.

54 | 2022학년도_A6

다음 작품을 참고하여 <작성 방법>에 따라 서술하시오. [4점]   [별첨 컬러 도판 참고]

(가) 프랑켄탈러(H. Frankenthaler), 〈산과 바다〉

(나) 켈리(E. Kelly), 〈빨강, 파랑, 초록〉

─────| 작성 방법 |─────
- (가)에 사용된 표현 기법을 쓰고, 작품의 표현 효과를 서술할 것.
- (나)가 속한 기하학적 추상의 명칭을 쓰고, 작품의 조형적 특징을 서술할 것.

22-A6

|모|범|답|안|

(가)에서 사용된 표현기법은 **스테이닝** 기법 이다.
작품의 표현 효과는 희석한 아크릴릭 컬러를 초벌칠이 되지 않은 캔버스에 흘리거나 부어서 **염색된 천과 같은 효과**를 나타낸다. 따라서 **'평면성'의 개념을 충족**시키게 된다.

(나)가 속한 기하학적 추상적 명칭은 **하드에지** 이다.
조형적 특징은 단단한 가장자리에 의한 화면 구분, 시원하고 단순한 색깔, 범위와 경계 불분명, 형태가 화면 전체여서 분할 불가능한 특징이 있다.

55 2022학년도_A11

다음은 김 교사가 현대 미술 수업을 설계하기 위해 작성한 연구 노트이다. 〈작성 방법〉에 따라 서술하시오. [4점]

[별첨 컬러 도판 참고]

수업 주제	재료에 담긴 상징성과 작품의 전시 방식	
선정 작품	(가) 〈지방 덩어리 의자〉, 1963	(나) 〈무제 (L.A.의 로스의 초상)〉, 1991
작가	ㅇ 요제프 보이스 (J. Beuys, 1921-1986)	ㅇ 펠릭스 곤살레스-토레스 (F. González-Torres, 1957-1996)
재료 및 설치 방법	ㅇ 지방 덩어리: 동물성 지방 덩어리를 의자 위에 굳혀 놓음.	ㅇ 사탕 더미: 반짝이는 셀로판지로 개별 포장한 사탕을 전시장 구석에 쌓아 놓음.
연구 내용	ㅇ ㉠ 작가의 개인적인 서사에서 나온 지방(fat)이라는 재료가 작품의 의미와 어떻게 연결되는지 고찰함.	ㅇ ㉡ 관람자의 참여 방식이 작품의 의미와 어떻게 연결되는지 고찰함.

─── 작성 방법 ───

· 밑줄 친 ㉠의 상징적 의미를 서술할 것.
· 재료의 상징성을 기반으로 (가)의 작가가 창안한 조각 이론의 명칭을 쓸 것.
· 밑줄 친 ㉡의 특징을 설명하고, 이러한 방식을 선택한 작가의 의도를 서술할 것.

22-A11

|모|범|답|안|

㉠의 상징적 의미는 **치유와 생명**이다. 요제프 보이스가 추락해 부족민들이 지방을 감싸 치유해줬다는 개인적인 서사에서 나온 의미이다.
(가)의 작가가 창안한 조각 이론의 명칭은 **사회적 조각** 이다.
㉡의 특징은 '**미술을 통해 경험을 공유하는 것**'이다.
작가의 의도는 관람자들이 사탕을 집어 껍질을 벗기고 먹음으로써 작품이 완성되도록 하는 것이다. 미술은 다른 사람의 경험을 바라보는 것이 아니기 때문이다.

|인|정|답|

원(가)의 작가가 창안한 조각 이론의 명칭은 **이벤트** 이다.
작가의 의도는 ① 반 미술 시장에 대한 진술과 관용의 행위를 드러내고자 함이다.
② 관람자와의 상호작용을 함으로써 능동적 참여를 적극적으로 유도한다.

56 2023학년도 A10

다음 도판과 설명을 참고하여 〈작성 방법〉에 따라 서술하시오. [4점]

[별첨 컬러 도판 참고]

(가) 고갱(P. Gauguin)

19세기 후반 프랑스의 문학에서 시작되어 모로(G. Moreau), 르동(O. Redon) 등에 의해 회화로 확산된 (㉠) 미술은 독립적인 회화 양식이라기보다 광범위한 문예사조에 가까웠다. 그러나 1891년 비평가 오리에(A. Aurier)는 고갱의 회화가 상상과 이념의 세계를 종합적으로 표현한다고 강조하며 독립적인 회화 양식에 대한 논의를 본격화하였다. 실제로 고갱은 브르타뉴의 퐁타방(Pont-Aven)에서 ㉡ 종합주의 양식을 주창하며 (가)와 같은 회화를 그렸다. 이 양식의 주요 특징은 그가 남태평양의 섬으로 이주한 이후에도 지속되었다. 고갱은 퐁타방의 농부나 타히티의 원주민을 문명인보다 더 순수하고 본능적인 존재로 보고 그들의 원초적인 삶을 표현하고자 하였다. 하지만 ㉢ 원주민의 문화나 부족 미술을 참조하여 서구 미술의 형식을 새롭게 하려는 경향은 20세기 후반에 비판의 대상이 되기도 하였다.

─| 작성 방법 |─
- 괄호 안의 ㉠에 해당하는 미술사조의 명칭을 쓸 것.
- (가)에 나타난 밑줄 친 ㉡의 조형적 특징을 2가지 서술할 것.
- 밑줄 친 ㉢에 해당하는 용어를 쓸 것.

23-A10

|모|범|답|안|

㉠ 상징주의(상징파)

㉡은 첫째, **진한 검정색 윤곽선으로 대상을 종합**하여 표현하는 클루아조니즘의 사용이다.
둘째, 진출하는 특성을 가진 난색을 원경에 사용하고, 후퇴하는 특성을 갖는 한색을 근경에 사용하여 화면에 **평면성을 부각**시키는 점, 명암이나 입체감의 표현이 없는 순수한 색면, 평면 강조, 장식적인 회화이다.

㉢ 원시주의(primitivism)

57 2023학년도 B4

다음 도판과 대화를 참고하여 〈작성 방법〉에 따라 서술하시오. [4점]

[별첨 컬러 도판 참고]

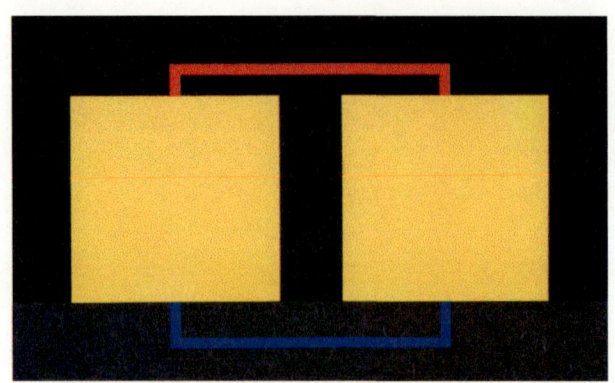

(가) 핼리(P. Halley)

최 교사: 다음 주 미술사 수업에서 '20세기 기하학적 추상미술'을 소개하려고 합니다. 특히 추상미술가들이 당대의 사회를 어떻게 바라보고 접근했는지를 다루고 싶어요. 어떤 작품들을 살펴보면 좋을까요?

강 교사: 우선 1917년 네덜란드에서 결성된 데스틸 그룹을 소개하면 어떨까요. 이 그룹의 이론적 기반은 수평·수직선의 교차를 강조한 추상회화의 원리를 밝힌 ㉠<u>몬드리안(P. Mondrian)</u>의 미술 이론이었어요. 그룹의 멤버들은 기하학적 구성의 원리를 건축과 디자인에 적용하여 합리적인 이상 공간을 실현하고자 했습니다.

최 교사: 그렇군요. 그럼 이와 다른 관점을 지닌 기하학적 추상회화도 있었나요?

강 교사: 네, 1980년대 ㉡<u>피터 핼리의 추상회화로 대표되는 뉴욕의 미술 경향</u>이 있어요. ㉢<u>현대 사회와 관련하여 핼리의 기하학적 형태가 상징하는 내용</u>을 살펴보면 이전과 다른 점을 발견할 수 있을 거예요.

| 작성 방법 |

- 밑줄 친 ㉠에 해당하는 명칭을 쓸 것.
- 밑줄 친 ㉡에 해당하는 명칭을 쓸 것.
- 밑줄 친 ㉢을 2가지 서술할 것.

다음은 서양화 수업 중 교사와 학생의 대화 내용이다. 도판을 참고하여 〈작성 방법〉에 따라 서술하시오. [4점]

[별첨 컬러 도판 참고]

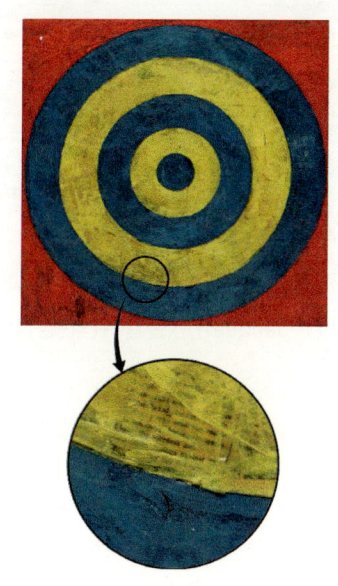

(가) 존스(J. Johns),
〈네 개의 얼굴이 있는 과녁〉의 부분

교사: 오늘은 지난 시간에 배웠던 다양한 서양화 기법이 작품에 어떻게 사용되는지 (가)를 통해 감상해 볼게요. 무엇이 보이나요?
학생: 선생님, 과녁처럼 보이는데요?
교사: 그렇죠. 이 작품은 서양화 기법 중 녹인 밀랍에 안료를 섞어서 칠하는 '납화법'을 활용해 그렸어요.
학생: 그림 사이사이로 인쇄된 글씨가 보이는데 왜 그런가요?
교사: 그것은 작가가 납화 물감으로 칠하기 전 일상적인 재료를 붙여서 바탕을 만들었기 때문이에요. 이러한 기법을 뭐라고 하지요?
학생: (㉠) 기법입니다.
교사: 맞았어요. 그럼 납화 물감을 그 위에 칠했는데도 ㉡글씨가 보이는 이유를 생각해 보세요. 이것은 납화 물감이 가진 특징이기도 하지요. 그리고 ㉢납화 물감의 단점 때문에 단단한 바탕을 사용해야 한다고 지난 시간에 배웠는데, 그것도 같이 생각해 볼까요?

┌─── | 작성 방법 | ───┐
- 괄호 안의 ㉠에 해당하는 명칭을 쓰고, (가)에서 이 기법에 사용된 재료를 1가지 쓸 것.
- 밑줄 친 ㉡을 납화 물감의 특징과 관련하여 서술할 것.
- 밑줄 친 ㉢을 서술할 것.

23-B9

|모|범|답|안|

㉠ 콜라주
(가)에서 이 기법에 사용된 재료는 '**신문지**'이다.

㉡의 이유는 납화 물감은 **건조가 되면 투명해지기 때문이다.**

㉢ 납화 물감은 마르면 갈라지는 특성이 있기 때문에, 판넬, 목판과 같은 단단한 바탕을 사용해야 한다. 뜨거운 온도에서 제작하는 매체의 특성상 단단한 바탕재가 필요함.

59 | 2024학년도 A7

다음은 서양화 수업 중 교사와 학생의 대화 내용이다. 도판을 참고하여 〈작성 방법〉에 따라 서술하시오. [4점]

수업 주제	(가) 프린스(R. Prince), 〈무제(카우보이)〉, 1989	(나) 자케(A. Jacquet), 〈풀밭 위의 점심 식사〉, 1964
선정 작품	프린스는 담배 광고 사진의 부분을 재현하는 작업을 수행했다. 그는 광고에 나오는 문구를 제외하고, 이미지의 일부만을 촬영하여 확대, 인쇄했다. 그에게 있어 카메라는 익숙한 광고 속 상품 사진이나 모델 사진을 부분적으로 택해서 자르는 '전자 가위(electronic scissors)'의 역할로 사용되었다. 프린스는 이 같은 작업 방식을 (㉠)(이)라고 칭했다	자케는 마네(É. Manet)의 〈풀밭 위의 점심 식사〉를 비롯해 인상주의 및 유럽 고전 작품들을 패러디했다. 그는 패러디한 사진 이미지를 (㉡)이/가 보이도록 증대시키고 단순화하여 감광성 에멀션이 처리된 캔버스에 한정된 색채로 전사했다. 이러한 작업 방식으로 자케는 기계미술의 대표작가로 불리게 되었다
작품 설명		

─── | 작성 방법 | ───

○ 괄호 안의 ㉠, ㉡에 해당하는 용어를 순서대로 쓸 것.
○ (가), (나)에서 이미지를 차용한 작가의 공통된 의도를 2가지 서술할 것

24-A7

|모|범|답|안|
㉠ 'Re-photography 재촬영' (11월 1주 B10-2번 정답 참고)
㉡ 망점
(가) 리처드 프린스와 (나) 자케의 공통된 의도는 첫째, **원본 이미지의 세련됨을 없애고 생산의 기계적 측면을 과장했다**.
둘째, 포스트모더니즘 미술의 창작 전략으로서 '혼종화'이다. 하나의 미술 작품에서 다양한 문화적 영향을 혼합하는 과정을 말한다.

|인|정|답|
(가) **오니리널리티의 부정**

60 | 2024학년도 A8

다음은 서양화 수업 중 교사와 학생의 대화 내용이다. 도판을 참고하여 〈작성 방법〉에 따라 서술하시오. [4점]

(가)　　　　　　　　　　　(나)　　　　　　　　　　　(다)

　　서양의 역사에서 '오리엔트'는 시대에 따라서 근동으로부터 동아시아까지 다양한 지역을 아우르는 양상을 보여 준다. 고대 그리스 도기화에서는 기하학 시기 말기에 (㉠) 양식이 등장하는데, 소아시아와 근동의 나선형, 꽃문양, 괴수 등의 모티프를 반영하고 있다. 17~18세기 동안 장식 미술과 회화 등에서 중국적 모티프를 즐겨 사용하는 (㉡) 유행이 크게 일어났다. 신고전주의와 낭만주의 예술가들은 북아프리카와 중동의 풍광과 사람들을 작품의 소재로 즐겨 다루었다. 19세기 후반에 일어난 ㉢ 자포니즘은 인상주의 이후 예술가들에게 많은 영향을 주었다. 이처럼 '오리엔트'의 문화와 이미지는 서양 미술가들의 상상을 자극하고 소재와 표현 방법을 확장하는 촉매가 되었다

―――――――| 작성 방법 |―――――――

- (가)를 참고하여 괄호 안의 ㉠에 해당하는 용어를 쓸 것.
- (나)를 참고하여 괄호 안의 ㉡에 해당하는 용어를 쓸 것.
- 밑줄 친 ㉢의 요소를 (다)에서 찾아 쓰고, 밑줄 친 ㉢이 일어나게 된 시대·사회적 배경을 서술할 것

24-A8

|모|범|답|안|
㉠ 동방
㉡ 시누아즈리
㉢ 자포니즘.
(다)에 나타난 자포니즘의 요소는 첫째, 평평한 색면으로 화면을 구성하는 등 새로운 기법을 도입하였다. 검은 윤곽선이 만들어낸 단순한 형태와 명암의 차이가 전혀 없는 선명한 색채의 면이다.
둘째, 주제를 중심이 아닌 화면 가장자리로 옮기고, 위에서 부감시와 조감시 구도를 사용하였다. 셋째, 중경을 없애고 원경과 근경만으로 공간을 처리하였다.

자포니즘의 시대·사회적 배경은 1862년 런던 만국박람회와 1867년 파리 만국박람회를 통해 일본의 도자기와 차(茶), 부채, 일본의 채색 목판화 우키요에 판화 등이 유럽에 소개되면서 일본의 문화 및 예술에 대한 관심이 증대되었다.

|인|정|답|
(다) 고흐 작품에서 모델 탕기는 마치 불상처럼 두 손을 앞에 모으고 지긋이 뜬 두 눈으로 정면을 바라보며 똑 바로 앉아 있다. 그의 뒤로 우키요에 다섯 점이 붙어있다.

61 2025학년도 A9

다음 도판과 설명을 참고하여 〈작성 방법〉에 따라 서술하시오. [4점]

분류		(가)	(나)	(다)
작품				
작가		백남준(N. J. Paik)	브루스 나우만(B.Nauman)	빌 비올라(B.Viola)
작품 설명	매체	TV수상기, 라디오 케이스	비디오카메라, VCR	고속 촬영 카메라, 음향
	제작 방법 및 장르	텔레비전과 영상을 사용한 비디오/미디어 아트로, 여러 대의 TV 수상기를 조립하여 인간의 형상을 만든 (㉠)(이)다.	자신의 스튜디오에서 직접 행한 (㉡)을/를 비디오카메라로 녹화하여 재생한 비디오/미디어 아트이다.	배우의 동작을 고속 촬영한 후 이를 재생할 때 (㉢)효과가 나타나도록 제작한 비디오/미디어 아트이다.
	의미	TV 수상기를 단순히 기계로만 보지 않고 의지를 지닌 대상인 것처럼 다루었다.	콘트라포스토 자세로 스튜디오를 걸으며 인간 신체의 표현 가능성을 탐색하였다.	(㉣)

─────| 작성 방법 |─────

○ 괄호 안의 ㉠, ㉡에 해당하는 용어를 순서대로 쓸 것.
○ 괄호 안의 ㉢에 해당하는 용어를 쓰고, 괄호 안의 ㉣의 내용을 서술할 것.

25-A9

|모|범|답|안|
㉠ **비디오 설치 조각**
㉡ 퍼포먼스
㉢ 슬로우 모션
㉣ 빌 비올라의 예술은 삶과 죽음, 시간과 공간, 인간과 자연에 대한 영적 이미지를 **느림의 미학을 통해 사유**토록 한다.

27 미학

1 2009학년도_12

(가)~(다)의 미술에 대한 접근 방식에 따른 적절한 수업 활동을 〈보기〉에서 고른 것은? [1.5점]

(가) 모방이론적 접근
(나) 표현 주의적 접근
(다) 제도이론적 접근

―| 보기 |―
ㄱ. 미술 작품을 누가 만들고, 감상하며, 정의하는지에 관한 분석을 통해 다양하게 계층화한 문화적 집단에 관하여 토론한다.
ㄴ. 자신의 내적 경험을 토대로 자연을 해석하여 임의의 색을 통해 독창적인 작품을 제작한다.
ㄷ. 대상을 사실적으로 표현하기 위해 원근법, 명암법, 비율, 음영 등의 규범화된 제작 방식을 익힌다.

	(가)	(나)	(다)
①	ㄱ	ㄷ	ㄴ
②	ㄴ	ㄱ	ㄷ
③	ㄴ	ㄷ	ㄱ
④	ㄷ	ㄱ	ㄴ
⑤	ㄷ	ㄴ	ㄱ

09-12
|정답| ⑤

2010학년도_2차_논술01

예술 작품 감상 및 해석에 대한 이론 중 1) 야우스(Jauß), 잉가르덴(Ingarden), 이저(Iser)의 수용미학(Aesthetics of Reception)과 2) 단토(Danto)의 제도론(또는 예술계, Artworld)을 비교, 분석, 평가하시오. 그리고 각 이론이 미술교육에 시사하는 바를 논하고, 각 이론을 적용하여 감상 및 비평 수업을 할 때 교사가 할 수 있는 발문을 이론별로 4개씩 제시하시오.(50행 이내) [30점]

10학년도-2차-논술01

|모|범|정|답|

| 참고 | 아래내용은 중요 키워드와 설명으로 구성되었습니다. 실제 시험에서는 기호를 생략하고 완전한 문장으로 작성해야 합니다.

▌수용 미학의 개념

수용미학이라는 단어는 가다머의 해석학을 기반으로 하는 **야우스의 이론**과 **현상학적 입장**을 바탕으로 하는 **잉가르덴과 이저** 등이 주장하는 문학이론 용어이다. 이들의 이론은 문학작품의 해석에 있어서 작가와 작품 중심이었던 것에서 '**작품**'과 '**감상자(수용자)**' 쪽으로 관점 전환을 추구한다는 점에서 공통점이 있다.

수용미학은 수용자가 해석학적 우선권을 갖는다는 생각에 의해서 예술작품의 구조, 미적 가치, 예술적 커뮤니케이션, 역사적 전통의 계승 등의 일반적 문제를 해결하려고 한다. 수용미학의 기본적인 생각은 예술작품의 의미는 작자의 의도와 작품 내부의 구조 속에 감춰져 있는 것이 아니고 수용자의 수용행위 속에서 그 의미가 생산된다고 주장하는 이론이다.

즉, 수용미학은 '형식주의 내지 구조주의 그리고 신비평(New Criticism)들이 예술작품을 분석할 경우 작가의 의도나 독자의 반응과 같은 텍스트 외적인 요소들은 고려하지 않는다' 는 점에 이의를 제기하면서 독자의 역할에 중점을 두는 것이다.

오늘날 **해석학이나 현상학, 또는 포스트구조주의** 이론 등에서는 예술작품의 감상과 비평에 관한 이론은 분명히 '작품-향수자'에게로 그 초점이 옮겨지고 있다. 이것은 예술작품의 의미와 가치가 작품 속에 '내재' 한다는 생각에서 벗어나 작품의 의미와 가치는 '**작품**'과 '**수용자**'의 **상호작용 관계**에 의하여 '생산' 된다는 미학으로 발전하게 된 것을 뜻한다.

▌수용미학이 미술교육에 시사 점

예술의 창작과 향유는 '작가, 작품, 감상자'의 세 요소에 의해 이루어진다. 그런데 지금까지 감상교육의 이론이나 방법적 입장은 주로 '작가, 작품'의 입장을 중심으로 이루어져 왔었다.

이와 같은 과거의 방식은 첫째, 감상이 지식과 이론 중심으로 흐른다는 점. 둘째, 감상학습이 작품 자체가 갖는 조형적인 특성보다도 '전기적이고 서정주의적인 감상'으로 흐르는 문제점이 있었다. 이런 문제점은 **학생의 주체적 감상태도와 능력을 기르기에 한계**가 있고, '감상자'로 칭하는 학생 자체에 대한 관심과 연구, 즉 학생중심의 향수 작용에 대하여 **깊이 있게 탐색하지 못한다는 문제**가 있다.

그러나 현대의 포스트모더니즘과 포스트구조주의 이론 등에서는 예술작품의 감상과 비평에 관한 이론들은 '작품과 감상자'에게로 그 초점이 옮겨지고 있다. 이와 같이 '**수용미학**'적 측면에서 이루어지는 감상과 비평 교육적 방식은 다음과 같은 시사점을 주고 있다.

첫째, **예술작품은 다의성을 지닌다**는 점을 근거하여 학생들에게 하나의 미술작품이란 다양하고 새롭게 해석될 수 있다는 점을 알게 해준다. 이를 통해 예술작품의 의미는 작품 속에 갇혀 있는 과거의 산물이 아니라, 작품과 감상자의 긴밀한 상호작용을 통해 새롭게 생산된다는 것을 알게 해준다.

둘째, 감상과 비평을 경험하는 학생들의 학습 준비도를 적극적으로 연구하고, 이해하여 그에 맞는 교재와 지도 방법이 채택되어야 한다는 점을 일깨워주고 있는 것이다.

셋째, 모든 사물이 미적 대상이 되고 미적 체험이 된다는 능동적이고, **자기 주관적인 미적 태도를 취할 수 있다**.

교사의 발문

1. 수용미학
- 이 작품은 **너에게 어떤 느낌**을 주는가?
- 이 작품과 관련된 **너의 경험**은 무엇인가?
- 이 작품을 통해 작가에게 무엇을 말해주고 싶은가?
- 이 작품이 지니는 사회적 중요성 또는 의의는 무엇이라고 생각하는가?
- 이 작품에 알맞은 주제를 달면 무엇이라고 하고 싶은가?
- 이 작품 속 주인공이 되었다면, 이 작품 속에서 무엇을 하고 싶은가?

단토의 제도론

사회적 제도론은 단토와 딕키가 제시한 견해인데, 예술에 대한 정의가 불가능하다는 웨이츠의 이론에 대한 반론으로서 시도 된 것이다.
/비트켄슈타인=가족유사성

예술정의 불가능자인 웨이츠에게 예술이라는 명칭은 마치 가족들 전부에게서 공통점을 찾을 수는 없어도, 구성원들 사이에서 **부분적인 유사성을 발견**할 수 있는 상황과 비슷하다고 말했다. 즉, 할아버지는 아버지와 닮았고 아버지는 아들과 닮았지만 세 사람에게 공통된 점이 없는 경우인 것이다. 이것이 바로 **가족유사성**이다. 이처럼 예술이라 불리는 회화, 조각, 문학, 음악은 이러한 가족유사성을 갖고 있기에 계보적이다라고 말 할 수 있으며 공통된 본질은 말 할 수 없다고 했다.

이러한 이론에 대해 딕키와 단토는 **예술은 평가적 의미에서는 정의가 불가능하지만 분류적 의미에서는 정의가 가능**하다라고 주장하면서 '**분류적인 의미로서의 예술품**'을 **제시**하였다.

분류적인 의미로서의 예술작품이란, 첫째, 어떤 사회 제도-**예술계**-의 편에서 활동하는 한 사람 내지 여러 사람이 감상을 위한 **후보의 자격을 수여한 작품**이어야 하며, 둘째, 그런 수여를 받은 것 중에서 **인공품**을 말한다.

즉, 예술을 말함에 있어 '**전시를 시키려는 예술가의 목적으로 전시가 된다면 예술이 된다**'고 한 것이다. 그리고 '사회제도'가 예술의 정의에 나온 이유는 그에 따라 예술이라 불리는 것이 달라지기 때문이다. 그 시대가 현재 어느 특정작품을 수용할 수 있는 제도라면 예술품으로 인정이 가능하다는 것이며 수용할 수 없다면 예술품이 아니라는 것이다.

'감상의 후보'로 지위를 수여한다는 것은 예술계는 분류만 하지 감상까지는 직결시키지 않는다는 것을 의미한다. 이는 분류적으로 예술작품으로 분리할 수 있으니 평가적 의미로 좋은 작품이라 평가하지는 못함을 말한다. 감상을 하지 않을 수도 있다는 가능성을 인지함으로서 그저 감상의 후보로서 지위를 수여한다는 것이다.

제도론이 미술교육에 시사 하는 점

단토와 딕키는 예술에 공통된 기준으로서의 미적 성질이 있을 수 없다고 보면서, 예술의 지위를 획득하게 하는 미적 가치란 다름 아니라 예술계를 대표하는 개인이나 그룹이 주목할 만한 가치가 있는 것으로 간주하는 어떤 측면이 있다고 주장한다. 다시 말하면 단토와 딕키 입장에서 감상이란, '어떤 사물의 성질을 주목하는 경우 우리가 그것이 가치 있다거나 귀중하다는 것을 알게 되는 것'에 불과하다. 따라서 소위 **미적 가치는 시대와 문화에 따라 상대적**이라는 주장이다. 이와 같은 주장은 아래와 같은 시사점을 가진다.

첫째, **미술품이 갖는 미적 가치에 대한 사고력을 증진시킬 수 있는 상호작용이 미술교육에서 중심활동**으로 자리 잡아야 한다는 점이다. 즉, 객관적이고 명백한 해답을 가진 방식의 감상 교육은 사고의 경직만 초래하게 된다. 그 보다는 주어진 미술품에 대한 반성적 사고 과정을 충분히 가질 수 있는 사고와 상호작용이 중요하다는 점이다.

둘째, 미술교육을 통해 **미적 안목의 성장을 꾀해야 한다**는 점이다. 미술교육의 목적은 한 사람의 작가를 만들기 보다는 미적 안목을 신장시켜 생활 속에서 보다 질 높은 문화를 향유하며 삶을 풍요롭게 가꿀 수 있도록 하기 위함이기 때문이다. /=유일품을 단서로 하는 조건임

교사의 발문

2. 제도론
- 이 작품이 예술품이 되기 위해 갖추고 있는 것은 무엇인가?
- 이 작품은 예술품인가?
- 이 작품의 작가는 누구인가?
- 이 작품은 예술품으로서 감상하기에 적절한가?
- 이 작품이 갖는 미적 가치는 시대와 문화와 어떤 관계에 있는가? 〈끝〉

3 2010학년도_2차_논술 02

〈보기〉는 독일 철학자 발터 베냐민(Walter Benjamin)의 기술 복제 시대의 예술 작품 중 원본과 복제에 관한 내용을 참고하여 정리한 것이다. 원본과 복제의 개념을 중심으로 다음 세 가지 매체의 공통점과 차이점에 대해 설명하고, 그 내용을 토대로 앞으로 전개될 판화의 양상에 대한 자신의 견해를 제시하고 옹호하시오. [20점]

―――――――| 매 체 |―――――――
아날로그 사진   정통 판법에 의한 판화   디지털 사진

―――――――| 보 기 |―――――――
아우라(Aura)의 상실은 기술 복제 시대 예술의 특징이다. 아우라는 원본이 지니는 독특한 분위기로서 예술 작품의 제의적(祭儀的) 가치와 함께 존재해 왔다. 사진, 영화처럼 복제 기술을 기반으로 한 현대 예술은 원본과 복제품의 구분이 사라짐으로써 아우라가 해체되게 되었고, 이를 통한 예술의 대중화, 민주화가 가능해졌다.

10학년도-2차-논술02

|모|범|정|답|

발터 벤야민의 주장

발터 벤야민은 마르크스주의적 사회 철학관에 영향을 받고, 『기술복제시대의 예술작품』을 통해 당시 빠르게 진행되던 산업기술의 발달에 주목을 하면서 그런 사회적 변화를 긍정적으로 평가한다.

그는 기술복제시대의 가장 두드러진 특징을 '**사진기술의 발달**'과 '**예술의 본질적 변화**' 즉, '**철도의 발달을 통한 영상기술의 발달**에 따른 예술의 본질적 변화'에 대해서 기술한다.

먼저, 사진기술의 발달은 '**이전 회화예술이 가지고 있던 아우라의 붕괴**'를 초래하였다고 주장한다.

아우라란, 예술의 원작이 갖는 신비한 분위기나 **예술의 유일성**을 뜻한다. 즉 과거 미술에서 아우라가 가지던, 엄숙함, 종교적 가치, 소수의 기득권층이 누렸던 '제의적 가치'를 통한 유일품 의식은 사진기술의 발달과 복제품을 통해 '전시적 가치'로 변화하여 예술소유와 참여의 대중성을 이끌었고, 이것은 궁극적으로 예술의 현대화와 민주주의를 가져왔다고 평가한다. 또한 사진기술의 발달은 기존의 회화가 가지던 단순한 상황이나 인물의 초상화를 통한 기록적이고 재현적인 기능으로부터 탈피시켰고, 회화가 종교, 경제, 사회로부터 독립된 예술로써 진정한 가치를 가질 수 있도록 해방시켰다고 하였다고 주장한다.

다음으로, 철도 등 과학기술과 운송수단의 발달은 속도 경쟁으로 이어졌고, 인간의 속도에 대한 동경은 영상장비의 개발에 중요한 역할을 했다는 주장이다. 다시 말해서 당시 기차가 달릴 때 차창 밖으로 보이는 풍경을 보았던 시민들은 끊임없이 계속 바뀌며 변화하는 세계와 움직이는 화면에 대한 갈망을 추구하게 되었으며, 이러한 갈망은 무한한 파노라마에 대한 연구와, 움직이는 이미지를 재현하고자 하는 욕구를 통해 영상장비의 개발을 이끌었다는 주장이다.

벤야민은 위에 나열한 주장을 근거로 회화와 사진, 연극과 영화를 각각 대비시키면서 이를 만들어내고 감상하는 태도에서 본질적인 차이가 있다고 주장한다.

즉, 회화와 연극은 일단 막이 오르면 수정이 거의 불가능할뿐더러 '지금 여기에서'가 중요한 의미를 가지고 있기에 제작자나 관객 모두에게 정신집중을 요구하는 일회적인 예술이다. 하지만 사진과 영화는 일시적이며, 편집을 통해 얼마든지 수정이 가능한, 잠재적인 완결로만 나타나게 되고, 대량생산을 통해 만들어낸 복제품들에서 어떠한 질적 차이를 발견해낼 수 없다는 점을 들면서 유희적인 예술이라고 주장한다.

판화와 사진의 개념

판화는 조각에 있어서 소형의 브론즈와 마찬가지로 유명한 예술작품의 복제수단으로 널리 보급되어 실제로 작품을 볼 수 없는 사람들의 욕구를 채워주는 복제의 예술이며 기술이다. 판화는 회화의 복제기술로 출발했다.

판화기술은 18세기에 이르러 정점에 다다랐다. 이는 근대 시민사회의 성립과 함께 등장한 부유층의 회화 소유열에 호응하는 풍조의 발현이었다. 이러한 시대적 풍조 속에서 보다 더 정밀하고, 다량의 복제가 가능하면서도 값이 저렴한 사진이 등장한 것이다.

사진은 빛이나 전자기적 발광을 이용하여 감광성 재료(건판이나 필름) 또는 촬영상 소재에 초점을 맞추어 맺힌 피사체의 영상을 기록하는 것이다.

아날로그 사진, 정통 판법에 의한 판화, 디지털 사진 매체의 공통점

사진과 판화가 갖는 매체의 공통점은
첫째, **평면예술**이라는 점이 가장 큰 공통점이다.
둘째, 두 매체 모두 **순간성**을 표현한다. 영화나 비디오, 텔레비전과 같은 영상매체와는 다르게 대상의 변화하는 과정 그 자체를 묘사할 수 없다.
셋째, 두 매체 모두 원본을 **복제하는 간접적**인 매체이다.
넷째, 두 매체 모두 원본을 여러 장으로 **복제할 수 있는 복수성**을 갖는다.
다섯째, 두 매체 모두 **과학인 동시에 또한 예술**이기도 하다. 이러한 상반된 복합성이 공통적인 특징이다.
여섯째, 두 매체 모두 전통적인 회화보다 가격 면에 매우 저렴하다는 특징이 있다.
반면에 판화는 복수성, 간접성, 실험성이 강하다는 특징을 더 갖는다.

매체의 차이점

디지털 사진의 특징은 즉각적인 처리와 다양한 응용성으로 시간과 비용을 절약할 수 있으며, 편리한 작업 과정을 제공하고 기존 사진으로는 맛 볼 수 없는 다양한 재미를 느끼면서 작업할 수 있는 것이라고 말할 수 있다. 그 특징을 구체적으로 살펴보면 다음과 같다.

첫째, 디지털 사진의 **저장성**이다. 필름을 대신하는 저장장치로 많은 분량의 사진이나 움직이는 사진 영상의 저장이 가능하다.

둘째, 디지털 사진의 **고화질성**이다. 아날로그 화상과는 달리 디지털 형태의 화상은 질적 저하 없이 빠른 속도로 전송할 수 있다. 또한, 기술발전으로 미립자 필름의 화질을 능가할 만큼 충분한 고해상도와 화상처리 기술을 통해 놀랄만한 화질을 재현할 수 있다.

셋째, 디지털사진의 **즉시성**이다. 즉시 화면창이나 모니터를 통해 결과를 확인할 수 있어서 실패율을 낮추고 촬영 장소에서 최종결정을 할 수 있다. 즉, 암실이라는 화학적 메커니즘으로부터 해방됨으로써 일반인들도 사진 이미지화 작업에 참여할 수 있고 손쉽게 표현할 수 있게 되었다.

넷째, 디지털 사진의 **연사성**이다. 필름 교환 없이 고용량 메모리카드 한 장으로 수천, 수만 장을 연속 촬영할 수 있고, 경제성이 높으며, 우연성을 포함한 순간 포착에 큰 도움이 된다.

다섯째, 디지털 사진의 **확장성**이다. 촬영 후에는 저장한 사진 데이터들을 불러내어 그래픽 소프트웨어를 이용해서 빠른 수정이나 편집을 할 수 있으며, 적절한 가공을 통해 다양하게 복제해 낼 수 있다. 즉, 제2의 창조를 할 수 있는 매체이다. 〈끝〉

4 2011학년도_23

제시문의 미학 이론에 대한 설명으로 옳은 것은?

- 예술은 인간이 의식적으로 겪었던 감정들을 다른 사람에게 전달하는 것으로 다른 사람이 영향을 받아 그것을 경험하는 것이다.
- 예술 활동의 본질은 사전의 어떠한 구별이나 제한도 개입되지 않는 자유로운 창조와 주관적 상상력이다.
- 표현은 무형식의 인상(감정, 느낌)을 우리의 정신이 능동적으로 개입하여 그것을 명료하게 객관화시키는 것이다.

① 클로스(C. Close), 와이어스(A. Wyeth) 등의 작품이 해당된다.
② 이러한 관점의 이론가로 크로체(B. Croce), 콜링우드(R. Collingwood) 등이 있다.
③ 가장 보편적으로 받아들여지고 있는 서구 미학 이론으로 객관적 묘사와 재현의 정확성을 중시한다.
④ 작품 안에서 형식적 조화와 내면적 일관성을 강조했던 형식론의 '목적없는 합목적성'을 계승하여 발전시켰다.
⑤ 20세기 후반에 등장한 이론으로 심미 활동이 인간의 현실과 이상을 중개하므로 미술 작품이 만들어지고 보이는 맥락을 통한 작품 이해를 강조하였다.

|정답| ②

5 2012학년도_20

(가)~(라)에 들어갈 용어와 인명을 바르게 연결한 것은?

- 크로체(B. Croce)는 예술은 곧 직관이고, 직관은 곧 (가) 이라고 주장하였다.
- 산타야나(G. Santayana)는 미는 일종의 가치이며 지각이 아니라 (나) 이라고 주장하였다.
- (다) 은(는) 예술은 비판적 반성이고 사회에 대한 일종의 부정이며 사회로부터 직접적으로 연역될 수 없다고 주장하였다.
- (라) 의 영향을 받은 미학자들은 기표와 기의로 구성된 체계를 예술 작품 분석에 적용하였다.

	(가)	(나)	(다)	(라)
①	표현	감정	아도르노 (T. Adorn)	소쉬르 (F. Saussure)
②	표현	직관	바움가르텐 (A. Baumgarten)	소쉬르 (F. Saussure)
③	표현	감정	카시러 (E. Cassirer)	데리다 (J. Derrida)
④	심상	직관	카시러 (E. Cassirer)	푸코 (M. Foucault)
⑤	심상	감정	아도르노 (T. Adorn)	푸코 (M. Foucault)

|정답| ①

6 2013학년도_25

추상미술에 대한 작가와 비평가의 진술 중 추상표현주의를 옹호하였던 그린버그(C. Greenberg)의 주장으로 옳은 것은? [2.5점]

① 모더니즘의 본질은 어떤 분야 그 자체를 비판하기 위하여 그 분야의 특징적인 방법들을 사용한다는 데 있다.
② 새로운 조형 개념은 색채와 형태의 추상, 다시 말해 수직선과 수평선, 명확히 한정된 삼원색 안에서 그 표현 가능성을 발견할 것이다.
③ 오늘날 예술가가 된다는 것은 예술의 본성에 대하여 질문하는 것이다. 만일 우리가 회화의 본성만을 질문한다면 예술의 본성을 질문할 수 없다.
④ 회화는 전쟁터의 말이나 누드의 여인, 혹은 어떤 일화이기 이전에 본질적으로 일정한 질서에 의해 모인 색채로 뒤덮인 평평한 표면이다.
⑤ 이제 회화는 스스로를 형태의 제로(zero) 상태에 있게 하였다. 그리고 무(無)의 상태에서 탈출하여 창조의 절대주의로, 혹은 비대상의 창조물로 존재하게 하였다.

13-25
|정답| ①

7 2013학년도_28

다음의 밑줄 친 (가)에 대한 설명에 근거하여 판단할 때, 칸트의 미적 경험과 관계 있는 것은? [1.5점]

> 칸트에 따르면, 관심은 '어떤 대상을 특정 목적을 위한 수단으로 사용하거나 소유하려는 욕망'을 의미한다. 미적 판단을 내리는 주관은 이러한 욕망에서 벗어난 상태에서 대상을 정서적으로 바라보고 체험한다는 것이다. 이런 의미의 (가)무관심성은 칸트의 미적 경험의 핵심 중 하나이다.
> 이러한 칸트의 무관심성에 따르면, 우리는 예술 작품을 감상할 때, 일반적으로 작품 안에 등장하는 인물이나 배경이 실제로 존재하는지에 대해 진지하게 따지지 않는다.

① 등산인 A씨는 정선의 〈금강전도〉를 볼 때, 몇 년 전 다녀온 금강산의 봉우리와 그림 속 봉우리를 맞춰 본다.
② 퇴역 장군 B씨는 딕스(O. Dix)의 동판화 시리즈 〈전쟁〉을 볼 때, 전쟁의 참상을 잘 보여주는 동판화의 선(線)적 표현에 주목한다.
③ 정치인 C씨는 다비드(David)의 〈나폴레옹 초상〉을 볼 때, 자신의 작은 키와 좁은 이마를 숨기면서 훌륭한 정치인의 모습으로 이상화시켜 줄 초상화가가 나타나길 고대한다.
④ 네덜란드인 D씨는 렘브란트(Rembrandt)의 그림 〈툴프 박사의 해부학 강의〉를 볼 때, 그림에 등장하는 인물 중 자신의 조상으로 알려진 인물의 얼굴에서 자신과 닮은 점을 찾는다.
⑤ 물류창고업을 하는 E씨는 신사임당의 〈초충도-수박과 생쥐〉를 볼 때, 그림 속 수박을 갉아먹는 생쥐의 생생한 모습에서 작년 여름에 쥐로 인해 입은 수박 창고 피해를 떠올린다.

13-28
|정답| ②

8 2015학년도_A기입형_07

다음의 작품과 설명을 참고하여 (   )에 공통으로 들어갈 용어를 쓰시오. [2점]

[별첨 컬러 도판 참고]

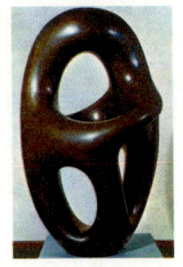
아르프, 〈프톨레미 I〉

무어, 〈기대 누운 인물〉

- (   )을/를 주장했던 리드(H. Read)는 자연의 외관을 재현하는 '표현의 미'보다 내재적인 에너지를 전달하는 '표현의 힘'이 더 중요하다고 보았다. 그는 이러한 경향을 구현한 현대 조각가들로 아르프(J. Arp), 무어(H. Moore), 헵워스(B. Hepworth) 등을 들었다.
- 아르프는 유기체적인 성장, 유사 분열, 변성 등을 상징하는 무정형 형태의 작품을 만들었다. 이는 (   )의 대표적인 사례로, 개별적 생물체부터 우주에 이르기까지 발견되는 자연의 에너지를 조각 작품을 통해 구현하고자 한 것이다.

9 2015학년도_A기입형_10

미술사학자 뵐플린(H. Wölfflin)은 르네상스 미술과 바로크 미술의 시대 양식을 5가지의 대립적인 개념 쌍들로 요약했다. 다음은 그중 한 개념 쌍에 대한 설명이다. 괄호 안의 ㉠, ㉡에 해당하는 개념을 순서대로 쓰시오. [2점]

[별첨 컬러 도판 참고]

미켈란젤로,
〈줄리아노 데 메디치〉,
메디치 묘소

베르니니,
〈성 테레사의 법열〉,
코르나로 예배당

르네상스 미술의 고전적인 구성 체계에서 각 부분들은 전체에 대해 매우 밀접한 관계로 보임에도 불구하고 여전히 독립적이다. 반면에 바로크 미술에서는 하나의 주제로 부분들을 결집시키거나 지배적인 요소에 여타 요소들을 종속시킨다.

미켈란젤로의 메디치 묘소는 기본적으로 독자적인 부분들로 이루어진 고전적 체계를 갖추고 있다. 이와 대조적으로 베르니니(G. Bernini)의 작품에서는 개별 형태들이 전체와의 관계 속에서 고안되었을 뿐만 아니라 전체를 위해서 독자성을 저버리며 단지 전체를 통해 의미를 부여받게 된다. 이와 같이 르네상스 미술과 바로크 미술 양식은 (㉠)에서 (㉡)(으)로의 발전 과정을 보여 준다.

15-A7
|정답| 생기론
|인|정|답|
활력론, 생명론

15-A10
|정답| ㉠ 다원성   ㉡ 통일성

10 2017학년도_A8

다음은 미술 비평에 활용되는 기호학에 대한 설명이다. ㉠, ㉡에 들어갈 용어를 순서대로 쓰시오. [2점]

> 소쉬르(F. de Saussure)의 언어 기호 이론은 기호학의 초석이 되었다. 소쉬르는 기호가 소리나 글자인 '(㉠)'와/과 그것에 의해 떠오르는 의미인 '(㉡)'의 결합으로 이루어져 있다고 보았다. (㉠)은/는 언어 기호의 물리적인 요소로, 우리가 '고양이'라는 단어를 말할 때 내는 소리나 종이 위에 적을 때 쓰는 철자에 해당한다. 반면, (㉡)은/는 언어 기호의 개념적인 요소로, '고양이'라는 소리나 철자가 뜻하는 내용에 해당한다. 소쉬르는 기호란 이 두 요소가 자의적으로 결합된 것이므로, 기호의 의미는 기호 안에 내재하기보다는 기호들 간의 차이에 의해 생성된다고 보았다.
>
> 소쉬르의 기호학은 광고와 패션 등 문화적 기호 체계의 의미화 과정을 분석한 바르트(R. Barthes)의 시각 문화 비평이나, 차이 개념에 기반을 두고 미술 작품의 다의성과 의미의 불확정성을 강조한 크라우스(R. Krauss)의 현대 미술 비평에 활용되었다.

17-A8

| 정답 | ㉠ 기표   ㉡ 기의

다음 작품과 설명을 참고하여 괄호 안의 ㉠, ㉡에 해당하는 용어를 순서대로 쓰시오. [2점]

(가) 세잔(P. Cézanne), 〈과일 접시가 있는 정물〉

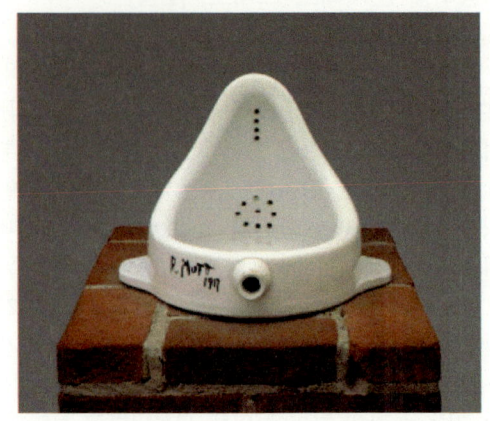

(나) 뒤샹(M. Duchamp), 〈샘〉

20세기 초 영국의 클라이브 벨(C. Bell)은 '미적 정서'를 불러일으키는 미술 작품의 가치가 선, 색, 공간적 요소들의 조화로운 관계에 있다고 보고, 이를 (㉠)(이)라 불렀다. 벨은 (가)와 같은 세잔의 회화를 그 좋은 예로 여겼으며, 로저 프라이(R. Fry)와 함께 후기 인상주의 미술을 높게 평가했다. 이러한 벨과 프라이의 미학은 순수한 조형성만을 강조한 클레멘트 그린버그(C. Greenberg)의 환원주의적 비평으로 이어졌다.

20세기 후반 미국의 조지 디키(G. Dickie)는 작품 자체에 내재한 조형성보다 예술을 정의하는 외재적 조건에 중요성을 부여했다. 디키는 아서 단토(A. Danto)의 '예술계' 이론을 확장하여 (㉡)(이)라는 개념을 제시하였다. 이 개념은 어떤 대상에 대해 예술 감상 후보의 '자격을 부여'하는 예술계의 사회적 절차, 관례 및 구조를 포괄하는 것으로, 디키는 이러한 예술의 자격 부여가 (나)와 같은 기성품을 일상 사물이 아닌 예술 작품으로 받아들이게 한다고 설명하였다.

22-B2

| 정답 | ㉠ 의미 있는 형식　　㉡ 예술 제도론

| 인 | 정 | 답 |
㉡ 사회제도론, 제도론

12 2024학년도_B6

다음은 서양 미술사의 대표적인 예술 이론 저서들에서 핵심 내용을 발췌한 것이다. <작성 방법>에 따라 서술하시오. [4점]

(가)	화가들은 그림을 그릴 때 화면이 시각 피라미드의 단면을 재현한 것이라는 점을 염두에 두어야 한다. 화면의 직사각형이 내가 그릴 대상을 정면에서 내다보는 열린 창문이라고 간주하고, 일정한 치수를 기준으로 삼아서 직사각형의 밑변(화면의 바닥선)을 등분하라. 그리고 직사각형 안에 시각 피라미드의 중심축이 통과하는 위치를 중심점으로 설정하고, 직사각형의 밑변을 등분한 점들과 이 점을 연결하라.
(나)	예술의 종말은 내가 '예술의 종말'을 발표하기 20여 년 전에 이미 왔다. 당시 나는 ㉠이 작품을 만나고 이전과는 다른 완전히 새로운 이론이 요구된다는 것을 깨달았다. 우리는 완전한 예술적 다원주의의 시대에 돌입했다. 미술이 철학적으로 성숙하면서 시각성은 한때 미(美)가 그랬던 것처럼 미술의 본질과는 거의 관련 없는 것으로 떨어져 나가게 되었다.
(다)	그리스의 뛰어난 미술 작품들이 자세와 표현에서 보여 주는 가장 일반적이고 현저한 특징은 결국 고귀한 단순함과 고요한 위대함이다. 거친 풍랑에도 깊은 바닷속이 언제나 고요를 지키는 것처럼 그리스 조각상들은 격정의 한가운데서도 위대하고 초연함을 지키는 영혼을 재현하고 있다.
(라)	예술의 순수성은 그 특정 예술의 매체가 지닌 한계를 기꺼이 수용하는 데 있다. 아방가르드 회화의 역사는 매체의 저항에 점진적으로 굴복해 간 역사다. 이러한 굴복의 과정에서 회화는 모방을 제거했을 뿐 아니라, 사실적인 모방의 당연한 귀결인 회화와 조각 간의 혼란도 제거했다. 회화는 명암법과 음영을 사용한 모델링 기법을 포기하고, 붓 자국은 그 자체를 위한 것이 된다.

─────────────| 작성 방법 |─────────────

- 저술된 시대에 따라 (가)~(라)를 순서대로 쓸 것.
- (가)에서 저자가 제안하는 화면 구성 방법의 명칭을 쓸 것.
- (나)에서 밑줄 친 ㉠이 가리키는 예술 작품이 무엇인지 쓰고, 저자가 이 작품을 '예술의 종말'의 사례로 제시한 이유를 서술할 것.

24-B6

|모|범|답|안|

저술된 순서는 **(가), (다), (라), (나)**

(가) 알베르티가 제안한 화면 구성 방법의 명칭은 **'올바른 구축'**이다.

㉠ 작품은 **앤디 워홀의 〈브릴로 상자〉, 1964**
(나)는 아서 단토의 주장이다. 단토는 〈브릴로 상자〉에 의해서 세제 상자 같은 **일상 사물**과 **예술작품의 차이가 없어졌다**는 점에서 '예술의 종말'을 말한다.

13 2025학년도_A6

다음 도판과 설명을 참고하여 〈작성 방법〉에 따라 서술하시오. [4점]

(가) 장 아르프(J.Arp)   (나) 김종영

> (가)와 (나)의 작품은 자연성에 바탕을 둔 20세기 추상 조각이다. 장 아르프는 "응축과 경화, 응고와 농화를 거쳐 성장하는 자연의 과정"을 구현하고자 하였다. (가)는 이러한 ㉠ <u>자연의 성장과 변성을 조형화한 추상 조각</u>으로, ㉡<u>식물과 동물의 형상에 근거한 유기체적 형태</u>를 지니고 있다. 김종영은 자연 재료의 특성을 살려 "표현은 단순하게, 내용은 풍부하게"라는 신념을 담아내고자 하였다. (나)는 그의 조각의 핵심 사상인 '(㉢)의 미'를 보여 주는 작품이다.

―| 작성 방법 |―
- 밑줄 친 ㉠의 예술적 기반이 되는 개념을 쓸 것.
- 밑줄 친 ㉡을 지칭하는 용어를 쓸 것.
- 괄호 안의 ㉢에 해당하는 용어를 쓰고, 그 의미를 서술할 것.

25-A6

|모|범|답|안|
- ㉠ **생기론(生氣論, vitalism)**은 생물의 합목적성은 생물체와 환경 사이의 특이한 상호작용을 통하며 형성되며, 생명체 안에 생명을 이끌고 가는 신비한 기운이 생물학적 존재의 원동력이라고 보는 관점이다.
- ㉡ 바이오모픽(biomorphic)
- ㉢ '불각(不刻)'
  '깎지 않는다는 것'을 추구하였고, 이는 공간의 여백을 허용하는 것으로, 서예의 여백과도 상통하는 개념이다.

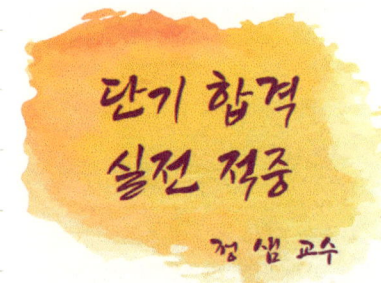

다음 도판과 설명을 참고하여 〈작성 방법〉에 따라 서술하시오. [4점]

(가) 마이클 애셔(M.Asher)

(나) 고든 마타-클락(G.Matta-Clark)

1960년대 후반 미술계에서는 미술 작품을 전시하는 곳으로만 여겨지던 '장소'를 재맥락화 하는 시도가 이루어졌다. (가)와 (나)는 이러한 경향을 반영한 작품들이다. (가)는 미술관이라는 장소에 내재된 특권을 가시화했다는 측면에서 (㉠)미술에 속한다. (가)는 (나)와 같이 특정 장소를 재고의 대상으로 삼았다는 점에서 장소-특정적 미술(site-specific art)로도 볼 수 있다. (가)는 ㉡ 미술관 건물에 물리적 변화를 주는 방법을 통해서, (나)는 버려진 주택을 수직으로 분할하는 방법을 통해서, 미술 작품의 개념을 담론이 만들어지는 '장소'로 확장하였다.

| 작성 방법 |

- 괄호 안의 ㉠에 해당하는 용어를 쓸 것.
- 밑줄 친 ㉡을 (가)에서 찾아 서술할 것.
- (나)의 작가가 창안한 미술 개념을 쓰고, 그 의미를 서술할 것.

나만의 오답 노트

날짜		영역	
문제분류	○○년-○월 1주 ○○번	난이도	1 2 3 4 5
문제 관점	1. 2.		
오답 유형	암기 부족 ☐	판단 실수 ☐	
	질문조차 해석 불가 ☐	성급한 풀이 ☐	
	키워드 부족 ☐	서술 방식 오류 ☐	
정답 요약 핵심 키워드			
복습 체크			

오답 노트 작성 시 장점

1. 취약 부분 파악

2. 배운 내용에 대한 성찰

3. 메타 인지 학습 방법의 생활화, 복습

오답 노트 작성 시 주의점

1. 틀린 문제 모두를 작성하지 않는다. 처음 틀린 문제는 공부를 다시 하고 이해한 후 다시 풀었을 때 또 틀린 문제만 작성한다.

2. 문제를 풀 때는 정답을 보지 않고 풀어야 한다.

3. 오답 유형을 반드시 성찰하고 작성한다.

4. 오답 노트 작성에 너무 많은 시간을 투자하지 않는다.

중등교원임용 전공미술 대비

정샘 기출문제집

초판 1쇄 발행 2025년 03월 05일

편저 정샘
발행인 공태현 **발행처** (주)법률저널
등록일자 2008년 9월 26일 **등록번호** 제15-605호
주소 151-862 서울 관악구 복은4길 50 (서림동 120-32)
대표전화 02)874-1144 **팩스** 02)876-4312
홈페이지 www.lec.co.kr
ISBN 978-89-6336-991-4 (13370)
정가 33,000원